文/白/对/照

資治通鑑

第十四册

〔宋〕司马光　　编撰

〔清〕康熙 乾隆　御批

〔清〕申涵煜　　点评

　　萧祥剑　　主编

　中华文化讲堂　译

团结出版社

目 录

资治通鉴卷第一百六十四　梁纪二十

起重光协洽，尽玄黓涒滩，凡二年。

【译文】起辛未（公元551年），止壬申（公元552年），共二年。

【题解】　本卷记录了公元551年至552年共两年间的南北朝史事。当时正值梁简文帝大宝二年，梁元帝承圣元年；西魏文帝大统十七年，废帝元年；北齐文宣帝天保二年、三年。本卷着重写了侯景的覆灭。侯景的覆灭，看似是因政治、军事失策所导致，但再往深探究，则是因为以其为代表的北镇武人缺乏文化底蕴所造成。陈霸先在平侯景的行动中，起到了至关重要的作用，为后来陈朝的建立奠定了基础。

太宗简文皇帝下

大宝二年（辛未，公元五五一年）春，正月，新吴余孝顷举兵拒侯景，景遣于庆攻之，不克。

庚戌，湘东王绎遣护军将军尹悦、安东将军杜幼安、巴州刺史王珣将兵二万自江夏趣武昌，受徐文盛节度。

杨乾运攻拔剑阁，杨法琛退保石门，乾运据南阴平。

辛亥，齐主祀圜丘。

张彪遣其将赵稜围钱塘，孙凤围富春，侯景遣仪同三司田迁、赵伯超救之，稜、凤败走。稜，伯超之兄子也。

【译文】 大宝二年（辛未，公元551年）春季，正月，新吴人余孝顷出兵抗拒侯景，侯景派于庆去攻击他，没有取胜。

庚戌日（初五），湘东王萧绎派遣护军将军尹悦、安东将军杜幼安、巴州刺史王珣带领士兵两万名从江夏前往武昌，接受徐文盛的节度。

杨乾运攻克剑阁，杨法琛退守石门，杨乾运据守南阴平。

辛亥日（初六），齐主高洋在圜丘举行祭祀大典。

张彪派遣他的将领赵稜围攻钱塘，孙凤围攻富春，侯景派遣仪同三司田迁、赵伯超去救援，赵稜、孙凤战败逃走。赵稜，是赵伯超哥哥的儿子。

癸亥，齐主耕藉田。乙丑，享太庙。

魏杨忠围汝南，李素战死。二月，乙亥，城陷，执邵陵携王纶，杀之，投尸江岸；岳阳王詧取而葬之。

或告齐太尉彭乐谋反；壬辰，乐坐诛。

齐遣散骑常侍曹文皎使于江陵，湘东王绎使兼散骑常侍王子敏报之。

侯景以王克为太师，宋子仙为太保，元罗为太傅，郭元建为太尉，支化仁为司徒，任约为司空，王伟为尚书左仆射，索超世为右仆射。景置三公官，动以十数，仪同尤多。以子仙、元建、化仁为佐命元功，伟、超世为谋主，于子悦、彭隽主击断，陈庆、吕季略、卢晖略、丁和等为爪牙。梁人为景用者，则故将军赵伯超，前制局监周石珍，内监严亶，邵陵王记室伏知命。自馀王克、元罗及侍中殷不害、太常周弘正等，景从人望，加以尊位，非腹心之任也。

【译文】 癸亥日（十八日），齐主高洋为劝民勤于农耕，亲自到藉田耕种。乙丑日（二十日），齐主高洋在太庙祭祀。

西魏杨忠围攻汝南，梁将李素战死。二月，乙亥日（初一），城池被攻陷，俘获邵陵王萧纶并将他斩杀，把尸体丢到江边，岳阳王萧詧收尸埋葬。

有人密告北齐太尉彭乐阴谋造反，壬辰日（十八日），彭乐获罪被杀。

北齐派遣散骑常侍曹文皎出使江陵，湘东王萧绎派兼散骑常侍王子敏回访。

侯景任用王克为太师，宋子仙为太保，元罗为太傅，郭元建为太尉，支化仁为司徒，任约为司空，王伟为尚书左仆射，索超世为右仆射。侯景设置三公的官职，动辄数十位，仪同更多。他派宋子仙、郭元建、支化仁做佐命、元功，王伟、索超世做谋主，于子悦、彭隽担任主持锄奸断狱的事，陈庆、吕季略、卢晖略、丁和等做他的爪牙。梁人中被侯景任用的，有归降的将军赵伯超、前制局监周石珍、内监严亶、邵陵王的记室伏知命。其余的如王克、元罗及侍中殷不害、太常周弘正等，因为他们深孚众望，侯景加给他们尊位，但不把他们当亲信。

北兖州刺史萧邕谋降魏，侯景杀之。

杨乾运进据平兴，平兴者，杨法琛所治也。法琛退保鱼石洞，乾运焚平兴而归。

李迁仕收众还击南康，陈霸先遣其将杜僧明等拒之，生擒迁仕，斩之。湘东王绎使霸先进兵取江州，以为江州刺史。

三月，丙午，齐襄城王淯卒。

庚戌，魏文帝殂，太子钦立。

乙卯，徐文盛等克武昌，进军芦洲。

己未，齐以湘东王绎为梁相国，建梁台，总百揆，承制。

齐司空司马子如自求封王，齐主怒，庚申，免子如官。

任约告急，侯景自帅众西上，携太子大器从军以为质，留王伟居守。闰月，景发建康，自石头至新林，舳舻相接。约分兵袭破定州刺史田龙祖于齐安。壬寅，景军至西阳，与徐文盛夹江筑垒。癸卯，文盛击破之，射其右丞库狄式和坠水死，景遁走还营。

【译文】北兖州刺史萧邕计划归降西魏，侯景杀了他。

杨乾运进兵攻占平兴，平兴是杨法琛所治理的。杨法琛退守鱼石洞，杨乾运放火烧掉平兴城后撤军离去。

李迁仕收拾部众回去攻打南康，陈霸先派遣他的大将杜僧明等抵抗他，活捉李迁仕，杀了他。湘东王萧绎派陈霸先进兵攻取江州，任命他为江州刺史。

三月，丙午日（初二），北齐襄城王萧淯去世。

庚戌日（初六），西魏文帝元宝炬崩殂，太子元钦继立。

乙卯日（十一日），徐文盛等攻陷武昌，向芦洲进兵。

己未日（十五日），北齐任命湘东王萧绎为梁朝相国，设立梁国台署，总领百官，秉承皇帝的制令行事。

北齐司空司马子如请求封王，齐主高洋很生气，庚子日（三月无此日），罢免了司马子如的官职。

任约报告情势紧急，侯景带领部众向西而上，带着太子萧大器跟随军中同行，作为人质，留下王伟居守宫中。闰月，侯景由建康出兵，从石头城抵达新林，战船首尾相接。任约分派军队在齐安袭击并打败了定州刺史田龙祖。壬寅日（二十九日），侯景的军队到达西阳，与徐文盛的军队隔着江各自修筑营垒。癸卯日（三十日），徐文盛大败侯景军队，射中了他的右丞库狄式和，库狄式和落水而死，侯景逃跑回到军营。

夏，四月，甲辰，魏葬文帝于永陵。

郢州刺史萧方诸，年十五，以行事鲍泉和弱，常侮易之，或使伏床，骑背为马；恃徐文盛军在近，不复设备，日以蒲酒为乐。侯景闻江夏空虚，乙巳，使宋子仙、任约帅精骑四百，由淮内袭郢州。丙午，大风疾雨，天色晦冥，有登陴望见贼者，告泉曰：“虏骑至矣！”泉曰：“徐文盛大军在下，贼何因得至！当是王珣军人还耳。”既而走告者稍众，始命闭门，子仙等已入城。方诸方踞泉腹，以五色彩辫其髯；见子仙至，方诸迎拜，泉匿于床下；子仙俯窥见泉素髯间彩，惊愕，遂擒之，及司马虞豫，送于景所。景因便风，中江举帆，遂越文盛等军，丁未，入江夏。文盛众惧而溃，与长沙王韶等逃归江陵。王珣、杜幼安以家在江夏，遂降于景。

【译文】 夏季，四月，甲辰日（初一），西魏将文帝的灵柩埋葬在永陵。

郢州刺史萧方诸，年方十五，因为行事鲍泉为人和顺软弱，萧方诸就常常侮辱他，有时命鲍泉匍匐在座席上，将他的背当马骑。萧方诸倚仗徐文盛的军队就驻扎在附近，便不再设置防备，每天玩一种类似掷骰子的赌博游戏，饮酒作乐。侯景听说江夏空虚，没有防备，乙巳日（初二），派宋子仙、任约带领精锐骑兵四百名，从淮内偷袭郢州。丙午日（初三），风雨交加，天色昏暗不明，有人登上墙头看见贼兵，告诉鲍泉说：“贼人的骑兵来了！”鲍泉说：“徐文盛的大军就在下方，贼兵能从什么地方闯进来呢？一定是王珣军队里的人回来了。”不久，来禀告的人越来越多，这才命令将城门关闭，宋子仙等人已经进了城。萧方诸正坐在鲍泉的肚子上，用五色彩带给他的胡子结辫子，看到宋子仙到了，萧方诸立即迎接拜礼，鲍泉躲藏到床下。宋子仙俯身从小缝里看见鲍泉白色的胡子杂着彩带，很惊讶，于是抓住了他，连同司马虞豫，一同送到侯景那里。因为顺风，侯景在长江中张开船帆，所以速度超过了徐文盛等人的军队，丁未日（初四），侯景进入江夏。徐文盛的部众因为害怕都溃散了，徐文盛和长沙王萧韶等逃回江陵。王珣、杜幼安因为家乡就在江夏，所以归降了侯景。

湘东王绎以王僧辩为大都督，帅巴州刺史丹杨淳于量、定州刺史杜龛、宜州刺史王琳、郴州刺史裴之横东击景，徐文盛以下并受节度。戊申，僧辩等军至巴陵，闻郢州已陷，因留戍之。绎遗僧辩书曰："贼既乘胜，必将西下，不劳远击；但守巴丘，以逸待劳，无虑不克。"又谓僚佐曰："景若水步两道，直指江陵，此上策也。据夏首，积兵粮，中策也；悉力攻巴陵，下策也。巴陵城小而固，僧辩足可委任。景攻城不拔，野无所掠，暑疫时起，食尽兵疲，破之必矣。"乃命罗州刺史徐嗣徽自岳阳、武州刺史杜崱自武陵引兵会僧辩。

【译文】 湘东王萧绎任命王僧辩为大都督，带领巴州刺史丹杨人淳于量、定州刺史杜龛、宜州刺史王琳、郴州刺史裴之横向东讨伐侯景，徐文盛以下都受他调度指挥。戊申日（初五），王僧辩等的部队到了巴陵，听说郢州已经陷落，就留守在那里。萧绎写信给王僧辩说："贼兵已经取胜，必定会趁着胜势继续西下，不辞辛劳地向远地进攻，你们只要守在巴丘，以逸待劳，不用担心不能克敌。"又对将佐说："假如贼兵分水、陆两路前进，直指江陵，这是最上策。据守夏首，积蓄兵粮，这是中策。全力以赴进攻巴陵，这是最下策。巴陵城小但坚固，王僧辩足可以胜任。侯景攻城倘若攻不下来，野外又没有什么东西可以抢夺，大热天瘟疫随时会发生，粮食吃完了，军队士兵疲惫，我们一定可以打败他。"于是命令罗州刺史徐嗣徽从岳阳、武州刺史杜崱从武陵领军前去和王僧辩会合。

　　景使丁和将兵五千守夏首，宋子仙将兵一万为前驱，趣巴陵，分遣任约直指江陵，景帅大兵水步继进。于是，缘江戍逻，望风请服，景拓逻至于隐矶。僧辩乘城固守，偃旗卧鼓，安若无人。壬戌，景众济江，遣轻骑至城下，问："城内为谁？"答曰："王领军。"骑曰："何不早降？"僧辩曰："大军但向荆州，此城自当非碍。"骑去，顷之，执王珣等至城下，使说其弟琳。琳曰："兄受命讨贼，不能死难，曾不内惭，翻欲赐诱！"取弓射之，珣惭而退。景肉薄百道攻城，城中鼓噪，矢石雨下，景士卒死者甚众，乃退。僧辩遣轻兵出战，凡十馀返，皆捷。景被甲在城下督战，僧辩著绥、乘舆、奏鼓吹巡城，景望之，服其胆勇。

　　【译文】侯景派丁和带领五千士兵把守夏首，宋子仙领兵一万做先锋，直接赶往巴陵，派任约直指江陵，侯景带领大军水路、陆路继续前进。这时，沿着长江守卫巡逻的士兵，看到他的威势都纷纷请求投降，侯景又广布哨逻到隐矶来彰显兵势。王僧辩把守城池坚固防守，放倒军旗，暂停打鼓以隐藏军势，表面上看平静得像没有人一样。壬戌日（十九日），侯景的部队渡过长江，派轻骑到城下，问道："城里是谁在那儿？"有人回答说："王领军。"骑兵说："为什么不早点投降？"王僧辩说："大队人马倘若只向荆州去的话，这个城自然不敢阻挡你们。"骑兵就离开了。不久，侯景将王珣捉到城下，命他说服他的弟弟王琳。王琳说："哥哥受命征讨贼兵，却不能为国难而牺牲性命，内心不会很羞愧吗?反而想要诱降我!"拿了弓就射他,王珣羞愧地退走了。侯景的军队拿着短兵器分成百路攻城准备肉搏战,城中鼓声响起,弓箭、石头像雨点般纷纷落下,侯景的士兵死了很多,只好撤退。王僧辩派遣轻骑兵出去应战,一共十几次,都打了胜仗。侯景穿着铠甲在城下亲自督战,王僧辩却佩着绶带,乘着车,奏着鼓乐巡视城中,侯景望见后,很佩服他的勇敢和胆识。

岳阳王詧闻侯景克郢州,遣蔡大宝将兵一万进据武宁,遣使至江陵,诈称赴援。众议欲答以侯景已破,令其退军。湘东王绎曰:"今语以退军,是趣之令进也。"乃使谓大宝曰:"岳阳累启连和,不相侵犯,卿那忽据武宁?今当遣天门太守胡僧祐精甲二万、铁马五千顿㳂水,待时进军。"詧闻之,召其军还。僧祐,南阳人也。

五月,魏陇西襄公李虎卒。

【译文】岳阳王萧詧听说侯景攻克了郢州,派遣蔡大宝带领一万军士进兵驻守武宁,遣派使者到江陵,欺骗他们说是去救援。众人商量想回答使者说:侯景军队已被打败,请他退军。湘东王萧绎说:"现在命他退军,等于是驱使他进兵。"就命使者回去对蔡大宝说:"岳阳王多次启请连和,不相侵扰,你怎么突然据守在武宁呢?现在应该派遣天门太守胡僧祐带领精锐武装士兵两万名、精强的骑兵五千人驻守在㳂水,等待时日进兵。"岳阳王萧詧听到后,召集他的军队回去了。胡僧祐,是南阳人。

五月,西魏陇西襄公李虎去世。

侯景昼夜攻巴陵,不克,军中食尽,疾疫死伤太半。湘东王

8

绎遣晋州刺史萧惠正将兵援巴陵，惠正辞不堪，举胡僧祐自代。僧祐时坐谋议忤旨系狱，绎即出之，拜武猛将军，令赴援，戒之曰："贼若水战，但以大舰临之，必克。若欲步战，自可鼓棹直就巴丘，不须交锋也。"僧祐至湘浦，景遣任约帅锐卒五千据白塥以待之。僧祐由它路西上，约谓其畏己，急追之，及于芊口，呼僧祐曰："吴儿，何不早降？走何所之！"僧祐不应，潜引兵至赤沙亭；会信州刺史陆法和至，与之合军。法和有异术，先隐于江陵百里洲，衣食居处，一如苦行沙门，或豫言吉凶，多中，人莫能测。侯景之围台城也，或问之曰："事将何如？"法和曰："凡人取果，宜待熟时，不撩自落。"固问之，法和曰："亦克亦不克。"及任约向江陵，法和自请击之，绎许之。

【译文】 侯景昼夜不停地进攻巴陵，没有攻下，军队里粮草已经吃完，疾病瘟疫流行，士兵死伤大半。湘东王萧绎派遣晋州刺史萧惠正带领军队去援助巴陵，萧惠正推辞不能承命，举荐胡僧祐代替自己。胡僧祐当时正因忤逆圣旨被连累而关在狱中，萧绎立即释放了他，拜他为武猛将军，命他去救援，告诫他说："倘若贼兵用水战，你只要用大战舰对付他们，一定可以战胜。倘若用陆战，你可以划着船桨直接到巴丘，不必与他们交战。"胡僧祐到了湘浦，侯景派任约带领精锐士卒五千名驻守在白塥等着他们。胡僧祐从另一条路往西边上去，任约认为他害怕自己，赶紧追赶他，到了芊口，大叫胡僧祐说："吴地小儿，怎么不早点归降，逃到哪里去！"胡僧祐不回答，偷偷地领军到赤沙亭，恰好信州刺史陆法和到了，和他一起会合。陆法和有奇异的法术，隐居在江陵百里洲，衣食与住处都和佛门中清苦守戒的和尚一样，有时预言吉凶的事，多被说中，别人无法了解他。侯景包围台城时，有人问他说："事态的发展会怎么样呢？"陆法和说:"大凡人家采果实,总要等待成熟时,不用摘取,自然会落下来。"那个人请他说得明白些,陆法和说:"可能攻下来也可能攻不下来。"等到任约向江陵进军,陆法和自行请求攻打他,萧绎答应了。

壬寅,约至赤亭。六月,甲辰,僧祐、法和纵兵击之,约兵大溃,杀溺死者甚众,擒约送江陵。景闻之,乙巳,焚营宵遁。以丁和为郢州刺史,留宋子仙等,众号二万,戍郢城;别将支化仁镇鲁山,范希荣行江州事,仪同三司任延和、晋州刺史夏侯威生守晋州。景与麾下兵数千,顺流而下。丁和以大石礚杀鲍泉及虞预,沈于黄鹤矶。任约至江陵,绎赦之。徐文盛坐怨望,下狱死。巴州刺史余孝顷遣兄子僧重将兵救鄱阳,于庆退走。

绎以王僧辩为征东将军、尚书令,胡僧祐等皆进位号,使引兵东下。陆法和请还,既至,谓绎曰:"侯景自然平矣,蜀贼将至,请守险以待之。"乃引兵屯峡口。庚申,王僧辩至汉口,先攻鲁山,擒支化仁送江陵。辛酉,攻郢州,克其罗城,斩首千级。宋子仙退据金城,僧辩四面起土山攻之。

【译文】壬寅日(三十日),任约到了赤亭。六月,甲辰日(初二),胡僧祐、陆法和联合军队攻打他,任约的军队溃败,被杀死、溺死的很多,任约被捉拿送到江陵。侯景听到后,乙巳日(初三),将营地放火烧了,连夜逃走。侯景任命丁和为郢州刺史,留下宋子仙等,部众号称两万,戍守在郢城;别将支化仁驻守在鲁山,范希荣担任江州政事,仪同三司任延和、晋州刺史夏侯威生驻守晋州。侯景与部下士兵几千人,顺流而下。丁和用大石头击杀鲍泉和虞预,将他们沉溺到黄鹤矶里。任约到了江陵,萧绎宽赦了他。徐文盛因为发牢骚,被投入监狱处死。巴州刺史余孝顷派遣他哥哥的儿子余僧重带领军队去援救鄱阳,于庆退兵逃走。

萧绎任用王僧辩做征东将军、尚书令,胡僧祐等都加上新职位、称号,派他们领军东下。陆法和请求回师,回来后对萧绎说:"侯景的叛乱自然会平定,但是蜀地方面的贼兵又快来了,请让我守住险要等候他们。"于是领军驻守在峡口。庚申日(十八日),王僧辩到了汉口,先攻打鲁山,俘虏了支化仁并将其送到江陵。辛酉日(十九日),攻打郢州,攻陷外城,杀掉上千人。宋子仙撤退据守在金城,王僧辩四面修建土山,攻打他。

豫州刺史荀朗自巢湖出濡须邀景,破其后军,景奔归,船前后相失。太子船入枞阳浦,船中腹心皆劝太子因此入北,太子曰:"自国家丧败,志不图生,主上蒙尘,宁忍违离左右!吾今若去,乃是叛父,非避贼也。"因涕泗呜咽,即命前进。

甲子,宋子仙等困蹙,乞输郢城,身还就景;王僧辩伪许之,命给船百艘以安其意。子仙谓为信然,浮舟将发,僧辩命杜龛帅精勇千人攀堞而上,鼓噪奋进,水军主宋遥帅楼船,暗江云合。子仙且战且走,至白杨浦,大破之,周铁虎生擒子仙及丁和,送江陵,杀之。

【译文】豫州刺史荀朗从巢湖离开濡须截击侯景,打败他的后军,侯景逃回,船队前后失去联系。太子的船驶入枞阳浦,船中心腹臣子都劝太子趁这个时机到北方去,太子说:"自从国家动乱败亡后,我的心志就没想过要苟且偷生,现在主上又蒙受羞辱,我怎么忍心背离而去呢?现在我要离去,就是背叛父亲,而不只是躲避贼兵而已。"于是哭泣流泪,随即命令向前出发。

甲子日（二十二日），宋子仙等被围攻逼迫，请求将郢城送给王僧辩，允许他回去投奔侯景；王僧辩假装答应，命令属下给他百艘船只来安定他的心绪。宋子仙认为他们很值得相信，放下船只将要出发时，王僧辩命令杜龛带领一千名精锐勇士爬上城墙，击鼓呐喊，急促前进，水军主帅宋遥带领楼船，楼船四合如云，江上一片昏暗。宋子仙一边应战一边退走，在白杨浦被打败，周铁虎活捉了宋子仙和丁和，送到江陵，把他们杀了。

庚午，齐主以司马子如，高祖之旧，复以为太尉。

江安侯圆正为西阳太守，宽和好施，归附者众，有兵一万。湘东王绎欲图之，署为平南将军。及至，弗见，使南平王恪与之饮，醉，因囚之内省，分其部曲，使人告其罪。荆、益之衅自此起矣。

陈霸先引兵发南康，灨石旧有二十四滩，会水暴涨数丈，三百里间，巨石皆没，霸先进顿西昌。

铁勒将伐柔然，突厥酋长土门邀击，破之，尽降其众五万馀落。土门恃其强盛，求婚于柔然，柔然头兵可汗大怒，使人詈辱之曰："尔，我之锻奴也，何敢发是言！"土门亦怒，杀其使者，遂与之绝，而求婚于魏；魏丞相泰以长乐公主妻之。

【译文】庚午日（二十八日），齐主高洋因为司马子如是高欢从前的老朋友，又让他担任太尉。

江安侯萧圆正做西阳太守，宽厚温和好施舍，归顺他的人很多，拥有一万名部众。湘东王萧绎想将这些人图谋占有，任命萧圆正为平南将军。等他来的时候，又不接见他，让南平王萧恪和他喝酒，喝醉后，将他囚禁在内省，瓜分了他的所属军队，命人告发他的罪状。从此引发了荆州、益州的仇隙。

陈霸先领军朝南康出发，灨水里的石头从前形成了二十四个险滩，恰好水猛然向上涨了好几丈，三百里路中间，巨大的石头都被淹没，陈霸先军队暂时驻扎在西昌。

铁勒将要征讨柔然，突厥酋长土门拦截袭击，打败了他的军队，将他的部众五万多户都降服了。土门倚仗他的强盛，向柔然求婚，柔然头兵可汗大为愤怒，命人去责骂污辱他说："你，是我的铁匠，怎么还敢说这种话！"土门也发怒，杀掉使者，与柔然绝交，转而向西魏求婚。西魏丞相宇文泰将长乐公主嫁给他。

秋，七月，乙亥，湘东王绎以长沙王韶监郢州事。丁亥，侯景还至建康。于庆自鄱阳还豫章，侯瑱门拒之，庆走江州，据郭默城。绎以为瑱兖州刺史。景悉杀瑱子弟。

辛丑，王僧辩乘胜下溢城，陈霸先帅所部三万人将会之，屯于巴丘。西军乏食，霸先有粮五十万石，分三十万石以资之。八月，壬寅朔，王僧辩前军袭于庆，庆弃郭默城走，范希荣亦弃寻阳城走。晋熙王僧振等起兵围郡城，僧辩遣沙州刺史丁道贵助之，任延和等弃城走。湘东王绎命僧辩且顿寻阳以待诸军之集。

【译文】秋季，七月，乙亥日（初四），湘东王萧绎派长沙王萧韶监管郢州政事。丁亥日（十六日），侯景返回建康。于庆从鄱阳回到豫章，侯瑱关闭城门拒绝了他，于庆逃往江州，占据郭默城。萧绎任命侯瑱为兖州刺史，侯景将侯瑱留为人质的子弟都杀掉了。

辛丑日（三十日），王僧辩乘胜攻克溢城，陈霸先带领所领属的三万士兵将要与他会合，驻守在巴丘。王僧辩的军队从荆州来，缺少粮食，陈霸先有粮食五十万石，分了三十万石去救济他。八月，壬寅朔日（初一），王僧辩的先锋进攻于庆，于庆放弃郭默城逃走，范希荣也放弃寻阳城逃走。晋熙人王僧振等起兵包围郡城，王僧辩派遣沙州刺史丁道贵去援助他，任延和放弃城池逃走。湘东王萧绎命令王僧辩暂时驻扎在寻阳，等待各路军队集合过来。

初，景既克建康，常言吴儿怯弱，易以掩取，当须拓定中原，然后为帝。景尚帝女溧阳公主，嬖之，妨于政事，王伟屡谏，景以告主，主有恶言，伟恐为所谮，因说景除帝。及景自巴陵败归，猛将多死，自恐不能久存，欲早登大位。王伟曰："自古移鼎，必须废立，既示我威权，且绝彼民望。"景从之。使前寿光殿学士谢昊为诏书，以为"弟侄争立，星辰失次，皆由朕非正绪，召乱致灾，宜禅位于豫章王栋。"使吕季略赍入，逼帝书之。栋，欢之子也。

戊午，景遣卫尉卿彭隽等帅兵入殿，废帝为晋安王，幽于永福省，悉撤内外侍卫，使突骑左右守之，墙垣悉布枳棘。庚申，下诏迎豫章王栋。栋时幽拘，廪饩甚薄，仰蔬茹为食。方与妃张氏锄葵，法驾奄至，栋惊，不知所为，泣而升辇。

【译文】 起初，侯景攻陷建康时，常常嘲笑吴儿胆怯懦弱，容易被偷袭夺取，应等平定中原，然后做皇帝。侯景娶了简文帝的女儿溧阳公主，很宠爱她，因而妨碍了政事，王伟多次劝谏侯景，侯景告诉溧阳公主，溧阳公主口出恶言，王伟恐怕被溧阳公主的谮言所害，因此游说侯景除掉简文帝。侯景从巴陵战败回来时，勇猛的将士大多殉难身死，自己害怕不能长久活下去，想要早点登上帝位。王伟说："自古以来，想要改朝换代，就必须先废掉旧主，另立新主，宣示我们的威势声望，而且可以断绝百姓的期望。"侯景采纳了他的建议。派前任寿光殿学士谢昊拟写诏书，认为"弟侄争着要继承王位，一时搅乱了常规，失去了纲常秩序，这都是由于朕不是正统的继承人，因而导致祸乱灾害，应当让位给豫章王萧栋"。侯景派吕季略拿进去，逼迫梁简文帝写下来。萧栋，是萧欢的儿子。

戊午日（十七日），侯景派遣卫尉卿彭㒞等带领军队进入重云殿，废简文帝为晋安王，幽禁在永福省，将里外侍卫全部撤除，命那些能冲陷敌军的骑兵在左右看守着，四面墙头上都种上有刺的荆藤。庚申日（十九日），下诏令迎接豫章王萧栋。萧栋当时正被拘押幽禁，分配的粮食很少，只能仰赖着蔬菜过日子。正与他的妃子张氏在田里锄挖葵菜，天子的车驾突然来到，萧栋很惊讶，不知道他们要做什么，哭泣着上车。

景杀哀太子大器、寻阳王大心、西阳王大钧、建平王大球、义安王大昕及王侯在建康者二十馀人。太子神明端嶷，于景党未尝屈意，所亲窃问之，太子曰："贼若于事义，未须见杀，吾虽陵慢呵叱，终不敢言。若见杀时至，虽一日百拜，亦无所益。"又曰："殿下今居困阨，而神貌怡然，不贬平日，何也?"太子曰："吾自度死日必在贼前，若诸叔能灭贼，贼必先见杀，然后就死。若其不然，贼亦杀我以取富贵，安能以必死之命为无益之愁乎!"及难，太子颜色不变，徐曰："久知此事，嗟其晚耳!"刑者将以衣带绞之，太子曰："此不能见杀。"命取帐绳绞之而绝。

【译文】侯景杀掉哀太子萧大器、寻阳王萧大心、西阳王萧大钧、建平王萧大球、义安王萧大昕和在建康的王侯一共二十多人。太子神色端庄凝重，对于侯景的党羽一点也没有屈服的意思，他的亲近左右偷偷问他，太子说："贼兵倘若行事是合乎道义的，就不会被杀，就算我凌辱谩骂态度傲慢，他们也不敢说话。倘若被杀的时机到了，就算一天里一百次向他们跪拜，也没什么用处。"又问他："殿下现在处在困难危险中，而容貌态度却怡然自得，与平常没有两样，是什么缘故呢？"太子说："我猜想，自己的死期一定在侯景这些贼人的前面，假如我的叔父们能将贼人杀掉的话，贼人必定会先来杀我，然后他才会去死。假如不能杀贼人，他也会杀掉我而取得富贵，又何必用必定会死的生命去担心那些没有什么用处的忧愁呢？"等到遇难时，太子的脸色仍然没有改变。他慢慢地说："我早就知道会发生这样的事，感叹它来得太晚了些！"上刑的人想用衣带绞死他，太子说："这样怎么能杀死我！"命令他们拿帐绳来绞脖子，才气绝而死。

【申涵煜评】 大器少年而仁孝，又能于生死患难视为固然，无一毫愁惨之色，是大有根器，人如此美质而不克终，彼庸庸者窃拥富贵，亦独何哉？

【译文】 哀太子萧大器年少而仁爱孝顺，又将生死患难看作自然的事情，没有丝毫悲伤凄惨之色，是有大根器的人，人有这样美好的本质却不能安享天年，反而让平庸之人窃取了富贵，为何会如此啊？

壬戌，栋即帝位。大赦，改元天正。太尉郭元建闻之，自秦郡驰还，谓景曰："主上先帝太子，既无愆失，何得废之！"景曰："王伟劝吾，云'早除民望'。吾故从之以安天下。"元建曰："吾挟天子令诸侯，犹惧不济，无故废之，乃所以自危，何安之有！"景欲迎帝复位，以栋为太孙。王伟曰："废立大事，岂可数改邪！"乃止。

乙丑，景又使使杀南海王大临于吴郡，南郡王大连于姑孰，安陆王大春于会稽，高唐王大壮于京口。以太子妃赐郭元建，元建曰："岂有皇太子妃乃为人妾乎！"竟不与相见，听使入道。

【译文】 壬戌日（二十一日），萧栋即皇帝位。大赦天下，改年号为天正。太尉郭元建听到后，从秦郡奔驰回来，对侯景说："先帝和太子，既然没有什么罪过，为什么要废黜他们呢？"侯景说："王伟劝我说：'早点废黜掉，可以断绝百姓对他们的期望。'我于是听信他的话来安定天下民心。"郭元建说："我们挟持天子，号令诸侯，还担心事情没有办法成功，你无缘无故废掉皇帝，这是自找危机，有什么安心可言！"侯景想再迎回梁简文帝恢复他的帝位，让萧栋为太孙。王伟说："废黜帝王和另立新主都是国家大事，怎么可以变来变去呢！"只好停止。

乙丑日（二十四日），侯景又派人到吴郡杀掉南海王萧大临，到姑孰杀掉南郡王萧大连，到会稽杀掉安陆王萧大春，到京口杀掉高唐王萧大壮。将太子妃赏赐给郭元建，郭元建说："哪里有皇太子妃做人家妾的！"竟不与她相见，听凭她去修道。

丙寅，追尊昭明太子为昭明皇帝，豫章安王为安皇帝，金华敬妃为敬太皇太后，豫章太妃王氏为皇太后，妃张氏为皇后。以刘神茂为司空。

九月，癸巳，齐主如赵、定二州，遂如晋阳。

己亥，湘东王绎以尚书令王僧辩为江州刺史，江州刺史陈霸先为东扬州刺史。

王伟说侯景弒太宗以绝众心，景从之。冬，十月，壬寅夜，伟与左卫将军彭隽、王修纂进酒于太宗曰："丞相以陛下幽忧既久，使臣等来上寿。"太宗笑曰："已禅帝位，何得言陛下！此寿酒，将不尽此乎！"于是，隽等赍曲项琵琶，与太宗极饮。太宗知将见杀，因尽醉，曰："不图为乐之至于斯也！"既醉而寝。伟乃出，隽进土囊，修纂坐其上而殂。伟撤户扉为棺，迁殡于城北酒库中。太宗自幽縶之后，无复侍者及纸，乃书壁及板障，为诗及文数百篇，辞甚凄怆。景谥曰明皇帝，庙号高宗。

【译文】丙寅日（二十五日），萧栋追尊昭明太子为昭明皇帝，追尊豫章安王为安皇帝，金华敬妃为敬太皇太后，豫章太妃王氏为皇太后，立妃子张氏为皇后。任命刘神茂为司空。

九月，癸巳日（二十三日），齐主高洋前往赵州和定州，随后前往晋阳。

己亥日（二十九日），湘东王萧绎任命尚书令王僧辩为江州刺史，江州刺史陈霸先为东扬州刺史。

王伟劝说侯景将太宗杀掉，以断绝众人的希望，侯景采纳了他的建议。冬季，十月，壬寅日（初二）晚上，王伟与左卫将军彭隽、王修纂向太宗进酒说："丞相因为陛下被幽禁在这儿，忧心已经很久了，特地命臣等来这里为陛下被敬酒祝寿。"太宗笑着说："我已经将帝位让出来了，怎么还能称陛下呢？这杯寿酒表示我的寿命就将到此为止了！"于是彭隽等拿着曲项琵琶等乐器，与太宗痛快喝酒。太宗知道自己将要被杀掉，因而喝得酩酊大醉，说："没料到会快乐到如此地步！"醉了就大睡。王伟退了出去，彭隽拿进来装土的囊袋，堆在太宗身上，王修纂坐在土囊上面，太宗就断气了。王伟将门扉拆开来做成棺木，把灵柩运到城北的酒库中。太宗自从被幽禁后，再也没有侍者和纸，只好将文字写在墙壁和板障上，写成诗和几百篇文章，文辞十分凄恻悲怆。侯景给他的谥号为明皇帝，庙号是高宗。

侯景之逼江陵也，湘东王绎求援于魏，命梁、秦二州刺史宜丰侯循以南郑与魏，召循还江陵。循以无故输城，非忠臣之节，报曰："请待改命。"魏太师泰遣大将军达奚武将兵三万取汉中，又遣大将军王雄出子午谷，攻上津。循遣记室参军沛人刘璠求援于武陵王纪，纪遣潼州刺史杨乾运救之。循，恢之子也。

王僧辩等闻太宗殂，丙辰，启湘东王绎，请上尊号；绎弗许。

司空、东道行台刘神茂闻侯景自巴丘败还，阴谋叛景，吴中士大夫咸劝之；乃与仪同三司尹思合、刘归义、王晔、云麾将军元頵等据东阳以应江陵，遣頵及别将李占下据建德江口。张彪攻永嘉，克之。新安民程灵洗起兵据郡以应神茂。于是，浙江以东皆附江陵。湘东王绎以灵洗为谯州刺史，领新安太守。

【译文】 当侯景向江陵逼近时，湘东王萧绎向西魏求援，命令梁州、秦州两州的刺史宜丰侯萧循将南郑割给西魏，召唤萧循回到江陵。萧循认为无缘无故将城池送给别人，不是忠臣应有的节操，回复说："请让我等待您改变命令。"魏太师宇文泰派遣大将军达奚武带领三万名士兵攻取汉中，又派遣大将军王雄从子午谷出兵，攻打上津。萧循派遣记室参军沛人刘璠向武陵王萧纪求援，萧纪派潼州刺史杨乾运去救援他。萧循，是鄱阳王萧恢的儿子。

王僧辩等听说太宗去世，丙辰日（十六日），启禀湘东王萧绎，请求给太宗尊崇的名号，萧绎没有答应。

司空、东道行台刘神茂听说侯景从巴丘战败回来，暗中谋划反叛侯景，吴中的士大夫都支持他；他就和仪同三司尹思合、刘归义、王晔、云麾将军元頵等占据东阳以便接应江陵，派遣元頵和别将李占下去据守建德、江口。张彪进攻永嘉，攻下了永嘉城。新安的百姓程灵洗起兵据守郡城以接应刘神茂。这时浙江以东地区都归降江陵。湘东王萧绎任命程灵洗为谯州刺史，领新安太守。

十一月，乙亥，王僧辩等复上表劝进，湘东王绎不许。戊寅，绎以湘州刺史安南侯方矩为中卫将军以自副。方矩，方诸之弟也。以南平王恪为湘州刺史。侯景以赵伯超为东道行台，据钱塘；以田迁为军司，据富春；以李庆绪为中军都督，谢答仁为右厢都督，李遵为左厢都督，以讨刘神茂。

己卯，加侯景九锡，汉国置丞相以下官。己丑，豫章王栋禅位于景，景即皇帝位于南郊。还，登太极殿，其党数万，皆吹唇呼噪而上。大赦，改元太始。封栋为淮阴王，并其二弟桥、㯭同锁于密室。

王伟请立七庙，景曰："何谓七庙？"伟曰："天子祭七世祖考。"并请七世讳，景曰："前世吾不复记，唯记我父名标；且彼在朔州，那得来噉此！"众咸笑之。景党有知景祖名乙羽周者；自外皆王伟制其名位，追尊父标为元皇帝。

【译文】 十一月，乙亥日（初五），王僧辩等又上表劝湘东王萧绎进位，萧绎没有答应。戊寅日（初八），萧绎任命湘州刺史安南侯萧方矩为中卫将军，担任自己的副手。萧方矩，是萧方诸的弟弟。任命南平王萧恪为湘州刺史。侯景任命赵伯超为东道行台，驻守在钱塘；任用田迁做军司，据守在富春；任用李庆绪做中军都督，谢答仁做右厢都督，李遵为左厢都督，以征讨刘神茂。

己卯日（初九），萧栋加给侯景九锡，汉国设置丞相以下官职。己丑日（十九日），豫章王萧栋让位给侯景，侯景在南郊即皇帝位。回来后，登上太极殿，他的党羽有好几万，都吹起口哨大声欢呼拥上去。侯景大赦天下，改年号为太始。封萧栋为淮阴王，与他的两个弟弟萧桥、萧㯭一起被锁在密室里。

王伟请求建立七庙，侯景说："什么叫作七庙？"王伟说：

"天子祭祀七代祖先。"并请示侯景七代祖先的名讳,侯景说:
"前几世的我记不得,只记得我父亲名为侯标,而且他们都在
朔州,哪里会来吃你祭祀的东西!"大家都笑起来。侯景的党羽
里有人知道侯景的祖父名叫乙羽周;此外都由王伟制定他们的
名位,追尊他的父亲侯标为元皇帝。

　　景之作相也,以西州为府,文武无尊卑皆引接,及居禁中,
非故旧不得见,由是诸将多怨望。景好独乘小马,弹射飞鸟,王
伟每禁止之,不许轻出。景郁郁不乐,更成失志,曰:"吾无事为
帝,与受摈不殊。"

　　壬辰,湘东王以长沙王韶为郢州刺史。

　　益州长史刘孝胜等劝武陵王纪称帝,纪虽未许,而大造乘
舆车服。

　　【译文】侯景担任丞相时,以西州为相府,文武官员不管尊
卑贵贱都会接见;等到做了皇帝,居住在皇宫中,不是从前的老
朋友他就不接见,因此很多将领都有抱怨。侯景喜欢骑着马,用
弹弓射空中的飞鸟,王伟常常阻止他,不许侯景随便外出。侯景
闷闷不乐,更加失意,说:"我无缘无故当皇帝干什么?这和被
人家摈弃有什么区别。"

　　壬辰日(二十二日),湘东王萧绎任用长沙王萧韶做郢州刺
史。

　　益州长史刘孝胜等劝说武陵王萧纪称帝,萧纪虽然并未答
应,却大造天子的车服。

　　十二月,丁未,谢答仁、李庆绪攻建德,擒元頵、李占送建
康,景截其手足以徇,经日乃死。

齐主每出入，常以中山王自随，王妃太原公主恒为之尝饮食，护视之。是月，齐主饮公主酒，使人鸩中山王，杀之，并其三子，谥王曰魏孝静皇帝，葬于邺西漳北。其后齐主忽掘其陵，投梓宫于漳水。齐主初受禅，魏神主悉寄于七帝寺，至是，亦取焚之。

彭城公元韶以高氏婿，宠遇异于诸元。开府仪同三司美阳公元晖业以位望隆重，又志气不伦，尤为齐主所忌，从齐主在晋阳。晖业于宫门外骂韶曰："尔不及一老妪，负玺与人。何不击碎之! 我出此言，知即死，尔亦讵得几时!"齐主闻而杀之，及临淮公元孝友，皆凿汾水冰，沉其尸。孝友，彧之弟也。齐主尝剃元韶鬓须，加之粉黛以自随，曰："吾以彭城为嫔御。"言其懦弱如妇人也。

【译文】 十二月，丁未日（初八），谢答仁、李庆绪攻打建德，捉住元頵、李占，将他们送到建康，侯景砍掉了他们的手脚让他们等死，过了一天就死了。

齐主高洋每次出入，常常带着中山王在自己身边相随，王妃太原公主常常为中山王先尝饮食，以便保护监视。这个月，齐主高洋请太原公主喝酒，命人拿毒酒给中山王喝，趁机害死他，他的三个儿子也一起被害。高洋给中山王的谥号为魏孝静皇帝，葬在邺城西漳水的北边。后来齐主高洋突然又去挖他的坟墓，将棺木丢到漳水里。齐主高洋起初受禅位时，魏的神主都寄放在七帝寺，到这时，都取来烧掉了。

彭城公元韶是高欢的女婿，受到的宠幸与其他元氏不同。开府仪同三司美阳公元晖业，因为位高望众，而且志气不凡，尤其被齐主高洋忌恨，他跟随齐主高洋在晋阳。元晖业在宫门外骂元韶说："你还不如一个老妇人，捧着玉玺去送给别人，你为什么不将它打碎呢? 我敢说这些话，就知道我马上就要死了，

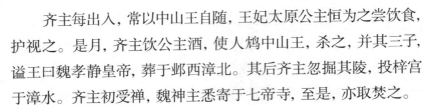

但你又能活几天？”齐主高洋听到后就将他杀了，又杀了临淮公元孝友，挖开汾水的冰面，将尸体沉到水里。元孝友，是元彧的弟弟。齐主高洋曾经将元韶的胡子鬓发剃掉，擦上粉黛留在身边，说："我用彭城公做我的妃嫔。"表示说他懦弱得像妇人一样。

世祖孝元皇帝上

承圣元年（壬申，公元五五二年）春，正月，湘东王以南平内史王褒为吏部尚书。褒，骞之孙也。

齐人屡侵侯景边地，甲戌，景遣郭元建帅步军趣小岘，侯子鉴帅舟师向濡须，己卯，至合肥；齐人闭城不出，乃引还。

丙申，齐主伐库莫奚，大破之，俘获四千人，杂畜十馀万。

齐主连年出塞，给事中兼中书舍人唐邕练习军书，自督将以降劳效本末及四方军士强弱多少，番代往还，器械精粗，粮储虚实，靡不谙悉。或于帝前简阅，虽数千人，不执文簿，唱其姓名，未尝谬误。帝常曰："唐邕强干，一人当千。"又曰："邕每有军事，手作文书，口且处分，耳又听受，实异人也！"宠待赏赐，群臣莫及。

【译文】承圣元年（壬申，公元552年）春季，正月，湘东王萧绎任用南平内史王褒做吏部尚书。王褒，是王骞的孙子。

北齐人多次侵犯侯景的边防要地，甲戌日（初五），侯景派遣郭元建带领步军赶往小岘，侯子鉴率领舟师向濡须进发，己卯日（初十），到达合肥，北齐人关闭城门不肯出来应战，只好领兵退还。

丙申日（二十七日），齐主高洋攻打库莫奚，大败他们的军队，俘虏四千人，缴获牲畜十余万只。

齐主高洋连年出征塞外，给事中兼中书舍人唐邕精通军事文书, 从督将以下在军中效力建功的原委和四方各地军队兵士的强弱多少, 相互更替来回, 兵器机械的精良粗糙, 粮食的储备多少等情形, 没有不熟悉的。有时在齐主高洋面前检查校阅, 即使有几千人, 不用拿着文书簿册, 也能念出他们的姓名, 从来没有差错。齐主高洋常说:"唐邕是个精明能干的人, 一个人抵得上一千个人。"又说:"唐邕每次处理军中要务, 手一边批阅文件, 口还布置任务, 耳朵又要听别人汇报, 实在与平常人不同啊!"高洋对他的宠爱赏赐, 是别的臣子无法比得上的。

魏将王雄取上津、魏兴, 东梁州刺史安康李迁哲军败, 降之。

突厥土门袭击柔然, 大破之。柔然头兵可汗自杀, 其太子庵罗辰及阿那瓌从弟登注俟利、登注子库提并帅众奔齐, 馀众复立登注次子铁伐为主。土门自号伊利可汗, 号其妻为可贺敦, 子弟谓之特勒, 别将兵者皆谓之设。

湘东王命王僧辩等东击侯景, 二月, 庚子, 诸军发寻阳, 舳舻数百里。陈霸先帅甲士三万, 舟舰二千, 自南江出湓口, 会僧辩于白茅湾, 筑坛歃血, 共读盟文, 流涕慷慨。癸卯, 僧辩使侯瑱袭南陵、鹊头二戍, 克之。戊申, 僧辩等军于大雷; 丙辰, 发鹊头。戊午, 侯子鉴还至战鸟, 西军奄至, 子鉴惊惧, 奔还淮南

【译文】西魏的将领王雄攻取上津、魏兴, 东梁州刺史安康人李迁哲的军队战败, 归降了他。

突厥酋帅土门偷袭攻打柔然, 击败了他们的军队。柔然的头兵可汗自杀, 他的太子庵罗辰与阿那瓌的堂弟登注俟利、登注的儿子库提一同率领部众投奔北齐, 其余的部众又拥立登注的第二个儿子铁伐做领袖。土门自号伊利可汗, 封他的妻子为可

贺敦,子弟称作特勒,其他率领军队的都叫作设。

湘东王萧绎命令王僧辩等向东去攻打侯景,二月,庚子日（初二）,各路军从寻阳出发,船只相连数百里。陈霸先带领装甲兵士三万名,船舰两千艘,从南江出了溢口,在白茅湾与王僧辩会合,筑起高坛,歃血立盟,一同宣读盟誓文章,流下眼泪,慷慨激昂。癸卯日（初五）,王僧辩派侯瑱攻打南陵、鹊头两个边境,攻克两境。戊申日（初十）,王僧辩等驻扎在大雷,丙辰日（十八日）,从鹊头发兵。戊午日（二十日）,侯子鉴回到战鸟,西路大军突然来到,侯子鉴惊恐万分,逃奔回到淮南。

侯景仪同三司谢答仁攻刘神茂于东阳,程灵洗、张彪皆勒兵将救之,神茂欲专其功,不许,营于下淮。或谓神茂曰:"贼长于野战,下淮地平,四面受敌,不如据七里濑,贼必不能进。"不从。神茂偏裨多北人,不与神茂同心,别将王晔、郦通并据外营,降于答仁,刘归义、尹思合等弃城走。神茂孤危,辛未,亦降于答仁,答仁送之建康。

【译文】侯景派遣仪同三司谢答仁在东阳征讨刘神茂,程灵洗、张彪都指挥军队去救援他,刘神茂想独自一人立功,没有答应他们前来,自己率兵驻扎在下淮。有人对刘神茂说:"贼兵擅长野外作战,下淮地势平坦,刚好四面都受到敌人牵制,不如据守在七里濑,贼兵一定不敢进攻。"刘神茂不听。刘神茂军中将佐大多是北方人,不与刘神茂一心,别将王晔、郦通一起据守在外营,投降了谢答仁,刘归义、尹思合等弃城逃跑。刘神茂孤弱危险,辛未日（二月无此日）,也投降了谢答仁,谢答仁将他押送回建康。

癸酉，王僧辩等至芜湖，侯景守将张黑弃城走。景闻之，甚惧，下诏赦湘东王绎、王僧辩之罪，众咸笑之。侯子鉴据姑孰南洲以拒西师，景遣其党史安和等将兵二千助之。三月，己巳朔，景下诏欲自至姑孰，又遣人戒子鉴曰："西人善水战，勿与争锋；往年任约之败，良为此也。若得步骑一交，必当可破，汝但结营岸上，引船入浦以待之。"子鉴乃舍舟登岸，闭营不出。僧辩等停军芜湖十馀日，景党大喜，告景曰："西师畏吾之强，势将遁矣，不击，且失之。"景乃复命子鉴为水战之备。

丁丑，僧辩至姑孰，子鉴帅步骑万馀人度洲，于岸挑战，又以鹢舻千艘载战士。僧辩麾细船皆令退缩，留大舰夹泊两岸。子鉴之众谓水军欲退，争出趋之；大舰断其归路，鼓噪大呼，合战中江，子鉴大败，士卒赴水死者数千人。子鉴仅以身免，收散卒走还建康，据东府。僧辩留虎臣将军庄丘慧达镇姑孰，引军而前，历阳戍迎降。景闻子鉴败，大惧，涕下覆面，引衾而卧，良久方起，叹曰："误杀乃公！"

【译文】 癸酉（二月无此日），王僧辩等到达芜湖，侯景的守将张黑弃城逃走。侯景听了，十分害怕，下诏令赦免湘东王萧绎、王僧辩的罪过，大家都嘲笑他。侯子鉴据守在姑孰、南洲以便对抗西方军队，侯景派他的党羽史安和等带领两千名士兵去援助。三月，己巳朔日（初一），侯景下诏令想亲自到姑孰，又派人告诫侯子鉴说："西方人善于水战，不要在水上和他们争锋，从前任约失败，实在就是这个原因。假如步、骑兵能一同出击，一定可以打败他们，你只需在岸上结营，领着船进入水滨等待他们。"侯子鉴于是舍弃舟船上了岸，关闭营门不出去。王僧辩等率军在芜湖停留十多天，侯景的党羽十分高兴，告诉侯景说："西方军队畏惧我们的强大，看情形恐怕要逃走了，不进攻，将会失去机会。"侯景于是又命令侯子鉴做水战准备。

丁丑日（初九），王僧辩抵达姑孰，侯子鉴带领步兵骑兵一万多人渡过沙洲，在岸边挑战，又用上千艘小船装载战士。王僧辩命令小船都退后躲开，留下大军舰停在两岸。侯子鉴的军队认为水军想退逃，争着出来追击他们，王僧辩的大舰切断了他们的退路，击鼓声、呼喊声同时响起，双方在江上大战，侯子鉴大败，士兵逃跑落水溺死的有几千人。侯子鉴幸免一死，收拾溃败的兵卒退回建康，据守在东府。王僧辩留下虎臣将军庄丘慧达镇守姑孰，领军前进，历阳戍卒前来投降。侯景听说侯子鉴战败，十分恐惧，泪流满面，和衣躺在床上，好长时间才起来，悲叹地说："侯子鉴，你可把我坑了！"

庚辰，僧辩督诸军至张公洲，辛巳，乘潮入淮，进至禅灵寺前。景召石头津主张宾，使引淮中舸舳及海艟，以石缒之，塞淮口；缘淮作城，自石头至于朱雀街，十馀里中，楼堞相接。僧辩问计于陈霸先，霸先曰："前柳仲礼数十万兵隔水而坐，韦粲在青溪，竟不度岸，贼登高望之，表里俱尽，故能覆我师徒。今围石头，须度北岸。诸将若不能当锋，霸先请先往立栅。"壬午，霸先于石头西落星山筑栅，众军次连八城，直出石头西北。景恐西州路绝，自帅侯子鉴等亦于石头东北筑五城以遏大路。景使王伟等守台城。乙酉，景杀湘东〔王〕世子方诸、前平东将军杜幼安。

刘神茂至建康，丙戌，景命为大剉碓，先进其足，寸寸斩之，以至于头。留异外同神茂而潜通于景，故得免祸。

【译文】庚辰日（十二日），王僧辩督导各路军队抵达张公洲，辛巳日（十三日），王僧辩领军趁着涨潮进入淮水，进兵禅灵寺前。侯景召唤石头津的首领张宾，命他集中秦淮河的大小船

27

只和出海的巨舰，装满石头沉入河中，塞住淮水出口，沿着淮水修筑城墙，从石头城到朱雀街，十余里间，楼墙相接。王僧辩向陈霸先请教计策，陈霸先说："从前柳仲礼的数十万军队隔水观望，屯兵不前，韦粲当时在青溪，也不肯渡河进攻，贼兵登上高处远望，里里外外都看得十分清楚，所以能打败我们的军队。现在要围攻石头城，就必须渡到北岸去。各位将领倘若不能当先锋，我请求先去竖立栅栏。"壬午日（十四日），陈霸先在石头城西边落星山修筑栅栏，所有各路军队依次接连成八个营栅，一直出了石头城西北面。侯景担心西州路被阻断，自己带领侯子鉴等也在石头东北修筑五座城墙来阻断大路。侯景命王伟守着台城。乙酉日（十七日），侯景杀掉湘东王的世子萧方诸和前平东将军杜幼安。

刘神茂被押到建康，丙戌日（十八日），侯景命令用大剉碓的刑法，先放上他的脚，一寸一寸地砍断，一直到头。留异外表是和刘神茂一路，而暗中却和侯景私通，所以免除了祸患。

丁亥，王僧辩进军招提寺北，侯景帅众万馀人、铁骑八百馀匹陈于西州之西。陈霸先曰："我众贼寡，应分其兵势，以强制弱；何故聚其锋锐，令致死于我！"乃命诸将分处置兵。景冲将军王僧志陈，僧志小缩，霸先遣将军安陆徐度将弩手二千横截其后，景兵乃却。霸先与王琳、杜龛等以铁骑乘之，僧辩以大军继进，景兵败退，据其栅。龛，岸之兄子也。景仪同三司卢晖略守石头城，开北门降，僧辩入据之。景与霸先殊死战，景帅百馀骑，弃矟执刀，左右冲陈。陈不动，众遂大溃，诸军逐北至西明门。

景至阙下，不敢入台，召王伟责之曰："尔令我为帝，今日误我！"伟不能对，绕阙而藏。景欲走，伟执鞚谏曰："自古岂有叛天子邪！宫中卫士，犹足一战，弃此，将欲安之？"景曰："我昔败贺拔胜，破葛荣，扬名河、朔，度江平台城，降柳仲礼如反掌；今日天亡我也！"因仰观石阙，叹息久之。以皮囊盛其江东所生二子，挂之鞍后，与房世贵等百馀骑东走，欲就谢答仁于吴。侯子鉴、王伟、陈庆奔朱方。

【译文】丁亥日（十九日），王僧辩向招提寺北面进兵，侯景带领一万多名部众、铁骑八百多匹，在西州的西面列阵。陈霸先说："我们人多，敌人人少，应当分散敌军兵力，用强的来对抗弱的，为什么让他们把精锐的军队聚集一起，与我们拼命呢！"于是命令各将领分配处置各路军队。侯景率军冲进将军王僧志的行阵里，王僧志稍微退却了一下，陈霸先派遣将军安陆人徐度带领两千名弓箭手横向截断他的后路，侯景的军队只好后撤。陈霸先和王琳、杜龛等调动铁骑，趁机攻入侯景阵伍，王僧辩率领大军继续前进，侯景战败退到栅中据守。杜龛，是杜岸哥哥的儿子。侯景的仪同三司卢晖略驻守石头城，开了北门投降，王僧辩进去据守石头城。侯景与陈霸先作生死的决战，侯景带领一百多名骑兵，丢掉长矛拿着刀，左冲右突冲入陈霸先的军阵，但陈霸先的军阵稳稳不动，他的部众因此全部溃散，各路军追剿败兵一直到西明门。

侯景回到宫阙下，不敢进入台城，召唤王伟责骂他说："你劝我称帝，今天却连累了我！"王伟无话可说，绕着宫阙藏匿起来。侯景想要出逃，王伟拉着他的缰绳劝阻他说："自古以来，哪里有背叛的天子啊！现在宫中的卫士，还足够与敌人打一仗，放弃这里，要到哪里去安身呢！"侯景说："我从前打败贺拔胜，击败了葛荣，声名称雄于河、朔地方，渡过长江攻克台城，降服柳仲礼，真是易如反掌，现在是老天要亡我了！"于是抬起头来观望着宫阙，叹息了好久。侯景用皮囊装着在江东所生的两个儿子，挂在马鞍的后面，与房世贵等一百多名骑兵向东逃去，想到吴地投靠谢答仁。侯子鉴、王伟、陈庆投奔朱方。

僧辩命裴之横、杜龛屯杜姥宅，杜崱入据台城。僧辩不戢军士，剽掠居民。男女裸露，自石头至于东城，号泣满道。是夜，军士遗火。焚太极殿及东西堂，宝器、羽仪、辇辂无遗。

戊子，僧辩命侯瑱等帅精甲五千追景。王克、元罗等帅台内旧臣迎僧辩于道，僧辩劳克曰："甚苦，事夷狄之君。"克不能对。又问："玺绂何在?"克良久曰："赵平原持去。"僧辩曰："王氏百世卿族，一朝而坠。"僧辩迎太宗梓宫升朝堂，帅百官哭踊如礼。

己丑，僧辩等上表劝进，且迎都建业。湘东王答曰："淮海长鲸，虽云授首；襄阳短狐，未全革面。太平玉烛，尔乃议之。"

【译文】 王僧辩命令裴之横、杜龛镇守杜姥宅，杜崱进入据守台城。王僧辩不约束军士，因而兵士们剽窃掠夺百姓，城中百姓男女裸露，从石头直到东城，满路上都是号哭声。这晚，军士放火，太极殿和东西堂的宝器、宫中的羽仪旌旄、天子的大车等一切都被烧光。

戊子日（二十日），王僧辩命令侯瑱等带领精锐兵甲五千名去追击侯景。王克、元罗等带领台城内的旧臣在路上迎候王僧辩，王僧辩慰劳王克说："事奉夷狄的国君很辛苦吧!"王克羞愧得说不出话来。又问："玉玺在什么地方?"王克过了好久才说："赵平原拿去了。"王僧辩说："王氏世代公卿，一朝而坠落无遗了。"王僧辩迎接太宗的灵枢放置在朝廷殿堂，率领百官按礼仪痛哭跪拜。

己丑日（二十一日），王僧辩等上表劝请萧绎进位，而且在都城建业迎接。湘东王萧绎回答说："淮海的长鲸侯景，虽然要被杀了，但襄阳的岳阳王萧詧像一只短狐一样，还没有完全改过。等天下太平了，你们再商议此事吧！"

庚寅，南兖州刺史郭元建、秦郡戍主郭正买、阳平戍主鲁伯和、行南徐州事郭子仲，并据城降。

僧辩之发江陵也，启湘东王曰："平贼之后，嗣君万福，未审何以为礼？"王曰："六门之内，自极兵威。"僧辩曰："讨贼之谋，臣为己任，成济之事，请别举人。"王乃密谕宣猛将军朱买臣，使为之所。及景败，太宗已殂，豫章王栋及二弟桥、樛相扶出于密室，逢杜崱则于道，为去其锁。二弟曰："今日始免横死矣！"栋曰："倚伏难知，吾犹有惧！"辛卯，遇朱买臣，呼之就船共饮，未竟，并沉于水。

【译文】庚寅日（二十二日），南兖州刺史郭元建、秦郡的戍主郭正买、阳平的戍主鲁伯和、兼摄南徐州政事的郭子仲，都献出据守的城池一起投降。

王僧辩从江陵发兵时，启奏湘东王萧绎说："等贼兵平定后，嗣君恢复君位了，不知道要如何行礼？"湘东王说："台城六门里面，自然听凭你处置。"王僧辩说："讨伐贼兵的谋划工作，是臣分内的职责，但是要像成济一样去暗杀帝王的任务，请你另找别人吧！"湘东王萧绎就秘密告谕宣猛将军朱买臣，让他便宜处置。等到侯景战败，太宗也死了，豫章王萧栋和两个弟弟萧桥、萧樛相扶着走出密室，在路上遇到杜崱，为他们拿掉了锁链。两个弟弟都说："现在总算可以免除死祸了！"萧栋说："祸与福互为倚伏，变化都还很难知道，我还有点担心呢！"辛卯日（二十三日），他们遇到朱买臣，邀请他们一起到船舰上饮酒，还没结束宴饮，就将他们一起沉溺到江水里了。

资治通鉴

僧辩遣陈霸先将兵向广陵受郭元建等降，又遣使者往安慰之。诸将多私使别索马仗，会侯子鉴度江至广陵，谓元建等曰："我曹，梁之深仇，何颜复见其主！不若投北，可得还乡。"遂皆降齐。霸先至欧阳，齐行台辛术已据广陵。

王伟与侯子鉴相失，直渎戍主黄公喜获之，送建康。王僧辩问曰："卿为贼相，不能死节，而求活草间邪？"伟曰："废兴，命也。使汉帝早从伟言，明公岂有今日！"尚书左丞虞骘尝为伟所辱，乃唾其面。伟曰："君不读书，不足与语。"骘惭而退。僧辩命罗州刺史徐嗣徽镇朱方。

【译文】王僧辩派遣陈霸先带领军队到广陵接受郭元建等人投降，又派使者去慰问他们。各将领大多私自派使者另外去索取马匹兵器，恰好侯子鉴渡江到了广陵，就对郭元建等说："我们这辈人，都是与梁朝有深仇大恨的人，我们还有什么脸面去见他们的主子！不如投奔到北方，还有机会回到家乡。"于是都投降了北齐。陈霸先到了欧阳，齐的行台辛术已经驻守广陵了。

王伟与侯子鉴互相失援后，直渎戍主黄公喜捉到了他，送到建康。王僧辩问他说："你是贼人的丞相，不能为贼主守死节，反而躲在草野间想苟且偷生吗？"王伟说："失败或兴起，这是天命，假如汉帝侯景早先听从我的话，不放你回去，怎么会有今天呢！"尚书左丞虞骘曾经受到王伟的凌辱，于是在他脸上吐了口水。王伟说："你是个不读书的人，不值得与你说什么。"虞骘惭愧退下。王僧辩命令罗州刺史徐嗣徽镇守朱方。

【申涵煜评】侯景之逆，成于王伟。伟负绝世之才，作恶不遗余力。亦曾见古今来有如此人物而能成帝业者否？蛇蝎之性，至死不移。乃犹以读书傲人，愚极矣。

【译文】 侯景的叛乱，是王伟促成的。王伟抱有举世无双的才能，做坏事不遗余力。古往今来哪里有这样的人能够成就帝王事业的呢？他蛇蝎一样恶毒的本性，到死都没有改变。居然还拿读书来傲视他人，简直愚蠢到了极点。

壬辰，侯景至晋陵，得田迁馀兵，因驱掠居民，东趋吴郡。

夏，四月，齐主使大都督潘乐与郭元建将兵五万攻阳平，拔之。

王僧辩启陈霸先镇京口。

益州刺史、太尉武陵王纪，颇有武略，在蜀十七年，南开宁州、越巂，西通资陵、吐谷浑，内修耕桑盐铁之政，外通商贾远方之利，故能殖其财用，器甲殷积，有马八千匹。闻侯景陷台城，湘东王将讨之，谓僚佐曰：“七官文士，岂能匡济！”内寝柏殿柱绕节生花，纪以为己瑞。乙巳，即皇帝位，改元天正，立子圆照为皇太子，圆正为西阳王，圆满为竟陵王，圆普为谯王，圆肃为宜都王。以巴西、梓潼二郡太守永丰侯撝为征西大将军、益州刺史，封秦郡王。司马王僧略、直兵参军徐怦固谏，不从。僧略，僧辩之弟；怦，勉之从子也。

初，台城之围，怦劝纪速入援，纪意不欲行，内衔之。会蜀人费合告怦反，怦有与将帅书云：“事事往人口具。”纪即以为反徵，谓怦曰：“以卿旧情，当使诸子无恙。”对曰：“生儿悉如殿下，留之何益！”纪乃尽诛之，枭首于市，亦杀王僧略。永丰侯撝叹曰：“王事不成矣！善人，国之基也，今先杀之，不亡何待！”

【译文】壬辰日（二十四日），侯景逃到晋陵，获得田迁的残余军队，驱逐掠夺当地的居民，向东奔逃到吴郡。

夏季，四月，齐主高洋派大都督潘乐和郭元建带领五万军士攻打阳平，攻陷了阳平城。

王僧辩启奏萧绎由陈霸先镇守京口。

益州刺史、太尉武陵王萧纪，颇有武略，治理蜀地十七年，向南开拓了宁州、越巂，向西打通资陵、吐谷浑，内部努力兴办耕种、纺织、食盐、冶铁等经济事业，对外向远方通商取利，所以蜀地财富增加很快，兵器、铠甲积存很多，有八千匹战马。听说侯景已经将台城攻陷了，湘东王萧绎将要去讨伐他，就对亲信僚属说："湘东王萧绎是一介文士，怎么能匡复社稷！"萧纪里面寝宫柏殿的柱子上绕着环节生出花来，萧纪认为那是代表自己祥瑞的象征。乙巳日（初八），萧纪即皇帝位，改年号为天正，立儿子萧圆照做皇太子，萧圆正为西阳王，萧圆满为竟陵王，萧圆普为谯王，萧圆肃为宜都王。任命巴西、梓潼二郡的太守永丰侯萧撝为征西大将军、益州刺史，封为秦郡王。司马王僧略、直兵参军徐怦极力劝阻，萧纪不肯听从。王僧略，是王僧辩的弟弟；徐怦，是徐勉的侄子。

起初，台城被包围时，徐怦奉劝萧纪赶快去救援，萧纪不想去，因而怀恨在心。恰好蜀人费合密告徐怦谋反，徐怦在和将帅来往的书信上说："各种事情都过去了，人数也具备了。"萧纪认为这是他造反的征兆，萧纪对徐怦说："以我和你的旧交情，当会使你的儿子安然无恙。"徐怦回答说："生个儿子假如像你这样，父亲有难不去救援，留着有什么用处！"萧纪于是将他们都杀掉，砍下头来悬挂在市中，也杀掉了王僧略。永丰侯萧撝感叹地说："武陵王的帝业是没有希望了！善良的人，是国家的根本，现在先杀掉他们，不灭亡还等着什么呢！"

纪徵宜丰侯谘议参军刘璠为中书侍郎，使者八反，乃至。纪令刘孝胜深布腹心，璠苦求还。中记室韦登私谓璠曰："殿下忍而畜憾，足下不留，将致大祸，孰若共构大厦，使身名俱美哉！"璠正色曰："卿欲缓颊于我邪？我与府侯分义已定，岂以夷险易其心乎！殿下方布大义于天下，终不逞志于一夫。"纪知必不为己用，乃厚礼遣之。以宜丰侯循为益州刺史，封随郡王，以璠为循府长史、蜀郡太守。

谢答仁讨刘神茂还，至富阳，闻侯景败走，帅万人欲北出候之，赵伯超据钱塘拒之。侯景进至嘉兴，闻伯超叛之，乃退据吴。己酉，侯瑱追及景于松江，景犹有船二百艘，众数千人，瑱进击，败之，擒彭隽、田迁、房世贵、蔡寿乐、王伯丑。瑱生剖隽腹，抽其肠，隽犹不死，手自收之，乃斩之。

【译文】萧纪征召宜丰侯的谘议参军刘璠做中书侍郎，派去召请的使者，八次往返，才把他请来。萧纪命令刘孝胜向刘璠深切地表明心意，刘璠苦苦请求回去。中记室韦登私下对刘璠说："殿下阴险，常将不愉快的事隐藏在心里，你若不留下来，将会导致大的祸患，不如一同完成大志，使自己身显名扬！"刘璠正色说："你是想用婉言来劝说我吗？我与宜丰侯主从的名义已定，怎么能用安危来动摇自己的心志呢！殿下正要宣扬大义于天下，绝不会以杀害一个匹夫为快意。"萧纪知道刘璠一定不能被自己任用，就赐给他丰厚的礼物将他送回去。萧纪任用宜丰侯萧循做益州刺史，封为随郡王，任命刘璠做萧循的府长史、蜀郡太守。

谢答仁征讨刘神茂回来，到了富阳，听说侯景已经战败逃走,于是带领一万多人想到北面迎候侯景,赵伯超据守钱塘对抗他。侯景行进到嘉兴,听到赵伯超背叛他,就退回驻守吴地。己酉日(十二日),侯瑱在松江追到侯景,侯景还有二百艘船,部众数千人,侯瑱进攻,打败了他们,擒获彭隽、田迁、房世贵、蔡寿乐、王伯丑。侯瑱活活地剖开彭隽的肚子,抽出肚内的肠子,彭隽还没有死,用手把自己的肠子收回肚里,侯瑱这才砍死他。

景与腹心数十人单舸走,推堕二子于水,将入海,瑱遣副将焦僧度追之。景纳羊侃之女为小妻,以其兄鹍为库直都督,待之甚厚;鹍随景东走,与景所亲王元礼、谢葳蕤密图之。葳蕤,答仁之弟也。景下海,欲向蒙山,己卯,景昼寝;鹍语海师:"此中何处有蒙山,汝但听我处分。"遂直向京口。至胡豆洲,景觉,大惊;问岸上人,云"郭元建犹在广陵",景大喜,将依之。鹍拔刀,叱海师向京口,因谓景曰:"吾等为王效力多矣,今至于此,终无所成,欲就乞头以取富贵。"景未及答,白刃交下。景欲投水,鹍以刀斫之。景走入船中,以佩刀抉船底,鹍以稍刺杀之。尚书右仆射索超世在别船,葳蕤以景命召而执之。南徐州刺史徐嗣徽斩超世,以盐内景腹中,送其尸于建康。僧辩传首江陵,截其手,使谢葳蕤送于齐;暴景尸于市,士民争取食之,并骨皆尽;溧阳公主亦预食焉。初,景之五子在北齐,世宗剥其长子面而烹之,幼者皆下蚕室。齐显祖即位,梦猕猴坐其御床,乃尽烹之。赵伯超、谢答仁皆降于侯瑱,瑱并田迁等送建康。王僧辩斩房世贵于市,送王伟、吕季略、周石珍、严亶、赵伯超、伏知命于江陵。

【译文】侯景与几十个心腹单独驾着大船逃走,把他的两个孩子推入水里,快要进入大海时,侯瑱派遣副将焦僧度去追赶他们。侯景娶了羊侃的女儿做小妾，任用他的哥哥羊鹍做库直都督，待他十分优厚；羊鹍跟随侯景向东逃走，与侯景所亲近的王元礼、谢葳蕤暗中图谋造反。谢葳蕤，是谢答仁的弟弟。侯景的船进入大海，想往蒙山去。己卯日（四月无此日），侯景白天在睡觉，羊鹍对那个熟悉航海路线的人说："这儿哪里有蒙山，你只要乖乖地听我指挥就好。"于是直接奔向京口。到了胡豆洲，侯景才发觉，很吃惊，问岸上的人，说："郭元建还在广陵。"侯景十分高兴，想去投靠他。羊鹍拔出刀子，叱责领航的人命船向京口驶去，接着告诉侯景说："我们为您效力已经很久了，今天到这个地步，终究是不会有什么好结果了，想砍下你的头，去求取富贵。"侯景还来不及回答，白刀子已经一齐砍下来。侯景想跳水，羊鹍用刀去砍他。侯景跑进船里，用佩刀去挖船的底板，想挖个洞，放水进来，使船沉没，羊鹍用长矛刺杀了他。尚书右仆射索超世在另一条船上，谢葳蕤假借侯景的命令召唤他前来，然后将他抓起来。南徐州刺史徐嗣徽杀掉索超世，将盐放进侯景的肚子里，把他的尸体送到建康。王僧辩将他的头砍下送到江陵，砍断他的手派谢葳蕤送到北齐；将侯景的尸体暴露在市街，士兵百姓争着抢来吃，连骨头都抢光了；溧阳公主也想吃侯景的肉。起初，侯景的五个孩子都在北齐，世宗高澄剥下他的长子的脸，将他烹杀了，其他小的都下到蚕室割去生殖器。齐显祖高洋即位时，梦见猕猴坐在他的床上，因此就把侯景的几个孩子全部烹杀掉。赵伯超、谢答仁都向侯瑱投降，侯瑱把他们和田迁等一起送到建康。王僧辩在市街上杀掉了房世贵，将王伟、吕季略、周石珍、严亶、赵伯超、伏知命都押送到江陵。

丁巳，湘东王下令解严。

乙丑，葬简文帝于庄陵，庙号太宗。

侯景之败也，以传国玺自随，使其侍中兼平原太守赵思贤掌之，曰："若我死，宜沉于江，勿令吴儿复得之。"思贤自京口济江，遇盗，从者弃之草间，至广陵，以告郭元建。元建取之，以与辛术，壬申，术送之至邺。

甲申，齐以吏部尚书杨愔为右仆射，以太原公主妻之。公主即魏孝静帝之后也。

杨乾运至剑北，魏达奚武逆击之，大破乾运于白马，陈其俘馘于南郑城下，且遣人辱宜丰侯循。循怒，出兵与战，都督杨绍伏兵击之，杀伤殆尽。刘璠还至白马西，为武所获，送长安。太师泰素闻其名，待之如旧交。时南郑久不下，武请屠之，泰将许之。璠请之于朝，泰怒，不许；璠泣请不已，泰曰："事人当如是。"乃从其请。

【译文】丁巳日（二十日），湘东王萧绎下令解除戒严。

乙丑日（二十八日），梁朝在庄陵埋葬简文帝，庙号太宗。

侯景败逃时，将传国玉玺带在身边，命他的侍中兼领平原太守赵思贤掌管，说："假如我死了，也要将它沉到江中，不要让吴儿他们再拿到。"赵思贤从京口渡江，在路上遇到强盗，随从就将它丢到草丛间，到了广陵，他们把这件事禀告了郭元建。郭元建将它捡回来，交给辛术，壬申日（四月无此日），辛术把玉玺送到邺城。

甲申日（四月无此日），北齐任用吏部尚书杨愔做右仆射，将太原公主嫁给他。太原公主，是魏孝静帝的皇后。

杨乾运到了剑阁北面，西魏达奚武迎击他，在白马大败杨乾运的军队，割下俘获士兵的左耳陈列在南郑城下，并派人去羞辱宜丰侯萧循。萧循十分生气，派出军队与他们作战，都督杨绍埋伏士兵攻打他，萧循的士兵几乎全部被杀死或杀伤。刘璠回到白马西边，被达奚武擒获，送到长安。太师宇文泰平素就听过他的盛名，对他就像老朋友一样。当时南郑城久久不能攻克，达奚武请求屠城，宇文泰将要答应他。刘璠到西魏朝廷去请求不要这样做，宇文泰发怒，没有允许；刘璠哭泣不停地请求，宇文泰说："事奉人就应当像他这样。"于是听从了刘璠的请求。

五月，庚午，司空南平王恪等复劝进，湘东王犹不受，遣侍中丰城侯泰等谒山陵，修复庙社。

戊寅，侯景首至江陵，枭之于市三日，煮而漆之，以付武库。庚辰，以南平王恪为扬州刺史。甲申，以王僧辩为司徒、镇卫将军，封长宁公。陈霸先为征虏将军、开府仪同三司，封长城县侯。

乙酉，诛侯景所署尚书仆射王伟、左民尚书吕季略、少府周石珍、舍人严亶于市。赵伯超、伏知命饿死于狱。以谢答仁不失礼于太宗，特宥之；王伟于狱中上五百言诗，湘东王爱其才，欲宥之；有嫉之者，言于王曰："前日伟作檄文甚佳。"王求而视之，檄曰："项羽重瞳，尚有乌江之败；湘东一目，宁为赤县所归？"王大怒，钉其舌于柱，剜腹、脔肉而杀之。

【译文】五月，庚午日（初三），司空南平王萧恪等又劝湘东王萧绎进位，湘东王萧绎还是不肯接受，派遣侍中丰城侯萧泰去进谒山陵，重新再修整庙社。

戊寅日（十一日），侯景的首级被送到江陵，悬挂在市街三天示众，煮熟了后，用漆漆过，藏在武库里。庚辰日（十三日），任用南平王萧恪做扬州刺史。甲申日（十七日），任命王僧辩为司徒、镇卫将军，封为长宁公。任命陈霸先为征虏将军、开府仪同三司，封长城县侯。

乙酉日（十八日），在刑场上杀死侯景所任命的尚书仆射王伟、左民尚书吕季略、少府周石珍、舍人严亶。赵伯超、伏知命饿死在监狱里。因为谢答仁对太宗没有失礼，特别赦免了他。王伟在监狱里时曾上奏五百字的诗句，湘东王萧绎爱惜他的才能，也想宽宥他；有嫉恨王伟的人，就对湘东王萧绎说："前不久王伟写了一篇声讨的檄文很不错。"萧绎要求拿给他看，檄文中说："项羽是重瞳子，尚且有乌江的惨败；湘东王只有一只眼睛，岂能为中国所归服！"萧绎大怒，将王伟的舌头钉在柱子上，用刀挖他的肚子，把他的肉一块一块地割下才杀死他。

【乾隆御批】 *王伟之罪，虽寸磔不足以谢天下。绎始以爱其才，而欲宥之。其决意诛之也，乃激于"湘东一目"之语。岂复知有大义者耶？*

【译文】 王伟的罪行，就是把他一寸一寸地剁碎了，都不足以向天下人谢罪。萧绎开始因为喜好他的文才而想要宽恕他。后来决定诛杀他，是被"湘东王一只眼"的话所激怒。他又怎么会知道还有大义之人呢？

丙戌，齐合州刺史斛斯昭攻历阳，拔之。

丁亥，下令，以"王伟等既死，自馀衣冠旧贵，被逼偷生，猛士勋豪，和光苟免者，皆不问。"

扶风民鲁悉达，纠合乡人以保新蔡，力田蓄谷。时江东饥乱，饿死者什八九，遗民携老幼归之。悉达分给粮廪，全济甚众，招集晋熙等五郡，尽有其地。使其弟广达将兵从王僧辩讨侯景，景平，以悉达为北江州刺史。

齐主使其散骑常侍曹文皎等来聘，湘东王使散骑常侍柳晖等报之，且告平侯景；亦遣舍人魏彦告于魏。

【译文】 丙戌日（十九日），北齐合州刺史斛斯昭攻打历阳，攻陷城池。

丁亥日（二十日），萧绎下令，因为"王伟等一批人已经死了，其余的那些旧有的达官显贵，被逼迫而苟且偷生的，那些勇猛有功勋的豪杰，跟随侯景，以求免祸的，都不再追究"。

扶风百姓鲁悉达，集合乡里的人保护新蔡，勤力耕田，储蓄粮食。当时江东饥荒、战乱，饿死的人十有八九，剩余的百姓携老带幼去投奔他。鲁悉达分送给他们粮食，依靠他的救助而得以保全性命的人很多，鲁悉达召集晋熙等五个郡的百姓，将他们的土地都纳入自己的管辖。他还命他的弟弟鲁广达率领军队，跟随王僧辩讨伐侯景，侯景被平定后，萧绎任命鲁悉达为北江州刺史。

齐主高洋派他的散骑常侍曾文皎等来梁朝访问，湘东王派散骑常侍柳晖等回访，并且通报了平定侯景的事；也派舍人魏彦去告诉西魏。

齐主使潘乐、郭元建将兵围秦郡，行台尚书辛术谏曰："朝廷与湘东王信使不绝。阳平，侯景之土，取之可也；今王僧辩已遣严超达守秦郡，于义何得复争之！且水潦方降，不如班师。"弗从。陈霸先命别将徐度引兵助秦郡固守。齐众七万，攻之甚急。王僧辩使左卫将军杜崱救之，霸先亦自欧阳来会；与元建大战于土林，大破之，斩首万馀级，生擒千馀人，元建收馀众北遁；犹以通好，不穷追也。

辛术迁吏部尚书。自魏迁邺以来，大选之职，知名者数人，互有得失：齐世宗少年高朗，所弊者疏；袁叔德沈密谨厚，所伤者细;杨愔风流辩给,取士失于浮华。唯术性尚贞明,取士必以才器,循名责实,新旧参举,管库必擢,门阀不遗,考之前后,最为折衷。

【译文】 齐主高洋派潘乐、郭元建带领军队去围攻秦郡,行台尚书辛术劝谏说:"朝廷里和湘东王来往的信使一直不停。阳平,从前是侯景的土地,夺取它是可以的;现在王僧辩已经派遣严超达镇守秦郡,在道义上怎么可以再去争夺呢!而且正值雨季,天下大雨,道路难走,不如叫他们班师回来。"高洋不听。陈霸先命令别将徐度领兵协助秦郡坚固防守。北齐的军队有七万,进攻很猛烈,王僧辩派左卫将军杜崱去营救,陈霸先也从欧阳出兵来会合,与郭元建在士林大战,大败郭元建的军队,斩了一万多个首级,活捉一千多人。郭元建收拾剩余的残兵败将向北逃去;因为两方仍然通好,所以也就不再追击。

辛术升迁为吏部尚书。从魏迁都邺城以来,吏部尚书的职位,有名的有好几个人,各有得失:齐世宗高澄年轻有为,志气高扬,他的缺点在于草率疏忽;袁叔德为人深沉细致,做事谨慎忠厚,他的缺点在于太看重细节;杨愔个性风流,喜好辩论,有口才,任用士人则过于虚浮。只有辛术个性崇尚忠贞清明,任用士人必因他的才能器识,循名责实,新官旧职皆可相互推荐举用,即使胥吏有才能也一定提升,世家子弟有才能也不会被遗弃,考查他前后选拔人才的情况,最得中道。

【乾隆御批】 晋宋以来,官人之弊不过采取门阀。延揽浮华,历世相沿,迄无变易。史以循名责实,参举折衷推美辛术,曾不知尔时绅士中名实才器克副其选者果谁耶?则亦徒与山公启事,侈谈标榜者,同一无实济耳?

【译文】 晋宋以来，选举官员的弊端没有比采取门阀制更大的了。招延收揽浮华的人，历代互相沿袭，从未改变。史书认为辛术能依据名望考察实绩，选举人才按照新旧参错的方法，公允折衷，而对他加以推崇、赞美，却不知那时绅士中名符其职的都有谁？那不也和晋代的山涛为吏部尚书时，给出题目让参选人写作，有人就奢谈标榜，同样的没有实际作用吗？

魏达奚武遣尚书左丞柳带韦入南郑，说宜丰侯循曰："足下所固者险，所恃者援，所保者民。今王旅深入，所凭之险不足固也；白马破走，酋豪不进，所望之援不可恃也；长围四合，所部之民不可保也。且足下本朝丧乱，社稷无主，欲谁为为忠乎！岂若转祸为福，使庆流子孙邪！"循乃请降。带韦，庆之子也。

开府仪同三司贺兰德愿闻城中食尽，请攻之，大都督赫连达曰："不战而获城，策之上者，岂可利其子女，贪其货财，而不爱民命乎！且观其士马犹强，城池尚固，攻之纵克，必彼此俱伤；如困兽犹斗，则成败未可知也。"武曰："公言是也。"乃受循降，获男女二万口而还，于是剑北皆入于魏。

【译文】 西魏达奚武派遣尚书左丞柳带韦进入南郑，劝说宜丰侯萧循说："你所固守的地方十分险要，所依靠的是外来的援助，所保护的是百姓。现在大王的军队已经进来，你所倚仗的险要无法固守；杨乾运在白马一战已经战败逃走，那些魁首无法再进兵，你所期望的救援靠不住；四面八方都被包围，你所治理的百姓也无法得到保护。而且你们的朝廷早已遭遇丧乱，国家没有主人，你又想为谁效忠呢？还不如转祸为福，让福泽能降临到子孙的身上！"萧循只好请求投降。柳带韦，是柳庆的儿子。

开府仪同三司贺兰德愿听说城中粮食已吃完，请求领军前去攻城，大都督赫连达说："不必打仗就能取得城池，这是最上策，怎么可以因为想虏获他们的子女，贪求他们的财货，而不爱惜老百姓的生命呢！而且观察他们的兵士和马匹仍然很健壮，城池也还坚固，进攻的话，纵使能将城攻下来，那么彼此一定都会有所损伤；就像受困的野兽，到最后还会挣扎搏斗一样，胜败还很难说呢。"达奚武说："您说的话是对的。"于是接受萧循的投降，虏获城中男女两万名才回去，从此剑阁北面都划入西魏的版图。

资治通鉴

六月，丁未，齐主还邺；乙卯，复如晋阳。

庚寅，立安南侯方矩为王太子。

齐遣散骑常侍谢季卿来贺平侯景。

衡州刺史王怀明作乱，广州刺史萧勃讨平之。

齐政烦赋重，江北之民不乐属齐，其豪杰数请兵于王僧辩，僧辩以与齐通好，皆不许。秋，七月，广陵侨人朱盛等潜聚党数千人，谋袭杀齐刺史温仲邕，遣使求援于陈霸先，云已克其外城。霸先使告僧辩，僧辩曰："人之情伪，未易可测，若审克外城，亟须应援，如其不尔，无烦进军。"使未报，霸先已济江，僧辩乃命武州刺史杜崱等助之。会盛等谋泄，霸先因进军围广陵。

【译文】六月，丁未日（十一日），齐主高洋回到邺城。乙卯日（十九日），齐主高洋又到晋阳。

庚寅日（六月无此日），萧绎立安南侯萧方矩为王太子。

北齐派遣散骑常侍谢季卿来梁朝祝贺平定侯景的叛乱。

梁朝衡州刺史王怀明作乱，广州刺史萧勃讨平了他。

北齐政令繁杂，赋税很重，江北的百姓不愿意归属北齐，当地的豪门俊杰多次请求王僧辩派兵收回江北地区，王僧辩因为已经与北齐通好，一直没有答应。秋季，七月，侨居在广陵的朱盛等，暗中聚集党羽数千人，计划偷袭杀掉北齐的刺史温仲邕，派遣使者向陈霸先请求帮助，说已经攻下外城。陈霸先派使者去禀告王僧辩，王僧辩说："人的性情常常是虚伪多变的，因而不容易测知，假如真的已经攻下外城，急切需要协助，就应当去，倘若不是这样，就不必麻烦出兵了。"派去的使者还没有回来通报，陈霸先已经过江去了，王僧辩只好叫武州刺史杜崱等去帮助他。恰好朱盛的谋划败泄出去，陈霸先因此进兵包围广陵。

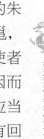

八月，魏安康人黄众宝反，攻魏兴，执太守柳桧，进围东梁州。令桧诱说城中，桧不从而死。桧，虬之弟也。太师泰遣王雄与骠骑大将军武川宇文虬讨之。

武陵王纪举兵由外水东下，以永丰侯撝为益州刺史，守成都，使其子宜都王圆肃副之。

九月，甲戌，司空南平王恪卒。甲申，以王僧辩为扬州刺史。

齐主使告王僧辩、陈霸先曰："请释广陵之围，必归广陵、历阳两城。"

【译文】八月，西魏安康人黄众宝造反，攻打魏兴，抓住太守柳桧，进兵围攻东梁州。命柳桧诱说城中投降，柳桧因为不肯屈从被杀。柳桧，是柳虬的弟弟。太师宇文泰派遣王雄和骠骑大将军武川人宇文虬去征讨黄众宝。

武陵王萧纪从外水发兵东下，任命永丰侯萧撝做益州刺史，镇守成都，命他的儿子宜都王萧圆肃担任副手辅助他。

九月，甲戌日（初九），司空南平王萧恪去世。甲申日（十九日），萧绎任命王僧辩做扬州刺史。

齐主高洋派使者告诉王僧辩、陈霸先说："请解除广陵的包围，一定归还历阳和广陵两座城池。"

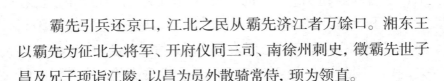

霸先引兵还京口，江北之民从霸先济江者万馀口。湘东王以霸先为征北大将军、开府仪同三司、南徐州刺史，徵霸先世子昌及兄子顼诣江陵，以昌为员外散骑常侍，顼为领直。

宜丰侯循之降魏也，丞相泰许其南还，久而未遣，从容问刘璠曰："我于古谁比？"对曰："璠常以公为汤、武，今日所见，曾桓、文之不如！"泰曰："我安敢比汤、武，庶几望伊、周，何至不如桓、文！"对曰："齐桓存三亡国，晋文不失信于伐原。"语未竟，泰抚掌曰："我解尔意，欲激我耳。"乃谓循曰："王欲之荆，为之益？"循请还江陵，泰厚礼遣之。循以文武千家自随，湘东王疑之，遣使觇察，相望于道；始至之夕，命劫窃其财，及旦，循启输马仗，王乃安之，引入，对泣，以循为侍中、骠骑将军、开府仪同三司。

【译文】陈霸先领军回到京口，江北的百姓跟随陈霸先渡江的有一万多人。湘东王任命陈霸先做征北大将军、开府仪同三司、南徐州刺史，征召陈霸先的长子陈昌和哥哥的儿子陈顼到江陵，任命陈昌做散骑常侍，陈顼做领直。

宜丰侯萧循投降西魏时，丞相宇文泰答应他回到南方，可是过了很长时间都没有送他回去的意思。宇文泰从容地问刘璠说："我能与古代哪个人相比？"刘璠回答说："我常常将您比成商汤、武王，可是现在我所看到的，就是齐桓公、晋文公您都比不上！"宇文泰说："我怎么能与商汤、武王相比，只是希望能向伊尹、周公看齐就不错了，不过为什么比不上齐桓公、晋文公呢！"刘璠回答说："齐桓公保存了三个亡国鲁、卫、邢，对诸侯有所交代；晋文公和士兵约定伐原只要十天的承诺，虽然最后十天没有攻克原国，他还是退兵。"话还没说完，宇文泰拍手说："我知道你的意思了，你想激我罢了。"就对萧循说："大王想到荆州去投靠湘东王萧绎，还是到益州去投奔武陵王萧纪？"萧循请求回到江陵，宇文泰准备厚礼送他回去。萧循率领文武官员一千多家和自己相随，湘东王萧绎怀疑他会谋反，派使者去偷看观察，在道路上时时观望；他刚到的那天晚上，湘东王派人劫窃他们的财物，等到天亮，萧循呈送马匹兵器，湘东王萧绎才放下心，引他入内，相对流泪，任命萧循做侍中、骠骑将军、开府仪同三司。

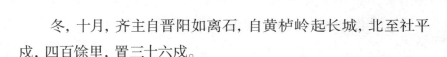

冬，十月，齐主自晋阳如离石，自黄栌岭起长城，北至社平戍，四百馀里，置三十六戍。

戊申，湘东王执湘州刺史王琳于殿中，杀其副将殷晏。

琳本会稽兵家，其姊妹皆入王宫，故琳少在王左右。琳好勇，王以为将帅。琳倾身下士，所得赏赐，不以入家。麾下万人，多江、淮群盗，从王僧辩平侯景，与杜龛功居第一。在建康，恃宠纵暴，僧辩不能禁。僧辩以宫殿之烧，恐得罪，欲以琳塞责，乃密启王，请诛琳。王以琳为湘州，琳自疑及祸，使长史陆纳帅部曲赴湘州，身诣江陵陈谢，谓纳等曰："吾若不返，子将安之？"咸曰："请死之。"相泣而别。至江陵，王下琳吏。

【译文】冬季，十月，齐主高洋从晋阳到离石，从黄栌岭开始修造长城，北面到社平戍，四百余里，设置三十六处戍守的营区。

戊申日（十四日），湘东王萧绎把湘州刺史王琳捉到殿中，杀掉了他的副将殷晏。

王琳原本就是会稽地方军人家庭的子弟，他的姐妹都进入王宫，因而王琳小时常与湘东王一起玩耍。王琳喜欢斗勇，所以湘东王萧绎任他为将帅。王琳恭敬诚恳、礼贤下士，所得到的赏赐，也不拿回家。他的部下一万名，大多是江、淮一带群聚的盗匪，王琳跟随王僧辩平定侯景叛乱，与杜龛都是功劳最大的人。在建康，倚仗恩宠，放纵暴虐，王僧辩也无法禁止他。王僧辩因为宫殿失火，担心获罪，所以就想用王琳推卸责任，于是秘密启奏湘东王，请求杀掉王琳。湘东王任命王琳为湘州刺史，王琳怀疑恐怕会有祸事，命长史陆纳带领所属军队先到湘州，自己亲自前往江陵陈情谢罪，临行时，对陆纳等人说："假如我没有回来，你们要到哪里去呢？"大家都说："请求与你一起死。"互相流泪道别，到了江陵，湘东王把王琳逮捕下狱。

辛酉，以王子方略为湘州刺史，又以廷尉黄罗汉为长史，使与太舟卿张载至巴陵，先据琳军。载有宠于王，而御下峻刻，荆州人疾之如仇。罗汉等至琳军，陆纳及士卒并哭，不肯受命，执罗汉及载。王遣宦者陈旻往谕之，纳对旻刳载腹，抽肠以系马足，使绕而走，肠尽气绝。又脔割，出其心，向之抃舞，焚其馀骨。以黄罗汉清谨而免之。纳与诸将引兵袭湘州，时州中无主，纳遂据之。

公卿藩镇数劝进于湘东王，十一月，丙子，世祖即皇帝位于江陵，改元，大赦。是日，帝不升正殿，公卿陪列而已。

【译文】辛酉日（二十七日），湘东王萧绎任命儿子萧方略为湘州刺史，又派廷尉黄罗汉做长史，命他和太舟卿张载到巴陵，先收编王琳的军队。张载很受湘东王宠爱，然而对待属下却严厉苛刻，荆州的人憎恶他就像仇人一样。黄罗汉等到了王琳的军中，陆纳和士卒都痛哭，不肯接受命令，并且捉住黄罗汉和张载。湘东王派遣宦官陈旻去开导他们，陆纳却当着陈旻的面将张载的肚子剖开，抽出肠子绑在马的脚上，让马绕着走，肠子被抽光了才断气死掉。又用刀割他的肉，剜出他的心，对着他拍手跳舞，然后将剩下的骨头烧掉。因为黄罗汉清明谨敬，所以免除了他的罪。陆纳和各将领领兵攻打湘州，当时湘州没有主事的人，陆纳就占据了它。

各位公卿藩镇多次劝湘东王萧绎进位。十一月，丙子日（十二日），梁世祖萧绎在江陵即皇帝位，改年号为丞圣，大赦天下，这一天，梁元帝萧绎没有升坐正殿，只是公卿排列两边拜了一下而已。

丁丑，以宜丰侯循为湘州刺史。

己卯，立王太子方矩为皇太子，更名元良。皇子方智为晋安王，方略为始安王，方等之子庄为永嘉王。追尊母阮修容为文宣皇后。

侯景之乱，州郡太半入魏，自巴陵以下至建康，以长江为限，荆州界北尽武宁，西拒硖口，岭南复为萧勃所据，诏令所行，千里而近，民户著籍者，不盈三万而已。

【译文】丁丑日（十三日），梁元帝萧绎任命宜丰侯萧循做湘州刺史。

己卯日（十五日），梁元帝萧绎立太子萧方矩做皇太子，改名为萧元良。皇子萧方智为晋安王，萧方略为始安王，萧方等的儿子萧庄为永嘉王。追尊母亲阮修容为文宣皇后。

侯景叛乱时，州郡大半都归入西魏的版图，从巴陵以下到建康，以长江为界，荆州界的最北到武宁，西边到硖口，岭南又被萧勃占据，所以萧绎诏令所通行的地方只有千里以内，百姓立户设籍的，不满三万人而已。

陆纳袭击衡州刺史丁道贵于渌口，破之。道贵奔零陵，其众悉降于纳。上闻之，遣使徵司徒王僧辩、右卫将军杜龛、平北将军裴之横与宜丰侯循共讨纳，循军巴陵以待之。侯景之乱，零陵人李洪雅据其郡，上即以为营州刺史。洪雅请讨陆纳，上许之。丁道贵收馀众与之俱。纳遣其将吴藏袭击，破之，洪雅等退保空云城，藏引兵围之。顷之，纳请降，求送妻子，上遣陈旻至纳所，纳众皆泣，曰："王郎被囚，故我曹逃罪于湘州，非有它志也。"乃出妻子付旻。旻至巴陵，循曰："此诈也，必将袭我。"乃密为之备。纳果夜以轻兵继旻后，约至城下鼓噪。

十二月，壬午晨，去巴陵十里，众谓已至，即鼓噪，军中皆惊。循坐胡床，于垒门望之，纳乘水来攻，矢下如雨，循方食甘蔗，略无惧色，徐部分将士击之，获其一舰；纳退保长沙。

壬午，齐主还邺；戊午，复如晋阳。

【译文】陆纳在渌口偷袭攻击衡州刺史丁道贵，大败他的军队。丁道贵投奔零陵，他的部队都投降了陆纳。梁元帝萧绎听到后，派遣使者征召司徒王僧辩、右卫将军杜龛、平北将军裴之横和宜丰侯萧循一同去讨伐陆纳，萧循驻守在巴陵等待着。侯景叛乱时，零陵人李洪雅占据郡城，梁元帝萧绎就任命他做营州刺史。李洪雅请求征讨陆纳，梁元帝萧绎允许了他。丁道贵收拾残余的部众和他一起联合起来。陆纳派遣他的将军吴藏进攻，击败了李洪雅的军阵，李洪雅等人退守空云城，吴藏领军去围攻他。不久，陆纳请求投降，并且送妻子、儿女为质以表示诚意，梁元帝萧绎派陈旻到陆纳处所，陆纳的部众都哭泣了，说：

"王琳被囚禁起来,所以我们这些党徒逃罪到湘州,并不是有其他的野心。"于是交出妻子、儿女给陈旻。陈旻到了巴陵,萧循说:"这是欺诈的手段啊!一定会来偷袭我军。"于是秘密加以防备。陆纳果真晚上派轻装士兵跟随在陈旻后面,相约到了城下击鼓呐喊。

十二月,壬午日(十二月无此日)早上,距离巴陵十里路后,那些部众以为已经到了城下,就击鼓大喊,萧循军中惊恐。萧循坐在胡床上,从营垒的门看过去,陆纳乘船从两面夹攻,射下的箭多得就像雨点一样,萧循正在吃甘蔗,一点也没有惊慌的样子,慢慢地分派将士去攻打陆纳,掳获了他的一艘战舰,陆纳退守长沙。

壬午日(十二月无此日),齐主高洋回到邺城。戊午日(二十五日),高洋又到晋阳。

资治通鉴卷第一百六十五　梁纪二十一

起昭阳作噩,尽阏逢阉茂,凡二年。

【译文】起癸酉(公元553年),止甲戌(公元554年),共二年。

【题解】本卷记录了公元553年至554年共两年间南北朝的史事。当时正值梁元帝承圣二至三年;西魏废帝二至三年;北齐文宣帝天保四至五年。此时,西魏开始扩张,疆域逐步扩大,几与北齐等同。北齐国主高洋,身具双重性格,一方面为政苛刻残酷,民间多有怨言;同时作战时又能身先士卒,成为军士的典范。梁朝兄弟相残,覆败亡国。

世祖孝元皇帝下

承圣二年(癸酉,公元五五三年)春,正月,王僧辩发建康,承制使陈霸先代镇扬州。

丙子,山胡围齐离石。戊寅,齐主讨之,未至,胡已走,因巡三堆,大猎而归。

以吏部尚书王褒为左仆射。

己丑,齐改铸钱,文曰"常平五铢"。

二月,庚子,李洪雅力屈,以空云城降陆纳。纳囚洪雅,杀丁道贵。纳以沙门宝志诗谶有"十八子",以为李氏当王,甲辰,推洪雅为主,号大将军,使乘平肩舆,列鼓吹,纳帅众数千,左右翼从。

魏太师泰去丞相、大行台，为都督中外诸军事。

王雄至东梁州，黄众宝帅众降。太师泰赦之，迁其豪帅于雍州。

齐主送柔然可汗铁伐之父登注及兄库提还其国。铁伐寻为契丹所杀，国人立登注为可汗。登注复为其大人阿富提所杀，国人立库提。

【译文】承圣二年（癸酉，公元553年）春季，正月，王僧辩从建康出兵，承顺梁元帝萧绎的命令，让陈霸先从京口来代理镇守扬州。

丙子日（十三日），山胡围攻北齐的离石。戊寅日（十五日），齐主高洋去讨伐他，军队还没到，胡人已经跑了，齐主高洋便巡视三堆，大规模狩猎后才返回。

萧绎任命吏部尚书王褒做左仆射。

己丑日（二十六日），北齐改铸钱币，钱上铸的文字为"常平五铢"。

二月，庚子日（初七），李洪雅力穷势竭，献出空云城向陆纳投降。陆纳拘禁李洪雅，杀掉丁道贵。陆纳因为看到佛门宝志和尚的诗谶上有"十八子"，所以认为李氏会当王，甲辰日（十一日），拥戴李洪雅称王，号为大将军，命他乘坐平肩的车子，吹吹打打，陆纳带领数千名部众，在左右辅翼着他。

西魏太师宇文泰辞去丞相、大行台，担任都督中外诸军事。

王雄到了东梁州，黄众宝带领部众向他投降。太师宇文泰赦免了他，把他的部众迁到雍州。

齐主高洋把柔然可汗铁伐的父亲登注和哥哥库提送回他

们国家。铁伐不久就被契丹人杀掉，国人拥立登注做可汗。登注又被他们的长老阿富提杀掉，国人又拥立库提。

突厥伊利可汗卒，子科罗立，号乙息记可汗；三月，遣使献马五万于魏。柔然别部又立阿那瓌叔父邓叔子为可汗。乙息记击破邓叔子于沃野北木赖山。乙息记卒，舍其子摄图而立其弟俟斤，号木杆可汗。木杆状貌奇异，性刚勇，多智略，善用兵，邻国畏之。

上闻武陵王纪东下，使方士画版为纪像，亲钉支体以厌之，又执侯景之俘以报纪。初，纪之举兵，皆太子圆照之谋也。圆照时镇巴东，执留使者，启纪云："侯景未平，宜急进讨；已闻荆镇为景所破。"纪信之，趣兵东下。

【译文】突厥伊利可汗死后，他的儿子科罗即位，号为乙息记可汗；三月，派遣使者献了五万匹马给西魏。柔然的另外一个部落又拥立阿那瓌的叔父邓叔子做可汗；乙息记在沃野北面的木赖山击败邓叔子。乙息记死后，没有立他的儿子摄图，反而立了他的弟弟俟斤，号为木杆可汗。木杆形貌奇特怪异，个性十分刚健勇猛，很有才智谋略，善于带兵打仗，邻国都很怕他。

梁元帝萧绎听说武陵王萧纪东下，就叫研究神仙法术的方士在画板上画了萧纪的像，亲自用钉子钉他的肢体，表示对他的憎恶，又将抓来的侯景的俘虏送给萧纪，表明侯景已经平定。起初，萧纪出兵，都是太子萧圆照的策谋。萧圆照当时镇守巴东，拘押使者，启奏萧纪说："侯景还没有平定，应当再去进兵讨伐，听说荆镇被侯景打败。"萧纪相信了他的话，所以派遣军队东下。

上甚惧，与魏书曰："子纠，亲也，请君讨之。"太师泰曰："取蜀制梁，在兹一举。"诸将咸难之。大将军代人尉迟迥，泰之甥也，独以为可克。泰问以方略，迥曰："蜀与中国隔绝百有馀年，恃其险远，不虞我至，若以铁骑兼行袭之，无不克矣。"泰乃遣迥督开府仪同三司原珍等六军，甲士万二千，骑万匹，自散关伐蜀。

陆纳遣其将吴藏、潘乌黑、李贤明等下据车轮。王僧辩至巴陵，宜丰侯循让都督于僧辩，僧辩弗受。上乃以僧辩、循为东、西都督。夏，四月，丙申，僧辩军于车轮。

吐谷浑可汗夸吕，虽通使于魏而寇抄不息，宇文泰将骑三万逾陇，至姑臧，讨之。夸吕惧，请服；既而复通使于齐。凉州刺史史宁觇知其还，袭之于赤泉，获其仆射乞伏触状。

【译文】元帝萧绎很害怕，写信给西魏说："萧纪就像子纠一样，是我的亲族，请君去讨伐他吧！"太师宇文泰说："攻取蜀地控制梁国，就在这一次的行动了。"各将领都认为很难。大将军代人尉迟迥，是宇文泰的外甥，只有他认为可以克敌制胜。宇文泰询问他方略，尉迟迥说："蜀地和中国隔绝有一百多年，倚仗着它的天险，不担心我们去征讨，假如用精强的骑兵去袭击它，没有攻不下来的。"宇文泰于是派尉迟迥督导开府仪同三司原珍等六军，甲士一万二千名，骑兵一万名，从散关去征讨蜀地。

陆纳派遣他的将军吴藏、潘乌黑、李贤明等攻占了车轮。王僧辩到了巴陵，宜丰侯萧循把都督的职位让给王僧辩，王僧辩不肯接受。梁元帝萧绎于是任命王僧辩、萧循各为东、西都督。夏季，四月，丙申日（初四），王僧辩驻守车轮。

吐谷浑可汗夸吕，虽然派使者和西魏沟通往来，仍然不断到魏地攻劫掠夺，宇文泰带领骑兵三万名越过陇山，到达姑臧，去征讨他们。夸吕很害怕，请求归降；不久又和北齐通使往来。凉州刺史史宁偷偷观察，知道他们将要回去时，在赤泉偷袭了他们，俘获了他的仆射乞伏触状。

资治通鉴

陆纳夹岸为城，以拒王僧辩。纳士卒皆百战之馀，僧辩惮之，不敢轻进，稍作连城以逼之。纳以僧辩为怯，不设备；五月，甲子，僧辩命诸军水陆齐进，急攻之，僧辩亲执旗鼓，宜丰侯循身受矢石，拔其二城；纳众大败，步走，保长沙。乙丑，僧辩进围之。僧辩坐垒上视筑围垒，吴藏、李贤明帅锐卒千人开门突出，蒙楯直进，趋僧辩。时杜崱、杜龛并侍左右，甲士卫者止百馀人，力战拒之。僧辩据胡床不动，裴之横从旁击藏等，藏等败退，贤明死，藏脱走入城。

【译文】陆纳沿着两岸修筑城池，抵抗王僧辩。陆纳的士兵都身经百战，所以王僧辩很怕他们，不敢轻易出兵，稍微筑了连城来逼迫他们。陆纳认为王僧辩胆怯，所以不加戒备。五月，甲子日（初三），王僧辩命令各路军队水陆一起前进，急切进攻，王僧辩亲自拿着旗打着鼓，宜丰侯萧循亲自冒着箭和石块，攻克了他们两座城池，陆纳部众大败，步行逃走，退守长沙。乙丑日（初四），王僧辩进攻包围他们。王僧辩坐在高突的土垒上察看他们修建围墙壁垒，吴藏、李贤明带领一千名精锐士卒打开城门突然冲出来，蒙着楯直奔向王僧辩。当时杜崱、杜龛一起侍卫在王僧辩左右侧，装甲卫士只有一百多人，奋力作战抵抗，王僧辩坐在胡床上没有动，裴之横从旁边攻打吴藏等，吴藏等人失败退走，李贤明战死，吴藏逃脱奔向城里。

武陵王纪至巴郡，闻有魏兵，遣前梁州刺史巴西谯淹还军救蜀。初，杨乾运求为梁州刺史，纪以为潼州；杨法琛求为黎州刺史，以为沙州：二人皆不悦。乾运兄子略说乾运曰："今侯景初平，宜同心戮力，保国宁民，而兄弟寻戈，此自亡之道也。夫木朽不雕，世衰难佐，不如送款关中，可以功名两全。"乾运然之，令略将二千人镇剑阁，又遣其婿乐广镇安州，与法琛皆潜通于魏。魏太师泰密赐乾运铁券，授票骑大将军、开府仪同三司、梁州刺史。尉迟迥以开府仪同三司侯吕陵始为前军，至剑阁，略退就乐广，翻城应始，始入据安州。甲戌，迥至涪水，乾运以州降。迥分军守之，进袭成都。时成都见兵不满万人，仓库空竭，永丰侯撝婴城自守，迥围之。谯淹遣江州刺史景欣、幽州刺史赵拔扈援成都，迥使原珍等击走之。

【译文】 武陵王萧纪到了巴郡，听说有魏兵，就派遣从前的梁州刺史巴西人谯淹回去救援蜀地。起初，杨乾运请求为梁州刺史，萧纪却任命他为潼州刺史；杨法琛请求为黎州刺史，却派他到沙州；因此两个人都不高兴。杨乾运哥哥的儿子杨略劝杨乾运说："现在侯景乱事刚刚平定，大家应当同心协力保卫国家、安抚百姓，假如兄弟相互打斗用兵，这是自取灭亡的道路。木头腐朽了就不能再雕刻，时势衰微了就难以再去辅佐，不如我们向关中投诚，还可以保全功劳名望。"杨乾运认为不错，命杨略领了两千人镇守剑阁，又派遣他的女婿乐广镇守安州，与杨法琛都偷偷地和西魏私通往来。西魏太师宇文泰秘密赐给杨乾运铁契，授予他骠骑大将军、开府仪同三司、梁州刺史等职位。尉迟迥让开府仪同三司侯吕陵始做前锋；到了剑阁，杨略退兵到乐广那里，出城去接应侯吕陵始，侯吕陵始入城据守安州。甲戌日（十三日），尉迟迥到达涪水，杨乾运献出整个州投降他。尉迟迥分配军队驻守，再进兵攻打成都。当时成都看得见的军队还不到一万人，府库空空，永丰侯萧撝绕城守卫。谯淹派遣江州刺史景欣、幽州刺史赵拔扈去救援成都，尉迟迥命原珍等攻击赶跑了他们。

武陵王纪至巴东，知侯景已平，乃自悔，召太子圆照责之，对曰："侯景虽平，江陵未服。"纪亦以既称尊号，不可复为人下，欲遂东进。将卒日夜思归，其江州刺史王开业以为宜还救根本，更思后图；诸将皆以为然。圆照及刘孝胜固言不可，纪从之，宣言于众曰："敢谏者死！"己丑，纪至西陵，军势甚盛，舳舻翳川。护军陆法和筑二城于峡口两岸，运石填江，铁锁断之。

帝拔任约于狱，以为晋安王司马，使助法和拒纪，谓之曰："汝罪不容诛，我不杀汝，本为今日！"因撤禁兵以配之，仍许妻以庐陵王续之女，使宣猛将军刘棻与之俱。

【译文】武陵王萧纪到了巴东，听说侯景叛乱已经平定，于是深自后悔，召唤太子萧圆照责备他，萧圆照回答说："侯景虽然平定，但是江陵地方还没有归顺。"萧纪也认为既然已经称帝，不可再屈于人下，想完成东进的心志。当时将帅士兵整天想着回到故乡，江州刺史王开业认为应当回去重新拯救根本，再做将来的打算；各将领也都认为应当如此。萧圆照和刘孝胜却坚持说不可以，萧纪采纳了他们的建议，于是向部众宣布说："谁敢再来进谏的就是死罪！"己丑日（二十八日），萧纪到了西陵，军中气势很盛，船只首尾相连，将河川都遮蔽了。护军陆法和在峡口两岸修建了两座城，运送石头去填平江水，用铁锁阻断通路。

梁元帝萧绎将任约从监狱中放出，任命他为晋安王的司马，去帮助陆法和抗拒萧纪，并且对他说："你的罪是不可宽恕的，我不杀你，就是为了今天要用你！"于是撤除禁兵，将兵力分配给他，又把庐陵王萧续的女儿许配给他，派宣猛将军刘棻与他一起去。

庚辰，巴州刺史余孝顷将兵万人会王僧辩于长沙。

豫章太守观宁侯永，昏而少断，左右武蛮奴用事，军主文重疾之。永将兵讨陆纳，至宫亭湖，重杀蛮奴。永军溃，奔江陵，重将其众奔开建侯蕃，蕃杀之而有其众。

六月，壬辰，武陵王纪筑连城，攻绝铁锁，陆法和告急相继。上复拔谢答仁于狱，以为步兵校尉，配兵使助法和；又遣使送王琳，令说谕陆纳。乙未，琳至长沙，僧辩使送示之，纳众悉拜且泣，使谓僧辩曰："朝廷若赦王郎，乞听入城。"僧辩不许，复送江陵。陆法和求救不已，上欲召长沙兵，恐失陆纳，乃复遣琳许其入城。琳既入，纳遂降，湘州平。上复琳官爵，使将兵西援峡口。

【译文】庚辰日（十九日），巴州刺史余孝顷带领一万名士兵在长沙和王僧辩会合。

豫章太守观宁侯萧永，昏昧而没有判断力，亲信武蛮奴弄权，军主文重很憎恶他。萧永率军去讨伐陆纳，到了宫亭湖，文重就将武奴蛮杀掉，萧永的军队溃散，逃奔江陵。文重带领他的部众投奔开建侯萧蕃，萧蕃杀掉他吞并了他的部众。

六月，壬辰日（初一），武陵王萧纪修建连城，攻断铁锁，陆法和接连上报紧急情况。梁元帝萧绎又从监狱中将谢答仁提出来，任用他做步兵校尉，分配兵力，命他去救援陆法和；又派遣使者送去王琳，命他去说服、晓谕陆纳。乙未日（初四），王琳到了长沙，王僧辩命人把王琳带出来给陆纳他们看，陆纳部众都向他礼拜而且哭泣流泪，陆纳派使者对王僧辩说："朝廷假如宽赦王琳的罪，就想请求让他入城。"王僧辩不答应，又将王琳送回江陵。陆法和不停地请求救援，梁元帝萧绎想召集长沙兵，又担心无法抵挡陆纳，于是又将王琳送回，允许他入城。王琳入城后，陆纳便投降了，湘州平定。梁元帝萧绎又恢复了王琳的官爵，命他率领军队向西去救援峡口。

甲辰，齐章武景王库狄干卒。

武陵王纪遣将军侯叡将众七千筑垒与陆法和相拒。上遣使与纪书，许其还蜀，专制一方；纪不从，报书如家人礼。陆纳既平，湘州诸军相继西上，上复与纪书曰："吾年为一日之长，属有平乱之功，膺此乐推，事归当璧。傥遣使乎，良所迟也。如曰不然，于此投笔。友于兄弟，分形共气，兄肥弟瘦，无复相见之期，让枣推梨，永罢欢愉之日。心乎爱矣，书不尽言。"纪顿兵日久，频战不利，又闻魏寇深入，成都孤危，忧懑不知所为。乃遣其度支尚书乐奉业诣江陵求和，请依前旨还蜀。奉业知纪必败，启上曰："蜀军乏粮，士卒多死，危亡可待。"上遂不许其和。

纪以黄金一斤为饼，饼百为箧，至有百箧，银五倍于金，锦罽、缯彩称是，每战，悬示将士，不以为赏。宁州刺史陈智祖请散之以募勇士，弗听，智祖哭而死。有请事者，纪辞疾不见，由是将卒解体。

【译文】 甲辰日（十三日），北齐章武景王库狄干去世。

武陵王萧纪派遣将军侯叡带领七千名部众去营造堡垒，以便与陆法和对抗。梁元帝萧绎派使者送给萧纪一封信，允许他回到蜀地，让他拥有一方势力，萧纪不肯听从，回信给萧绎时用兄弟的礼数。陆纳平定后，湘州的各路军队相继回到西边，梁元帝萧绎又写信给萧纪说：“我的年纪比你大一点点，也有平定乱事的功劳，按照这些推演，应当由我来继承帝位，假如你能派遣使者上表称臣，这是我所期待的；假如说事情不该如此，那我就此停笔，也没什么好说了。兄弟间本应互相友爱，虽然形体各异，但心志应当相同，同出一气。汉代赵孝自愿代替瘦弱的弟弟去死，情意深厚，但我们却永远不会再有相见的一天，孔融对兄长让枣推梨，欢快愉悦，这种事已经一去不返了。兄弟友爱，存在内心，并不是这封信就能完全表达的。”萧纪军队停留的时日太久，每次作战都不顺利，又听说西魏方面的敌人已经深入成都，成都孤立无援，萧纪很愤怒，不知该怎么办。于是派遣他的度支尚书乐奉业到江陵请求议和，请求依照以前的旨意，归还蜀地。乐奉业知道萧纪一定会失败，启奏梁元帝萧绎说：“蜀军缺乏粮食，士兵大部分都死了，败亡的时日是可以算出来的。”梁元帝萧绎因此不肯答应萧纪的请和。

萧纪用黄金一斤做成大饼，一百个饼装成一个箱子，装到有一百个箱子，银子比金子还要多五倍，锦绣的毛毡、丝织的彩帛到处都是，每次作战，就将它们悬挂出来，向将士展示，却不拿来奖赏。宁州刺史陈智祖请求发散出去来招募勇敢的士卒，萧纪不听，陈智祖痛哭致死。有请示事务的，萧纪都以疾病为借口不肯见他们，因此将卒分崩离析。

秋，七月，辛未，巴东民符升等斩峡口城主公孙晃，降于王琳。谢答仁、任约进攻侯叡，破之，拔其三垒。于是，两岸十四城俱降。纪不获退，顺流东下，游击将军南阳樊猛追击之，纪众大溃，赴水死者八千馀人，猛围而守之。上密敕猛曰：“生还，不成功也。”猛引兵至纪所，纪在舟中绕床而走，以金囊掷猛曰：

"以此雇卿，送我一见七官。"猛曰："天子何由可见！杀足下，金将安之！"遂斩纪及其幼子圆满。陆法和收太子圆照兄弟三人送江陵。上绝纪属籍，赐姓饕餮氏。下刘孝胜狱，已而释之。上使谓江安侯圆正曰："西军已败，汝父不知存亡。"意欲使其自裁。圆正闻之号哭，称世子不绝声。上频使觇之，知不能死，移送廷尉狱，见圆照，曰："兄何乃乱人骨肉，使痛酷如此！"圆照唯云"计误"。上并命绝食于狱，至啮臂啖之，十三日而死，远近闻而悲之。

【译文】秋季，七月，辛未日（十一日），巴东的百姓符升等杀掉了峡口的城主公孙晃，向王琳投降。谢答仁、任约进兵攻打侯叡，击败他的军队，攻陷了三座壁垒。这时两岸十四座城池都已投降，截断了萧纪的退路。萧纪不能退兵，只好顺江东下，游击将军樊猛从后面追赶攻打他，萧纪部众溃败，跳下水淹死的有八千多人，樊猛围攻并且困守住他。梁元帝萧绎秘密下令给樊猛说："萧纪活着，就是不成功。"梁元帝萧绎想杀死武陵王萧纪，樊猛领兵到萧纪的居所，萧纪在船上绕着座椅徘徊，看到樊猛，将金袋丢掷给樊猛说："用这个雇请你，送我去见七官（萧绎）一面。"樊猛说："天子怎么能随随便便见呢？杀掉你，金子还能跑哪里去？"于是杀掉萧纪和他的小儿子萧圆满。陆法和拘捕太子萧圆照兄弟三人，将他们送到江陵。梁帝萧绎削除了萧纪的名籍，赐他改姓饕餮氏。刘孝胜也被逮捕入狱，不久就将他释放。梁元帝萧绎派遣使者去对江安侯萧圆正说："西军已经败亡，你的父亲也不知生死如何。"想让他自杀。萧圆正听到后，大声痛哭，不停地哭叫着世子的名字。元帝多次派人去偷看，知道他不会死，将他移送到廷尉的监狱，萧圆正看到了萧圆照，萧圆正说："哥哥你为什么挑动父辈他们骨肉相残，使得痛苦残酷到这个地步！"萧圆照只说："计谋错误！"梁元帝萧绎下令断绝了他们在狱中的饮食,他们自咬手臂来吃,十三天才死,远近的人听到都十分悲痛。

【乾隆御批】 绎果有推梨让枣之心,其画像钉体乃密敕樊猛又何为哉。内实猜忌,外托文言以自解,其孰信之。

【译文】 萧绎如果真的有推梨让枣之心,又怎会画人像钉人体以及秘令樊猛呢?内心实际猜疑忌恨,外表却假托文词来为自己开脱,有谁会相信他呢!

乙未,王僧辩还江陵。诏诸军各还所镇。

魏尉迟迥围成都五旬,永丰侯撝屡出战,皆败,乃请降。诸将欲不许,迥曰:"降之则将士全,远人悦;攻之则将士伤,远人惧。"遂受之。八月,戊戌,撝与宜都王圆肃帅文武诣军门降;迥以礼接之,与盟于益州城北。吏民皆复其业,唯收奴婢及储积以赏将士,军无私焉。魏以撝及圆肃并为开府仪同三司,以迥为大都督益、潼等十二州诸军事、益州刺史。

【译文】 乙未日(七月无此日),王僧辩回到江陵,下令各路军队返回他们镇守的城池。

西魏尉迟迥围攻成都五十天,永丰侯萧撝多次出来应战,都失利,于是请求投降。各将领想不答应,尉迟迥说:"让他们投降就可以保全将士的性命,使远方的百姓都喜悦;继续攻打他们,那么将士就会受伤,远方的百姓就会畏惧。"于是接受他的投降。八月,戊戌日(初八),永丰侯萧撝和宜都王萧圆肃率领文武到军门投降,尉迟迥依照礼节接待,和他们在益州城北订下盟约,官吏百姓都恢复他们的基业,只收取奴婢和储蓄的货财来犒赏将士,军中没有人私自劫掠。西魏任命永丰侯萧撝和萧圆肃一起做开府仪同三司,任命尉迟迥做大都督益、潼等十二州诸军事、益州刺史。

资治通鉴

庚子,下诏将还建康,领军将军胡僧祐、太府卿黄罗汉、吏部尚书宗懔、御史中丞刘毅谏曰:"建业王气已尽,与虏正隔一江,若有不虞,悔无及也!且古老相承云:'荆州洲数满百,当出天子。'今枝江生洲,百数已满,陛下龙飞,是其应也。"上令朝臣议之。黄门侍郎周弘正、尚书右仆射王褒曰:"今百姓未见舆驾入建康,谓是列国诸王;愿陛下从四海之望。"时群臣多荆州人,皆曰:"弘正等东人也,志愿东下,恐非良计。"弘正面折之曰:"东人劝东,谓非良计;君等西人欲西,岂成长策?"上笑。又议于后堂,会者五百人,上问之曰:"吾欲还建康,诸卿以为如何?"众莫敢先对。上曰:"劝吾去者左袒。"左袒者过半。武昌太守朱买臣言于上曰:"建康旧都,山陵所在;荆镇边疆,非王者之宅。愿陛下勿疑,以致后悔。臣家在荆州,岂不愿陛下居此,但恐是臣富贵,非陛下富贵耳!"上使术士杜景豪卜之,不吉,对上曰:"未去。"退而言曰:"此兆为鬼贼所留也。"上以建康凋残,江陵全盛,意亦安之,卒从僧祐等议。

以湘州刺史王琳为衡州刺史。

【译文】庚子日(初十),梁元帝萧绎下诏将回建康,领军将军胡僧祐、太府卿黄罗汉、吏部尚书宗懔、御史中丞刘毅劝谏说:"建业的帝王气数已尽,而且和敌虏仅隔一条长江,假如有什么不测,后悔就来不及了!而且古代相传不是也有说:'荆州的州数假如满一百,一定会出天子。'现在枝江新生出一个沙洲,已经满百数了,陛下就像一条龙一样在天空飞跃,这就是验证啊！"梁元帝萧绎命朝廷大臣一同商议。黄门侍郎周弘正、尚书右仆射王褒说："现在百姓没有看到圣驾进入建康，认为陛下您还是列国诸王；希望陛下能顺从天下百姓的期望。"当时群臣大多是荆州人，都说："周弘正是东边来的人，当然希望东下回到建康实现抱负，恐怕不是好计策。"周弘正当面驳斥说："东人劝说回东方，说不是好的计策；西人想定居在西方，难道就是长远的计策吗？"梁元帝萧绎笑了。又到后堂去商量，与会的有五百人，梁元帝萧绎问他们说："我想回建康，你们各位认为怎么样呢？"大家都不敢先开口答话。元帝说："劝我迁都离开的可以祖露左肩。"裸露左肩的超过半数。武昌太守朱买臣对元帝说："建康是旧有的都城，是祖庙陵寝的所在地；荆州是边陲地带，不是天子的住宅。希望陛下不要迟疑，以免后悔。臣的家在荆州，难道不希望陛下也住在这里吗？只是担心住在这儿，是臣子可以得富贵，却不是陛下享富贵啊！"梁元帝萧绎命术士杜景豪占卜看看，结果不吉利，杜景豪对元帝说："还是不要迁都好。"退下后对别人说："这个签兆恐怕是鬼贼所留下来的呢！"梁元帝萧绎认为建康凋敝残破，而江陵正是全盛之时，心里也想就此安定，最后还是决定听从胡僧祐等的建议。

梁元帝萧绎任命湘州刺史王琳做衡州刺史。

九月，庚午，诏王僧辩还镇建康，陈霸先复还京口。丙子，以护军将军陆法和为郢州刺史。法和为政，不用刑狱，专以沙门法及西域幻术教化，部曲数千人，通谓之弟子。

契丹寇齐边。壬午，齐主北巡冀、定、幽、安，遂伐契丹。齐主使郭元建治水军二万馀人于合肥，将袭建康，纳湘潭侯退，又遣将军邢景远、步大汗萨帅众继之。陈霸先在建康闻之，白上；上诏王僧辩镇姑孰以御之。

【译文】 九月，庚午日（十一日），梁元帝萧绎下诏命王僧辩回去镇守建康，陈霸先再回到京口。丙子日（十七日），任命护军将军陆法和做郢州刺史。陆法和处理政事，不使用刑狱，专门使用佛法和西域幻术来教化百姓，所领属军有几千人，全都称为弟子。

契丹进犯北齐边境。壬午日（二十三日），齐主高洋到北方巡视冀、定、幽、安四州，于是讨伐契丹。齐主高洋让郭元建在合肥训练两万多名水军，将要进攻建康，接纳了湘潭侯萧退，又派遣将军邢景远、步大汗萨带领部众去接应。陈霸先在建康听到这个消息，向梁元帝萧绎报告，梁元帝萧绎派王僧辩去镇守姑孰，以便抵御他们。

【乾隆御批】 湘东虽还据建康，亦未能保其不改第。就彼时形势而论，建康尚有险要可凭，江陵则偏隔受敌，强弱判然。乃宗懔等皆安土重迁，绎复优柔寡断。既卜而疑仍不决，下策卒如魏人所料，坐待灭亡。庸劣无断之人，自取祸败率如此。

【译文】 湘东王虽然回去据守建康，也不能保证他不失败。但就那时的形势来说，建康还有险要之势可以依凭，而江陵却偏于一隅，四面受敌，孰强孰弱显而易见。只是宗懔等人都安于本土不愿意迁移，而萧绎又优柔寡断。既然已让人卜卦却仍然犹豫不决，终于像魏人预料的那样，坐以待毙。平庸低劣而不能决断的人，大都是这样自取祸败的。

冬，十月，丁酉，齐主至平州，从西道趣长堑，使司徒潘相乐帅精骑五千自东道趣青山。辛丑，至白狼城。壬寅，至昌黎城，使安德王韩轨帅精骑四千东断契丹走路。癸卯，至阳师水，倍道兼行，掩袭契丹。齐主露髻肉袒，昼夜不息，行千馀里，逾越山岭，为士卒先，唯食肉饮水，壮气弥厉。甲辰，与契丹遇，奋击，大破之，虏获十万馀口，杂畜数百万头。潘相乐又于青山破契丹别部。丁未，齐主还至营州。

【译文】 冬季，十月，丁酉日（初八），齐主高洋到了平州，从西道赶往长堑，派司徒潘相乐带领精锐骑兵五千名从东道前往青山。辛丑日（十二日），高洋到了白狼城；壬寅日（十三日），到达昌黎城，齐主高洋命安德王韩轨带领精锐骑兵四千名在东边切断了契丹逃走的路线。癸卯日（十四日），齐主高洋到了阳师水，日夜兼程，偷袭契丹。齐主高洋脱下帽子露出发髻，祖露胳臂，昼夜不停，拼命赶路，走了一千多里，翻山越岭，身先士卒，只是吃肉喝水，豪气更加坚定。甲辰日（十五日），齐主高洋和契丹军队相遇，奋力攻击，大败契丹军队，掳获十多万人口，各种牲畜几百万头。潘相乐又在青山打败了契丹的另一支部队。丁未日（十八日），齐主高洋回到营州。

己酉，王僧辩至姑孰，遣婺州刺史侯瑱、吴郡太守张彪、吴兴太守裴之横筑垒东关，以待齐师。

丁巳，齐主登碣石山，临沧海，遂如晋阳。以肆州刺史斛律金为太师，乃还晋阳，拜其子丰乐为武卫大将军，命其孙武都尚义宁公主，宠待之厚，群臣莫及。

闰月，丁丑，南豫州刺史侯瑱与郭元建战于东关，齐师大败，溺死者万计。湘潭侯退复归于郢，王僧辩还建康。

吴州刺史开建侯蕃，恃其兵强，贡献不入，上密令其将徐佛受图之。佛受使其徒诈为讼者，诣蕃，遂执之。上以佛受为建安太守，以侍中王质为吴州刺史。质至鄱阳，佛受置之金城，自据罗城，掌门管，缮治舟舰甲兵，质不敢与争。故开建侯部曲数千人攻佛受，佛受奔南豫州，侯瑱杀之，质始得行州事。

【译文】 己酉日（二十日），王僧辩到达姑孰，派遣婺州刺史侯瑱、吴郡太守张彪、吴兴太守裴之横在东关修建堡垒，等待北齐国军队到来。

丁巳日（二十八日），齐主高洋爬上碣石山，眺望沧海，然后前往晋阳。齐主高洋任用肆州刺史斛律金做太师，命他回晋阳，任用斛律金的儿子斛律丰乐做武卫大将军，让斛律金的孙子斛律武都娶义宁公主，高洋对斛律金宠爱的优厚程度，是群臣无法比拟的。

闰月，丁丑日（闰十一月无此日），南豫州刺史侯瑱与郭元建在东关交战，北齐军队大败，溺水死的有上万人。湘潭侯萧退又回到邺城，王僧辩返回建康。

吴州刺史开建侯萧蕃，依仗自己兵力强盛，不肯进纳贡物，梁元帝萧绎秘密命令他的将军徐佛受谋划杀死萧蕃。徐佛受派他的徒众假扮成打官司的人，进见萧蕃，趁机把萧蕃抓住。梁元帝萧绎任命徐佛受为建安太守，任用侍中王质为吴州刺史。王质到了鄱阳，徐佛受将他安置在金城，自己占据罗城，掌管各门的锁钥，整治船舰、武装军队，王质也不敢跟他争。前开建侯萧蕃的部属数千人攻打徐佛受，徐佛受投奔到南豫州，侯瑱将他杀掉，王质才得以执行各州的州务。

十一月，戊戌，以尚书右仆射王褒为左仆射，湘东太守张绾为右仆射。

己未，突厥复攻柔然，柔然举国奔齐。

癸亥，齐主自晋阳北击突厥，迎纳柔然，废其可汗库提，立阿那瓌子庵罗辰为可汗，置之马邑川，给其廪饩缯帛；亲追突厥于朔州，突厥请降，许之而还。自是贡献相继。

魏尚书元烈谋杀宇文泰，事泄，泰杀之。

丙寅，上使侍中王琛使于魏。太师泰阴有图江陵之志，梁王詧闻之，益重其贡献。

十二月，齐宿预民东方白额以城降，江西州郡皆起兵应之。

【译文】十一月，戊戌日（十一月无此日），梁元帝萧绎任命尚书右仆射王褒做左仆射，湘东太守张绾做右仆射。

己未日（初一），突厥又进攻柔然，柔然全国投奔北齐。

癸亥日（初五），齐主高洋从晋阳向北袭击突厥，以迎接柔然，废掉了柔然的可汗库提，立阿那瓌的儿子庵罗辰做可汗，将他们安置在马邑川，送给他们粮食和缯帛；齐主高洋又亲自到朔州去追击突厥，突厥请求投降，高洋答应他们投降后才返回。从此，突厥向北齐进贡献礼不断。

西魏尚书元烈想谋杀宇文泰，事情败泄，宇文泰将他杀掉。

丙寅日（初八），梁元帝萧绎派侍中王琛出使西魏。西魏太师宇文泰暗地里有谋占江陵的野心，梁王萧詧听到后，增加了他的贡物和献礼。

十二月，北齐宿预百姓东方白额开城投降梁朝，江西各州郡都起兵响应。

承圣三年（甲戌，公元五五四年）春，正月，癸巳，齐主自离石道讨山胡，遣斛律金从显州道，常山王演从晋州道夹攻，大破之，男子十三以上皆斩，女子及幼弱以赏军，遂平石楼。石楼绝险，自魏世所不能至，于是远近山胡莫不慑服。有都督战伤，其什长路晖礼不能救，帝命刳其五藏，令九人食之，肉及秽恶皆尽。自是始为威虐。

陈霸先自丹徒济江，围齐广陵，秦州刺史严超达自秦郡进围泾州，南豫州刺史侯瑱、吴郡太守张彪皆出石梁，为之声援。辛丑，使晋陵太守杜僧明帅三千人助东方白额。

魏太师泰始作九命之典，以叙内外官爵，改流外品为九秩。

【译文】 承圣三年（甲戌，公元554年）春季，正月，癸巳日（初六），齐主高洋从离石道去征讨山胡，派遣斛律金从显州道，常山王高演从晋州道双面夹攻，大败山胡，男子十三岁以上的都杀掉，女子和幼小瘦弱的男孩就犒赏给军士，于是平定了石楼。石楼绝壁险峻，从魏以来没有被攻破过，于是远近的山胡人没有不害怕诚服的。有位都督作战受伤，他的什长路晖礼没有营救，齐主高洋命令剖开路晖礼的心、肝、胆、肺、肾五脏叫另外九个人去吃，肉和肮脏的东西都被吃光，从此高洋开始用威势加虐于人。

陈霸先从丹徒渡江，围攻北齐的广陵，秦州刺史严超达从秦郡进兵围攻泾州，南豫州刺史侯瑱、吴郡太守张彪都从石梁出兵，作为他们的后援。辛丑日（十四日），梁元帝萧绎派晋陵太守杜僧明带领三千人去救援东方白额。

西魏太师宇文泰开始做九命的文典，用来排列朝廷内外的官爵，朝廷以外官员的最低官品为九品。

魏主自元烈之死，有怨言，密谋诛太师泰；临淮王育、广平王赞垂涕切谏，不听。泰诸子皆幼，兄子章武公导、中山公护皆出镇，唯以诸婿为心膂，大都督清河公李基、义城公李晖、常山公于翼俱为武卫将军，分掌禁兵。基，远之子；晖，弼之子；翼，谨之子也。由是魏主谋泄，泰废魏主，置之雍州，立其弟齐王廓，去年号，称元年，复姓拓跋氏。九十九姓改为单者，皆复其旧。魏初统国三十六，大姓九十九，后多灭绝。泰乃以诸将功高者为三十六国，次者为九十九姓，所将士卒亦改从其姓。

三月，丁亥，长沙王韶取巴郡。

甲辰，以王僧辩为太尉、车骑大将军。

【译文】 西魏主元钦从元烈死后，就有怨言，于是秘密商议想杀死太师宇文泰；临淮王元育、广平王元赞流着泪悲切地劝谏，元钦不肯听从。宇文泰的儿子都还小，哥哥的儿子章武公宇文导、中山公宇文护都出外镇守，只有几个女婿是心腹之人，大都督清河公李基、义城公李晖、常山公于翼都做武卫将军，分别掌管禁兵。李基，是李远的儿子；李晖，是李弼的儿子；于翼，是于谨的儿子。因此魏主元钦密谋的事泄露，宇文泰废掉了魏主，将他安置在雍州，立了他的弟弟齐王元廓为国主，废掉年号，重新改称元年，恢复姓拓跋氏，九十九姓改成单姓的，都恢复了原来的旧姓。北魏最初统有三十六国，大姓有九十九个，后来大多被灭绝。宇文泰奖赏各将领中功劳高的为三十六国，其余的为九十九姓，所带领的士卒也改随他们的姓。

三月，丁亥日（初一），长沙王萧韶攻取了巴郡。

甲辰日（十八日），梁元帝萧绎任用王僧辩做太尉、车骑大将军。

【乾隆御批】 *高欢尚自知逐君之丑，宇文泰乃再行篡弑而改号，复姓，恬不为怪。史家徒以其建官命秩，剽窃《周礼》称为崇儒好古，无识甚矣。*

【译文】 高欢尚且知道自己赶走帝君是丑陋的行为，宇文泰却再

资治通鉴卷第一百六十五 梁纪二十一

一次篡位弑君，改年号，恢复姓氏，怡然自得不以为怪。史学家们只是因为他建立官职级别及秩禄，就把剽窃《周礼》的行为称为崇尚儒学、爱好古制，真是太没见识了。

丁未，齐将王球攻宿预，杜僧明出击，大破之，球归彭城。

郢州刺史陆法和上启自称司徒，上怪之。王褒曰："法和既有道术，容或先知。"戊申，上就拜法和为司徒。

己酉，魏侍中宇文仁恕来聘。会齐使者亦至江陵，帝接仁恕不及齐使，仁恕归，以告太师泰。帝又请据旧图定疆境，辞颇不逊，泰曰："古人有言，'天之所弃，谁能兴之'，其萧绎之谓乎！"荆州刺史长孙俭屡陈攻取之策，泰徵俭入朝，问以经略，复命还镇，密为之备。马伯符密使告帝，帝弗之信。

【译文】丁未日（二十一日），北齐的将领王球进攻宿预，杜僧明出来迎战，大败他的军队，王球回到彭城。

郢州刺史陆法和向梁元帝萧绎启奏时称司徒，元帝觉得很奇怪。王褒说："陆法和既然是有神仙法术的人，他一定是预先知道自己会当司徒。"戊申日（二十二日），梁元帝萧绎任命陆法和为司徒。

己酉日（二十三日），西魏侍中宇文仁恕来梁朝访问。恰好北齐的使者也到江陵，梁元帝萧绎接见宇文仁恕没有像接见北齐使者时那样隆重热烈，宇文仁恕回去后，就禀告了太师宇文泰。梁元帝萧绎又请求按照旧有的地图来划分疆界，用词很不客气，宇文泰说："古人曾说，'老天所弃绝的，又有谁能够再让他兴起呢！'这说的就是萧绎啊！"荆州刺史长孙俭多次上陈进攻夺取梁朝的对策，宇文泰把他召回朝廷，问他实施策略，又派他返回镇守，秘密做好出兵的准备。马伯符秘密遣使者前往梁朝将消息禀告元帝，梁元帝萧绎不相信。

柔然可汗庵罗辰叛齐，齐主自将出击，大破之，庵罗辰父子北走。太保安定王贺拔仁献马不甚骏，齐主怒，拔其发，免为庶人，输晋阳负炭。

齐中书令魏收撰《魏书》，颇用爱憎为褒贬，每谓人曰："何物小子，敢与魏收作色！举之则使升天，按之则使入地！"既成，中书舍人卢潜奏："收诬罔一代，罪当诛。"尚书左丞卢斐、顿丘李庶皆言《魏史》不直。收启齐主云："臣既结怨强宗，将为刺客所杀。"帝怒，于是斐、庶及尚书郎中王松年皆坐谤史，鞭二百，配甲坊。斐、庶死于狱中，潜亦坐系狱。然时人终不服，谓之"秽史"。潜，度世之曾孙；斐，同之子；松年，遵业之子也。

【译文】柔然可汗庵罗辰背叛北齐，齐主高洋率领军队去讨伐，大败柔然军，庵罗辰父子向北逃走。太保安定王贺拔仁进献的马匹不太雄骏，齐主高洋很生气，拔掉贺拔仁的头发，免官做平民，送到晋阳去挑炭。

北齐中书令魏收撰写《魏书》，很喜欢凭爱憎来褒贬人物，常对人说："什么东西，敢给我魏收脸色看！我推举你，你就可以升天，我压抑你，你就要入地！"书完成后，中书舍人卢潜上奏说："魏收欺骗罔误了这一代人，罪该斩。"尚书左丞卢斐、顿丘人李庶也都说魏收的书稿不确实。魏收启奏齐主高洋说："我因写史书和这些望族结了怨仇，必定会被刺客杀掉。"齐主高洋很生气，于是卢斐、李庶和尚书郎中王松年都因毁谤史书而连累获罪，鞭打二百，流放到造兵甲的地方。卢斐、李庶都死在监狱中，卢潜也被关进监狱里。然而当时的人终究不信服这部史书，叫它作"秽史"。卢潜，是卢度世的曾孙；卢斐，是卢同的儿子；王松年，是王遵业的儿子。

资治通鉴

【乾隆御批】 韩愈称不有人祸必有天刑，谓作史而自附古之遗直者，犹恐不免。况收自以任情举按。曲笔肆秽，其遭发冢弃骨，不亦宜乎。然收犹有人心者，能自言之。其似收之为而不肯自言者，视收又甚矣。

【译文】 韩愈说没有人祸必有天刑，这是说写史书而把自己比作有古代遗风的遗直之人，仍然担心自己难免于此。何况魏收随意听任自己的感情来对人抬举或打压。胡乱歪曲事实肆意给人抹黑，他后来遭到被人挖坟弃骨的下场，不是应该的吗？可是魏收还算是有人心的，他还能自己把这些说出来。那些有着魏收之行却又不肯自己说出来的人，和魏收比起来又差得太远了。

【申涵煜评】 史官邪正关万世是非，即才如马迁，尚有谤史之目。魏收何人，敢当斯任？唯涑水、紫阳庶几不愧耳。然宋元以前皆出一手，后则分曹立传，言人人殊，类诗中柏梁体，而史局遂坏。

【译文】 史官的邪正关乎万世判定的是非标准，即便才干像司马迁，尚且还有谤史的名目。魏收是什么人，能承担这样的重任？唯独涑水司马光、紫阳朱熹几乎不愧良史之名。然而宋元以前的记载都出自一人之手，后来就分置部曹撰写，每个人写的都不一样，类似于诗句中的柏梁体，史官制度就此破坏。

夏，四月，柔然寇齐肆州，齐主自晋阳讨之，至恒州，柔然散走。帝以二千馀骑为殿，宿黄瓜堆。柔然别部数万骑奄至，帝安卧，平明乃起，神色自若，指画形势，纵兵奋击，柔然披靡，因溃围而出。柔然走，追击之，伏尸二十馀里，获庵罗辰妻子，虏三万馀口，令都督善无高阿那肱帅骑数千塞其走路。时柔然军犹盛，阿那肱以兵少，请益，帝更减其半。阿那肱奋击，大破之。庵罗辰超越岩谷，仅以身免。

丙寅，上使散骑常侍庾信等聘于魏。

癸酉，以陈霸先为司空。

丁未，齐主复自击柔然，大破之。

庚戌，魏太师泰酖杀废帝。

【译文】夏季，四月，柔然进犯北齐的肆州，齐主高洋从晋阳去攻伐他们，到了恒州，柔然溃散逃跑。齐主高洋率领两千多名骑兵殿后，投宿在黄瓜堆。柔然的另一支军队几万名骑兵突然到来，齐主高洋安然地睡着，天亮才起来，态度神情平静自在，指挥调度，勘查形势，然后发兵奋勇攻击；柔然溃败逃走，北齐军队追击他们，倒地的尸体连接二十多里远，俘虏了庵罗辰的妻子、儿女，捉到三万多人，命都督善无高阿那肱带领几千名骑兵堵塞他们的逃路。当时柔然的军力仍然很强盛，阿那肱因为兵卒很少，请求增派，齐帝高洋却减少他的一半军队。阿那肱只好奋勇攻击，大败柔然军队。庵罗辰越过岩谷，仅只身逃脱。

丙寅日（十一日），梁元帝萧绎派散骑常侍庾信等到西魏访问。

癸酉日（十八日），梁元帝萧绎任用陈霸先做司空。

丁未日（四月无此日），齐主高洋又亲自带兵攻打柔然，大败柔然军队。

庚戌日（四月无此日），西魏太师宇文泰用毒酒毒死废帝元钦。

五月，魏直州人乐炽、洋州人黄国等作乱，开府仪同三司高平田弘、河南贺若敦讨之，不克。太师泰命车骑大将军李迁哲与敦共讨炽等，平之。仍与敦南出，徇地至巴州，巴州刺史牟安民降之，巴、濮之民皆附于魏。蛮酋向五子王等陷白帝，迁哲击之，五子王等遁去，迁哲追击，破之。泰以迁哲为信州刺史，镇白帝。信州先无储蓄，迁哲与军士共采葛根为粮，时有异味，辄分尝之，军士感悦。屡击叛蛮，破之，群蛮慑服，皆送粮饩，遣子弟入质。由是州境安息，军储亦赡。

柔然乙旃达官寇魏广武，柱国李弼追击，破之。

【译文】五月，西魏直州百姓乐炽、洋州百姓黄国等作乱，开府仪同三司高平人田弘、河南人贺若敦去征讨，没有取胜。太师宇文泰命令车骑大将军李迁哲和贺若敦一同讨伐乐炽等，平定了他们。李迁哲和贺若敦向南出巡，安抚各地直到巴州，巴州刺史牟安民投降西魏，巴、濮的百姓都归降于西魏。蛮族的酋长向五子王攻克了白帝城，李迁哲去袭击他们，向五子王逃走，李迁哲从后面追赶进攻，打败了他们。宇文泰任命李迁哲做信州刺史，镇守白帝城。信州从前没有储蓄粮食，李迁哲和军士们一同采集野菜根做粮食，偶然有好的食物，往往分给士兵共尝，所以军士都很感动悦服。李迁哲屡次攻打叛逆的蛮族，都击败了他们，那些蛮族很害怕，都降服了，送来粮食，并且派遣他们的子弟来做人质。从此州境平定安静，军备储粮也很丰富。

柔然的乙旃达官进犯西魏的广武，柱国李弼追击，击败了他们。

广州刺史曲江侯勃，自以非上所授，内不自安，上亦疑之。勃启求入朝；五月，乙巳，上以王琳为广州刺史，勃为晋州刺史。上以琳部众强盛，又得众心，故欲远之。琳与主书广汉李膺厚善，私谓膺曰："琳，小人也，蒙官拔擢至此。今天下未定，迁琳岭南，如有不虞，安得琳力！窃揆官意不过疑琳，琳分望有限，岂与官争为帝乎！何不以琳为雍州刺史，镇武宁，琳自放兵作田，为国御捍。"膺然其言而弗敢启。

散骑郎新野庾季才言于上曰："去年八月丙申，月犯心中星，今月丙戌，赤气干北斗。心为天王，丙主楚分，臣恐建子之月有大兵入江陵。陛下宜留重臣镇江陵，整旆还都以避其患。假令魏虏侵蹙，止失荆、湘，在于社稷，犹得无虑。"上亦晓天文，知楚有灾，叹曰："祸福在天，避之何益！"

【译文】广州刺史曲江侯萧勃，认为自己的官位并不是当今陛下所授予，内心很不安定，梁元帝萧绎也有点怀疑他。萧勃启奏请求入朝。五月，乙巳日（二十日），梁元帝萧绎任命王琳做广州刺史，萧勃做晋州刺史。梁元帝萧绎因为王琳部队强盛，又深得士卒的拥护，所以想将他迁官到远一点的地方。王琳和主书广汉人李膺交情十分深厚，所以私底下对李膺说："我，实在是一个卑微的小人，蒙受陛下提拔而能有今天的地位。现在天下还没有平定，将我迁官到岭南，倘若万一朝廷有什么不安定的事，如何能用到我的力量呢？我私自揣测主上的心意也只不过是怀疑害怕我造反罢了。我清楚自己的本分声望，实在不敢怀有非分之想，怎么可能和官家争着做皇帝呢？不如让我做雍州刺史，镇守武宁，我自会放兵屯田，为国家防御守卫。"李膺深深信服王琳的话，却不敢向梁元帝萧绎启奏。

散骑郎新野人庾季才对梁元帝萧绎说："去年八月丙申日（初六），月亮犯了心中星；今年丙戌日（五月无此日），赤气又干犯北斗星。心是表示天王，丙是主楚的分野，臣担心夏历十一月，会有大兵进攻江陵，陛下应留重臣镇守江陵，整饬军队回到建康避避灾祸吧！如果西魏方面的敌虏侵略逼迫，也只限于荆州、湘州，对于整个国家来说，还是没什么好担忧的。"梁元帝萧绎也懂得天文学，知道南方楚地有祸患，叹息地说："祸福都是天意，躲避它又有什么益处呢！"

六月，壬午，齐步大汗萨将兵四万趣泾州，王僧辩使侯瑱、张彪自石梁引兵助严超达拒之，瑱、彪迟留不进。将军尹令思将万馀人谋袭盱眙。

齐冀州刺史段韶将兵讨东方白额于宿预，广陵、泾州皆来告急，诸将患之。韶曰："梁氏丧乱，国无定主，人怀去就，强者从之。霸先等外托同德，内有离心，诸君不足忧，吾揣之熟矣！"乃留仪同三司敬显携等围宿预，自引兵倍道趣泾州，涂出盱眙。令思不意齐兵猝至，望风退走。韶进击超达，破之，回趣广陵，陈霸先解围走。杜僧明还丹徒，侯瑱、张彪还秦郡。吴明彻围海西，镇将中山郎基固守，削木为箭，剪纸为羽，围之十旬，卒不能克而还。

【译文】六月，壬午日（二十七日），北齐的步大汗萨领兵四万赶往泾州，王僧辩派侯瑱、张彪从石梁领兵去帮助严超达抵抗，侯瑱、张彪迟迟留兵不肯前进。将军尹令思带领士兵一万多人计划偷袭盱眙。

北齐济州刺史段韶率领军队到宿预去征讨东方白额，广陵、泾州都来告紧，各将领也很担忧。段韶说："梁氏丧亡乱国，国家没有固定的国主，人人心中都有背离的想法。陈霸先外表假装同心同德，而实际上内心也有背离的意愿，诸君不必担忧，我揣测得非常审慎明白！"于是留下仪同三司敬显携（携当作俊）等围攻宿预，自己率领军队加速赶往泾州，半途转往盱眙。

尹令思没想到北齐的军队会突然到来，听到风声后赶快撤退。段韶进兵攻打严超达，击败了他的军队，回兵赶往广陵，陈霸先解除围攻离开。杜僧明回到丹徒，侯瑱、张彪回到秦郡。吴明彻围攻海西，镇守的将军中山人郎基坚固防守，削木头制成箭，剪纸片当成羽，围攻了一百天，终究还是没有攻克，只好带兵回去。

柔然帅馀众东徙，且欲南寇，齐主帅轻骑邀之于金川。柔然闻之，远遁，营州刺史灵丘王峻设伏击之，获其名王数十人。

邓至羌檐桁失国，奔魏，太师泰使秦州刺史宇文导将兵纳之。

齐段韶还至宿预，使辩士说东方白额，白额开门请盟，因执而斩之。

【译文】 柔然带领其余的部众向东边迁徙，而且还想向南进犯，齐主高洋率领轻骑兵在金川阻击他们。柔然听说后，远远地逃走了，营州刺史灵丘人王峻设下埋伏突袭他们，俘虏了他们称王的好几十人。

邓至羌族檐桁失去了他的国家，投奔西魏，太师宇文泰派泰州刺史宇文导带领军队去接纳他。

北齐段韶回到宿预，派辩士去说服东方白额，东方白额打开城门请求订立盟约，段韶于是趁机将他抓获杀掉。

秋，七月，庚戌，齐主还邺。

魏太师泰西巡，至原州。

八月，壬辰，齐以司州牧清河王岳为太保，司空尉粲为司徒，太子太师侯莫陈相为司空，尚书令平阳王淹录尚书事，常山王演为尚书令，中书令上党王涣为左仆射。

乙亥，齐仪同三司元旭坐事赐死。丁丑，齐主如晋阳。齐主之未为魏相也，太保、录尚书事平原王高隆之常侮之，及将受禅，隆之复以为不可，齐主由是衔之。崔季舒谮"隆之每见诉讼者辄加哀矜之意，以示非己能裁。"帝禁之尚书省。隆之尝与元旭饮，谓旭曰："与王交，当生死不相负。"人有密言之者，帝由是发怒，令壮士筑百馀拳而舍之，辛巳，卒于路。久之，帝追忿隆之，执其子慧登等二十人于前，帝以鞭叩鞍，一时头绝，并投尸漳水；又发隆之冢，出其尸，斩截骸骨焚之，弃于漳水。

【译文】秋季，七月，庚戌日（二十六日），齐主高洋回到邺城。

西魏太师宇文泰向西边巡察，到了原州。

八月，壬辰日（八月无此日），北齐任用司州牧清河王高岳做太保，司空尉粲做司徒，任用太子太师侯莫陈相做司空，尚书令平阳王高淹做录尚书事，任用常山王高演做尚书令，中书令上党王高涣做左仆射。

乙亥日（二十一日），北齐仪同三司元旭犯罪被赐死。丁丑日（二十三日），齐主高洋到晋阳。齐主高洋还没有做东魏丞相时，太保、录尚书事平原王高隆之经常侮辱他。等到高洋将要接受禅位时，高隆之又认为不可以这样，齐主高洋因此怀恨在心。崔季舒毁谤他说："高隆之每次看到有诉讼的事，就会显出哀怜体恤的样子，表示这不是他所能定夺的，将罪责指向陛下。"齐主高洋因此将他囚禁在尚书省。高隆之曾经和元旭一起喝酒，对元旭说："和大王您交往，应该生死与共，不可有相辜负的地方。"有人就将这句话密报上去，齐主高洋因此更加愤怒，命壮士击打他一百多拳，然后将他丢弃在外面，辛巳日

（二十七日），高隆之死在路上。过了很久，齐主高洋又回想起高隆之便愤怒起来，抓了他的儿子高慧登等二十人到面前，齐主高洋用马鞭敲击马鞍为号令，马一飞奔所有的头同时都断了，将他们的尸体一并投到漳水里；又把高隆之的坟墓挖开，取出他的尸体，砍断肢体遗骨，然后用火烧掉，丢到漳水里。

齐主使常山王演、上党王涣、清河王岳、平原王段韶帅众于洛阳西南筑伐恶城、新城、严城、河南城。九月，齐主巡四城，欲以致魏师，魏师不出，乃如晋阳。

魏宇文泰命侍中崔猷开回车路以通汉中。

帝好玄谈，辛卯，于龙光殿讲《老子》。

曲江侯勃迁居始兴，王琳使副将孙玚先行据番禺。

乙巳，魏遣柱国常山公于谨、中山公宇文护、大将军杨忠将兵五万入寇。冬，十月，壬戌，发长安。长孙俭问谨曰："为萧绎之计，将如何？"谨曰："耀兵汉、沔，席卷度江，直据丹杨，上策也；移郭内居民退保子城，峻其陴堞，以待援军，中策也；若难于移动，据守罗郭，下策也。"俭曰："揣绎定出何策？"谨曰："下策。"俭曰："何故？"谨曰："萧氏保据江南，绵历数纪，属中原多故，未遑外略；又以我有齐氏之患，必谓力不能分。且绎懦而无谋，多疑少断。愚民难与虑始，皆恋邑居，所以知其用下策也。"

【译文】齐主高洋派常山王高演、上党王高涣、清河王高岳、平原王段韶率领军队到洛阳西南修建伐恶城、新城、严城、河南城。九月，齐主高洋巡视这四座城，想用它们引来西魏军队，西魏军队不肯出来，高洋便前往晋阳。

西魏宇文泰命令侍中崔猷开山修路，以便通往汉中。

梁元帝萧绎喜好玄谈，辛卯日（初八），梁元帝萧绎在龙光殿讲解《老子》。

曲江侯萧勃迁移居所到始兴，王琳派遣副将孙玚先去驻守番禺。

乙巳日（十二日），西魏派遣柱国常山公于谨、中山公宇文护、大将军杨忠率领五万士兵进犯梁朝。冬季，十月，壬戌日（初九），西魏兵从长安出发。长孙俭问于谨说："假如你是萧绎，将如何应对呢？"于谨说："在汉、沔地方夸耀兵威，席卷一切而渡过长江，直接驻守丹杨，这是最上策；迁徙外城的百姓退守到内城，加高城墙，等待援军到来，这是中策；倘若难于移动，据守在罗城，这是最下策。"长孙俭说："依你的揣测萧绎会用哪种策略呢？"于谨说："他会采用最下策。"长孙俭说："什么原因呢？"于谨说："萧氏据守江南，已经过了好几十个年头，适逢中原又发生许多变故，根本没有闲暇向外发展；攻打梁朝，又因为我们东边有北齐的骚扰忧患，他一定会以为我们的兵力无法分散。而且萧绎懦弱没有谋略，疑心很重，缺乏决断，那些百姓很难一开始就与他的想法相同，都眷恋着乡邑，不肯迁移，所以我知道他会采用下策！"

癸亥，武宁太守宗均告魏兵且至，帝召公卿议之。领军胡僧祐、太府卿黄罗汉曰："二国通好，未有嫌隙，必应不尔。"侍中王琛曰："臣揣宇文容色，必无此理。"乃复使琛使魏。丙寅，于谨至樊、邓，梁王詧帅众会之。丁卯，帝停讲，内外戒严。王琛至石梵，未见魏军，驰书报黄罗汉曰："吾至石梵，境上帖然，前言皆儿戏耳。"帝闻而疑之。庚午，复讲，百官戎服以听。

辛未，帝使主书李膺至建康，徵王僧辩为大都督、荆州刺史，命陈霸先徙镇扬州。僧辩遣豫州刺史侯瑱帅程灵洗等为前军，兖州刺史杜僧明帅吴明彻等为后军。甲戌，帝夜登凤皇阁，徙倚叹息曰："客星入翼、轸、今必败矣！"嫔御皆泣。

陆法和闻魏师至，自郢州入汉口，将赴江陵。帝使逆之曰："此自能破贼，但镇郢州，不须动也！"法和还州，垩其城门，著衰绖，坐苇席，终日，乃脱之。

【译文】癸亥日（初十），武宁太守宗均禀告西魏军队快要来了，梁元帝萧绎召集公卿商议。领事胡僧祐、太府卿黄罗汉说："两国已经通好，而且也没有什么摩擦的地方，一定不会这样吧？"侍中王琛说："臣揣测宇文泰的态度，也一定不会有进兵的道理。"于是又命王琛出使西魏。丙寅日（十三日），于谨到了樊州、邓州，梁王萧詧率领部众与他会合。辛卯日（十月无此日），梁元帝萧绎停止讲授《老子》，内外加以戒严。王琛到了石梵，没有看见西魏的军队，派人带信奔驰回去告诉黄罗汉说："我到了石梵，边境上一切都很平静，上次的报告都是儿戏罢了。"梁元帝萧绎听了，有点怀疑。庚午日（十七日），又开始讲授《老子》，不过百官都穿着军服听讲。

辛未日（十八日），梁元帝萧绎派主书李膺到建康，征召王僧辩做大都督、荆州刺史，命令陈霸先迁徙去镇守扬州。王僧辩派遣豫州刺史侯瑱带领程灵洗做前军，兖州刺史杜僧明带领吴明彻等做后军。甲戌日（二十一日），梁元帝萧绎晚上登上凤皇阁，低头叹息说："客星进入翼、轸，如今一定会失败了！"服侍的嫔妃都哭了。

陆法和听说西魏的军队到了，率军从郢州进入汉口，将要到江陵去。梁元帝萧绎派人去迎接说："这里自然能击败敌人，你只要镇守在郢州，不必行动。"陆法和回到郢州，用白土涂在城门上，表示有丧事，他穿着丧服，坐在草席上，一整天，才脱下来。

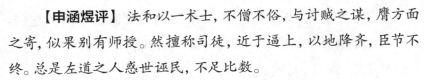
【申涵煜评】 法和以一术士，不僧不俗，与讨贼之谋，膺方面之寄，似果别有师授。然擅称司徒，近于逼上，以地降齐，臣节不终。总是左道之人惑世诬民，不足比数。

【译文】 陆法和作为一名术士，不是僧人也不是俗人，和被讨伐的叛贼一起图谋，接受保护一方的寄托，似乎真的有师傅教授。然而他擅自称号司徒，相当于是逼迫君主。以地来投降齐，不能终守作为臣子的节操。总是旁门左道地迷惑世间，不值得一提。

十一月，帝大阅于津阳门外，遇北风暴雨，轻辇还宫。癸未，魏军济汉，于谨令宇文护、杨忠帅精骑先据江津，断东路。甲申，护克武宁，执宗均。是日，帝乘马出城行栅，插木为之，周围六十馀里。以领军将军胡僧祐都督城东诸军事，尚书右仆射张绾为之副，左仆射王褒都督城西诸军事，四厢领直元景亮为之副；王公已下各有所守。丙戌，命太子巡行城楼，令居人助运木石。夜，魏军至黄华，去江陵四十里，丁亥，至栅下。戊子，巂州刺史裴畿、畿弟新兴太守机、武昌太守朱买臣、衡阳太守谢答仁开枇杷门出战，裴机杀魏仪同三司胡文伐。畿，之高之子也。

帝徵广州刺史王琳为湘州刺史，使引兵入援。丁酉，栅内火，焚数千家及城楼二十五，帝临所焚楼，望魏军济江，四顾叹息。是夜，遂止宫外，宿民家，己亥，称居祇洹寺。于谨令筑长围，中外信命始绝。

【译文】 十一月，梁元帝萧绎在津阳门外大阅兵，遇到北风

84

暴雨，元帝乘着轻便的辇车回到宫里。癸未日（初一），西魏军队渡过汉水，于谨命令宇文护、杨忠率领精锐骑兵先攻占江津，切断梁元帝萧绎东边的去路。甲申日（初二），宇文护攻克武宁，捉住宗均。这一天，梁元帝萧绎乘马出城巡视栅栏，栅栏是插木桩围成的，周围有六十多里。任命领军将军胡僧祐都督城东各军事，尚书右仆射张绾担任副手，左仆射王褒都督城西各军事，四厢领直元景亮担任副手；王公以下各有每个人的职守。丙戌日（初四），梁元帝萧绎命令太子巡行城楼，命令居住的百姓帮助运送木材、石头。晚上，西魏军队到了黄华，距离江陵四十里路，丁亥日（初五），西魏军队到达栅栏下。戊子日（初六），巂州刺史裴畿、裴畿的弟弟新兴太守裴机、武昌太守朱买臣、衡阳太守谢答仁打开枇杷门出去应战，裴机杀死了西魏的仪同三司胡文伐。裴畿，是裴之高的儿子。

梁元帝萧绎征召广州刺史王琳做湘东刺史，命他领兵入城援救。丁酉日（十五日），栅栏内着火，烧掉了好几千户人家和二十五座城楼，梁元帝萧绎驾临被烧掉的那些城楼，远望西魏军队已经渡过长江，四顾叹息。这天晚上，梁元帝萧绎留在宫外，寄宿在百姓家；己亥日（十七日），梁元帝萧绎搬到祇洹寺。于谨命令修建围墙，江陵城内外的消息开始断绝。

庚子，信州刺史徐世谱、晋安王司马任约等筑垒于马头，遥为声援。是夜，帝巡城，犹口占为诗，群臣亦有和者。帝裂帛为书，趣王僧辩曰："吾忍死待公，可以至矣！"壬寅，还宫；癸卯，出长沙寺。戊申，王褒、胡僧祐、朱买臣、谢答仁等开门出战，皆败还。己酉，帝移居天居寺；癸丑，移居长沙寺。朱买臣按剑进曰："唯斩宗懔、黄罗汉，可以谢天下！"帝曰："曩实吾意，宗、黄何罪!"二人退入众中。

王琳军至长沙,镇南府长史裴政请间道先报江陵,至百里洲,为魏人所获。梁王詧谓政曰:"我,武皇帝之孙也,不可为尔君乎? 若从我计,贵及子孙;如或不然,腰领分矣。"政诡对曰:"唯命。"詧锁之至城下,使言曰:"王僧辩闻台城被围,已自为帝。王琳孤弱,不复能来。"政告城中曰:"援兵大至,各思自勉。吾以间使被擒,当碎身报国。"监者击其口,詧怒,命速杀之。西中郎参军蔡大业谏曰:"此民望也,杀之,则荆州不可下矣。"乃释之。政,之礼之子;大业,大宝之弟也。

【译文】庚子日(十八日),信州刺史徐世谱、晋安王司马任约等在马头修筑堡垒,遥作声援。当晚,梁元帝萧绎巡行城池,口中还占着诗句,群臣也有与他和韵相答的。梁元帝萧绎撕裂布帛写信,催促王僧辩说:"我忍着不死等候你来,现在你可以来了吧?"壬寅日(二十日),梁元帝萧绎回到宫中。癸卯日(二十一日),出宫到长沙寺。戊申日(二十六日),王褒、胡僧祐、朱买臣、谢答仁等打开城门出去应战,全都战败返回。己酉日(二十七日),梁元帝萧绎迁移到天居寺去住。癸丑日(十二月初一),移到长沙寺去住。朱买臣按着剑鞘进谏说:"只有杀掉宗懔、黄罗汉两个人,才可以向天下人谢罪。"梁元帝萧绎说:"从前要留下来实在是我自己的意思,宗懔、黄罗汉二人有什么罪过呢?"二人退避到众人中去了。

王琳军队到达长沙,镇南府长史裴政请求从小路先去通报江陵,到了百里洲,被西魏人抓到。梁王萧詧对裴政说:"我,是武皇帝的孙子,不可以做你的国君吗? 假如听从我的安排,富贵会传递给你的子孙;倘若不肯的话,你的脑袋就要搬家!"裴政假装回答说:"谨遵命令。"萧詧将他锁在城墙下面,命令他说："王僧辩听到台城被围，已经自立为帝。王琳孤弱，不能再来救援。"裴政却告诉城里的人说："大量的援兵已经来了，你们要奋勉，我由于从小路偷进来结果被抓了，必当牺牲性命，报效国家。"监督他的人打他的嘴，萧詧很生气，命人赶快把他杀掉。西中郎参军蔡大业进谏说："这是老百姓所仰望的人，杀掉他，那么荆州就不可能攻克了。"于是释放了他。裴政，是裴之礼的儿子；蔡大业，是蔡大宝的弟弟。

时徵兵四方，皆未至。甲寅，魏人百道攻城，城中负户蒙楯，胡僧祐亲当矢石，昼夜督战，奖励将士，明行赏罚，众咸致死，所向摧殄，魏不得前。俄而僧祐中流矢死，内外大骇。魏悉众攻栅，反者开西门纳魏师，帝与太子、王褒、谢答仁、朱买臣退保金城，令汝南王大封、晋熙王大圆质于于谨以请和。魏军之初至也，众以王僧辩子侍中顗可为都督，帝不用，更夺其兵，使与左右十人入守殿中；及胡僧祐死，乃用为都督城中诸军事。裴畿、裴机、历阳侯峻皆出降。于谨以机手杀胡文伐，并畿杀之。峻，渊猷之子也。时城南虽破，而城北诸将犹苦战。日暝，闻城陷，乃散。

【译文】 当时到各地去征召的军队，都还没来。甲寅日（十二月初二），西魏军全线攻城，城中守军靠着门户，蒙着楯，等候战争的来临，胡僧祐亲自冒着箭、石，早晚督促作战，奖励将帅兵士，严格执行奖惩，部众都为国效力牺牲，西魏军队没有办法前进。不久，胡僧祐中流箭而亡，内外都非常惊骇。西魏全军攻向栅门，造反的人打开了西边的门让西魏军队进来，梁元帝萧绎和太子、王褒、谢答仁、朱买臣后退保守金城，派汝南王萧大封、晋熙王萧大圆到于谨那儿当人质请求讲和。西魏军刚来进攻时，众人都认为王僧辩的儿子可以做都督，可是梁元帝萧绎不肯用他，又夺走了他的军队，命他和左右的十个人进来把守殿中；等到胡僧祐一死，才任用他来都督城中各军事。裴畿、裴机、历阳侯萧峻都出城投降。于谨借裴畿的手杀掉了胡文伐，最后连裴畿也杀掉了。萧峻，是萧渊猷的儿子。当时城南虽然被攻破，但城北的各位将领还在和西魏军队苦战，天暗下来后，听说城南已失陷，才溃散。

帝入东阁竹殿，命舍人高善宝焚古今图书十四万卷，将自赴火，宫人左右共止之。又以宝剑斫柱令折，叹曰："文武之道，今夜尽矣！"乃使御史中丞王孝祀作降文。谢答仁、朱买臣谏曰："城中兵众犹强，乘暗突围而出，贼必惊，因而薄之，可渡江就任约。"帝素不便走马，曰："事必无成，只增辱耳！"答仁求自扶，帝以问王褒，褒曰："答仁，侯景之党，岂足可信！成彼之勋，不如降也。"答仁又请守子城，收兵可得五千人，帝然之，即授城中大都督，配以公主。既而召王褒谋之，以为不可。答仁请入不得，欧血而去。于谨徵太子为质，帝使王褒送之。谨子以褒善书，给之纸笔，褒乃书曰："柱国常山公家奴王褒。"有顷，黄门郎裴政犯门而出。帝遂去羽仪文物，白马素衣出东门，抽剑击阖曰："萧世诚一至此乎！"魏军士度堑牵其辔，至白马寺北，夺其所乘骏马，以驽马代之，遣长壮胡人手扼其背以行，逢于谨，胡人牵帝使拜。梁王詧使铁骑拥帝入营，囚于乌幔之下，甚为詧所诘辱。乙卯，于谨令开府仪同三司长孙俭入据金城。帝绐俭云："城中埋金千斤，欲以相赠。"俭乃将帝入城。帝因述詧见辱之状，谓俭曰："向聊相给，欲言此耳，岂有天子自埋金乎！"俭乃留帝于主衣库。

【译文】梁元帝萧绎进入东阁竹殿，命令舍人高善宝焚毁古今图书十四万卷，自己要引火自焚，左右的人拦阻他。梁元帝萧绎又用宝剑去砍柱子，宝剑折断了，元帝叹息说："文武之道，今晚已经全完了！"于是命御史中丞王孝祀写降文。谢答仁、朱买臣劝谏说："城中的士兵还很坚强，趁着昏暗突破重围逃出去，敌人一定很吃惊，逼近他们，就可以渡过长江去投靠任约了。"梁元帝萧绎平常不习惯骑马奔驰，说："事情必定不会成功，只是徒然增加羞辱罢了！"谢答仁请求亲自护持梁元帝萧绎，元帝问王褒，王褒说："谢答仁是侯景的余党，怎么可以相信！与其成全他的功勋，倒不如投降算了。"谢答仁又请求把守内城，收拾士卒，还可以获得五千人，梁元帝萧绎认为可以，立刻颁授给他城中大都督的职位，并将公主许配给他。接着召唤王褒来商量，王褒认为不妥，梁元帝萧绎又收回成命。谢答仁又请求入见而不被允许，气得吐血而去。于谨要求用太子做人质，梁元帝萧绎命王褒送太子前去。于谨的儿子因为知道王褒擅长书法，就拿了纸和笔给他，于是王褒写道："柱国常山公家奴王褒。"一会儿，黄门郎裴政冲出门出走。梁元帝萧绎便拆除了佩饰的旌旄、脱下身上的纹绣衣物，穿着白色衣服，骑着白马逃出东门，抽出身上的剑，敲打着门扇说："我萧世诚怎么到了这个地步！"西魏军士看到元帝出来，越过深坑去牵他的马辔，到了白马寺北面，就将他所骑的骏马抢过来，换上一匹劣马给他，派身高壮健的胡人用手扼住他的背押着他走，遇到于谨，胡人拉着元帝，叫他下拜。梁王萧詧派铁骑拥着元帝进入营区，关在黑色的布幔帐棚下，萧詧狠狠地责备、凌辱了元帝一番。乙卯日（十二月初三），于谨命开府仪同三司长孙俭进去占领金城，梁元帝萧绎欺骗长孙俭说："城里我埋了千斤金子，想将它送给你。"长孙俭就带着梁元帝萧绎进城。元帝趁机阐述被萧詧侮辱的情状，对长孙俭说："以前我只是欺骗你，想告诉你这件事罢了，哪里有天子自己埋金子的事！"长孙俭就把元帝关押在主衣库里。

帝性残忍，且惩高祖宽纵之弊，故为政尚严。及魏师围城，狱中死囚且数千人，有司请释之以充战士；帝不许，悉令椎杀之，事未成而城陷。

中书郎殷不害先于别所督战，城陷，失其母，时冰雪交积，冻死者填满沟堑，不害行哭于道，求其母尸，无所不至，见沟中死人，辄投下捧视，举体冻湿，水浆不入口，号哭不辍声，如是七日，乃得之。

【译文】 梁元帝萧绎性情十分残忍，又因高祖宽厚放纵导致祸端，所以他从政崇尚严刻。等到西魏军队包围台城时，监狱中被判死刑的囚犯还有几千人，有司请求释放他们充当战士，元帝不允许，命令他们将犯人全部杀掉，事情还没有做，城就失陷了。

中书郎殷不害原先在别的地方督导战事，城池失陷时，找不到母亲，当时冰雪相交，积存很厚，冻死的人填满了山沟深坑，殷不害一边走，一边在路上哭，想找他母亲的尸体，四处寻找，看到山沟中有死人，就下去抱起来看，全身都冻僵湿透了，一口水都不喝，不停地号哭，这样到了第七天，才找到母亲的尸身。

十二月，丙辰，徐世谱、任约退戍巴陵。于谨逼帝使为书召王僧辩，帝不可。使者曰："王今岂得自由？"帝曰："我既不自由，僧辩亦不由我。"又从长孙俭求宫人王氏、荀氏及幼子犀首，俭并还之。或问:"何意焚书?"帝曰:"读书万卷,犹有今日,故焚之!"

庚申,齐主北巡,至达速岭,行视山川险要,将起长城。

辛未,帝为魏人所杀。梁王詧遣尚书傅准监刑,以土囊陨之。詧使以布帕缠尸,敛以蒲席,束以白茅,葬于津阳门外。并杀愍怀太子元良、始安王方略、桂阳王大成等。世祖性好书,常令左右读书,昼夜不绝,虽熟睡,卷犹不释,或差误及欺之,帝辄惊寤。作文章,援笔立就。常言:"我韬于文士,愧于武夫。"论者以为得言。

【译文】十二月,丙辰日(初四),徐世谱、任约退兵驻守巴陵。于谨强迫梁元帝萧绎写信招降王僧辩,元帝不肯。

使者说:"大王今天哪里还有自由?"梁元帝萧绎说:"我既然没有自由了,王僧辩自然也不听我的了。"又向长孙俭请求将宫中人王氏、苟氏和幼子尸首还给他,长孙俭都还给了他。有人问他:"你为什么将书烧掉?"梁元帝萧绎说:"读了万卷书,还会有今天的下场,因而把书烧掉算了。"

庚申日(初八),齐主高洋向北巡行,到了达速岭。一边走一边视察山川险要,想要修筑长城。

辛未日(十九日),梁元帝萧绎被西魏人杀掉。梁王萧詧派遣尚书傅准监督行刑,用袋子装满泥土,将萧绎压死。萧詧命人用布把尸体缠住,外面用蒲席捆起来当棺木,再绑上白茅,埋葬在津阳门外。一并杀死了愍怀太子萧元良、始安王萧方略、桂阳王萧大成等。世祖萧绎本性爱书,常常叫身边的人读书,白天晚上都不停止,有时虽然熟睡,书卷还是没有放下来,有人读错或欺骗他,世祖萧绎就惊醒过来。写文章,拿起笔来,一下子就写好。常常说:"我作为一个文士绰绰有余,做武夫就很惭愧了。"评论他的人认为这句话说得很精当。

资治通鉴

【乾隆御批】 魏师悉锐窥梁，如入无人之境，守臣告警，胡黄辈尚付之漠然，且逆止法和赴援之旅，不知萧绎君臣何所恃以无恐，而王琛石梵报书，方以为无恐。所谓：自作孽不可逭耳。临敌听讲，巡城和诗，甚至坐困金城，犹以焚书折剑，自嗟文武道尽。其呆抑可忞矣。

【译文】 魏军用全部精锐部队攻打梁朝首都，如入无人之境，守卫的下臣紧急报警，胡黄等人还是漠然置之，并且阻止陆法和率领的救援军队，不知萧绎君臣凭什么这样有恃无恐，直到王琛从石梵送来报告，还认为不必惊慌。正所谓：自作孽无可逃。大敌当前还听讲《老子》，巡视城防还在吟诗唱和，甚至被围困在子城中，还能焚书折剑，自己慨叹文武之道从此尽灭。这种呆滞、愚蠢之人难道应该勉力吗？

【申涵煜评】 元帝狠毒，甚于盗贼，一心止图大位，即弑父兄而不问，杀弟侄而不恤。观其命，将之辞曰："六门自极兵威。"又曰：短狐，未全革面。又曰："生还不成功。"推其心事，竟是正德一流。乌幕之辱，适所自取，乃归咎于读书，何哉？

【译文】 梁元帝萧绎凶狠残暴，比盗贼还过分，一心要图谋帝位，就是他人诛杀父兄也不过问，杀害兄弟和侄子却不怜悯。观察他的本性，命令他人说："六个门户之中，我是最具有实力雄厚的军队。"又说："驻守在襄阳的岳阳王萧詧就像短小的狐狸，还没有完全改变面貌。"又说："萧纪活着，就不算是成功。"推测他的心事，大概是临贺王萧正德那一类的人。在乌幕遭受的耻辱，恰好是他自己招致的，居然把罪过推给读过的书籍上，为什么呢？

魏立梁王詧为梁主，资以荆州之地，延衮三百里，仍取其雍州之地。詧居江陵东城，魏置防主，将兵居西城，名曰助防，外示助詧备御，内实防之。以前仪同三司王悦留镇江陵。于谨收府库珍宝及宋浑天仪、梁铜晷表、大玉径四尺及诸法物；尽俘王公以下及选百姓男女数万口为奴婢，分赏三军，驱归长安，小弱者皆杀之。得免者三百馀家，而人马所践及冻死者什二三。

魏师之在江陵也，梁王詧将尹德毅说詧曰："魏虏贪惏，肆其残忍，杀掠士民，不可胜纪。江东之人涂炭至此，咸谓殿下为之。殿下既杀人父兄，孤人子弟，人尽仇也，谁与为国！今魏之精锐尽萃于此，若殿下为设享会，请于谨等为欢，预伏武士，因而毙之，分命诸将，掩其营垒，大歼群丑，俾无遗类。收江陵百姓，抚而安之，文武群寮，随材铨授。魏人慑息，未敢送死，王僧辩之徒，折简可致。然后朝服济江，入践皇极，晷刻之间，大功可立。古人云：'天与不取，反受其咎。'愿殿下恢弘远略，勿怀匹夫之行。"詧曰："卿此策非不善也，然魏人待我厚，未可背德。若遽为卿计，人将不食吾馀。"既击阖城长幼被虏，又失襄阳，詧乃叹曰："恨不用尹德毅之言！"

【译文】西魏立梁王萧詧为梁主，把荆州割给他，长宽为三百里，但西魏却占有了雍州地区。萧詧住在江陵东城，西魏设置了边防主将，带领军队住在西城，外表上是帮助萧詧防备抵御敌人，实际上却是在防备监视着萧詧。西魏派前任仪同三司王悦留下镇守江陵。于谨没收了府库里的珍宝和刘宋制造的浑天仪、梁朝制造的铜晷表、直径有四尺的大玉和各种法物；俘虏了王公以下的官员并挑选几万名男女百姓去当奴婢，分别犒赏给三军，驱赶他们回长安，幼小瘦弱的全部杀掉。幸免于难的只有三百多家，然而被人、马践踏和冻死的有十分之二三。

西魏军队驻守在江陵，梁王萧詧的将军尹德毅劝萧詧说："魏人贪婪、无所顾忌地残杀无辜，掠夺我们的士兵百姓，这种罪行多得数也数不完。江东的百姓被蹂躏成这个样子，大家都在埋怨是殿下将他们引来的。殿下杀了人家的父亲，使人家的子弟变成孤儿，谁还会辅助殿下立国呢？现在西魏的精锐军队都集中在这里，假如殿下设宴款待于谨等人，让他们在宴席中畅饮，预先埋伏武士，趁机将他们杀掉，再分别命令各位将领，去偷袭他们的营垒，消灭所有的敌人，控制他们剩余的党徒，接纳江陵的百姓，安抚他们，文武百官，依照每个人的才能拜官授职。魏人一定会畏惧屏息，不敢再来送死，王僧辩那些人，只要写书函就可以召请他们来。然后可穿起朝服渡过长江，到建康去登皇帝位，顷刻间，就可以建立大功。古人说：'老天给你的倘若不拿，反而要受到祸患。'希望殿下能够高瞻远瞩，不要想着匹夫的行径。"萧詧说："卿的计策并非不好，只是魏人对我这么优厚，怎么可以背弃人家的恩德呢？倘若突然间用了卿的计策，人家将会看不起并唾弃我。"不久全城的长幼都被俘虏去了，襄阳也失守了，萧詧才感叹地说："真恨没有采用尹德毅的建议啊！"

　　【乾隆御批】 德毅策似可听，然揆之理势断不能行。盖于谨、杨忠皆魏宿将，岂肯无备受愚就缚，以襄阳一隅之人又岂能尽歼魏军。使察果用其言，亦不过自速祸败耳。

　　【译文】 尹德毅的策略看似好像应该听取，然而从道理和实际上来说是坚决不能实行的。因为于谨、杨忠都是魏国的老将，怎么肯没有防备地被愚弄并让人擒住，而以襄阳那一隅之地的人又怎能将魏军全部歼灭？如果萧察果真听从了他的意见，也不过是自己加速祸败的到来罢了。

【译文】 江陵被攻破之后，尹德毅劝谏萧詧掉转干戈攻占魏国，然后慢慢谋取济江。这个策略是最冒险的，不要说有背叛恩德的名声，而且凭借魏国战胜全局的情势，士气正当锋锐，萧詧处于孤立的军旅依靠别人的鼻息来存活，恐怕未必能在万一之中侥幸取胜。

王僧辩、陈霸先等共奉江州刺史晋安王方智为太宰，承制。

王褒、王克、刘毅、宗懔、殷不害及尚书右丞吴兴沈炯至长安，太师泰皆厚礼之。泰亲至于谨第，宴劳极欢，赏谨奴婢千口及梁之宝物并雅乐一部，别封新野公；谨固辞，不许。谨自以久居重任，功名既立，欲保优闲，乃上先所乘骏马及所著铠甲等。泰识其意，曰：“今巨猾未平，公岂得遽尔独善！”遂不受。

是岁，魏秦州刺史章武孝公宇文导卒。

魏加益州刺史尉迟迥督六州，通前十八州，自剑阁以南，得承制封拜及黜陟。迥明赏罚，布威恩，绥辑新民，经略未附，华、夷怀之。

【译文】 王僧辩、陈霸先等一同推举江州刺史晋安王萧方智做太宰，承奉制命。

王褒、王克、刘毅、宗懔、殷不害和尚书右丞吴兴人沈炯被押送到长安，太师宇文泰都用厚礼款待他们。宇文泰亲自到于谨的府第，设宴慰劳他，十分高兴，并且赏赐给于谨一千名奴婢、从梁朝拿来的宝物以及雅乐一部，另外封他为新野公，于谨坚决推辞，宇文泰不答应。于谨认为自己长久以来担当重要职务，现在功业已经建立，想过悠闲自在的生活，于是呈奉上从前自己所骑的骏马和所穿的铠甲等装备。宇文泰了解他的意思，说："现在狡诈的敌人还没有平定，您怎么可以一个人独善其身呢！"于是不肯接受。

这一年，西魏秦州刺史章武孝公宇文导去世。

西魏加封益州刺史尉迟迥督导六州，连前面的合起来共有十八州，从剑阁以南，可以假借天子的命令封侯拜爵和进退人才。尉迟迥赏罚分明，广布威信恩德，温和亲民，对于尚未归服的区域加以笼络，所以华人、夷人都很感怀他。

资治通鉴卷第一百六十六　梁纪二十二

起旃蒙大渊献，尽柔兆困敦，凡二年。

【译文】起乙亥（公元555年），止丙子（公元556年），共二年。

【题解】本卷记录了公元555年至556年共两年间南北朝的史事。当时正值梁建安公绍泰元年、太平元年；西魏恭帝二至三年；北齐文宣帝天保六至七年。此时，梁朝又一次发生政变，政治上出现无序状态，全境陷入混战，陈霸先两次击败越过长江窥视江南的北齐入侵军队，重建政权并独揽大权。西魏宇文泰开始对政权大规模改造，改造未完去世，后由其侄宇文护继续推动政权的变更。北齐原本国势强盛，却因国主高洋过度嗜酒、荒淫暴虐导致国势日趋衰弱。

敬皇帝

绍泰元年（乙亥，公元五五五年）春，正月，壬午朔，邵陵太守刘棻将兵援江陵，至三百里滩，部曲宋文彻杀之，帅其众还据邵陵。

梁王詧即皇帝位于江陵，改元大定；追尊昭明太子为昭明皇帝，庙号高宗，妃蔡氏为昭德皇后；尊其母龚氏为皇太后，立妻王氏为皇后，子岿为皇太子。赏刑制度并同王者，唯上疏于魏则称臣，奉其正朔。至于官爵其下，亦依梁氏之旧，其勋级则兼用柱国等名。以谘议参军蔡大宝为侍中、尚书令，参掌选事；外兵参军太原王操为五兵尚书。大宝严整有智谋，雅达政事，文辞赡速，后梁主推心任之，以为谋主，比之诸葛孔明；操亦亚之。追赠邵陵王纶太宰，谥曰壮武；河东王誉丞相，谥曰武桓。以莫勇为武州刺史，魏永寿为巴州刺史。

【译文】绍泰元年（乙亥，公元555年）春季，正月，壬午朔日（初一），梁邵陵太守刘菜带领军队救援江陵，到达三百里滩，军队里的宋文彻杀掉了他，带领他的军队回去驻守邵陵。

梁王萧詧在江陵即皇帝位，改年号为大定；追尊昭明太子萧统为昭明皇帝，庙号为高宗，追尊昭明太子的妃子蔡氏为昭德皇后；追尊他的母亲龚氏为皇太后，立他的妻子王氏为皇后，儿子萧岿做皇太子。奖赏刑罚一切制度都跟他称王时一样，只是上疏给西魏时就自称臣，采用西魏的历法。至于官爵的颁授，也按梁氏以前旧有的制度，其中的功勋等级，就兼用西魏所置的柱国等名称。任命谘议参军蔡大宝做侍中、尚书令，参与掌理选拔官员的事宜；任命外兵参军太原人王操做五兵尚书。蔡大宝严谨而有智谋，一向通达政事，文辞丰赡而迅速，后梁主萧詧诚心信任他，将他当成谋主，比作诸葛孔明；王操也比不上他。追赠邵陵王萧纶做太宰，谥号为壮武；河东王萧誉追做丞相，谥号为武桓。又任命莫勇做武州刺史，魏永寿做巴州刺史。

湘州刺史王琳将兵自小桂北下，至蒸城，闻江陵已陷，为世祖发哀，三军缟素，遣别将侯平帅舟师攻后梁。琳屯兵长沙，传檄州郡，为进取之计。长沙王韶及上游诸将皆推琳为盟主。

齐主使清河王岳将兵攻魏安州，以救江陵。岳至义阳，江陵陷，因进军临江，郢州刺史陆法和及仪同三司宋莅举州降之；

长史江夏太守王珉不从，杀之。甲午，齐召岳还，使仪同三司清都慕容俨戍郢州。王僧辩遣江州刺史侯瑱攻郢州，任约、徐世谱、宜丰侯循皆引兵会之。

【译文】 湘州刺史王琳带领军队从小桂北下，到达蒸城，听说江陵已经失陷，于是为世祖萧绎发丧，三军都穿上丧服，派遣别将侯平带领水军去攻打后梁。王琳在长沙驻扎军队，传递公文给各州郡，制定进兵攻取计策。长沙王萧韶和上游的各位将领都推举王琳做盟主。

齐主高洋命清河王高岳率领军队进攻西魏的安州，以便援救江陵。高岳到了义阳，江陵已经失陷，于是进兵逼近长江，郢州刺史陆法和与仪同三司宋茝献出州郡投降；长史江夏太守王珉不肯顺从，被杀。甲午（十三）日，北齐召回高岳，派仪同三司清都人慕容俨驻守郢州。王僧辩派遣江州刺史侯瑱去攻打郢州，任约、徐世谱、宜丰侯萧循都领军前去会合。

辛丑，齐立贞阳侯渊明为梁主，使其上党王涣将兵送之，徐陵、湛海珍等皆听从渊明归。

二月，癸丑，晋安王至自寻阳，入居朝堂，即梁王位，时年十三。以太尉王僧辩为中书监、录尚书、骠骑大将军、都督中外诸军事，加陈霸先征西大将军，以南豫州刺史侯瑱为江州刺史，湘州刺史萧循为太尉，广州刺史萧勃为司徒，镇东将军张彪为郢州刺史。

齐主先使殿中尚书邢子才驰诣建康，与王僧辩书，以为："嗣主冲藐，未堪负荷。彼贞阳侯，梁武犹子，长沙之胤，以年以望，堪保金陵，故置为梁王，纳于彼国。卿宜部分舟舻，迎接今主，并心一力，善建良图。"乙卯，贞阳侯渊明亦与僧辩书求迎。

僧辩复书曰："嗣主体自宸极，受于文祖。明公傥能入朝，同奖王室，伊、吕之任，佥曰仰归；意在主盟，不敢闻命。"甲子，齐以陆法和为都督荆、雍等十州诸军事、太尉、大都督、西南道大行台，又以宋蒀为郢州刺史，蒀弟簉为湘州刺史。甲戌，上党王涣克谯郡。己卯，渊明又与僧辩书，僧辩不从。

【译文】辛丑日（二十日），北齐立贞阳侯萧渊明做梁主，派上党王高涣率领军队送他回去，徐陵、湛海珍等都听任他们跟从萧渊明一起回归。

二月，癸丑日（初二），晋安王萧方智从寻阳来到建康，入居朝堂，即梁王位，年仅十三岁。任命太尉王僧辩做中书监、录尚书、骠骑大将军、都督中外各军事，加封陈霸先为征西大将军，任用南豫州刺史侯瑱做江州刺史，湘州刺史萧循做太尉，任用广州刺史萧勃做司徒，镇东将军张彪做郢州刺史。

齐主高洋先派殿中尚书邢子才骑马传令到建康，送给王僧辩一封信，认为："继承王位的梁主晋安王太幼弱了，没办法承担国家重任。贞阳侯，是梁武帝的侄子，长沙王萧懿的儿子，以年龄声望来说，还算能保全金陵，因而我们拥立他做梁主，让他回到你们国家。你应当分派舟舰，迎接现在的梁主，同心协力，好好规划长远蓝图。"乙卯日（初四），贞阳侯萧渊明也给王僧辩写信请求前来迎接。王僧辩回信说："嗣主是孝元帝的儿子，受帝位于文祖庙，名正言顺，假如您能回到朝廷来，共同扶持王室，效法伊尹、吕尚，承担重任，众人都要仰慕而归服；假如心意在帝位，就不敢听命了。"甲子日（十三日），北齐任命陆法和为都督荆雍等十州的各军事、太尉、大都督、西南大行台，又任用宋蒀做郢州刺史，任用宋蒀的弟弟宋簉做湘州刺史。甲戌日（二十三日），上党王高涣攻克谯郡。己卯日（二十八日），贞

资治通鉴

阳侯萧渊明又给王僧辩写信，王僧辩不予理会。

侯平攻后梁巴、武二州，故刘棻主帅赵朗杀宋文彻，以邵陵归于王琳。

三月，贞阳侯渊明至东关，散骑常侍裴之横御之。齐军司尉瑾、仪同三司萧轨南侵皖城，晋州刺史萧惠以州降之。齐改晋熙为江州，以尉瑾为刺史。丙戌，齐克东关，斩裴之横，俘数千人；王僧辩大惧，出屯姑孰，谋纳渊明。

丙申，齐主还邺，封世宗二子孝珩为广宁王，延宗为安德王。

孙瑒闻江陵陷，弃广州还，曲江侯勃复据有之。

【译文】 西魏任用右仆射申徽为襄州刺史。

侯平攻打后梁的巴、武二州，故刘棻的主帅赵朗杀了宋文彻，献出邵陵归顺王琳。

三月，贞阳侯萧渊明到达东关，散骑常侍裴之横抵御他。北齐军司尉瑾、仪同三司萧轨向南侵犯皖城，晋州刺史萧惠出城投降。北齐改晋熙为江州，任用尉道做刺史。丙戌日（初六），北齐攻陷东关，杀掉裴之横，擒获几千人；王僧辩很害怕，出兵驻守姑孰，商量接纳萧渊明。

丙申日（十六日），齐主高洋回到邺城，封世宗高澄的两个儿子高孝珩做广宁王，高延宗做安德王。

孙瑒听到江陵失陷，放弃广州回去了；曲江侯萧勃去年躲避王琳驻扎在始兴，现在又占据了广州。

魏太师泰遣王克、沈烔等还江南。泰得庾季才，厚遇之，令参掌太史。季才散私财，购亲旧之为奴婢者，泰问："何能如是？"对曰："仆闻克国礼贤，言之道也。今郢都覆没，其君信有罪矣，搢绅何咎，皆为皂隶！鄙人羁旅，不敢献言，诚切哀之，故私购之耳。"泰乃悟，曰："吾之过也！微君，遂失天下之望！"因出令，免梁俘为奴婢者数千口。

夏，四月，庚申，齐主如晋阳。

五月，庚辰，侯平等擒莫勇、魏永寿。江陵之陷也，永嘉王庄生七年矣，尼法慕匿之，王琳迎庄，送之建康。

【译文】西魏太师宇文泰派遣王克、沈烱等回到江南。宇文泰得到了庾季才，对他厚待礼遇，命令他参掌太史。庾季才拿出自己私有钱财，去赎回那些做奴婢的亲朋旧友，宇文泰问他："为什么要这样做呢？"庾季才回答说："我听说攻陷别人的国家，要礼遇他们的贤士，这是自古以来的正道。现在郢都沦陷，它的国君确实是有罪的，但是做官的人有什么罪过呢？却都变成卑贱的奴隶，我只不过是个客居外地的鄙夫，不敢进言献词，但是我私下确实很哀怜他们，因而私自出钱去赎回他们。"宇文泰恍然大悟说："这是我的过错啊！倘若没有你，就要失去天下人的寄望了！"于是发出通令，释放了几千名去做奴婢的梁朝俘虏。

夏季，四月，庚申日（初十），齐主高洋到了晋阳。

五月，庚辰日（初一），侯平等捉住莫勇、魏永寿。江陵陷落时，世子萧方等的儿子、梁元帝的孙子永嘉王萧庄已经七岁了，尼姑法慕把他藏起来，王琳迎回萧庄，将他送回建康。

【申涵煜评】季才国亡不能死，而更反面事仇，其大节固不足取。然能以私财购亲旧，一言而免梁俘为奴婢者数千口。一善之长，亦何可没？

【译文】 庾季才在国家灭亡时不能牺牲，而反过来侍奉仇敌，他在危难之际表现出的节操固然不可取，然而庾季才能够用私财赎回亲戚和故交旧友，一句话就能赦免梁朝俘虏为奴婢的数千人。他的一善于之长，怎么可以埋没呢？

庚寅，齐主还邺。

王僧辩遣使奉启于贞阳侯渊明，定君臣之礼，又遣别使奉表于齐，以子显及显母刘氏、弟子世珍为质于渊明，遣左民尚书周弘正至历阳奉迎，因求以晋安王为皇太子；渊明许之。渊明求度卫士三千，僧辩虑其为变，止受散卒千人。庚子，遣龙舟法驾迎之。渊明与齐上党王涣盟于江北，辛丑，自采石济江。于是，梁舆南渡，齐师北返。僧辩疑齐，拥楫中流，不敢就西岸。齐侍中裴英起卫送渊明，与僧辩会于江宁。癸卯，渊明入建康，望朱雀门而哭，道逆者以哭对。丙午，即皇帝位，改元天成，以晋安王为皇太子，王僧辩为大司马，陈霸先为侍中。

【译文】 庚寅日（十一日），齐王高洋回到邺城。

王僧辩派遣使者呈奉启奏给贞阳侯萧渊明，以明确君臣的礼节，又派遣别使呈奉奏表给北齐，将王子显和王子显的母亲刘氏、弟弟的儿子王世珍送到萧渊明那儿做人质，派遣左民尚书周弘正到历阳去迎接萧渊明，顺便请求让晋安王萧方智做皇太子；萧渊明答应了。萧渊明请求给他三千卫士，王僧辩担心会出变乱，只给他冗散的士兵一千人。庚子日（二十一日），王僧辩派遣龙船和天子的车驾去迎接萧渊明。萧渊明和北齐上党王高涣在江北订盟，辛丑日（二十二日），萧渊明从采石渡江。于是梁朝的车队往南走，北齐的军队回到北方。王僧辩怀疑北齐军队有诈，把船停在长江中流，不敢靠近西岸。北齐侍中裴英起护送萧渊明，与王僧辩在江宁会合。癸卯日（二十四日），萧渊明进入建康，对着朱雀门痛哭，迎接他的人也相对痛哭。丙午日（二十七日），萧渊明即皇帝位，改年号为天成，册立晋安王做皇太子，王僧辩为大司马，陈霸先为侍中。

　　六月，庚戌朔，齐发民一百八十万筑长城，自幽州夏口西至恒州九百馀里，命定州刺史赵郡王叡将兵监之。叡，琛之子也。

　　齐慕容俨始入郢州，而侯瑱等奄至城下，俨随方备御，瑱等不能克；乘间出击瑱等军，大破之。城中食尽，煮草木根叶及靴皮带角食之，与士卒分甘共苦，坚守半岁，人无异志。贞阳侯渊明立，乃命瑱等解围，瑱还镇豫章。齐人以城在江外难守，因割以还梁。俨归，望齐主，悲不自胜。齐主呼前，执其手，脱帽看发，叹息久之。

　　吴兴太守杜龛，王僧辩之婿也。僧辩以吴兴为震州，用龛为刺史，又以其弟侍中僧愔为豫章太守。

　　【译文】六月，庚戌朔日（初一），北齐征调百姓一百八十万人修筑长城，从幽州夏口西边一直到恒州，一共九百多里，命令定州刺史赵郡王高叡率领军队去监督。高叡，是高琛的儿子。

　　北齐慕容俨开始进入郢州，然而侯瑱等却突然到了城下，慕容俨按照自己制定的策略进行防御，侯瑱等没办法攻下；慕容俨趁着空隙出兵攻打侯瑱等人的军队，大败他们。城里粮食都吃完了，只好煮草木的根、叶和靴子、皮带、兽角来吃，慕容俨和士卒们同甘共苦，坚持防守了半年，大家都没有背叛的想法。贞阳侯萧渊明即位，命令侯瑱等人解除围困，侯瑱撤军回来镇守豫章。北齐也因为郢州城在长江以南很难防守，因此就割让给了梁朝。慕容俨回到北齐，看到齐主高洋，悲哀得不能克制自己。齐主高洋叫他到跟前来，握住他的手，脱下他的帽子看看他的头发，叹息了很久。

吴兴太守杜龛，是王僧辩的女婿。王僧辩将吴兴改为震州，任用杜龛做刺史，又用他的弟弟侍中王僧愔做豫章太守。

壬子，齐主以梁国称藩，诏凡梁民悉遣南还。

丁卯，齐主如晋阳；壬申，自将击柔然。秋，七月，己卯，至白道，留辎重，帅轻骑五千追柔然，壬午，及之于怀朔镇。齐主亲犯矢石，频战，大破之。至于沃野，获其酋长，及生口二万馀，牛羊数十万。壬辰，还晋阳。

八月，辛巳，王琳自蒸城还长沙。

齐主还邺，以佛、道二教不同，欲去其一，集二家学者论难于前，遂敕道士皆剃发为沙门；有不从者，杀四人，乃奉命。于是，齐境皆无道士。

【译文】壬子日（初三），齐主高洋因为梁国已称藩属，下诏令，凡是梁朝的百姓都遣送回南方。

丁卯日（十八日），齐主高洋回到晋阳；壬申日（二十三日），高洋率领军队攻打柔然。秋季，七月，己卯日（初一），高洋到了白道，留下一些行李装备，带领五千名轻便骑兵去追击柔然。壬午日（初四），高洋追到怀朔镇，亲自冒着箭、石攻击，多次出战，大败柔然军队，一直追到沃野，俘虏了他们的酋长、活捉两万多人，俘获牛、羊牲畜数十万只。壬申日（七月无此日），齐主高洋回到晋阳。

八月，辛巳日（八月无此日），王琳从蒸城回到长沙。

齐主高洋回到邺城，因为佛教和道教教义教规都不相同，所以想去掉其中的一教，将两家的学者集合起来，在自己面前辩论诘难，于是下令道士都要剃去头发做和尚；有不肯服从的，杀了四个人，道士们才奉行命令。于是，北齐的境内都没有道士了。

　　初，王僧辩与陈霸先共灭侯景，情好甚笃，僧辩为子頠娶霸先女，会僧辩有母丧，未成昏。僧辩居石头城，霸先在京口，僧辩推心待之，頠兄顗屡谏，不听。及僧辩纳贞阳侯渊明，霸先遣使苦争之，往返数四，僧辩不从。霸先切叹，谓所亲曰："武帝子孙甚多，唯孝元能复仇雪耻，其子何罪，而忽废之！吾与王公并处托孤之地，而王公一旦改图，外依戎狄，援立非次，其志欲何所为乎！"乃密具袍数千领及锦彩金银为赏赐之具。

　　会有告齐师大举至寿春将入寇者，僧辩遣记室江旰告霸先，使为之备。霸先因是留旰于京口，举兵袭僧辩。九月，壬寅，召部将侯安都、周文育及安陆徐度、钱塘杜棱谋之。棱以为难，霸先惧其谋泄，以手巾绞棱，闷绝于地，因闭于别室。部分将士，分赐金帛，以弟子著作郎昙朗镇京口，知留府事，使徐度、侯安都帅水军趋石头，霸先帅马步自江乘罗落会之。是夜，皆发，召杜棱与同行。知其谋者，唯安都等四将，外人皆以为江旰徵兵御齐，不之怪也。

　　【译文】起初，王僧辩和陈霸先一同灭掉侯景，两人交情十分深厚，王僧辩还为儿子王頠聘娶陈霸先的女儿，恰好王僧辩的母亲去世，还没有完婚。王僧辩驻守石头城，陈霸先驻守京口，王僧辩对他非常诚心，王頠的哥哥王顗多次向父亲劝谏提防陈霸先，王僧辩都不肯听从。等到王僧辩接纳贞阳侯萧渊明回梁，陈霸先派遣使者去苦苦规劝，前后好几次，王僧辩都没有改变主张。陈霸先私底下感叹地说："梁武帝的子孙那么多，只有孝元帝萧绎能为梁复仇雪耻，他的儿子又有什么罪过，要突然间废掉他呢！我和王公一起处在被托付遗孤的地位，然而王公却忽然间改变心意，向外去依附戎狄，去帮助名不正言不顺的人登基，他的心志到底是想干什么呢！"于是秘密制作了衣袍数千件和锦彩金银等宝物作为赏赐将士的用具。

恰好有人禀告北齐的军队大举出兵，到了寿春，将要入境进犯，王僧辩派遣记室江旰去通知陈霸先，让他加以防备。陈霸先将江旰扣留在京口，发兵去攻打王僧辩。九月，壬寅日（二十五日），陈霸先召集部将侯安都、周文育和安陆人徐度、钱塘人杜稜商量这件事。杜稜认为很困难，陈霸先怕他会将谋划泄露出去，用手巾绞住杜稜的脖子，使他闷气昏倒在地，将他关在另一间密室里。陈霸先部署将士，分别赐给金银布帛，派弟弟的儿子著作郎陈昙朗镇守京口、掌管州府政事，派遣徐度、侯安都率领水军奔赴石头城，陈霸先带领马队步兵从江乘县到罗落桥前去会合，这天晚上，各路人马出发，陈霸先带着杜稜一起同行。知道他们密谋的，只有侯安都等四名将领，外人都认为是江旰来征求援兵去对抗齐兵，也不以为奇怪了。

甲辰，安都引舟舰将趣石头，霸先控马未进，安都大惧，追霸先骂曰："今日作贼，事势已成，生死须决，在后欲何所望！若败，俱死，后期得免斫头邪？"霸先曰："安都嗔我！"乃进。安都至石头城北，弃舟登岸。石头城北接冈阜，不甚危峻，安都被甲带长刀，军人捧之，投于女垣内，众随而入，进及僧辩卧室。霸先兵亦自南门入。僧辩方视事，外白有兵，俄而兵自内出。僧辩遽走，遇子颛，与俱出閤，帅左右数十人苦战于厅事前，力不敌，走登南门楼，拜请求哀。霸先欲纵火焚之，僧辩与颛俱下就执。

霸先曰:"我有何辜,公欲与齐师赐讨?"且曰:"何意全无备?"僧辩曰:"委公北门,何谓无备?"是夜,霸先缢杀僧辩父子。既而竟无齐兵,亦非霸先之谲也。前青州刺史新安程灵洗帅所领救僧辩,力战于石头西门,军败;霸先遣使招谕,久之乃降。霸先义之,以为兰陵太守,使助防京口。乙巳,霸先为檄布告中外,列僧辩罪状,且曰:"资斧所指,唯王僧辩父子兄弟,其馀亲党,一无所问。"

【译文】甲辰日(二十七日),侯安都领着船舰将要赶往石头城,看到陈霸先扣住马头不再前进,侯安都很害怕,追上陈霸先骂他说:"今天起兵,事势都已成定局,生死就在这一决定,在后面还想观望什么?倘若失败,大家一起死,迟延观望能免除被砍头吗?"陈霸先说:"侯安都怒骂我!"于是下令前进。侯安都到了石头城北面,舍弃船舰登上岸。石头城的北面连接着山丘,不很高峻危险。侯安都穿着铠甲带着长刀,由军人抬着,攀入城上的短墙内,众人随着进入里面,一直来到王僧辩的卧室。陈霸先的军队也从南门进来。王僧辩正在视察政事,外面有人来通报说有军队进城,不久,军队从里面出来。王僧辩立即跑出来,遇到他的儿子王頠,两人一起离开阁楼,率领身边数十人在议事厅前苦战,兵力不够,退走登上南门楼,跪拜请求哀怜。陈霸先想放火将他们烧掉,王僧辩和儿子王頠都走下来,被抓了起来。陈霸先说:"我有什么罪过,您要和北齐的军队一起来征讨我?"停了一下又说,"您是什么意思,北齐军队来犯,一点防备都没有?"王僧辩说:"委托您防守北门,怎么能说没有防备呢?"这天晚上,陈霸先用绳子将王僧辩父子勒死。后来竟然没有看到北齐军队,看来也不是陈霸先诡诈。前青州刺史新安人程灵洗带领所属军队来救援王僧辩,与陈霸先他们在石头城西门奋力作战，军队战败；陈霸先派遣使者去召请他们归服，过了很久他们才投降。陈霸先深深嘉许他的义举，任用程灵洗做兰陵太守，命他帮助防守京口。乙巳日（二十八日），陈霸先写檄文通告中外人士，列举王僧辩的罪状，而且说："我所要讨伐的，只有王僧辩父子兄弟而已，其他的亲戚党徒，一概不加问罪。"

【申涵煜评】 僧辩迎立渊明，实迫齐师，陈霸先力不能与齐抗，乃袭杀僧辩，以同功共戚之人，人方推心待我，而我乃掩其不备，父子缳首，岂尽出于至公哉！负僧辩矣。此颂之所以发陵焚骨也。

【译文】 王僧辩迎立萧渊明为帝，实在为南齐军队所逼迫，陈霸先的力量不能与南齐对抗，于是袭击杀死王僧辩。同功业共忧患的人，人家能推心置腹地对待他，而他就乘其不备，将其父子绞死，难道完全出于至公吗？实在是有负于王僧辩了。这正是王僧辩的儿子王颂灭陈时之所以挖了陈霸先的陵墓烧他的尸骨报父仇的原因所在。

丙午，贞阳侯渊明逊位，出就邸，百僚上晋安王表，劝进。冬，十月，己酉，晋安王即皇帝位，大赦，改元，中外文武赐位一等。以贞阳侯渊明为司徒，封建安公。告齐云："僧辩阴图篡逆，故诛之。"仍请称臣于齐，永为藩国。齐遣行台司马恭与梁人盟于历阳。

辛亥，齐主如晋阳。

壬子，加陈霸先尚书令、都督中外诸军事、车骑将军、扬、南徐二州刺史。癸丑，以宜丰侯循为太保，建安公渊明为太傅，曲江侯勃为太尉，王琳为车骑将军、开府仪同三司。

【译文】 丙午日（二十九日），贞阳侯萧渊明退位，离开皇宫到官邸去。百官都上表给晋安王萧方智，请他登位。冬季，十月，己酉日（初二），晋安王即皇帝位，大赦天下，改年号为绍泰。内外文武官员都加赐爵位一等。任用贞阳侯萧渊明做司徒，封为建安公。告诉北齐说："王僧辩暗中企图篡夺叛逆，因而杀掉他，仍旧请求向北齐称臣，永远作为藩属。"北齐派遣行台司马恭和梁朝在历阳订立盟约。

辛亥日（初四），齐主高洋到晋阳。

壬子日（初五），梁朝加封陈霸先为尚书令、都督中外诸军事、车骑将军，扬、南徐二州刺史。癸丑日（初六），梁朝任命宜丰侯萧循做太保，建安公萧渊明做太傅，曲江侯萧勃做太尉，王琳做车骑将军、开府仪同三司。

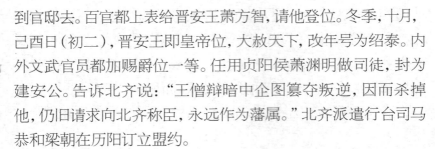

【乾隆御批】 僧辩罪自当诛。然在霸先窥觇神器已久。袭杀之举，非以为梁特欲去害己者而已。

【译文】 王僧辩的罪行自当处死。可是在陈霸先方面却是早就伺机图谋皇权了。袭杀之举，不只是为了梁朝，更是除去了一个危害自己的人。

戊午，尊帝所生夏贵妃为皇太后，立妃王氏为皇后。

杜龛恃王僧辩之势，素不礼于陈霸先，在吴兴，每以法绳其宗族，霸先深怨之。及将图僧辩，密使兄子蒨还长城，立栅以备龛。僧辩死，龛据吴兴拒霸先，义兴太守韦载以郡应之。吴郡太守王僧智，僧辩之弟也，亦据城守。陈蒨至长城，收兵才数百人，杜龛遣其将杜泰将精兵五千奄至，将士相视失色。蒨言笑自若，部分益明，众心乃定。泰日夜苦攻数旬，不克而退。霸先使周文育攻义兴，义兴属县卒皆霸先旧兵，善用弩，韦载收得数十人，系以长锁，命所亲监之，使射文育军，约曰："十发不两中者死。"故每发辄毙一人，文育军稍却。载因于城外据水立栅，相持数旬。杜龛遣其从弟北叟将兵拒战，北叟败，归于义兴。霸先闻文育军不利，辛未，自表东讨，留高州刺史侯安都、石州刺史杜稜宿卫台省。甲戌，军至义兴，丙子，拔其水栅。

【译文】 戊午日（十一日），梁朝尊奉皇上萧方智的母亲夏贵妃为皇太后，立妃子王氏做皇后。

杜龛倚仗王僧辩的势力，平素对陈霸先很不礼貌，在吴兴，曾对陈霸先的宗族绳之以法，陈霸先深深地怨恨着杜龛。等到将算计王僧辩时，密派他哥哥的儿子陈蒨回到长城县，竖立栅栏来防御杜龛。王僧辩一死，杜龛据守吴兴对抗陈霸先，义兴太守韦载带着郡中的军队响应他。吴郡太守王僧智，是王僧辩的弟弟，也据守城池抵抗守卫。陈蒨到了长城，收集士卒仅几百人，杜龛派遣他的大将杜泰带领精兵五千突然赶到，将士们大惊失色，陈蒨却谈笑自如，不慌不忙地分配各人的职守，十分明确，大家慌乱的心才安定下来。杜泰日夜辛苦进攻，过了几十天，都没办法攻克，这才退兵。陈霸先派周文育进兵义兴，义兴所领属的县卒都是陈霸先从前的士兵，很会用弓箭，韦载收押了几十人，用长锁链将他们绑着，命令亲信的人监督他们，命他们射周文育的军队，与他们约定说："射十次没有两次射中的就要被处死。"因而每次发箭往往要射死一个人，周文育的军队稍微退后了些。韦载又在城外倚着河水竖立栅栏，双方相持了几十天。杜龛派遣他的堂弟杜北叟率领军队抵抗，杜北叟战败，回到义兴。陈霸先听说周文育出师不利，辛未日（二十四日），上表请求向东征讨，留下高州刺史侯安都、石州刺史杜稜在台省守卫。甲戌日（二十七日），军队到了义兴，丙子日（二十九日），陈霸先攻拔了他们的水栅。

　　谯、秦二州刺史徐嗣徽从弟嗣先，僧辩之甥也。僧辩死，嗣先亡就嗣徽，嗣徽以州入于齐。及陈霸先东讨义兴，嗣徽密结南豫州刺史任约，将精兵五千乘虚袭建康，是日，入据石头，游骑至阙下。侯安都闭门藏旗帜，示之以弱，令城中曰："登陴窥贼者斩！"及夕，嗣徽等收兵还石头。安都夜为战备，将旦，嗣徽等又至，安都帅甲士三百开东、西掖门出战，大破之，嗣徽等奔还石头，不敢复逼台城。

　　陈霸先遣韦载族弟翙赍书谕载，丁丑，载及杜北叟皆降，霸先厚抚之，以翙监义兴郡，引载置左右，与之谋议。霸先卷甲还建康，使周文育讨杜龛，救长城。

　　将军黄他攻王僧智于吴郡，不克，霸先使宁远将军裴忌助之。忌选所部精兵轻行倍道，自钱塘直趣吴郡，夜，至城下，鼓噪薄之。僧智以为大军至，轻舟奔吴兴。忌入据吴郡，因以忌为太守。

　　【译文】 谯、秦二州刺史徐嗣徽的堂弟徐嗣先，是王僧辩的外甥。王僧辩死后，徐嗣先逃亡投奔徐嗣徽，徐嗣徽献出谯、秦二州投向北齐那边去了。等到陈霸先向东征讨义兴，徐嗣徽秘密结交南豫州刺史任约，带领精锐骑兵五千人趁他们不备去偷袭建康，这一天，袭击攻占了石头城，游骑又前进到宫阙下。侯安都关闭城门将旗帜藏起来，显示自己的兵势很弱，命令城中的兵士说："哪一个爬上短墙去偷看敌人的就杀头！"到了傍晚，徐嗣徽等只好收兵回到石头城。侯安都晚上为作战做了准备，天快亮时，徐嗣徽等又来到皇城前，侯安都率领三百武装士兵打开东、西掖门出去迎战，大败徐嗣徽的军队，徐嗣徽等逃回石头城，不敢再进攻逼迫台城。

陈霸先派遣韦载同族的弟弟韦翙拿着书信去劝降韦载，丁丑日（三十日），韦载和杜北叟都投降了，陈霸先十分优厚地礼遇安抚他们，任用韦翙监督义兴郡，将韦载安置在他的身边，以便和他谋划计议。陈霸先收兵回到建康，派周文育去征讨杜龛，救援长城。

将军黄他在吴郡攻打王僧智，没有攻下，陈霸先派宁远将军裴忌去帮助他。裴忌挑选自己军队中的精锐，以轻便的装备日夜不停地从钱塘直接赶往吴郡，晚上，到了城下，命军队击鼓呐喊逼近城池。王僧智认为大批军队到来，就乘着轻便的快船逃到吴兴去了。裴忌进城据守吴郡，陈霸先便任用裴忌做了吴郡太守。

十一月，己卯，齐遣兵五千度江据姑孰，以应徐嗣徽、任约。陈霸先使合州刺史徐度立栅于冶城。庚辰，齐又遣安州刺史翟子崇、楚州刺史刘士荣、淮州刺史柳达摩将兵万人于胡墅度米三万石、马千匹入石头。霸先问计于韦载。载曰："齐师若分兵先据三吴之路，略地东境，则时事去矣。今可急于淮南因侯景故垒筑城，以通东道转输，分兵绝彼之粮运，使进无所资，则齐将之首旬日可致。"霸先从之。癸未，使侯安都夜袭胡墅，烧齐船千馀艘；仁威将军周铁虎断齐运输，擒其北徐州刺史张领州；仍遣韦载于大航筑侯景故垒，使杜棱守之。齐人于仓门、水南立二栅，与梁兵相拒。壬辰，齐大都督萧轨将兵屯江北。

【译文】十一月，己卯日（初二），北齐派五千名兵士渡江驻守姑孰，以便接应徐嗣徽和任约。陈霸先派合州刺史徐度在冶城竖立栅栏。庚寅日（十三日），北齐又派安州刺史翟子崇、楚州刺史刘士荣、淮州刺史柳达摩从胡墅带领一万名士兵，运送三万石米、一千匹马进入石头城。陈霸先向韦载请教计策，韦载说："北齐的军队假如分兵先据守三吴的通路，进占东面边境，那么我们的时机就没有了。现在应当迅速在淮南利用侯景从前的营垒修造城墙，以便保障东边道路的运输，然后分派兵力阻断他们的粮食转运，那么北齐将领的首级十天就可以拿到。"陈霸先采纳他的建议。癸未日（初六），派遣侯安都利用夜晚偷袭胡墅，烧掉北齐的船只一千多艘，仁威将军周铁虎阻断了北齐的运输道路，抓住了他们的北徐州刺史张领州；陈霸先仍旧派遣韦载到大航去修建侯景从前的壁垒，命杜稜去防守这些壁垒。北齐人在仓门、秦淮水南边竖立两个栅栏与梁兵对抗。壬辰日（十五日），北齐大都督萧轨率领军队驻扎江北。

初，齐平秦王归彦幼孤，高祖令清河昭武王岳养之，岳情礼甚薄，归彦心衔之。及显祖即位，归彦为领军大将军，大被宠遇，岳谓其德己，更倚赖之。岳屡将兵立功，有威名，而性豪侈，好酒色，起第于城南，厅事后开巷。归彦谮之于帝曰："清河僭拟宫禁，制为永巷，但无阙耳。"帝由是恶之。帝纳倡妇薛氏于后宫，岳先尝因其姊迎之至第。帝夜游于薛氏家，其姊为父乞司徒。帝大怒，悬其姊，锯杀之。让岳以奸，岳不服，帝益怒，乙亥，使归彦鸩岳。岳自诉无罪，归彦曰："饮之则家全。"饮之而卒，葬赠如礼。

薛嫔有宠于帝，久之，帝忽思其与岳通，无故斩首，藏之于怀，出东山宴饮。劝酬始合，忽探出其首，投于柈上，支解其尸，弄其髀为琵琶，一座大惊。帝方收取，对之流涕曰："佳人难再得！"载尸以出，被发步哭而随之。

【译文】起初，北齐的平秦王高归彦幼年时就没有父亲，高祖高欢让清河昭武王高岳养育他，高岳对他很刻薄，所以高归彦对他充满怨恨。等到显祖高洋即位，高归彦担任领军大将军，特别受宠爱器重，高岳以为自己有抚养他的功德，因而更加依赖他。高岳多次带兵都立了功，颇有威名，然而性情豪爽奢靡，喜好美酒女色，在邺城的南面修建府第，处理公务的厅事后面还开了街巷。高归彦在背后偷偷地告诉齐主高洋："高岳僭越身份学宫廷内的装设，还修了长巷，只是少了宫阙门罢了！"齐主高洋因此很讨厌他。高洋收纳娼妇薛氏到后宫，高岳之前曾因薛氏姐姐的缘故，将她接到家里。有一天晚上齐主高洋到薛氏家里，她的姐姐为她的父亲乞请司徒的官职，齐主高洋很生气，将她姐姐悬吊起来，用锯子锯死了她。齐主高洋责备高岳和她有奸情，高岳不服气，齐主高洋更加生气，乙亥日（十一月无此日），派高归彦拿毒酒给高岳喝，高岳自诉己身无罪，高归彦说："喝下去就能保全全家。"喝下去后高岳就死了，齐主高洋给他的葬礼和追赐都依照礼法。

薛嫔很得齐主高洋的宠爱，过了很久，齐主高洋突然间想起她曾和高岳私通过，无缘无故就将她的头砍了下来，藏在怀里，前往东山举行宴会喝酒。大家喝酒正在酣畅开怀的时候，齐主高洋突然从怀里取出薛嫔的头，把它投掷在盘子上，又叫人将她的尸体拿来分割了，拿起她的大腿当琵琶来玩弄，满座席的人都十分惊讶。齐主高洋把她的尸体收拾好，对着尸体流着眼泪说："美人很难再得到了！"命人载着她的尸体离开，高洋披散着头发跟随在后面。

甲辰，徐嗣徽等攻冶城栅，陈霸先将精甲自西明门出击之，嗣徽等大败，留柳达摩等守城，自往采石迎齐援。

以郢州刺史宜丰侯循为太保，广州刺史曲江侯勃为司空，并徵入侍。循受太保而辞不入。勃方谋举兵，遂不受命。

镇南将军王琳侵魏，魏大将军豆卢宁御之。

十二月，癸丑，侯安都袭秦郡，破徐嗣徽栅，俘数百人。收其家，得其琵琶及鹰，遣使送之曰："昨至弟处得此，今以相还。"嗣徽大惧。丙辰，陈霸先对冶城立航，悉渡众军，攻其水南二栅。柳达摩等度度置陈，霸先督兵疾战，纵火烧栅，齐兵大败，争舟相挤，溺死者以千数，呼声震天地，尽收其船舰。是日，嗣徽与任约引齐兵水步万馀人还据石头，霸先遣兵诣江宁，据险要。嗣徽等水步不敢进，顿江宁浦口，霸先遣侯安都将水军袭破之，嗣徽等单舸脱走，尽收其军资器械。

【译文】甲辰日（二十七日），徐嗣徽等攻打冶城栅，陈霸先带领精锐甲兵从西明门出来进攻他，徐嗣徽等大败，留下柳达摩等守城，自己到采石去迎接北齐援军。

梁朝任命郢州刺史宜丰侯萧循做太保，广州刺史曲江侯萧勃做司空，一起征召入侍。萧循接受太保的职位，但是辞谢不肯入朝。萧勃正想谋划兵变，所以不肯接受任命。

镇南将军王琳侵犯西魏，西魏的大将军豆卢宁抵御他。

十二月，癸丑日（初七），侯安都进攻秦郡，攻克徐嗣徽的军营栅栏，擒获几百人。没收徐嗣徽的家产，得到了他的琵琶和鹰，派人送还给他说："昨天到贤弟的住处拿到了这些东西，今天交还给你。"徐嗣徽很害怕。丙辰日（初十），陈霸先对着冶城把船连起来搭建浮桥，将全部军队运送过河，进攻他们南岸的两座栅栏。柳达摩等渡过淮水排兵布阵，陈霸先督促军队迅速作战，放火烧了栅栏，北齐军队大败，争着乘船逃走，互相挤迫，掉落水中溺死的有上千人，呼喊的声音震动天地，陈霸先把他们的船都俘获了。当天，徐嗣徽和任约领着北齐水兵和步兵一万多人回去据守石头城，陈霸先派遣军队到江宁，占据险要地势。徐嗣徽等水、步兵不敢前进，留守在江宁、浦口，陈霸先派侯安都带领水兵击败了他们，徐嗣徽等单独驾船逃走，侯安都将他们军中的财物器械全部收缴。

己未，霸先四面攻石头，城中无水，升水直绢一匹。庚申，达摩遣使请和于霸先，且求质子。时建康虚弱，粮运不继，朝臣皆欲与齐和，请以霸先从子昙朗为质。霸先曰："今在位诸贤欲息肩于齐，若违众议，谓孤爱昙朗，不恤国家，今决遣昙朗，弃之寇庭。齐人无信，谓我微弱，必当背盟。齐寇若来，诸君须为孤力斗也！"乃以昙朗及永嘉王庄、丹杨尹王冲之子珉为质，与齐人盟于城外，将士恣其南北。辛酉，霸先陈兵石头南门，送齐人归北，徐嗣徽、任约皆奔齐。收齐马仗船米，不可胜计。齐主诛柳达摩。壬戌，齐和州长史乌丸远自南州奔还历阳。

江宁令陈嗣、黄门侍郎曹朗据姑孰反，霸先命侯安都等讨平之。霸先恐陈昙朗亡窜，自帅步骑至京口迎之。

【译文】己未日（十三日），陈霸先四面围攻石头城，城中没有水，一升水的价钱值一匹绢。庚申日（十四日），柳达摩派遣使者向陈霸先请求谈和，并且以儿子做人质。当时建康内部虚弱，粮食转运又很不顺畅，朝廷的臣子都想和北齐谈和，请求用陈霸先的侄子陈昙朗去做人质。陈霸先说："现在朝中掌权的各位贤人都想和北齐谈和，解除目前的危局而获得休息，假如我违逆了众人的意思，你们一定认为我是疼爱陈昙朗，不体恤国家的危难，今天就决定派遣陈昙朗到贼寇的朝廷。不过齐人不会讲信用，认为我们衰弱，必当背弃盟约。齐寇假如来犯，诸君必须为我奋勇作战啊！"于是以陈昙朗和永嘉王萧庄、丹杨尹王冲的儿子王珉做人质，与齐人在城外订了盟约，双方任凭将士们投奔南方或北方。辛酉日（十五日），陈霸先在石头城的南门陈列兵阵，送齐人回北方，徐嗣徽、任约都逃奔北齐。陈霸先收缴了北齐的马匹、兵器、舟船、米粮，不计其数。齐主高洋杀掉柳达摩。壬戌日（十六日），北齐和州长史乌丸远从南州奔回历阳。

江宁令陈嗣、黄门侍郎曹朗占据姑孰造反，陈霸先命令侯安都去平定他们。陈霸先担心陈昙朗会逃走隐匿，自己带领步卒骑兵到京口去迎接他。

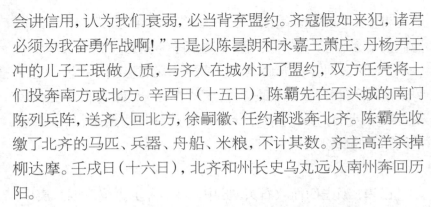

交州刺史刘元偃帅其属数千人归王琳。

魏以侍中李远为尚书左仆射。

魏益州刺史宇文贵使谯淹从子子嗣诱说淹，以为大将军，淹不从，斩子嗣。贵怒，攻之，淹自东遂宁徙屯垫江。

初，晋安民陈羽，世为闽中豪姓，其子宝应多权诈，郡中畏服。侯景之乱，晋安太守宾化侯云以郡让羽，羽老，但治郡事，令宝应典兵。时东境荒馑，而晋安独丰衍，宝应数自海道出，寇抄临安、永嘉、会稽，或载米粟与之贸易，由是能致富强。侯景平，世祖因以羽为晋安太守。及陈霸先辅政，羽求传郡于宝应，霸先许之。

是岁，魏宇文泰讽淮安王育上表请如古制降爵为公，于是宗室诸王皆降为公。

【译文】 交州刺史刘元偃带领他的部属几千人归顺王琳。

西魏任用侍中李远做尚书左仆射。

西魏益州刺史宇文贵派遣谯淹的侄子谯子嗣去诱导说服谯淹，让他做大将军，谯淹不肯，杀了谯子嗣。宇文贵十分生气，讨伐谯淹，谯淹被迫从东遂宁迁移军队到垫江驻扎。

起初，晋安百姓陈羽，世代都是闽中的豪门望族，他的儿子陈宝应很会利用权势欺诈，郡中人因害怕而顺服他。侯景作乱时，晋安太守宾化侯云将整个郡让给陈羽，陈羽因为年老，只治理郡事，叫陈宝应去典校军队。当时东边境内荒年饥馑，然而晋安却很丰足，陈宝应多次从海路出去，侵犯劫掠临安、永嘉、会稽，有时载运米粮与他们交易物品，因此得以富强。侯景被平定后，世祖萧绎任命陈羽做晋安太守。等到陈霸先辅佐政事，陈羽请求让位给他的儿子陈宝应，陈霸先答应了。

这一年，西魏宇文泰劝谏淮安王元育上表请求依照古制降爵位为公，因此宗室的各王都降为公。

突厥木杆可汗击柔然主邓叔子，灭之，叔子收其馀烬奔魏。木杆西破嚈哒，东走契丹，北并契骨，威服塞外诸国。其地东自辽海，西至西海，长万里，南自沙漠以北五六千里皆属焉。木杆恃其强，请尽诛邓叔子等于魏，使者相继于道；太师泰收叔子以下三千馀人付其使者，尽杀之于青门外。

初，魏太师泰以汉、魏官繁，命苏绰及尚书令卢辩依《周礼》更定六官。

【译文】突厥木杆可汗攻打柔然邓叔子，消灭了他们，邓叔子收拾残余部众投奔西魏。木杆可汗向西攻破嚈哒，向东赶走了契丹，向北吞并契骨，声名威望使塞外各国臣服。他的领地东起辽海，西到西海，长一万里，南边从大漠以北五六千里都归属他们。木杆可汗依恃他的强盛，请西魏把邓叔子等人都杀掉，使者不停地在双方道路上奔驰传信。太师宇文泰拘捕了邓叔子以下共三千多人，交给突厥使者，在青门外把邓叔子等人都杀了。

起初，西魏太师宇文泰认为汉、魏的官制太繁杂，命令苏绰和尚书令卢辩按《周礼》更换制定六官。

太平元年（丙子，公元五五六年）春，正月，丁丑，魏初建六官，以宇文泰为太师、大冢宰，柱国李弼为太傅、大司徒，赵贵为太保、大宗伯，独孤信为大司马，于谨为大司寇，侯莫陈崇为大司空。自馀百官，皆仿《周礼》。

戊寅，大赦，其与任约、徐嗣徽同谋者，一无所问。癸未，陈霸先使从事中郎江旰说徐嗣徽使南归，嗣徽执旰送齐。

陈蒨、周文育合军攻杜龛于吴兴。龛勇而无谋，嗜酒常醉，其将杜泰阴与蒨等通。龛与蒨等战，败，泰因说龛使降，龛然之。其妻王氏曰："霸先仇隙如此，何可求和！"因出私财赏募，复击蒨等，大破之。既而杜泰降于蒨，龛尚醉未觉，蒨遣人负出，于项王寺前斩之。王僧智与其弟豫章太守僧愔俱奔齐。

【译文】太平元年（丙子，公元556年）春季，正月，丁丑日（初一），西魏按《周礼》初建六官，任命宇文泰做太师、大冢宰，柱国李弼做太傅、大司徒，任命赵贵做太保、大宗伯，独孤信做大司马，任命于谨做大司寇，侯莫陈崇做大司空。其余百官，都仿照《周礼》。

戊寅日（初二），梁朝大赦天下，那些与任约、徐嗣徽同谋的人，也不再追究。癸未日（初七），陈霸先派从事中郎江旰说服徐嗣徽让他回到南方，徐嗣徽将江旰抓起来押送给北齐。

陈蒨、周文育联合军队在吴兴攻打杜龛。杜龛勇敢但缺少谋略，爱喝酒却常常醉倒，他的将军杜泰暗中和陈蒨私通。杜龛和陈蒨等交战失利，杜泰趁机说服杜龛，让他投降，杜龛答应了。杜龛的妻子王氏说："和陈霸先的仇恨已经到这个地步了，怎么可以求和！"王氏随即拿出自己的私财奖赏招募士卒，又反击陈蒨等，大败他们的军队。不久，杜泰向陈蒨投降，杜龛喝醉酒还没醒来。陈蒨派人将他背出去，在项王寺前杀掉了他。王僧智和他的弟弟豫章太守王僧愔都投奔到北齐。

东扬州刺史张彪素为王僧辩所厚，不附霸先。二月，庚戌，陈蒨、周文育轻兵袭会稽，彪兵败，走入若邪山中，蒨遣其将吴兴章昭远追斩之。东阳太守留异馈蒨粮食，霸先以异为缙州刺史。

江州刺史侯瑱本事王僧辩，亦拥兵据豫章及江州，不附霸先。霸先以周文育为南豫州刺史，使将兵击湓城，庚申，又遣侯安都、周铁虎将舟师立栅于梁山，以备江州。

癸亥，徐嗣徽、任约袭采石，执戍主明州刺史张怀钧送于齐。

后梁主击侯平于公安，平与长沙王韶引兵还长沙。王琳遣平镇巴州。

【译文】东扬州刺史张彪一向被王僧辩看重，因而不肯归降陈霸先。二月，庚戌日（初五），陈蒨、周文育率领轻便骑兵袭击会稽，张彪战败，逃进若邪山中，陈蒨派遣他的将军吴兴人章昭远去追杀了他。东阳太守留异馈赠粮食给陈蒨，陈霸先任用留异做缙州刺史。

江州刺史侯瑱原本追随王僧辩，也拥兵据守豫章和江州，不肯归降陈霸先。陈霸先任命周文育做南豫州刺史，命他率领军队去攻打湓城，庚申日（十五日），又派侯安都、周铁虎带领水军在梁山设置栅栏，以防备江州。

癸亥日（十八日），徐嗣徽、任约进攻采石，抓住戍主明州刺史张怀钧，将他送到北齐。

后梁主萧方智在公安攻打侯平，侯平和长沙王萧韶领军回到长沙。王琳派遣侯平镇守巴州。

三月，壬午，诏杂用古今钱。

戊戌，齐遣仪同三司萧轨、库狄伏连、尧难宗、东方老等与任约、徐嗣徽合兵十万入寇，出栅口，同梁山。陈霸先帐内荡主黄丛逆击，破之，齐师退保芜湖。霸先遣定州刺史沈泰等就侯安都，共据梁山以御之。周文育攻溢城，未克，召之还。夏，四月，丁巳，霸先如梁山巡抚诸军。

乙丑，齐仪同三司娄叡讨鲁阳蛮，破之。

侯安都轻兵袭齐行台司马恭于历阳，大破之，俘获万计。

魏太师泰尚孝武妹冯翊公主，生略阳公觉；姚夫人生宁都公毓。毓于诸子最长，娶大司马独孤信女。泰将立嗣，谓公卿曰："孤欲立子以嫡，恐大司马有疑，如何？"众默然，未有言者。尚书左仆射李远曰："夫立子以嫡不以长，略阳公为世子，公何所疑！若以信为嫌，请先斩之。"遂拔刀而起。泰亦起，曰："何至于是！"信又自陈解，远乃止。于是，群公并从远议。远出外，拜谢信曰："临大事不得不尔！"信亦谢远曰："今日赖公决此大议。"遂立觉为世子。

【译文】三月，壬午日（初七），梁朝下诏令兼用古今铜钱。

戊戌日（二十三日），北齐派遣仪同三司萧轨、库狄伏连、尧难宗、东方老等和任约、徐嗣徽合兵十万进犯梁朝，离开栅口，向梁山而来。陈霸先幕帐内善于突击冲锋的勇士黄丛迎敌还击，击败北齐军队，北齐军队退守芜湖。陈霸先派遣定州刺史沈泰等率军前去，归属侯安都指挥，一同据守梁山，以便抵御他们。周文育进攻溢城，没有攻克，被召回。夏季，四月，丁巳日（十三日），陈霸先到梁山巡察安抚各路军队。

乙丑日（二十一日），北齐仪同三司娄叡征讨鲁阳蛮，击败了他的军队。

侯安都率领轻装军队在历阳袭击并大败北齐行台司马恭的军队，俘虏一万多人。

西魏太师宇文泰娶了孝武帝的妹妹冯翊公主，生了略阳公宇文觉；姚夫人生了宁都公宇文毓。宇文毓在各儿子中年纪最大，娶了大司马独孤信的女儿。宇文泰想立后嗣，对公卿们说：“我想立嫡子承嗣，担心大司马心里会有怀疑的地方，不知道应当怎么办。”大家都沉默不语。尚书左仆射李远说：“原本立子嗣应该立嫡长子而不是立年纪最大的，略阳公本来就是世子，您又有什么疑虑呢？假如猜疑独孤信，请先把他杀掉吧！”于是拔起刀站起来。宇文泰也站起来，说：“为什么要如此呢？”独孤信又陈述辩解，李远才停止。于是所有公卿都赞成李远的建议。李远到外面后，向独孤信敬拜谢罪说：“面临重大抉择的要事，不得不这样！”独孤信也向李远致谢说：“今天靠你决定了这件大事。”于是宇文泰立宇文觉做世子。

太师泰北巡。

五月，齐人召建安公渊明，诈许退师，陈霸先具舟送之。癸未，渊明疽发背卒。甲申，齐兵发芜湖，庚寅，入丹杨县，丙申，至秣陵故治。陈霸先遣周文育屯方山，徐度顿马牧，杜稜顿大航南以御之。

齐汉阳敬怀王洽卒。

辛丑，齐人跨淮立桥栅渡兵，夜至方山。徐嗣徽等列舰于青墩，至于七矶，以断周文育归路。文育鼓噪而发，嗣徽等不能制；至旦，反攻嗣徽。嗣徽骁将鲍砰独以小舰殿军，文育乘单舴艋与战，跳入舰中，斩砰，仍牵其舰而还。嗣徽众大骇，因留船芜湖，自丹杨步上。陈霸先追侯安都、徐度皆还。

【译文】 西魏太师宇文泰向北巡行。

五月，北齐人召请建安公萧渊明，欺骗他答应将军队退回，陈霸先准备船只遣送他们回去。癸未日（初九），萧渊明背上的疽疮发作去世。甲申日（初十），北齐军队从芜湖出发，庚寅日（十六日），进入丹杨县，丙申日（二十二日），抵达秣陵的故治村。陈霸先派周文育驻守方山，徐度驻守马牧，杜稜驻扎大航南岸来抵御他们。

北齐汉阳敬怀王高洽去世。

辛丑日（二十七日），北齐跨越淮水竖立桥栅使军队渡水而过，晚上到达方山。徐嗣徽等在青墩排列舰队，一直连到七矶，以阻断周文育的归路。周文育等击鼓呐喊出兵，徐嗣徽没办法阻挡，到了天明，周文育反过来进攻徐嗣徽。徐嗣徽的勇猛骁将鲍砰单独以小舰殿后，周文育乘着小船与他交战，周文育跳入鲍砰的小舰中，杀了鲍砰，接着把他的小舰拖回来。徐嗣徽的部众大为惊骇，于是将船停留在芜湖，从丹杨步行而上。陈霸先追回侯安都、徐度等。

癸卯，齐兵自方山进及倪塘，游骑至台，建康震骇。帝总禁兵出顿长乐寺，内外纂严。霸先拒嗣徽等于白城，适与周文育会。

将战，风急，霸先曰："兵不逆风。"文育曰："事急矣，何用古法！"抽槊上马先进，众军从之，风亦寻转，杀伤数百人。侯安都与嗣徽等战于耕坛南，安都帅十二骑突其陈，破之，生擒齐仪同三司乞伏无劳。霸先潜撤精卒三千配沈泰渡江，袭齐行台赵彦深于瓜步，获舰百馀艘，粟万斛。

六月，甲辰，齐兵潜至钟山，侯安都与齐将王敬宝战于龙尾，军主张纂战死。丁未，齐师至幕府山，霸先遣别将钱明将水军出江乘，邀击齐人粮运，尽获其船米。齐军乏食，杀马驴食之。庚戌，齐军逾钟山，霸先与众军分顿乐游苑东及覆舟山北，断其冲要。壬子，齐军至玄武湖西北，将据北郊坛，众军自覆舟东移顿坛北，与齐人相对。

【译文】 癸卯日（二十九日），北齐军队从方山进到倪塘，巡游骑兵到了台城，建康城震惊害怕。皇上萧方智把宫中的军队都派出来驻扎长乐寺，内外聚集严密。陈霸先在白城对抗徐嗣徽，恰好和周文育相会。将要开战时，风很大，陈霸先说："军队是不迎风而战的。"周文育说："现在事态紧急，何必管他古法怎么样！"抽起长矛骑上马率先进攻，风也跟着旋转，周文育杀伤了几百人。侯安都和徐嗣徽等在耕坛南边大战，侯安都带领十二名骑兵突破敌人的兵阵，击败了敌军，活捉北齐仪同三司乞伏无劳。陈霸先暗中从战场上撤下三千名精锐士兵，配给沈泰渡过长江，到瓜步偷袭北齐行台赵彦深，缴获船舰百余艘、粟米一万斛。

六月，甲辰日（初一），北齐军队潜伏到钟山，侯安都和北齐将军王敬宝在钟山的龙尾开战，军主张纂战死。丁未日（初四），北齐军队到达幕府山，陈霸先派别将钱明带领水军离开江乘，阻截攻击齐人粮食的运输，全数缴获了他们的船和米。北齐军队缺乏粮食，只好杀马和驴来吃。庚戌日（初七），北齐军队越过钟山，陈霸先和各路军队分别停留在乐游苑东面和覆舟山北面，阻断敌人的紧要路口。壬子日（初九），北齐军队到达玄武湖西北，想要驻守北郊坛，各路军从覆舟向东移，停留在坛北，与齐人相对。

会连日大雨，平地水丈馀，齐军昼夜坐立泥中，足指皆烂，悬鬲以爨，而台中及潮沟北路燥，梁军每得番易。时四方壅隔，粮运不至，建康户口流散，徵求无所。甲寅，少霁，霸先将战，调市人得麦饭，分给军士，士皆饥疲。会陈蒨馈米三千斛、鸭千头，霸先命炊米煮鸭，人人以荷叶裹饭，媲以鸭肉数脔。乙卯，未明，蓐食，比晓，霸先帅麾下出莫府山。侯安都谓其部将萧摩诃曰："卿骁勇有名，千闻不如一见。"摩诃对曰："今日令公见之。"及战，安都坠马，齐人围之，摩诃单骑大呼，直冲齐军，齐军披靡，安都乃免。霸先与吴明彻、沈泰等众军首尾齐举，纵兵大战，安都自白下引兵横出其后，齐师大溃，斩获数千人，相蹂籍而死者不可胜计，生擒徐嗣徽及其弟嗣宗，斩之以徇，追奔至于临沂。其江乘、摄山、钟山等诸军相次克捷，虏萧轨、东方老、王敬宝等将帅凡四十六人。其军士得窜至江者，缚荻筏以济，中江而溺，流尸至京口，翳水弥岸；唯任约、王僧愔得免。丁巳，众军出南州，烧齐舟舰。

【译文】适逢连日大雨，平地水涨了一丈多高，北齐军队白天夜里都浸在泥水中，脚指头都烂了，将煮饭的锅鼎高高地悬着升火做饭，然而台中和潮沟的北路却很干燥，梁军每每都能更换轮替。当时四方壅蔽阻隔，粮食没办法运输，建康城中民户流散，没地方征收粮食。甲寅日（十一日），雨稍微停歇，陈霸先想开战，向商人购买麦饭，分送给军士，军士全都饥饿疲惫。恰好陈蒨送来三千斛米、一千只鸭子，陈霸先命士兵煮饭杀鸭，人人用荷叶包着饭，上面盖着几片鸭肉。乙卯日（十二日），天没亮，士兵就在席蓐上吃饭了，等到天亮，陈霸先带领部下出了幕府山，侯安都对他的部将萧摩诃说："你勇猛刚健是出了名的，听一千遍也只是听说而已，倒不如看你表现一次。"萧摩诃回答说："今天让您看看我的表现。"等开战后，侯安都掉下马，北齐士兵包围过来，萧摩诃一个人骑着马大喊，直冲向包围的齐军，齐军溃败逃散，侯安都才免于一死。陈霸先和吴明彻、沈泰等所有军队前后一起进攻，展开大会战，侯安都从白下领军横过来冲向敌军后面，北齐军队大败，梁军杀死、掳获北齐军数千人，相互践踏而死的不计其数，生擒并杀掉徐嗣徽和他的弟弟徐嗣宗。追击逃奔的北齐军队到了临沂。另外江乘、摄山、钟山等各路军队也相继打了胜仗，擒获萧轨、东方老、王敬宝等将帅共四十六人。那些能逃到江边的军兵，绑了荻草做筏子用来渡过长江，到江水中流，筏子冲散被溺死，尸体漂流到京口，遮蔽了江水，堆满江岸；只有任约、王僧愔得以免死。丁巳日（十四日），各路军队离开南州，烧掉了北齐的舟舰。

戊午，大赦。己未，解严。军士以赏犒贸酒，一人裁得一醉。庚申，斩齐将萧轨等，齐人闻之，亦杀陈昙朗。霸先启解南徐州以授侯安都。

侯平频破后梁军，以王琳兵威不接，更不受指麾；琳遣将讨之。平杀巴州助防吕句，收其众，奔江州，侯瑱与之结为兄弟。琳军势益衰，乙丑，遣使奉表诣齐，并献驯象。江陵之陷也，琳妻蔡氏、世子毅皆没于魏，琳又献款于魏以求妻子；亦称臣于梁。

齐发丁匠三十馀万修广三台宫殿。

【译文】戊午日（十五日），梁朝大赦天下。己未日（十六日），解除严禁。军兵们将杀敌所得的赏赐拿去买酒，每人都喝得烂醉。庚申日（十七日），梁朝杀掉齐将萧轨等，北齐听说了，也杀掉人质陈昙朗。陈霸先将南徐州授给侯安都，奖赏他的战功。

侯平多次攻破后梁军队，但是因为王琳的兵力较弱，就不再受他指挥；王琳派遣将领去征讨他。侯平杀掉巴州助防吕旬并收编了他的部队，奔往江州，侯瑱和他结为兄弟。王琳的军势愈来愈衰弱，乙丑日（二十二日），王琳派使者呈奉奏表到北齐，并且献上驯服的巨象。江陵沦陷时，王琳的妻子蔡氏、世子王毅都陷落在西魏，王琳又进献钱财到西魏，以便赎回妻子儿女；也向梁朝称臣。

北齐征调壮丁木匠三十多万修筑扩建三台宫殿。

齐显祖之初立也，留心政术，务存简靖，坦于任使，人得尽力。又能以法驭下，或有违犯，不容勋戚，内外莫不肃然。至于军国机策，独决怀抱；每临行阵，亲当矢石，所向有功。数年之后，渐以功业自矜，遂嗜酒淫泆，肆行狂暴；或身自歌舞，尽日通宵；或散发胡服，杂衣锦彩；或袒露形体，涂傅粉黛；或乘牛、驴、橐驼、白象，不施鞍勒；或令崔季舒、刘桃枝负之而行，担胡鼓拍之；勋戚之第，朝夕临幸，游行市里，街坐巷宿；或盛夏日中暴身，或隆冬去衣驰走；从者不堪，帝居之自若。三台构木高二十七丈，两栋相距二百馀尺，工匠危怯，皆系绳自防，帝登脊疾走，殊无怖畏；时复雅舞，折旋中节，傍人见者莫不寒心。尝于道上问妇人曰："天子何如？"曰："颠颠痴痴，何成天子！"帝杀之。

【译文】齐显祖高洋初即位时，留心政事，政务存简去芜，力求精要，知人善任，坦诚待人，人人都能为国尽力。又能用法令来驾驭下属，倘若有违犯规章的人，即使是功勋贵戚也绝不包容，内外没有不肃然的。至于军国的机要谋略，独自裁决；每次亲临行伍兵阵，亲自冒着箭、石，所到地方都能克敌制胜。几年以后，渐渐因为功业太多而自矜，于是喝酒淫乱，行为放肆骄狂；有时跳舞唱歌，整日整夜不停；有时披散着头发，穿着胡人的衣服，或是杂乱地披着锦带彩饰；有时光着身体，涂满了香粉眉黛；有时骑着驴、牛、橐驼、白象，也不用马鞍缰绳；有时命崔季舒、刘桃枝背着他走，拿着胡鼓用手拍打；功勋贵戚的官邸，早晚随意驾临，到市街里坊去游玩，坐在街头，宿于巷口；有时盛暑日当正午，暴露着身子，有时隆冬脱掉衣服奔驰跑步；跟随的人实在不能忍受，可是高洋却泰然自若。三台的房屋高二十七丈，栋梁两边相距有二百多尺，工匠都觉得危险害怕，大家把绳子绑在身上防备摔下，高洋却挺直了脊背在上面飞快地走，一点都没有恐惧害怕的表情；有时还在那儿优雅起舞，和着节拍来回旋转，旁人看了没有不心惊的。高洋曾在路上问一位妇人说："当今天子怎么样？"妇人回答说："疯癫痴傻的，怎么能做天子！"高洋就将她杀掉了。

娄太后以帝酒狂，举杖击之曰："如此父生如此儿！"帝曰："即当嫁此老母与胡。"太后大怒，遂不言笑。帝欲太后笑，自匍匐以身举床，坠太后于地，颇有所伤。既醒，大惭恨，使积柴炽火，欲入其中。太后惊惧，亲自持挽，强为之笑，曰："向汝醉耳！"帝乃设地席，命平秦王归彦执杖，口自责数，脱背就罚，谓归彦曰："杖不出血，当斩汝。"太后前自抱之，帝流涕苦请，乃答脚五十，然后衣冠拜谢，悲不自胜。因是戒酒，一旬，又复如初。

帝幸李后家，以鸣镝射后母崔氏，骂曰："吾醉时尚不识太后，老婢何事！"马鞭乱击一百有余。虽以杨愔为宰相，使进厕筹，以马鞭鞭其背，流血浃袍。尝欲以小刀剺其腹，崔季舒托俳言曰："老小公子恶戏。"因掣刀去之。又置愔于棺中，载以辒车。又尝持矟走马，以拟左丞相斛律金之胸者三，金立不动，乃赐帛千段。

【译文】 娄太后因为齐主高洋喝酒癫狂，拿起手杖打他说："那样的父亲怎生出这样的儿子！"齐主高洋说："应该把这个老太婆嫁到胡地去。"娄太后大怒，于是不再说笑。齐主高洋想逗太后笑，自己匍匐在地上，用身子举起床来，将床上的太后跌落到地上，还受了点伤。等到清醒后，高洋羞愧悔恨，命人堆积木材点上火，想跳入火中。太后又惊又怕，亲自将他拉起来挽着他，勉强对他笑着说："从前是你喝醉酒了！"齐主高洋在地上安置席子，叫平秦王高归彦拿着木杖，自己责备自己，口中还列举着罪状，将衣服脱下，用背来受罚，对高归彦说："倘若不打出血来，我就把你杀掉。"太后上前去抱住他，齐主高洋流着眼泪苦苦请求，才打了脚板五十下，然后穿上衣服、戴上帽子拜谢，悲伤得不能控制自己。高洋因为这件事戒掉了酒，但过了十天，又恢复和从前一样了。

齐主高洋临幸李后的娘家，用胡人的响箭射李后的母亲崔氏，骂着说："我醉的时候连太后都不认得，老奴婢算什么！"用马鞭乱打了一百多下。虽然任命杨愔做丞相，但命他到厕所给自己递送擦拭的篾片，用马鞭抽打他的背，血流得都湿透了背袍。高洋还想用小刀划他的肚子，崔季舒假装开玩笑地说："小公子怎么爱戏弄人家呢！"才将刀拿走。又把杨愔放在棺木中，用丧车载着。又曾经拿着长矛在马上飞驰，三次假装要刺向左丞相斛律金的胸膛，斛律金都站着不动，高洋就赏赐他布帛千段。

高氏妇女不问亲疏，多与之乱，或以赐左右，又多方苦辱之。彭城王浟太妃尔朱氏，魏敬宗之后也，帝欲蒸之，不从；手刃杀之。

故魏乐安王元昂，李后之姊婿也，其妻有色，帝数幸之，欲纳为昭仪。召昂，令伏，以鸣镝射之百馀下，凝血垂将一石，竟至于死。后啼不食，乞让位于姊，太后又以为言，帝乃止。

又尝于众中召都督韩哲，无罪，斩之。作大镬、长锯、剉、碓之属，陈之于庭，每醉，辄手杀人，以为戏乐。所杀者多令支解，或焚之于火，或投之于水。杨愔乃简邺下死囚，置之仗内，谓之供御囚，帝欲杀人，辄执以应命，三月不杀，则宥之。

【译文】 高氏本家的妇女，不管亲疏，高洋大多和她们淫乱，有时又将她们赏赐给左右，又多方面地折磨羞辱她们。彭城王高浟的太妃尔朱氏，是魏敬宗的皇后，齐主高洋想与她交欢，尔朱氏不肯，高洋亲手把她杀死了。

原东魏乐安王元昂，是李后的姐夫，他的妻子颇有姿色，齐主高洋好几次到她家，想收纳她做昭仪。将元昂唤来，命他伏在地上，用响箭射了一百多下，流血凝固几乎有一石的重量，终究还是死了。李后整天哭啼，不肯吃饭，乞请让位给自己的姐姐，娄太后又当面加以训导，齐主高洋才没有纳元昂的妻子为昭仪。

高洋又曾经在众人面前召见都督韩哲，韩哲没有犯罪，也把他杀掉。制造了大镬、长锯、剉、碓等刑具，陈列在朝堂上，每次喝醉酒，往往要亲手杀人，认为是一种消遣娱乐。被杀的人还要被分尸，或用火烧掉，或丢进水里。杨愔就挑选邺城的死囚，将他们放在殿廷左右的屋内，叫作供御囚，齐主高洋想杀人时，常把他们抓来听命，假如三个月没被杀，就宽宥他的罪。

开府参军裴谓之上书极谏，帝谓杨愔曰："此愚人，何敢如是！"对曰："彼欲陛下杀之，以成名于后世耳。"帝曰："小人，我且不杀，尔焉得名！"帝与左右饮，曰："乐哉！"都督王纮曰："有大乐，亦有大苦。帝曰："何谓也？"对曰："长夜之饮，不寤国亡身陨，所谓大苦！"帝缚纮，欲斩之，思其有救世宗之功，乃舍之。

帝游宴东山，以关、陇未平，投杯震怒，召魏收于前，立为诏书，宣示远近，将事西行。魏人震恐，常为度陇之计。然实未行。一日，泣谓群臣曰："黑獭不受我命，奈何？"都督刘桃枝曰："臣得三千骑，请就长安擒之以来。"帝壮之，赐帛千匹。赵道德进曰："东西两国，强弱力均，彼可擒之以来，此亦可擒之以往。桃枝妄言应诛，陛下奈何滥赏！"帝曰："道德言是。"回绢赐之。帝乘马欲下峻岸入于漳，道德揽辔回之。帝怒，将斩之。道德曰："臣死不恨，当于地下启先帝，论此儿酗酗颠狂，不可教训！"帝默然而止。它日，帝谓道德曰："我饮酒过，须痛杖我。"道德抶之，帝走。道德逐之曰："何物人，为此举止！"

【译文】开府参军裴谓之上书极力劝谏，齐主高洋对杨愔说："这个蠢人，怎么敢如此大胆！"杨愔说："他是想让陛下把他杀掉，才能让后世的人知晓他的声名。"齐主高洋说："这个小人，我偏不杀他，看他怎么成名。"齐主高洋和身边的人喝酒，说："好快乐啊！"都督王纮说："有大乐，也有大苦。"齐主高洋说："什么意思？"王纮回答说："长夜痛饮，不觉悟国家将会败亡，自身伤命，所以是大苦！"齐主高洋把王纮绑起来，想把他杀掉，想到他有救过世宗（高澄）性命的功劳，这才放了他。

齐主高洋到东山野游设宴，因为关、陇地方还没平定，摔掉杯子十分愤怒，将魏收召到跟前，立下诏命，向远近各地宣告，要发动西征。西魏人震怒恐惧，打算迁到陇阪西边，以避开齐兵，实际上却没有实行。有一天，高洋哭着对群臣说："宇文黑獭不接受我的命令，怎么办？"都督刘桃枝说："请给我三千骑兵，我到长安去把他捉来。"齐主高洋认为他很勇壮，赐给他布帛千匹。赵道德进言说："东西两国势均力敌，你可以将他们抓来，他们也可以把你抓过去。刘桃枝乱说话该杀，陛下怎么还随便赏赐他呢？"齐主高洋说："赵道德的话很对。"追回赐给刘桃枝的赏赐，将它赐给赵道德。齐主高洋乘马想从高峻的岩岸进入漳水，赵道德把缰绳拉回来；齐主高洋很生气，要杀他。赵道德说："臣死了也没有什么遗憾，当到地下去禀告先帝，说你酗酒疯狂，实在没办法再教训了。"齐主高洋默然而没杀他。有一天，齐主高洋对赵道德说："倘若我喝酒过量，你一定要用杖痛打我。"赵道德打他，齐主高洋跑走。赵道德追他，边追边喊："你是什么东西，怎么敢有这种举动！"

典御丞李集面谏，比帝于桀、纣。帝令缚置流中，沉没久之，复令引出，谓曰："吾何如桀、纣？"集曰："向来弥不及矣！"帝又令沉之，引出，更问，如此数四，集对如初。帝大笑曰："天下有如此痴人，方知龙逢、比干未是俊物！"遂释之。顷之，又被引入见，似有所谏，帝令将出要斩。其或斩或赦，莫能测焉。

内外懔懔，各怀怨毒。而素能默识强记，加以严断，群下战栗，不敢为非。又能委政杨愔，愔总摄机衡，百度修敕，故时人皆言主昏于上，政清于下。愔风表鉴裁，为朝野所重，少历屯阨，及得志，有一餐之惠者必重报之，虽先尝欲杀己者亦不问；典选二十馀年，以奖拔贤才为己任。性复强记，一见皆不忘其姓名，选人鲁漫汉自言猥贱独不见识，愔曰："卿前在元子思坊，乘短尾牝驴，见我不下，以方蓵障面，我何为不识卿！"漫汉惊服。

【译文】典御丞李集当面进谏，将齐主比成桀、纣，齐主高洋命令人把他绑起来丢到流水中，沉下去很久，又命人提起来，对他说："我和桀、纣比起来怎么样？"李集说："恐怕还比不上桀、纣！"齐主高洋又命人把他沉溺到水中，拉出来，再问，这样前后共有四次，李集的回答都一样。齐主高洋大笑说："天下有这样的痴人，现在才知道进谏夏桀而死的龙逄、进谏殷纣而死的比干还不算是俊才呢！"于是放了他。不久，李集又被人领来觐见，好像又要进谏的样子，齐主命人带出去腰斩。他到底是斩人或是赦免他的罪，是没有人能预测的。

朝廷内外人人忧痛，恨得咬牙切齿。齐主高洋因平常能暗中观察，又善记忆，加以严密推断，因而群臣百官都很害怕，不敢做坏事。齐主高洋又把政务托付给杨愔，杨愔总管机要，衡量事理，百事都能修治，所以当时人都说君王在上昏昧，但在下政教却十分清和。杨愔风表鉴裁，朝野都很敬重他。他年轻时曾经历了很多困苦的事，等到得志时，只要曾给过他一点恩惠的，他都会重重地报答人家，若是从前曾经想杀害他的人，他就不追究了；掌理选拔官员二十多年，都把奖掖拔擢贤才当成自己的要务。他天生记忆力就很好，见过一面就不会忘记人家的姓名。参加应选的鲁漫汉自认为地位卑贱，担心他见了也不会认识。杨愔说："你从前在邺城中的元子思坊，乘坐着一只短尾的母驴，看到我，没有下驴来，用方麴遮住脸，我怎么会不认识你！"
鲁漫汉惊叹佩服。

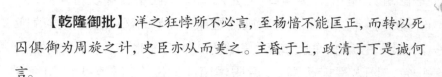

【乾隆御批】 洋之狂悖所不必言，至杨愔不能匡正，而转以死囚俱御为周旋之计，史臣亦从而美之。主昏于上，政清于下是诚何言。

【译文】 齐帝高洋的癫狂悖乱自不必说，至于杨愔非但不能加以匡正，反而以死囚供皇帝杀戮来作为周旋之计，写史书的大臣也跟着美化他。在上的君王昏庸无道，在下的却能政务清明，这是什么话呢？

秋，七月，甲戌，前天门太守樊毅袭武陵，杀武州刺史衡阳王护；王琳使司马潘忠击之，执毅以归。护，畅之孙也。

丙子，以陈霸先为中书监、司徒、扬州刺史，进爵长城公，馀如故。

初，余孝顷为豫章太守，侯瑱镇豫章，孝顷于新吴县别立城栅，与瑱相拒。瑱使其从弟斋守豫章，悉众攻孝顷，久不克，筑长围守之。癸酉，侯平发兵攻斋，大掠豫章，焚之，奔于建康。瑱众溃，奔溢城，依其将焦僧度。僧度劝之奔齐，会霸先使记室济阳蔡景历南上，说瑱令降，瑱乃诣阙归罪，霸先为之诛侯平。丁亥，以瑱为司空。

【译文】 秋季，七月，甲戌日（初一），前天门太守樊毅进攻武陵，杀掉武州刺史衡阳王萧护；王琳派司马潘忠去攻打他，将樊毅抓了回来。萧护，是萧畅的孙子。

丙子日（初三），梁朝任用陈霸先做中书监、司徒、扬州刺史，进爵为长城公，其他的和从前一样。

起初，余孝顷做豫章太守时，侯瑱镇守豫章，余孝顷在新吴县另外竖立城栅，和侯瑱相对抗。侯瑱派他的堂弟侯奫镇守豫章，自己把所有部众带去攻打余孝顷，过了很久也没攻下，于是修筑长墙驻守。癸酉日（七月无此日），侯平发兵攻打侯奫，大肆劫掠豫章，烧毁城池后逃往建康。侯瑱的部众溃散，侯瑱逃往溢城，投靠将军焦僧度。焦僧度劝他投奔北齐，恰好陈霸先派记室济阳人蔡景历南上，说服侯瑱让他投降，侯瑱就到宫阙前来请罪，陈霸先为他将侯平杀了。丁亥日（十四日），任命侯瑱做司空。

资治通鉴

南昌民熊昙朗，世为郡著姓。昙朗有勇力，侯景之乱，聚众据丰城为栅，世祖以为巴山太守。江陵陷，昙朗兵力浸强，侵掠邻县。侯瑱在豫章，昙朗外示服从而阴图之，及瑱败走，昙朗获其马仗。

己亥，齐大赦。

魏太师泰遣安州长史钳耳康买使于王琳，琳遣长史席豁报之，且请归世祖及愍怀太子之枢；泰许之。

【译文】南昌百姓熊昙朗，世代为郡里望族。熊昙朗勇猛有力，侯景叛乱时，聚集部众据守丰城建栅栏，世祖萧绎任命他做巴山太守。江陵沦陷，熊昙朗的兵力慢慢强大，侵掠邻县。侯瑱在豫章，熊昙朗表面好像顺从的样子，暗中却图谋造反，等到侯瑱战败逃走，熊昙朗把他的马匹兵器都拿走了。

己亥日（二十六日），北齐大赦境内。

西魏太师宇文泰派遣安州长史钳耳康买出使王琳，王琳也派遣长史席豁回访，并请求将世祖萧绎和愍怀太子萧元良的灵枢归还，宇文泰应允。

八月，己酉，鄱阳王循卒于江夏，弟丰城侯泰监郢州事。王琳使兖州刺史吴藏攻江夏，不克而死。

魏太师泰北渡河。

魏以王琳为大将军、长沙郡公。

魏江州刺史陆腾讨陵州叛獠，獠因山为城，攻之难拔。腾乃陈伎乐于城下一面，獠弃兵，携妻子临城观之，腾潜师三面俱上，斩首万五千级，遂平之。腾，俟之玄孙也。

庚申，齐主将西巡，百官辞于紫陌，帝使稍骑围之，曰："我举鞭，即杀之。"日晏，帝醉不能起。黄门郎是连子畅曰："陛下如此，群臣不胜恐怖。"帝曰："大怖邪？若然，勿杀。"遂如晋阳。

【译文】八月，己酉日（初七），鄱阳王萧循在江夏去世，弟弟丰城侯萧泰监管郢州事务。王琳派兖州刺史吴藏攻打江夏，兵败身死。

西魏太师宇文泰向北巡行，渡过北河。

西魏任命王琳做大将军、长沙郡公。

西魏江州刺史陆腾征讨陵州叛獠，獠人依山筑城，很难攻下。陆腾就在城下一面陈列歌伎，獠人丢了兵器不管，带着妻儿登上城楼观看，陆腾悄悄派兵从其他三面一起上去，斩下了一万五千人的首级，平定了獠乱。陆腾，是陆俟的玄孙。

庚申日（十八日），齐主高洋要到西部巡行，百官在紫陌殿送行，齐主高洋派骑兵拿长矛将他们团团围住，说："我举马鞭，你们就把那些送行的人都杀掉。"太阳快下山了，齐主醉得起不了床。黄门郎是连子畅趁机说："陛下这样做，那些臣子都很畏惧惊恐。"齐主说："很害怕吗？假如是这样的话，就不要杀了。"于是出发到晋阳。

九月，壬寅，改元，大赦。以陈霸先为丞相、录尚书事、镇卫大将军、扬州牧、义兴公。以吏部尚书王通为右仆射。

突厥木杆可汗假道于凉州以袭吐谷浑，魏太师泰使凉州刺史史宁帅骑随之，至番禾，吐谷浑觉之，奔南山。木杆将分兵追之，宁曰："树敦、贺真二城，吐谷浑之巢穴也，拔其本根，馀众自散。"木杆从之。木杆从北道趣贺真，宁从南道趣树敦。吐谷浑可汗夸吕在贺真，使其征南王将数千人守树敦。木杆破贺真，获夸吕妻子；宁破树敦，虏征南王，还，与木杆会于青海，木杆叹宁勇决，赠遗甚厚。

【译文】 九月，壬寅日（初一），梁朝改年号为太平，大赦天下。任命陈霸先做丞相、录尚书事、镇卫大将军、扬州牧、义兴公。任命吏部尚书王通做右仆射。

突厥族木杆可汗借道凉州进攻吐谷浑，西魏太师宇文泰派凉州刺史史宁带领骑兵跟着他们，到了番禾，吐谷浑发觉了，逃到南山。木杆可汗想分派军队去追赶，史宁说："树敦、贺真两座城是吐谷浑的巢穴，将他们的大本营攻下来，其余的部众自然会溃散。"木杆可汗采纳了他的建议。木杆可汗从北路赶往贺真，史宁从南路前往树敦。吐谷浑可汗夸吕在贺真，派他的征南王带领几千人守住树敦。木杆可汗攻陷贺真，俘获夸吕的妻子儿女；史宁攻克树敦，俘虏了征南王；史宁回程时，和木杆可汗在青海会合，木杆可汗赞叹史宁的勇敢果断，赠送他丰厚的礼物。

甲子，王琳以舟师袭江夏；冬，十月，壬申，丰城侯泰以州降之。

齐发山东寡妇二千六百人以配军，有夫而滥夺者什二三。

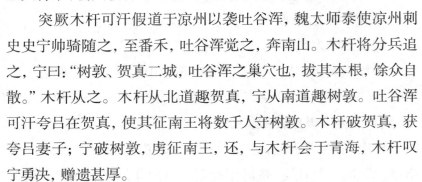

魏安定文公宇文泰还至牵屯山而病，驿召中山公护。护至泾州，见泰，泰谓护曰："吾诸子皆幼，外寇方强，天下之事，属之于汝，宜努力以成吾志。"乙亥，卒于云阳。护还长安，发丧。泰能驾御英豪，得其力用，性好质素，不尚虚饰，明达政事，崇儒好古，凡所施设，皆依仿三代而为之。丙子，世子觉嗣位，为太师、柱国、大冢宰，出镇同州，时年十五。

【译文】甲子日（二十三日），王琳派水军攻打江夏；冬季，十月，壬申日（初一），丰城侯萧泰献出郢州投降。

北齐征发二千六百名山东寡妇分配给军人，有丈夫而被胡乱抢走的占十分之二三。

西魏的安定文公宇文泰回到牵屯山时病倒，用驿马召来中山公宇文护。宇文护到达泾州，见到宇文泰，宇文泰对宇文护说："我的两个儿子都还小，外来的贼寇正是强盛的时候，天下的大事，就托付给你了，希望你努力完成我的志向。"乙亥日（初四），宇文泰在云阳去世。宇文护回到长安，发讣闻告丧。宇文泰能驾御英雄豪杰，而且英豪都能被他所用，他个性崇尚质朴，不喜伪饰，明达政事，尊奉儒家，喜好古道，所有制度，都仿效三代的体例来实施。丙子日（初五），世子宇文觉继位做太师、柱国、大冢宰，出任镇守同州，当时才十五岁。

中山公护，名位素卑，虽为泰所属，而群公各图执政，莫肯服从。护问计于大司寇于谨，谨曰："谨早蒙先公非常之知，恩深骨肉，今日之事，必以死争之。若对众定策，公必不得让。"明日，群公会议，谨曰："昔帝室倾危，非安定公无复今日。今公一旦违世，嗣子虽幼，中山公亲其兄子，兼受顾托，军国之事，理须归之。"辞色抗厉，众皆悚动。护曰："此乃家事，护虽庸昧，何敢有辞!"谨素与泰等夷,护常拜之,至是,谨起而言曰:"公若统理军国,谨等皆有所依。"遂再拜。群公迫于谨,亦再拜,于是众议始定。护纲纪内外,抚循文武,人心遂安。

【译文】 中山公宇文护,名位一向很卑微,虽然被宇文泰托孤,然而各王公都想当权,没有人肯听从他。宇文护向大司寇于谨请教计策,于谨说:"我早年蒙受先公特殊的知遇,感情就像亲骨肉一样,今天的事,我一定会以死力争。假如面对各位王公大臣商议确定国策,你绝对不可退让就是了。"第二天,各王公举行会议,于谨说:"先前帝室倾危,假如没有安定公宇文泰,就不会有今天的安定。现在安定公突然去世,继位的世子又年幼,中山公是安定公长兄宇文颢的儿子,接受顾命嘱托,军国大事,照理应由他来监管。"于谨言辞严肃表情高亢,大家都畏惧起来。宇文护说:"这是家事,我虽然平庸昏昧,怎敢有所推辞。"于谨平时和宇文泰平起平坐,宇文护也常常去拜望他。这时于谨起身对宇文护说:"您倘若统理军国大政,我等都会依从。"于是行再拜礼。各王公迫于于谨的威仪,也行再拜礼,于是众人的议论才算平息。宇文护治理内外朝政,安抚文武百官,人心于是安定下来了。

【乾隆御批】 泰秉国专政,魏主位若赘疣,幸天夺其年,正可因之反正。于谨身为大臣,不闻一语匡维魏室,顾鳃鳃焉为护定策决谋,不逾年而宇文氏遂得肆其篡逆。养国贼而酿祸胎,谨之罪奚异卖国哉?

【译文】 宇文泰执掌朝政独断专权,魏恭帝大权旁落、形同虚设,幸好老天让他活得不太长,正可借机来拨乱反正。于谨身为大臣,没听到他说一句匡正朝政维护魏朝的话,却忧心忡忡地为宇文护出谋划策，不到一年宇文氏就实现了篡位谋反的野心。豢养国贼而酿成致祸的根源，于谨的罪恶和卖国有什么不同呢？

十一月，辛丑，丰城侯泰奔齐，齐以为永州刺史。诏徵王琳为司空，琳辞不至，留其将潘纯陀监郢州，身还长沙。魏人归其妻子。

壬子，齐主诏以"魏末豪杰纠合乡部，因缘请托，各立州郡，离大合小，公私烦费，丁口减于畴日，守令倍于昔时，且要荒向化，旧多浮伪，百室之邑，遽立州名，三户之民，空张郡目，循名督实，事归焉有。"于是，并省三州、一百五十三郡、五百八十九县、三镇、二十六戍。

诏分江州四郡置高州。以明威将军黄法氍为刺史，镇巴山。

【译文】十一月，辛丑日（初一），梁朝丰城侯萧泰投奔到北齐，北齐任命他做永州刺史。北齐下诏令征召王琳做司空，王琳辞谢不肯赴任，留下他的将领潘纯陀监管郢州，自己回到长沙。西魏送还了王琳的妻子、儿女。

壬子日（十二日），齐主高洋下诏令说："魏朝末年，豪杰聚集了乡里军队，利用时机请求托附，各自设立很多州郡，分离大州郡，合并小州郡，公事私务都很烦琐靡费，壮丁人口也少于先前，守令却比从前要多一倍。而且那些离京师较远的边疆地带，时而归附，时而叛离，从前也大多是虚伪不实，有一百家的县邑，就自己立个州名，有三户人家的居民，就随意报以郡的名目，依照这些名目去追查实情，却发现都不是这回事。"于是合并裁减了三个州、一百五十三个郡、五百八十九个县、三个镇以及二十六个戍。

梁朝下诏命分江州的临川、安成、豫宁、巴山四个郡设置为高州。任命明威将军黄法氍做刺史,镇守巴山。

十二月,壬申,以曲江侯勃为太保。

甲申,魏葬安定文公。丁亥,以岐阳之地封世子觉为周公。

初,侯景之乱,临川民周续起兵郡中,始兴王毅以郡让之而去。续部将皆郡中豪族,多骄横,续裁制之,诸将皆怨,相与杀之。续宗人迪,勇冠军中,众推为主。迪素寒微,恐郡人不服,以同郡周敷族望高显,折节交之,敷亦事迪甚谨。迪据上塘,敷据故郡,朝廷以迪为衡州刺史,领临川内史。时民遭侯景之乱,皆弃农业,群聚为盗,唯迪所部独务农桑,各有赢储,政教严明,徵敛必至,馀郡乏绝者皆仰以取给。迪性质朴,不事威仪,居常徒跣,虽外列兵卫,内有女伎,接绳破篾,傍若无人,讷于言语而襟怀信实,临川人皆附之。

【译文】 十二月,壬申日(初二),梁朝任命曲江侯萧勃做太保。

甲申日(十四日),西魏安葬安定文公宇文泰。丁亥日(十七日),西魏把岐阳的土地封给世子宇文觉为周公。

起初,侯景叛乱,临川的百姓周续在临川郡起兵,始兴王萧毅将整个郡让给他后就离开了。周续的部将都是郡里的豪门大族,大多骄慢强横,周续制裁他们,那些将领都很怨恨他,就一起将他杀掉了。周续的宗人周迪勇冠军中,大家拥立他做头领。周迪平时穷困卑微,担心郡里人不肯顺从,因同郡周敷家族望高而显贵,就放下身段去结交,周敷也恭谨地事奉周迪。周迪据守上塘,周敷据守旧郡,朝廷任命周迪做衡州刺史,领临川内史。当时百姓受侯景叛乱的影响,都放弃了耕种,一群群地聚集起来做强盗,只有周迪所管辖的地区在经营农桑,各自有剩余的粮食积蓄，政治教化也很严明，征收赋税徭役百姓都能按期完成，其余各郡缺乏粮食丝帛都靠他们补给。周迪个性朴实，没有威严仪表，居家经常打着赤脚，虽是外面陈列兵卫，内有歌伎，照样搓绳劈竹篾，旁若无人。他不太会说话，但胸襟诚朴，临川人都依附他。

齐自西河总秦戍筑长城，东至于海，前后所筑三千馀里，率十里一戍，其要害置州镇，凡二十五所。

魏宇文护以周公幼弱，欲早使正位以定人心。庚子，以魏恭帝诏禅位于周，使大宗伯赵贵持节奉册，济北公迪致皇帝玺绶；恭帝出居大司马府。

【译文】 北齐从西河起修整原来秦朝在长城沿线设置的戍所，筑起长城向东一直延伸到大海为止，前后所建，东西长共三千多里，大抵每十里设有一戍，在其他要害地方则设置州镇，共有二十五所。

西魏宇文护因为周公宇文觉幼弱，想早一点正位来安定人心。庚子日（三十日），让西魏恭帝下诏禅位给周公宇文觉，命大宗伯赵贵拿着节杖、捧着封册，济北公宇文迪敬呈皇帝的玉玺；西魏恭帝离开皇宫居住在大司马府。

资治通鉴卷第一百六十七　陈纪一

起强圉赤奋若，尽屠维单阏，凡三年。

【译文】起丁丑（公元557年），止己卯（公元559年），共三年。

【题解】本卷记录了公元557年至559年，共三年间南北朝的史事。此时正值陈高祖永定元年至三年，北周孝闵帝元年、明帝元年至三年，北齐文宣帝天保八至十年。南朝政权不断更迭，公元557年十月，陈霸先在建康称帝，陈朝建立，境内初步安定；公元559年，陈武帝陈霸先驾崩。北朝西魏禅让，北周政权正式建立，北周效法西周的制度，行用《周礼》，使这一政权在历史上也有了一定意义。重点写了齐主高洋最后的疯狂，他酗酒无度，酒后乱性，荒淫无耻，无比暴虐，滥杀朝臣及亲人，致使举行丧礼群臣号哭时无人流泪。

高祖武皇帝

永定元年（丁丑，公元五五七年）春，正月，辛丑，周公即天王位，柴燎告天，朝百官于露门；追尊王考文公为文王，妣为文后；大赦。封魏恭帝为宋公。以木德承魏水，行夏之时，服色尚黑。以李弼为太师，赵贵为太傅、大冢宰，独孤信为太保、大宗伯，中山公护为大司马。

诏以王琳为司空、骠骑大将军，以尚书右仆射王通为左仆射。

周王祀圜丘，自谓先世出于神农，以神农配二丘，始祖献侯配南北郊，文王配明堂，庙号太祖。癸卯，祀方丘。甲辰，祭大社。除市门税。乙巳，享太庙，仍用郑玄义，立太祖与二昭、二穆为五庙，其有德者别为祧庙，不毁。辛亥，祀南郊。壬子，立王后元氏。后，魏文帝之女晋安公主也。

【译文】永定元年（丁丑，公元557年）十月，受禅始改年号为永定。春季，正月，辛丑日（初一），周公宇文觉即位为天王（仿《周礼》古制，称天王，国号周，史称北周），设坛举行焚柴告天大典，仪式完毕，亲临露门朝堂，接受文武百官朝贺；追尊王考文公宇文泰为文王，追尊王姓元氏为文后；大赦境内。降封西魏恭帝元廓为宋公。同时，下令改制，因北周得木德而兴，取代西魏的水德而王，为配合五德的移转而有所变革，于是宣布改用夏历，变易车骑服饰的颜色，以黑色为最尊贵。最后，又发布一道人事命令，加封李弼为太师，赵贵为太傅兼大冢宰，独狐信为太保兼大宗伯，中山郡公宇文护为大司马。

梁敬帝萧方智下诏调升车骑将军、开府仪同三司王琳为司空、骠骑大将军，任命尚书右仆射王通为尚书左仆射。

周王宇文觉到圜丘祭祀昊天上帝，自认为先祖出自炎帝神农，因此，在圜丘举行祭祀昊天上帝，以及在方丘举行祭祀地祇时，便用炎帝神农来配享。在南郊坛祭祀所感帝灵威仰，以及在北郊坛祭祀后土时，用始祖献侯莫那来配享。在明堂祭祀上帝时，用王考文王宇文泰配享。周王下诏追尊王考庙号为太祖。癸卯日（初三），周王到方丘祭祀地祇。甲辰日（初四），周王到大社祭祀土地神。随后，周王下令废除市门税。乙巳日（初五），周王到太庙祭拜祖先，并依照东汉郑玄《礼记注》的讲解，设立太祖庙一所和两所昭庙、两所穆庙，合为五庙，此后，太祖庙以下，其中有功德的神主，得以另立祧庙（限两所），庙可永不迁毁。辛亥日（十一日），周王到南郊坛祭祀所感帝灵威仰。壬子日（十二日），周王册立元氏为王后。王后，原是晋安公主，为西魏文帝元宝炬的女儿。

【乾隆御批】 宇文护羽翼已成，难以轻制，贵谋亦不过决瘿之愤。然使其事果成，则剪大慝以杜奸萌庸，讵非万一之幸。乃愤于独孤。信之沮止在信非有深识远虑，直为苟全性命计耳，卒亦被戮，究何益哉。

【译文】 宇文护的势力已经巩固，很难再轻易控制他，赵贵的阴谋也不过是铲除毒瘤的一种愤怒。如果他的计划真能成功，那么剪除大害从而杜绝奸臣的出现，不能不说是万幸。却因独孤信的阻止而导致失败。在独孤信这里并非有什么深识远虑，只不过是为了苟且偷生的考虑罢了，最后也被杀掉了，究竟有什么益处呢？

齐南安城主冯显请降于周，周柱国宇文贵使丰州刺史太原郭彦将兵迎之，遂据南安。

吐谷浑为寇于周，攻凉、鄯、河三州。秦州都督遣渭州刺史于翼赴援，翼不从。僚属咸以为言，翼曰："攻取之术，非夷俗所长。此寇之来，不过抄掠边牧耳，掠而无获，势将自走。劳师以往，必无所及。翼揣之已了，幸勿复言。"数日，问至，果如翼所策。

初，梁世祖以始兴郡为东衡州，以欧阳頠为刺史。久之，徙頠为郢州刺史，萧勃留頠不遣。世祖以王琳代勃为广州刺史，勃遣其将孙荡监广州，尽帅所部屯始兴以避之。頠别据一城，不往谒，闭门自守。勃怒，遣兵袭之，尽取其货财马仗；寻赦之，使复

146

其所，与之结盟。江陵陷，顗遂事勃。二月，庚午，勃起兵于广州，遣顗及其将傅泰、萧孜为前军。孜，勃之从子也。南江州刺史余孝顷以兵会之。诏平西将军周文育帅诸军讨之。

【译文】 北齐南安城主冯显派遣密使，请求归降北周，北周柱国宇文贵派丰州刺史太原人郭彦带兵前去接应，北周于是据有这座形势险要的南安城（在今河南叶县南）。

吐谷浑对北周进行侵扰，围攻凉（今甘肃武威县）、鄯（今青海西宁县）、河（今甘肃导源县）三州。北周秦州都督派渭州刺史于翼率军前往援救，于翼却没听命前往。他的幕僚属员都劝他应当前去救援，于翼对他们说："攻城略地的战术，并非夷狄所擅长。这次吐谷浑的入侵，只不过是想在边境劫掠抢夺些牲畜罢了。只要那些边邑坚壁清野，让他们想劫掠也劫掠不到什么东西，到头来，我们不去赶他们走，他们自己也会退走。现在，我们纵然劳动部队前去追赶，只怕也追不上。对于吐谷浑的来去动向，我于翼已揣测得十分清楚，希望你们就不要再多说了。"没过几天，边境传来吐谷浑远去的消息，果然和于翼预料的一样。

起初，梁世祖萧绎将始兴郡（今广东曲江县）升格为东衡州，并晋升始兴内史欧阳颁为东衡州刺史。过了一段时间，又擢升欧阳颁为郢州刺史，可是广州刺史萧勃却留住欧阳颁，不让他到郢州上任。梁世祖萧绎因而派王琳接替萧勃为广州刺史。萧勃不敢违抗，便委派他的部将孙荡（据《陈书·欧阳顾传》，"孙荡"当作"孙场"）监守广州，负责办理移交，自己却先带走所有的部队，移驻始兴，以避开王琳的兵锋。萧勃进驻始兴后，原东衡州刺史欧阳颁就让出始兴，另外占据一城。他只管闭门自守，并不去拜谒萧勃，对萧勃不理不睬。萧勃看在眼里，非常恼怒，便派部队前去偷袭，硬将他给抓过来，还没收了他所有的财货、马匹和军械。但过了不久，就饶了他，跟他订立盟约，放他回到任所。到了西魏攻克江陵（公元554年），杀害梁世祖，欧阳頠于是听命于萧勃。二月，庚午日（初一），萧勃在广州起兵，派欧阳頠和他的部将傅泰、萧孜担任前锋。萧孜，是萧勃的侄儿。南江州刺史余孝顷也起兵响应，出兵帮助他们。梁朝朝廷接获警报，急遣平西将军周文育征调各路兵马，前去讨伐。

癸酉，周王朝日于东郊；戊寅，祭太社。

周楚公赵贵、卫公独孤信故皆与太祖等夷，及晋公护专政，皆怏怏不服。贵谋杀护，信止之；开府仪同三司宇文盛告之。丁亥，贵入朝，护执而杀之，免信官。

领军将军徐度出东关侵齐，戊子，至合肥，烧齐船三千艘。

【译文】癸酉日（初四），周主宇文觉在黎明，到国都东门外，举行迎拜太阳神的典礼。戊寅日（初九），周主到太社祭祀土地神。

北周楚国公赵贵和卫国公独孤信，功高权重，自以为在西魏时，就和周太祖宇文泰平起平坐，到了北周，军政大权却全落在晋国公宇文护一人手里，他们二人心里十分不满，很不服气。赵贵于是跟独孤信密谋暗杀宇文护，彼此约好日期，就在要采取行动前，独孤信却又出面阻止；正在迟疑间，开府仪同三司宇文盛告发了他们二人的密谋。丁亥日（十八日），宇文护埋伏甲士，乘赵贵上朝时，命人把他拿下，立刻处斩，同时免去独孤信的官职。

梁朝领军将军徐度率军出东关（在安徽巢县东南），侵入北齐。戊子日（十九日），徐度兵临合肥，烧毁齐战船三千艘。

欧阳頠等出南康。頠屯豫章之苦竹滩，傅泰据蹠口城，余孝顷遣其弟孝励守郡城，自出豫章据石头。巴山太守熊昙朗诱頠共袭高州刺史黄法氍；又语法氍，约共破頠，且曰："事捷，与我马仗。"遂出军，与頠俱进。至法氍城下，昙朗阳败走，法氍乘之，頠失援而走，昙朗取其马仗，归于巴山。周文育军少船，余孝顷有船在上牢，文育遣军主焦僧度袭之，尽取以归，仍于豫章立栅。军中食尽，诸将欲退。文育不许，使人间行遗周迪书，约为兄弟。迪得书甚喜，许馈以粮。于是，文育分遣老弱乘故船沿流俱下，烧豫章栅，伪若遁去者。孝顷望之，大喜，不复设备。文育由间道兼行，据芊韶，芊韶上流则欧阳頠、萧孜，下流则傅泰、余孝顷营，文育据其中间，筑城飨士，頠等大骇。頠退入泥溪，文育遣严威将军周铁虎等袭頠，癸巳，擒之。文育盛陈兵甲，与頠乘舟而宴，巡蹠口城下，使其将丁法洪攻泰，擒之，孜、孝顷退走。

【译文】欧阳頠等从南康出兵，抵达豫章（今江西南昌），驻兵在苦竹滩（今江西丰城县西北），傅泰入据蹠口城（在今南昌县西南），余孝顷则派他的弟弟余孝励驻守豫章郡城，自率大军进据石头渚（在今江西新建县西北）。巴山太守熊昙朗假装跟欧阳頠同路，诱骗他一起去袭击高州刺史黄法氍；暗中却又通知黄法氍，跟他约好日期，共同联合，好去打败欧阳頠，并且跟他约定："事成之后，分给我马匹和军械。"熊昙朗于是出兵，跟欧阳頠犄角并进。到达黄法氍城下，他跟黄法氍虚战几个回合，就假装不敌败逃。欧阳頠顿失援手，又被黄法氍乘胜杀来，落得仓皇败逃，熊昙朗却尾随其后，一路拾取欧阳頠军队丢下的甲仗，然后满载运回巴山（故城在今江西崇仁县西南三十一

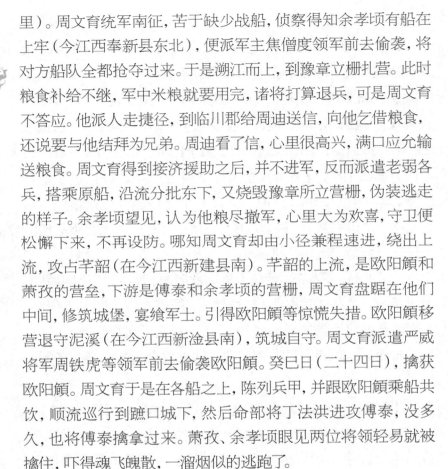

里）。周文育统军南征，苦于缺少战船，侦察得知余孝顷有船在上牢（今江西奉新县东北），便派军主焦僧度领军前去偷袭，将对方船队全都抢夺过来。于是溯江而上，到豫章立栅扎营。此时粮食补给不继，军中米粮就要用完，诸将打算退兵，可是周文育不答应。他派人走捷径，到临川郡给周迪送信，向他乞借粮食，还说要与他结拜为兄弟。周迪看了信，心里很高兴，满口应允输送粮食。周文育得到接济援助之后，并不进军，反而派遣老弱各兵，搭乘原船，沿流分批东下，又烧毁豫章所立营栅，伪装逃走的样子。余孝顷望见，认为他粮尽撤军，心里大为欢喜，守卫便松懈下来，不再设防。哪知周文育却由小径兼程速进，绕出上流，攻占芊韶（在今江西新建县南）。芊韶的上流，是欧阳頠和萧孜的营垒，下游是傅泰和余孝顷的营栅，周文育盘踞在他们中间，修筑城堡，宴飨军士。引得欧阳頠等惊慌失措。欧阳頠移营退守泥溪（在今江西新淦县南），筑城自守。周文育派遣严威将军周铁虎等领军前去偷袭欧阳頠。癸巳日（二十四日），擒获欧阳頠。周文育于是在各船之上，陈列兵甲，并跟欧阳頠乘船共饮，顺流巡行到蹠口城下，然后命部将丁法洪进攻傅泰，没多久，也将傅泰擒拿过来。萧孜、余孝顷眼见两位将领轻易就被擒住，吓得魂飞魄散，一溜烟似的逃跑了。

甲午，周以于谨为太傅，大宗伯侯莫陈崇为太保，晋公护为大冢宰，柱国武川贺兰祥为大司马，高阳公达奚武为大司寇。

周人杀魏恭帝。

三月，庚子，周文育送欧阳頠、傅泰于建康。丞相霸先与頠有旧，释而厚待之。

周晋公护以赵景公独孤信名重，不欲显诛之，己酉，逼令自杀。

甲辰，以司空王琳为湘、郢二州刺史。

曲江侯勃在南康，闻欧阳頠等败，军中恼惧。甲寅，德州刺史陈法武、前衡州刺史谭世远攻勃，杀之。

【译文】甲午日（二十五日），周主宇文觉任命于瑾为太傅，大宗伯侯莫陈崇为太保，任命晋国公宇文护为大冢宰，柱国武川人贺兰祥为大司马，任命高阳郡公达奚武为大司寇。

北周杀害已逊位的西魏恭帝。

三月，庚子日（初一），周文育派人将欧阳頠、傅泰等一干俘虏，用槛车押解到建康。丞相陈霸先跟欧阳頠过去有很好的交情，便释放了欧阳頠，并且对他很优待。

北周晋国公宇文护因赵景公独孤信位高权重，不打算公开杀戮他。己酉日（初十），宇文护逼令独孤信在家中自尽。

甲辰日（初五），梁敬帝萧方智任用司空王琳为湘、郢二州刺史。

曲江县侯萧勃在南康，收到前线传来欧阳頠等溃败的消息，一时军心大乱，情绪难以稳定。甲寅日（十五日），德州刺史陈法武和前衡州刺史谭世远阵前倒戈，杀死了萧勃。

夏，四月，己卯，铸四柱钱，一当二十。

齐遣使请和。

壬午，周王谒成陵；乙酉，还宫。

齐以太师斛律金为右丞相，前大将军可朱浑道元为太傅，开府仪同三司贺拔仁为太保，尚书令常山王演为司空，录尚书事长广王湛为尚书令，右仆射杨愔为左仆射，仍加开府仪同三司。并省尚书右仆射崔暹为左仆射，（主）〔上〕党王涣录尚书事。

丁亥，周王享太庙。

【译文】夏季，四月，己卯日（十一日），梁朝铸造四柱钱，以一个四柱钱，折换二十个民间私铸的细钱。

己卯这一天，北齐派使者到建康来议和。

壬午日（十四日），周王宇文觉到成陵祭拜周太祖；乙酉日（十七日），周王宇文觉由成陵返回长安宫。

北齐主高洋任命太师斛律金为右丞相，任命前大将军可朱浑道元为太傅，任命开府仪同三司贺拔仁为太保，任命尚书令、常山王高演为司空，任命录尚书事、长广王高湛为尚书令，任命尚书右仆射杨愔为尚书左仆射，仍保留原加官开府仪同三司，并省尚书右仆射崔暹转为尚书左仆射，任命上党王高涣为录尚书事。

丁亥日（十九日），周王宇文觉到太庙祭拜祖先。

壬辰，改四柱钱一当十；丙申，复闭细钱。

故曲江侯勃主帅兰敳袭杀谭世远，军主夏侯明彻杀敳，持勃首降。勃故记室李贺藏奉怀安侯任据广州。萧孜、余孝顷犹据石头，为两城，各居其一，多设船舰，夹水而陈。丞相霸先遣平南将军侯安都助周文育击之。

戊戌，安都潜师夜烧其船舰，文育帅水军、安都帅步骑进攻之；萧孜出降，孝顷逃归新吴，文育等引兵还，丞相霸先以欧阳頠声著南土，复以頠为衡州刺史，使讨岭南。未至，其子纥已克始兴，頠至岭南，诸郡皆降，遂克广州，岭南悉平。

周仪同三司齐轨谓御正中大夫薛善曰："军国之政，当归天子，何得犹在权门！"善以告晋公护，护杀之，以善为中外府司马。

【译文】壬辰日（二十四日），梁敬帝萧方智下令宣布四柱钱贬值，改为一个四柱钱折合十个细钱（原为折合二十个细钱）。丙申日（二十八日），又下令禁止民间所铸细钱，不再流通使用。

已故曲江县侯萧勃手下主帅兰敳，偷袭杀害前衡州刺史谭世远，为萧勃报仇；谭世远的军主夏侯明彻又杀死兰敳，也为谭世远复仇，并拿着萧勃首级，向周文育投降。萧勃旧属记室参军李宝藏拥立怀安侯萧任占据广州。萧孜、余孝顷仍占据豫章郡的石头渚，分筑两座城堡，各夺其一，又多置船舰，夹水列营。丞相陈霸先派遣平南将军侯安都领军前来帮助周文育讨平叛逆。

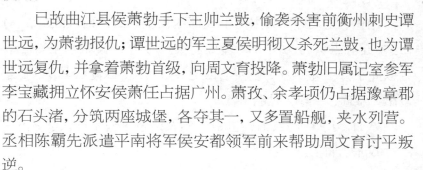

戊戌日（三十日），侯安都赶到，秘密行军，利用有风的夜晚，顺风纵火，把石头渚两岸的贼船，烧个精光。周文育带领水军，配合侯安都的陆军，两面进攻，没过多长时间，萧孜便窘迫惶急，出城投降；余孝顷看大势不妙，弃营逃回新吴（故城在今江西奉新县西三十里），豫章郡动乱平定，周文育等班师凯旋。丞相陈霸先因为欧阳頠声威传播于南方之地，于是起用他为衡州刺史，让他负责平定岭南的叛乱。当他还没有抵达任所，他的儿子欧阳纥已经攻克始兴；等他赶到岭南，南方诸郡都望风归降，于是收复广州，岭南一场叛乱，也就全部平定。

北周仪同三司齐轨对御正中大夫薛善说："军国大权，应当还给天子，怎能还掌握在权贵之家呢？"薛善跑去将齐轨所说的话告诉晋国公宇文护，宇文护憎恶齐轨不利于己，就将他给杀了；因为薛善忠于自己，便提升他为都督中外诸军事府司马。

五月，戊辰，余孝顷遣使诣丞相府乞降。

王琳既不就徵，大治舟舰，将攻陈霸先；六月，戊寅，霸先以开府仪同三司侯安都为西道都督，周文育为南道都督，将舟师二万会武昌以击之。

秋，七月，辛亥，周王享太庙。

河南、北大蝗。齐主问于魏郡丞崔叔瓒曰："何故致蝗？"对曰："《五行志》：土功不时，蝗虫为灾。今外筑长城，内兴三台，殆以此乎！"齐主大怒，使左右殴之，攉其发，以溺沃其头，曳足以出。叔瓒，季舒之兄也。

八月，丁卯，周人归梁世祖之枢及诸将家属千馀人于王琳。

戊辰，周王祭太社。

【译文】五月，戊辰日（五月无戊辰，戊辰为六月初一），余孝顷派人到丞相府，向陈霸先请求投降。

王琳不愿接受朝廷的征召，于是大量制造舟船，准备进攻陈霸先。六月，戊寅日（十一日），陈霸先任命开府仪同三司侯安都为西道都督，周文育为南道都督，命他二人率领水师两万，在武昌会合西征王琳。

秋季，七月，辛亥日（十四日），周主宇文觉到太庙祭拜祖先。

河南、河北发生严重的虫灾，齐主高洋问魏郡丞崔叔瓒说："什么缘故招致蝗灾？"崔叔瓒回答说："按《汉书·五行志》有这么一说：'在不适宜的时节，劳民动众，大兴土木，那么蝗虫就来降灾。'目前，陛下动员百姓外修长城，内筑三台，遭致蝗灾，大概是这个缘故吧！"齐主高洋不待他说完，就怒不可遏地命亲信打他的耳光，拨散他的头发，用溺汁浇他的头，然后将他倒拖出去。崔叔瓒，是崔季舒的哥哥。

八月，丁卯日（初一），北周将梁世祖萧绎的灵枢，以及被俘的诸将家属千余人送还给王琳。

戊辰日（初二），周主宇文觉到太社祭祀土地神。

甲午，进丞相霸先位太傅，加黄钺、殊礼，赞拜不名。九月，辛丑，进丞相为相国，总百揆，封陈公，备九锡，陈国置百司。

周孝愍帝性刚果，恶晋公护之专权。司会李植自太祖时为相府司录，参掌朝政，军司马孙恒亦久居权要，及护执政，植、恒恐不见容，乃与宫伯乙弗凤、贺拔提等共谮之于周王。植、恒曰："护自诛赵贵以来，威权日盛，谋臣宿将，争往附之，大小之政，皆决于护。以臣观之，将不守臣节，愿陛下早图之！"王以为然。凤、提曰："以先王之明，犹委植、恒以朝政，今以事付二人，何患不成！且护常自比周公，臣闻周公摄政七年，陛下安能七年邑邑如此乎！"王愈信之，数引武士于后园讲习，为执缚之势。植等又引宫伯张光洛同谋，光洛以告护。护乃出植为梁州刺史，恒为潼州刺史，欲散其谋。后王思植等，每欲召之，护泣谏曰："天下至亲，无过兄弟，若兄弟尚相疑，它人谁可信者！太祖以陛下富于春秋，属臣后事，臣情兼家国，实愿竭其股肱。若陛下亲鉴万机，威加四海，臣死之日，犹生之年。但恐除臣之后，奸回得志，非唯不利陛下，亦将倾覆社稷，使臣无面目见太祖于九泉。且臣既为天子之兄，位至宰相，尚复何求！愿陛下勿信谗臣之言，疏弃骨肉。"王乃止不召，而心犹疑之。

【译文】甲午日（二十八日），梁敬帝萧方智晋升丞相陈霸先为太傅，加授黄钺（金斧。人臣得此，得代表天子主征伐），特许优礼，入朝拜见君主，不必唱名。九月，辛丑日（初五），梁敬帝萧方智又晋升丞相陈霸先为相国，统领百官，晋封陈公，加赐九锡，建置百官。

北周孝愍（亦作闵）帝宇文觉个性刚直果决，憎恶晋国公宇文护独揽大权。司会中大夫李植，早在太祖宇文泰时，担任相府司录参军，就已参掌朝政；军府司马孙恒，也久居权贵要职。到了宇文护执政，二人担心受到排挤，于是与宫伯中大夫乙弗凤、贺拔提等一同到孝愍帝宇文觉面前说宇文护的坏话。李植、孙恒说："宇文护自诛杀赵贵以来，权势日益盛大，谋臣老将，争着去依靠他，政事不分大小，都取决于他。依臣等看来，宇文护包藏野心，不守臣道。为防他势力蔓延，希望陛下早日动手除掉他！"孝愍帝宇文觉听了，认为很对。乙弗凤、贺拔提二人又从旁插嘴说："凭先王（宇文泰）那般的英明，尚且还要委任李植、孙恒来参议朝政，现在若将国事托付他二人，还担心事情会有办不成的吗？况且宇文护常自比周公，臣听说周公摄政七年，然后才还政给成王，试问陛下怎能苦等七年，悒悒不乐，事事受制于他呢？"周主孝愍帝听他二人这么说，心里越发相信，因此多次招引武士到后园演习，演练擒拿的架式。李植等人又拉另一宫伯中大夫张光洛同谋铲除宇文护，张光洛却出卖了李植，将他的密谋全都告诉了宇文护。于是宇文护外调李植为梁州刺史，孙恒为潼州刺史，借此来拆散他们的阴谋。后来，周主宇文觉思念李植等人，多次想召还他二人，宇文护就出面阻挠，甚至流泪进谏说："天下至亲，莫过于兄弟，假若兄弟尚且都相互猜疑，那么天下又有谁值得信赖呢？太祖（宇文泰）因为陛下年纪小，嘱托我辅佐您。就国家方面来说，我同您有君臣之义；就家族方面来说，我跟您有兄弟之情。对国对家，我既兼有双重的情感，实愿尽我佐助辅弼的责任。如果陛下能亲自处理政务，声望远播四海，那么臣死之时，也会如活着一般欣慰。只是恐怕一旦除掉臣后，让那些奸邪的小人得志，非但不利陛下，甚至将危害到社稷。这样的话，会使我无颜面见太祖于九泉之下，臣既是陛下的堂兄，又已位居宰相，我还有什么奢望的呢？希望陛下不要轻信奸臣的谗言，疏远背弃骨肉至亲呀！"周主宇文觉经他这么一说，虽然暂时不召李植等还朝，可是心里对宇文护仍旧存有猜忌。

凤等益惧，密谋滋甚，刻日召群公入宴，因执护诛之；张光洛又以告护。护乃召柱国贺兰祥、领军尉迟纲等谋之，祥等劝护废立。时纲总领禁兵，护遣纲入宫召凤等议事，及至，以次执送护第，因罢散宿卫兵。王方悟，独在内殿，令宫人执兵自守。护遣贺兰祥逼王逊位，幽于旧第。悉召公卿公议，废王为略阳公，迎立岐州刺史宁都公毓。公卿皆曰："此公之家事，敢不唯命是听！"乃斩凤等于门外，孙恒亦伏诛。

【译文】乙弗凤等更加恐惧，密谋也就越发积极。约好日子，召集群公入宫宴饮，准备在宴饮中拿下宇文护处斩。张光洛又将这次密谋转告宇文护。于是宇文护召集柱国贺兰祥、领军将军尉迟纲等商议对策。贺兰祥等劝说宇文护废黜宇文觉。此时，尉迟纲总领禁军，宇文护便派他入宫，召乙弗凤等商量政务。待乙弗凤等到来，便依次把他们拿下，送往宇文护府，接着又解散了值宿宫禁的警卫人员。周主宇文觉蓦然听说廷外卫兵相继撤走，这才惊觉形势不妙。左右谋臣一个都不见了，只有他独自一人在内殿，急命宫人各执武器，把守殿门。正在部署中，宇文护已派贺兰祥带兵入宫，威逼宇文觉让位，并将他监禁在旧邸（宇文觉九岁被封为略阳郡公时之官邸）。宇文护于是召集公卿商议，他的意思是要废黜宇文觉为略阳公，改迎岐州刺史、宁都郡公宇文毓（宇文觉庶长兄）入主为君。公卿们都说："这是您晋国公的家务事，您的决定，我们怎敢不唯命是从？"宇文护于是下令将乙弗凤等推出宫门外斩首，另召回孙恒，一起加以处决。

资治通鉴

　　时李植父柱国大将军远镇弘农，护召远及植还朝，远疑有变，沈吟久之，乃曰："大丈夫宁为忠鬼，安可作叛臣邪！"遂就徵。既至长安，护以远功名素重，犹欲全之，引与相见，谓之曰："公儿遂有异谋，非止屠戮护身，乃是倾危宗社。叛臣贼子，理宜同疾，公可早为之所。"乃以植付远。远素爱植，植又口辩，自陈初无此谋。远谓为信然，诘朝，将植谒护。护谓植已死，左右白植亦在门。护大怒曰："阳平公不信我！"乃召入，仍命远同坐，令略阳公与植相质于远前。植辞穷，谓略阳公曰："本为此谋，欲安社稷，利至尊耳！今日至此，何事云云！"远闻之，自投于床曰："若尔，诚合万死。"于是，护乃害植，并逼远令自杀。植弟叔诣、叔谦、叔让亦死，馀子以幼得免。初，远弟开府仪同三司穆知植非保家之主，每劝远除之，远不能用。及远临刑，泣谓穆曰："吾不用汝言以至此！"穆当从坐，以前言获免，除名为民，及其子弟亦免官。植弟淅州刺史基，尚义归公主，当从坐，穆请以二子代基命，护两释之。

　　后月馀，护弑略阳公，黜王后元氏为尼。

　　癸亥，宁都公自岐州至长安，甲子，即天王位，大赦。

【译文】当时，李植的父亲、柱国大将军李远，出镇弘农，宇文护召李远跟李植还朝。李远担心发生变故，沉吟很久，最后慨然地说："大丈夫宁为忠义鬼，怎可做叛逆臣？"于是应征回朝。到了长安，宇文护顾念李远功业素来显著，本想保全他，因此特引他入内相见，对他说："令郎有异图，不仅要谋杀我宇文护，并且还想危害倾覆宗庙社稷。叛臣贼子，您我理应共同痛恨，请您早些自行处置！"说完，就拉出李植，交给李远带回处置。李远一向钟爱李植，李植又巧言抵赖，陈说早先并没出此计谋。李远信以为真。第二天早晨，李远领着李植拜谒宇文护。宇文护原以为李远已将李植处死，可是左右亲信却说李植也在门外。宇文护听了，十分生气地说："阳平郡公（李远）不信我说的话！"于是下令传李远入内，一方面招呼李远同坐，同时派人带略阳公宇文觉到李远座前，要他与李植对质。后来，李植无话可说，便向略阳公宇文觉抗辩说："最初设此计谋，本想安定社稷，有利于至尊。现在事情已闹到此种地步，一死罢了，何劳说那么多话呢？"李远听到他们最后的对话，吓得瘫软在坐床上，然后恨恨地说："若果然如此，满门合该万死！"于是宇文护杀了李植，并逼迫李远自尽。李植的几个弟弟——李叔诣、李叔谦、李叔让等，都连坐被杀，其余的因年纪幼小得免一死。起初，李远的弟弟——开府仪同三司李穆，知道李植不是保家的人，常劝李远除掉他，李远不听他的劝告，到了临刑前，才哭着对李穆说："我不听你的劝告，家门才落到此种地步！"李穆本来也要受刑，因前有此言，最终得以免刑，却也被削夺官爵，降级为民。他的子弟，也全部被免去官职。李植的弟弟——淅州刺史李基，娶了义归公主（宇文泰女）为妻，本当连坐受刑，李穆请求用两个儿子的性命换取他一条命，宇文护感念他的义气，便将李基和李穆的两个儿子全都释放了。

一个多月后，宇文护杀死略阳公宇文觉，并废黜王后元氏，逼她出家为尼。

癸亥日（二十七日），宁都公宇文毓从岐州回到长安。甲子日

（二十八日），宇文毓即位为天王。大赦境内。

冬，十月，戊辰，进陈公爵为王。辛未，梁敬帝禅位于陈。

癸酉，周魏武公李弼卒。

陈王使中书舍人刘师知引宣猛将军沈恪勒兵入宫，卫送梁主如别宫，恪排闼见王，叩头谢曰："恪身经事萧氏，今日不忍见此。分受死耳，决不奉命！"王嘉其意，不复逼，更以荡主王僧志代之。乙亥，王即皇帝位于南郊，还宫，大赦，改元。奉梁敬帝为江阴王，梁太后为太妃，皇后为妃。

以给事黄门侍郎蔡景历为秘书监、中书通事舍人。是时政事皆由中书省，置二十一局，各当尚书诸曹，总国机要，尚书唯听受而已。

【译文】冬季，十月，戊辰日（初三），梁敬帝萧方智加封陈公霸先为陈王。辛未日（初六），梁敬帝萧方智禅让帝位给陈霸先。

癸酉日（初八），北周太师、魏武公李弼去世。

陈王陈霸先派遣中书舍人刘师知引导宣猛将军沈恪带兵入殿，逼迫梁主萧方智出宫。沈恪推开阁门，入见陈王，叩头推辞说："我曾经服事萧氏，今天不忍心见到梁主被逼出宫的事情，我情愿被处死也决不接受这份差事！"陈霸先赞赏他的忠心，也就不再强迫他去干，改派荡主（按：古人以左右冲杀为"荡阵"，其锐卒谓之"跳荡"，别帅谓之"荡主"）王僧志代他执行护送梁主出宫的事。乙亥日（初十），陈王陈霸先在南郊坛举行登基大典，礼毕，车驾还宫，大赦天下，改年号为永定。废黜梁敬帝萧方智为江阴王，梁朝皇太后夏氏为江阴国太妃，皇后王氏为江阴国妃。

陈武帝陈霸先任命给事黄门侍郎蔡景历担任秘书监，兼中书通事舍人。这时陈朝的政令都出自中书省，省内分置二十一局，都与尚书诸曹相配对，总领国家机密要务，尚书省只是听命行事而已。

　　丙子，上幸钟山，祠蒋帝庙。庚辰，上出佛牙于杜姥宅，设无遮大会，帝亲出阙前膜拜。

　　辛巳，追尊皇考文赞为景皇帝，庙号太祖，皇妣董氏曰安皇后，追立前夫人钱氏为昭皇后，世子克为孝怀太子，立夫人章氏为皇后。章后，乌程人也。

　　置删定郎，治律令。

　　乙酉，周王祀圜丘；丙戌，祀方丘；甲午，祭太社。

　　【译文】丙子日（十一日），陈武帝陈霸先出行到钟山，在蒋帝庙祭祀蒋帝。庚辰日（十五日），陈武帝陈霸先下诏，派人从杜姥宅迎出佛牙，因开设无遮大会（"无遮"者，谓宽容无阻之意，即圣贤道俗贵贱上下，一律参与，平等行财法二施之大会也），陈武帝亲自来到阙前膜拜。

　　辛巳日（十六日），陈武帝陈霸先追尊皇考陈文赞为景皇帝，庙号太祖，追尊皇妣董氏为安皇后，追立前夫人钱氏（胡三省曰："帝先娶同郡钱仲方女，早卒。"）为昭皇后，立世子陈克为孝怀太子。册立夫人章氏为皇后。章皇后，是吴兴乌程人。

　　陈朝尚书省增置删定郎这一官职，专门主管制定律令。

　　乙酉日（二十日），周主宇文毓到圜丘祭祀昊天上帝。丙戌日（二十一日），宇文毓到方丘祭祀地祇。甲午日（二十九日），宇文毓到太社祭祀土地神。

戊子，太祖神主祔太庙，七庙始共用一太牢，始祖荐首，馀皆骨体。

侯安都至武昌，王琳将樊猛弃城走，周文育自豫章会之。安都闻上受禅，叹曰："吾今兹必败，战无名矣！"时两将俱行，不相统摄，部下交争，稍不相平。军至郢州，琳将潘纯陀于城中遥射官军，安都怒，进军围之；未克，而王琳至弇口，安都乃释郢州，悉众诣沌口，留沈泰一军守汉曲。安都遇风不得进，琳据东岸，安都等据西岸，相持数日，乃合战，安都等大败。安都、文育及裨将徐敬成、周铁虎、程灵洗皆为琳所擒，沈泰引兵奔归。琳引见诸将与语，周铁虎辞气不屈，琳杀铁虎而囚安都等，总以一长锁系之，置琳所坐舻下，令所亲宦者王子晋掌视之。琳乃移湘州军府就郢城，又遣其将樊猛袭据江州。

【译文】戊子日（二十三日），陈武帝陈霸先迁太祖景皇帝神主附于太庙，开始共用一太牢祭祀七庙，始祖庙用三牲的头来祭祀，其余的，用三牲的肢体来祭祀。

侯安都西征王琳，率舟师抵达武昌（今湖北鄂城县），王琳部将樊猛弃城逃走，周文育也从豫章赶到武昌会师。两人正要率军西上，忽然听到陈王陈霸先接受梁敬帝禅让帝位的消息，侯安都不禁哀声叹道："我今天必定失败，师出无名了！"这时，侯安都为西道都督，周文育为南道都督，两将一同进发，而部队不相统辖，于是号令不一，部下相互发生争执，导致两位将领彼此互相不满。大军进抵郢州（今武昌市），王琳部将潘纯陀在城上预先埋伏射手，遥射官军，前锋部队，多被箭所伤。侯安都大为生气，便督军围攻郢城，可是猛攻多时，还攻不下来。这时王琳已亲领大军赶到弇口（今武昌西南，弇水入江之口），来解郢城之围。侯安都不得已，解除对郢城的围攻，留下沈泰一军守住汉曲（今汉阳县附近），自率余众，赶往沌口（今汉阳县西南三十里），准备迎战王琳。行进途中，恰好遇到逆风，舟船不得前进。王琳大军据守东岸，侯安都率军据守西岸，两军隔江相持数日，才整舰交锋会战，结果，侯安都等战败。侯安都、周文育，以及偏将徐敬成、周铁虎、程灵洗等，全被王琳捉住。沈泰听闻前军失利，不待王琳攻到，就先撤军奔还。王琳引见被俘诸将，有所责骂，诸将都垂首无语，只有周铁虎反唇抗辩，言辞声调强硬不屈，顿时引发王琳怒火，便将周铁虎推出斩首，而将侯安都等，全部用一长链系牢，锁在自己所乘大舰的底舱，派一位名叫王子晋的亲信太监负责看管。然后王琳将湘州督军府从长沙移驻到郢城（武昌），并命部将樊猛顺流东下，偷袭攻下江州（治今江西九江）。

　　十一月，丙申，上立兄子蒨为临川王，顼为始兴王；弟子昙朗已死而上未知，遥立为南康王。

　　庚子，周王享太庙；丁未，祀圜丘；十二月，庚午，谒成陵；癸酉，还宫。

　　谯淹帅水军七千、老弱三万自蜀江东下，欲就王琳，周使开府仪同三司贺若敦、叱罗晖等击之，斩淹，悉俘其众。

　　是岁，诏给事黄门侍郎萧乾招谕闽中。时熊昙朗在豫章，周迪在临川，留异在东阳，陈宝应在晋安，共相连结，闽中豪帅往往立砦以自保。

　　上患之，使乾谕以祸福，豪帅皆帅众请降，即以乾为建安太守。乾，子范之子也。

　　【译文】十一月，丙申日（初一），陈武帝陈霸先册封皇兄陈道谭的长子陈蒨为临川王，次子陈顼为始兴王；皇弟陈休先的儿子陈昙朗已死在北齐,而陈武帝还不知道,也遥封他为南康王。

庚子日(初五),周主宇文毓到太庙祭拜祖先。丁未日(十二日),宇文毓到圜丘祭祀昊天上帝。十二月,庚午日(初六),宇文毓到成陵祭拜周太祖宇文泰。癸酉日(初九),宇文毓回到长安宫。

巴西人谯淹,被北周逼迫,带领七千水军及三万老弱部众,从蜀江顺流东下,准备前去投奔王琳。北周派开府仪同三司贺若敦、叱罗晖等设伏截击,斩杀谯淹,并将余众全部俘虏而去。

这一年,陈武帝陈霸先命给事黄门侍郎萧乾到闽中进行招抚工作。这时,熊昙朗占据豫章(今江西南昌),周迪占据临川(今江西临川县),留异占据东阳(今浙江金华县),陈宝应占据晋安(治今福建闽侯县东北),各霸一方,互相勾结。闽中土豪,也纷纷立砦自保。

陈武帝陈霸先很担心这一带的反复无常,于是派萧乾前去安抚,向他们晓以福祸的道理。萧乾不辱使命,闽中豪帅都率众请求归降朝廷,陈武帝陈霸先便任命萧乾为建安(今福建建瓯县)太守,就近镇抚临郡。萧乾,是萧子范的儿子。

初,梁兴州刺史席固以州降魏,周太祖以固为丰州刺史。久之,固犹习梁法,不遵北方制度,周人密欲代之,而难其人,乃以司宪中大夫令狐整权镇丰州,委以代固之略。整广布恩威,倾射抚接,数月之间,化洽州府。于是,除整丰州刺史,以固为湖州刺史。整迁丰州于武当,旬日之间,城府周备,迁者如归。固之去也,其部曲多愿留为整左右,整谕以朝制,弗许,莫不流涕而去。

齐人于长城内筑重城,自库洛枝东至坞纥戍,凡四百馀里。

初,齐有术士言"亡高者黑衣",故高祖每出,不欲见沙门。

显祖在晋阳，问左右："何物最黑？"对曰："无过于漆。"帝以上党王涣于兄弟第七，使库直都督破六韩伯升之邺徵涣。涣至紫陌桥，杀伯升而逃，浮河南渡；至济州，为人所执，送邺。

【译文】 起初，梁朝兴州刺史席固举州投降西魏，周太祖宇文泰任用席固为丰州刺史。席固任职已久，凡所施为，还依照梁朝旧法，不遵从北周的制度，北周朝廷便密议找人接替他，可是一时又找不到合适的人选。最后决定调用司宪中大夫令狐整暂时接替席固镇守丰州，并委任他部署接替席固的方略。令狐整到任后，对州府内的吏民，广布恩泽威严，屈身安抚接待，几个月工夫，恩德遍于州府。朝廷于是正式任命令狐整为丰州刺史，改调席固为湖州刺史。令狐整迁移州治到武当，十日之内，州城府署就齐备周全，跟随他迁移而至的人，多得像散集一样。席固离任而去，他的部属大多愿意留在丰州当令狐整的属下，令狐整拿朝廷的法制来劝告他们，不许他们这么做，那些部属没有不流泪而去的。

北齐在长城内重筑一道内城，西起库洛枝（在今山西偏关县东北境），东到鸣纥戍（今山西繁峙县东北境），全长四百多里。

起初，北齐术士有"亡高者黑衣"的预言，所以北齐高祖（高欢）每次外出，都不愿见到和尚。齐显祖（高洋，高欢的第二子）在晋阳（今山西太原），问亲信说："天下何物最黑？"亲信回答说："最黑的，莫过于漆。"齐显祖高洋想入非非，默思几个兄弟中，上党王高涣排行第"七"，莫非应在此人？于是便派库直都督破六韩伯升乘驿车，到邺都（今河南临漳），征召高涣前来。高涣随破六韩伯升来到紫陌桥（在临漳县西），料知此去凶多吉少，就杀死破六韩伯升，然后渡河南逃；行抵济州（今山东茌平县碻磝城），被人捉住，送往邺都，关入地牢。

帝之为太原公也，与永安王浚偕见世宗，帝有时洟出，浚责帝左右曰："何不为二兄拭鼻！"帝心衔之。及即位，浚为青州刺史，聪明矜恕，吏民悦之。浚以帝嗜酒，私谓亲近曰："二兄因酒败德，朝臣无敢谏者。大敌未灭，吾甚以为忧。欲乘驿至邺面谏，不知用吾不。"或密以白帝，帝益衔之。

浚入朝，从幸东山，帝裸裎为乐。浚进谏曰："此非人主所宜！"帝不悦。浚又于屏处召杨愔，讥其不谏。帝时不欲大臣与诸王交通，愔惧，奏之。帝大怒曰："小人由来难忍！"遂罢酒，还宫。浚寻还州，又上书切谏，诏徵浚。浚惧祸，谢疾不至，帝遣驰驿收浚，老幼泣送者数千人，至邺，与上党王涣皆盛以铁笼，置于北城地牢，饮食溲秽，共在一所。

【译文】齐显祖高洋为太原郡公时，与永安王高浚（高欢第三子），一起去见世宗高澄（洋与浚之长兄），高洋有时流鼻涕，但没擤掉，高浚就责骂高洋身边的人说："为何不替二哥揩抹鼻涕？"为了这事，高洋恨死了高浚。等到即位之后，高浚担任青州刺史，人既聪明，又能同情宽恕人，所以属吏州民都十分喜欢他。高浚因齐显祖爱喝酒，曾私下对亲近的人说："二哥因酗酒而败坏道德，朝臣没有敢直言劝谏的，现在大敌未灭，我很引以为忧。我想乘快速的驿车进入邺城，当面进谏他，不知道他肯听我的话吗？"话刚说完，人还没有启行，已有人将他的话密告齐显祖，齐显祖就更加痛恨他。

等到高浚入朝，跟随齐显祖游玩东山，齐显祖裸露身体，纵酒为乐，高浚劝谏说："人主不应当这么做！"齐显祖听了，心里十分不高兴。高浚又在隐蔽的暗处，召唤杨愔，责备他为何不劝阻国君。当时，齐显祖有令，不准左右大臣跟诸王打交道，杨愔害怕违旨，便将高浚责备他的话，向上启奏。齐显祖知道了，很生气地说："小人言语，向来就令人难以忍受！"于是停止酒宴，起驾回宫。高浚不久也回到青州，他又上书直言劝谏，齐显祖下旨征召他入都。高浚害怕遭遇不测，托疾不到，齐显祖立刻派出侦骑，驰乘快速驿车，前去逮捕高浚。高浚被押进京，青州吏民多达数千人感念高浚恩德，扶老携幼，挥泪为他饯行。高浚到了邺都，与上党王高涣一同被关入铁笼里，放置在北城地牢中，饮食便溺同在一处。

永定二年（戊寅，公元五五八年）春，正月，王琳引兵下，至湓城，屯于白水浦，带甲十万。琳以北江州刺史鲁悉达为镇北将军，上亦以悉达为征西将军，各送鼓吹女乐。悉达两受之，迁延顾望，皆不就；上遣安西将军沈泰袭之，不克。琳欲引军东下，而悉达制其中流，琳遣使说诱，终不从。己亥，琳遣记室宗虩求援于齐，且请纳梁永嘉王庄以主梁祀。衡州刺史周迪欲自据南川，乃总召所部八郡守宰结盟，齐言入赴。上恐其为变，厚慰抚之。

【译文】 永定二年（戊寅，公元558年）春季，正月，王琳引兵东下，进兵到湓城（今江西九江县西），在白水浦（九江县西）扎营。这时他手下武装精良之士，有十万之众。王琳拉拢北江州（治今湖北蕲春县）刺史鲁悉达，任命他为镇北将军；陈武帝陈霸先担心鲁悉达跟王琳联手，也授他征西将军。两方都致送他敲吹女乐，鲁悉达却也毫不客气，通通照单收下，然后拖延观望，哪边也不去就任新职。陈武帝派安西将军沈泰去攻打他，他却严阵以待，沈泰打不过他。王琳想引兵东下，也被他截住中流，不能前进。王琳多次遣使去招诱他，他始终不肯归降。

己亥日（初五），王琳不敢挥兵东下，便遣记室参军宗虩向北齐乞援，并请接回永嘉王萧庄，承继梁祀（按：萧庄，梁元帝萧绎之孙，梁敬帝萧方智之子）。这时，衡州刺史周迪想独占南川之地，召集所辖八郡守宰，缔结盟约，齐声说要进兵援救京邑，陈武帝防备他借名图变，特遣人下谕阻止，并厚加抚慰。

【乾隆御批】 悉达先为梁臣，梁为陈篡，自当举州以应，何至两受将军坐观成败。唐南诏蒙氏既奉朝命，又通吐蕃。时谓之两头蛮。于兹可谓罕譬而喻。

【译文】 鲁悉达先为梁臣，梁被陈篡权，自应带领全州来响应，怎么会接受两边将军的官职而对两边都袖手旁观，坐看成败呢？唐时南诏的蒙氏既奉朝廷命令，又和吐蕃往来。当时人们称它为两头蛮。用在这里可说是个很希罕的譬喻。

新吴洞主余孝顷遣沙门道林说琳曰："周迪、黄法氍皆依附金陵，阴窥间隙，大军若下，必为后患；不如先定南川，然后东下，孝顷请席卷所部以从下吏。"琳乃遣轻车将军樊猛、平南将军李孝钦、平东将军刘广德将兵八千赴之，使孝顷总督三将，屯于临川故郡，徵兵粮于迪，以观其所为。

以开府仪同三司侯瑱为司空，衡州刺史欧阳頠为都督交、广等十九州诸军事、广州刺史。

周以晋公护为太师。

【译文】 新吴洞主余孝顷派遣一位法号叫道休的和尚，代表他向王琳献策说："周迪、黄法氍等都归顺金陵，暗中窥伺您的空隙，您若大军东下，他们必定会成为您的后患，您不如先平定南川，然后再顺流东下，我余孝顷愿尽率所部，追随将军，驱驰效劳。"王琳于是派遣轻车将军樊猛、平南将军李孝钦、平东将军刘广德等，带领八千人马，去跟余孝顷会合，并委任余孝顷总督三将。三将诸营兵屯驻在临川故郡，先向周迪征调兵粮，借以观察周迪的反应。

陈武帝陈霸先任用开府仪同三司侯瑱为司空，任用衡州刺史欧阳頠为都督交、广等十九州诸军事、广州刺史。

周主宇文毓任用晋国公宇文护为太师。

辛丑，上祀南郊，大赦；乙巳，祀北郊。

辛亥，周王耕藉田。

癸丑，周立王后独孤氏。

戊午，上礼明堂。

二月，壬申，南豫州刺史沈泰奔齐。

齐北豫州刺史司马消难，以齐主昏虐滋甚，阴为自全之计，曲意抚循所部。消难尚高祖女，情好不睦，公主诉之。上党王涣之亡也，邺中大扰，疑其赴成皋。消难从弟子瑞为尚书左丞，与御史中丞毕义云有隙，义云遣御史张子阶诣北豫州采风闻，先禁消难典签家客等。消难惧，密令所亲中兵参军裴藻托以私假，间行入关，请降于周。

【译文】 辛丑日（初七），陈武帝陈霸先到南郊坛祭祀天神，随后颁诏大赦天下。乙巳日（十一日），陈武帝陈霸先亲临北郊坛祭祀地祇。

辛亥日（十七日），北周国主宇文毓亲下藉田举行耕种的典礼。（藉田，天子亲耕之田也。）

癸丑日（十九日），周主宇文毓册封夫人独孤氏为王后。

戊午日（二十四日），陈武帝陈霸先亲临明堂，祭祀上帝。

二月，壬申日（初九），南豫州刺史沈泰投奔北齐。

北齐北豫州刺史司马消难，鉴于齐主高洋昏庸暴虐日益严重，担心灾祸临身，因而不得不委屈自己的心意，好言抚慰部属，暗中进行自我保全的计策。司马消难娶了齐高祖高欢的女儿为妻，跟公主感情不和，公主跑回宫里谮毁他。又赶上上党王高涣斩使逃跑，邺城中不断搜索，秩序大为混乱，朝廷怀疑高涣可能逃往成皋（北豫州治所）躲藏。司马消难的堂弟司马子瑞担任尚书左丞，与御史中丞毕义云有嫌隙，毕义云派遣御史张子阶到北豫州采集民间传闻。张子阶一到北豫州，便首先禁止司马消难的州府典签和家客等的行动自由。司马消难担忧祸临，便密令所亲信的中兵参军裴藻，借助休假得以外出之便，命他抄小路进入关中，请求归附北周。

三月，甲午，周遣柱国达奚武、大将军杨忠帅骑士五千迎消难，从间道驰入齐境五百里，前后三遣使报消难，皆不报。去虎牢三十里，武疑有变，欲还，忠曰："有进死，无退生！"独以千骑夜趣城下。城四面峭绝，但闻击柝声。武亲来，麾数百骑西去，忠勒馀骑不动，俟门开而入，驰遣召武。齐镇城伏敬远勒甲士二千人据东城，举烽严警。武惮之，不欲保城，乃多取财物，以消难及其属先归，忠以三千骑为殿。至洛南，皆解鞍而卧。齐众来追，至洛北，忠谓将士曰："但饱食，今在死地，贼必不敢渡水！"已而果然，乃徐引还。武叹曰："达奚武自谓天下健儿，今日服矣！"周以消难为小司徒。

【译文】三月，甲午日（初一），北周派遣柱国达奚武、大将军杨忠率领骑兵五千人，前去接应司马消难，从偏僻小路驰入北齐境五百里，前后三次派遣使者通报司马消难，可是他都没有回复消息。到了距虎牢关三十里,达奚武疑心情况有变,想打退堂鼓,杨忠却很坚定地说:"只有冒死前进,绝不可以后退求生!"于是独自率领千骑,星夜赶往城下。虎牢城四面陡峭险峻,无处可供攀援,只听不时传来守夜者敲击更柝的声音。达奚武原说要走,却又亲自赶来,来了之后,看见整座城池静悄悄的,一点儿动静也没有,他又带领数百骑向西奔驰而去,杨忠则约束余下的骑兵,不准妄动。等到司马消难打开城门,他便一马当先,闯入城内,并且派人快马加鞭,去召回达奚武。这时,北齐镇城将领伏敬远部署甲士两千人,驻守东城,点燃烽火,严加戒备。达奚武心生畏惧,不想据守此城,于是劫取财物带着司马消难以及司马消难的部众等先行入关,杨忠独自率领三千骑兵殿后。驰抵洛水南岸,人疲马乏,都解下马鞍,躺下休息。

没过多久,北齐军队便来追赶,抵达洛水北岸,杨忠很镇静地对将士们说:"只请放心饱食,因为现在我们处在这个前无去路,后有追兵的境地,每个人为求生存,一定会拼死奋战,我料定敌人一定不敢渡水来阻击我们的!"过了一阵,北齐军队果生疑惧,不敢渡水来追,于是杨忠这才徐徐带领军队返回。达奚武看在眼里,很是赞叹,说:"我达奚武自认为是天下健儿,今天看了杨将军的表现,真是让我佩服极了!"司马消难入关后,周主宇文毓任用他为小司徒。

丁酉,齐主自晋阳还邺。

齐发兵援送梁永嘉王庄于江南,册拜王琳为梁丞相、都督中外诸军、录尚书事。琳遣兄子叔宝帅所部十州刺史子弟赴邺。琳奉庄即皇帝位,改元天启。追谥建安公渊明曰闵皇帝。庄以琳为侍中、大将军、中书监,馀依齐朝之命。

夏，四月，甲子，上享太庙。

乙丑，上使人害梁敬帝，立梁武林侯谘之子季卿为江阴王。

己巳，周以太师护为雍州牧。

甲戌，周王后独孤氏殂。

辛巳，齐大赦。

齐主以旱祈雨于西门豹祠，不应，毁之，并掘其冢。

【译文】丁酉日（初四），齐主高洋从晋阳回到邺城皇宫。

齐主高洋应允王琳的请求，发兵护送梁永嘉王萧庄回江南，并册封王琳为梁丞相、都督中外诸军、录尚书事。王琳派遣他哥哥的儿子王叔宝率领所管辖十州刺史的子弟到邺都做人质。王琳于郢州（今武昌市）拥立萧庄即皇帝位。梁永嘉王萧庄下诏改年号为天启。追谥建安公萧渊明为闵皇帝，任用王琳为侍中、大将军、中书监，其余的官职，依照北齐先前的册命。

夏季，四月，甲子日（初二），陈武帝陈霸先到太庙祭祀祖先。

乙丑日（初三），陈武帝陈霸先派人加害了梁敬帝萧方智，另立梁武林侯萧谘的儿子萧季卿承继他为江阴王。

己巳日（初七），周主宇文毓任用太师宇文护为雍州牧。

甲戌日（十二日），北周王后独孤氏去世。

辛巳日（十九日），齐主高洋下诏大赦境内。

齐主高洋因为国内发生严重旱灾，特意到西门豹祠祈雨，可是祈求之后，雨仍没降下来，高洋就毁了西门豹祠，还挖了他的墓。

五月，癸巳，余孝顷等且二万军于工塘，连八城以逼周迪。迪惧，请和，并送兵粮。樊猛等欲受盟而还；孝顷贪其利，不许，树栅围之。由是猛等与孝顷不协。

周以大司空侯莫陈崇为大宗伯。

癸丑，齐广陵南城主张显和、长史张僧那各帅所部来降。

辛丑，齐以尚书令长广王湛录尚书事，骠骑大将军平秦王归彦为尚书左仆射。

甲辰，以前左仆射杨愔为尚书令。

辛酉，上幸大庄严寺舍身；壬戌，群臣表请还宫。

六月，乙丑，齐主北巡，以太子殷监国，因立大都督府与尚书省分理众务，仍开府置佐。齐主特崇其选，以赵郡王叡为侍中、摄大都督府长史。

己巳，诏司空侯瑱与领军将军徐度帅舟师为前军以讨王琳。

齐主至祁连池；戊寅，还晋阳。

【译文】五月，癸巳日（初一），余孝顷等在工塘（今江西临县东南四十里）屯聚兵马两万，连接八城以威逼周迪。周迪恐惧，同他议和，答应输送兵粮。樊猛等接受他的条件，想与他结盟，就此撤兵而去；可是余孝顷贪图利益，不肯就此罢兵，反而竖起木栅来围攻他。因此，樊猛等便跟余孝顷产生嫌隙，彼此不和。

周主宇文毓任用大司空侯莫陈崇为大宗伯。

癸丑日（二十一日），北齐广陵南城主张显和，以及长史张僧那，各自率领他们的部属前来归附陈国（按：是年五月癸巳朔，"癸丑"为五月二十一日，本段文字应移至下文"辛丑""甲辰"两段之后，月日先后，乃不颠倒）。

辛丑日（初九），齐主高洋任命尚书令、长广王高湛为录尚书事，任命骠骑大将军、平秦王高归彦为尚书左仆射。

甲辰日（十二日），高洋任命前尚书左仆射杨愔为尚书令。

辛酉日（二十九日），陈武帝陈霸先到大庄严寺舍身；壬戌日（三十日），文武百官上表启请，陈武帝才回宫。

六月，乙丑日（初三），齐主高洋出巡北方，命太子高殷监理国政，特为他设立大都督府，开建府衙，选派僚佐，以与尚书省分理众务。齐主高洋特别重视东宫僚佐的人选，特任赵郡王高睿为侍中，兼任大都督府长史。

己巳日（初七），陈武帝陈霸先下诏，命令司空侯瑱、领军将军徐度，率领水军为前军，溯江西上，讨伐王琳。

己巳这一天，齐主高洋北巡到祁连池；戊寅日（十六日），齐主高洋由祁连池返回晋阳（太原）。

【乾隆御批】 四月弑逆，五月舍身，护罪将安祷乎，亏诸同泰之愚，可谓如出一辙。

【译文】 四月陈武帝陈霸先逆杀了皇帝，五月陈武帝舍身出家，安心的祈祷就能掩盖罪行吗？他和同泰的愚蠢相比，可以说如出一辙。

【申涵煜评】 梁以佞佛贻笑，陈甫禅位，即效之。盖必平日艳羡，以为舍身设会，皆极帝王之能事，而不知其为覆辙也。魏齐时亦有步执香炉禅居深观之说，南北皈依释氏，想亦风气使然。

【译文】 梁朝以讨好佛而给天下留下笑柄，陈霸先刚刚即位，就立即效法。大概一定是平日羡慕别人，认为舍身聚会，都是极尽帝王之能才能做到的事情，但不知道这是重蹈前车的覆辙啊。魏齐时也有步执香炉坐禅念经的说法，那时全国南北都信仰佛教，想必也是风气使然。

秋，七月，戊戌，上幸石头，送侯瑱等。

高州刺史黄法氍、吴兴太守沈恪、宁州刺史周敷合兵救周迪。敷自临川故郡断江口，分兵攻余孝顷别城。樊猛等不救而没；刘广德乘流先下，故获全。孝顷等皆弃舟引兵步走，迪追击，尽擒之，送孝顷及李孝钦于建康，归樊猛于王琳。

甲辰，上遣吏部尚书谢哲往谕王琳。哲，朏之孙也。

【译文】秋季，七月，戊戌日（初七），陈武帝陈霸先亲临石头城，送侯瑱等率军出征。

高州刺史黄法氍、吴兴太守沈恪、宁州刺史周敷合兵援救周迪。周敷从临川故郡出兵，扼守江口，截断上下水路通道，然后分兵进攻余孝顷先前所连诸城，因为樊猛等的坐视不救，余孝顷所据诸城，全被攻克。刘广达因先乘船顺流离去，所以没被俘虏。余孝顷等都弃船登岸，率领残兵遁逃，周迪从后追赶，最后，将他们全部俘虏。派人押送余孝顷及李孝钦到建康，将樊猛交还给王琳。

甲辰日（十三日），陈武帝陈霸先派吏部尚书谢哲前往溢城，向王琳晓谕顺逆、祸福的道理。谢哲，是谢朏的孙子。

八月，甲子，周大赦。

乙丑，齐主还邺。

辛未，诏临川王蒨西讨，以舟师五万发建康，上幸冶城寺送之。

甲戌，齐主如晋阳。

王琳在白水浦，周文育、侯安都、徐敬成许王子晋以厚赂，子晋乃伪以小船依艒而钓，夜，载之上岸，入深草中，步投陈军，还建康自劾；上引见，并宥之，戊寅，复其本官。

谢哲返命，王琳请还湘州，诏追众军还。癸未，众军至自大雷。

【译文】八月，甲子日（初三），周主宇文毓下诏大赦境内。

乙丑日（初四），齐主高洋从北方返回邺宫。

辛未日（初十），陈武帝陈霸先下诏，派临川王陈蒨西征王琳，率水军五万，从建康出发，陈武帝陈霸先亲临冶城寺送行。

甲戌日（十三日），齐主高洋又北上晋阳。

王琳驻军在白水浦（今江西九江县西），周文育、侯安都、徐敬成等用甜言蜜语劝诱王子晋，说是若肯放了他们，一定用厚礼酬谢。王子晋为利所动，于是伪用小船，依傍着王琳主舰垂钓，趁着夜晚，偷载周文育等，渡到岸上，潜入苇丛中，周文育等人步行奔回陈军阵营，然后又回到建康，向朝廷请求治罪。陈武帝陈霸先听说他们从贼营逃回，待罪阙下，不禁惊喜交加，立即召入引见，并温言安慰宽恕他们。戊寅日（十七日）陈武帝陈霸先下诏恢复周文育等人官职。

谢哲从溢城王琳军所回来复命，启奏说王琳愿意撤军返回湘州，陈武帝陈霸先于是下诏召回西征各路军队。癸未日（二十二日），陈朝西征诸军从大雷（今安徽望江县治）回到京师。

九月，甲申，周封少师元罗为韩国公以绍魏后。

丁未，周王如同州；冬，十月，辛酉，还长安。

余孝顷之弟孝劢及子公飓犹据旧栅不下；庚午，诏开府仪同三司周文育都督众军出豫章讨之。

齐三台成，更命铜爵曰金凤，金虎曰圣应，冰井曰崇光。十一月，甲午，齐主至邺，大赦。齐主游三台，戏以槊刺都督尉子辉，应手而毙。

【译文】九月，甲申日（九月无此日），周主宇文毓加封少师元罗为韩国公，以承继西魏后嗣。

丁未日（十七日），周主宇文毓到同州。冬季，十月，辛酉日（初一），从同州返回长安。

余孝顷的弟弟余孝劢和余孝顷的儿子余公飏，仍然盘踞新吴旧栅（今江西奉新县西），不肯归降朝廷。庚午日（初十），陈武帝陈霸先命开府仪同三司周文育督率众军，从豫章出兵，进剿余孝劢等。

北齐邺下三台扩建完成，改铜爵台为金凤台，改金虎台为圣应台，改冰井台为崇光台。十一月，甲午日（初五），齐主高洋从晋阳返回邺城，大赦境内。齐主高洋登三台观赏游玩，一时兴至，戏用槊（古兵器，即丈八长矛）刺都督尉子辉，一刺就杀死了他。

常山王演以帝沈湎，忧愤形于颜色。帝觉之，谓曰："但令汝在，我何为不纵乐！"演唯啼泣拜伏，竟无所言。帝亦大悲，抵杯于地曰："汝似嫌我如是，自今敢进酒者斩之！"因取所御杯尽坏弃。未几，沉湎益甚，或于诸贵戚家角力批拉，不限贵贱。唯演至，则内外肃然。演又密撰事条，将谏，其友王晞以为不可。演不从，因间极言，遂逢大怒。演性颇严，尚书郎中剖断有失，辄加捶楚，令史奸蠹即考竟。帝乃立演于前，以刀镮拟胁，召被演罚者，临以白刃，求演之短；或无所陈，乃释之。晞，昕之弟也。帝疑演假辞于晞以谏，欲杀之。王私谓晞曰："王博士，明日当作一条事，为欲相活，亦图自全，宜深体勿怪。"乃于众中杖晞二十。帝寻发怒，闻晞得杖，以故不杀，髡鞭配甲坊。居三年，演又因谏争，大被欧挞，闭口不食。太后日夜涕泣，帝不知所为，曰："惟小儿死，奈我老母何！"于是，数往问演疾，谓曰："努力强食，当以王晞还汝。"乃释晞，令诣演。演抱晞曰："吾气息惙然，恐不复相见！"晞流涕曰："天道神明，岂令殿下遂毙此舍！至尊亲为人兄，尊为人主，安可与计！殿下不食，太后亦不食。殿下纵不自惜，独不念太后乎！"言未卒，演强坐而饭。晞由是得免徙，还为王友。及演录尚书事，除官者皆诣演谢，去必辞。晞言于演曰："受爵天朝，拜恩私第，自古以为不可，宜一切约绝。"演从之。久之，演从容谓晞曰："主上起居不恒，卿宜耳目所具，吾岂可以前逢一怒，遂尔结舌。卿宜为撰谏草，吾当伺便极谏。"晞遂条十馀事以呈，因谓演曰："今朝廷所恃者惟殿下，乃欲学匹夫耿介，轻一朝之命！狂药令人不自觉，刀箭岂复识亲疏。一旦祸出理外，将奈殿下家业何！奈皇太后何！"演欷歔不自胜，曰："乃至是乎！"明日，见晞曰："吾长夜久思，今遂息意。"即命火，对晞焚之。后复承间苦谏，帝使力士反接，拔白刃注颈，骂曰："小子何知，是谁教汝？"演曰："天下噤口，非臣谁敢有言！"帝趣杖，乱捶之数十；会醉卧，得解。帝褎黩之游，遍于宗戚，所往留连；唯至常山第，多无适而去。尚书左仆射崔暹屡谏，演谓暹曰："今太后不敢致言，吾兄弟杜口，仆射独能犯颜，内外深相愧感。"

【译文】常山王高演（高欢第六子，齐文宣帝同母弟）因齐主高洋沉溺美酒，酒后又常常无故杀人，不由得忧愤现于容色，文宣帝高洋发觉，对高演说："只要你在，我为何不可以纵酒为乐呢？"高演不便直谏，只是拜伏于地，哭泣不已。文宣帝不觉也大悲痛，取下酒杯，用力摔在地上说："你大约是嫌我酗酒，自今以后，有敢向我进呈酒的，我一定斩他！"因而取出他自己所用的酒杯，全部予以敲毁丢弃掉。可是过不多久，他沉迷于酒，更甚于从前。有时，带着几分醉意，闯入一些贵戚家，跟人角力争斗，对手不限贵贱，常闹得鸡犬不宁。但只要高演一到，那么内外便都肃静下来。高演秘密撰拟条陈，准备进谏，他的朋友王晞认为不可。高演不听，伺机直切地进谏，果然触动齐主高洋的怒火。高演生性严苛，他当尚书令时，省内尚书郎中剖析处理事情稍有差误，他便施以杖刑，手下令史有作奸犯科的，他立刻拷问鞭打。这时，齐主高洋召唤高演站立在面前，用刀尖对准他的胸肋，另外宣召被他处罚过的人，用刀架着他们的脖子，威逼他们说出高演的过失；可是这些被高演责罚过的人，在这性命攸关的时刻，竟然全都不敢妄言高演的不是，齐主高洋这才息怒，释放了高演。王晞，是王昕的弟弟。齐文宣帝高洋怀疑高演的谏稿出自王晞手笔，因此有意杀死王晞。常山王高演私下对王晞说："王博士，明日我当做一件事，为救活你，也是为保全我，你应当深加体谅，请勿见怪！"第二天，高演当众打了王晞二十大板。就在此时，齐主高洋想起谏稿的事，动怒要杀王晞，正好听说王晞已受杖刑，因此就不再杀他，虽然不再杀他，却剃光他的头发，外加鞭打，然后发配到甲坊（制作甲杖之坊），罚他做苦役。过了三年，高演又因进谏，跟齐主发生争执，挨了齐主一顿狠揍，高演气愤填膺，就闭口绝食。娄太后生怕高演死去，便日夜哭泣，急得齐主高洋不知如何是好，自言自语道："倘小儿真的死了，我将怎么向老母交代？"于是频频前往高演府邸，探视病情，并且一再宽慰他说："打起精神呀！勉强加餐，我会把王晞交还给你。"于是派人到甲坊把王晞释放了，命令他到高演府邸规劝高演。高演看见王晞回来，抱着他说："我气息奄奄，恐不再与你相见了！"王晞流着眼泪说："天道神明，怎么会让殿下死于此处？陛下在亲属关系上，是殿下的哥哥；在地位的尊崇上，是一国之君，殿下怎好和他计较是非？殿下闭口绝

资治通鉴卷第一百六十七　陈纪一

食，太后也闭口不吃，殿下纵使不爱惜自己，难道就不顾念太后吗？"王晞的话还没说完，高演就勉强提起精神，坐起进餐。王晞也从此免除甲坊徒刑的苦役，重新成为常山王的好友。到了常山王高演当上录尚书事，朝廷新任命官吏在就职之前，一定到高演府邸谢恩；外调官吏，将要赴任时，也一定去高演府邸辞行。王晞认为这样不妥，便向他进谏说："朝臣受爵于陛下，却谢恩于私门，自古就认为不可如此，殿下应该废除这项陋规！"高演听从他的意见，于是杜绝了官场上一切谢恩及辞行的陋习。又过了一段时间，高演神色舒缓地对王晞说："主上起居无常，我岂可因从前触动主上一次盛怒，就闭口结舌不再劝谏了呢？你应该就耳闻目睹，为我撰拟一篇诤谏的草稿，我当伺机直切地诤谏。"王晞于是条录十余事，进呈给高演，却劝阻高演说："当今朝廷所倚仗的柱石，就只殿下一人，可是殿下不知自重，竟要学那匹夫庶人的直谏，而轻视一时突来的灾祸，酒会使人乱性，让人失去理智；刀剑无知，哪里会认得人的亲疏？殿下如果再进谏，一旦遭逢盛怒，真的出现意外之祸，那么殿下的家业将怎么办？皇太后又将怎么办？"高演听了，悲伤得不能自持，过了好一阵子，才说："事情竟会严重到这种地步吗？"第二天，高演见到王晞，对他说："我想了一整夜，现在已打消进谏的念头。"说完，立刻命人点火，当着王晞的面，将那篇谏稿给烧了。后来，高演忍耐不住，又伺机苦苦诤谏，文宣帝高洋命大力士将高演反绑，自己则拔出长剑，架在高演的脖子上，破口责骂道："小子懂得什么？竟敢来数说我的不是，是谁教你的？"高演反驳说："天下的人都闭口不敢说，除了我，还有谁敢进谏？"文宣帝高洋督促左右赏他杖刑，乱打了数十大板，恰好文宣帝高洋醉倦入寝，高演方得脱身。

文宣帝高洋亵狎放浪，四处游荡，遍及宗室亲族家，所到之处流连不返；唯有到常山王府第，不待欢极，便动身离开。尚书左仆射崔暹屡有诤谏，高演对崔暹说："如今连太后都不敢多说，我们兄弟也闭口不言，崔仆射独能犯颜直谏，宫廷内外之人，都深感羞愧！"

太子殷，自幼温裕开朗，礼士好学，关览时政，甚有美名。帝尝嫌太子"得汉家性质，不似我"，欲废之。帝登金凤台，召太子，使手刃囚，太子恻然有难色，再三，不断其首。帝大怒，亲以马鞭撞之，太子由是气悸语吃，精神昏扰。帝因酣宴，屡云："太子性懦，社稷事重，终当传位常山。"太子少傅魏收谓杨愔曰："太子，国之根本，不可动摇。至尊三爵之后，每言传位常山，令臣下疑贰。若其实也，当决行之。此言非所以为戏，恐徒使国家不安。"愔以收言白帝，帝乃止。

帝既残忍，有司讯囚，莫不严酷，或烧犁耳，使立其上，或烧车缸，使以臂贯之，既不胜苦，皆至诬伏。唯三公郎中武强苏琼，历职中外，所至皆以宽平为治。时赵州及清河屡有人告谋反者，前后皆付琼推检，事多申雪。尚书崔昂谓琼曰："若欲立功名，当更思馀理；数雪反逆，身命何轻！"琼正色曰："所雪者冤枉耳，不纵反逆也。"昂大惭。

【译文】太子高殷，自小温和舒雅，通明事理，礼尊文士，喜好学术，留心朝政，获得很好的声誉。可是文宣帝高洋却嫌太子得汉人禀性（按太子母李皇后为汉人），不像自己，有意废黜他。文宣帝高洋登上金凤台，召太子随侍，喝令他动手杀死囚犯，太子心软，面露为难之色，文宣帝再三威逼他，他终究砍不断囚犯的头。文宣帝高洋不禁大怒，亲自用马鞭鞭打太子，吓得太子精神错乱，自此气息畏悸而语言蹇滞。文宣帝高洋每当宴饮酒足，就说："太子个性懦弱，社稷事重，最终应当传位给常山王。"太子少傅魏收对杨愔说："太子是国家的根本，根本不可动摇。主上酒过三杯后，多次扬言要传位给常山王，弄得臣下相互猜疑。倘若属实，当早决行，这话不可当儿戏，否则，恐怕徒然给国家增加动乱。"杨愔将魏收的话转告给文宣帝高洋，文宣帝这才不再说废太子的事。

　　文宣帝高洋性既残忍，因而主管部门审讯囚犯的手段也没有一个不是严酷暴虐的。例如，有的将犁耳烧热，命囚犯站立其上；有的将车钮烧红，让囚徒把手臂从中间穿过去。受刑的人，忍受不了这种痛苦，弄得一些没有罪的人，只好冤屈地承认自己有罪。那些掌管刑法的官吏中，只有三公郎中、武强人苏琼，历任朝廷和地方官职，他所到之处，都能以宽和公平的态度来审理案子。当时，赵州和清河郡多次有人告发谋反的人，上级都将这些案子交付苏琼核查审理，结果，很多被诬陷的人，都能获得申理，昭雪冤情。尚书崔昂对苏琼说："如果想建立功名，应当另想其他的法子；多次为叛逆的人申理雪冤，也不怕惹上谋逆的罪，这未免将自己的生命看得太轻了吧！"苏琼听了，面色很严肃地对崔昂说："我所申雪的，都是些冤枉的人；真正叛逆的人，我也决不放纵啊！"崔昂听了，自觉非常羞愧。

　　帝怒临漳令稽晔、舍人李文师，以赐臣下为奴。中书侍郎彭城郑颐私诱祠部尚书王昕曰："自古无朝士为奴者。"昕曰："箕子为之奴。"颐以白帝曰："王元景比陛下于纣。"帝衔之。顷之，帝与朝臣醋饮，昕称疾不至，帝遣骑执之，见方摇膝吟咏，遂斩于殿前，投尸漳水。

齐主北筑长城，南助萧庄，士马死者以数十万。重以修筑台殿，赐与无节，府藏之积，不足以供，乃减百官之禄，撤军人常廪，并省州郡县镇戍之职，以节费用焉。

十二月，庚寅，齐以可朱浑道元为太师，尉粲为太尉，冀州刺史段韶为司空，常山王演为大司马，长广王湛为司徒。

壬午，周大赦。

【译文】齐文宣帝高洋憎恶临漳令稽晔和太子舍人李文师，便将他二人赐予臣下做奴仆。中书侍郎、彭城人郑颐找祠部尚书王昕聊天，私下想引诱王昕说出什么，好据此来陷害他，于是就借稽、李二人的事，对王昕说："自古没有士大夫去当人奴仆的。"王昕不防有他，脱口回道："纣王无道，箕子降为奴隶。"郑颐于是跑去禀告文宣帝高洋说："王元景（王昕字）将陛下比作纣王。"文宣帝高洋对王昕怀恨在心。

没过多久，文宣帝高洋跟朝臣聚饮，王昕托词有病，不参加，文宣帝高洋派出侦骑去捉拿他，见他正在摇膝吟诗，文宣帝高洋知道了，立即将他斩首于殿前，并将尸首扔入漳水去喂鱼。

齐主高洋，北面修筑长城，南面援助萧庄，兵马为此而死去的，多得要用数十万的数字来计算。又加以扩建三台、宫殿，赏赐臣下没有节度，因此弄得国库的收入，不足以支付开销。于是他就用减少百官薪饷，少付军人用粮，合并裁撤州郡县镇戍官员的方法，来节省国库的支出。

十二月，庚寅日（十二月无此日），齐主高洋任命可朱浑道元为太师，尉粲为太尉，任命冀州刺史段韶为司空，常山王高演为大司马，任命长广王高湛为司徒。

壬午日（二十三日），周主宇文毓下诏大赦境内。

齐主如北城，因视永安简平王浚、上党刚肃王涣于地牢。帝临穴讴歌，令浚等和之，浚等惶怖且悲，不觉声颤；帝怆然，为之下泣，将赦之。长广王湛素与浚不睦，进曰："猛虎安可出穴！"帝默然。浚等闻之，呼湛小字曰："步落稽，皇天见汝！"帝亦以浚与涣皆有雄略，恐为后害，乃自刺涣，又使壮士刘桃枝就笼乱刺。槊每下，浚、涣辄以手拉折之，号哭呼天。于是，薪火乱投，烧杀之，填以土石。后出之，皮发皆尽，尸色如炭，远近为之痛愤。帝以仪同三司刘郁捷杀浚，以浚妃陆氏赐之；冯文洛杀涣，以涣妃李氏赐之，二人皆帝家旧奴也。陆氏寻以无宠于浚，得免。

　　高凉太守冯宝卒，海隅扰乱。妻洗氏怀集部落，数州晏然。其子仆，生九年，是岁，遣仆帅诸酋长入朝，诏以仆为阳春太守。

　　后梁主遣其大将军王操将兵略取王琳之长沙、武陵、南平等郡。

　　【译文】齐主高洋巡行北城，因而下地牢去探视永安简平王高浚和上党刚肃王高涣。齐主高洋临穴高歌，命高浚等合唱，高浚等既惶恐又悲伤，不觉声音颤抖，齐主高洋听了，也不禁怆然泪下，便有意释放他们。这时随同前来的长广王高湛跟高浚一向不睦，忙上去劝阻说："猛虎入笼，怎可再纵放出穴？"齐主高洋被他这么一提醒，就沉下脸来，不再说话。高浚听见高湛在挑拨离间，便呼高湛的小名说："步落稽，皇天看到你的坏心，必不会饶恕你！"齐主高洋也认为高浚和高涣都有雄才大略，饶他们不死，恐为后患，加上高浚还跟高湛在旁笑骂，不禁触动怒火，取来长矛，亲自上前刺杀高浚，每当长矛刺下，高浚和高涣就伺机抓住，将之拉扯折弯，惹得高洋怒火更盛，于是又命大力士刘桃枝等也用槊向笼内乱刺，一刺一伤，弄得高浚和高涣痛哭呼天，悲声震彻远近。高洋又命人将柴火乱投笼内，将高浚二人活活烧死。然后加覆土石。后来，掘土起尸，头发皮肤全都烧光，遗骸焦黑如炭，远近知道这件事的，无不为之痛伤悲愤。齐主高洋因为仪同三司刘郁捷刺死高浚，就将高浚的妻子陆氏赏赐给他；冯文洛刺死高涣，就将高涣的妻子李氏赏赐给他。刘、冯二人，本是高洋家旧日的奴仆。后来数日，齐主高洋因为陆氏不得高浚的宠爱，便饶了她，不必下嫁给刘郁捷。

高凉太守冯宝死后，岭南濒海地区发生动乱。冯宝的妻子洗氏招抚部落，数州之地，又得安定如故。她的儿子冯仆，年方九岁。这一年，洗氏派遣冯仆，带领所辖各区酋长入朝进贡，陈武帝陈霸先十分高兴，下诏任命冯仆为阳春（治今广东肇庆府阳春县）太守。

后梁主萧詧派遣大将军王操率军夺取王琳所辖长沙、武陵、南平等郡。

永定三年（己卯，公元五五九年）春，正月，己酉，周太师护上表归政，周王始亲万机；军旅之事，护犹总之。初改都督军州事为总管。

王琳召桂州刺史淳于量。量虽与琳合而潜通于陈；二月，辛酉，以量为开府仪同三司。

壬午，侯瑱引兵焚齐舟舰于合肥。

丙戌，齐主于甘露寺禅居深观，唯军国大事乃以闻。尚书右仆射崔暹卒，齐主幸其第哭之，谓其妻李氏曰："颇思暹乎？"对曰："思之。"帝曰："然则自往省之。"因手斩其妻，掷首墙外。

齐斛律光将骑一万，击周开府仪同三司曹回公，斩之，柏谷城主薛禹生弃城走，遂取文侯镇，立戍置栅而还。

【译文】永定三年（己卯，公元559年）春季，正月，己酉日

（二十一日），周太师宇文护上表归还朝政，周主宇文毓这才开始亲自处理政务，但是有关军事方面的事情，还是归宇文护全权管理。北周开始改都督诸州军事官为总管。

王琳派遣使者召请桂州刺史淳于量。淳于量表面上虽然与王琳合作，但是暗中却跟陈朝有信使往来。二月，辛酉日（初三），陈武帝陈霸先任用淳于量为开府仪同三司。

壬午日（二十四日），侯瑱领军侵入齐境，烧毁了对方停泊在合肥的舰船。

丙戌日（二十八日），齐主高洋在甘露寺坐禅参修，深入体验佛理，在他坐禅清修期间，只限军国大事，才得向他启奏。尚书左仆射崔暹去世，齐主高洋亲临其第哭丧，问崔暹的妻子李氏说："你很想念亡夫崔暹吗？"李氏回答说："当然想念！"齐主高洋笑道："你若真想念他，那么为何不自己去看他呢？"说到这里，拔刀一挥，斩下李氏脑袋，随手扔到墙外。

北齐将领斛律光率领一万骑兵，进攻北周开府仪同三司曹回公，在阵前将他斩杀，北周柏谷城（在河南宜阳县南）主薛禹生弃城逃走，斛律光于是又攻取文侯镇（今山西稷山县西北），设下戍楼围栅，加派部队驻守，然后凯旋而归。

三月，戊戌，齐以侍中高德政为尚书右仆射。

吐谷浑寇周边；庚戌，周遣大司马贺兰祥击之。

丙辰，齐主至邺。

梁永嘉王庄至郢州，遣使入贡于齐。王琳遣其将雷文策袭后梁监利太守蔡大有，杀之。

齐主之为魏相也，胶州刺史定阳文肃侯杜弼为长史，帝将受禅，弼谏止之。帝问："治国当用何人？"对曰："鲜卑车马客，会须用中国人。"帝以为讥己，衔之。高德政用事，弼不为之下，尝于众前面折德政；德政数言其短于帝，弼恃旧，不自疑。夏，帝因饮酒，积其愆失，遣使就州斩之；既而悔之，驿追不及。

【译文】三月，戊戌日（十一日），齐主高洋任用高德政为尚书右仆射。

吐谷浑侵犯北周的边境。庚戌日（二十三日），周主宇文毓派遣大司马贺兰祥率军进讨吐谷浑。

丙辰日（二十九日），齐主高洋从辽阳返回邺都。

梁永嘉王萧庄到达郢州，派遣使者到邺都向北齐朝贡。王琳派遣他的部将雷文策领兵偷袭后梁监利郡，雷文策进袭成功，杀死监利太守蔡大有。

齐主高洋在当东魏孝静帝丞相时，现任胶州刺史定阳人文肃侯杜弼当时担任他的长史。后来，高洋准备接受东魏孝静帝的禅让，杜弼认为不可，曾出面加以谏止。高洋即位后，曾问他："治国应当用何种人？"杜弼回答说："鲜卑人只会骑乘车马，治国要用汉人。"高洋认为这话是讥讽他，于是对他怀恨在心。后来，高德政当权用势，杜弼不肯屈服听命于他，曾在大庭广众之前，当面折辱高德政，高德政怀恨在心，多次在齐主面前数说杜弼的过错。杜弼倚仗旧谊，不相信别人的谗言能够说动齐主加害他。不料，到了这年夏天，齐主高洋因饮酒，又生怀恨杀人之心，想起杜弼前前后后的一些过失，便派人到胶州处斩杜弼；没过多久，心生懊悔，便又派人乘快捷驿车去阻止，可是等使者赶到，杜弼已经身首异处了。

闰四月，戊子，周命有司更定新历。

丁酉，遣镇北将军徐度将兵城南皖口。

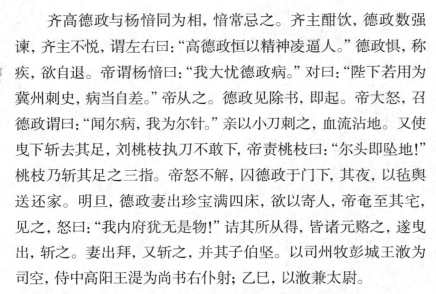

　　齐高德政与杨愔同为相，愔常忌之。齐主酣饮，德政数强谏，齐主不悦，谓左右曰："高德政恒以精神凌逼人。"德政惧，称疾，欲自退。帝谓杨愔曰："我大忧德政病。"对曰："陛下若用为冀州刺史，病当自差。"帝从之。德政见除书，即起。帝大怒，召德政谓曰："闻尔病，我为尔针。"亲以小刀刺之，血流沾地。又使曳下斩去其足，刘桃枝执刀不敢下，帝责桃枝曰："尔头即坠地！"桃枝乃斩其足之三指。帝怒不解，囚德政于门下，其夜，以毡舆送还家。明旦，德政妻出珍宝满四床，欲以寄人，帝奄至其宅，见之，怒曰："我内府犹无是物！"诘其所从得，皆诸元赂之，遂曳出，斩之。妻出拜，又斩之，并其子伯坚。以司州牧彭城王浟为司空，侍中高阳王湜为尚书右仆射；乙巳，以浟兼太尉。

　　齐主封子绍廉为长安王。

　　【译文】闰四月，戊子日（初二），周主宇文毓下令主管历法的官吏，重新修订周历。

　　丁酉日（十一日），陈武帝陈霸先派遣镇北将军徐度带领部队到南皖口（镇名，地当皖水入江口，在今安徽怀宁县西）修筑城垒。

　　北齐高德政跟杨愔同为宰相，杨愔常嫉妒他。齐主高洋嗜酒酣饮，醉后所为，全无法纪，高德政多次诤谏，齐主高洋很不高兴，对身边的人说："高德政常盛气凌人地逼迫我。"高德政知道齐主高洋对他不满，心怀畏惧，打算退出朝廷，便借口生病，不再上朝。齐主高洋对杨愔说："我非常担心高德政的病。"杨愔回答他说："陛下若是任用他为冀州刺史，保管他的病可不治而愈。"齐主高洋信以为真，就任命高德政为冀州刺史。高德政接到新的任命，果真就能起身动弹。齐主高洋晓得他原来是在装病，心里特别愤怒，立即召来高德政，当面对他说："听说你生病，我为你针灸。"说着，便亲自拿小刀刺高德政，将他扎得血流满地。后来，齐主高洋又命人将他拖下，斩去他的双脚，刘桃枝愣在一旁，持刀不敢砍下，齐主高洋便怒骂他说："不砍，就让你人头落地！"刘桃枝逼不得已，便斩下高德政三根脚趾。虽然如此，齐主怒犹未息，还将高德政拘押在门下省，到了半夜，才用毡舆（舆轮以毡裹之，免其颠簸）送他回家。第二天一大早，高德政的妻子拿出珍宝，摆满四床，准备为高德政请托，不料齐主高洋忽然跑到她家，瞥见珍宝满床，便特别生气地说："我的府库，也没收藏有这样珍奇的宝物！"因而质问高德政这些珍宝是如何得来的，高德政回答说："都是魏朝宗室贿赂的。"齐主高洋听了，就命人将高德政拖出门外斩首，高德政的妻子出来叩头求饶，齐主高洋又命人将她推出斩首，还有高德政的儿子高伯坚，也一起杀掉。同在丁酉这一天，齐主高洋任用司州牧、彭城王高浟为司徒（查本段录自《北齐书文宣帝纪》，《文宣纪》本作："以司州牧、彭城王浟作为司空。"），任用侍中、高阳王高湜为尚书右仆射。乙巳日（十九日），齐主高洋让司空、彭城王高浟兼任太尉。

北齐册封皇子高绍廉为长安王（考本段录自《北齐书文宣帝纪》，《文宣纪》本作："封皇子绍廉为长乐郡王。"）

辛亥，周以侯莫陈崇为大司徒，达奚武为大宗伯，武阳公豆卢宁为大司寇，柱国辅城公邕为大司空。

乙卯，周诏："有司无得纠赦前事；唯库厩仓廪与海内所共，若有侵盗，虽经赦宥免其罪，徵备如法。"

周贺兰祥与吐谷浑战，破之，拔其洮阳、洪和二城，以其地为洮州。

【译文】 辛亥日（二十五日），周主宇文毓任用侯莫陈崇为大司徒，达奚武为大宗伯，任命武阳郡公豆卢宁为大司寇，柱国、辅城郡公宇文邕为大司空。

乙卯日（二十九日），周主宇文毓下诏说："为给罪人有悔过自新的机会，掌管纠察的官吏，不得纠举罪人大赦之前的事。但是厩舍库房中的马匹、财帛和谷粮，都是天子与海内之人所共有的东西，任何人都不得加以侵占窃取。若有侵盗上述公物的，虽经宽宥，可免其罪，但是侵占的公物，需依照法令规定，追缴赔偿。"

北周贺兰祥领兵西击吐谷浑，将对方击败，攻克洮阳（在今甘肃临潭县西南）、洪和（今甘肃临潭县治）二城，北周朝廷将这次战争夺取的土地，增置一个洮州（治洮阳城）。

五月，丙辰朔，日有食之。

齐太史奏，今年当除旧布新。齐主问于特进彭城公元韶曰："汉光武何故中兴？"对曰："为诛诸刘不尽。"于是，齐主悉杀诸元以厌之。癸未，诛始平公元世哲等二十五家，囚韶等十九家。韶幽于地牢，绝食，啮衣袖而死。

周文育、周迪、黄法氍共讨余公飏，豫章内史熊昙朗引兵会之，众且万人。文育军于金口，公飏诈降，谋执文育，文育觉之，囚送建康。文育进屯三陂。王琳遣其将曹庆帅二千人救余孝劢，庆分遣主帅常众爱与文育相拒，自帅其众攻周迪及安南将军吴明彻，迪等败，文育退据金口。熊昙朗因其失利，谋杀文育以应众爱，监军孙白象闻其谋，劝文育先之，文育不从。时周迪弃船走，不知所在，乙酉，文育得迪书，自赍以示昙朗，昙朗杀之于座而并其众，因据新淦城。昙朗将兵万人袭周敷，敷击破之，昙朗单骑奔巴山。

　　鲁悉达部将梅天养等引齐军入城。悉达帅麾下数千人济江自归，拜平南将军、北江州刺史。

　　【译文】五月，丙辰朔日（丙辰为闰四月三十日，五月朔应为丁巳），发生日食。

　　北齐太史上奏说："今年应当除旧布新。"齐主高洋问特进、彭城郡公元韶说："汉光武帝什么缘故能够中兴？"元韶回答说："因为铲除各位刘氏宗亲，没赶尽杀绝。"齐主听了，反而心生杀机，于是下令杀光元魏宗室，用来应合太史的奏言。癸未日（二十七日），诛杀始平郡公元世哲等二十五家，拘禁元韶等十九家。元韶被关在地牢里，饮食断绝，因空无一物可食，只好咬自己的衣袖来充饥，最后，活活饿死在地牢里。

　　周文育、周迪、黄法𣰰等一同围剿余公飏（余孝顷字），这时，豫章太守熊昙朗也领军前来助战，一时各路兵马多达万人聚集。周文育军驻兵在金口（今江西新建县西南），余公飏率军诣营诈降，本想伺机擒拿周文育，但是周文育发觉有诈，反而先下手将他捉住，派人将他押送到建康。周文育领兵进据三陂（在金口西南）。王琳派遣部将曹庆，带领两千兵马，前来援救余孝劢。曹庆分遣偏将常众爱率领一部分部队对抗周文育，自己亲自率领剩余部众攻打周迪和安南将军吴明彻，周迪等都被他击败，周文育的军队也退守到金口。熊昙朗因周文育军失败，竟起歹念，想谋害周文育，以响应常众爱。周文育的监军孙白象获悉他的阴谋，劝周文育先下手杀掉他，周文育没有听从孙白象的话。当时，周迪兵败，弃船逃跑，不知去向。乙酉日（二十九日），周文育才收到周迪的信。周文育拿着周迪送来的信，亲自到熊昙朗的军营，原想拿信给他看，并面商如何抵抗曹庆军，没料想熊昙朗竟在帐内座上将周文育给杀了，接着又收并周文育的部队，因而进占新淦城（在今江西清江县东北）。并统军万人，转而袭击周敷，周敷迎战，纵兵痛击，熊昙朗战败，单骑逃回巴山（在今江西崇仁县西南）。

鲁悉达部将梅天养等引领北齐军队入城，鲁悉达急率部下千人，渡江归降陈朝，陈武帝陈霸先任命他为平南将军、北江州刺史。

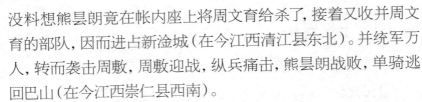

【乾隆御批】 元韶劝齐主尽杀诸元，不过冀为自全之计耳，乃其身亦不免于幽死。可为为法自敝者炯鉴。

【译文】 元韶劝齐文宣帝高洋把元氏皇族全都杀掉，不过是希冀用这个办法来作为保全自己的计策罢了，可是他自身也不免被幽禁致死。这正可以让那些为法自毙者作为明鉴。

【申涵煜评】 韶以光武中兴，由杀诸刘不尽，而宗族皆夷身亦幽死，小人迎合意旨，以为此言一进，必且大被宠待，而不虞其作法自毙也。虎狼不食其类，此老妪亦毒矣哉。

【译文】 元韶认为，光武中兴，是由于对诸刘没有杀尽，而最后宗族都被灭掉囚禁而死，小人迎合旨意，以为说出这句话，一定会大受恩宠，而没有想到这是作法自毙。虎狼都不吃同类的肉，这个老家伙也太毒了吧。

六月，戊子，周以霖雨，诏群臣上封事极谏。左光禄大夫猗氏乐逊上言四事：其一，以为"比来守令代期既促，责其成效，专务威猛；今关东之民沦陷涂炭，若不布政优优，闻诸境外，何以使彼劳民，归就乐土！"其二，以为"顷者魏都洛阳，一时殷盛，贵势之家，竞为侈靡，终使祸乱交兴，天下丧败；比来朝贵器服稍华, 百工造作务尽奇巧, 臣诚恐物逐好移, 有损政俗。"其三, 以为"选曹补拟, 宜举众共之; 今州郡选置, 犹集乡闾, 况天下铨衡, 不取物望, 既非机事, 何足苛密! 其选置之日, 宜令众心明白, 然后呈奏。"其四, 以为"高洋据有山东, 未易猝制, 譬犹棋劫相持, 争行先后, 若一行不当, 或成彼利。诚应舍小营大, 先保封域, 不宜贪利边陲, 轻为举动。"

【译文】 六月, 戊子日(初三), 周主宇文毓因为境内一连下了很久的雨, 于是下诏, 要百官进呈密奏, 直言诤谏朝政得失。其中左光录大夫猗氏人乐逊上奏四项时事: 其一, 认为"近来县令郡守任期短, 更换频繁, 上级却又责求他们在有限的任期内, 要有政绩, 为求有个好的考评结果, 个个都用威猛严苛的态度来对待人民; 而今, 关东诸州百姓, 沦陷北齐, 生活特别痛苦, 倘若我们的郡守县宰施行政令, 都崇尚威猛严酷, 而不知宽厚爱民的话, 那么这种政声, 传到沦陷区百姓那里, 怎能让那些劳苦的百姓倾心归降到我们这里来呢? "其二, 认为"近世, 拓跋魏迁都洛阳, 使得这个地方一度变得极为繁荣。许多有钱有势的人家, 争着过奢侈无度的生活, 结果, 使得洛阳祸乱并起, 天下也因此而分崩败乱。近来, 我们朝廷显贵的器具服饰, 渐趋华丽, 各行工匠所制作的用品, 都穷极奇异精巧, 臣实在担心下层民众追随这种风尚, 有损原本纯朴而善良的政风和民俗"。其三, 认为"主管选拔官员的官吏, 选拔何人补某缺, 拟授某人某官职, 都应该和众人一同商决; 现在州郡选拔官吏, 尚且还召集乡间的人一同决定, 何况为朝廷选拔人才的部门, 怎可不跟天下的人, 一同选拔负有人望的贤才呢? 由此可见, 选拔官员的工作, 又不是什么机密不可让人知晓的事, 那么又有什么好秘密而不能公开的呢? 希望吏部今后选置官员时, 应该让大家心里明白，凡所选授，都是经由公正公开的评选，然后呈奏陛下加以任用"。其四，认为"高洋占领淆山以东一大片的土地，一时还不容易征服，这好比下棋打劫，双方势均力敌，对峙双方相持不下，这时，彼此先后争行，只要一方落子偶有一点不当，也许就会造成对方的获胜，因而今后我们应舍小求大，先求保证整个封域的安全，不应贪取边陲零星小块的土地，而轻举妄动"。

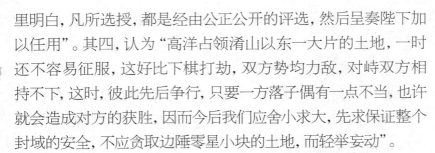

周处士韦琼，孝宽之兄也，志尚夷简，魏、周之际，十徵不屈。周太祖甚重之，不夺其志，世宗礼敬尤厚，号曰"逍遥公"。晋公护延之至第，访以政事；护盛修第舍，琼仰视堂，叹曰："酣酒嗜音，峻宇雕墙，有一于此，未或不亡。"护不悦。

票骑大将军、开府仪同三司寇俊，赞之孙也，少有学行。家人尝卖物，多得绢五匹，俊于后知之，曰："得财失行，吾所不取。"访主还之。敦睦宗族，与同丰约，教训子孙，必先礼义。自大统中，称老疾，不朝谒；世宗虚心欲见之，俊不得已入见。王引之同席而坐，问以魏朝旧事；载以御舆，令于王前乘之以出，顾谓左右曰："如此之事，唯积善者可以致之。"

【译文】北周处士韦琼，是守边良将韦孝宽的哥哥。他志好淡泊简朴，当魏、周禅代之间，朝廷曾经先后十次征召他，他都不肯违背自己的志向出来做官。周太祖宇文泰特别敬重他，不勉强改变他的志向。到周世宗宇文毓即位，对他更是礼敬有加，尊称他为"逍遥公"。晋国公宇文护为表达对他的崇敬，也延请他到官邸来，拿些军国之事向他请教。由于宇文护贵为执政，加上爱好经营府第，所有房舍，都装修得十分豪华。韦琼仰头凝视堂宇很久，然后徐徐叹道："喜爱喝酒，酷嗜音乐，注重栋宇的高峻，讲究墙垣的彩绘，只要犯上其中一样，没有一个不毁家亡国的。"宇文护听了他这么严厉的批评，心里十分不悦。

北周骠骑大将军、开府仪同三司寇俊，是寇赞的孙子（按：寇赞为北朝道教人物寇谦之之兄，仕魏为南雍州刺史，《魏书》卷四十二有传），少年时代，就有很好的学识和品德。他的家人曾卖东西给人，多赚取对方五匹绢，寇俊在事后知晓了这件事，很气恼地说："贪求别人的财物，亏损自己的品行，我是不屑这样做的！"于是寻访买主，退还他五匹绢绸。寇俊厚待宗亲，和睦族人，衣食的丰俭，都与他们相同。教训子孙，首推礼义。自西魏文帝大统年间，他就称老告病，不再上朝参见君主；周世宗宇文毓很诚恳虚心地想跟他相见，寇俊不得已，才破例入宫朝见国君。周世宗亲自扶着他，引领他同席而坐，向他询问许多魏朝洛阳的旧事。当寇俊告辞回府，周世宗特意将自己的坐车让给他乘坐，并让他从自己跟前启驾出宫，周世宗回头对身边近侍们说："唯有积善的人，才能获得君王如此这般的礼遇。"

周文育之讨余孝劢也，帝令南豫州刺史侯安都继之。文育死，安都还，遇王琳将周灵、周协南归，与战，擒之。孝劢弟孝猷帅所部四千家诣安都降。安都进军至左里，击曹庆、常众爱，破之。众爱奔庐山，庚寅，庐山民斩之，传首。

诏临川王蒨于南皖口置城，使东徐州刺史吴兴钱道戢守之。

丁酉，上不豫，丙午，殂。上临戎制胜，英谋独运，而为政务崇宽简，非军旅急务，不轻调发。性俭素，常膳不过数品，私宴用瓦器、蚌盘，肴核充事而已；后宫无金翠之饰，不设女乐。

时皇子昌在长安，内无嫡嗣，外有强敌，宿将皆将兵在外，朝无重臣，唯中领军杜棱典宿卫兵在建康。章皇后召棱及中书侍郎蔡景历入禁中定议，秘不发丧，急召临川王蒨于南皖。景历亲与宦者、宫人密营敛具。时天暑，须治梓宫，恐斤斧之声闻于外，乃以蜡为秘器。文书诏敕，依旧宣行。

【译文】 周文育进剿余孝劢时，陈武帝又派南豫州刺史侯安都率军前去支援。等到周文育遇害，侯安都引兵退还，途中遭遇王琳部将周灵、周协等从南川返回北方，侯安都同他们交战，擒获他们。余孝劢的弟弟余孝猷带领部属四千余家，到侯安都营门投降，侯安都连有斩获，便大胆进军到左里（在今江西都昌县西北，又名左蠡，以位于彭蠡湖左得名），向曹庆、常众爱等军发动进攻，将对方击败。常众爱奔逃到庐山，庚寅日（初五），庐山村民斩杀常众爱，侯安都派人将他的首级传送到建康。

陈武帝陈霸先下诏，命临川王陈蒨率军前往南皖口修筑城栅，另派东徐州刺史、吴兴人钱道戢驻防皖口城。

丁酉日（十二日），陈武帝陈霸先得病，人不舒服。丙午日（二十一日），驾崩。陈武帝每临战事，常能运用自己独特的谋略；为政崇尚宽厚简约，倘若不是军旅急需，决不轻易向人民开征兵赋。陈武帝生性节俭朴素，日常膳食，菜肴只不过几样而已。私设小宴，都用瓦器、蚌盘，菜肴果实，并不十分丰盛，只令吃饱而已。后宫妃嫔，没有金玉翡翠的装饰，也不设置歌钟女乐。

当时，皇子陈昌还在长安，国内没有嫡子继承王位，国外又有强敌压境，老将都领军在外，朝中又没有身负重责的大臣，这时，只有中领军杜棱掌管宿卫兵士，独在建康。章皇后于是召请杜棱和中书侍郎蔡景历入宫商定计议：暂时先封锁陈武帝死讯，不发丧开吊，并立即派人到南皖口，奉迎临川王陈蒨回朝。蔡景历亲自跟宦官、宫女秘密制作敛服与敛具。那时，六月大暑天热，为防止尸体发臭，必须营造天子的棺椁，但担心斧斤砍木

资治通鉴

头的声音，传到外头，于是将棺木改用蜡造。至于诏敕公文，照常颁布发行。

侯安都军还，适至南皖，与临川王俱还朝。甲寅，王至建康，入居中书省，安都与群臣定议，奉王嗣位，王谦让不敢当。皇后以昌故，未肯下令，群臣犹豫不能决。安都曰："今四方未定，何暇及远！临川王有大功于天下，须共立之。今日之事，后应者斩！"即按剑上殿，白皇后出玺，又手解蒨发，推就丧次，迁殡大行于太极西阶。皇后乃下令，以茜蒨承大统。是日，即皇帝位，大赦。秋，七月，丙辰，尊皇后为皇太后。辛酉，以侯瑱为太尉，侯安都为司空。

齐显祖将如晋阳，乃尽诛诸元，或祖父为王，或身尝贵显，皆斩于东市，其婴儿投于空中，承之以矟。前后死者凡七百二十一人，悉弃尸漳水，剖鱼者往往得人爪甲，邺下为之久不食鱼。使元黄头与诸囚自金凤台各乘纸鸱以飞，黄头独能至紫陌乃堕，仍付御史中丞毕义云饿杀之。唯开府仪同三司元蛮、祠部郎中元文遥等数家获免。蛮，继之子，常山王演之妃父；文遥，遵之五世孙也。定襄令元景安，虔之玄孙也，欲请改姓高氏，其从兄景皓曰："安有弃其本宗而从人之姓者乎！丈夫宁可玉碎，何能瓦全！"景安以其言白帝，帝收景皓，诛之，赐景安姓高氏。

【译文】 侯安都从江西引军还朝，恰好抵达南皖，因此和临川王陈蒨一道还朝。甲寅日（二十九日），临川王陈蒨返回建康，入居中书省，侯安都跟百官商议决定，奉迎临川王陈蒨承继王位，临川王谦让不敢担任。章皇后因嗣子陈昌仍在长安，还不肯下令就立临川王为国君，公卿大臣揣知皇后意旨如此，便都迟疑起来，不敢议决。当下惹恼了侯安都，他正色厉声地说："当今四方还未平定，哪有时间远到长安迎立皇子陈昌？临川王陈蒨对王朝立有大功，大家应当共同拥立他为国君。今天立君的事，哪个敢响应落后的，我就斩他！"说到这儿，就按剑上殿，禀告章皇后，请她交出玉玺，又亲手解开陈蒨发带，推他到丧主的位置，然后迁移大行皇帝的棺椁到太极殿西堂阶台上。章皇后迫不得已，这才下令，由陈蒨承继帝位。就在这一天，临川王陈蒨即位为皇帝，颁诏大赦天下。秋季，七月，丙辰日（初一），陈文帝陈蒨尊奉皇后章氏为皇太后。辛酉日（初六），任命侯瑱为太尉，任命侯安都为司空。

齐显祖高洋准备到晋阳，临行前，下令杀光元魏宗室，凡是父亲、祖父封王，或是自身曾经显贵的，全家都被押到东市刑场处斩，其中对于婴儿的处置，先是往高投到半空中，然后用长矛朝上将他刺死。元魏宗室前后被杀害的，一共七百二十一人，尸体全都扔进漳水，水中的鱼吃尸体，百姓取鱼剥腹往往捞出人的指甲，邺都的人，为了这事好久都不敢吃鱼。齐主高洋诛杀元魏宗室的手法，还有一绝，那就是让元黄头跟一群囚犯，从金凤台各乘纸鸱（犹今滑翔翼）而飞，摔不死的，就免其罪戮。元黄头是唯一飞渡漳水，坠落到紫陌浮桥而没摔死的人，本可就此免刑，但是齐主高洋却又将他交付御史中丞毕义云，活活将他饿死在狱中。只有开府仪同三司元蛮、祠部郎中元文遥等几家获得赦免。元蛮，是元继的儿子，常山王高演的岳父。元文遥，是元遵的五世孙。定襄令元景安，是元虔的玄孙，他请求改姓高氏，他的堂兄元景皓驳斥他说："哪有舍弃本宗而改从他人之姓的呢？大丈夫立世，宁可玉碎，也不能瓦全。"元景安将他说的话，禀告齐主高洋，高洋便下令拘捕元景皓，然后将他杀害。同时，赐元景安姓高氏（齐国姓）。

八月，甲申，葬武皇帝于万安陵，庙号高祖。

戊戌，齐封皇子绍义为广阳王；以尚书右仆射河间王孝琬为左仆射，都官尚书崔昂为右仆射。

周御正中大夫崔猷建议，以为："圣人沿革，因时制宜。今天子称王，不足以威天下，请遵秦、汉旧制称皇帝，建年号。"己亥，周王始称皇帝，追遵文王曰文皇帝，改元武成。

癸卯，齐诏："民间或有父祖冒姓元氏，或假托携养者，不问世数远近，悉听改复本姓。"

初，高祖追谥兄道谭为始兴昭烈王，以其次子顼袭封。及世祖即位，顼在长安未还，上以本宗乏享，戊戌，诏徙封顼为安成王，皇子伯茂为始兴王。

初，周太祖平蜀，以其形胜之地，不欲使宿将居之，问诸子："谁可往者？"皆不对。少子安成公宪请行，太祖以其幼，不许。壬子，周人以宪为益州总管，时年十六，善于抚绥，留心政术，蜀人悦之。九月，乙卯，以大将军天水公广为梁州总管。广，导之子也。

【译文】八月，甲申日（八月无此日），陈朝君臣将武皇帝棺柩安葬到万安陵（在今江苏江宁县方山西北），尊奉陈武帝庙号为高祖。

戊戌日（十四日），齐主高洋册封皇子高绍义为广阳王；另外任命尚书右仆射、河间王高孝琬为尚书左仆射，任命都官尚书崔昂为尚书右仆射。

北周御正中大夫崔猷建议，认为："圣人承袭旧制，也应适应时代需要，而作权宜变通。今圣上实为天子，但名义上只称王，不足让威信号令天下，请遵循秦、汉旧制，改称皇帝，建立年号。"己亥日（十五日），周主宇文毓听从崔猷的建议，开始称皇帝，追尊文王宇文泰为文皇帝，并改年号为武成。

资治通鉴

癸卯日（十九日），齐主高洋下诏说："民间或有父祖本来不姓元，而冒充元氏；或被元氏认养抚育，而妄称姓元的，不论时代远近，一概听任改回本姓。"

起初，陈高祖追谥皇兄陈道谭为始兴昭烈王，由他的次子陈顼承继封爵。到了陈世祖即位，陈顼留在长安，还无法回来，陈世祖因本宗缺乏主祭的人，于是在戊戌日（十四日），特下诏改封陈顼为安成郡王，另外册封皇子陈伯茂为始兴郡王（以奉昭烈王祀）。

起初，周太祖（宇文泰）讨平巴、蜀之后，认为那是一块形势险要的地方，不想派资深老将去镇守，于是问自己几个儿子说："哪个可以前往？"年长的几个都不应声，唯独年幼的安成郡公宇文宪应声愿往，周太祖宇文泰嫌他年纪太小，不应允他去。壬子日（二十八日），周主宇文毓任用他的弟弟宇文宪为益州总管，当时宇文宪年已十六，善于安抚人民，又能留心政事，所以益州的人特别喜欢他。九月，乙卯日（初一），北周任命大将军、天水郡公宇文广为梁州总管。宇文广，是宇文导的儿子。

辛酉，立皇子伯宗为太子。

己巳，齐主如晋阳。

辛未，周主封其弟辅成公邕为鲁公，安成公宪为齐公，纯为陈公，盛为越公，达为代公，通为冀公，逌为滕公。

乙亥，立太子母吴兴沈妃为皇后。

周少保怀宁庄公蔡祐卒。

齐显祖嗜酒成疾，不复能食，自知不能久，谓李后曰："人生必有死，何足致惜！但怜正道尚幼，人将夺之耳！"又谓常山王演曰："夺则任汝，慎勿杀也！"尚书令开封王杨愔、领军大将军平秦王归彦、侍中广汉燕子献、黄门侍郎郑颐皆受遗诏辅政。冬，十月，甲午，殂。癸卯，发丧，群臣号哭，无下泣者，唯杨愔涕泗呜咽。太子殷即位，大赦。庚戌，尊皇太后为太皇太后，皇后为皇太后；诏诸土木金铁杂匠一切停罢。

【译文】 辛酉日（初七），陈文帝陈蒨册封皇子陈伯宗为太子。

己巳日（十五日），齐主高洋前往晋阳。

辛未日（十七日），周主宇文毓册立他的弟弟辅城郡公宇文邕为鲁国公，安成郡公宇文宪为齐国公，宇文纯为陈国公，宇文盛为越国公，宇文达为代国公，宇文通为冀国公，宇文迪为滕国公。

乙亥日（二十一日），陈文帝册封太子的母亲吴兴人沈氏为皇后。

北周少保、怀宁庄公蔡祐去世。

北齐显祖高洋酷嗜喝酒，狂饮成疾，已经到了不能吃饭的地步，他自知时日无多，对李后说："人终归会死，死何足惜？只可怜嗣子年纪还小，担心有人篡夺他的王位！"接着回过头对常山王高演说："你想篡夺王位的话，只好任凭你去夺，但切莫杀害我的子嗣！"尚书令、开封王杨愔，领军大将军、平秦王高归彦，侍中、广汉人燕子献，黄门侍郎郑颐，同受遗诏辅佐太子。冬季，十月，甲午日（初十），齐主高洋崩殂（年三十一）。癸卯日（十九日），北齐朝廷举行哀祭，文武百官大声痛哭，全部是有声无泪，只有杨愔一人，涕泗横流，泣不成声。就在这一天，太子高殷即皇帝位，大赦境内。庚戌日（二十六月），尊奉皇太后娄氏为太皇太后，皇后李氏为皇太后。另外又下诏：凡先帝生前土、木、金、铁等各种营作，一律停工。

王琳闻高祖殂，乃以少府卿吴郡孙玚为郢州刺史，总留任，奉梁永嘉王庄出屯濡须口，齐扬州道行台慕容俨帅众临江，为之声援。十一月，乙卯，琳寇大雷，诏侯瑱、侯安都及仪同徐度将兵御之。安州刺史吴明彻夜袭溢城，琳遣巴陵太守任忠击明彻，大破之，明彻仅以身免。琳因引兵东下。

齐以右丞相斛律金为左丞相，常山王演为太傅，长广王湛为太尉，段韶为司徒，平原王淹为司空，高阳王湜为尚书左仆射，河间王孝琬为司州牧，侍中燕子献为右仆射。

辛未，齐显祖之丧至邺。

十二月，戊戌，齐徙上党王绍仁为渔阳王，广阳王绍义为范阳王，长乐王绍广为陇西王。

【译文】王琳获悉陈高祖去世，便任命少府卿、吴郡人孙玚为郢州刺史，总理留守事务，而他自奉梁永嘉王萧庄，出兵进驻濡须口（今安徽和县西南裕溪口），并写信给北齐扬州道行台慕容俨，请他率军出驻临江，为其声援。十一月，乙卯日（初二），王琳进逼大雷（在今安徽望江县东）。陈文帝命太尉侯瑱、司空侯安都，以及开府仪同三司徐度等，征调部队，前往抗击。安州刺史吴明彻（据《陈书世祖纪》及《吴明彻传》，吴明彻为"安州刺史"，远在梁元帝承圣三年，至是，吴明彻已晋升为"南兖州刺史"），星夜偷袭溢城（今江西九江市），王琳先有防备，派遣巴陵太守任忠设伏截击，大败吴明彻的军队，吴明彻落得单骑逃回。王琳因而领兵继续东下。

北齐主高殷任命右丞相斛律金为左丞相，任命常山王高演为太傅，任命长广王高湛为太尉，任命司空段韶为司徒，任命平原王高淹为司空，任命高阳王高湜为尚书左仆射，任命河间王高孝琬为司州牧，任命侍中燕子献为尚书右仆射。

辛未日（十八日），北齐显祖高洋的灵柩，由晋阳运抵邺城。

十二月，戊戌日（十五日），北齐主高殷改封上党王高绍仁为渔阳王，封广阳王高绍义为范阳王，封长乐王高绍广为陇西王。

资治通鉴卷第一百六十八　陈纪二

起上章执徐，尽玄黓敦牂，凡三年。

【译文】起庚辰（公元560年），止壬午（公元562年），共三年。

【题解】本卷记录了公元560年至562年共三年间的南北朝史事。当时正值陈文帝天嘉元年至三年；北周明帝武成二年、武帝保定元年至二年；北齐废帝乾明元年、孝昭帝皇建元年至二年、武成帝太宁元年至二年。这一时期，北周、北齐、陈三国均时政动荡，宫变迭起，内部政治都经历着重大的调整，其中最为明显的就是北齐。北齐高演废帝自立，打破了北齐帝位父子相承的局面，而他崩逝后也将帝位传给了同母弟弟高湛。三国在此期间没有大的战争，但边境却不断发生纷扰，最终通过陈文帝陈蒨与两国通好，使南北对峙的局面暂时平静下来。

世祖文皇帝上

天嘉元年（庚辰，公元五六零年）春，正月，癸丑朔，大赦，改元。

齐大赦，改元乾明。

辛酉，上祀南郊。

齐高阳王湜，以滑稽便辟有宠于显祖，常在左右，执杖以挞诸王，太皇太后深衔之。及显祖殂，湜有罪，太皇太后杖之百餘;癸亥,卒。

辛未,上祀北郊。

齐主自晋阳还至邺。

【译文】天嘉元年(庚辰,公元560年)春季,正月,癸丑朔日(初一),陈文帝陈蒨下诏大赦天下,改年号为天嘉。

齐主高殷下诏大赦境内,改年号为乾明。

辛酉日(初九),陈文帝陈蒨前往南郊坛祭祀天神。

齐高阳王高湜,凭借言行诙谐幽默,以及善于谄媚逢迎,很得齐显祖高洋的宠爱,常被唤侍左右,要他手执大杖,鞭打诸王,太皇太后娄氏的儿子也常常挨他打,因此娄氏特别痛恨他。等到齐显祖去世,高湜有罪(居丧不哀),太皇太后用荆杖打他百余下,到了癸亥日(十一日),高阳王高湜竟因太皇太后一顿毒打而去世。

辛未日(十九日),陈文帝陈蒨前往北郊坛祭祀地祇。

〔是月〕齐主高殷从晋阳返回邺城。

二月,乙未,高州刺史纪机自军所逃还宣城,据郡应王琳,泾令贺当迁讨平之。

王琳至栅口,侯瑱督诸军出屯芜湖,相持百馀日。东关春水稍长,舟舰得通,琳引合肥濊湖之众,舳舻相次而下,军势甚盛。瑱进军虎槛洲,琳亦出船列于江西,隔洲而泊。明日,合战,琳军少却,退保西岸。及夕,东北风大起,吹其舟舰并坏,没于沙中,浪大,不得还浦。及旦,风静,琳入浦治船,瑱等亦引军退入芜湖。

周人闻琳东下,遣都督荆、襄等五十二州诸军事、荆州刺史史宁将兵数万乘虚袭郢州,孙玚婴城自守。琳闻之,恐其众溃,乃帅舟师东下，去芜湖十里而泊，击柝闻于陈军。齐仪同三司刘伯球将兵万馀人助琳水战，行台慕容恃德之子子会将铁骑二千屯芜湖西岸，为之声势。

【译文】二月，乙未日（十三日），陈朝高州刺史纪机从前线驻所逃回宣城，窃据郡城，响应王琳，泾县县令贺当迁出兵，讨平了他。

王琳又领兵东下，到了栅口（今安徽芜湖县大江北岸运漕河入江口），侯瑱督率诸军，出屯芜湖，双方势均力敌，僵持了百余天。二月东关（今巢湖县东南）水势渐涨，舟舰得以通行，王琳率领合肥、巢湖的水军，后舰船头紧接前船船尾，一路依次前行，顺流入江，军容兵势，极为盛大。侯瑱也采取行动，进兵到虎槛洲（今安徽繁昌县东北五十里）。王琳驰出船舰，隔着虎槛洲列阵在大江西岸，与侯瑱对阵。第二天，两军要决一大战，但到决战前，风势渐起，王琳移动阵势，退守大江西岸。到了晚上，东北风刮得更大，阵风吹往西南，将王琳的舰队吹得船翻人仰，陷没沙中，加以江浪又大，舰船回不了湖边。苦熬一夜，好不容易等到天亮风停，王琳这才率领饱受风灾袭击的船舰，开入浦口整修。因夜里风刮得实在厉害，侯瑱等也撤退驰入芜湖。

北周听说王琳领兵东下，便派都督荆、襄等五十二州诸军事、荆州刺史史宁，带领数万兵马，乘虚偷袭郢州。郢州留守孙玚，凭据四周城垣，设防固守。这时，王琳接到孙玚密报，进退两难，担心动摇军心，导致溃散，不得已，暂将孙玚的书信藏匿起来，自己率领舟师东下，直逼陈军，距芜湖十里，停泊列阵，夜里击柝的声音，隔江不远的陈朝军队都可清楚地听到。北齐开府仪同三司刘伯球也率领万余人，来为王琳助阵，还有北齐扬州行台慕容悕德的儿子慕容子会，也带领铁骑两千，进驻芜湖西岸，声援王琳。

丙申，瑱令军中晨炊蓐食以待之。时西南风急，琳自谓得天助，引兵直趣建康。瑱等徐出芜湖蹑其后，西南风翻为瑱用。琳掷火炬以烧陈船，皆反烧其船。瑱发拍以击琳舰，又以牛皮冒蒙冲小船以触其舰，并熔铁洒之。琳军大败，军士溺死者什二三，馀皆弃船登岸走，为陈军所杀殆尽。齐步骑在西岸者，自相蹂践，并陷于芦荻泥淖中；骑皆弃马脱走，得免者什二三。擒刘伯球、慕容子会，斩获万计，尽收梁、齐军资器械。琳乘舴艋冒陈走，至湓城，欲收合离散，众无附者，乃与妻妾左右十馀人奔齐。

先是，琳使侍中袁泌、御史中丞刘仲威侍卫永嘉王庄；及败，左右皆散。泌以轻舟送庄达于齐境，拜辞而还，遂来降；仲威奉庄奔齐。泌，昂之子也。樊猛及其兄毅帅部曲来降。

齐葬文宣皇帝于武宁陵，庙号高祖，后改曰显祖。

【译文】 丙申日（十四日），侯瑱传令军中，在寝褥上进食早点，随时待命出战。这时，西南风吹得很急，王琳自谓得天资助，于是带领大军，顺江乘风，直指建康。侯瑱等也不加阻拦，一直等到王琳大军已过，才徐徐驰出芜湖，尾随其后，这样，西南风反为侯瑱所用。王琳瞥见陈朝军队船舰逼近，便命人投掷火把，原想烧毁陈舰，不料扔出的火把，被西南风吹转，反而烧起自己的船舰来。侯瑱也趁机发动拍竿，猛烈拍击王琳的船舰，又出动船板外蒙上生牛皮的蒙冲战斗小舰，顺流去冲撞王琳的船舰，此外，又烧熔铁浆，随风浇洒王琳的舰船，几招下来，王琳水军大败，各舰多遭损毁，军士溺水而死的，约占全军十分之二三，其余的弃船登陆上岸，又被陈军截杀殆尽。驻屯在西岸的北齐步兵，望见王琳水军大败，陈朝军队又追杀而来，于是阵势大乱，四散逃窜，自相蹂躏践踏，都陷入芦荻泥淖中；奔驰在前的骑兵，赶紧弃马蹿走，逃兵能走脱的，只占全数的十分之二三。最终，陈军擒住北齐将领刘伯球、慕容子会，斩杀虏获之多，要以上万的数字来计算，梁、齐两军败亡丢下的军资器械，堆积如山，全为陈军所有。王琳乘着舴艋轻舟，突围逃走，行抵溢城，还想收聚离散的部下，可是部众都散去，没有人愿意再跟随，他只好带着妻妾和左右近侍等十余人，急向北走，投向齐国去了。

当初，王琳指派侍中袁泌跟御史中丞刘仲威留在栅口，侍卫辅佐永嘉王萧庄，等到王琳兵败，永嘉王萧庄身边的人都四下奔逃，只有袁泌独乘轻舟，护送萧庄平安抵达北齐边境，嘱托刘仲威再继续护送萧庄，共入齐都，他才拜别永嘉王，南来投降陈军。袁泌，是袁昂的儿子。在这次战役中，王琳部将樊猛，同他的哥哥樊毅，也带领他们的部属，前来投降陈军。

同在丙申这一天，北齐君臣将文宣皇帝高洋的灵柩安葬到武宁陵，尊上他的庙号为高祖，后又改称为显祖。

戊戌，诏："衣冠士族、将帅战兵陷在王琳党中者，皆赦之，随材铨叙。"

己亥，齐以常山王演为太师、录尚书事，以长广王湛为大司马、并省录尚书事，〔以尚书〕左仆射平秦王归彦为司空，赵郡王叡为尚书左仆射。

诏："诸元良口配没入官及赐人者并纵遣。"

乙巳，以太尉侯瑱都督湘、巴等五州诸军事，镇溢城。

【译文】戊戌日（十六日），陈文帝陈蒨下诏说："衣冠士族，将帅士兵，过去沦陷归顺王琳一党的，现在全部原谅宽宥，并按照才能选拔任用。"

己亥日（十七日），齐主高殷任用常山王高演为太师、录尚书事，任命长广王高湛为大司马，并省录尚书事，任用尚书左仆射平秦王高归彦为司空，任命赵郡王高叡为尚书左仆射。

同一天，齐主高殷下诏说："诸元魏宗室良家子女，没入于宫内，以及赏赐王侯将相家做奴仆的，全都释放回家。"

乙巳日（二十三日），陈文帝陈蒨下令，任命太尉侯瑱为都督湘、巴等五州诸军事，镇守溢城（今江西九江市）。

齐显祖之丧，常山王演居禁中护丧事，娄太后欲立之而不果；太子即位，乃就朝列。以天子谅阴，诏演居东馆，欲奏之事，皆先咨决。杨愔等以演与长广王湛位地亲逼，恐不利于嗣主，心忌之。居顷之，演出归第，自是诏敕多不关预。

或谓演曰："鸷鸟离巢，必有探卵之患。今日王何宜屡出？"中山太守阳休之诣演，演不见。休之谓王友王晞曰："昔周公朝读百篇书，夕见七十士，犹恐不足。录王何所嫌疑，乃尔拒绝宾客！"

【译文】北齐显祖高洋去世，常山王高演留在宫中监理丧事，娄太后本想立他为君，但因为有人反对，所以没有实现；等到太子高殷即位，常山王高演才又回到朝臣的班列。这时因为高殷仍在守丧期间，所以还是让高演居留东馆，所有百官想要上奏的事，都先跟他商议决定。杨愔等因高演跟长广王高湛为皇室宗亲，权势逼人，恐对幼主不利，于是对他二人心生疑忌。过不多久，杨愔等密奏太后，要高演离开东馆，回到他常山王的府邸，从此内宫颁出的诏敕，高演便没有机会参与过问。

后来，有人对高演说："鸷鸟离开巢穴，一定会留下被人探巢取卵的忧患。殿下处在今日的地位,怎好多次出宫归第呢?"
中山太守阳休之拜见高演,高演闭门不敢接见。阳休之便对常
山王的好友王晞说:"从前周公早晨读书百篇,晚上接见七十位
宾客,尚且还担心数量不够多,录王有什么好嫌恶疑惧,竟要如
此拒绝宾客呢?"

先是,显祖之世,群臣人不自保。及济南王立,演谓王晞曰:
"一人垂拱,吾曹亦保优闲。"因言:"朝廷宽仁,真守文良主。"晞
曰:"先帝时,东宫委一胡人傅之。今春秋尚富,骤览万机,殿下
宜朝夕先后,亲承音旨。而使他姓出纳诏命,大权必有所归,殿
下虽欲守藩,其可得邪!借令得遂冲退,自审家祚得保灵长乎?"
演默然久之,曰:"何以处我?"晞曰:"周公抱成王摄政七年,然
后复子明辟,惟殿下虑之!"演曰:"我何敢自比周公!"晞曰:"殿
下今日地望,欲不为周公,得邪?"演不应。显祖常使胡人康虎儿
保护太子,故晞言及之。

齐主将发晋阳,时议谓常山王必当留守根本之地;执政欲使
常山王从帝之邺,留长广王镇晋阳;既而又疑之,乃敕二王俱从
至邺。外朝闻之,莫不骇愕。又敕以王晞为并州长史。演既行,
晞出郊送之。演恐有觇察,命晞还城,执晞手曰:"努力自慎!"因
跃马而出。

【译文】 在此之前,齐显祖高洋在位的时候,群臣人人自
危,担心不能保全。到了济南王继位(按:高殷即位不到一年,
即废为济南王),高演对王晞说:"现在主上垂衣拱手,无为而
治(意谓不事杀戮),我辈也乐得优游闲适。"进而又夸奖说,
"现今主上宽厚仁慈,真是一位遵守成法,不尚诛伐的好君
主。"王晞说:"先帝在时,委任一位胡人辅导东宫,现今主上年

纪尚轻，忽然要处理烦琐的政务，殿下本应朝夕陪侍在他左右，亲自承接他的旨意，为什么离开皇宫回到府邸，却让他姓外亲掌管出纳诏命呢？如此日久，朝政大权，定将归属他人，到时，殿下即使想退居藩邸，哪能办得到呢？就算你能够谦逊退让，您自忖度，高氏家祚，能长久保全吗？”高演沉默了好久，才说：“那你让我怎么自处呢？”王晞说：“周公抱着成王，摄政七年，然后归政给成王，幸有前例，希望殿下考虑考虑！”高演说：“我怎么敢自比为周公呢？”王晞说：“以殿下今日的声望和地位，纵想不当周公，恐怕还不能呢！”高演默然不语。齐显祖时，经常派遣胡人康虎儿保护太子，因而王晞前面提到：“先帝时，东宫委一胡人傅之。”

齐主高殷准备从晋阳（太原）出发返回邺宫，当时群臣计议，认为常山王高演必当留守根本之地。可是执政大臣们猜疑他，不想让他留守晋阳，竟让他跟随齐主返回邺城，改派长广王高湛留守晋阳；不久，当权的人，又猜忌长广王，启奏齐主也要长广王一起跟随返回邺城。外朝群臣听到有这样曲折的变故，莫不感到惊骇诧异。齐主高殷又任命王晞为并州长史。高演动身起行，王晞远出城郊送他，高演恐有侦骑窥伺，便叫王晞回城，临行时，握着王晞的手，嘱咐他说：“要努力！小心！”说罢，就策马扬鞭而去。

平秦王归彦总知禁卫，杨愔宣敕留从驾五千兵于西中，阴备非常；至邺数日，归彦乃知之，由是怨愔。

领军大将军可朱浑天和，道元之子也，尚帝姑东平公主，每曰：“若不诛二王，少主无自安之理。”燕子献谋处太皇太后于北宫，使归政皇太后。

又自天保八年已来，爵赏多滥，杨愔欲加澄汰，乃先自表解开府及开封王，诸叨窃恩荣者皆从黜免。由是嬖宠失职之徒，尽归心二叔。平秦王归彦初与杨、燕同心，既而中变，尽以疏忌之迹告二王。

侍中宋钦道，弁之孙也，显祖使在东宫，教太子以吏事。钦道面奏帝，称"二叔威权既重，宜速去之。"帝不许，曰："可与令公共详其事。"

【译文】平秦王高归彦总领宫禁护卫之事，杨愔没和高归彦商议，便宣布敕令，将高归彦带领的从驾卫队，留下五千人在晋中，暗中防范特殊情况的发生。回到邺宫数日，高归彦才知晓有此事，因此就怨恨杨愔。

领军大将军可朱浑天和，是可朱浑道元的儿子，娶了齐主高殷的姑姑东平公主为妻。他经常说："朝廷如果不诛杀常山、长广二王，少主绝无保全的可能。"侍中燕子献提议，挟持太皇太后娄氏从居北宫，好让内宫政权归于皇太后。

又自从天保八年以来，朝廷封爵、赏赐，大多冗滥无度，到了幼主即位，杨愔想加以淘汰清理，于是率先上表请求解除开府仪同三司和开封王的职位，一切因国君恩赐荣宠，而滥得爵位的人，一概罢免爵位。因此，一批嬖幸失职的人，都趋附高演、高湛。平秦王高归彦，最初跟杨愔、燕子献同心辅政，后来，中途变节，全部将杨、燕等人如何疏远、猜忌二王的情节，通通告诉高演、高湛。

侍中宋钦道，是宋弁的孙子。齐显祖在位时，派他在东宫教授太子处理政务的方法。这时，宋钦道面奏齐主说："两位王叔威权太重，应当速速除去。"齐主高殷不肯，只是说："可与令公杨愔共同详细计议此事。"

愔等议出二王为刺史，以帝慈仁，恐不可所奏，乃通启皇太后，具述安危。宫人李昌仪，即高仲密之妻也，李太后以其同姓，甚相昵爱，以启示之；昌仪密启太皇太后。

　　愔等又议不可令二王俱出，乃奏以长广王湛镇晋阳，以常山王演录尚书事。二王既拜职，乙巳，于尚书省大会百僚。愔等将赴之，散骑常侍兼中书侍郎郑颐止之曰：“事未可量，不宜轻脱。”愔曰：“吾等至诚体国，岂常山拜职有不赴之理！”

　　【译文】 杨愔等商议的结果，决议将两位王叔外调出去做刺史，但因为齐主仁慈，担心他不准所奏，于是上表启奏给皇太后，里面详细说明：为了幼主的安危，不得不这样做。有位名叫李昌仪的宫人，是高仲密的妻子，李太后因为她是同姓，跟她很亲近友好，便将杨、燕二人的密奏交给她看，不料这个李昌仪竟然将这封密奏的内容偷偷地告诉了太皇太后娄氏。

　　杨愔等稍有所闻，不得不改变决议。于是奏请外调长广王高湛出镇晋阳，常山王高演则仍留在邺宫，担任录尚书事。诏书既下，二王也都拜受了新职。乙巳日（二十三日），常山王高演在尚书省大会百官，杨愔等准备前去赴会，散骑常侍、兼中书侍郎郑颐劝阻他说：“事情不可预料，不应贸然前去。”杨愔回答说：“我等忠心报国，为什么要担心被别人加害？今天常山王拜受新职宴客，我们哪有不赴会的道理？”

　　长广王湛，且伏家僮数十人于录尚书后室，仍与席上勋贵贺拔仁、斛律金等数人相知约曰：“行酒至愔等，我各劝双杯，彼必致辞。我一曰‘执酒’，二曰‘执酒’，三曰‘何不执’，尔辈即执之！”及宴，如之，愔大言曰：“诸王反逆，欲杀忠良邪？尊天子，削诸侯，赤心奉国，何罪之有？"常山王演欲缓之。湛曰："不可。"于是，拳杖乱殴，愔及天和、钦道皆头面血流，各十人持之。燕子献多力，头又少发，狼狈排众走出门，斛律光逐而擒之。子献叹曰："丈夫为计迟，遂至于此！"使太子太保薛孤延等执颐于尚药局。颐曰："不用智者言至此，岂非命也！"

【译文】 这天一大清早，长广王高湛就在录尚书后室，预先埋伏好数十位家奴，并和席上勋贵（有功勋的贵人）贺拔仁、斛律金等数人相知会，约定："等我酌酒敬杨愔等人时，我各劝他们连干两杯，他们干完一杯，一定会推辞不干另一杯，我便大声劝说：'执酒啊！干啊！'他们不肯，我便又劝：'执酒啦！'到第三次，我再劝说：'为何不执酒呢？'你们便当场将他们给抓起来！"到了宴会，果然依照计划进行。杨愔大声说："诸王谋反，想杀害忠良吗？我等尊奉天子，削弱藩侯，忠心报效国家，哪有什么罪呢？"常山王高演自觉情虚，想要缓和冲突。高湛却坚持不可，唤出一批悍役，于是拳打杖殴，把杨愔、可朱浑天和、宋钦道等人，打得头破血流，然后又指挥悍役，每十个捉拿他们一个。燕子献力大，头发又少，狼狈推开众人逃出，才跑出门口不远，便被斛律光追上，也被抓住拖回。燕子献不禁叹道："大人决定计谋迟疑，竟落到这种地步！"长广王高湛又命太子太保薛孤延等分头去捉拿郑颐，结果在尚药局将其抓到。郑颐也不禁叹道："不听智者的劝告，弄到这种地步，难道不是命吗？"

二王与平秦王归彦、贺拔仁、斛律金拥愔等唐突入云龙门，见都督叱利骚，招之，不进，使骑杀之。开府仪同三司成休宁抽刃呵演，演使归彦谕之，休宁厉声不从。归彦久为领军，素为军士所服，皆弛仗，休宁方叹息而罢。

演入，至昭阳殿，湛及归彦在朱华门外。帝与太皇太后并出，太皇太后坐殿上，皇太后及帝侧立。演以砖叩头，进言曰："臣与陛下骨肉至亲，杨遵彦等欲独擅朝权，威福自己，自王公已下皆重足屏气；共相唇齿，以成乱阶，若不早图，必为宗社之害。臣与湛为国事重，贺拔仁、斛律金惜献武皇帝之业，共执遵彦等入宫，未敢刑戮。专辄之罪，诚当万死。"

【译文】 二王（常山王、长广王）联同平秦王高归彦、贺拔仁、斛律金等，押着杨愔一干人，很鲁莽地冲向云龙门，看到守门都督叱利骚，招他来，他不过来，便派骑将上前将他给杀了。开府仪同三司成休宁赶到城门，拔出佩刀，斥责高演，高演让高归彦去劝解他，成休宁厉声辩驳，不肯依从。高归彦久掌禁军，素为军士所畏服，他们见到高归彦，便纷纷放下武器，成休宁无奈，也不禁叹息，让出路来放他们过去。

高演进入云龙门，到昭阳殿击鼓奏事，高湛和高归彦等留在朱华门外。齐主高殷跟太皇太后娄氏并肩走出，太皇太后娄氏坐在殿上，皇太后李氏和齐主高殷随侍两边。高演跪下，叩头到砖地，然后向殿上启奏说："臣与陛下，本是至亲骨肉，杨遵彦（杨愔字）等想独揽朝纲，专擅大权，从王公以下，都趑趄不敢前进，屏气噤声。而他们相互勾结，构成国家动乱之源，倘若不早除去，必将危害宗庙社稷。臣与高湛，以国事为重，贺拔仁、斛律金等顾惜献武皇帝创下的基业，因而一同捉拿杨遵彦等入宫，未敢擅自杀戮他们。自知专权独断的罪失，合当万死！"

时庭中及两庑卫士二千馀人，皆被甲待诏。武卫娥永乐，武力绝伦，素为显祖所厚，叩刀仰视，帝不睨之。帝素吃讷，仓猝不知所言。太皇太后令却仗，不退；又厉声曰："奴辈即今头落！"

乃退。永乐内刀而泣。

太皇太后因问："杨郎何在?"贺拔仁曰:"一眼已出。"太皇太后怆然曰:"杨郎何所能为,留使岂不佳邪!"乃让帝曰:"此等怀逆,欲杀我二子,次将及我,尔何为纵之?"帝犹不能言。太皇太后怒且悲,曰:"岂可使我母子受汉老妪斟酌!"太后拜谢。太皇太后又为太后誓言:"演无异志,但欲去逼而已。"演叩头不止。太后谓帝:"何不安慰尔叔!"帝乃曰:"天子亦不敢为叔惜,况此汉辈! 但匄儿命,儿自下殿去,此属任叔父处分。"遂皆斩之。

【译文】此时庭中及两边厢廊的卫士有两千多人,都披甲待命,武卫将军娥永乐,孔武有力,异于常人,素来受到齐显祖高洋的厚待,他拔刀出鞘寸余,仰视嗣主高殷,请示是否要除去高演。可是齐主没有向他示意。偏偏齐主又口吃,说话迟钝,惶急之间,不知该说些什么,倒是太皇太后娄氏看出娥永乐想要有所行动,生恐他对自己的孩子不利(常山王高演是其第三子),便叱令披甲执杖者退下,可是娥永乐等不肯退下;娄氏便又厉声骂道:"奴辈不听我令,今天就让你们人头落地!"卫士们这才退下,而娥永乐一面纳刀还鞘,一面暗暗流下泪来。

太皇太后娄氏接着问道:"杨郎现在哪里?"贺拔仁回答说:"杨愔被拳杖乱殴,一个眼球已被击落出来。"太皇太后悲伤地说:"杨郎哪会做出危害宗庙的事呢? 留下他为国效劳,难道不好吗?"说到此,转头责备嗣主高殷说:"这批逆臣想杀我两个儿子(常山王高演、长广王高湛),接下来就要杀我了,你为何纵容他们?"嗣主高殷被她一逼,更说不出话来。太皇太后娄氏且悲且愤地说:"怎么可以让我母子受汉族老妪(娄太皇太后,鲜卑也;李太后,华族也,故云然)的摆布!"李太后闻言,急忙拜伏谢罪。太皇太后娄氏便对李太后发誓,保证说:"我敢说高演绝不是有意造反，只是想除去谋害他的人罢了！"高演听了，忙在殿下叩头不止，表示正是如此。李太后听到太皇太后这样说，又看常山王还在殿下叩头不已，便对嗣主高殷说："为什么不快去安慰你叔叔呢？"嗣主高殷这才开口说道："朕亦不敢求叔父哀惜，岂敢哀怜这批汉辈（指杨愔等），但得保全侄儿性命，侄儿自下殿离去，此辈任凭叔父处置！"高演闻言，立刻起身，传令下去，将杨愔等人一一处斩。

长广王湛以郑颐昔尝谮己，先拔其舌，截其手而杀之。演令平秦王归彦引侍卫之士向华林园，以京畿军士入守门阁，斩娥永乐于园。

太皇太后临愔丧，哭曰："杨郎忠而获罪。"以御金为之一眼，亲内之，曰："以表我意。"演亦悔杀之。于是，下诏罪状愔等，且曰："罪止一身，家属不问。"顷之，复簿录五家；王晞固谏，乃各没一房，孩幼尽死，兄弟皆除名。

以中书令赵彦深代杨愔总机务。鸿胪少卿阳休之私谓人曰："将涉千里，杀骐骥而策蹇驴，可悲之甚也！"

【译文】长广王高湛因为郑颐曾说过他的坏话，于是先割去郑颐的舌头，砍断他的手臂，然后再砍下他的脑袋。常山王高演命平秦王高归彦带领禁军卫士进驻华林园，用京畿军士把守宫门楼阁，然后在华林园内，擒拿处死了娥永乐。

太皇太后娄氏亲临杨愔的丧事，看到杨愔一目被剜，不禁痛哭说："杨郎忠而获罪，怎么不让人悲伤！"因而用御府之金，为他制作一个金眼球，亲自放入杨愔的眼眶内，然后说道："聊表我哀惜的心意。"常山王高演也懊悔杀死了杨愔。于是假天子之命，宣布杨愔等人罪状，并宣布："罪只及一人，不牵连家属。"但没过多久，却又按户口簿收押五家（杨愔、可朱浑天和、燕子献、宋钦道、郑颐）的家属，经常山王的好友王晞极力劝阻，这才下令只收押罪犯本人一房的家属，孩子幼童也统统处死，罪犯的兄弟，凡是任职为官的，都革去官职，以后不得为官。

杨愔死后，齐主任命中书令赵彦深接替杨愔掌理中书机密事务。鸿胪少卿阳休之私下对人说："将要跋涉千里的时候，却杀死骐骥而鞭策不良于行的笨驴，难道不可悲之甚吗？"

戊申，演为大丞相、都督中外诸军、录尚书事，湛为太傅、京畿大都督，段韶为大将军，平阳王淹为太尉，平秦王归彦为司徒，彭城王浟为尚书令。

江陵之陷也，长城世子昌及中书侍郎顼皆没于长安。高祖即位，屡请之于周，周人许而不遣。高祖殂，周人乃遣昌还，以王琳之难，居于安陆。琳败，昌发安陆，将济江，致书于上，辞甚不逊。上不怿，召侯安都从容谓曰："太子将至，须别求一藩为归老之地。"安都曰："自古岂有被代天子！臣愚，不敢奉诏。"因请自迎昌。于是，群臣上表，请加昌爵命。庚戌，以昌为骠骑将军、湘州牧，封衡阳王。

【译文】 戊申日（二十六日），齐主高殷任命高演为大丞相、都督中外诸军、录尚书事，任命高湛为太傅、京畿大都督，任命段韶为大将军，任命平阳王高淹为太尉，任命平秦王高归彦为司徒，任命彭城王高浟为尚书令。

江陵被西魏攻克时，长城公（陈霸先）世子陈昌跟中书侍郎陈顼都被掳往长安。陈高祖陈霸先即位后，多次遣使入周，请求周主放还他们，周主口里答允，可是并未真正遣还。到了陈高祖去世，周主这才遣送陈昌返回江南，因为王琳阻梗中流，陈昌无法回来，暂时停留在安陆（今湖北安陆县）。到了王琳兵败，江流畅通，陈昌这才又从安陆启程，临渡江前，给陈文帝陈蒨写信，言辞极不谦逊。陈文帝心里很不高兴，召来侯安都很凄怆地跟他说："太子将要回来了，我当别求一藩封，作为退位养老的处所。"侯安都却不以为然地说："自古至今，哪有被人替代的天子？臣虽愚昧，断不敢接受诏命！"因此自告奋勇，请求前去迎接陈昌。于是群臣进呈奏章，请求陈文帝陈蒨加授陈昌爵位、官职。庚戌日（二十八日），陈文帝陈蒨任命陈昌为骠骑将军、湘州牧，进封衡阳王。

齐大丞相演如晋阳，既至，谓王晞曰："不用卿言，几至倾覆。今君侧虽清，终当何以处我？"晞曰："殿下往时位地，犹可以名教出处；今日事势，遂关天时，非复人理所及。"演奏赵郡王叡为左长史，王晞为司马。三月，甲寅，诏："军国之政，皆申晋阳，禀大丞相规算。"

周军初至，鄂州助防张世贵举外城以应之，所失军民三千馀口。周人起土山、长梯，昼夜攻之，因风纵火，烧其内城南面五十馀楼。孙玚兵不满千人，身自抚循，行酒赋食，士卒皆为之死战。周人不能克，乃授玚柱国、鄂州刺史，封万户郡公；玚伪许以缓之，而潜修战守之备，一朝而具，乃复拒守。既而周人闻王琳败，陈兵将至，乃解围去。玚集将佐谓之曰："吾与王公同奖梁室，勤亦至矣。今时事如此，岂非天乎！"遂遣使奉表，举中流之地来降。

【译文】齐大丞相高演前往晋阳，一抵达，便召见王晞，对他说道："没有早听你的劝告，致使小人弄权，差点弄到覆灭的地步，方今陛下身侧的小人暂已清除，你看最后终当如何安排我才好？"王晞回答说："从前，以殿下往日的声望，还可以按照人伦礼教的准则来决定进退；可是现在地位形势有变，已经牵扯到天命时运，不再是用寻常的道理所能处置的了。"高演奏请征调赵郡王高叡为大丞相府长史，王晞为大丞府司马。三月，甲寅日（初三），齐主高殷下诏说："凡军务及国政，都需先申报到晋阳，禀呈大丞相经手谋划。"

北周军队初到郢州，协助孙玚防守的张世贵，献出外城向周军投降，郢州一时失去军民三千余人。北周军队堆起土山，架设长梯，昼夜不停地攻打郢城，并利用风势，放火烧城，焚毁内城南面五十余座城楼。当时，孙玚手下兵士不满千人，他亲自四处巡察抚慰，或劝以酒，或赐以食，因此所有士卒都感奋而愿为他拼死效命。北周军队主帅因苦攻郢城不下，便伪托周主诏命，拜孙玚为柱国、郢州刺史，封万户郡公，想借此来拉拢他，让他归降北周。孙玚也假装答应，借以缓和对方的攻势，暗中却利用时机，修缮攻战的器械和防守的城堞，没用多少时间，便都修补完整，于是继续抵御固守下去。不久，北周军队听到王琳兵败溃逃，陈朝军队乘势西上，即将到来，于是撤围离去。孙玚也召集将校佐吏谈话，对他们说："我跟王公同心戮力，匡复梁室，他激战于前线，我坚守于后方，为梁室付出的辛苦，也够多了。而今王公兵败北走，梁室又复兴无望，这岂非是天命吗？"于是派遣使者，奉上表启，献出长江中流之地，归降于陈。

王琳之东下也，帝徵南川兵，江州刺史周迪、高州刺史黄法氍帅舟师针赴之。熊昙朗据城列舰，塞其中路，迪等与周敷共围之。琳败，昙朗部众离心，迪攻拔其城，虏男女万馀口。昙朗走入村中，村民斩之；丁巳，传首建康，尽灭其族。

齐军先守鲁山，戊午，弃城走，诏南豫州刺史程灵洗守之。

甲寅，置武州、沅州，以右卫将军吴明彻为武州刺史，以孙场为湘州刺史。场怀不自安，固请入朝，徵为中领军；未拜，除吴郡太守。

壬申，齐封世宗之子孝珩为广宁王，长恭为兰陵王。

【译文】当王琳率领大军东下时，陈文帝向南川（南康至豫章一带）征调兵马，江州刺史周迪和高州刺史黄法氍率领水军，准备沿流（赣江）而下，支援前线（安徽芜湖）。不料，熊昙朗占据豫章郡城，在江中布列战舰，截断中流水路，周迪等因此联合周敷，一同围攻熊昙朗。到了王琳败走的消息传来，熊昙朗党羽离心，于是周迪攻陷他的豫章郡城，并虏获男女一万多口。熊昙朗战败逃走，逃入村中，村民斩杀熊昙朗。丁巳日（初六），熊昙朗的首级传送到建康，朝廷下令，熊氏所有宗族的人，一律处斩。

北齐军队原先据守鲁山（故城在今湖北汉阳县东北），戊午日（初七），王琳兵败，北齐军队也弃城逃走，陈文帝陈蒨下诏，命南豫州刺史程灵洗前往驻守。

甲子日（十三日），陈文帝下诏，设立沅州、武州。任用右卫将军吴明彻为武州刺史（兼治沅州），另又任用孙场为湘州刺史。孙场拥据上流，内心不安，一再请求入朝为官，于是朝廷改授他为中领军，征召他入朝；孙场还未拜受新职，陈文帝又调迁他为吴郡太守。

壬申日（二十一日），齐主高殷册封齐世宗高澄的儿子（第二子）高孝珩为广宁王，册封（第三子）高长恭为兰陵王。

甲戌，衡阳献王昌入境，诏主书、舍人缘道迎候；丙子，济江，中流，陨之，使以溺告。侯安都以功进爵清远公。

初，高祖遣荥阳毛喜从安成王顼诣江陵，梁世祖以喜为侍郎，没于长安，与昌俱还，因进和亲之策。上乃使侍中周弘正通好于周。

夏，四月，丁亥，立皇子伯信为衡阳王，奉献王祀。

周世宗明敏有识量，晋公护惮之，使膳部中大夫李安置毒于糖䭔而进之。帝颇觉之，庚子，大渐，口授遗诏五百馀言，且曰：“朕子年幼，未堪当国。鲁公，朕之介弟，宽仁大度，海内共闻；能弘我周家，必此子也。”辛丑，殂。

鲁公幼有器质，特为世宗所亲爱，朝廷大事，多与之参议；性深沉，有远识，非因顾问，终不辄言。世宗每叹曰：“夫人不言，言必有中。”壬寅，鲁公即皇帝位，大赦。

【译文】甲戌日（二十三日），衡阳献王陈昌从北周进入陈国国境。陈文帝陈蒨下诏，命令主书及舍人沿途迎接。丙子日（二十五日），衡阳献王陈昌渡江行到中流，被人谋害丧命，使者回报，说他是落入水中淹死的。侯安都因处置衡阳献王陈昌之事有功，进爵为清远郡公。

起初，陈高祖陈霸先派遣荥阳人毛喜陪同安成王陈顼一起到江陵拜谒梁世祖萧绎，梁世祖萧绎任用毛喜为尚书功论侍郎。到了西魏攻克江陵，他跟衡阳王陈昌等都被掳往长安。这次，他跟从衡阳献王陈昌回到江南来，因而向陈文帝陈蒨献上与北周通好的计策。陈文帝陈蒨于是派侍中周弘正入关，与北周修好。

夏季，四月，丁亥日（初六），陈文帝陈蒨册立皇子（第七子）陈伯信为衡阳王，承继衡阳献王陈昌的香火。

周世宗宇文毓聪慧敏捷，兼有宏识雅量，晋国公宇文护很忌恨他，唆使膳部中大夫李安在进呈给宇文毓吃的糖饼内下毒，周主吃后，腹痛难忍，自知遭人暗算。庚子日（十九日），周主宇文毓病危，口授遗诏五百多字，内中有一段对公卿大臣们说："朕子年幼，不能主掌国政。鲁国公宇文邕，是朕的大弟，他为人宽厚仁爱，宽宏大量，向为海内之人所共闻知，将来能壮大我周国的，一定是这个人！"辛丑日（二十日），周世宗宇文毓病逝（时年二十七）。

鲁国公宇文邕，自小就有很好的器度和材质，特别被世宗宇文毓宠爱。后来，每当朝廷有重大事情，周世宗宇文毓都找他研讨商议；他生性低调沉着，有远见，如果不是他人讨教问询，绝不开口多言，世宗为此，常赞赏说："这个人平日不大说话，一说话，一定切中肯綮。"壬寅日（二十一日），鲁国公宇文邕（宇文泰第四子）即位为帝，大赦境内。

五月，壬子，齐以开府仪同三司刘洪徽为尚书右仆射。

侯安都父文捍为始兴内史，卒官。上迎其母还建康，母固求停乡里。乙卯，为置东衡州，以安都从弟晓为刺史；安都子秘，才九岁，上以为始兴内史，并令在乡侍养。

六月，壬辰，诏葬梁元帝于江宁，车旗礼章，悉用梁典。

齐人收永安、上党二王遗骨，葬之。敕上党王妃李氏还第。冯文洛尚以故意，修饰诣之。妃盛列左右，立文洛于阶下，数之曰："遭难流离，以至大辱，志操寡薄，不能自尽。幸蒙恩诏，得反藩闱，汝何物奴，犹欲见侮！"杖之一百，血流洒地。

【译文】五月，壬子日（初二），齐主高殷任用开府仪同三司刘洪徽为尚书右仆射。

侯安都的父亲侯文捍担任始兴内史，死在住所。侯安都办完丧事回京，陈文帝陈蒨派人迎接他的母亲到建康来，好让侯安都能奉养她，可是他的母亲眷念故里，一再请求留居乡里，不愿进京。乙卯日（初五），陈文帝陈蒨下诏重新设置东衡州，任用侯安都的堂弟侯晓为东衡州刺史；侯安都的儿子（第三子）侯秘，只有九岁，陈文帝陈蒨也任命他为始兴内史，让他们都在乡间侍养侯安都的母亲。

六月，壬辰日（十二日），陈文帝陈蒨下诏，命人在江宁择地安葬梁元帝，送丧的车驾、旗帜等礼仪，都按梁朝旧制。

北齐殓收永安、上党二王的遗骸，予以安葬。并敕命上党王妃李氏恢复自由之身，回归自己王府。冯文洛还眷恋着旧有的情谊，修饰打扮自己，跑到常山王府看望她。王妃让侍卫排列左右，引冯文洛站立阶下，责骂他说："我前遭祸难，流离失所，被迫改嫁而失节，只恨自己的意志操守寡微薄弱，不能自尽。而今幸蒙恩诏，得还藩王的府邸，你算什么东西？竟还想来羞辱我！"于是拿荆杖打了他一百下，将他打得血流满地。

【申涵煜评】 王被害，妃不能死，而失身于家奴冯文洛，及奉诏还第，乃正言峻拒，杖之流血。夫节义廉耻何物，乃容此苟且权宜之计。其去高仲密妻一间耳，可惩而不可劝也。

【译文】 上党王被杀，上党王妃不能随之赴死，而失身于家中的仆人冯文洛，等到奉诏命回府，对其又正言严厉拒绝，把他打得流血。那节义廉耻是什么东西，而而容许他这样行苟且权宜之计，她离高仲密的妻子实在相差太远了，这样的是实在是只可惩罚而不可劝诫的。

秋，七月，丙辰，封皇子伯山为鄱阳王。

齐丞相演以王晞儒缓，恐不允武将之意，每夜载入，昼则不与语。尝进晞密室，谓曰："比王侯诸贵，每见敦迫，言我违天不祥，恐当或有变起。吾欲以法绳之，何如？"晞曰："朝廷比者疏远亲戚，殿下仓猝所行，非复人臣之事。芒刺在背，上下相疑，何由可久！殿下虽欲谦退，秕糠神器，实恐违上玄之意，坠先帝之基。"演曰："卿何敢发此言，须致卿于法！"晞曰："天时人事，皆无异谋，是以敢冒犯斧钺，抑亦神明所赞耳。"演曰："拯难匡时，方俟圣哲，吾何敢私议！幸勿多言！"丞相从事中郎陆杳将出使，握晞手，使之劝进。晞以杳言告演，演曰："若内外咸有此意，赵彦深朝夕左右，何故初无一言？"晞乃以事隙密问彦深，彦深曰："我比亦惊此声论，每欲陈闻，则口噤心悸。弟既发端，吾亦当昧死一披肝胆。"因共劝演。

【译文】秋季，七月，丙辰日（初七），陈文帝陈蒨册封皇子（第三子）陈伯山为鄱阳王。

北齐丞相高演因王晞是柔弱书生，担心他不合武将们的心意。每到夜晚将他载入官邸议事，一到白天就不与他交谈。有一回，召他进入密室，屏退左右，单独对他说："近来王侯和一些权贵，一见面就催促逼迫，说我违背天意，不吉祥，担心将来会发生祸乱；我想用法令制裁他们，你看怎么样？"王晞回答说："朝廷（指天子高殷）前些时疏远宗亲（指常山、长广二王），殿下急遽下手（指杀害杨愔、燕子献等），所作所为，违背臣道，对天子而言，正如芒刺在背，君臣上下，相互猜忌，变故怎能持久而不爆发呢？殿下纵想谦逊退让，贱视帝位，在下担心这样确实有违上天旨意，并且也会毁坏先帝（指高欢）所创的基业。"高演变脸作色说："你怎么敢说这种话？我当用国法处置你！"王晞又说："天时人事，同谋无异，因而胆敢冒犯雷霆之怒，不怕斧钺诛戮，不过我这样做，只怕也是神明所赞同的呢！"高演叹息说:"拯救灾难,匡正时局,应当另赖圣贤,我怎敢私自谋划,希望你不要再多说了!"王晞于是告退出府。这时,相府从事中郎陆杳正要出使去外地,刚巧在府里遇到王晞,便握着王晞的手,要王晞劝高演早日即位。王晞便又将陆杳的话转报高演,高演说:"如果里里外外的人都有这个意思,赵彦深早晚都在我身边,为什么竟没听他讲过这件事?"王晞于是利用公务的空当,悄悄地探问赵彦深,赵彦深说:"我最近也在惊讶这种消息谣言,每次想向丞相转陈,可是临到开口,就口颤心跳。你既然已经开了头,我也当跟进,冒死向丞相直陈我的肺腑之言。"因而联合王晞,共同劝说高演顺天应人,登基为帝。

演遂言于太皇太后。赵道德曰:"相王不效周公辅成王,而欲骨肉相夺,不畏后世谓之篡邪?"太皇太后曰:"道德之言是也。"未几,演又启云:"天下人心未定,恐奄忽变生,须早定名位。"太皇太后乃从之。

八月,壬午,太皇太后下令,废齐主为济南王,出居别宫,以常山王演入篡大统,且戒之曰:"勿令济南有他也!"

肃宗即皇帝位于晋阳,大赦,改元皇建。太皇太后还称皇太后;皇太后称文宣皇后,宫曰昭信。

【译文】高演经人这么劝说,便入启太皇太后。侍中赵道德发表意见说:"相王(指丞相、常山王)不效法周公,辅佐成王,竟要骨肉间相互夺位,难道不怕后世的人骂你篡位吗?"太皇太后娄氏说:"赵道德的话有道理。"于是不答应高演的请求。没过多久,高演又启请太皇太后说:"天下人心未定,担忧变故突然发生。为安人心,预防变乱发生,须及早确定名位。"太皇太后本已有心立高演,于是应允了他的要求。

八月，壬午日（初三），太皇太后娄氏下令，废黜齐主高殷为济南王，出居别宫。命常山王高演入继为君，不过另有诫语，叮嘱他说："不得让济南王有任何意外发生！"

齐肃宗高演（高欢第六子，文宣帝母弟，娄太后第三子）在晋阳即皇帝位，大赦境内，改年号为皇建。改称太皇太后娄氏为皇太后，改称皇太后李氏（济南王高殷之母，即高演之嫂）为文宣皇后，移居昭信宫。

乙酉，诏绍封功臣，礼赐耆老，延访直言，褒赏死事，追赠名德。

帝谓王晞曰："卿何为自同外客，略不可见？自今假非局司，但有所怀，随宜作一牒，俟少隙，即径进也。"因敕晞与尚书阳休之、鸿胪卿崔劼等三人，每日职务罢，并入东廊，共举录历代礼乐、职官及田市、征税，或不便于时而相承施用，或自古为利而于今废坠，或道德高俊，久在沉沦，或巧言眩俗，妖邪害政者，悉令详思，以渐条奏。朝晡给御食，毕景听还。

帝识度沉敏，少居台阁，明习吏事，即位，尤自勤励，大革显祖之弊，时人服其明而讥其细。尝问舍人裴泽，在外议论得失。泽率尔对曰："陛下聪明至公，自可远侔古昔；而有识之士，咸言伤细，帝王之度，颇为未弘。"帝笑曰："诚如卿言。朕初临万机，虑不周悉，故致尔耳。此事安可久行，恐后又嫌疏漏。"泽由是被宠遇。

【译文】乙酉日（初六），齐主高演下诏，封赏佐命功臣的后代，赐赠郡国老人礼物（黄帽、鸠杖），延见拜访直言陈事的忠正之士，褒奖追赠为国牺牲的战士，追赠名高德劭而未蒙褒扬的人。

齐主高演对王晞说："自从我当上国君,你为何变得像外人一样,几乎不来见我呢?自今以后,纵使是非你职责所管的事情,只要你有意见,随你方便,做成牒牍,等我稍一得空,就直接呈递上来。"因敕令王晞跟尚书阳休之、鸿胪卿崔劼等三人,每当办完公事,就入宫到自己正寝东边的厢房,一同列举簿录历代礼乐、职官,以及田市征税有不便施行于当今,而古今相传沿用施行没有停止的;或古时施行有利,如今却废弃不用的;或有道德高尚,而长久沉沦蹉跎,郁郁不得志的;或巧言蛊惑世人,妖邪妨害政事的,全都要他们详加考证,逐条奏上。早晚供给宫中的餐点,夕阳西斜之后,才听任他们回家。

齐主高演深沉聪慧,有见识器度,自少年时,就掌管尚书省,通晓熟习吏事;即位之后,更加勤勉努力,大肆更改齐显祖高洋时代的弊政,当时的人都佩服他的英明,却讽刺他苛细。他曾问中书舍人裴泽,外面的人对于君王的批评如何,裴泽率直回答说:"陛下聪明,处事又极公正,自可远比古代贤王;但有识之士,都说陛下过于苛求细节,帝王的器量,还嫌不够恢宏。"齐主高演笑着说:"确实像你所说的。朕初理大政,担忧不够周全,事无大小,必加考察,因而招致人家说我苛细。这样的做法,怎可长久下去,只是担心以后不苛细时,又有人嫌我做事多疏忽简略呢!"裴泽因此而受到齐肃宗的宠信。

库狄显安侍坐,帝曰:"显安,我姑之子;今序家人礼,除君臣之敬,可言我之不逮。"显安曰:"陛下多妄言。"帝曰:"何故?"对曰:"陛下昔见文宣以马鞭挝人,常以为非;今自行之,非妄言邪?"帝握其手谢之。又使直言,对曰:"陛下太细,天子乃更似吏。"帝曰:"朕甚知之。然无法日久,将整之以至无为耳。"又问王晞，晞曰："显安言是也。"显安，干之子也。群臣进言，帝皆从容受纳。

性至孝，太后不豫，帝行不能正履，容色贬悴，衣不解带殆将四旬。太后疾小增，即寝伏阁外，食饮药物，皆手亲之。太后尝心痛不自堪，帝立侍帷前，以爪掐掌代痛，血流出袖。友爱诸弟，无君臣之隔。

【译文】 有一天，库狄显安在一边陪侍，齐主高演对他说："显安，你是我亲姑姑的儿子，现在我们除去君臣的礼仪，你可以放胆地说我没有做好的地方。" 库狄显安就说："陛下多妄言。"齐主问他说："怎么见得呢？" 库狄显安回答说："陛下以前看见文宣帝高洋用马鞭打人，你常以为那样不对；而今，您做皇帝后，自己却也用马鞭打人，您说您没有妄言吗？"齐主高演听他这么一说，赶紧拉着他的手，向他道谢。随后，又要他直言批评，库狄显安便说："陛下过于苛细，当上天子，竟然更像一个管事员。"齐主高演说："朕也很清楚这一点。但不会持续太久，我将加以改进，逐步做到大而化之，以至于无为而治的境界。"齐主高演又去问王晞，王晞说："库狄显安说得很对。"库狄显安，是库狄干的儿子。群臣向齐主高演提出批评建议，他都平和自然地接受和采纳。

齐主高演生性孝顺，太后娄氏有病，他因发愁而无心穿正鞋履，容貌神色，立即消瘦憔悴，尽心服侍，曾有过将近四十天不曾宽衣解带。只要太后病体略微加重，他便伏卧阁外，所有太后的药物饮食，他都亲手打理。娄太后曾患心病，痛到无法忍受，高演侍立帷幕前，用指甲掐手心，血从衣袖流出，想以自己的痛楚，替代他母亲的痛苦。平常友爱诸弟，没有君臣的隔阂。

戊子，以长广王湛为右丞相，平阳王淹为太傅，彭城王浟为大司马。

周军司马贺若敦，帅众一万，奄至武陵；武州刺史吴明彻不能拒，引军还巴陵。

江陵之陷也，巴、湘之地尽入于周，周使梁人守之。太尉侯瑱等将兵逼湘州。贺若敦将步骑救之，乘胜深入，军于湘川。

【译文】戊子日（初九），齐主高演任用长广王高湛为右丞相，任命平阳王高淹为太傅，任命彭城王高浟为大司马。

北周军队的司马（大司马官属，中大夫）贺若敦领兵一万人，突然攻到武陵（今湖南常德县西），武州刺史吴明彻抵御不了，领军退守巴陵（今湖南岳阳县）。

西魏攻克江陵时，巴、湘等州都落入北周手里，周主派遣梁人驻守。太尉侯瑱等（破王琳后），领兵西上，围逼湘州。贺若敦带领步骑前往援救，乘胜轻进，长驱深入，在湘川水边扎下军营。

九月，乙卯，周将独孤盛将水军与敦俱进。辛酉，遣仪同三司徐度将兵会侯瑱于巴丘。会秋水泛溢，盛、敦粮援断绝，分军抄掠，以供资费。敦恐瑱知其粮少，乃于营内多为土聚，覆之以米，召旁村人，阳有访问，随即遣之。瑱闻之，良以为实。敦又增修营垒，造庐舍为久留之计，湘、罗之间遂废农业。瑱等无如之何。

先是土人亟乘轻船，载米粟鸡鸭以饷瑱军。敦患之，乃伪为土人装船，伏甲士于中。瑱军人望见，谓饷船之至，逆来争取，敦甲士出而擒之。又敦军数有叛人乘马投瑱者，敦乃别取一马，牵以趣船，令船中逆以鞭鞭之。如是者再三，马畏船不上。

然后伏兵于江岸，使人乘畏船马以招瑱军，诈云投附。瑱遣兵迎接，竞来牵马，马既畏船不上，伏兵发，尽杀之。此后实有馈饷及亡降者，瑱犹谓之诈，并拒击之。

【译文】九月，乙卯日（初七），北周将领独孤盛带领水军，跟贺若敦的步骑军同时进发。辛酉日（十三日），陈文帝陈蒨派遣仪同三司徐度领军前往巴丘，与侯瑱大军会合，共同抵御北周军队。这时，恰好遇到秋水泛滥，独孤盛、贺若敦军队的江上通路被陈军切断，粮食补给将要断绝。贺若敦等于是分兵四处抢劫掠夺，来填补粮食的亏空。贺若敦担心侯瑱知道他的军粮短缺，于是在营内聚土堆成许多土丘，然后上面覆上食米，召请军营旁边的村人，假装向他们打探消息，故意让他们在营外窥见营内储粮很多，随后就打发他们回去。这样，侯瑱通过村人侦测得来的情报，认为周军真的粮食很充足，于是便不敢过分逼迫他们。贺若敦又增修营垒，搭盖庐舍，准备做长久驻留下来的打算，湘、罗一带的百姓，因为双方战争对峙的缘故，都荒废了农业耕作。侯瑱等也拿贺若敦没有办法。

在此之前，当地百姓常乘轻便小船，载运米粟鸡鸭去犒赏侯瑱的军士。贺若敦深以为忧，于是命士兵冒充当地人，用船装载货物，船中埋伏士兵。侯瑱的军兵远远望见，以为是馈饷的船又来了，争着前去迎接，埋伏船中的战士，便一跃而出，将他们一个个擒拿过来。还有，贺若敦的军队常有叛徒乘马投降侯瑱的。贺若敦便另取一匹马，一方面赶马上船，另一方面下令船上的人挥舞马鞭，不让那匹马上船，几次下来，那匹马害怕船上的马鞭，再也不敢上船了。贺若敦在湘江岸边埋伏杀手，然后派人乘那匹害怕上船的马，前去岸边招引侯瑱军队的人过来，假装说是来投降的。侯瑱派兵渡过长江迎接，士兵争着去牵马上船，那匹马已经畏惧上船，怎么赶也不上船，就在这一拉一赶之间，埋伏的杀手发动进攻，将侯瑱派来的人，全都加以杀害。从此以后，真有馈饷东西给侯瑱，以及真的逃亡投奔侯瑱的，侯瑱都以为其中有诈，一一加以拒绝，并不分青红皂白地予以攻击。

冬，十月，癸巳，瑱袭破独孤盛于杨叶洲，盛收兵登岸，筑城自保。丁酉，诏司空侯安都帅众会瑱南讨。

十一月，辛亥，齐主立妃元氏为皇后，世子百年为太子。百年时才五岁。

齐主徵前开府长史卢叔虎为中庶子。叔虎，柔之从叔也。帝问时务于叔虎，叔虎请伐周，曰："我强彼弱，我富彼贫，其势相悬。然干戈不息，未能并吞者，此失于不用强富也。轻兵野战，胜负难必，是胡骑之法，非万全之术也。宜立重镇于平阳，与彼蒲州相对，深沟高垒，运粮积甲。彼闭关不出，则稍蚕食其河东之地，日使穷蹙。若彼出兵，非十万以上，不足为我敌。所损粮食咸出关中。我军士年别一代，谷食丰饶。彼来求战，我则不应；彼若退去，我乘其弊。自长安以西，民疏城远，敌兵来往，实自艰难，与我相持，农业且废，不过三年，彼自破矣。"帝深善之。

齐主自将击库莫奚，至天池，库莫奚出长城北遁。齐主分兵追击，获牛羊七万而还。

【译文】冬季，十月，癸巳日（十五日），侯瑱伺隙偷袭，在杨叶洲大败独孤盛的水军，独孤盛收兵登岸，筑城自保。丁酉日（十九日），陈文帝陈蒨下诏，命令司空侯安都率领部队，前去会合侯瑱，南征巴、湘。

十一月，辛亥日（初四），齐主高演册立夫人元氏为皇后，世子高百年为太子。这时，高百年才五岁。

齐主高演征聘前开府长史卢叔虎担任中庶子。卢叔虎，是卢柔的堂叔。齐主高演向卢叔虎请教一些当世的事务。卢叔虎劝齐主西征北周，他说："北齐跟北周相比，我方强，敌方弱，我方富，敌方贫，两国国力相差悬殊。然而两国争战不息，我方没能吞并对方的原因，在于我方不能善用国家富有和兵强马壮的实力。过去都采取轻骑兵野战，双方胜负，难以预料，那是胡人骑兵的一种打法，并非深谋远虑、万全不败的战术。今后，我们应当在平阳（今山西临汾县）设置重镇，与对方的蒲州（今山西永济县）遥相对峙，挖深护沟，筑高城墙，运补粮食，积储武器。当对方闭关不出的时候，我方就出兵，像蚕吃桑叶般逐步侵夺他们河东的土地，日复一日地迫使他们日益穷困；假若他们开关出兵的话，那非得派出十万以上的军队不可，否则就不足以与我们对抗。若真派出这么多的部队，那么他们所消耗的粮食，全部来自关中的补给。我方军士，一年一轮调，可以以逸待劳且谷粮充足。当对方前来开战，我方则坚决固守闭门不理；等到对方退去，我方则乘其疲惫，随时加以追击。他们从长安往西，居民稀疏，城邑相距遥远，敌方部队一来一往，实在困难艰苦，一旦跟我们对抗相持下来，那么他们的农业就将荒废，如此，不出三年，他们自然就会落到败亡的地步。"齐主高演听他这么精当的分析，对他深感佩服。

齐主高演亲自率领军队，向北讨伐库莫奚（鲜卑别种），追逐到天池（山西宁武县西南六十里管涔山上），库莫奚绕出长城，向北逃跑。齐主分遣骑兵，多路追击，缴获牛羊牲口七万只，然后凯旋。

十二月，乙未，诏："自今孟春讫于夏首，大辟事已款者，宜且申停。"

己亥，周巴陵城主尉迟宪降，遣巴州刺史侯安鼎守之。庚子，独孤盛将馀众自杨叶洲潜遁。

丙午，齐主还晋阳。

齐主斩人于前，问王晞曰："是人应死不？"晞曰："应死，但恨死不得其地耳。臣闻'刑人于市，与众弃之。'殿廷非行戮之所。"帝改容谢曰："自今当为王公改之。"

【译文】十二月，乙未日（十八日），陈文帝陈蒨下诏说："从今年孟春到夏初，死刑犯已经说出实情认罪的，应当暂且停止宣判，延至秋冬才行刑。"

己亥日（二十二日），北周巴陵城主尉迟宪举城投降陈朝，陈朝派遣巴州刺史侯安鼎前去接应驻守。庚子日（二十三日），独孤盛率领残余部队，从杨叶洲偷偷逃走。

丙午日（二十九日），齐主高演从前线返回晋阳。

齐主高演在殿庭之前处斩人犯，问王晞说："此人的罪刑应当处死吗？"王晞回答说："此人合当处死，但遗憾的是死的不是地方。臣听说：'（《礼记·王制》）杀人须在集市，当众举行，以便众人一同知道他的罪行而弃绝他。'殿廷并非行刑的所在。"齐主高演听了，面色羞愧，向王晞谢过说："从今以后，当为王公改过。"

帝欲以晞为侍郎，苦辞不受。或劝晞勿自疏，晞曰："我少年以来，阅要人多矣，得志少时，鲜不颠覆。且吾性实疏缓，不堪时务，人主恩私，何由可保！万一披猖，求退无地。非不好作要官，但思之烂熟耳。"

初，齐显祖之末，谷籴踊贵。济南王即位，尚书左丞苏珍芝建议修石鳖等屯，自是淮南军防足食。肃宗即位，平州刺史嵇晔建议，开督亢陂，置屯田，岁收稻粟数十万石，北境周赡。又于河内置怀义等屯，以给河南之费。自是稍止转输之劳。

【译文】 齐主高演想任用王晞为侍郎，王晞极力推辞，不愿接受。有人劝王晞不要跟齐主疏远。王晞说："我从少年以来，看过位高权重的人太多了，得志不了多久，很少有不败亡的。可见得到人主恩惠私宠，无法长久。万一失宠，求退无门。况且，我生性懒散怠惰，不堪担当时务，不是我不想做高官显爵，只是考虑得太透彻，我还是守我本分来得好！"

起初，齐显祖高洋在位末期，收成不好，谷价飞涨；到了济南王高殷即位，尚书左丞苏珍芝建议，整修石鳖（在今江苏宝应县西）等处屯田。自从修复屯田以后，淮南防御部队所需的军粮，得到充足的供应。肃宗高演即位后，平州刺史嵇晔建议，疏浚督亢旧陂（今河北涿县东南，其附近涿县、定兴、新城、周安诸县之间，一带平衍之区，在战国时，为燕膏腴之地），设置屯田之所。此后，政府每年在这儿能够征收到谷粟数十万石，北部边境地区的粮食恐慌，也得到圆满解决。后来，又在河内设置怀义等屯所，来供应河南的粮食，从此也稍微减轻国内转运粮食的辛劳。

天嘉二年（辛巳，公元五六一年）春，正月，戊申，周改元保定。以大冢宰护为都督中外诸军事；令五府总于天官，事无巨细，皆先断后闻。

庚戌，大赦。

周主祀圜丘。

辛亥，齐主祀圜丘；壬子，祫于太庙。

周主祀方丘；甲寅，祀感生帝于南郊；乙卯，祭太社。

齐主使王琳出合肥，召募伧楚，更图进取。合州刺史裴景徽，琳兄珉之婿也，请以私属为乡导。齐主使琳与行台左丞卢潜将兵赴之，琳沉吟不决。景徽恐事泄，挺身奔齐。齐主以琳为票骑大将军、开府仪同三司、扬州刺史，镇寿阳。

【译文】 天嘉二年（辛巳，公元561年）春季，正月，戊申日（初一），周主宇文邕改年号为保定。擢升大冢宰宇文护为都督中外诸军事，令五府（地官、春官、夏官、秋官、冬官）总受天官统领，事情不分大小，都先交由大冢宰宇文护裁决，然后奏闻。

庚戌日（初三），陈文帝陈蒨下诏大赦天下。

庚戌这一天，周主宇文邕前往圜丘祭祀昊天上帝。

辛亥日（初四），齐主高演前往圜丘祭祀上帝。壬子日（初五），又到太庙祭祀祖先。

壬子（初五）这一天，周主宇文邕前往方丘祭祀地祇。甲寅日（初七），到南郊坛祭祀感生帝灵威仰。乙卯日（初八），又前往太社祭祀土地神。

齐主高演派遣王琳出兵合肥，召募淮南楚地故旧，另谋南进发展。陈朝合州刺史裴景徽，是王琳哥哥王珉的女婿，他愿意率领私人武装，引导齐师南下。齐主高演命王琳跟扬州道行台左丞卢潜率军前往策应，王琳犹豫不决。裴景徽因见王琳很长时间没有反应，生恐事情泄露，引来杀身之祸，所以先拔身投奔北齐了。齐主高演任命王琳为骠骑大将军、开府仪同三司、扬州刺史，镇守寿阳（今安徽寿县）。

己巳，周主享太庙，班太祖所述六官之法。

辛未，周湘州城主殷亮降，湘州平。

侯瑱与贺若敦相持日久，瑱不能制，乃借船送敦等渡江。敦虑其诈，不许，报云："湘州我地，为尔侵逼；必须我归，可去我百里之外。"瑱留船江岸，引兵去之。敦乃自拔北归，军士病死者什五六。武陵、天门、南平、义阳、河东、宜都郡悉平。晋公护以敦失地无功，除名为民。

二月，甲午，周主朝日于东郊。

周人以小司徒韦孝宽尝立勋于玉壁，乃置勋州于玉壁，以孝宽为刺史。

孝宽有恩信，善用间谍，或齐人受孝宽金货，遥通书疏，故齐之动静，周人皆先知之。有主帅许盆，以所戍城降齐，孝宽遣谍取之，俄斩首而还。

【译文】己巳日（二十二日），周主宇文邕前往太庙祭拜祖先，并在太祖庙廷，颁行太祖宇文泰所述《周礼》六典建置六官的方法。

辛未日（二十四日），北周湘州城主殷亮献出城池投降，湘州宣告平定。

侯瑱跟贺若敦僵持了很长时间，侯瑱无法取胜，便请求贺若敦借给他们船只运送军队，渡江离开。贺若敦害怕其中有诈，拒不答应。后来侯瑱又派使者与贺若敦会商，贺若敦回复侯瑱说："湘州乃是我们国家的地方，被你们侵略围逼，你如果一定要我撤走，那你要先撤退到离我百里外的地方。"侯瑱于是留船在江岸，领军退离渡口百里。贺若敦这才拔营北返。他的部队，在军中病死的，多达十分之五六。武陵、天门、南平、义阳、河东、宜都等郡，全部落入陈军手中。北周晋国公宇文护因贺若敦丢失国土，无功而还，便将他罢官除名，废为平民。

二月，甲午日（十八日）黎明，周主宇文邕在东郊举行迎拜太阳神的祭典。

北周因小司徒韦孝宽曾在玉壁（今山西稷山县西南）建立功勋，于是在玉壁设置勋州，并任用韦孝宽为勋州刺史，借以表彰他的功劳。

韦孝宽待人有恩，说话守信，善用间谍，派入北齐的间谍，都肯为他效力；甚至齐人都有接受他的金银财物，跟他互通消息的，所以有关北齐的动静，北周朝廷都能从他这儿事先得知。当时有一位名叫许盆的主帅（城主），将所戍守的城池，献出投降了北齐，韦孝宽暗中派遣间谍收拾他，不消多时，就取了他首级返回。

离石以南，生胡数为抄掠，而居于齐境，不可诛讨。孝宽欲筑城于险要以制之，乃发河西役徒十万，甲士百人，遣开府仪同三司姚岳监筑之。岳以兵少，惧不改前。孝宽曰："计此城十日可毕。城距晋州四百馀里，吾一日创手，二日敌境始知。设使晋州徵兵，三日方集，谋议之间，自稽三日，计其军行，二日不到，我之隍防，足得办矣。"乃令筑之。齐人果至境上，疑有大军，停留不进。其夜，孝宽使汾水以南傍介山、稷山诸村纵火。齐人以为军营，收兵自固。岳卒城而还。

【译文】离石（今山西离石县）以南，生胡（匈奴别种，稽胡之未归化者）经常离开巢穴来抢劫掠夺人畜，由于他们的老巢远在北齐境内，北周无法前往将他们剿灭。韦孝宽想在生胡进出而又地势险要的地方，修筑一座城垒来控制他们，于是征调河西役夫囚犯十万人，外加兵甲精良之士一百人，派遣开府仪同三司姚岳率众前去督工修建。姚岳因为监卫兵力太少，不敢前去。韦孝宽告诉他说："我估计十天就可筑好此城。所筑的城距离北齐晋州四百多里，第一天，我们破土动工，第二天，敌方才会发觉。假设对方想阻挠破坏，而立即在晋州征调部队的话，他们需用三天的时间，部队才能集合完毕，加上会商谋划，又得耽误两天，再计算他们行军，没有两天的时间赶不到，等到他们真正赶到，我们的城垣和城壕，足以构建完成。"于是命姚岳前去筑城。北齐果然征调部队，赶到边境上，因怀疑前有大军，便停顿下来，不再前进。当天夜晚，韦孝宽命人在汾水以南，依傍介山（山西万泉县西南）、稷山（山西稷山县南）的几个村落，到处放火，北齐军队不明就里，以为满山火光处，都是北周的军营，心生畏惧，便收兵回垒，不敢阻挠北周筑城。姚岳终于如期筑完城池而返。

【乾隆御批】 筑城备警非迅不足以集事。孝宽促成于旬日之间，使敌人猝不及觉，其胆识胜姚岳远甚。然亦幸而贼兵畏沮不前，工役得如期而就。若谓孝宽之按日逆计，皆能亿中不爽，则未免粉饰之过也。

【译文】 筑城墙加强戒备速度不快就不能成功。韦孝宽在十天之内完成筑城墙的任务，让敌人来不及觉察，他的胆识远胜姚岳。然而也幸亏敌军畏缩不前，工程才得以如期完成。如果说韦孝宽是按日推算，把每件事情都料定了，不会出现差错，那就不免有些不求实际了。

三月，乙卯，太尉零陵壮肃公侯瑱卒。

丙寅，周改八丁兵为十二丁兵，率岁一月役。

夏，四月，丙子朔，日有食之。

周以少傅尉迟纲为大司空。

丙午，周封愍帝子康为纪国公，皇子赟为鲁国公。赟，李后之子也。

六月，乙酉，周主使御正殷不害来聘。

【译文】三月，乙卯日（初九），陈朝太尉零陵壮肃公侯瑱去世。

丙寅日（二十日），北周下令境内役男原分八番轮役的，改为十二番轮役，每一役男平均每岁服役一个月。

夏季，四月，丙子朔日（初一），发生日食。

周主宇文邕任用少傅尉迟纲为大司空。

丙午日（四月无此日），周主宇文邕册封周愍帝宇文觉的儿子宇文康为纪国公，同时，册封皇子宇文赟为鲁国公。宇文赟，是李皇后的儿子。

六月，乙酉日（十一日），北周派遣御正殷不害从长安出发，前来江南访问。

秋，七月，周更铸钱，文曰"布泉"，一当五，与五铢并行。

己酉，周追封皇伯父颢为邵国公，以晋公护之子会为嗣；颢弟连为杞国公，以章武公导之子亮为嗣；连弟洛生为莒国公，以护之子至为嗣；追封太祖之子武邑公震为宋公，以世宗之子实为嗣。

齐主之诛杨、燕也。许以长广王湛为太弟；既而立太子百年，湛心不平。帝在晋阳，湛居守于邺。散骑常侍高元海，高祖之从孙也，留典机密。帝以领军代人库狄伏连为幽州刺史，以斛律光之弟羡为领军，以分湛权。湛留伏连，不听羡视事。

先是，济南闵悼王常在邺，望气者以邺中有天子气。平秦王归彦恐济南王复立，为己不利，劝帝除之。帝乃使归彦至邺，徵济南王如晋阳。

【译文】秋季，七月，北周改铸新钱，正面印有"布泉"二字，一枚布泉，折抵民间五个细钱，跟五铢钱同时流通使用。

己酉日（初五），周主宇文邕追封大伯父宇文颢为邵国公，过继晋国公宇文护的儿子宇文会为邵国公的后嗣；追封宇文颢的弟弟宇文连（二伯父）为杞国公，过继章武公宇文导的儿子宇文亮为杞国公的后嗣；追封宇文连的弟弟宇文洛生（三伯父）为莒国公，过继宇文护的儿子宇文至为莒国公的后嗣；追封太祖宇文泰的儿子武邑郡公宇文震（周主邕之二哥）为宋国公，过继世宗宇文毓（周主邕之长兄）的儿子宇文实为宋国公的后嗣。

齐主高演与长广王高湛联手谋害杨愔和燕子献时，曾应允事成之后，立高湛为皇太弟，后来却立自己的儿子高百年为皇太子，高湛心里十分不满。齐主高演在晋阳，长广王高湛留守邺都。散骑常侍高元海，是齐高祖高欢的从孙，留在邺城，负责机秘事务。齐主高演将领军代人库狄伏连外放为幽州刺史，另将斛律光的弟弟斛律羡内调为领军，以此分散高湛的权势。高湛明白这件事的用意，便留下库狄伏连，不让他去幽州上任；而斛律羡到了，又不让斛律羡到领军府视事。

先前，济南闵悼王高殷经常住留在邺都，观望云气的人（太史）上奏说："邺中有天子气。"平秦王高归彦害怕济南王复辟，对自己不利，便劝齐主高演除掉他。齐主高演于是派高归彦到邺都，征召济南王前往晋阳。

湛内不自安，问计于高元海。元海曰："皇太后万福，至尊孝友异常，殿下不须异虑。"湛曰："此岂我推诚之意邪！"元海乞还省，一夜思之，湛即留元海于后堂。元海达旦不眠，唯绕床徐步。夜漏未尽，湛遽出，曰："神算如何？"元海曰："有三策，恐不堪用耳。请殿下如梁孝王故事，从数骑入晋阳，先见太后求哀，后见主上，请去兵权，以死为限，不干朝政，必保泰山之安。此上策也。不然，当具表云，威权太盛，恐取谤众口，请青、齐二州刺史，沉靖自居，必不招物议。此中策也。"更问下策。曰："发言即恐族诛。"固逼之，元海曰："济南世嫡，主上假太后令而夺之。今集文武，示以徵济南之敕，执斛律丰乐，斩高归彦，尊立济南，号令天下，以顺讨逆，此万世一时也。"湛大悦。然性怯，狐疑未能用，使术士郑道谦等卜之，皆曰："不利举事，静则吉。"有林虑令潘子密，晓占候，潜谓湛曰："宫车当晏驾，殿下为天下主。"湛拘之于内以候。又令巫觋卜之，多云"不须举兵，自有大庆"。

湛乃奉诏，令数百骑送济南王至晋阳。九月，帝使人鸩之，济南王不从，乃扼杀之。帝寻亦悔之。

【译文】高湛内心不安，向高元海请教应对策略。高元海很轻松地说："皇太后现在还很健康，陛下十分孝顺母亲，友爱兄弟，殿下无须多虑！"高湛责问他说："你说这无关痛痒的话，岂是我以诚意相待所愿意听到的吗？"高元海听了，因兹事体大，请求先回省内，利用夜晚的时间，好好地考虑这件事，高湛却留他在尚书后堂。高元海通宵达旦都没有睡觉，只是不停地、慢慢地绕着床走。天还没亮，高湛就迫不及待地跑出来问他："你的神机妙算怎么样了？"高元海回答说："夜中想到三策，只是不知堪不堪用？第一，请殿下效法西汉梁孝王的故事，带几个人，驰入晋阳，先拜见太后，向她哀求，然后拜见陛下，请求释去兵权，直到老死为止，都不干预朝廷政事，那么就可安如泰山，这是上策。第二，倘若上策不行，那么就应当上表启奏，说是权威太盛，害怕招惹众人的毁谤，请求外放为青、齐二州刺史，退居偏远的地方，沉静自处，免招他人非议，这是中策。"说到这儿，高元海便将第三策停住不说。高湛逼问他下策如何，高元海说："我不敢说，一说出来，怕会遭到诛灭宗族的灾祸。"高湛一再逼他，一定要他说出来，高元海这才说："济南王高殷是嗣承嫡子，陛下假传太后令，废了他而自立为君，群臣未必都心悦诚服。现在殿下如果召集文武百官，将陛下征召济南王的诏敕，拿出来给他们看，然后率众擒拿掌握军权的斛律丰乐（斛律羡，字丰乐），斩杀晋阳派来的高归彦，拥立济南王，号令天下，以正义讨伐叛逆，这是万世难得有此一时的好时机，虽是下策，却比上策更佳！"高湛听了，极为兴奋。但他生性怯儒，迟疑不敢行动，另外召来术士郑道谦等，卜算吉凶。郑道谦等占验卦象，都说："起事不利，不妄动则得吉祥。"当时，有位林虑县（今河南林县治）令，名叫潘子密，精通占候（就日月蚀及星象之变异以推测吉凶），暗中跑来对高湛说："陛下不久就会去世，殿下将继位为君。"高湛还不敢相信，暂且将他拘押在后堂密室，等候时间，看他说的话是否灵验。在这期间，又召来巫师，要他们再仔细占卜，结果多说："无须起兵，自有大庆。"

高湛这才接受齐肃宗诏敕，命数百骑护送济南王前往晋阳。九月，齐主高演派人进毒酒，毒杀济南王，济南王高殷不肯饮酒，于是派去的人动粗将他扼杀。过后不久，齐主高演又深感懊悔。

【申涵煜评】演较诸兄弟颇谨饬，史因其有掐掌代疽一事，遂称为天性至孝。夫孝者，先意承志之谓也。太后令勿杀济南，而卒杀之，以致太后怒，至死不顾，母子恩绝，可谓孝乎？至恨不见山陵之言，犹是死见性真处。

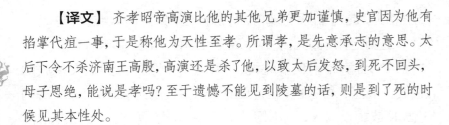

【译文】 齐孝昭帝高演比他的其他兄弟更加谨慎，史官因为他有掐掌代疽一事，于是称他为天性至孝。所谓孝，是先意承志的意思。太后下令不杀济南王高殷，高演还是杀了他，以致太后发怒，到死不回头，母子恩绝，能说是孝吗？至于遗憾不能见到陵墓的话，则是到了死的时候见其本性处。

冬，十月，甲戌朔，日有食之。

丙子，齐以彭城王浟为太保，长乐王尉粲为太尉。

齐肃宗出畋，有兔惊马，坠地绝肋。娄太后视疾，问济南所在者三，齐主不对。太后怒曰："杀之邪？不用吾言，死其宜矣！"遂去，不顾。

十一月，甲辰，诏以嗣子冲眇，可遣尚书右仆射赵郡王叡谕旨，徵长广王湛统兹大宝。又与湛书曰："百年无罪，汝可以乐处置之，勿效前人也。"是日，殂于晋阳宫。临终，言恨不见太后山陵。

◆颜之推论曰：孝昭天性至孝，而不知忌讳，乃至于此，良由不学之所为也。◆

【译文】 冬季，十月，甲戌朔日（十月朔应是癸酉，甲戌为初二），发生日食。

丙子日（初四），齐主高演任用彭城王高浟为太保，任命长乐王尉粲为太尉。

齐肃宗高演出外打猎，突有狡兔蹿出，惊动坐骑，将齐主高演摔落马下，折断肋骨。娄太后亲往探视，问及济南王高殷现在何处。连问三次，齐主高演不敢回答。娄太后很愤怒地逼问说："是不是你将济南王杀了？不听我的话，活该早死！"于是掉头不顾而去。

十一月，甲辰日（初二），齐主高演临终前下诏，内容大意是说，嗣子高百年还小（才六岁），不能听政。可差遣尚书右仆射、赵郡王高叡，前往邺都晓谕长广王高湛，征召他来继承帝位。又有信给长广王高湛说："高百年没罪，你要找一个好地方安置他，莫学前人杀人孤儿啊！"就在这一天，齐主高演在晋阳宫病逝，临终时，还说遗憾不能侍奉太后终老，以及营造山陵，以尽孝道。

◆颜之推评论说："孝昭皇帝高演，天生就十分孝顺母亲，可惜不知避忌，以至于做出杀害济南王的事情，实在因为不多读经书所致。"（《颜氏家训·勉学篇》语）◆

赵郡王叡先使黄门侍郎王松年驰至邺，宣肃宗遗命。湛犹疑其诈，使所亲先诣殡所，发而视之。使者复命，湛喜，驰赴晋阳，使河南王孝瑜先入宫，改易禁卫。癸丑，世祖即皇帝位于南宫，大赦，改元太宁。

周人许归安成王顼，使司会上士京兆杜杲来聘。上悦，即遣使报之，并赂以黔中地及鲁山郡。

齐以彭城王浟为太师、录尚书事，平秦王归彦为太傅，尉粲为太保，平阳王淹为太宰，博陵王济为太尉，段韶为大司马，丰州刺史娄叡为司空，赵郡王叡为尚书令，任城王湝为尚书左仆射，并州刺史斛律光为右仆射。娄叡，韶之兄子也。立太子百年为乐陵王。

【译文】赵郡王高叡先派黄门侍郎王松年乘快捷驿车到邺都，宣布肃宗高演遗诏。长广王高湛疑心其中有诈，便密差亲信之人到晋阳停放肃宗高演灵柩的地方，让他开棺验看齐肃宗是否真的死了。直到使者回报情况属实，高湛这才放心，欢天喜地地跨上骏马，驰往晋阳。临到晋阳，派河南王高孝瑜先驰入宫，

资治通鉴卷第一百六十八 陈纪二

245

更换宫禁宿卫。癸丑日（十一日），齐世祖高湛（高欢第九子，肃宗高演母弟）在晋阳南宫即皇帝位。依例下诏大赦境内，改年号为太宁。

北周答应放还安成王陈顼，先派司会上士杜杲随周弘正南来访问。陈文帝陈蒨晓得弟弟陈顼可以回来，十分高兴，立刻派遣使者，随杜杲入周回访，并愿割让黔中土地和鲁山郡，作为酬报。

齐主高湛任命彭城王高浟为太师、录尚书事，平秦王高归彦为太傅，任命尉粲为太保，平阳王高淹为太宰，任命博陵王高济为太尉，段韶为大司马，任命丰州刺史娄叡为司空，赵郡王高叡为尚书令，任命任城王高湝为尚书左仆射，并州刺史斛律光为尚书右仆射。娄叡，是娄昭兄长的儿子。齐主高湛降封肃宗太子高百年为乐陵郡王。

【乾隆御批】 演不能容殷，湛独能容百年乎？作法不臧，丁宁嗟何及耶？

【译文】 高演容不下高殷，高湛难道就能容下高百年了吗？没有做出好的榜样，再三嘱咐又有什么用呢？

丁巳，周主畋于岐阳；十二月，壬午，还长安。

太子中庶子馀姚虞荔、御史中丞孔奂，以国用不足，奏立煮海盐赋及榷酤之科，诏从之。

初，高祖以帝女丰安公主妻留异之子贞臣，徵异为南徐州刺史，异迁延不就。帝即位，复以异为缙州刺史，领东海太守。异屡遣其长史王澌入朝，澌每言朝廷虚弱。异信之，虽外示臣节，恒怀两端，与王琳自鄱阳信安岭潜通使往来。琳败，上遣左卫将军沈恪代异，实以兵袭之。异出军下淮以拒恪，恪与战而败，退还钱塘。异复上表逊谢。时众军方事湘、郢，乃降诏书慰谕，且羁縻之。异知朝廷终将讨己，乃以兵戍下淮及建德以备江路。丙午，诏司空、南徐州刺史侯安都讨之。

【译文】 丁巳日（十五日），周主宇文邕到岐阳打猎。十二月，壬午日（十一日），返回长安。

陈朝太子中庶子馀姚人虞荔，与御史中丞孔奂，因为国库收入不够支付军国开支，于是联名奏请立法制定课征煮海盐税和酒科收归国家专卖的法律。陈文帝陈蒨下诏批准实施。

起初，陈高祖陈霸先将陈文帝陈蒨的女儿丰安公主下嫁给留异的儿子（第三子）留贞臣为妻，并征召留异为南徐州刺史，但是留异却拖延不赴任。到了陈文帝陈蒨即位，又征调留异为缙州刺史，兼领东阳太守，留异经常派他的长史王澌入朝，王澌每次回去，都说朝廷虚弱。留异信以为真，表面上虽然对朝廷表示归顺，但是骨子里，却常怀谋逆，从鄱阳信安岭和王琳暗通信使。等到王琳兵败北走，陈文帝陈蒨派遣左卫将军沈恪去接替留异的职务，实际上要沈恪率领军队去袭击他。留异也想到这一点，便出兵下淮戍守（在浙江桐庐县东五十里，与富阳县接界，旧为江流扼要处），抵御沈恪。沈恪挥兵与他交战，不幸败北，退回到钱塘郡（今浙江杭县），留异倒还不敢过分得罪朝廷，于是奏上表启，自罚而谢罪。此时，朝廷众军正在湘、郢从事扫荡，无暇对他进行讨伐，于是下诏安抚晓谕他，暂且先将他笼络住，不让他叛离。留异也知道朝廷终究会征讨他，于是派军扼守下淮及建德（今浙江建德县），防止官兵从钱塘江水路进袭。丙午日（十二月无此日），陈文帝陈蒨下诏，命司空、南徐州刺史侯安都率兵进讨留异。

天嘉三年（壬午，公元五六二年）春，正月，乙亥，齐主至邺；辛巳，祀南郊；壬午，享太庙；丙戌，立妃胡氏为皇后，子纬为皇太子。后，魏兖州刺史安定胡延之之女也。戊子，大赦。己亥，以冯翊王润为尚书左仆射。

周凉景公贺兰祥卒。

壬寅，周人凿河渠于蒲州，龙首渠于同州。

丁未，周以安成王顼为柱国大将军，遣杜（果）〔杲〕送之南归。

辛亥，上祀南郊，以胡公配天；二月，辛酉，祀北郊。

【译文】天嘉三年（壬午，公元562年）春季，正月，乙亥日（正月无此日），齐主高湛从晋阳宫返回邺都。辛巳日（正月无此日），前往南郊坛祭祀天神。壬午日（正月无此日），到太庙祭拜祖先。丙戌日（正月无此日），册封王妃胡氏为皇后，并册立皇子高纬为皇太子。皇后胡氏，是魏兖州刺史安定人胡延之的女儿。戊子日（正月无此日），齐主高湛大赦境内。

己亥日（正月无此日），齐主高湛任命冯翊王高润为尚书左仆射。

北周凉景公贺兰祥在己亥这一天去世。

壬寅日（初一），北周在蒲州（今山西永济县）开凿河渠，另又在同州（今陕西大荔县）开凿龙首渠。

丁未日（初六），周主宇文邕封陈文帝陈蒨的弟弟安成王陈顼为柱国大将军，派遣杜杲护送他返回江南。

辛亥日（初十），陈文帝陈蒨前往南郊坛祭祀天神，用始祖胡公来配享。二月，辛酉日（二月无此日），陈文帝到北郊坛祭祀地祇。

闰月，丁未，齐以太宰、平阳王淹为青州刺史，太傅、平秦王归彦为太宰、冀州刺史。

归彦为肃宗所厚，恃势骄盈，陵侮贵戚。世祖即位，侍中、开府仪同三司高元海、御史中丞毕义云、黄门郎高乾和数言其短，且云："归彦威权震主，必为祸乱。"帝亦寻其反覆之迹，渐忌之。伺归彦还家，召魏收于帝前作诏草，除归彦冀州，使乾和缮写；昼日，仍敕门司不听归彦辄入宫。时归彦纵酒为乐，经宿不知。至明，欲参，至门知之，大惊而退。及通名谢，敕令早发，别赐钱帛等物甚厚，又敕督将悉送至清阳宫。拜辞而退，莫敢与语，唯赵郡王叡与之久语，时无闻者。

【译文】闰月，丁未日（初七），齐主高湛把太宰、平阳王高淹外调为青州刺史，任命太傅、平秦王高归彦为太宰、冀州刺史。

高归彦一向被肃宗高演厚待，因为位兼将、相，倚仗权势，骄傲自大，欺凌贵戚。到世祖高湛即位，侍中、开府仪同三司高元海、御史中丞毕义云、黄门侍郎高乾和等，常在世祖面前数说他的坏话，还说："高归彦威望权势震撼人主，迟久必生祸乱。"齐主高湛回忆高归彦反复无常的事迹，不由得暗暗地猜忌地，于是侦伺高归彦回家的空当，立刻召魏收在御前草拟外放高归彦为冀州刺史的草诏，然后交给高乾和誊写，因敕令守门官吏在白天不要让高归彦随便进宫。当时，高归彦正在家纵酒为乐，过了一夜，还不知情。到了黎明，准备早朝，走到宫门，被挡驾，才知道被调了官，不禁大惊失色而退回。他立刻通名谢罪，可是宫内已发出敕令，命他早点上路，特别赐给他钱帛等物品，另外又敕令都督将军都去为他送行，送到清阳宫为止。诸督将跟他拜别就走，没有敢与他谈话的，只有赵郡王高叡，同他交谈很久，但是没有人知道他们在讲什么。

帝之为长广王也，清都和士开发善握槊、弹琵琶有宠，辟为开府行参军，及即位，累迁给事黄门侍郎。高元海、毕义云、高乾和皆疾之，将言其事。士开乃奏元海等交结朋党，欲擅威福。乾和由是被疏。义云纳赂于士开，得为兖州刺史。

帝徵江州刺史周迪出镇溢城，又徵其子入朝。迪趑且顾望，并不至。其馀南江酋帅，私署令长，多不受召，朝廷未暇致讨，但羁縻之。豫章太守周敷独先入朝，进号安西将军，给鼓吹一部，赐又女妓、金帛，令还豫章。迪以敷素出己下，深不平之，乃阴与留异相结，遣其弟方兴将兵袭敷；敷与战，破之。又遣其兄子伏甲船中，诈为贾人，欲袭溢城。未发，事觉，寻阳太守监江州事晋陵华皎遣兵逆击之，尽获其船仗。

【译文】齐主高湛在做长广王时，清都人和士开，凭借精于握槊（按：握槊，为古赌戏之一种。）兼善弹琵琶，深得长广王高湛的宠爱，被征聘为开府行参军。到了长广王高湛登上皇位，和士开累积官资，擢升到黄门侍郎。高元海、毕义云、高乾和等都妒忌他，正想弹劾他，和士开却先上启奏，说高元海等勾结朋党，想作威作福。经他这么一说，高乾和等就渐渐地被疏远。毕义云晓得惹不起他，反过头来向他行赂，经他在齐世祖面前美言几句，才得调迁为兖州刺史。

陈文帝陈蒨征调江州刺史周迪镇守溢城，又征召他的儿子入朝，周迪观望不前，他的儿子也不入朝。其余南江酋长渠帅，私自任命县令县长，大多不接受朝廷征召，朝廷因在别处正有战事，没有闲暇去讨伐，只想先笼络住他们，不让他们叛离就

资治通鉴

好。其中，只有豫章太守周敷独自先行奉命入朝，朝廷便加封他为安西将军，特赐鼓吹一部，并赏赐女妓、金帛，然后命他回去镇守豫章。周迪认为周敷的名位以前都在自己之下，一旦入朝，便超过自己而获得显贵，内心深感不满，于是暗中跟留异相互勾结，并且派遣他的弟弟周方兴发兵偷袭周敷，周敷大败周方兴。周迪又派遣他哥哥的儿子在船中埋伏甲士，假装成商贩，准备偷袭溢城，可是还未发动，事情就先败露，寻阳太守、监江州事、晋陵人华皎派兵阻截，将周迪派去偷袭的船舰、甲士，全部俘虏过来。

上以闽州刺史陈宝应之父为光禄大夫，子女皆受封爵，命宗正编入属籍。而宝应以留异女为妻，阴与异合。

虞荔弟寄，流寓闽中，荔思之成疾，上为荔徵之，宝应留不遣。寄尝从容讽以逆顺，宝应辄引它语以乱之。宝应尝使人读《汉书》，卧而听之，至蒯通说韩信曰："相君之背，贵不可言。"蹶然起坐，曰："可谓智士！"寄曰："通一说杀三士，何足称智！岂若班彪《王命》，识所归乎！"

寄知宝应不可谏，恐祸及己，乃著居士服，居东山寺，阳称足疾。宝应使人烧其屋，寄安卧不动。亲近将扶之出，寄曰："吾命有所悬，避将安往！"纵火者自救之。

【译文】陈文帝陈蒨擢升陈宝应的父亲陈羽为光禄大夫。陈宝应的子女，不管大小，都加封爵位，并命掌管皇族事务的宗正卿，条录他的本系，编入宗室簿册。可是，陈宝应因为娶了留异的女儿为妻，所以暗中与留异有勾结。

虞荔的弟弟虞寄，流落寄居闽中，虞荔因想念他而生出病来，陈文帝陈蒨为了虞荔，特别下旨，征召虞寄还都，可是陈宝应却违抗朝廷命令, 扣住虞寄, 始终不让他回京。虞寄曾安然自在地找机会以逆顺的道理向他讽谏, 陈宝应就故意用别的话头来打断他。陈宝应曾找身边的人读《汉书》给他听, 他本是躺着在听的, 但当那人读到蒯通游说韩信"相您的背, 将来贵不可言"的时候, 竟坐起身来, 连声叫道: "可谓智士! 可谓智士! "虞寄却很严肃地对他说: "蒯通胡乱瞎说, 而误杀三位贤士, 哪够资格称为智士? 怎比得上班彪作《王命论》, 懂得归向真命天子呢? "

虞寄多次进谏陈宝应, 陈宝应都不听, 虞寄晓得无法再劝他, 但又害怕陈宝应闯祸牵连到他, 于是改穿居士服, 避居到东山寺, 假称脚有病, 不再起床。陈宝应认为他是装的, 便派人去烧他的卧室, 虞寄安稳地躺着, 并没有起身下床, 左右亲近的人急着要扶他出去, 虞寄说: "我寄居闽中, 生死之命, 悬在他人手上, 我又能到哪儿去躲避呢? "说完, 仍坚卧在床, 不肯离去, 那个纵火的人, 回过头来将火扑灭。

乙卯, 齐以任城王湝为司徒。

齐扬州刺史行台王琳数欲南侵, 尚书卢潜以为时事未可。上遣移书寿阳, 欲与齐和亲。潜以其书奏齐朝, 仍上启且请息兵。齐主许之, 遣散骑常侍崔瞻来聘, 且归南康愍王昙朗之丧。琳由是与潜有隙, 更相表列。齐主徵琳赴邺, 以潜为扬州刺史, 领行台尚书。瞻, 悛之子也。

梁末丧乱, 铁钱不行, 民间私用鹅眼钱。甲子, 改铸五铢钱, 一当鹅眼之十。

后梁主安于俭素, 不好酒色, 虽多猜忌, 而抚将士有恩。以封疆褊隘, 邑居残毁, 干戈日用, 郁郁不得志, 疽发背而殂; 葬平陵, 谥曰宣皇帝, 庙号中宗。太子岿即皇帝位, 改元天保; 尊龚太后为太皇太后，王后曰皇太后，母曹贵嫔为皇太妃。

【译文】 乙卯日（十五日），齐主高湛任用任城王高湝为司徒。

北齐扬州刺史、行台王琳多次请求出师南袭陈国，行台尚书卢潜权衡局势，认为不可南侵。恰好陈文帝陈蒨致书齐主高湛，送达寿阳，愿与齐国和亲。卢潜将那封国书奏呈朝廷，趁机上表启，请暂时止兵，避免战争。齐主高湛听从卢潜所请，与陈国和好，于是派遣散骑常侍崔瞻南来访问，并归还南康愍王陈昙朗的棺椁。王琳因此和卢潜产生嫌怨，互相上表罗列对方是非。齐主高湛征召王琳回到邺城，调升卢潜为扬州刺史，兼领扬州行台尚书。崔瞻，是崔悛的儿子。

陈朝初年，梁末大乱之后，铁钱不再流通，民间都私自通用鹅眼钱。甲子日（二十四日），陈朝改铸五铢钱，一枚五铢钱，折抵十个鹅眼钱。

后梁主萧詧甘于节俭朴素，不好饮酒和女色。对人虽多怀疑猜忌，可是抚慰将士有恩，将士也都愿为他效力。萧詧因封疆褊小狭隘，市城村落又多衰败，战争不息，却又多次不能获胜，于是郁郁不得志，竟致脊背生疽（肿烂）而病逝（年四十四）。死后，被安葬在平陵，谥号宣皇帝，庙号中宗。萧詧的太子萧岿（詧第三子）即位为皇帝，改年号为天保，尊奉祖母龚太后为太皇太后，嫡母王皇后为皇太后，生母曹贵嫔为皇太妃。

三月，丙子，安成王顼至建康，诏以为中书监、中卫将军。

上谓杜杲曰："家弟今蒙礼遣，实周朝之惠；然鲁山不返，亦恐未能及此。"杲对曰："安成，长安一布衣耳，而陈之介弟也，其价岂止一城而已哉！本朝敦睦九族，恕己及物，上遵太祖遗旨，下

253

思继好之义，是以遣之南归。今乃云以导常之土易骨肉之亲，非使臣之所敢闻也。"上甚惭，曰："前言戏之耳。"待杲之礼有加焉。

项妃柳氏及子叔宝犹在穰城，上复遣毛喜如周请之，周人皆归之。

丁丑，以安右将军吴明彻为江州刺史，督高州刺史黄法𣰰、豫章太守周敷共讨周迪。

【译文】 三月，丙子日（初七），安成王陈顼自长安回到建康，陈文帝陈蒨下诏拜授陈顼为中书监、中卫将军。

陈文帝对护送安成王归国的北周大使杜杲说："舍弟今蒙优礼送还，实在应该感激周朝的恩赐；但要不是赂以鲁山之地，只怕也不一定就会放还安成王吧！"杜杲反驳说："安成王留在长安，只不过是一个布衣之士罢了，但是，送归南国，却是陛下的大弟，他的价值，岂只是一座城池而已呢？本朝和睦九族，以恕己之心而推及于人，往上遵循太祖（宇文泰）的遗旨，往下想修复两国之间的和睦，基于这个理由，因此才遣送安成王返归南国，而今竟说是用普通的无关紧要的土地，才换得骨肉至亲的团聚，这可不是使臣所敢听闻的啊！"陈文帝陈蒨听他这么一说，深感羞愧，连忙说："适才所言，是与你开玩笑的，幸莫当真！"于是对待杜杲礼遇有加。

安成王妃柳氏和他的世子陈叔宝还留在穰城（河南邓县外城东南隅），陈文帝陈蒨又派毛喜随杜杲前往长安，请求放还安成王的妻小，北周都将他们放还江南。

丁丑日（初八），陈文帝陈蒨调升安右将军吴明彻为江州刺史，派遣他督统高州刺史黄法𣰰、豫章太守周敷等人，共同征讨周迪。

甲申，大赦。

留异始谓台军必自钱塘上，既而侯安都步由诸暨出永康，异大惊，奔桃枝岭，于岩口竖栅以拒之。安都为流矢所中，血流至踝，乘舆指麾，容止不变。因其山势，迮而为堰。会潦水涨满，安都引船入堰，起楼舰与异城等，发拍碎其楼堞。异与其子忠臣脱身奔晋安，依陈宝应。安都虏其妻及馀子，尽收铠仗而还。

异党向文政据新安，上以贞毅将军程文季为新安太守，帅精甲三百径往攻之。文政战败，遂降。文季，灵洗之子也。

【译文】 甲申日（十五日），陈文帝陈蒨下诏大赦天下。

留异原先以为官军要来讨伐的话，一定是从钱塘水路溯江而上，不久，侯安都竟选择陆路，从诸暨经永康，直奔而来。留异见状大惊，急忙逃到桃枝岭，在岩口竖立栅栏，抵御王师。侯安都亲自指挥进攻，被流箭所伤，血流到脚踝，仍端坐在轿子上指挥，容貌举止，平静如常。官军根据山垅地势，在峡谷间选择一处狭窄的地方，筑起土山，壅水为堰。恰好赶上雨季，水量充沛，过了不久，水就涨满峡谷，侯安都引船入堰，搭起楼舰，高度和留异城垒等齐，于是发动拍竿，拍碎他们城上的矮墙，留异挡不住猛烈的攻势，便同儿子留忠臣脱身逃往晋安，前去投靠陈宝应（留异的女婿）。侯安都攻陷城垒，俘虏了留异的夫人和其他的儿子，铠甲器仗，全部予以没收，奏凯而归。

留异的党羽向文政还盘踞在新安故城（今浙江淳安县西），陈文帝陈蒨任用贞毅将军程文季为新安太守，程文季带领精兵三百，轻装疾行，前往进讨。向文政战败投降。程文秀，是程灵洗的儿子。

夏，四月，辛丑，齐武明娄太后殂。齐主不改服，绯袍如故。

未几，登三台，置酒作乐，宫女进白袍，帝投诸台下。散骑常侍和士开请止乐，帝怒，挝之。

乙巳，帝遣使来聘。

齐青州上言河水清，齐主遣使祭之，改元河清。

先是，周之群臣受封爵者皆未给租赋。癸亥，始诏柱国等贵臣邑户，听寄食它县。

五月，庚午，周大赦。

己丑，齐以右仆射斛律光为尚书令。

壬辰，周以柱国杨忠为大司空。六月，己亥，以柱国蜀国公尉迟迥为大司马。

【译文】夏季，四月，辛丑日（初二），北齐武明娄太后去世。齐主高湛居母丧，不改穿丧服，仍旧穿着绯（赤色）袍。隔不多时，齐主高湛又登上三台，置酒作乐。宫女进呈白袍（丧服），齐主高湛把它扔到台下。散骑常侍和士开请求暂停奏乐，高湛又发脾气，把他捶打一顿。

乙巳日（初六），齐主高湛派遣使者抵达建康访问。

北齐青州刺史上表，称黄河水变清，齐主高湛派遣使者前去致祭，改年号为河清。

此前，北周文武官员因立功而获得封爵的，朝廷都没有发给他们封邑的租赋。到癸亥日（二十四日）这一天，周主宇文邕才下诏，准许柱国等勋德贵重之臣所辖的邑户，无须固定居住在自己封邑之内，也可寄食于外县。

五月，庚午日（初一），周主宇文邕下诏大赦天下。

己丑日（二十日），齐主高湛任用尚书右仆射斛律光为尚书令。

壬辰日（二十三日），周主宇文邕任用柱国杨忠为大司空。

六月，己亥日（初一），周主宇文邕任命柱国、蜀国公尉迟迥为大司马。

秋，七月，己丑，纳太子妃王氏，金紫光禄大夫周之女也。

齐平秦王归彦至冀州，内不自安，欲待齐主如晋阳，乘虚入邺。其郎中令吕思礼告之。诏大司马段韶、司空娄叡讨之。归彦于南境置私驿，闻大军将至，即闭城拒守。长史宇文仲鸾等不从，皆杀之。归彦自称大丞相，有众四万。齐主以都官尚书封子绘，冀州人，祖父世为本州刺史，得人心，使乘传至信都，巡城，谕以祸福，吏民降者相继，城中动静，小大皆知之。

归彦登城大呼云："孝昭皇帝初崩，六军百万，悉在臣手，投身向邺，奉迎陛下。当时不反，今日岂反邪！正恨高元海、毕义云、高乾和诳惑圣上，疾忌忠良，但为杀此三人，即临城自刎。"既而城破，单骑北走，至交津，获之，锁送邺。乙巳，载以露车，衔木面缚。刘桃枝临之以刃，击鼓随之，并其子孙十五人皆弃市。命封子绘行冀州事。

【译文】秋季，七月，己丑日（二十一日），陈文帝陈蒨为太子娶王氏为妃。王氏，是金紫光禄大夫王周[固]的女儿（按"王周"为"王固"之误）。

北齐平秦王高归彦外放到冀州，内心很不安宁，他原想等齐主高湛到晋阳时，乘虚攻入邺都。可是还没有行动，就被手下郎中令吕思礼告发。齐主高湛于是下诏，命大司马段韶和司空娄叡，发兵前往征讨。高归彦在州境南郊，私置驿马和差吏，州境驿使传来京师大军将要逼近的消息，高归彦便关闭城门，登城拒守。长史宇文仲鸾等不肯依从，高归彦便将他们全部杀掉。高归彦自称大丞相，拥有士兵四万人。齐主高湛因都官尚书封子绘是冀州人，他的祖父、父亲都当过冀州刺史，并且很得当地人民的爱戴，于是命封子绘搭乘快捷驿车，迅速前往信都（故城在今河北冀县东北）。封子绘赶到信都，巡行城下，向城民晓以祸福逆顺的道理。城内官吏、百姓出来投降的络绎不绝。因此城中动静，大小消息，官方都能知晓得一清二楚。

等到大军包围城下，高归彦登城大呼道："孝昭皇帝临崩时，六军百万，全部掌握在我手上，我起身奔向邺城，奉迎陛下，我那时尚且不反，难道今日反而会造反吗？只恨高元海、毕义云、高乾和等人，伪诈迷惑圣上，妒忌忠良，只为杀此三人，如若心愿得了，我立刻临城自刭，死也甘心！"段韶等不理他这一套，只管加紧攻城。不久，城被攻陷，高归彦弃城，单骑向北逃走，逃到交津口（今河北武强县东），被官军擒获，押送邺都。乙未日（二十七日），高归彦被人载上露车，嘴里塞上木条，两手也被反绑。刘桃枝用刀架在他脖子上，将他押入市曹，跟在他后面击鼓，然后行刑，连同他的子孙共十五人，一同斩首示众。

齐主知归彦前谮清河王岳，以归彦家良贱百口赐岳家，赠岳太师。

丁酉，以段韶为太傅，娄叡为司徒，平阳王淹为太宰，斛律光为司空，赵郡王叡为尚书令，河间王孝琬为左仆射。

癸亥，齐主如晋阳。

上遣使聘齐。

九月，戊辰朔，日有食之。

以侍中、都官尚书到仲举为尚书右仆射、丹杨尹。仲举，溉之弟子也。

吴明彻至临川，攻周迪，不能克。丁亥，诏安成王顼代之。

【译文】齐主高湛命令封子绘留在信都，代行冀州刺史事。高湛知道高归彦以前逭害清河王高岳，便将高归彦的亲属奴婢共百口，赏赐高岳家，因怀思高岳的战功，又追赠高岳为太师。

丁酉日（二十九日），齐主高湛任用段韶为太傅，娄叡为司徒，任命平阳王高淹为太宰，斛律光为司空，任命赵郡王高叡为尚书令，河间王高孝琬为尚书左仆射。

癸亥日（七月无此日），齐主高湛前往晋阳。

癸亥这一天，陈文帝陈蒨派遣使者抵达北齐访问。

九月，戊辰朔日（初一），发生日食。

戊辰这一天，陈文帝陈蒨任用侍中、都官尚书到仲举为尚书右仆射兼丹阳尹。到仲举，是到溉的弟弟到洽的儿子。

吴明彻督率众军到临川讨伐周迪，围攻多时，没能取胜。丁亥日（二十日），陈文帝陈蒨诏命安成王陈顼接替吴明彻担任前军统帅。

冬，十月，戊戌，诏以军旅费广，百姓空虚，凡供乘舆饮食衣服及宫中调度，悉从减削；至于百司，宜亦思省约。

十一月，丁卯，周以赵国公招为益州总管。

丁丑，齐遣兼散骑常侍封孝琰来聘。

十二月，丙辰，齐主还邺。

齐主逼通昭信李后，曰："若不从我，我杀尔儿！"后惧，从之。既而有娠。太原王绍德至閤，不得见，愠曰："儿岂不知邪！姊腹大，故不见儿。"后大惭，由是生女不举。帝横刀诟曰："杀我女，我何得不杀尔儿！"对后以刀环筑杀绍德。后大哭，帝愈怒，裸后，乱挞之。后号天不已，帝命盛以绢囊，流血淋漓，投诸渠水，良久乃苏，犊车载送妙胜〔寺〕为尼。

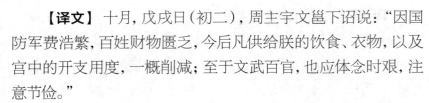

　　【译文】 十月，戊戌日（初二），周主宇文邕下诏说："因国防军费浩繁，百姓财物匮乏，今后凡供给朕的饮食、衣物，以及宫中的开支用度，一概削减；至于文武百官，也应体念时艰，注意节俭。"

　　十一月，丁卯日（初一），周主宇文邕任用赵国公宇文招为益州总管。

　　丁丑日（十一日），北齐派遣兼散骑常侍封孝琰出发江南访问。

　　十二月，丙辰日（二十一日），齐主高湛从晋阳返回邺都。

　　齐主高湛逼迫奸淫昭信文宣皇后李氏（高湛之嫂），李氏不肯，高湛便威胁她说："你若不依从我，我就杀你儿子。"李后害怕，只好听凭他泄逞兽欲。不久，有了身孕。太原王高绍德（李后第二子）到昭信宫见他母亲，李后躲避不敢接见他，太原王发脾气说："儿子不晓得吗？姐姐（齐俗呼母为"姐姐"）肚子大，因此不敢见儿。"李后听他儿子这样喊叫，内心大为羞愧，因此，一生下女婴，就丢弃不养。齐主高湛知晓此事，举刀责骂她说："你既杀我女儿，我怎能不杀你儿子！"说完，就召来太原王高绍德，当着李后的面，用刀尖刺杀高绍德。李后悲切痛哭。高湛越发生气，扒光她的衣服，将她乱打一气。李后呼天抢地不止，高湛命人拿绢制的囊袋，把她裹装起来，血不时从囊袋里渗流出来，命人将她丢入宫沟，待打捞起来，过了很久，才苏醒过来，最后，用牛车将她载往妙胜寺，让她削发为尼。

资治通鉴

资治通鉴卷第一百六十九　陈纪三

起昭阳协洽，尽柔兆阉茂，凡四年。

【译文】起癸未（公元563年），止丙戌（公元566年），共四年。

【题解】本卷记录了公元563年至566年共四年间南北朝的史事。当时陈朝正值天嘉四至六年，天康元年；北周正值武帝保定三至五年，天和二年；北齐正值武成帝太宁三至四年，后主天统元年、二年。陈文帝陈蒨最终平定江南割据叛乱，与北周通好，数年间，就恢复了社会秩序，使陈朝进入一个稳定的时期。北周君臣协同合作，政治较为清明，北周发起两次与北齐的战争，均以失败告终，表明北周军队还不够强大，同时又缺乏整合的能力。北齐宫变不断，国力日趋衰败。北齐世祖高湛即位后，崇尚胡商享乐之风，嗜酒又听信谗言，虐杀骨肉，差点丧国。

世祖文皇帝下

天嘉四年（癸未，公元五六三年）春，正月，齐以太子少傅魏收兼尚书右仆射。时齐主终日酣饮，朝事专委侍中高元海。元海庸俗，帝亦轻之；以收才名素盛，故用之。而收畏懦避事，寻坐阿纵，除名。

兖州刺史毕义云作书与高元海，论叙时事，元海入宫，不觉遗之。给事中李孝贞得而奏之，帝由是疏元海，以孝贞兼中书舍人，徵义云还朝。和士开复谮元海，帝以马鞭箠元海六十，责曰："汝昔教我反，以弟反兄，几许不义！以邺城兵抗并州，几许无智！"出为兖州刺史。

甲申，周迪众溃，脱身逾岭，奔晋安，依陈宝应。官军克临川，获迪妻子。宝应以兵资迪，留异又遣其子忠臣随之。

【译文】 天嘉四年（癸未，公元563年）春季，正月，齐主高湛任用太子少傅魏收为尚书右仆射。当时，齐主高湛整日尽情喝酒，朝廷政事，全都委托侍中高元海处理。高元海本是平庸鄙俗之人，不堪承当重任，齐主高湛也看不起他；由于魏收名气才华一向享有盛誉，所以任用他为右仆射。本想大加任用，但是魏收胆小怯懦，遇事推托，不久，又发生阿谀纵容之事，齐主高湛于是将他罢官，除去名籍。兖州刺史毕义云写信给高元海，评议时事，高元海进宫，不慎将那封信遗落在地，让给事中李孝贞捡到，奏呈齐主，齐主高湛于是逐渐疏远高元海，调升李孝贞为中书舍人，召请毕义云还朝。和士开又趁机在背后讲高元海的坏话，齐主高湛用马鞭打了高元海六十下，责备他说："你以前教我叛逆，要我这做弟弟的去背叛哥哥，这是多么的不义；要我用邺城弱小的兵力，去抵抗并州的雄师，这是多么的无智！这样不义、无智的人，还留在我身边做什么？"于是，外放他为兖州刺史。

甲申日（十九日），周迪的部队溃散，周迪只身突出重围，逃往晋安，投靠陈宝应。官军收复临川，俘虏了周迪的妻小。陈宝应派兵援助周迪，留异也派儿子留忠臣去追随、辅助周迪。

虞寄与宝应书，以十事谏之曰："自天厌梁德，英雄互起，人人自以为得之，然夷凶剪乱，四海乐推者，陈氏也；岂非历数有在，惟天所授乎！一也。以王琳之强，侯瑱之力，进足以摇荡中原，争衡天下，退足以屈强江外，雄张偏隅；然或命一旅之师，或资一士之说，琳则瓦解冰泮，投身异域，瑱则阙角稽颡，委命阙庭，斯又天假之威而除其患。二也。今将军以藩戚之重，东南之众，尽忠奉上，戮力勤王，岂不勋高窦融，宠过吴芮，析珪判野，南面称孤乎！三也。圣朝弃瑕忘过，宽厚得人，至于余孝顷、潘纯陀、李孝钦、欧阳颁等，悉委以心腹，任以爪牙，胸中豁然，曾无纤芥。况将军衅非张绣，罪异毕谌，当何虑于危亡，何失于富贵！四也。方今周、齐邻睦，境外无虞，并兵一向，匪朝伊夕，非刘、项竞逐之机，楚、赵连从之势；何得雍容高拱，坐论西伯哉！五也。且留将军狼顾一隅，亟经摧衂，声实亏丧，胆气衰沮。其将帅首鼠两端，唯利是视，孰能被坚执锐，长驱深入，系马埋轮，奋不顾命，以先士卒者乎！六也。将军之强，孰如侯景？将军之众，孰如王琳？武皇灭侯景于前，今上摧王琳于后，此乃天时，非复人力。且兵革已后，民皆厌乱，其孰能弃坟墓，捐妻子，出万死不顾水计，从将军于白刃之间乎！七也。历观前古，子阳、季孟，倾覆相寻；馀善、右渠，危亡继及。天命可畏，山川难恃。况将军欲以数郡之地当天下之兵，以诸侯之资拒天子之命，强弱逆顺，可得侔乎！八也。且非我族类，其心必异；不爱其亲，岂能及物！留将军身縻国爵，子尚王姬，犹且弃天属而弗顾，背明君而孤立，危亡之日，岂能同忧共患，不背将军者乎！至于师老力屈，惧诛利赏，必有韩、智晋阳之谋，张、陈井陉之势。九也。北军万里远斗，锋不可当。将军自战其地，人多顾后；众寡不敌，将帅不侔。师以无名而出，事以无机而动，以此称兵，未知其利。十也。为将军计，莫若绝亲留氏。遣子入质，释甲偃兵，一遵诏旨。方今藩维尚少，皇子幼冲，凡预宗枝，皆蒙宠树。况以将军之地，将军之才，将军之名，将军之势，而克修藩服，北面称臣，宁与刘泽同年而语其功业哉！寄感恩怀服，不觉狂言，斧钺之诛，其甘如荠。"宝应览书大怒。或谓宝应曰："虞公病势渐笃，言多错谬。"宝应意乃小释，亦以寄民望，故优容之。

【译文】 虞寄写信给陈宝应，条陈十事，向他直言劝谏，信的内容大略如下："自从上天厌弃梁朝天子的德行，一时英雄并起，人人都以为可得天下，然而平凶除乱，四海之人乐意推举为天子的，仅陈氏一人，这岂非是天命有所归属，王者更替的次序，真有定数存在，非人力所能强求？陈氏得天下，是上天所授，这是不可与他抗衡的第一个理由。凭借王琳的强大，侯瑱的实力，他们进足以震动中原，与天下群雄一较短长；退足以称雄江外，割据一方；然而朝廷或命一旅官兵进讨，或凭借一位使臣游说，王琳就冰消瓦解，逃奔北齐；侯瑱则叩头归顺，托命王朝，这又是上天借与陈朝天子威严，帮助他平定祸乱，像他那样得天保佑的人，这是不可与他抗衡的第二个理由。当今，将军凭藩侯宗戚的显贵身份，拥聚东南无数部队，尽忠事奉君主，用心为王室效力，岂不是要功勋高过窦融，尊宠超过吴芮吗？如此的话，天子自然会分颁玉琏，赐您爵位，划野授土，封您为侯为王，那么您不就可以南面称孤了吗？有如此美满的结局，这是您犯不着兴兵去跟陈氏抗衡的第三个理由。本朝君王，不记人瑕疵，忘掉人过失，而以宽大的胸怀和优厚的礼遇来待人，例如余孝顷、潘纯陀、李孝钦、欧阳頠等，都被视为亲近可信的人来委用，任用他们为捍卫国家的重臣，胸中恢宏开朗，毫无记仇的痕迹。况且将军与皇上的关系，既不像张绣那样，跟国君有很深的冤仇；也不同于毕谌失信，对国君有深重的欺骗，应该不用顾虑危亡，不怕失去富贵，这是犯不着去和陈氏争强抗衡的第四个理由。如今，朝廷跟北周、北齐二国，敦睦友好，国境之外，已无战事之忧，讨伐国内叛逆，合兵指向一方，这是早晚的事。目前的情势，与刘邦、项羽竞逐的时机不同，也和楚、赵合纵的形势有别，这哪里还是优游闲逸，两手高拱，坐着谈论文王，无须多费力气，就可坐收渔翁之利的时机呢？这是不利于与陈氏争强抗衡的第五个理由。何况留将军偏安东南，孤悬东南海角，心存狼顾之忧，屡经摧折败北，实力声望，亏损丧失，勇气胆量，衰竭殆尽。他的部将都首鼠两端，只图个人利益，其他一概不管，这样还有谁能为他披铠甲，执长矛，长驱直入，誓死无退，系马埋轮，奋不顾身，身先士卒去杀敌呢？这是您不可和留异结盟，去与陈氏对抗的第六个理由。凭将军的强盛，比之侯景怎么样？凭将军的部众，较之王琳怎么样？陈武帝消灭侯景在前，今上击败王琳于后，这是天的运道所致，并非人力所能办到。况且，战争之后，百姓都已厌恶动乱，还有谁能远离祖坟，抛妻弃子，出生入死，不顾性命，追随将军，在明亮锋利的刀刃间过日子呢？这是将军不能率众和陈氏对抗的第七个理由。遍观前代史实，子阳、季孟，颠倒倾覆相连；馀善、右渠，孤危灭亡相继。上天的意旨，值得敬畏；山川的险阻，难以倚仗。何况，将军想凭借数郡的土地，抵抗天下的雄兵，凭诸侯的身份，抗拒天子的严命，强与弱，逆与顺，能够相等吗？这是您不可跟陈氏争夺天下的第八个理由。况且，不是我同族的人，他的心与我不同；一个不疼爱他亲属的人，怎会去亲爱他人？留将军已承受国家爵禄，儿子娶公主为妻（留异子贞臣娶世祖长女丰安公主），尚且抛弃天子而不顾，背叛英明的国君而自立，等他危急的时候，怎可能与人甘苦与共，而不做出背叛将军的事情来呢？到了部队疲惫，势力衰微，害怕诛戮之祸，贪图赏赐之利，必有类似晋阳之围，韩、魏倒戈杀智伯的事情发生；也一定会有类似井陉之战，张耳斩杀陈馀的举动出现，内部已经存有危机，这是将军不可与陈氏争雄的第九个理由。

北军远出万里战斗，兵锋难以抵挡。而将军在自己境内作战，人们多顾念家室，不肯尽力，南军寡不敌众，将帅也比不上北军。想出兵，而无正当的理由；要举事，却无适当的时机，凭此起兵，不知会有什么好的结局，这是您不可以与陈氏争衡的第十个理由。为将军打算，不如和留氏断绝婚姻关系（陈宝应娶留异女为妻），卸甲息兵，完全遵从诏旨行事。当今宗室封藩还少，皇子也都年幼，凡能参与皇家宗族事务的，都蒙皇上宠遇封爵。况且凭将军的门第、威望及权势，若能行藩臣的职分，北面俯首称臣，那么你的功名和事业，岂止和刘泽相提并论而已呢？我虞寄感念你的恩德，不觉吐露许多狂妄的言论，冒犯之罪，纵使遭受斧钺的刑斩，也会觉得像吃荠菜一般的甘甜。”陈宝应看了虞寄写来的信，不禁大怒。所幸身边的人劝解陈宝应说：“虞公病势更严重了，词多错谬，请不要介意！”陈宝应的怒气这才稍微消解，而且因为虞寄是当地百姓所仰望效法的人物，也只好宽容了他。

周梁躁公侯莫陈崇从周主如原州。帝夜还长安，人窃怪其故，崇谓所亲曰：“吾此闻术者言，晋公今年不利，车驾今忽夜还，不过晋公死耳。”或发其事。乙酉，帝召诸公于大德殿，面责崇，崇惶恐谢罪。其夜，冢宰护遣使将兵就崇第，逼令自杀，葬如常仪。

壬辰，以高州刺史黄法氍为南徐州刺史，临川太守周敷为南豫州刺史。

周主命司宪大夫拓跋迪造《大律》十五篇。二月，庚子，颁行之。其制罪：一曰杖刑，自十五至五十；二曰鞭刑，自六十至百；三曰徒刑，自一年至五年；四曰流刑，自二千五百里至四千五百里；五曰死刑，磬、绞、斩、枭、裂；凡二十五等。

【译文】 北周梁躁公侯莫陈崇跟随周主宇文邕到原州（今甘肃固原县治）。周主宇文邕却又连夜赶回长安，有人私下奇怪究竟发生了什么大事，侯莫陈崇对亲近的人表示他的看法，说："我最近听占卜的人说，晋国公宇文护今年流年不利，皇上今晚突然赶回长安，多半是晋国公宇文护死了的缘故吧！"此话一出，大家都在传这个话，不久，就有人告发了这件事。乙酉日（二十日），周主宇文邕召集诸公到大德殿，当众申斥侯莫陈崇，侯莫陈崇惶恐谢罪。当天晚上，冢宰宇文护派遣使者，带领卫兵，包围侯莫陈崇府邸，逼令他自杀，对他的葬礼，依然按照对待一般大臣去世时的葬礼一样。

壬辰日（二十七日），陈文帝陈蒨任用高州刺史黄法氍为南徐州刺史，临川太守周敷擢升为南豫州刺史。

周主宇文邕命令司宪大夫拓跋迪制定《大律》[二]十五篇（按《隋书·刑法志》："周造大律凡二十五篇"）它的刑罚总则：一是杖刑：用大荆杖打，分为打十、二十、三十、四十、五十下等五种。二是鞭刑：用鞭子抽打，分为打六十、七十、八十、九十、一百下等五种。三是徒刑：拘禁罪犯服劳役，分为服一年、二年、三年、四年、五年等五种徒刑。四是流刑：遣送犯人到远方，分为距离皇城二千五百里、三千里、三千五百里、四千里、四千五百里等五种。五是死刑：绝人性命的刑法，分为磬、绞、斩、枭、裂等五种。五刑之属各有五种，一共二十五种。

庚戌，以司空、南徐州刺史侯安都为江州刺史。

辛酉，周诏：“大冢宰晋国公，亲则懿昆，任当元辅，自今诏诰及百司文书，并不得称公名。”护抗表固让。

三月，乙丑朔，日有食之。

齐诏司空斛律光督步骑二万，筑勋常城于轵关；仍筑长城二百里，置十二戍。

丙戌，齐以兼尚书右仆射赵颜深为左仆射。

【译文】庚戌日（二月十六日），陈文帝陈蒨任用司空、南徐州刺史侯安都为江州刺史。

辛酉日（二月二十七日），周主宇文邕下诏说：“大冢宰、晋国公宇文护，以亲戚论，是朕的堂兄；以官职论，是朕的首辅，从今以后，朝廷诏诰及各种机关文书，都不得称晋国公的名讳。”宇文护上表，再三推辞不接受。

三月，乙丑朔日（初一），发生日食。

齐主高湛下诏，命令司空斛律光督率步骑二万，到轵关（在今河南济源县西北，关当轵道，因名轵关）修筑勋掌城，因而增筑长城二百里，分别设置十二城戍。

丙戌日（二十二日），齐王高湛任用兼尚书右仆射赵彦深为左仆射（左仆射，当作右仆射）。

夏，四月，乙未，周以柱国达奚武为太保。

周主将视学，以太傅燕国公于谨为三老。谨上表固辞，不许，仍赐以延年杖。戊午，帝幸太学。谨入门，帝迎拜于门屏之间，谨答拜。有司设三老席于中楹，南面。太师护升阶，设几。谨升席，南面凭几而坐。大司马豆卢宁升阶，正舄。帝升阶，立于斧扆之前，西面。有司进馔，帝跪设酱豆，亲为之袒割。馔食毕，帝亲跪授爵以酳。有司撤讫，帝北面立而访道。谨起，立于席后，对曰："木受绳则正，后从谏则圣。明王虚心纳谏以知得失，天下乃安。"又曰："去食去兵，信不可去；愿陛下守信勿失。"又曰："有功必赏，有罪必罚，则为善者日进，为恶者日止。"又曰："言行者，立身之基，愿陛下三思而言，九虑而行，勿使有过。天子之过，如日月之食，人莫不知，愿陛下慎之。"帝再拜受言，谨答拜。礼成而出。

【译文】 夏季，四月，乙未日（初二），周主宇文邕任用柱国达奚武为太保。

周主宇文邕预备视察太学学政，特命太傅、燕国公于谨为三老，于谨上表启奏，再三辞谢不敢当，周主宇文邕下诏不准，于是将延年杖赐给于谨。戊午日（二十五日），周主宇文邕视察太学，并举行宴请三老之礼。三老于谨入门，周主宇文邕亲自到门与屏的中间去迎候他，于谨回礼答谢。主管礼仪的人，在堂的正中央设三老席，席位朝南。太师宇文护登上堂阶，在三老席摆置几案，于谨升堂就席，朝南倚几而坐。大司马豆卢宁登上堂阶，为于谨摆正鞋子放置的位次。周主宇文邕登上堂阶，站在画有斧形屏风的前面，面朝西。主管膳食的官吏，供上饭食，周主宇文邕端着酱碟，跪着向于谨献食；接着又挽袖露臂，亲自替于谨切割牲肉。三老于谨吃完饭，周主又端起酒杯，跪着与他劝饮。等管膳食的人员撤去酒席，周主宇文邕面北而立，向三老请教治国之道。于谨起身，站立在席后，朝南面对周主宇文邕说："木材受到绳墨的矫正，便能变得端直，国君接纳忠臣的进谏，就能变得圣明。圣明的国君，虚心采纳臣下的诤谏，借以得知朝政的得失，天下便能安定。"于谨又说："治国理政要以忠信为本，假如必不得已，宁可去掉军备，去掉粮食，也不可丢掉忠信；希望陛下要守信用，不可失信于百姓。"于谨又说："治国要有法纪，对于有功的人，一定给他奖赏；有过的人，一定给他处罚。那么为善的人，一天比一天更积极地为善；做恶的人，一天比一天更努力地改正过失。"于谨又说："言行一致，是立身处世的根本，希望陛下凡事三思而后言，九虑而后行，莫让言有失，行有过。要知道，天子的过失，好比天上的日食、月蚀一样，天下的人，没有不看见的，希望陛下一定要谨言慎行！"三老于谨说完，周主宇文邕一拜之后再次下拜，感谢于谨教诲。于谨也回拜答礼。礼成而出。

司空侯安都恃功骄横，数聚文武之士骑射赋诗，斋中宾客，动至千人。部下将帅，多不遵法度，检问收摄，辄奔归安都。上性严整，内衔之，安都弗之觉。每有表启，封讫，有事未尽，开封自书之云："又启某事。"及侍宴，酒酣，或箕踞倾倚。尝陪乐游园禊饮，谓上曰："何如作临川王时？"上不应。安都再三言之。上曰："此虽天命，抑亦明公之力。"宴讫，启借供帐水饰，欲载妻妾于御堂宴饮。上虽许之，意甚不怿。明日，安都坐于御座，宾客居群臣位，称觞上寿。会重云殿灾，安都帅将士带甲入殿，上甚恶之，阴为之备。

及周迪反，朝议谓当使安都讨之，而上更使吴明彻。又数遣台使按问安都部下，检括亡叛。安都遣其别驾周弘实自托于舍人蔡景历，并问省中事。景历录其状，具奏之，因希旨称安都谋反。上虑其不受召，故用为江州。

【译文】陈朝司空侯安都自恃功高，逐渐骄横放纵，经常聚集文士武将，驰骋射箭，吟诗作赋，府中宾客，动辄多达千人。所管辖的将帅，又大多不遵法度，朝廷检案验问，收押摄捕，他们便都争相逃往侯安都的府邸，倚为护符。陈文帝陈蒨秉性严肃明察，不免怀恨在心，但侯安都竟骄狂如故，一点也没察觉。每有章表奏疏，已经封好口，只要想到其中某事意有未尽的，竟又拆封，末后写上"又启某事"的字样。等到入宫陪侍天子欢宴，每到酒喝得饱足，侯安都竟敢箕坐斜靠，目无天子。他曾陪皇上到乐游园（在江宁县覆舟山南）禊饮（古人于阴历三月上旬巳日，临水灌濯，以除邪秽之祭祀叫"禊"，修禊之宴饮曰"禊饮"），宴饮过半，侯安都很不识趣地问陈文帝陈蒨说："陛下今日，比做临川王时，怎么样？"陈文帝先是不搭理他，他竟再三逼问，陈文帝陈蒨这才冷淡地答道："这虽出自天命，但也未始不是明公您的功劳！"侯安都听了，状甚得意。宴会结束，向陈文帝陈蒨乞借供帐水饰（供帐，陈设之帷帐。水饰，供游览用之船只上之装饰。），准备载他的妻妾在御堂宴饮。陈文帝陈蒨虽然勉强应允，但是内心十分不悦。第二天，侯安都坐在皇帝的座位上，让宾客坐在群臣的位子上举杯向他敬酒，口祝延年益寿之词。事情被陈文帝侦知，陈文帝对他更加猜忌。恰好又遇到重云殿失火，侯安都带领将士，身带兵器上殿，陈文帝特别憎恶他，于是暗中开始防备他。

到了周迪反叛，朝臣商议，都认为陈文帝一定会派侯安都领军前去征讨，但是陈文帝陈蒨却改派吴明彻领兵前去。之后，又经常派尚书台的官吏，去审问侯安都的部下，检察搜捕藏匿在侯安都处的叛逆。侯安都心里感到不安，便派南徐州别驾周弘实暗中结交中书舍人蔡景历，刺探省中情事。蔡景历记录下经过情形，详细奏报陈文帝陈蒨，趁机顺迎皇帝意旨，报称侯安都谋反。陈文帝陈蒨担心不易制服他，于是先调他为江州刺史。

五月，安都自京口还建康，部伍入于石头。六月，帝引安都宴于嘉德殿，又集其部下将帅会于尚书朝堂，于坐收安都，因于嘉德西省，又收其将帅，尽夺马仗而释之。因出蔡景历表，以示于朝，乃下诏暴其罪恶，明日，赐死，宥其妻子，资给其丧。

初，高祖在京口，尝与诸将宴，杜僧明、周文育、侯安都为寿，各称功伐。高祖曰：“卿等悉良将也，而并有所短。杜公志大而识闇，狎于下而骄于上；周侯交不择人，而推心过差；侯郎傲诞而无厌，轻佻而肆志；并非全身之道。”卒皆如其言。

【译文】 五月，侯安都从京口（今江苏丹徒县治，陈北徐州治京口）返回建康，部队进入石头城。六月，陈文帝陈蒨派人召请侯安都到嘉德殿参加宴会，另又召集他的部下将帅，齐聚尚书朝堂。趁侯安都入宴时，先将他拘押在嘉德殿西省（中书省），接着就逮捕他部下的将帅，把他们身上佩带的武器全部没收，才释放他们回去。陈文帝陈蒨这时才取出蔡景历的奏表，公示于朝堂，于是下诏公布侯安都的罪状。第二天，在西省赐侯安都自尽，他的家属妻小，赦免无罪，丧葬所需，由朝廷拨款资助。

起初，陈高祖陈霸先在京口，与诸将宴饮，杜僧明、周文育、侯安都等举杯向陈高祖陈霸先祝寿。酒过数巡，三人都夸耀起功劳来。陈高祖陈霸先喟然叹道：“卿等都是良将，但各有短处。杜公志向远大，然而见识不明，和部下狎习而无尊严，对上却很骄慢无礼；周侯交友不加选择，待人太过诚心，且不知防备别人暗算；侯郎傲慢放诞，而不知满足，举止轻率，并且任性胡为，如此这般，都不是保全性命的正道。”后来这三人的下场，都和陈高祖陈霸先所预料的一样。

【申涵煜评】 安都，一代战将，功名不终，其启求无厌，举动骄恣，尚是武臣本色。而衡阳王江中一事，则俨然以成济张稷自居，死已晚矣。

【译文】 侯安都是一代战将，有功名而不得善终，在于他的要求没有厌足，举止骄横放纵，这些尚且算是武臣本色。而衡阳王陈昌江中一事，他俨然以成济、张稷自居，他后来被赐死已算晚了。

乙卯，齐主使兼散骑常侍崔子武来聘。

齐侍中、开府仪同三司和士开有宠于齐主，齐主外朝视事，或在内宴赏，须臾之间，不得不与士开相见，或累日不归，一日数入；或放还之后，俄顷即追，未至之间，连骑督趣，奸诡百端，宠爱日降，前后赏赐，不可胜纪。每侍左右，言辞容止，极诸鄙亵；以夜继昼，无复君臣之礼。尝谓帝曰："自古帝王，尽为灰土，尧舜、桀纣，竟复何异！陛下宜及少壮，极意为乐，纵横行之，一日取快，可敌千年。国事尽付大臣，何虑不办，无为自勤约也！"帝大悦。于是，委赵彦深掌官爵，元文遥掌财用，唐邕掌外、骑兵，信都冯子琮、胡长粲常东宫。帝三四日一视朝，书数字而已，略无所言，须臾罢入。长粲，僧敬之子也。

【译文】 乙卯日（二十三日），齐主高湛派遣散骑常侍崔子武出发到江南访问。

北齐侍中、开府仪同三司和士开，深得齐主高湛宠爱，齐主不论在外朝接见百官，或在内宫宴饮游玩，连短暂的片刻时间，都不能看不见和士开，有时连着好多天不让他回家，有时一日之内，多次召他进宫；或者是放他回去之后，立即又追他回来，在他往回赶而未到达时，骑马去催促他的人，络绎于途。和士开千方百计谄谀逢迎，常惹得齐主高湛心花怒放，因此对他的宠信，一天比一天隆盛，而他前前后后得到的赏赐，也多得无法一一述说。每次侍候左右，言语、措辞、容貌、举止，极尽猥亵鄙俗之能事，君臣在一起荒唐胡闹，日以继夜，不再有君臣尊卑的礼数。和士开常向齐主说："自古以来，帝王没有不死的，尧、舜、桀、纣，死后全化作灰土，有什么差别呢？陛下应当趁少壮能玩的时候，及时尽情享乐，管他什么礼义道德，求取一日的快活，足抵千年的虚名。国事尽可交托大臣，何必担忧他们办不成事呢？何苦辛劳自己，约束自己而不开心呢？"齐主高湛听他这么一说，大为开心，于是委托赵彦深掌管行政人事，元文遥掌管经济财政，唐邕统领外兵及骑兵，信都人冯子琮与胡长粲负责辅佐太子。自此以后，齐主高湛每隔三四日，才坐朝一次，去了，也只翻翻奏表，批书数字罢了，并不太讲话，才坐一会儿就罢朝，又回宫去玩乐了。胡长粲，是胡僧敬的儿子。

帝使士开与胡后握槊，河南康献王孝瑜谏曰："皇后天下之母，岂可与臣下接手！"孝瑜又言："赵郡王叡，其父死于非命，不可亲近。"由是叡及士开共谮之。士开言孝瑜奢僭，叡言"山东唯闻有河南王，不闻有陛下。"帝由是忌之。孝瑜窃与尔朱御女言，帝闻之，大怒。庚申，顿饮孝瑜酒三十七杯。孝瑜体肥大，腰带十围，帝使左右娄子彦载以出，酖之于车。至西华门，烦躁投水而绝。赠太尉、录尚书事。诸侯在宫中者，莫敢举声，唯河间王孝琬大哭而出。

【译文】 齐主高湛命令和士开与胡后对坐握槊。河南康献王高孝瑜目睹情形，便向齐主高湛劝谏说："皇后母仪天下，怎可与臣子对坐赌博，还手碰手呢？"齐主高湛不以为然。高孝瑜又说:"赵郡王高叡,他的父亲死于非命,也不应该亲近。"高叡跟和士开因此怀恨,便在背后一同讲高孝瑜的坏话。和士开对齐主高湛说:"高孝瑜奢侈僭越。"高叡也说:"山东一带的人,只知道有河南王,不再知道有陛下。"齐主高湛于是猜忌高孝瑜。高孝瑜和尔朱御女偷情(按齐制:八十一御女,比正四品,是帝王之御妻),有人禀报齐主高湛,齐主十分震怒。庚申日(二十八日),齐主高湛召高孝瑜前来,逼令他一口气连喝三十七杯酒。高孝瑜身体肥大,腰带十围,强饮之后,烂醉如泥,颓然倒地。齐主高湛命手下娄子彦用车载他回去,并带上鸩酒,途中,高孝瑜要水解渴,娄子彦便拿鸩酒给他喝,行到西华门,高孝瑜烦热难耐,跳入河中解热,竟不明不白地淹死。齐主高湛得到娄子彦回报,知晓高孝瑜已死,还假意为他发丧,追赠他太尉、录尚书事。当时还留在宫内的诸王,都不敢为他哭出声来,只有河间王高孝琬(孝瑜弟)大声哭号而出。

　　秋,七月,戊辰,周主幸原州。

　　八月,辛丑,齐以三台宫为大兴圣寺。

　　九月,壬戌,广州刺史阳山穆公欧阳𬱟卒,诏其子纥袭父爵位。

　　甲子,周主自原州登陇。

　　周迪复越东兴岭为寇,辛未,诏护军章昭达将兵讨之。

　　丙戌,周主如同州。

　　【译文】秋季,七月,戊辰日(初六),周主宇文邕到原州。

　　八月,辛丑日(初十),齐主高湛下诏,将三台宫改称大兴圣寺。

　　九月,壬戌日(初一),广州刺史、阳山穆公欧阳𬱟去世。陈文帝陈蒨下诏，让他的儿子欧阳纥继承父亲的爵位。

甲子日（初三），周主宇文邕从原州（今甘肃固原县治，在六盘山北）登上陇山（又名陇坂、陇首，东起陕西陇县，西北跨甘肃清水县，山高而长，绵延陇县、静宁、镇原、清水之境）。

周迪又越过东兴岭（在今江西黎川县县界，为赣、闽往来通道），进犯骚扰。辛未日（初十），陈文帝陈蒨诏命护军将军章昭达率军前去征讨。

丙戌日（二十五日），周主宇文邕抵达同州（治今陕西大荔县）。

初，周人欲与突厥木杆可汗连兵伐齐，许纳其女为后，遣御伯大夫杨荐及左武伯大原王庆往结之。齐人闻之惧，亦遣使求昏于突厥，赂遗甚厚。木杆贪齐币重，欲执荐等送齐。荐知之，责木杆曰："太祖昔与可汗共敦邻好，蠕蠕部落数千来降。太祖悉以付可汗使者，以快可汗之意，如何今日遽欲背恩忘义，独不愧鬼神乎？"木杆惨然良久曰："君言是也。吾意决矣，当相与共平东贼，然后送女。"荐等复命。

公卿请发十万人击齐，柱国杨忠独以为得万骑足矣。戊子，遣忠将步骑一万，与突厥自北道伐齐，又遣大将军达奚武帅步骑三万，自南道出平阳，期会于晋阳。

【译文】起初，北周想跟突厥木杆可汗联合出兵攻打北齐，愿意聘娶他的女儿为后，派遣御伯大夫杨荐和左武伯太原人王庆前往求婚。北齐得到这个消息，害怕合纵之势形成，对北齐不利，因此也派遣使者前往突厥求婚，馈赠木杆可汗的礼物特别丰盛。木杆可汗贪图齐国的厚礼，便向北周悔婚，并且想捉拿杨荐等送给齐国的使臣。杨荐晓得这些变化，于是前往木杆可汗的毡帐，变起脸来，指责木杆可汗说：“我太祖宇文泰，以前跟可汗共结两国的友好，当时蠕蠕（柔然）部落数千人来归顺我国，可汗要这批人，我太祖遵从您的意思，便将这批人全部交给您的使臣，借以满足可汗的愿望，奈何今天忽然要背恩忘义，纵然不怕我周国，难道就不害怕鬼神的惩罚吗？”木杆可汗听到“鬼神”二字，触动迷信，不禁神色黯淡沮丧，过了好一阵子，才回答说：“你说得对，我心意已决，当与贵国共同讨平东贼，然后再送女出嫁也不迟。”杨荐等便先回国复命。

周主宇文邕得知杨荐等归来报告木杆可汗的决定，便召集公卿商议，众臣请求发兵十万，东出攻打北齐，唯独柱国杨忠认为兵不在多，只需征调骑兵万人，便已足够。戊子日（二十七日），周主宇文邕任命杨忠为统帅，带领步骑一万，从北道出发，会同突厥讨伐北齐；又派遣大将军达奚武率领步骑三万，从南道出平阳（山西临汾县南），约好南北两路，在某一日期，共会晋阳（太原）城下。

冬，十一月，辛酉，章昭达大破周迪。迪脱身潜窜山谷，民相与匿之，虽加诛戮，无肯言者。

十二月，辛卯，周主还长安。

丙申，大赦。

章昭达进军度岭，趣建安，讨陈宝应，诏益州刺史余孝顷督会稽、东阳、临海、永嘉诸军自东道会之。

是岁，初祭始兴昭烈王于建康，用天子礼。

周杨忠拔齐二十馀城。齐人守陉岭之隘，忠击破之。突厥木杆、地头、步离三可汗以十万骑会之。己丑，自恒州三道俱入。时大雪数旬，南北千馀里，平地数尺。齐主自邺倍道赴之，戊午，至晋阳。斛律光将步骑三万屯平阳。己未，周师及突厥逼晋阳。齐主畏其强，戎服率宫人东走，欲避之。赵郡王叡、河间王孝琬叩马谏。孝琬请委叡部分，必得严整。帝从之，命六军进止皆取叡节度，而使并州刺史段韶总之。

【译文】冬季，十一月，辛酉日（初一），陈朝章昭达大败周迪。周迪抽身逃跑，潜伏流窜山谷间，当地百姓合力帮助他掩护躲藏，即使藏匿者会遭杀戮，也没有人肯泄露周迪藏身在何处。

十二月，辛卯日（初一），周主宇文邕从同州回到长安。

丙申日（初六），陈文帝陈蒨下诏大赦天下。

章昭达领兵，翻越杉岭（按：闽、赣分界处有杉岭，杉岭上有杉关，自古以来，为赣、闽往来之通道），前往建安（今福建瓯县），讨伐陈宝应。陈文帝陈蒨又下一诏，命益州刺史余孝顷督率会稽、东阳、临海、永嘉诸军，从东道出兵，会合章昭达，共同攻打陈宝应。

这一年，陈文帝陈蒨首次使用天子的礼仪，在建康祭祀始兴昭烈王。

北周北道元帅杨忠，接连攻克北齐二十多城。北齐扼守陉岭（山西代县西北之句注山）要塞。杨忠发兵进攻，攻破这道防线。突厥木杆、地头、步离三位可汗，亲率十万骑兵，前来与杨忠会合。己丑日（十二月无此日），突厥三位可汗，从恒州（今山西大同县东）分三路一同进抵晋阳。当时大雪连下几十日，南北千余里，平地积雪数尺深。齐主高湛，从邺都兼程前往援救。戊午日（二十八日），高湛赶到晋阳。另命斛律光率领步骑三万，前往平阳驻扎，防御北周南路达奚武军的进袭。己未日（二十九日），周主跟突厥部众逼临晋阳城下。齐主高湛登城遥望，害怕对方的强大，身着军装，想带领宫人向东而去，以避开对方的兵锋。

赵郡王高叡、河间王高孝琬一齐拦住他的坐骑，劝说他留下不要跑。高孝琬请他将六军委托给高叡调度指挥，必能严整以抗敌。齐主高湛采纳他的建议，便下令六军都归高叡调度，而攻防的实际事务，则交由并州刺史（原留守晋阳者）段韶负责执行。

天嘉五年（甲申，公元五六四年）春，正月，庚申朔，齐主登北城，军容甚整。突厥咎周人曰："尔言齐乱，故来伐之。今齐人眼中亦有铁，何可当耶！"

周人以步卒为前锋，从西山下去城二里许。诸将咸欲逆击之，段韶曰："步卒力势，自当有限。今积雪既厚，逆战非便，不如陈以待之。彼劳我逸，破之必矣。"既至，齐悉其锐兵鼓噪而出。突厥震骇，引上西山，不肯战，周师大败而还。突厥引兵出塞，纵兵大掠，自晋阳以往七百馀里，人畜无遗。段韶追之，不敢逼。突厥还至陉岭，冻滑，乃辅毡以度。胡马寒瘦，膝已下皆无毛，比至长城，马死且尽，截稍杖之以归。

【译文】天嘉五年（甲申，公元564年）春季，正月，庚申朔日（初一），高叡调度诸军一切妥当，齐主高湛登上晋阳北城，突厥可汗也凭高远望，只见北齐军容非常严整，不禁暗自吃惊，回过头责备北周军统帅说："你说齐国朝政混乱，我才南下，会同你去征讨他。现在虽未交锋，但看他们眼中寒光闪闪，如含有铁质兵器一样，这样的部队，哪是容易打败的呢？"

周军统帅听突厥可汗这样说，心里十分不服气，便下令进攻，用步卒为前锋，从西山（太原县西三十五里）而下，距城二里多，向北齐军队挑战。北齐诸将都想出城迎战，段韶不允，他告诉诸将说："步卒脚力，有其限度，现在积雪很厚，不便迎击，不如静守阵伍，以逸待劳，等他们精疲力竭，我们便出城痛击，一定能够打败他们。"到出击时，齐军在战鼓和喊杀声中，精锐尽出。突厥可汗震惊骇异，领军登上西山，不肯驰下助战，周师孤立无援，被齐军杀得大败而还。周师退回关中，突厥可汗也领军出塞，放纵部下，大肆虏掠，从晋阳以北七百余里，人畜均遭突厥虏掠一空。段韶持重，虽然一路追赶，但不敢过分逼近。突厥回到陉岭，山谷路滑，铺上毡垫行军。胡马苦寒疲弱，膝盖以下，腿毛全都脱落。返抵长城，马匹死亡殆尽；兵士大多将长矛截短作为手杖，借以支撑，一步一步走回塞北。

达奚武至平阳，未知忠退。斛律光与书曰："鸿鹄已翔于寥廓，罗者犹视于沮泽。"武得书，亦还。光逐之，入周境，获二千余口而还。

光见帝于晋阳，帝以新遭大寇，抱光头而哭。任城王湝进曰："何至于此！"乃止。

初，齐显祖之世，周人常惧齐兵西度，每至冬月，守河椎冰。及世祖即位，嬖幸用事，朝政渐紊，齐人椎冰以备周兵之逼。斛律光忧之，曰："国家常有吞关、陇之志，今日至此，而唯玩声色乎！"

【译文】 北周南道元帅达奚武进军抵达平阳，还不知晓杨忠已经败走。斛律光写信给他，信上语带讥讽地说："鸿鹄已飞上浩渺的苍穹，罗捕的人，还守在水草丛生的洼地张望。"达奚武接到斛律光的书信，也引兵退走。斛律光自后追赶，伺机侵入周境，俘虏两千余人，奏凯而归。

斛律光回到晋阳，面见齐主，齐主高湛因为新遭大兵压境，情绪紧张了好久，见到斛律光得胜归来，沉重的心这才松弛下来，于是抱着斛律光的头，大声痛哭。任城王高湝在旁劝止说："何必哭成这样呢？"齐主高湛这才停止哭泣。

起初，齐显祖高洋在位时，北周常常担忧齐兵西渡进攻，因此每到冬季，便驻守接壤的黄河，一遇河水结冰，就敲碎冰层，以免敌人由冰上过来偷袭。到了世祖高湛即位后，近侍奸佞小人当权，朝政日益紊乱，回过头，变成齐人敲碎冰块来防备周师的进逼。斛律光既伤感又担忧地说："以前，朝廷常有吞并关、陇（北周）的志向，而今反落到被侵犯的地步，国君宰臣仍只愿沉迷在声乐女色中吗？"

【乾隆御批】 齐湛昏庸更非洋比，一时整军拒敌，用段韶以幸胜，是犹虢公败戎天夺之鉴，适益其疾尔。

【译文】 齐朝高湛的昏庸更非高洋可比，一时之间整军抗敌，用段韶而侥幸获胜，这就像虢公大败戎狄一样，是临死的预兆，只是更加快了它灭亡的步伐罢了。

辛巳，上祀北郊。

二月，庚寅朔，日有食之。

初，齐显祖命群官刊定魏《麟趾格》为《齐律》，久而不成。时军国多事，决狱罕依律文，相承谓之"变法从事"。世祖即位，思革其弊，乃督修律令者，至是而成，《律》十二篇，《令》四十卷。其刑名有五：一曰死，重者轘之，次枭首，次斩，次绞；二曰流，投边裔为兵；三曰刑，自五岁至一岁；四曰鞭，自百至四十；五曰杖，自三十至十；凡十五等。其流内官及老、小、阉、痴并过失应赎者，皆以绢代金。三月，辛酉，班行之，因大赦。是后为吏者始守法令。又敕仕门子弟常讲习之，故齐人多晓法。

又令民十八受田输租调，二十充兵，六十免力役，六十六还田，免租调。一夫受露田八十亩，妇人四十亩，奴婢依良人，牛受

资治通鉴卷第一百六十九 陈纪三

281

六十亩。大率一夫一妇调绢一匹，绵八两，垦租二石，义租五斗；奴婢准良人之半；牛调二尺，垦租一斗，义租五升。垦租送台，义租送郡以备水旱。

【译文】辛巳日（二十二日），陈文帝陈蒨前往南郊坛祭祀天神。

二月，庚寅朔日（初一），发生日食。

起初，齐显祖高洋命群官刊定魏《麟趾格》（按《麟趾格》为东魏的刑律，东魏初，沿用后魏之律令，至孝静帝兴和三年，诏命文襄王高澄与群臣在麟趾阁议定新制，颁布实施，称为《麟趾格》）为《齐律》，进行了好几年，还是没有完成。当时，军务、国政变动频繁，刑法政令很不统一，官吏诉讼判决，定人罪罚，很少有根据法律条文的，相沿称之为"变法从事"。到了世祖高湛即位后，想改革显祖时代的弊政，于是一再督促修订律令的官员尽快完成《齐律》。到了这一年，才宣告完成《齐律》十三篇，《新令》四十卷。它的名目有五种：一是死刑：最重的是车裂分尸，其次是枭首，之后是斩，最轻的是绞。二是流刑：将死罪以下的重犯，遣送流放到边疆，充当戍卒。三是徒刑：从五年有期徒刑到一年有期徒刑，共分五种。四是鞭刑：用鞭子抽打，分为打百下、八十下、六十下、五十下、四十下等五种。五是杖刑：用大荆杖打，分打三十下、二十下、十下等三种。从死刑到杖刑，轻重刑罚共有十五种等级（按应为十八种等级）。又《齐律》定有赎刑的办法，规定流外官（按后魏、北齐、隋、唐官制，从一品至九品，谓之"流内"；不入于九品者，称为"流外"。）及老、小、阉、痴，以及过失犯等，凡悔过而符合赎刑的，过去赎罪用金钱，此后都改用绢来代替。三月，辛酉日（初三），齐主高湛下诏颁布实施《齐律》，并大赦境内。自齐颁行《齐律》后，做官的人才开始遵守法令。齐主高湛又敕令官宦子弟要经常讲习律令，因此齐人都通晓法令。

齐《新令》又规定：男子十八岁以上，政府授予土地，开始向政府缴纳田租和户税。到二十岁，要服兵役；年满六十岁，免服役。过了六十六岁，将以前所授之田，退还政府，政府免除他的田租和户税。男子十八岁以上，授予露田八十亩（种谷物之田），妇女授给四十亩，奴婢授给的田亩，依照良人亩数。有耕牛一头（按《隋书·食货志》云："丁牛一头，授田六十亩，限止四年。"）授予田地六十亩。北齐田租户税的征收，户税大体是每一壮丁、妇女（一夫一妇即一户），每年缴纳一匹绢，八两绵；田租则是每年缴纳二石粟，附加税五斗；奴婢缴纳的田租，为常人的一半；至于有耕牛者，所要缴纳的户税，是每年缴纳二尺绢；田租是缴纳一斗粟，附加税五升。上述征收来的田租，要缴送尚书台（中央政府）；附加征收的，要缴送郡府（地方政府），作为防范水灾或旱灾救急之用。

己巳，齐群盗田子礼等数十人，共劫太师彭城景思王浟为主，诈称使者，径向浟第，至内室，称敕，牵浟上马，临以白刃，欲引向南殿，浟大呼不从，盗杀之。

庚辰，周初令百官执笏。

齐以斛律光为司徒，武兴王普为尚书左仆射。普，归彦之兄子也。甲申，以冯翊王润为司空。

【译文】己巳日（十一日），北齐群盗田子礼等数十人，共同谋划劫持太师、彭城景思王高浟为主，他们诈称为敕使，直奔高浟的王邸，闯进内室，宣称奉敕令，引高浟上马，用刀架着他，打算带他冲向南殿。高浟一路大声呼救，不肯听从，这批土匪就把他杀了。

庚辰日（二十二日），周主宇文邕下令，百官上朝，开始使用
笏板。

齐主高湛任用斛律光为司徒，武兴王高普为尚书左仆射。
高普，是高归彦哥哥的儿子。甲申日（二十六日），齐主高湛任命
冯翊王高润为司空。

夏，四月，辛卯，齐主使兼散骑常侍皇甫亮来聘。

庚子，周主遣使来聘。

癸卯，周以邓公河南窦炽为大宗伯。五月，壬戌，封世宗之
子贤为毕公。

甲子，齐主还邺。

壬午，齐以赵郡王叡为录尚书事，前司徒娄叡为太尉。甲
申，以段韶为太师。丁亥，以任城王湝为大将军。

壬辰，齐主如晋阳。

周以太保达奚武为同州刺史。

【译文】 夏季，四月，辛卯日（初三），齐主高湛派遣兼散骑
常侍皇甫亮出发到建康访问。

庚子日（十二日），周主宇文邕派遣使者抵达建康访问。

癸卯日（十五日），周主宇文邕任用邓国公、河南人窦炽为
大宗伯。五月，壬戌日（初五），宇文邕册封世宗宇文毓的长子
宇文贤为毕国公。

甲子日（初七），齐主高湛自晋阳返回邺都。

壬午日（二十五日），齐主高湛任用赵郡王高叡为录尚书
事，前司徒娄叡为太尉。甲申日（二十七日），齐主高湛任命段
韶为太师。丁亥日（三十日），齐主高湛任命任城王高湝为大将

军。

壬辰日（五月无此日），齐主高湛又前往晋阳。

在这个月，周主宇文邕外放太保达奚武为同州刺史。

六月，齐主杀乐陵王百年。时白虹围日再重，又横贯而不达，赤星见，齐主欲以百年厌之。会博陵人贾德胄教百年书，百年尝作数敕字，德胄封以奏之。帝发怒，使召百年。百年自知不免，割带玦留与其妃斛律氏，见帝于凉风堂。使百年书敕字，验与德胄所奏相似，遣左右乱捶之，又令曳之绕堂行且捶，所过血皆遍地，气息将尽，乃斩之，弃诸池，池水尽赤。妃把玦哀号不食，月馀亦卒，玦犹在手，拳不可开；其父光自擘之，乃开。

庚寅，周改御伯为纳言。

初，周太祖之从贺拔岳在关中也，遣人迎晋公护于晋阳。护母阎氏及周主之姑皆留晋阳，齐人以配中山宫。及护用事，遣间使入齐求之，莫知音息。齐遣使者至玉壁，求通互市。护欲访求母、姑，使司马下大夫尹公正至玉壁，与之言，使者甚悦。勋州刺史韦孝宽获关东人，复纵之，因致书为言西朝欲通好之意。是时，周人以前攻晋阳不得志，谋与突厥再伐齐。齐主闻之，大惧，许遣护母西归，且求通好，先遣其姑归。

【译文】六月，齐主高湛杀掉乐陵王（前孝昭皇帝太子）高百年。当时，有白虹环绕太阳两圈。后来又横贯太阳，却没有完全贯穿。接着，赤星又出现，齐主高湛想杀高百年来压制灾祸。碰巧有博陵人贾德胄教导高百年写字，高百年曾写好几个"敕"字，贾德胄将它封入密启呈给齐主。齐主高湛借机发怒，派人急召高百年。高百年自知难免一死，便割下所佩戴的玉玦，留给他的妃子斛律氏（与之诀别），然后到晋阳宫凉风堂觐见齐主。

齐主高湛命高百年再写几个"敕"字，检验笔迹，果然和贾德胄所呈奏的"敕"字相似，顿时火冒三丈，喝令左右将高百年胡乱捶打。捶打一阵后，高湛又命人将他倒提起来，绕着凉风堂，一边绕着走一边打，任凭高百年如何求饶，齐主也不放过他。可怜高百年所过之处，血流满地。等他气息奄奄时，齐主高湛才命人将他斩首，投尸入池，池水立即变红。乐陵王妃斛律氏闻知高百年惨死，便手握玉玦，绝食痛哭，一个多月后也身亡了（时年十四），死后，玉块还握在她手掌中，五指紧扣，无法掰开。她的父亲斛律光亲自用手慢慢去分开她紧握的手指，过了好一阵，才掰开。

庚寅日（初三），北周改御伯为纳言。

起初，周太祖宇文泰跟随贺拔岳在关中时，派人到晋阳迎接晋国公宇文护。宇文护的母亲阎氏跟周主宇文邕的姑姑都留在晋阳。后来，晋阳被北齐占据，北齐将她们配入中山宫，充当侍役。到了宇文护位居将相，掌管国政，曾派密使，进入北齐打探她们的下落，但都没有消息。后来北齐派遣使者到玉壁，请求通商贸易。宇文护想借机打听母亲与姑姑的消息，于是就任命司马下大夫尹公正为谈判代表，与齐使前往玉壁，展开谈判，并伺机跟他谈到寻找晋国公母亲和姑姑下落的事，来使见通商有望，对方又有求于他，于是谈得十分愉快。恰好勋州刺史韦孝宽（坐镇玉壁）俘获关东人，后来放他东还，顺便托他带书信到北齐，信上说西朝（北周，因在关西，故称西朝）有意与北齐和好通商。这时，北周因之前进攻晋阳一役没有取胜，还想联合突厥再度大举讨伐北齐。齐主高湛听到这个消息，大为惊讶，便通过韦孝宽，送信给宇文护，明示宇文护母亲的消息，并答应让他母亲西归，并且请求两国通商和好。宇文护收到这个大好消息，复信表示乐意和好。齐主高湛接到回信，便先遣送宇文护的姑姑回国。

秋，八月，丁亥朔，日有食之。

周遣柱国杨忠将兵会突厥伐齐，至北河而还。

戊子，周以齐公宪为雍州牧，宇文贵为大司徒。九月，丁巳，以卫公直为大司马。追录佐命元功，封开府仪同三司陇西公李昞为唐公，太驭中大夫长乐公若干凤为徐公。昞，虎之子；凤，惠之子也。

乙丑，齐主封其子绰为南阳王，俨为东平王。俨，太子之母弟也。

突厥寇齐幽州，众十馀万，入长城，大掠而还。

【译文】秋季，八月，丁亥朔日（初一），发生日食。

周人本来已经派遣柱国杨忠领军会同突厥，再度伐齐，但是抵达北河（在今绥远境内蒙古鄂尔多斯右翼）后，又被召回。

戊子日（初二），周主宇文邕任用齐国公宇文宪为雍州牧，许国公宇文贵为大司徒。九月，丁巳日（初二），周主宇文邕任用卫国公宇文直为大司空。并追录辅佐帝业的开国功勋，追封开府仪同三司、陇西郡公李昞为唐国公，追封太驭中大夫、长乐郡公若干凤为徐国公。李昞，是李虎的儿子；若干凤，是若干惠的儿子。

乙丑日（初十），齐主高湛册封他的儿子高绰为南阳王，册封高俨为东平王。高俨是太子高纬的亲弟弟。

突厥侵犯齐国幽州，聚众十余万人，侵入长城，大肆掠夺一番而去。

周皇姑之归也，齐主遣人为晋公护母作书，言护幼时数事，又寄其所着锦袍，以为信验。且曰："吾属千载之运，逢大齐之德，矜老开恩，许得相见。禽善草木，母子相依。吾有可罪，与汝分离！今复何福，还望见汝！言此悲喜，死而更苏。世间所有，求皆可得，母子异国，何处可求！假汝贵极王公，富过山海，有一老母，八十之年，飘然千里，死亡旦夕，不得一朝暂见，不得一日同处，寒不得汝衣，饥不得汝食，汝虽穷荣极盛，光耀世间，于吾何益！吾今日之前，汝既不得申其供养，事往何论；今日以后，吾之残命，唯系于汝尔。戴天履地，中有鬼神，勿云冥昧，而可欺负！"

【译文】 北周皇姑西归入关时，齐主高湛派人替晋国公宇文护的母亲阎氏写了一封信，托她带给宇文护。信中详细讲述宇文护幼时几件事，又寄上宇文护离别时所穿过的锦袍，作为证物，信上大略说："我适逢千载难遇的良机，承蒙大齐的恩德，哀怜我年老，给予我恩惠，答应我能与你相见。即使是禽兽草木，母子尚且相依一起。我有何罪，竟然与你远别分离？现在不知何来的福运，居然还有希望与你相见？说到这里，内心既悲痛，又惊喜，如同人死而复生。世间所有的东西，都可谋求而获得；母子分隔两国，如何可以求得相会呢？纵然你尊贵已至王公之位，富裕而享有山海之饶，却有八十老母，流落漂泊千里，死亡就在旦夕之间，却不能有哪怕一朝短暂的相见，一日短暂的相处。寒冷的时候，得不到你送的衣服；饥饿的时候，也得不到你送的食物，你虽荣华富贵至极，光彩照耀人间，但这对我而言，又有什么用呢？今日之前的我，你不能承担供养的职责，事已过往，今复何足置论；今天以后的我，残余的生命，就掌握在你的手中。你头上顶着青天，脚下踩着大地，天地中藏有鬼神，莫道鬼神冥昧无知，可以欺骗！"

护得书，悲不自胜。复书曰："区宇分崩，遭遇灾祸，违离膝下，三十五年。受形禀气，皆知母子，谁同萨保，如此不教！子为公侯，母为俘隶，暑不见母暑，寒不见母寒，衣不知有无，食不知饥饱，泯如天地之外，无由暂闻。分怀冤酷，终此一生，死若有知，冀奉见于泉下耳！不谓齐朝解网，惠以德音，磨敦、四姑，并话矜放。初闻此旨，魂爽飞越，号天叩地，不能自胜。齐朝霈然之恩，既已沾洽，有家有国，信义为本，伏度来期，已应有日。一得奉见慈颜，永毕生愿。生死肉骨，岂过今恩；负山载岳，未足胜荷。"

【译文】宇文护接到皇姑转来的母亲的信，悲伤得无法克制，当下取过纸笔，立刻回信，信上大概是这样说的："魏末天下动乱，疆土分崩，百姓离散，遭遇灾祸，我远离母亲，没想到一别就是三十五年。天地之间，凡是有气息、有生命的动物，都知晓有母子亲情，可是有哪一个像我宇文萨保，如此的不孝呢？儿子贵为王公诸侯，母亲却沦为俘虏奴仆。天热时，看不到母亲炎热；天冷时，看不到母亲寒冷。穿的，不知道您有没有夏服和冬装；吃的，不知道您是挨饿还是饱足。沦落异国的母亲，虚无缥缈，如在天地之外，无从打听得到您的下落。自认为应怀抱冤恨苦痛，终此一生，只有寄望九泉之下，才能遇到您！不料北齐解开禁网，带给我放您归来的消息，磨敦、四姑，都蒙哀怜，许可放还。当我刚听说齐朝这个旨意，高兴得谢天谢地，抑制不住内心的狂喜，魂魄就要飞越关山，冲去和您相会。现今齐朝盛大的恩泽，已经沾润广布。有家有国的人，以恪守信义为根本，我很恭敬地猜度，齐朝发遣母亲归来，应当已有了日期，一旦能拜见母亲，便可了却我这一生的心愿。齐朝释放母亲，对我而言，就好像是使死者复生，枯骨再长出肉来一样，天地之间再大的恩情，哪还有比这个更大的。我纵有负载山岳的能耐，也不能够负荷齐朝所给予我的厚恩大德。"

齐人留护母，使更与护书，邀护重报，往返再三。时段韶拒突厥军于塞下，齐主遣黄门徐世荣乘传赍周书问韶。韶以"周人反覆，本无信义，比晋阳之役，其事可知。护外托为相，其实主也。既为母请和，不遣一介之使。若据移书，即送其母，恐示之以弱。不如且外许之，待和亲坚定，然后遣之未晚。"齐主不听，即遣之。

阎氏至周，举朝称庆，周主为之大赦。凡所资奉，穷极华盛。每四时伏腊，周主帅诸亲戚行家人之礼，称觞上寿。

突厥自幽州还，留屯塞北，更集诸部兵，遣使告周，欲与共击齐如前约。闰月，乙巳，突厥寇齐幽州。

【译文】宇文护的信送达北齐，北齐并未立即释放他母亲归国，反而暂时将她扣留下来，让她再写信给宇文护，企图借此要挟宇文护给北齐一个重大的报答，才肯遣送他的母亲归国，于是两国信使又再三往返。当时，段韶大军屯驻边塞以防范突厥入侵。齐主高湛派遣黄门徐世荣搭乘快捷的驿马车，带着周国宇文护送来的书信，去征询段韶的意见。段韶说："北周反复无常，一向不讲信义，最近晋阳一役，已可知晓其梗概。宇文护表面上托名为宰相，可是衡量他的权力，跟国君无异。既然他为母亲而来求和，为何不正式派遣一个使臣前来呢？现在如果光凭他一封书信，就放还他的母亲，只怕会显示我们的怯懦。不如表面应允他，待到双方和好的基础坚定了，再送还他母亲也不迟。"齐主高湛没有听从他的意见，就遣送宇文护的母亲归国。

阎氏回到北周，满朝庆贺，周主宇文邕特为她大赦境内。所有资给供奉，极尽丰盛华美，每年四季和伏腊诸节日（夏祭日伏，冬祭日腊），周主宇文邕都带领其他亲戚，依照宗族尊卑长幼的辈分，向她老人家行家人之礼，并且都拿着酒杯向她敬酒，祝她长命百岁。

突厥从北齐幽州撤退后，便停驻在塞北，重新召集各部兵马，派人通知周朝，依照先前所订盟约，要同周师一同出击齐国。闰月，乙巳日（二十日），突厥又进犯北齐幽州。

晋公护新得其母，未欲伐齐；又恐负突厥约，更生边患，不得已，徵二十四军及左右厢散隶秦、陇、巴、蜀之兵并羌、胡内附者，凡二十万人。冬，十月，甲子，周主授护斧钺于庙庭；丁卯，亲劳军于沙苑；癸酉，还宫。

护军至潼关，遣柱国尉迟迥帅精兵十万为前锋，趣洛阳，大将军权景宣帅山南之兵趣悬瓠，少师杨㯹出轵关。

周迪复出东兴，宣城太守钱肃镇东兴，以城降迪。吴州刺史陈详将兵击之，详兵大败，迪众复振。

【译文】北周晋国公宇文护因为刚迎接母亲归来，正在感念齐国的恩典，本不想出兵侵犯北齐；但是如若不出兵，又怕对突厥失信，转生边患。迫不得已，还是上表请求东征，动员六柱国及十二大将军所统领的关中诸府兵二十四军、相府所属左右厢禁卫兵，以及秦、陇、巴、蜀之兵，外加羌、胡归属周国的蕃兵，一共二十万人。冬季，十月，甲子日（十日），周主宇文邕祭祀太庙，在太庙庭院中，亲授斧钺给总指挥宇文护。丁卯日（十三日），又亲自前往沙苑（今陕西大荔县南，在洛、渭二水之间）慰劳出征将士。癸酉日（十九日），周主宇文邕自沙苑返回长安宫。

宇文护大军进抵潼关，派遣柱国尉迟迥统领精兵十万为前锋，直捣洛阳（是为中路）。大将军权景宣率领山南（荆、襄）部队，赶往悬瓠（今河南汝南县，是为南路）。少师杨檦出兵轵关（今河南济源县西，是为北路）。

周迪收拾残余部众，又出兵东兴。宣城太守钱肃镇守东兴，献出城池投降周迪。吴州刺史陈详领军前往讨伐，反被周迪打败，周迪势力又重新复兴起来。

南豫州刺史西丰脱侯周敷帅所部击之，至定川，与迪对垒。迪绐敷曰："吾昔与弟戮力同心，岂规相害！今愿伏罪还朝，因弟披露心腑，先乞挺身共盟。"敷许之，方登坛，为迪所杀。

陈宝应据建安、晋安二郡，水陆为栅，以拒章昭达。昭达与战，不利，因据上流，命军士伐木为筏，施拍其上。会大雨江涨，昭达放筏冲宝应水栅，尽坏之，又出兵攻其步军。方合战，上遣将军余孝顷自海道适至，并力乘之。十一月，己丑，宝应大败，逃至莆口，谓其子曰："早从虞公计，不至今日。"昭达追擒之，并擒留异及其族党，送建康，斩之。异子贞臣以尚主得免，宝应宾客皆死。

【译文】南豫州刺史、西丰脱侯周敷，带领所属部众进攻周迪，屯驻定川，与周迪对垒。周迪写信欺骗周敷说："我先前与你同心协力，哪会想到相互残害呢？现在我愿还朝，承受所当承受的罪罚。希望通过你替我向朝廷表达我的肺腑之诚，并烦请你挺身前来，共立盟誓。"周敷不虑有诈，应允他的请求，动身前去和周迪结盟。可是才刚登上坛坫，就被周迪杀害。

陈宝应盘踞福建晋安、建安两郡，在郡境水边、陆上，都设立营栅，用来抵抗章昭达。章昭达领军与他交战，战况不利，于是驻兵上游，命军兵砍伐木材，编结木筏，上面加装拍竿。没过多久，遇到大雨，江面水涨，章昭达便放出木筏，先顺流冲毁陈宝应所设立的水栅，又出兵攻击他的陆军。正准备交战，碰巧陈文帝陈蒨派遣余孝顷从海路赶到，于是两军合力进攻陈宝应。十一月，己丑日（初五），陈宝应大败而逃，逃到莆口（福建莆田县界），对他的儿子说："早听虞公的话，也不致沦落到今日这个地步。"不久，章昭达追上他，将他拿下，并俘虏了留异和陈宝应一些宗族同党，全部押解到建康处斩。只有留异的儿子留贞臣，因为娶了陈文帝女儿的缘故，特蒙恩赦，得免一死，其余陈宝应的幕下僚佐，都被处斩。

上闻虞寄尝谏宝应，命昭达礼遣诣建康。既见，劳之曰："管宁无恙?"以为衡阳王掌书记。

周晋公护进屯弘农。甲午，尉迟迥围洛阳，雍州牧齐公宪、同州刺史达奚武、汉州总管王雄军于邙山。

戊戌，齐主使兼散骑常侍刘逖来聘。

初，周杨㯹为邵州刺史，镇捍东境二十馀年，数与齐战，未尝不捷，由是轻之。既出轵关，独引兵深入，又不设备。甲辰，齐太尉娄叡将兵奄至，大破㯹军，㯹遂降齐。

权景宣围悬瓠，十二月，齐豫州道行台、豫州刺史太原王士良、永州刺史萧世怡并以城降之。景宣使开府郭彦守豫州，谢彻守永州，送士良、世怡及降卒千人于长安。

【译文】陈文帝陈蒨早先听说虞寄曾劝谏陈宝应，因而特别下旨，命章昭达优礼遣送虞寄到建康。不久，虞寄还朝，陈文帝立刻召见慰劳他说："管宁尚幸无恙。"后来陈文帝陈蒨下诏，任用虞寄为衡阳王掌书记。

北周晋国公宇文护大军挺进，驻扎弘农（河南陕县）。甲午日（初十），尉迟迥进军围攻洛阳，雍州牧、齐国公宇文宪、同州刺史达奚武、泾州总管王雄等驻扎在邙山（在洛阳北），策应前军。

戊戌日（十四日），齐主高湛派遣兼散骑常侍刘逖出发到建康访问。

起初，北周杨檦担任邵州刺史（治今山西垣曲县），镇守捍卫东部边境二十多年，多次跟齐人交战，战无不胜。因此这次出征，他对北齐便先存有轻敌之心。出了轵关之后，独自领军深入，又不加设防。甲辰日（二十日），北齐太尉娄叡带领轻装骑兵，突然杀到，大败杨檦军队，杨檦一败涂地，逃跑无路，于是解甲投降北齐。

权景宣一路人马，进攻围困悬瓠。十二月，北齐豫州道行台、豫州刺史、太原人王士良、永州刺史萧世怡，都献出城池投降北周。权景宣派开府郭彦镇守豫州，谢彻进守永州（按豫州治悬瓠，永州治今河南泌阳县南），遣送王士良、萧世怡以及降卒千余人到长安。

周人为土山、地道以攻洛阳，三旬不克。晋公护命诸将堑断河阳路，遏齐救兵，然后同攻洛阳；诸将以为齐兵必不敢出，唯张斥候而已。

齐遣兰陵王长恭、大将军斛律光救洛阳，畏周兵之强，未敢进。齐主召并州刺史段韶，谓曰："洛阳危急，今欲遣王救之。突厥在北，复须镇御，如何？"对曰："北虏侵边，事等疥癣。今西邻窥逼，乃腹心之病，请奉诏南行。"齐主曰："朕意亦尔。"乃令韶督精骑一千发晋阳。丁巳，齐主亦自晋阳赴洛阳。

【译文】北周堆土为山，挖掘地道，想尽办法要攻克洛阳，可是经过三十天，还是没能攻克。晋国公宇文护命令诸将先挖一道长坑，阻断通往河阳的道路（按河阳即今河南孟县，孟县与孟津县间黄河上，有河桥，为北齐晋阳救援洛阳之孔道），用以遏阻北齐南下的救兵，然后领兵会同尉迟迥攻打洛阳。当时，北周认为齐人必不敢出兵援救洛阳，于是不再设防，只是多派侦骑，虚张防御而已。

齐主高湛派遣兰陵王高长恭、大将军斛律光率军前往援救洛阳，两位将领听说周兵强盛，因此快到洛阳时便停留下来，没敢冒险轻进。齐主高湛召来并州刺史段韶，问他说："洛阳危急，今想派你前往援救，但是担心突厥入侵，又需靠你防守抵御，你看洛阳之围，如何救援才好？"段韶回答说："北虏（指突厥）侵犯边境，他的威胁只如同人身上的疥癣之患罢了；而今西邻窥伺围攻洛阳，他的严重性有如人身上的心腹大患。权衡轻重，臣愿奉诏南行，急往救助！"齐主高湛高兴地说："朕意也正如此。"于是命令段韶统率精骑一千，立即从晋阳出发。丁巳日（初三），齐主高湛亲自率领六军，也从晋阳向洛阳进兵。

己未，齐太宰平原靖翼王淹卒。

段韶自晋阳，行五日济河，会连日阴雾，壬戌，韶至洛阳，帅帐下三百骑，与诸将登邙阪，观周军形势。至太和谷，与周军遇，韶即驰告诸营，追集骑士，结陈以待之。韶为左军，兰陵王长恭为中军，斛律光为右军。周人不意其至，皆惧。韶遥谓周人曰："汝宇文护才得其母，遽来为寇，何也？"周人曰："天遣我来，有何可问！"韶曰："天道赏善罚恶，当遣汝送死来耳！"

周人以步兵在前，上山逆战。韶且战且却以诱之；待其力弊，然后下马击之。周师大败，一时瓦解，投坠溪谷死者甚众。

兰陵王长恭以五百骑突入周军，遂至金墉城下。城上人弗识，长恭免胄示之面，乃下弩手救之。周师在城下者亦解围遁去，委弃营幕，自邙山至穀水，三十里中，军资器械，弥满川泽。唯齐公宪、达奚武及庸忠公王雄在后，勒兵拒战。

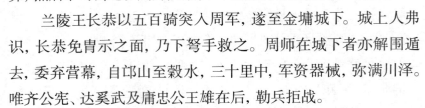

【译文】己未日（初五），北齐太宰平原靖翼王高淹去世（考《北史卷》五十及《北齐书》卷十《高祖十一王传》，并言高淹封平阳王）。

段韶从晋阳启行，五天的时间，就渡过河桥，渐向洛阳逼近。碰巧遇到连日天阴雾浓，周军无从侦知他的行踪。壬戌日（初八），段韶赶到洛阳，带领麾下三百骑兵，会同诸将，登上邙阪（北邙之阪），侦察周军形势。前进到太和谷（在洛阳东北），与周军相遇，段韶立刻驰马而下，将窥察到的敌情，传告诸营将帅，并立即集结各营骑兵，编整队伍，准备决战。段韶为左军，兰陵王高长恭为中军，斛律光为右军。北周没料到齐军会突然到来，望见齐军阵容严整，全都感到惶恐惊骇。段韶远远地发话，问周人说："宇文护才刚得其母回国，不但不感恩报德，反过头来，突然侵犯我国，请问这究竟是什么意思？"周人无话可说，却强词夺理说："上天派遣我们前来，你又何必多此一问呢？"段韶责骂他们说："天道赏善罚恶，你们说天让你们来，这分明是天让你们这批失信的坏蛋来送死受罚的吧！"

北周派步兵在前，上北邙山迎战齐兵，段韶一边战一边退，等对方精疲力竭，命令骑兵个个下马痛击，两军短兵相接，北周军队大败，霎时瓦解，有的坠落崖底，有的跳入溪涧，死伤累累。

兰陵王高长恭带领精骑五百，冲入周军，一路拼杀，不久便抵达金墉城下（洛阳县东）。城上的守军不认识他，高长恭摘下头盔面具，露出真面目与他们相见，城上的人认出是兰陵王救兵来到，高兴不已，忙继下弓弩手，接应高长恭，杀退围兵。原本包围在城下的周兵本就无心应战，于是解围遁走，营帐都来不及收拾，丢弃在地，从邙山到谷水，沿途三十里间，抛下的物资装备，遍满川泽。只有齐国公宇文宪、达奚武以及庸忠公王雄等将领，还在后面率兵掩护，进行抵御。

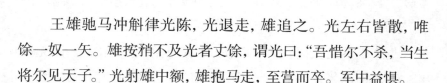

王雄驰马冲斛律光陈，光退走，雄追之。光左右皆散，唯馀一奴一矢。雄按槊不及光者丈馀，谓光曰："吾惜尔不杀，当生将尔见天子。"光射雄中额，雄抱马走，至营而卒。军中益惧。

齐公宪拊循督励，众心小安。至夜，收军，宪欲待明更战。达奚武曰："洛阳军散，人情震骇，若不因夜速还，明日欲归不得。武在军久，备见形势；公少年未经事，岂可以数营士卒委之虎口乎！"乃还。权景宣亦弃豫州走。

【译文】 王雄驰马挺槊，冲入斛律光阵中，斛律光看他来势凶猛，掉头就跑。王雄紧盯不舍，斛律光趋出阵后，落荒蹿走，亲信失散，身上只剩一箭，随从只剩一奴。那王雄又匆匆追到，斛律光赶紧取弓搭箭，预备致命一击，碰巧王雄飞舞着长矛，逼近只隔丈余，大声嚷道："我爱惜你，不愿杀死你，但当把你活捉去见天子。"话刚说完，斛律光箭已射出，正中王雄额头，深入脑中。王雄疼痛难支，伏卧马上，双手抱转马头，夹腿奔回，等马跑回营中，他也气绝身亡。前军溃败，泾州总管王雄又告阵亡，周军上下，人心惶惶。

齐国公宇文宪巡行抚慰，督导勉励，军心才稍微安定下来。宇文宪在夜里召集部队，准备明早再战。达奚武劝阻他说："洛阳大军溃败，人心震摇惊骇，如果不乘夜速还，只恐明日想撤退都撤退不了。我达奚武在军中多年，各种战争落败的情势，可见得多了；齐公年轻，经历的事情还少，岂可将数营军兵的生命，委弃于虎口？"宇文宪听从他的劝告，于是乘夜拔营而还。南路权景宣军，得到洛阳兵败的消息，也放弃包围豫州，退回关中。

丁卯，齐主至洛阳。己巳，以段韶为太宰，斛律光为太尉，兰陵王长恭为尚书令。壬申，齐主如虎牢，遂自滑台如黎阳，丙子，至邺。

杨忠引兵出沃野，应接突厥，军粮不给，诸军忧之，计无所出。忠乃招诱稽胡酋长咸在坐，诈使河州刺史王杰勒兵鸣鼓而至，曰："大冢宰已平洛阳，欲与突厥共讨稽胡之不服者。"坐者皆惧，忠慰谕而遣之。于是，诸胡相帅馈输，车粮填积。属周师罢归，忠亦还。

晋公护本无将略，是行也，又非本心，故无功，与诸将稽首谢罪。周主慰劳罢之。

是岁，齐山东大水，饥死者不可胜计。

宕昌王梁弥定屡寇周边，周大将军田弘讨灭之，以其地置宕州。

【译文】 丁卯日（十三日），齐主高湛赶到洛阳。己巳日（十五日），任用段韶为太宰，斛律光为太尉，兰陵王高长恭为尚书令。壬申日（十八日），齐主高湛东行到虎牢（今河南汜水县西北），经滑台（河南滑县）抵达黎阳（滑县北）。丙子日（二十二日），高湛从洛阳前线返回邺都。

北周大军东征的同时，杨忠也率军出沃野，去接应突厥。因为军粮补给不继，诸将感到忧愁，却想不出有什么解决的方法。

杨忠倒是想出一计，他招诱稽胡酋长，来到他的营帐，一方面招呼他们坐下，另一方面安排河州刺史王杰领军击鼓而至，假装是宇文护派来的使者，杨忠故意问他奉有什么任务而来。王杰说："大冢宰已经平定洛阳，听说此地有稽胡骚扰，特派我跟突厥一同来征讨不听从命令的稽胡。"在座的酋长听说晋国公东征得胜，现在又派人要来讨伐他们，都很害怕，杨忠便抚慰晓谕他们，只要乖乖合作，供应粮食，就保证没事。诸胡酋长回去后，便相继运来粮食，一时粮食多得填塞堆积满地，由于遇到东征周师溃败，杨忠不得已也领兵返回。

晋国公宇文护本来就没有什么智谋韬略，加上这一回出征，又不是他的本意，因此无功而退。回到朝廷，他带领诸将向周主叩头请罪。周主宇文邕不加深责，略予慰劳，就命他们退下回去休息。

这一年，北齐山东发生大水灾，因饥饿而死的人，不计其数。

宕昌王梁弥定多次侵扰北周边境，周主宇文邕命大将军田弘去征讨，将梁弥定消灭，在梁弥定原来统辖的地区，设置宕州（治所在今甘肃岷县南）。

天嘉六年（乙酉，公元五六五年）春，正月，癸卯，齐以任城王湝为大司马。

齐主如晋阳。

二月，辛丑，周遣陈公纯、许公贵、神武公窦毅、南阳公杨荐等备皇后仪卫行殿，并六宫百二十人，诣突厥可汗牙帐逆女。毅，炽之兄子也。

丙寅，周以柱国安武公李穆为大司空，绥德公陆通为大司寇。

壬申，周主如岐州。

夏，四月，甲寅，以安成王顼为司空。

顼以帝弟之重，势倾朝野。直兵鲍僧叡，恃顼势为不法，御史中丞徐陵为奏弹之，从南台官属引奏案而入。上见陵章服严肃，为敛容正坐。陵进读奏版，时顼在殿上侍立，仰视上，流汗失色，陵遣殿中御史引顼下殿。上为之免顼侍中、中书监，朝廷肃然。

【译文】天嘉六年（乙酉，公元565年）春季，正月，癸卯日（二十日），齐主高湛任用任城王高湝为大司马。

齐主高湛前往晋阳。

二月，辛丑日（二月无此日），周主宇文邕派遣陈国公宇文纯、许国公宇文贵、神武郡公窦毅、南阳郡公杨荐等，准备皇后的仪仗、宿卫、行殿，再带上六宫以下一百二十人，到突厥可汗的牙帐（可汗所驻之帐所，帐上竖有可汗之牙旗）迎聘他的女儿为皇后。窦毅，是窦炽兄长的儿子。

丙寅日（十三日），周主宇文邕任用柱国、安武郡公李穆为大司空，绥德郡公陆通为大司寇。

壬申日（十九日），周主宇文邕前往岐州。

夏季，四月，甲寅日（初二），陈文帝陈蒨任用安成王陈顼为司空。

陈顼凭借皇帝大弟的尊贵，威势日盛，权倾朝野。直兵参军鲍僧叡，假借陈顼威势，做出许多违反法纪的事情，王公大臣都不敢说话，御史中丞徐陵撰写奏疏弹劾他。徐陵导引南台（御史台）官属捧着上奏的文书入殿。陈文帝陈蒨看到徐陵朝服章徽庄严肃穆，一副凛然不可侵犯的样子，不由得也敛容端坐。徐陵上前朗读奏书,当时陈顼在殿上侍立于陈文帝身边,抬头注视陈文帝,焦急流汗,惊慌失色。徐陵差遣殿中御史导引陈顼走下大殿。陈文帝陈蒨因为徐陵的奏章,竟免去陈顼侍中、中书监等官职。从此,朝廷百僚都为之震动,而不敢触犯法纪。

丙午,齐大将军东安王娄叡坐事免。

齐著作郎祖珽,有文学,多技艺,而疏率无行。尝为高祖中外府功曹,因宴失金叵罗,于珽髻上得之;又坐诈盗官粟三千石,鞭二百,配甲坊。显祖时,珽为秘书丞,盗《华林遍略》,及有它赃,当绞,除名为民。显祖虽憎其数犯法,而爱其才伎,令直中书省。

世祖为长广王,珽为胡桃油献之,因言"殿下有非常骨法。孝徵梦殿下乘龙上天。"王曰:"若然,当使兄大富贵。"及即位,擢拜中书侍郎,迁散骑常侍。与和士开共为奸谄。

【译文】 丙午日(四月无此日),北齐大将军、安东王娄叡因行事违法,被罢免官职。

北齐著作郎祖珽,有文才,多技能,为人却疏略粗率,品行卑劣。他曾担任齐高祖高欢都督中外诸军事府的功曹参军,因参加宴会,发生金叵罗(酒器名)失窃的事情,结果在他发髻中找到;又因诈骗官粟三千石,被鞭打二百下,然后发配甲坊(制甲仗之坊)服徒刑。在齐显祖高洋做丞相时,祖珽当秘书丞,又盗窃了《华林通略》一部,外加其他赃罪,应当判处绞刑,齐显祖高洋念他服事先朝,特地饶他一命,只将他革职为民。齐显祖高洋虽然憎恶他多次违犯法纪,可是却欣赏他的文采技艺,命他入值中书省,掌诏诰。

齐世祖高湛在做长广王时,祖珽曾经调胡桃油(涂画用)进献给他，并趁机对高湛说："殿下有天子骨相，孝徵（祖珽字）梦见殿下乘龙升天。"长广王说："倘若果真有那一天，当令吾兄也大富大贵。"到了长广王即帝位，为实现诺言，就擢升祖珽为中书侍郎，不久又提拔他为散骑常侍。从此，他便与和士开在齐世祖身边，朋比为奸。

资治通鉴

珽私说士开曰："君之宠幸，振古无比。宫车一日晚驾，欲何以克终？"士开因从问计。珽曰："宜说主上云：'文襄、文宣、孝昭之子，俱不得立，今宜令皇太子早践大位，以定君臣之分。'若事成，中宫、少主必皆德君，此万全之计也。请君微说主上令粗解，珽当自外上表论之。"士开许诺。

会有慧星见。太史奏云："慧，除旧布新之象，当有易主。"珽于是上书言："陛下虽为天子，未为极贵，宜传位东宫，且以上应天道。"并上魏显祖禅子故事。齐主从之。

【译文】祖珽私下对和士开说："你目前得到陛下的宠幸，自古以来，无人可与你相比。可是一旦陛下驾崩，你将凭什么得到善终？"和士开被他这么一问，惹得愁容满面，赶紧向他请教计策。祖珽便教导他说："你何不启奏主上，只要说：'文襄、文宣、孝昭的太子，都没有能够嗣立为君，现在应当让皇太子早日登上大位，先确定君臣名分。'此计如若成功，皇后、太子必定都会感激你，这是万无一失的好计策。你不妨略为示意陛下，让他粗略了解其中的利害，如果担心陛下未必就肯让位给太子，我自会从外面配合，上表评论，不怕陛下不依从。"和士开满口答应。

不久，正赶上彗星出现，太史上奏说："彗星出现，象征除旧布新，人间应该更易君主。"祖珽于是趁机上书说："陛下虽贵为天子，但还不能算是极尊贵；如果传位给太子，自己做太上皇，这才是尊贵至极，并且还上合天道呢！"于是又援引魏显祖拓跋弘禅位给太子的故事，作为例证，供齐主高湛参考。齐主高湛采纳了他的建议。

丙子，使太宰段韶持节奉皇帝玺绶，传位于太子纬。太子即皇帝位于晋阳宫，大赦，改元天统。又诏以太子妃斛律氏为皇后。于是，群公上世祖尊号为太上皇帝，军国大事咸以闻。使黄门侍郎冯子琮、尚书左丞胡长粲辅导少主，出入禁中，专典敷奏。子琮，胡后之妹夫也。

祖珽拜秘书监，加仪同三司，大被亲宠，见重二宫。

丁丑，齐以贺拔仁为太师，侯莫陈相为太保，冯翊王润为司徒，赵郡王睿为司空，河南王孝琬为尚书令。戊寅，以瀛州刺史尉粲为太〔尉〕〔傅〕，斛律光为大将军，东安王娄叡为太尉，尚书仆射赵彦深为左仆射。

【译文】丙子日（二十四日），齐主高湛命太宰段韶，持节、捧皇帝玉玺组绶，传位给太子高纬，太子高纬在晋阳宫即位为帝，下诏太赦天下，改年号为天统。又下诏，册封太子妃斛律氏为皇后。于是王公大臣一起上世祖高湛尊号为太上皇帝，军国大事仍然向他奏闻。太上皇命黄门侍郎冯子琮、尚书左丞胡长粲辅佐少主，出入宫禁之中，专管宣敷上奏的事。冯子琮，是胡太后的妹夫。

祖珽因此被提拔为秘书监，外加仪同三司，很受齐太上皇的宠信，也深得二宫的倚重。

丁丑日（二十五日），北齐少主高纬任用贺拔仁为太师，侯莫陈相为太保，冯翊王高润为司徒，赵郡王高叡为司空，河南[间]王高孝琬为尚书令（按高孝琬为河间王，河南王为高孝瑜）。戊寅日（二十六日），北齐少主高纬任用瀛州刺史尉粲为太尉[傅]，斛律光为大将军，任命东安王娄叡为太尉，尚书[右]仆射赵彦深为尚书左仆射（《通鉴》漏书一"右"字，据《北齐书》《北史后主纪》补）。

五月，突厥遣使至齐，始与齐通。

六月，己巳，齐主使兼散骑常侍王季高来聘。

秋，七月，辛巳朔，日有食之。

上遣都督程灵洗自鄱阳别道击周迪，破之。迪与麾下十馀人窜于山穴中，日月浸久，从者亦稍苦之。后遣人潜出临川市鱼鲑，临川太守骆牙执之，令取迪自效，因使腹心勇士随之入山。其人诱迪出猎，勇士伏于道旁，出斩之。丙戌，传首至建康。

庚寅，周主如秦州；八月，丙子，还长安。

己卯，立皇子伯固为新安王，伯恭为晋安王，伯仁为庐陵王，伯义为江夏王。

【译文】 五月，突厥派遣使者到北齐，开始与北齐来往和好。

六月，己巳日（十八日），北齐太上皇派遣兼散骑常侍王季高到江南访问。

秋季，七月，辛巳朔日（初一），发生日食。

陈文帝陈蒨派遣都督程灵洗从鄱阳另一通道，进攻周迪，出其不意，大破贼众。周迪和部下十多人，逃窜到山谷洞穴中，辗转日久，追随他的人，渐感不耐。后来周迪派人秘密跑出山谷，前往临川采买鱼菜，被临川太守骆牙逮捕，骆牙向他晓以大义，要他效力擒拿周迪，并派出心腹勇士，尾随潜入山中。那人引诱周迪出来打猎，等周迪一出来，路旁先埋伏好的勇士便一拥而上，将他斩杀。丙戌日（初六），周迪的首级从临川传送到建康。

庚寅日（初十），周主宇文邕前往秦州。八月，丙子日（二十六日），宇文邕从秦州返回长安。

己卯日（二十九日），陈文帝陈蒨册封皇子陈伯固为新安王，陈伯恭为晋安王，陈伯仁为庐陵王，陈伯义为江夏王。

冬，十月，辛亥，周以函谷关城为通洛防，以金州刺史贺若敦为中州刺史，镇函谷。

敦恃才负气，顾其流辈皆为大将军，敦独未得，兼以湘州之役，全军而返，谓宜受赏，翻得除名，对台使出怨言。晋公护怒，徵还，逼令自杀。临死，谓其子弼曰："吾志平江南，今而不果，汝必成吾志。吾以舌死，汝不可不思。"因引锥刺弼舌出血以诫之。

【译文】冬季，十月，辛亥日（初二），周主宇文邕改函谷关城为通洛防，任用金州刺史贺若敦为中州刺史，驻守函谷关。

贺若敦倚仗才干，怀有怨气，回顾一同征战侪辈，都已经当上了大将军，唯独自己不是，兼以湘州一役，保全部队回来，认为理应受赏，却反被革职为民。后来，虽又被起用，但仍愤愤不平，恰好有尚书台使到中州，他对台使口出怨言，事情被晋国公宇文护获悉，宇文护大怒，征召他还都，逼令他自尽。贺若敦临死前，对儿子贺若弼说："我立志平定江南，而今未能实现，你是我的儿子，一定要实现为父的心愿。还有，我因多嘴，招来杀身之祸，你不可不引以为戒！"说完，就拉出他儿子的舌头，用锥子刺出血来警示他。

十一月，癸未，齐太上皇至邺。

齐世祖之为长广王也，数为显祖所捶，心常衔之。显祖每见祖珽，常呼为贼，故珽亦怨之；且欲求媚于世祖，乃说世祖曰："文宣狂暴，何得称'文'？既非创业，何得称'祖'？若文宣为祖，陛下万岁后当何所称？"帝从之。

己丑，改谥献武皇帝为神武皇帝，庙号高祖，献明皇后为武明皇后。令有司更议文宣谥号。

十二月，乙卯，封皇子伯礼为武陵王。

壬戌，齐上皇如晋阳。

庚午，齐改谥文宣皇帝为景烈皇帝，庙号威宗。

【译文】十一月，癸未日（初五），北齐太上皇高湛从晋阳返回邺都。

北齐世祖高湛为长广王时，多次遭到显祖高洋的捶打，因而心里常衔恨他。齐显祖每次见到祖珽，常常称呼他老贼，因此祖珽也很怨恨齐显祖。祖珽为了报复，并且取悦于世祖，就对世祖高湛说："文宣帝（显祖）疯狂残暴，怎能号称为'文'呢？既然不是创业帝王，又怎得称为'祖'呢？如果文宣帝能够称为'祖'，那么陛下万岁之后又当如何称呼呢？"齐世祖觉得他的话很有道理。

己丑日（十一日），北齐太上皇高湛下诏改太祖献武皇帝谥号为神武皇帝，庙号为高祖；献明皇后亦改为武明皇后。至于文宣帝谥号的问题，下令有司另外加以详议。

十二月，乙卯日（初七），陈文帝陈蒨册立皇子陈伯礼为武陵王。

壬戌日（十四日），北齐太上皇高湛前往晋阳。

庚午日（二十二日），北齐有司启奏改文宣皇帝谥号为景烈皇帝，庙号为威宗。

　　天康元年（丙戌，公元五六六年）春，正月，己卯，日有食之。

　　癸未，周大赦，改元天和。

　　辛卯，齐主祀圜丘；癸巳，祫太庙。

　　丙申，齐以吏部尚书尉瑾为右仆射。

　　己亥，周主耕藉田。

　　庚子，齐〔主〕如晋阳。

　　周遣小载师杜杲来聘。

　　二月，庚戌，齐上皇还邺。

　　丙子，大赦，改元。

　　三月，己卯，以安成王顼为尚书令。

　　丙午，周主祀南郊。夏，四月，大雩。

　　【译文】 天康元年（丙戌，公元566年）二月，改年号为天康。春季，正月，己卯日（初二），发生日食。

　　癸未日（初六），周主宇文邕大赦境内，改年号为天和。

　　辛卯日（十四日），北齐少主高纬前往圜丘祭祀昊天上帝。癸巳日（十六日），高纬到太庙举行五年一次的大祫祭。

　　丙申日（十九日），北齐少主高纬任用吏部尚书尉瑾为尚书右仆射。

　　己亥日（二十二日），周主宇文邕亲下藉田，举行耕种典礼。

　　庚子日（二十三日），北齐少主高纬前往晋阳。

　　北周派遣小载师杜杲到陈朝访问。

　　二月，庚戌日（初三），北齐太上皇高湛从晋阳返回邺都。

　　丙子日（二十九日），陈文帝陈蒨大赦天下，改年号为天康元年。

三月，己卯日（初三），陈文帝陈蒨任用安成王陈顼为尚书令。

丙午日（三十日），周主宇文邕前往南郊坛祭祀天神。夏季，四月，辛亥日（初五），因天旱，周主宇文邕举行祈雨大典。

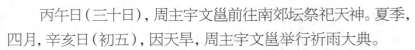

丁亥上不豫，台阁众事，并令尚书仆射到仲举、五兵尚书孔奂共决之。奂，琇之之曾孙也。疾笃，奂、仲举与司空、尚书令、扬州刺史安成王顼、吏部尚书袁枢、中书舍人刘师知入侍医药。枢，君正之子也。太子伯宗柔弱，上忧其不能守位，谓顼曰："吾欲遵太伯之事。"顼拜伏泣涕，固辞。上又谓仲举、奂等曰："今三方鼎峙，四海事重，宜须长居。朕欲近则晋成，远隆殷法，卿等宜遵此意。"孔奂流涕对曰："陛下御膳违和，痊复非久。皇太子春秋鼎盛，圣德日跻。安成王介弟之尊，足为周旦。若有废立之心，臣等愚，诚不敢闻诏。"上曰："古之遗直，复见于卿。"乃以奂为太子詹事。

◆臣光曰：夫臣之事君，宜将顺其美，正救其恶。孔奂在陈，处腹心之重任，决礼义之大计，苟以世祖之言为不诚，则当如窦婴面辩，袁盎廷争，防微杜渐以绝觊觎之心。以为诚邪，则当请明下诏书，宣告中外，使世祖有宋宣之美，高宗无楚灵之恶。不然，谓太子嫡嗣，不可动摇，欲保附而安全之，则当尽忠竭节，以死继之，如晋之荀息，赵之肥义。奈何于君之存，则逆探其情而求合焉；及其既没，则权臣移国而不能救，嗣主失位而不能死！斯乃奸谀之尤者，而世祖谓之遗直，以托六尺之孤，岂不悖哉！◆

【译文】陈文帝陈蒨身体不舒服，尚书台阁诸事，全部交给尚书仆射到仲举和五兵尚书孔奂共同裁决。孔奂，是孔琇之的曾孙。陈文帝陈蒨病得很重，孔奂、到仲举与司空、尚书令、扬州刺史、安成王陈顼、吏部尚书袁枢、中书舍人刘师知等人侍奉医药。袁枢，是袁君正的儿子。太子陈伯宗柔弱，陈文帝陈蒨担忧他不堪嗣位为君，回头对大弟陈顼说："我想效法周太伯让弟的故事，你意以为如何？"陈顼闻言惶恐，拜伏于地，涕泗交流，再三辞谢。陈文帝陈蒨又对到仲举、孔奂等说："而今三国鼎立，天子事务繁重，应当立年长的国君，较为合适。朕想效法晋成帝立母弟为嗣的故事，远承殷代兄终弟及的方法，卿等可要遵从朕的旨意！"孔奂流着眼泪启奏说："陛下饮食失调，偶然身体有病，不久就可康复痊愈，皇太子年纪还轻，他的盛德日益在进步。安成王陈顼以皇上大弟之尊，如周公辅助成王，足以辅佐太子处理政事。如果无故废立，臣等愚昧，实在不敢承奉诏旨！"陈文帝陈蒨叹道："古人那种直道而行的风范，现在我又发现孔卿身上留有这种遗风。"于是任用孔奂为太子詹事，让他辅佐教导太子。

◆臣司马光说：人臣事奉国君，朝见的时候，就该想到应怎样去顺从国君的优点，光大他的美德；到了退朝，又要想到怎样去匡正国君的缺点，补救他的过失。孔奂在陈文帝面前，被视为心腹亲信，往往片言只语，就能决定国家大计方针，如果认为陈文帝的话不是真心的，那么他就应该如窦婴面辩，袁盎廷争，防微杜渐，杜绝安成王窥伺帝位的野心；倘若认为陈世祖的话是真诚的，那么就应该请他公开地下诏书，宣告中外，让世祖享有宋宣公禅位的美誉，而高宗（指安成王陈顼）不致有楚灵王篡弑的恶名。不然的话，既然认为太子是嫡子嗣主，名分早定，不可轻易动摇，想要调教辅弼而保全他，那么就该竭尽忠诚，坚守节义，像晋国的荀息，赵国的肥义。为什么在国君活着的时候，就揣摩他的心意而去迎合他；等到他死了，权臣盗移国祚却不能挽救，嗣主失去王位，却不能尽节！像这种人，真乃奸邪臣子中更加厉害的。然而陈世祖赞美他有古代直道而行者的遗风，并将辅佐六尺之孤的重任交托给他，难道不是谬悖而有违事理吗？ ◆

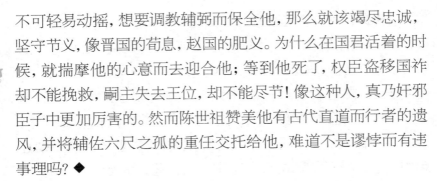

癸酉，上殂。

上起自艰难，知民疾苦。性明察俭约，每夜刺闺取外事分判者，前后相续。敕传更签于殿中者，必投签于阶石之上，令铿然有声，曰："吾虽眠，亦令惊觉。"

太子即位，大赦。五月，己卯，尊皇太后曰太皇太后，皇后曰后太后。

乙酉，齐以兼尚书左仆射武兴王普为尚书令。

吐谷浑龙涸王莫昌帅部落附于周，以其地为扶州。

【译文】癸酉日（二十七日），陈文帝陈蒨驾崩。

陈文帝陈蒨在艰难困苦的环境中崛起，深知民间疾苦，明辨臣下真伪。自奉节俭，勤于政事。每夜就宫廷闺门中，等待处理亲信刺取的宫外文案，前后连续不断，都在当夜一一判决实行。他敕令报更传递漏签（更签，漏壶记时刻之签也）到殿中的人，一定要将更签投掷到阶石上，让它发出铿然的响声，他说："我即使睡着了，借此可以惊醒，继续批阅公文。"

太子陈伯宗即皇帝位（史称陈废帝），大赦天下。

五月，己卯日（十三日），陈伯宗尊皇太后章氏为太皇太后，皇后沈氏为皇太后。

乙酉日（初九），北齐少主高纬任用兼尚书左仆射、武兴郡王高普为尚书令。

吐谷浑龙涸王莫昌率领部落归降北周，北周将其地改置为扶州（州治即今四川松潘县治）。

庚寅，以安成王顼为票骑大将军、司徒、录尚书、都督中外诸军事。丁酉，以中军大将军、开府仪同三司徐度为司空，以吏部尚书袁枢为左仆射，吴兴太守沈钦为右仆射，御史中丞徐陵为吏部尚书。

陵以梁末以来，选授多滥，乃为书示众曰："梁元帝承侯景之凶荒，王太尉接荆州之祸败，故使官方，穷此纷杂。永安之时，圣朝草创，白银难得，黄札易营，权以官阶，代于钱绢。致令员外、常侍，路上比肩，谘议、参军，市中无数，岂是朝章固应如此！今衣冠礼乐，日富年华，何可犹作旧意，非理望也！"众咸服之。

【译文】庚寅日（十四日），陈废帝陈伯宗擢拔皇叔安城王陈顼为骠骑大将军、司徒、录尚书事、都督中外诸军事。

丁酉日（二十一日），陈废帝陈伯宗任命中军大将军、开府仪同三司徐度为司空，任命吏部尚书袁枢为尚书左仆射，任命吴兴太守沈钦为尚书右仆射，任命御史中丞徐陵为吏部尚书。

徐陵因为梁末以来，选拔官吏，诸多冗滥，于是写信答复一些钻营求官的人说："梁元帝承继侯景叛乱后的灾荒凶年，王太尉（僧辩）接续江陵失陷后的灾祸败乱，那时典章制度破坏无存，致使任用官吏的方法极为纷杂。陈武帝永安[定]（按陈武帝年号永定）初年，本朝建立之始，干戈未停，府库空虚，白银很难获得，黄札易于制作，于是暂且授人官阶荣耀，借以代替钱银绢帛。致使员外、常侍，多得在路上肩与肩相并而行；谘议、参军，市集中多得数不胜数。难道说朝廷的法度，原来就一定是要这样的吗？方今衣冠人才已多，礼乐制度日上正轨，选拔官吏授予官职，已有秩序，你们怎可还存有非分之想，那不是治国者所愿看到的！"大家对他选拔官吏的态度都感到佩服。

己亥，齐立上皇子弘为齐安王，仁固为北平王，仁英为高平王，仁光为淮南王。

六月，齐遣兼散骑常侍韦道儒来聘。

丙寅，葬文皇帝于永宁陵，庙号世祖。

秋，七月，戊寅，周筑武功等诸城以置军士。

丁酉，立妃王氏为皇后。

八月，齐上皇如晋阳。

周信州蛮冉令贤、向五子王等据巴峡反，攻陷白帝，党与连结二千馀里。周遣开府仪同三司元契、赵刚等前后讨之，终不克。九月，诏开府仪同三司陆腾督开府仪同三司王亮、司马裔讨之。

【译文】 己亥日（二十三日），北齐少主高纬册封太上皇的儿子高[仁]弘为齐安王（按"皇子"下脱一"仁"字。据《北齐书》补），册封高仁固[坚]为北平王（按北平王贞，字仁坚。"固"字当系隋唐之间纂修《北齐书》者，避隋文帝杨坚讳改），册封高仁英为高平王，册封高仁光为淮南王。

六月，北齐（太上皇）命兼散骑常侍韦道儒到江南访问。

丙寅日（二十一日），陈朝君臣在永宁陵安葬文皇帝灵柩，庙号为世祖。

秋季，七月，戊寅日（初三），北周修筑武功等城，以容纳安置军人。

丁酉日（二十二日），陈朝废帝陈伯宗册立王妃王氏为皇后。

八月，北齐太上皇高湛前往晋阳。

北周信州蛮酋冉令贤、向五子王等盘踞巴峡造反，攻克白帝城，党羽众多，势力遍及两千余里。北周曾先后派出开府仪同三司元契、赵刚等领军前往讨伐，始终没能加以平定。九月，周主宇文邕命开府仪同三司陆腾，督率开府仪同三司王亮、司马裔等再去讨伐。

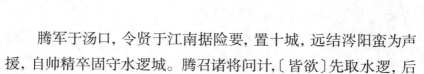

腾军于汤口，令贤于江南据险要，置十城，远结涔阳蛮为声援，自帅精卒固守水逻城。腾召诸将问计，〔皆欲〕先取水逻，后攻江南。

腾曰："令贤内恃水逻金汤之固，外托涔阳辅车之援。资粮充实，器械精新。以我悬军，攻其严垒，脱一战不克，更成其气。不如顿军汤口，先取江南，剪其羽毛，然后进军水逻，此制胜之术也。"乃遣王亮帅众渡江，旬日，拔其八城，捕虏及纳降各千计。遂间募骁勇，数道进攻水逻。蛮帅冉伯犁、冉安西素与令贤有仇，腾说诱，赂以金帛，使为乡导。水逻之旁有石胜城，令贤使其兄子龙真据之。腾密诱龙真，龙真遂以城降。水逻众溃，斩首万馀级，捕虏万馀口。令贤走，追获，斩之。腾积骸于水逻城侧为京观，是后群蛮望之，辄大哭，不敢复叛。

【译文】陆腾大军屯驻在汤口（四川云阳县东，接奉节县界有汤水，汤水入江之口，谓之汤口），冉令贤驻扎在大江南岸，分据险要，设置十城，又远远地和涔阳蛮相勾结，让他们作为声势上的援助（按涔阳在湖北公安县南，以在涔水之北得名），亲自率领精兵坚守水逻城。陆腾召集诸将商量对策，诸将都想先攻取水逻城，然后再攻打江南诸城。

陆腾却说："冉令贤凭借水逻城固若金汤般的险固，外加涔阳蛮的援助，兼以军粮充足，器械精良。单凭我们深入敌境的一支孤军，集中全力去进攻他们防御严密而坚固的城垒，万一一战而不能取胜，那么就会增长他们的气焰。与其如此，不如屯兵汤口，先攻取江南之地，逐次蠲除他的羽翼，最后再进军攻打水逻城，这是稳操胜券的战术。"于是派遣王亮率军渡江，只花不到十天的工夫，就攻陷对方八城，俘获的敌人和招纳投降过来的，都要以上千的数字来计算。于是，招募挑选勇敢而善战的人，兵分数路攻打水逻城。蛮帅冉伯犁、冉安西一向跟冉令贤有仇隙，陆腾派人去挑拨离间，用金钱和布匹去利诱贿赂他们，让他们做向导去进攻水逻城。水逻城的旁边有一座石胜城，冉令贤派他哥哥的儿子冉龙真把守。陆腾也暗中派人去利诱他，冉龙真于是献出城池投降。水逻城内部崩溃；周军冲入砍杀，斩下一万多颗首级，活捉一万多人。冉令贤逃走，陆腾派兵追赶，将他擒获之后，加以处斩。陆腾在水逻城旁，堆积群蛮的尸体，聚为京观（大冢），自后群蛮每次路过望见，就大声痛哭，再也不敢叛乱。

向五子王据石黑城，使其子宝胜据双城。水逻既平，腾频遣谕之，犹不下。进击，皆擒之，尽斩诸向酋长，捕虏万馀户。

信州旧治白帝，腾徙之于八陈滩北，以司马裔为信州刺史。

小吏部陇西辛昂，奉使梁、益，且为腾督军粮。时临、信、楚、合等州民多众乱，昂谕以祸福，赴者如归。乃令老弱负粮，壮夫拒战，咸乐为用。使还，会巴州万荣郡民反，攻围郡城，遏绝山路。昂谓其徒曰："凶狡猖狂，若待上闻，孤城必陷。苟利百姓，专之可也。"

遂募通、开二州，得三千人。倍道兼行，出其不意，直趣贼
垒。贼以为大军至，望风瓦解，一郡获全。周朝嘉之，以为渠州
刺史。

【译文】 向五子王盘踞石黑城（在四川奉节县东北境），让
他的儿子向宝胜占据双城（在湖北巴东县北）。自从水逻城被平
定后，陆腾一再派人去晓谕他，向五子王还是不肯归顺。于是派
兵讨伐，将向五子王擒获，并活捉一万多人，凡是向姓酋长，全部
予以处决。

信州过去州治所在白帝城，讨平群蛮后，陆腾奏请朝廷将
信州州府迁移到八陈滩北（在四川奉节县南），并请求任命司马
裔为信州刺史。

小吏部陇西人辛昂，奉命出使梁、益等州，并且替陆腾督运
粮草。当时，临（治今四川忠县）、信（治今四川奉节县东北）、楚
（治今四川巴县）、合（治今四川涪陵县东南）等州百姓都进行
叛乱，辛昂用顺逆福祸的道理去晓谕他们，当地百姓听从归附
他的，多如归市。辛昂于是分配年老力弱的，负责运粮的工作；
年轻力壮的，就担任打仗的任务，大家全无怨言，都乐意听从他
的调遣。等到辛昂出使任务完成，准备回朝时，正好遇到巴州万
荣郡（故治在今四川达县西北）百姓反叛，围攻郡城，阻断山区
通道。辛昂对他的同伴说：“叛徒凶恶猖獗，如果等候奏报，再派
兵征讨的话，万荣郡城孤立无援，一定会陷没寇党之手。只要有
利于百姓，我们奉使在外，权宜专断行事，应当是可以的。”

于是就在通（治今四川达县）、开（治今四川开县）两州招
募兵士，招得三千人，日夜兼程，出敌不意，直冲叛贼营垒，叛贼
认为大军杀到，一听风声不对，就瓦解溃退，于是整个万荣郡便
获得保全。北周嘉勉他权宜行事得当，任命他为渠州刺史（治

今四川渠县）。

冬，十月，齐以侯莫陈相为大傅，任城王湝为太保，娄叡为大司马，冯翊王润为太尉，开府仪同三司韩祖念为司徒。

庚申，帝享太庙。

十一月，乙亥，周遣使来吊。

丙戌，周主行视武功等新城；十二月，庚申，还长安。

齐河间王孝琬怨执政，为草人而射之。和士开、祖珽谮之于上皇曰：“草人以拟圣躬也。又，前突厥至并州，孝琬脱兜鍪抵地，云：‘我岂老妪，须著此物！’此言属大家也。又，魏世谣言：‘河南种谷河北生，白杨树端金鸡鸣。’河南、北者，河间也。孝琬将建金鸡大赦耳。”上皇颇惑之。

【译文】冬季，十月，[乙卯]（十二日），北齐少主高纬任用侯莫陈相为太傅，任城王高湝为太保，任命娄叡为大司马，冯翊王高润为太尉，任命开府仪同三司韩祖念为司徒。

庚申日（十七日），陈朝废帝陈伯宗到太庙祭祀祖先。

十一月，乙亥日（初二），周主宇文邕派遣专使前往建康吊丧。

丙戌日（十三日），周主宇文邕去巡视武功等处修筑的新城。十二月，庚申日（十八日），周主宇文邕回到长安。

北齐河间王高孝琬怨恨执政者们奸佞不法，用草扎束成他们的形状，然后弯弓去射他们。和士开、祖珽等向北齐太上皇高湛诋毁他，说：“高孝琬扎结草人，草人很像圣上。又，上回突厥侵犯并州，高孝琬脱下头盔，投掷地上，说：‘我难道是老太婆，需要穿戴这种东西？’在这句话里，将陛下比作妇人。还有，东魏的歌谣说：‘河南种谷河北生，白杨树端金鸡鸣。’河南、河北的意思，就是'河间'。'金鸡鸣'三字，隐喻河间王高孝琬将设金鸡于竿，即位而行大赦。"北齐太上皇帝听了这话，便对河间王高孝琬产生了疑心。

会孝琬得佛牙，置第内，夜有光。上皇闻之，使搜之，得填库槊稍数百，上皇以为反具，收讯。诸姬有陈氏者，无宠，诬孝琬云："孝琬常画陛下像而哭之。"其实世宗像也。上皇怒，使武卫赫连辅玄倒鞭挝之。孝琬呼叔，上皇曰："何敢呼我为叔！"孝琬曰："臣神武皇帝嫡孙，文襄皇帝嫡子，魏孝静皇帝之甥，何为不得呼叔！"上皇愈怒，折其两胫而死。

安德王延宗哭之，泪赤。又为草人，鞭而讯之曰："何故杀我兄！"奴告之，上皇覆延宗于地，马鞭鞭之二百，几死。

是岁，齐赐侍中、中书监元文遥姓高氏，顷之，迁尚书左仆射。

魏末以来，县令多用厮役，由是士流耻为之。文遥以为县令治民之本，遂请革选，密择贵游子弟，发敕用之；犹恐其披诉、悉召之集神武门，令赵郡王叡宣旨唱名，厚加尉谕而遣之。齐之士人为县自此始。

【译文】碰巧高孝琬得到佛牙，放置在自己的府第中，入夜有神光显现。北齐太上皇听到这个消息，便派人前往搜寻，搜出镇库稍幡（矛长丈八曰"稍"，用稍悬幡曰"稍幡"）数百张。北齐太上皇认为这些是造反的器械，于是下令收捕审讯高孝琬和他的家人。高孝琬的姬妾中，有一位姓陈的，因为得不到宠幸，便诬告他说："高孝琬曾经画陛下画像，对着哭泣。"其实是世宗的像。北齐太上皇大怒，命武卫赫连辅玄倒持鞭杖，用力鞭打高孝琬，高孝琬忍受不了，大呼叔父饶命。北齐太上皇怒叱他说："你是何人？敢呼我为叔父？"高孝琬回答他说："我是神武皇帝高欢的嫡孙，文襄皇帝高澄的嫡子，东魏孝静皇帝的外甥，为何不能称你为叔父？"北齐太上皇见他竟敢辩驳，于是更加生气，拿起巨杖，用力猛打，高孝琬两腿应声折断，活活被高湛打死。

河间王高孝琬被打死，安德王高延宗哭得十分伤心，眼泪流尽，继之血出，因悲愤难消，他便又扎结草人，扮成北齐太上皇，一边打一边问："为什么杀我哥哥？"不料竟被家奴告发，北齐太上皇命人将高延宗捉来，命他伏卧在地，用马鞭狠狠地抽打他二百下，直到他僵卧没有声息，这才停手，高延宗又差点被他打死。

这一年，北齐下诏特赐侍中、中书监元文遥姓高姓。没过多久，又擢升他为尚书左仆射。

自魏末以来，北齐县宰多用小厮仆役，因而士大夫都不屑于当县长。元文遥认为县令是治理百姓最重要的地方长官，于是请求变更选拔办法，暗中先选好贵族子弟，然后由皇上颁布敕令，任命他们为地方守宰；但又担心他们上奏申诉，因而召集他们，齐聚神武门，由赵郡王高叡宣读皇上意旨，并唱选担任县令者的姓名，厚加慰勉晓谕，再遣送他们上任。北齐任用士人担任县宰，是从这时开始的。

【申涵煜评】魏末以来，县令皆昔用厮役。夫县令何官，厮役何物，乃以奴隶厮司牧之选，是尚成何世界。至文遥请为革选，始用士人，已无救于齐之乱亡矣。

【译文】魏朝末年以来，县令都是过去的奴仆。那县令是什么官职，奴仆是什么人物？那么用奴仆来担任治理百姓的官员，这样用人能成个什么世界呢? 到元文遥请求革新选人制度, 才开始使用读书人, 可这时已经没有办法救北齐的灭亡了。

资治通鉴卷第一百七十　陈纪四

起强围大渊献，尽重光单阏，凡五年。

【译文】 起丁亥（公元567年），止辛卯（公元571年），共五年。

【题解】 本卷记录了公元567至571年共五年间南北朝的史事。主要记述了北齐、北周、陈三国的内政与外交。当时正值陈废帝光大元年、二年，陈宣帝太建元年至三年；北周武帝天和二至六年；北齐后主天统三年至武平二年。陈朝经历武帝、文帝两代人近十年的努力，基本实现了对南方较为稳定的控制。陈文帝去世后，陈朝发生宫变，引起边境动乱。陈霸先的次子陈顼，夺了侄子陈伯宗的帝位，即陈宣帝，其在位期间，政局较为稳定。北齐政治日趋昏暗，北周政治却渐显清明，两国因争夺宜阳及汾北发生战争，北周因军事力量不够强大及缺乏有效整合而败北。北齐国主高纬执掌朝政后，充分继承了其父高湛的昏庸无道及喜听谗言，致使宫变不断发生。

临海王

光大元年（丁亥，公元五六七年）春，正月，癸酉朔，日有食之。

尚书左仆射袁枢卒。

乙亥，大赦，改元。

辛卯，帝祀南郊。

壬辰，齐上皇还邺。

己亥，周主耕藉田。

【译文】光大元年（丁亥，公元567年）春季，正月，癸酉朔日（初一），发生日食。

陈朝尚书左仆射袁枢去世。

乙亥日（初三），陈废帝陈伯宗下诏大赦天下，改年号为光大。

辛卯日（十九日），陈废帝陈伯宗前往南郊坛祭祀天神。

壬辰日（二十日），北齐太上皇高湛从晋阳返回邺都。

己亥日（二十七日），周主宇文邕亲下藉田，举行耕种大典。

二月，壬寅朔，齐主加元服，大赦。

初，高祖为梁（州）〔相〕，用刘师知为中书舍人。师知涉学工文，练习仪体，历世祖朝，虽位宦不迁，而委任甚重，与扬州刺史安成王顼、尚书仆射到仲举同受遗诏辅政。师知、仲举恒居禁中，参决众事，顼与左右三百人入居尚书省。师知见顼地望权势为朝野所属，心忌之，与尚书左丞王暹等谋出顼于外。众犹豫，未敢先发。东宫通事舍人殷不佞，素以名节自任，又受委东宫，乃驰诣相府，矫敕谓顼曰："今四方无事，王可还东府经理州务。"

顼将出，中记室毛喜驰入见顼曰："陈有天下日浅，国祸继臻，中外危惧。太后深惟至计，令王入省共康庶绩。今日之言，必非太后之意。宗社之重，愿王三思，须更闻奏，无使奸人得肆其谋。今出外即受制于人，譬如曹爽，愿作富家翁，其可得邪！"顼遣喜与领军将军吴明彻筹之，明彻曰："嗣君谅闇，万机多阙。

殿下亲实周、邵，当辅安社稷，愿留中勿疑。"

【译文】二月，壬寅朔日（初一），北齐少主高纬举行加冠礼，并下诏大赦境内。

起初，陈高祖陈霸先担任梁敬帝丞相的时候，任用刘师知为中书舍人。刘师知博览经籍，精通文学，熟悉典制朝仪，经历世祖一朝，职位虽然没有升迁，但是深得世祖的器重和委任，与扬州刺史、安成王陈顼、尚书仆射到仲举等同奉遗诏，辅立幼主登基。刘师知和到仲举经常留在宫禁之中，参与决断众务，陈顼和亲信三百人入居尚书省。刘师知看到陈顼地位声望、权势为朝野人士所瞩目，心里猜忌他，便和尚书左丞王暹等谋划矫诏迁陈顼移出尚书省。众人犹豫不决，不敢率先采取行动。东宫通事舍人殷不佞，一向以成就建立名义节操为己任，况且在东宫又被皇上亲信委任，于是自告奋勇，驰马跑到宰相府（是时以尚书省为相府），假传国君的敕令，对陈顼说："方今四方平静无事，安成王可以还居东府（在江宁县东，为南朝宰相府第），经管处理扬州府务。"

陈顼奉到敕令，计划迁出尚书省，中记室参军毛喜（是时陈顼为骠骑大将军，毛喜为其军府中记室参军）奔驰入省，拜见陈顼说："陈朝据有天下，为时尚浅，国丧连续而至，内外疑惧不安。皇太后深思大计，召大王入居尚书省，一同稳定文武百官。今天殷不佞所宣敕令，据我推测，一定不是太后的旨意。因为事关宗庙社稷的安危，希望殿下仔细思虑。依我之见，应当再奏报太后，弄清楚是怎么一回事，不要让奸人阴谋得逞。现在殿下一出尚书省，便受制于人，好比当年曹爽，纵然只想做个富家翁就好，可是哪能办得到呢？"

陈顼觉得他的分析十分有理，于是命他跟领军将军吴明

资治通鉴

彻详加计议。吴明彻也认为："嗣君居丧，政务颇多疏忽，安成王殿下跟帝室的亲密，与周公、邵公没有什么不同，理应辅佐嗣君，安定社稷，希望留在尚书省内，不必多疑！"

　　顼乃称疾，召刘师知，留之与语，使毛喜先入言于太后。太后曰："今伯宗幼弱，政事并委二郎。此非我意。"喜又言于帝。帝曰："此自师知等所为，朕不知也。"喜出，以报顼。顼因囚师知，自入见太后及帝，极陈师知之罪，仍自草敕请画，以师知付廷尉，其夜，于狱中赐死。以到仲举为金紫光禄大夫。王暹、殷不佞并付治。不佞，不害之弟也，少有孝行，顼雅重之，故独得不死，免官而已。王暹伏诛。自是国政尽归于顼。

　　右卫将军会稽韩子高，镇领军府，在建康诸将中士马最盛，与仲举通谋。事未发。毛喜请简人马配子高，并赐铁、炭，使修器甲。顼惊曰："子高谋反，方欲收执，何为更如是邪？"喜曰："山陵始毕，边寇尚多，而子高受委前朝，名为杖顺。若收之，恐不时受首，或能为人患。宜推心安诱，使不自疑，伺间图之，一壮士之力耳。"顼深然之。

　　【译文】　于是陈顼谎称有病，没有迁出尚书省，一方面召来刘师知，留下他长谈；另一方面，派毛喜入宫奏报皇太后。皇太后沈氏说："嗣君陈伯宗幼弱，政务全都委托二郎，撵他出省，并不是我的意思。"毛喜又转报废帝。废帝说："这一定是刘师知他们出的主意，朕事先并不知有这样的事。"毛喜出宫，回复陈顼。陈顼于是拘禁刘师知，亲自入宫谒见皇太后与嗣君，极力陈述刘师知的罪过，并将自己草拟的惩处刘师知的敕文，请求嗣君认可。然后将刘师知发付廷尉治罪，当晚，在狱中赐他自尽。接着，又贬谪到仲举为金紫光禄大夫。王暹、殷不佞全部交有司治罪。殷不佞，是殷不害的弟弟，从小就以孝行著称；陈顼很看重他，因而他得免一死，只被革除官职。王暹经审讯治罪后，惨遭杀害。从此以后，政事不分大小，全都交由陈顼一人处理。

右卫将军、会稽人韩子高，坐镇领军府。留在京师的诸将中，他所率领的兵马最为强盛。他与到仲举密谋诛除陈顼，计划还未付诸实施。毛喜请求陈顼挑选兵马，配给韩子高，并赐给铁、炭，让他营造器械铠甲。陈顼很惊异地问道："韩子高想谋反，正要抓捕收押他，为何反而供给他一些造反的东西呢？"毛喜回答说："文帝陵才刚营建完毕，边境寇贼仍多，而韩子高深受前朝委任，名义上还算顺从，如果立刻收执他，只恐他未必肯认罪受缚，或许对抗起义，反而成为我们的祸患。所以，表面上，要以至诚与他相待；背地里，很自然地引他进入圈套，让他一点都不觉有疑，然后我们伺机干掉他，只要一个壮士的力量，就可以成功。"陈顼经他这么解说，很赞赏他的计谋。

【申涵煜评】 师知以一中书舍人，便欲矫诏废安成王顼，何异蚁撼泰山，谋之不臧，适足偾事，殷不佞移孝作忠，亦太孟浪。独韩子高以弄臣而死国，殆含笑下见临川矣。杂剧中男王后即此人。

【译文】 刘师知只是一个中书舍人，就想假传诏令废除安成王陈顼，这和蚂蚁撼泰山有什么不同？谋略不善，恰好坏事，殷不佞移孝作忠，也太莽撞了。只有韩子高以一个宠幸之臣而死于国事，几乎可以在九泉之下含笑下见显祖高洋了，杂剧中男王后就是这个人。

仲举既废归私第，心不自安。子郁，尚世祖妹信义长公主，除南康内史，未之官。子高亦自危，求出为衡、广诸镇；郁每乘小舆，蒙妇人衣，与子高谋。会前上虞令陆昉及子高军主告其谋反。顼在尚书省，因召文武在位议立皇太子。平旦，仲举、子高入省，皆执之，并郁送廷尉，下诏，于狱赐死，馀党一无所问。

辛亥，南豫州刺史余孝顷坐谋反诛。

癸丑，以东扬州刺史始兴王伯茂为中卫大将军、开府仪同三司。伯茂，帝之母弟也，刘师知、韩子高之谋，伯茂皆预之；司徒顼恐扇动中外，故以为中卫，专使之居禁中，与帝游处。

【译文】 到仲举被罢黜回到私宅，内心很不安宁。他的儿子到郁，娶了陈文帝的妹妹信义长公主为妻，由宣城太守升迁为南康内史。因为遇到国丧，还未上任。韩子高由于兵权过重，也深感不安，请求外放为衡州或广州刺史。到郁常乘小车，外面披上妇人的衣服以避人耳目，跑去跟韩子高商议。碰巧前上虞令陆昉，以及韩子高的军主告发他们谋反。陈顼在尚书省，通知文武百官明早入省商量立皇太子的事。清晨，趁到仲举、韩子高等人到尚书省的时候，分别把他们拿下，连同到郁，一并发送廷尉定罪，当晚，下诏赐他们在狱里自尽。其他党羽，一概不加问罪追究。

辛亥日（初十），陈南豫州刺史余孝顷因谋反被杀。

癸丑日（十二日），陈朝废帝陈伯宗任用东扬州刺史、始兴王陈伯茂为中卫大将军、开府仪同三司。陈伯茂，是陈废帝同母的弟弟，刘师知、韩子高等设谋除掉陈顼，陈伯茂都曾参与其中。司徒陈顼担心他煽诱内外，鼓动事端，因而启请陈废帝陈伯宗授他中卫之职，命他居留宫禁之中，专陪皇帝游乐休息。

三月，甲午，以尚书右仆射沈钦为侍中、左仆射。

夏，四月，癸丑，齐遣散骑常侍司马幼之来聘。

湘州刺史华皎闻韩子高死，内不自安，缮甲聚徒，抚循所部，启求广州，以卜朝廷之意。司徒顼伪许之，而诏书未出。皎遣使潜引周兵，又自归于梁，以其子玄响为质。

五月，癸巳，顼以丹杨尹吴明彻为湘州刺史。

甲午，齐以东平王俨为尚书令。

司徒顼遣吴明彻帅舟师三万趣郢州，丙申，遣征南大将军淳于量帅舟师五万继之，又遣冠武将军杨文通从安成步道出茶陵，巴山太守黄法氍从宜阳出澧陵，共袭华皎，并与江州刺史章昭达、郢州刺史程灵洗合谋进讨。六月，壬寅，以司空徐度为车骑将军，总督建康诸军，步道趣湘州。

辛亥，周主尊其母叱奴氏为皇太后。

【译文】三月，甲午日（二十三日），陈朝废帝陈伯宗任用尚书右仆射沈钦为侍中、尚书左仆射。

夏季，四月，癸丑日（十三日），北齐派遣[兼]（据《北齐书》补）散骑常侍司马幼之到建康访问。

陈湘州刺史华皎，听到韩子高被杀的消息，内心深感不安，于是积极缮治兵甲，聚集徒众，巡行安抚部众，并上表启奏，请求改调广州，借以窥伺朝廷意向。司徒陈顼假装答应，可是改调他的诏书迟迟不肯发出。华皎也提防朝廷对他不利，就暗中派遣使者到北周，悄悄勾引周兵南下，同时又归降后梁，奉萧岿为主，并送他的儿子华玄响到后梁做人质。

五月，癸巳日（二十三日），陈顼任用丹阳尹吴明彻为湘州刺史。

甲午日（二十四日），北齐任用东平王高俨为尚书令。

司徒陈顼派遣吴明彻率领水军三万，溯江西上，直逼郢州。丙申日（二十六日），再派遣征南大将军淳于量率领水军五万，继续西上进兵。又派遣冠武将军杨文通从安成（今江西安福县西）陆路出茶陵（今湖南茶陵县东）；又命令巴山太守黄法慧从宜阳（江西宜春）穿越澧陵（湖南醴陵），一同前往攻打华皎。另外饬令江州刺史章昭达、郢州刺史程灵洗，与吴明彻、淳于量等一起谋划进讨华皎。六月，壬寅日（初三），又任用司空徐度为车骑将军，总督建康诸军，从陆路讨伐湘州。

辛亥日（十二日），周主宇文邕尊奉他的母亲叱奴氏为皇太后。

己未，齐封皇弟仁机为西河王，仁约为乐浪王，仁俭为颍川王，仁雅为安乐王，仁直为丹杨王，〔仁〕谦为东海王。

华皎使者至长安；梁王亦上书言状，且乞师；周人议出师应之。司会崔猷曰：“前岁东征，死伤过半。比虽循抚，疮痍未复。今陈氏保境息民，共敦邻好，岂可利其土地，纳其叛臣，违盟约之信，兴无名之师乎！”晋公护不从。闰六月，戊寅，遣襄州总管卫公直督柱国陆通、大将军田弘、权景宣、元定等将兵助之。

辛巳，齐左丞相咸阳武王斛律金卒，年八十。金长子光为大将军，次子羡及孙武都并开府仪同三司，出镇方岳，其馀子孙封侯贵显者众甚。门中一皇后，二太子妃，三公主，事齐三世，贵宠无比。自肃宗以来，礼敬尤重，每朝见，常听乘步挽车至阶，或以羊车迎之。然金不以为喜，尝谓光曰：“我虽不读书，闻古来外戚鲜有能保其族者。女若有宠，为诸贵所嫉；无宠，为天子所憎。我家直以勋劳致富贵，何必藉女宠也！”

【译文】己未日（二十日），北齐册封皇弟高仁机为西河王，高仁约为乐浪王，高仁俭为颍川王，高仁雅为安乐王，高仁直为丹杨王，高仁谦为东海王。

华皎所派使者抵达长安，梁主萧岿也上奏章到北周，报告江南情况，并请派兵支援华皎。北周商议出兵策应华皎，司会中大夫崔猷反对说："前年东征（攻齐洛阳），士兵伤亡过半；近来虽加安抚，元气仍未恢复。目前，陈氏保守边境，休养百姓，与邻国敦睦友好，这种情况下，我们怎好贪图他的土地，接纳他的叛臣，违背结盟的信约，毫无正当理由就出兵呢？"晋国公宇文护不理睬他的反对，决定出兵南下。闰六月，戊寅日（初九），宇文护派遣襄州总管、卫国公宇文直督率柱国陆通、大将军田弘、权景宣、元定等领军南下，支援华皎。

辛巳日（十二日），北齐左丞相、咸阳武王斛律金去世，享寿八十。斛律金长子斛律光为大将军，次子斛律羡及孙子斛律武都位居开府仪同三司，出任大州刺史，其余子孙封侯显贵的很多。家族中，女子出了一位皇后，两位太子妃；男子有三位娶公主为妻。斛律家仕宦于齐，三世显贵尊宠，当代没有一家能和他们相比。自肃宗高演以来，北齐君主对斛律金的礼遇，尤其敬重，每当朝见天子，经常让他乘坐的步挽车直接开到殿阶才下车，有时还派宫廷用的羊车去迎接他。然而斛律金并不因此而得意，他曾经告诫斛律光说："我虽然没读过书，但也听说古来外戚家很少有能保全宗族的。女儿如果得到国君宠幸，便遭到其他妃嫔嫉妒；倘若失宠，便被天子忌恨。我斛律家纯靠功勋获得富贵，何必凭借女儿得宠以求取功名呢？"

壬午，齐以东平王俨录尚书事，以左仆射赵彦深为尚书令，娄定远为左仆射，中书监徐之才为右仆射。定远，昭之子也。

秋，七月，戊申，立皇子至泽为太子。

八月，齐以任城王湝为太师，冯翊王润为大司马，段韶为左丞相，贺拔仁为右丞相，侯莫陈相为太宰，娄叡为太傅，斛律光为太保，韩祖念为大将军，赵郡王叡为太尉，东平王俨为司徒。

俨有宠于上皇及胡后，时兼京畿大都督，领军大将军，领御史中丞。魏朝故事：中丞出，与皇太子分路，王公皆遥驻车，车车去牛，顿轭于地，以待其过；其或迟违，则前驱以赤棒棒之。自迁邺以后，此仪废绝，上皇欲尊宠俨，命一遵旧制。俨初从北宫出，将上中丞，凡京畿步骑、领军官属、中丞威仪、司徒卤簿，莫不毕从。上皇与胡后张幕于华林园东门外而观之，遣中使骤马趣仗。不得入，自言奉敕，赤棒应声碎其鞍，马惊，人坠。上皇大笑，以为善，更敕驻车，劳问良久。观者倾邺城。

【译文】壬午日（十三日），北齐太上皇高湛任用东平王高俨为录尚书事，左仆射赵彦深为尚书令，任用并省尚书左仆射娄定远为邺省尚书左仆射，中书监徐之才为尚书右仆射。娄定远，是娄昭的儿子。

秋季，七月，戊申日（初十），陈废帝陈伯宗册立皇子陈至泽为太子。

八月，北齐太上皇高湛任用任城王高湝为太师，冯翊王高润为大司马，任命段韶为左丞相，贺拔仁为右丞相，任命侯莫陈相为太宰，娄叡为太傅，任命斛律光为太保，韩祖念为大将军，任命赵郡王高叡为太尉，东平王高俨为司徒。

高俨深得太上皇及胡后的宠幸，当时兼任京畿大都督、领军大将军、御史中丞等职。魏朝旧制，御史中丞外出，和皇太子分路而行（不用引车避道），王公都要远远靠边停车，拉开拖牛，解轭放在地上，等候中丞经过，然后起驾，以示礼敬；倘若有迟延或不驻车解轭的，那么御史中丞的前驱仪从，就挥动赤棒，棒打他。自从迁都邺城以后，这项礼仪已经废绝，这时，太上皇高湛想尊宠东平王高俨，于是命他完全遵照魏朝旧制而行。高俨初从北宫出来，预备前往御史中丞府，举凡京畿大都督府的步骑、领军大将军府的官属、御史中丞和司徒前行的仪仗，全都出动，跟随在他前后。太上皇高湛和胡后在华林园东门外搭建帐幕，坐在那儿观赏，故意派遣宦官驰马冲撞高俨前导的仪仗，但一下子就被拦住。宦官自言奉有敕令要冲过去，话都还没说完，高俨前驱仪从，就挥动赤棒，立刻敲碎他的马鞍，马受惊吓，硬把那位宦官从马上给摔下来。太上皇高湛看了十分开心，大声欢笑，认为极妙，另派人传下敕令，要高俨停下马车，传话慰问了好久。邺城的人，全都出来观看。

俨恒在宫中，坐含光殿视事，诸父皆拜之。上皇或时如并州，俨恒居守。每送行，或半路，或至晋阳乃还。器玩服饰，皆与齐主同，所须悉官给。尝于南宫见新冰早李，还，怒曰："尊兄已有，我何竟无！"自是齐主或先得新奇，属官及工人必获罪。俨性刚决，尝言于上皇曰："尊兄懦，何能帅左右！"上皇每称其才，有废立意，胡后亦劝之，既而中止。

华皎遣使诱章昭达，昭达执送建康。又诱程灵洗，灵洗斩之。皎以武州居其心腹，遣使旅都督陆子隆，子隆不从；遣兵攻之，不克。巴州刺史戴僧朔等并隶于皎，长沙太守曹庆等，本隶皎下，遂为之用。司徒顼恐上流守宰皆附之，乃曲赦湘、巴二州。九月，乙巳，悉诛皎家属。

【译文】高俨经常留在宫中，坐在含光殿批阅公文，他的一些叔父辈，见到了他，都要先向他下拜。太上皇高湛有时前往并州（晋阳），高俨就常常留守邺宫。每次太上皇启驾，他都送行，有时送到半路，有时一送就送到晋阳，然后才折返回来。他所玩赏的器物、所穿戴的衣服以及装饰，都与少主高纬相同。他日常所需用品，全由府库供给。他曾在南宫少主处看到官库提供的用冰冷冻的早熟李子，从南宫回来后便大发脾气说："尊兄已有新李，为什么独独我没有？"从此以后，只要北齐少主先他获得什么新奇的东西，那么官库属吏与工匠必定会受到他的责罚。高俨个性刚毅而能决断，曾在太上皇高湛面前批评他哥哥说："阿兄怯懦，怎能领导左右臣属？"太上皇高湛夸赞他有才干，认为高纬拙劣，于是有废黜高纬、另立高俨的意思，因为胡后的劝阻，太上皇才打消这个念头。

华皎派遣使者去诱骗章昭达，要他背叛朝廷，章昭达不为所惑，押送华皎派来的使者到建康。华皎又派人去煽动程灵洗，程灵洗不为所动，反将来使斩首。华皎因武州（武陵郡，梁、陈置武州，治今湖南常德）处在他的心腹要害之地，特派人招诱都督陆子隆，陆子隆不肯依从；华皎便派出部队去进攻他，但又无法取胜。巴州刺史戴僧朔等，都归从华皎统领；长沙太守曹庆等，原来就是华皎的属下，于是都听命于他，为他驱驰效命。司徒陈顼担忧长江上游郡守县宰受到华皎的煽惑而归降他，于是启请陈废帝陈伯宗下诏，违背法律宽赦湘、巴二州受华皎胁制的人。九月，乙巳日（初七），陈废帝陈伯宗下令，将华皎留在京邑的家属一律处死。

梁以皎为司空，遣其柱国王操将兵二万会之。周权景宣将水军，元定将陆军，卫公直总之，与皎俱下。淳于量军夏口，直军鲁山，使元定以步骑数千围郢州。皎军于白螺，与吴明彻等相持。徐度、杨文通由岭路袭湘州，尽获其所留军士家属。

皎自巴陵与周、梁水军顺流乘风而下，军势甚盛，战于沌口。量、明彻募军中小舰，多赏金银，令先出当西军大舰受其拍；西军诸舰发拍皆尽，然后量等以大舰拍之，西军舰皆碎，没于中流。西军又以舰载薪，因风纵火，俄而风转，自焚，西军大败。皎与戴僧朔单舸走，过巴陵，不敢登岸，径奔江陵；卫公直亦奔江陵。

【译文】梁主萧岿任用华皎为司空。派遣柱国王操带领水军两万，南下援助华皎。北周（荆州总管）权景宣带领水军，大将军元定带领陆军，卫国公宇文直总督水、陆两军，跟随华皎顺流东下。淳于量屯兵夏口（湖北武昌县西汉水入江处），宇文直屯驻鲁山（湖北汉阳县北），派元定带领步骑数千，进围郢州（武昌）。华皎大军安营在白螺矶（在湖北监利县东南白螺山旁），与吴明彻等相持不下。徐度、杨文通从江西翻越山岭，偷袭湘州，俘虏了华皎留在湘州后方的所有军士家属。

华皎与北周、后梁水军，从巴陵顺流乘风而下，军势很盛，与官兵在沌口（湖北汉阳县西南三十里，地处沌水入江之口）交锋。淳于量、吴明彻募集军中小舰，多赏给他们金银，命他们先驰出去抵挡西军的大舰，并承受他们拍竿的拍击；等西军所有战舰的拍竿都发动完了，淳于量才派出大舰去拍击他们，最终西军大舰都被击碎，沉没水中。西军又用船舰，装载柴薪，顺风放火，但没过多久，风势转向，反而回过头来，烧了他们自己的船舰，于是西军大败。华皎跟戴僧朔单船逃走，驰过巴陵，不敢上岸，直奔江陵而去，北周卫国公宇文直也向江陵方向奔逃。

元定孤军，进退无路，斫竹开径，且战且引，欲趣巴陵。巴陵已为徐度等所据，度等遣使伪与结盟，许纵之还国；定信之，解仗就度，度执之，尽俘其众，并擒梁大将军李广。定愤恚而卒。

皎党曹庆等四下馀人并伏诛。唯以岳阳太守章昭裕，昭达之弟，桂阳太守曹宣，高祖旧臣，衡阳内史汝阴任忠，尝有密启，皆宥之。

吴明彻乘胜攻梁河东，拔之。

周卫公直归罪于梁柱国殷亮；梁主知非其罪，然不敢违，遂诛之。

周与陈既交恶，周沔州刺史裴宽白襄州总管，请益戍兵，并迁城于羊蹄山以避水。总管兵未至，程灵洗舟师奄至城下。会大雨，水暴涨，灵洗引大舰临城发拍，击楼堞皆碎，矢石昼夜攻之三十馀日；陈人登城，宽犹帅众执短兵拒战；又二日，乃擒之。

【译文】 元定成了孤军，进退无路，砍伐竹林，开辟道路，一边战斗一边撤退，原想赶往巴陵，不料巴陵已被徐度等占领。徐度等派遣使者，假意要与元定结盟，并应允放他归国。元定相信不疑，便放下武器，向徐度投降，徐度却将他拿下，俘虏了他所有的部队，并擒获后梁大将军李广。后来，元定被押送建康，因忧愤发病而亡。

华皎党羽曹庆等四十多人，都伏罪被杀。其中，只有岳阳太守章昭裕，因为是章昭达的弟弟；桂阳太守曹宣，是陈高祖的旧部属；还有衡阳内史、汝阴人任忠，因前曾有密启给朝廷，因而获得赦免。

吴明彻乘胜进攻后梁的河东郡（今湖北松滋县），攻下城池。

北周卫国公宇文直，将这次战争的失败，委罪于后梁的柱国殷亮，梁主萧岿知道这次的败退，其过不只在殷亮，可是却不敢违背他的命令，只好将殷亮给杀了。

北周沔州刺史裴宽鉴于周、陈的相互交恶，报告襄州总管，请求增加戍守兵力，并请迁移州城到羊蹄山（湖北汉川县南），以避开陈军水陆的侵袭。襄州总管派遣增防的部队还没有赶到，程灵洗果真率领水军突然攻到城下。碰巧又逢大雨，秋水暴涨，程灵洗得雨水之助，率舰直逼城下，发动拍竿，拍击城楼，城上短墙，全被拍碎，弓弩大石交加，日夜猛攻三十多天，陈军登上城垣，裴宽依旧带领部众，手执刀剑，奋力抵抗，又过了两天，程灵洗才捉住他。

丁巳，齐上皇如晋阳。山东水，饥，僵尸满道。

冬，十月，甲申，帝享太庙。

十一月，戊戌朔，日有食之。

丙午，齐大赦。

癸丑，周许穆公宇文贵自突厥还，卒于张掖。

齐上皇还邺。

【译文】丁巳日（十九日），北齐太上皇高湛前往晋阳。这一年秋天，山东闹[大]水灾，当地饥荒，饿死的人，布满道路。

冬季，十月，甲申日（十七日），陈废帝陈伯宗到太庙祭拜祖先。

十一月，戊戌朔日（初一），发生日食。

丙午日（初九），北齐少主高纬下诏大赦境内。

癸丑日（十六日），北周许穆公宇文贵从突厥回来，半途死在张掖。

癸丑这一天，北齐太上皇高湛从晋阳返回邺都。

十二月，周晋公护母卒，诏起，令视事。

齐秘书监祖珽，与黄门侍郎刘逖友善。珽欲求宰相，乃疏赵彦深、元文遥、和士开罪状，令逖奏之，逖不敢通；彦深等闻之，先诣上皇自陈。上皇大怒，执珽，诘之，珽因陈士开、文遥、彦深等朋党、弄权、卖官、鬻狱事。上皇曰："尔乃诽谤我！"珽曰："臣不敢诽谤，陛下取人女。"上皇曰："我以其饥馑，收养之耳。"珽曰："何不开仓振给，乃买入后宫乎？"上皇益怒，以刀环筑其口，鞭杖乱下，将扑杀之。珽呼曰："陛下勿杀臣，臣为陛下合金丹。"遂得少宽。珽曰："陛下有一范增不能用。"上皇又怒曰："尔自比范增，以我为项羽邪？"珽曰："项羽布衣，帅乌合之众，五年而成霸业。陛下藉父兄之资，才得至此，臣以为项羽未易可轻。"上皇愈怒，令以土塞其口。珽且吐且言，乃鞭二百，配甲坊，寻徙光州，敕令牢掌。别驾张奉福曰："牢者，地牢也。"乃置地牢中，桎梏不离身；夜以芜菁子为烛，眼为所熏，由是失明。

齐七兵尚书毕义云为治酷忍，非人理所及，于家尤甚。夜为盗所杀，遗其刀，验之，其子善昭所佩刀也。有司执善昭，诛之。

【译文】十二月，北周晋国公宇文护的老母去世，宇文护请假居丧，但没过多久，周主宇文邕下诏，请他节哀复职，处理众务。

北齐秘书监祖珽，与黄门侍郎刘逖友善。祖珽想当宰相，把持朝政，于是上疏陈述现任执政赵彦深、元文遥、和士开等人的罪状，请刘逖帮他转奏上去。刘逖不敢帮他转呈。事情被赵彦深等三人探悉，他们三人先向北齐太上皇高湛自陈无过。北齐太上皇大怒，派人将祖珽捉来，严厉地责问他，祖珽也借此时机，陈述和士开、元文遥、赵彦深等结党营私、舞弄权势、出卖官爵、收取贿赂，以及讼案收受贿赂等事情。北齐太上皇高湛恼怒道："你难道不也在诽谤我！"祖珽回答说："臣不敢诽谤陛下，但陛下曾取人子女入后宫。"北齐太上皇辩解说："我是因她饥饿穷苦,好心收养她的。"祖珽说:"如果说她穷,那么开仓救济就好,为何竟将她买入后宫呢?"北齐太上皇被他说得怒不可遏,便用刀尖抵着他的嘴巴,然后拿鞭杖将他乱打一顿,还准备杀掉他。祖珽大声呼叫道:"陛下切莫杀臣,臣还要为陛下配制金丹呢!"此话一出,于是稍得宽免。但祖珽又开口说:"陛下有一范增,可惜却不能重用他!"北齐太上皇高湛又发怒说:"你自比范增,认为我是项羽吗?"祖珽回答说:"项羽一介布衣,带领一批未经训练的乌合之众,不到五年时间,竟然成就了霸王的伟业。而陛下借父兄的基业,才当上国君,臣认为项羽不可随意加以轻视呢!"北齐太上皇听了,更加生气,命人用泥土堵住他的嘴巴。祖珽还一边吐一边说,北齐太上皇又命人将他鞭打二百下,然后发配到制造铠甲的地方去服劳役。没过多久,又将他迁徙到光州(治今山东掖县),敕令地方官将他牢牢地看押。光州别驾张奉福迎合执政的意思,存心整治他,便曲解说:"牢,就是地牢的意思。"于是将他关押在地牢中,白天,枷锁不离其身,让他行动不得自由;夜里,点芜菁子油灯,熏他眼睛,祖珽双目被熏失明。

北齐七兵尚书(犹后之兵部尚书。《通典》卷二十三《职官五》曰:"魏置五兵尚书。'五兵',谓中兵、外兵、骑兵、别兵、都兵也。晋太康中,又分中兵、外兵各为左、右,至后魏始有七兵尚书。")毕义云,做事暴虐残忍,他的残忍,不是具有人性的人所能干得出来的。对待家人,尤其残暴。某天夜里,他被强盗杀死,强盗留下一把凶器,经人验看指认,竟是他儿子毕善昭身上所佩带的。主管刑狱的官吏,将毕善昭拘捕,加以处决。

光大二年(戊子,公元五六八年)春,正月,己亥,安成王顼进位太傅，领司徒，加殊礼。

辛丑，周主祀南郊。

癸亥，齐主使兼散骑常侍郑大护来聘。

湘东忠肃公徐度卒。

二月，丁卯，周主如武功。

突厥木杆可汗贰于周，更许齐人以昏，留陈公纯等数年不返。会大雷风，坏其穹庐，旬日不止。木杆惧，以为天谴，即备礼送其女于周，纯等奉之以归。三月，癸卯，至长安，周主行亲迎之礼。甲辰，周大赦。

【译文】光大二年（戊子，公元568年）春季，正月，己亥日（初三），陈废帝陈伯宗擢升安成王陈顼为太傅，兼领司徒，外加特殊礼遇。

辛丑日（初五），周主宇文邕前往南郊坛祭祀所感帝灵威仰。

癸亥日（二十七日），北齐太上皇高湛派遣兼散骑常侍郑大护到陈国访问。

陈朝司空、湘东忠肃公徐度去世。

二月，丁卯日（初二），周主宇文邕前往武功。

突厥木杆可汗对北周怀有二心，已经答应嫁女于周，又答应与北齐通婚，扣押陈国公宇文纯等好几年，不让他回国复命。碰巧突厥遭遇大雷电、大风暴，毁坏木杆可汗的帐幕。雷电、狂风持续十日不停。木杆可汗害怕，认为是上天降罪给他，这才准备嫁妆，遣送他的爱女到北周，陈国公宇文纯等到此时才奉迎那女子回国。三月，癸卯日（初八），迎聘使者回到长安，周主宇文邕亲自出郊，举行迎亲之礼。甲辰日（初九），周主宇文邕下诏大赦境内。

乙巳，齐以东平王俨为大将军，南阳王绰为司徒，开府仪同三司徐显秀为司空，广宁王孝珩为尚书令。

戊午，周燕文公于谨卒。谨勋高位重，而事上益恭，每朝参，所从不过二三骑。朝廷有大事，多与谨谋之。谨尽忠补益，于功臣中特被亲信，礼遇隆重，始终无间；教训诸子，务存静退，而子孙蕃衍，率皆显达。

吴明彻乘胜进攻江陵，引水灌之，梁主出顿纪南以避之。周总管田弘从梁主，副总管高琳与梁仆射王操守江陵三城，昼夜拒战十旬。梁将马武、吉彻击明彻，败之。明彻退保公安，梁主乃得还。

【译文】 乙巳日（初十），北齐太上皇高湛册封东平王高俨为大将军，南阳王高绰为司徒，开府仪同三司徐显秀为司空，广宁王高孝珩为尚书令。

戊午日（二十三日），北周燕文公于谨去世。于谨功勋越高，权柄越重，事奉皇上却越恭谨。每次上朝参谒，侍从人员，不过二三骑。朝廷凡有军国大事，多找于谨商量决定。于谨也竭尽他的才能，辅弼佐益君主，在所有的功臣中，格外受到皇上的亲敬和宠信，周主对他礼遇的隆重，始终如一。于谨教导训育子弟，专事宁静恬退，而子孙繁衍众多，都很发达显贵。

吴明彻乘胜攻打江陵，引长江水来灌江陵城。梁主萧岿和北周江陵总管田弘退守纪南城（在江陵县北十余里）以避开他的进攻，留下尚书仆射王操和北周江陵副总管高琳固守江陵三城，日夜不停地抵抗，持续了百日之久。后梁将领马武、吉彻等击败吴明彻。吴明彻退守公安，梁主萧岿这才返回江陵。

夏，四月，辛巳，周以达奚武为太傅，尉迟迥为太保，齐公宪为大司马。

齐上皇如晋阳。

齐尚书左仆射徐之才善医，上皇有疾，之才疗之，既愈，中书监和士开欲得次迁，乃出之才为兖州刺史。五月，癸卯，以尚书右仆射胡长仁为左仆射，士开为右仆射。长仁，太上皇后之兄也。

庚戌，周主享太庙；庚申，如醴泉宫。

壬戌，齐上皇还邺。

【译文】夏季，四月，辛巳日（十七日），周主宇文邕册封达奚武为太傅，尉迟迥为太保，齐国公宇文宪为大司马。

北齐太上皇高湛前往晋阳。

北齐尚书左仆射徐之才精通医术，每当北齐太上皇有病，找他治疗，都能痊愈。中书监和士开想依次升迁，担任仆射的职位，于是设法挤掉徐之才，外放他为兖州刺史。五月，癸卯日（初九），北齐任命尚书右仆射胡长仁为尚书左仆射，和士开为尚书右仆射。胡长仁，是北齐太上皇后胡氏的哥哥。

庚戌日（十六日），周主宇文邕前往太庙祭拜祖先。庚申日（二十六日），宇文邕到醴泉宫（今陕西醴泉县东北）。

壬戌日（二十八日），北齐太上皇高湛从晋阳返回邺都。

秋，七月，壬寅，周随桓公杨忠卒，子坚袭爵。坚为开府仪同三司、小宫伯，晋公护欲引以为腹心。坚以白忠，忠曰："两姑之间难为妇，汝其勿往！"坚乃辞之。

丙午，帝享太庙。

戊午，周主还长安。

壬戌，封皇弟伯智为永阳王，伯谋为桂阳王。

八月，齐请和于周，周遣军司马陆程等聘于齐；九月，丙申，齐使侍中斛斯文略报之。

冬，十月，癸亥，周主享太庙。

庚午，帝享太庙。

辛巳，齐以广宁王孝珩录尚书事，左仆射胡长仁为尚书令，右仆射和士开为左仆射，中书监唐邕为右仆射。

【译文】秋季，七月，壬寅日（初九），北周随桓公杨忠去世，由他的长子杨坚承继他的爵位。杨坚任开府仪同三司、小宫伯，晋国公宇文护想拉拢他为心腹，杨坚请示他的父亲杨忠，他的父亲说："两个婆婆之间，做媳妇的不好当，很难伺候两边满意，你还是不要倾向他吧！"杨坚谨遵父训，于是婉拒了宇文护的美意。

丙午日（十三日），陈废帝陈伯宗前往太庙祭拜祖先。

戊午日（二十五日），周主宇文邕从醴泉宫返回长安。

壬戌日（二十九日），陈废帝陈伯宗册立皇弟陈伯智为永阳王，陈伯谋为桂阳王。

八月，北齐派遣使者到北周，请求修睦和好；周主宇文邕应允，派遣军司马陆程到北齐访问。九月，丙申日（初四），北齐太上皇高湛派遣侍中斛斯文略到北周访问。

冬季，十月，癸亥日（初二），周主宇文邕前往太庙祭拜祖先。

庚午日（初九），陈废帝陈伯宗前往太庙祭拜祖先。

辛巳日（二十日），北齐任用广宁王高孝珩为录尚书事，尚书左仆射胡长仁为尚书令，任用右仆射和士开为尚书左仆射，中书监唐邕为尚书右仆射。

十一月，壬辰朔，日有食之。

齐遣兼散骑常侍李谐来聘。

甲辰，周主如岐阳。

周遣开府仪同三司崔彦等聘于齐。

始兴王伯茂以安成王顼专政，意甚不平，屡肆恶言。甲寅，以太皇太后令，诬帝，云与刘师知、华皎等通谋。且曰："文皇知子之鉴，事等帝尧；传弟之怀，又符太伯。今可还申曩志，崇立贤君。"遂废帝为临海王，以安成王入纂。又下令，黜伯茂为温麻侯，寘诸别馆，安成王使盗邀之于道，杀之车中。

【译文】十一月，壬辰朔日（初一），发生日食。

北齐派遣兼散骑常侍李谐启程到江南访问。

甲辰日（十三日），周主宇文邕前往岐阳。

[壬子]（二十一日），周主宇文邕派遣开府仪同三司崔彦等到北齐访问。

陈始兴王陈伯茂因为皇叔安成王陈顼独揽朝政，内心甚感不满，因此多次口出恶言诋毁他。甲寅日（二十三日），陈顼假借太皇太后令，诬指废帝陈伯宗，说他"与刘师知、华皎等通谋"。又说："文帝知道自己儿子幼弱，不应该被立为国君，与帝尧的清楚自己儿子不肖，而不肯传位于丹朱，同样具有先见远识；文帝一向有传位于弟的意思，这和吴太伯的让位于弟，又相辉映。现在可以重申实现文帝欲立其弟的夙愿，推立贤君。"于是罢黜陈伯宗为临海王，改由安成王陈顼入继为君。同在这一天，太皇太后又下令贬谪始兴王陈伯茂为温麻县侯，遣他出宫，移居别馆。安成王陈顼却暗中派遣刺客，在半路上拦截他，将他刺死在车中。

齐上皇疾作，驿追徐之才，未至。辛未，疾亟，以后事属和士开，握其手曰："勿负我也!"遂殂于士开之手。明日，之才至，复遣还州。

士开秘丧三日不发。黄门侍郎冯子琮问其故，士开曰："神武、文襄之丧，皆秘不发。今至尊年少，恐王公有贰心者，意欲尽追集于凉风堂，然后与公议之。"士开素忌太尉录尚书事赵郡王叡及领军娄定远，子琮恐其矫遗诏出叡于外，夺定远禁兵，乃说之曰："大行先已传位于今上，群臣富贵者，皆至尊父子之恩，但令在内贵臣一无改易，王公必无异志。世异事殊，岂得与霸朝相比! 且公不出宫门已数日，升遐之事，行路皆传，久而不举，恐有他变。"士开乃发丧。

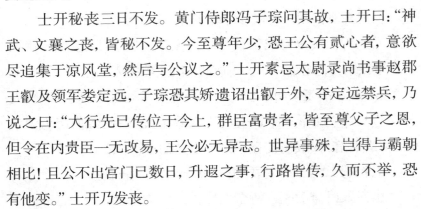

【译文】北齐太上皇高湛旧病复发，命人搭乘快捷驿车前往兖州追回徐之才来看病，徐之才还没有赶到。[十二月]，辛未日（初十），北齐太上皇已濒临弥留状态，将身后之事嘱托和士开料理，握着他的手，跟他说："希望不要辜负我!"说完，就死在和士开的手中（时年三十二岁）。第二天，徐之才才赶到，可是已经来不及施救，和士开又派他返回兖州任所（"十二月"三字，据《北齐书·武成帝纪》及《后主纪》补）。

和士开隐瞒北齐太上皇帝的死讯，一连三天都不肯发出讣告。黄门侍郎冯子琮问他是什么原因，和士开回答说："神武、文襄刚刚去世的时候，也都秘不发丧，方今主上年幼，担心王公大臣怀有异心的，会乘机图谋不轨。我的意思是先将他们全部召集到凉风堂（在晋阳宫殿中），然后再与群公详议治丧的事情。"和士开一向猜忌太尉、录尚书事、赵郡王高叡，以及领军将军娄定远。冯子琮生怕和士开矫诏将高叡外放，并夺取娄定远的禁卫兵权，于是欺骗他说："大行皇帝早已传位给当今圣上，群臣得富贵的，全是陛下父子的恩赐，只要朝廷贵臣的职位保证全不更换，那么王公大臣必定不会别生异心。时代已经不同，事情也有差异，太上皇驾崩，怎好秘不发丧，再跟前朝时代相比呢？而且您不出宫门，已有几日，太上皇升天的事，行路之人，都在互相传报，倘若长久拖着，却仍然不发布讣闻，那么朝野惊疑，只怕反而会有其他变故发生！”和士开被他这样一说，心里倒也十分害怕，于是下令发出北齐太上皇高湛去世的消息。

丙子，大赦。戊寅，尊太上皇后为皇太后。

侍中尚书左仆射元文遥，以冯子琮，胡太后之妹夫，恐其赞太后干预朝政，与赵郡王叡、和士开谋，出子琮为郑州刺史。

世祖骄奢淫泆，役繁赋重，吏民苦之。甲申，诏：“所在百工细作，悉罢之。邺下、晋阳、中山宫人、官口之老病者，悉简放。诸家缘坐在流所者，听还。”

【译文】丙子日（十五日），北齐少主高纬下诏大赦境内。戊寅日（十七日），高纬尊太上皇后胡氏为皇太后。

侍中、尚书左仆射元文遥，认为冯子琮是胡太后的妹夫，担心他赞成胡太后垂帘干预朝政，因而与赵郡王高叡以及和士开等共同谋划，外放他为郑州刺史。

北齐世祖高湛骄奢淫逸，徭役、赋税繁重，官吏、百姓都为这些感到痛苦。甲申日（二十三日），北齐后主高纬下诏说：“太上皇所居之处，一切精细工艺营造，及各类工匠，全部停作休息。邺下、晋阳、中山三处的宫人，和罪人家口没入官府为奴仆的，其中年老和有病的，有关官吏应该加以检视，全部予以放还。”〔庚寅日〕（二十九日），北齐后主高纬又下诏说：“〔从文宣帝天保七年以来〕各家罪非主犯，只因为亲戚关系而被判处流刑的，准许他们调整恢复自由之身，听任他们还乡。"。

周梁州恒稜獠叛，总管长史南郑赵文表讨之。诸将欲四面进攻，文表曰："四面攻之，獠无生路，必尽死以拒我，未易可克。今吾示以威恩，为恶者诛之，从善者抚之。善恶既分，破之易矣。"遂以此意遍令军中。时有从军熟獠，多与恒稜亲识，即以实报之。恒稜犹豫未决，文表军已至其境。獠中先有二路，一平一险，有獠帅数人来请为乡导。文表曰："此路宽平，不须为导。卿但先行好慰谕子弟，使来降也。"乃遣之。文表谓诸将曰："獠帅谓吾从宽路而进，必设伏以邀我，当更出其不意。"乃引兵自狭路入，乘高而望，果有伏兵。獠既失计，争帅众来降。文表皆慰抚之，仍徵其租税，无敢违者。周人以文表为蓬州刺史。

【译文】北周梁州恒稜獠反叛，梁州总管府长史赵文表领兵前往征讨，诸将想从四面围攻，赵文表则说："从四面进攻，生獠要投降或要逃跑的路子全部断绝，那么他们势必尽其死力来对抗我们，这样，反而不易战胜他们。现在我改用单路进攻，并且先用恩威宣喻他们，为恶的，讨伐他；从善的，安抚他。愿意与我们合作的，和不肯与我们合作的，区别分明后，联合愿意跟我们合作者，合力讨伐那些不肯听从的，这样的话，就容易剿灭他们了。"于是将这个意思宣布下去，让整个军中都知晓这层道理。当时，有从军的熟獠（归化政府之獠民），有很多与恒稜生獠（未归化之獠民）是亲戚熟识的，他们就将在周军中所知道要如何讨伐的方略，转告他们，恒稜生獠听了，相与聚集商议，议而未决，还在犹豫中，赵文表大军已进逼他们边境。通往恒稜有两条路，一条稍微平坦，一条极为险陡，这时有獠帅数人来拜见赵文表，说是愿意来做向导。赵文表回答他们说："这条路径平坦，无须向导。诸君但请先回去晓谕你们子弟，要他们来归降就好了。"于是遣送他们回去。赵文表转身对诸将说："獠帅以为我们会从平坦的道路进攻，他们必定会在路上设伏截击我们，我们倒要出其不意，另外从险径进攻。"于是率军从险道进发。登高下望，果真发现宽路旁设有伏兵。生獠酋长已经失算，便争率部属前来投降。赵文表对他们温言加以安抚，仍然课征他们的租税，结果没有敢违抗的。北周因而任用赵文表为蓬州（治今四川营山县东北）长史。

高宗宣皇帝上之上

太建元年（己丑，公元五六九年）春，正月，辛卯朔，周主以齐世祖之丧罢朝会，遣司会李纶吊赗，且会葬。

甲午，安成王即皇帝位，改元，大赦。复太皇太后为皇太后，皇太后为文皇后；立妃柳氏为皇后，世子叔宝为太子；封皇子叔陵为始兴王，奉昭烈王祀。乙未，上谒太庙。丁酉，以尚书仆射沈钦为左仆射，度支尚书王劢为右仆射。劢，份之孙也。

【译文】太建元年（己丑，公元569年）春季，正月，辛卯朔日（初一），周主宇文邕因为齐世祖高湛去世而停止朝会，派遣司会中大夫李纶为特使，到北齐吊丧，致送赗仪，并参加北齐世祖的葬礼。

甲午日（初四），安成王陈顼即位为皇帝，改年号为太建，颁诏大赦天下。恢复太皇太后章氏尊号为皇太后，皇太后沈氏为文皇后；册封王妃柳氏为皇后，世子陈叔宝为太子；册封皇子陈叔陵为始兴王，承继始兴昭烈王的香火。乙未日（初五），陈宣帝陈顼前往太庙祭拜祖先。丁酉日（初七），陈顼任命尚书仆射沈钦为尚书左仆射，度支尚书王劢为尚书右仆射。王劢，是王份的孙子。

辛丑，上祀南郊。

壬寅，封皇子叔英为豫章王，叔坚为长沙王。

戊午，上享太庙。

齐博陵文简王济，世祖之母弟也，为定州刺史，语人曰："次叙当至我矣。"齐主闻之，阴使人就州杀之，葬赠如礼。

二月，乙亥，上耕藉田。

甲申，齐葬武成帝于永平陵，庙号世祖。

己丑，齐徙东平王俨为琅邪王。

齐遣侍中叱列长叉聘于周。

齐以司空徐显秀为太尉，并省尚书令娄定远为司空。

【译文】辛丑日（十一日），陈宣帝陈顼前往南郊坛祭祀天神。

壬寅日（十二日），陈宣帝陈顼册立皇子陈叔英为豫章王，陈叔坚为长沙王。

戊午日（二十八日），陈宣帝陈顼前往太庙祭拜祖先。

北齐博陵文简王高济，是北齐世祖高湛的同母弟弟，担任定州刺史，向人扬言说："按照兄弟的次第，我也应当轮做天子。"这话传到齐主高纬耳里，便派出密使，到定州将博陵王高济暗杀掉，然后还假装好心地按为亲王料理丧事的礼仪，给他治丧和追赠官爵。

二月，乙亥日（十五日），陈宣帝陈顼亲下藉田，举行耕种典礼。

甲申日（二十四日），北齐君臣在永平陵安葬武成帝灵柩，庙号世祖。

乙丑日（二十九日），齐主高纬改封东平王高俨为琅邪王。

齐主高纬派侍中叱列长叉到北周访问。

齐主高纬任用司空徐显秀为太尉，并省尚书令娄定远为司空。

初，侍中、尚书右仆射和士开，为世祖所亲狎，出入卧内，无复期度，遂得幸于胡后。及世祖殂，齐主以士开受顾托，深委任之，威权益盛；与娄定远及录尚书事赵彦深、侍中尚书左仆射元文遥、开府仪同三司唐邕、领军綦连猛、高阿那肱、度支尚书胡长粲俱用事，时号"八贵"。太尉赵郡王叡、大司马冯翊王润、安德王延宗与娄定远、元文遥皆言开齐主，请出士开为外任。会胡太后飨朝贵于前殿，叡面陈士开罪失云："士开先帝弄臣，城狐社鼠，受纳货赂，秽乱宫掖。臣等义无杜口，冒死陈之。"太后曰："先帝在时，王等何不言？今日欲欺孤寡邪？且饮酒，勿多言！"叡等词色愈厉。仪同三司安吐根曰："臣本商胡，得在诸贵行末，既受厚恩，岂敢惜死！不出士开，朝野不定。"太后曰："异日论之，王等且散！"叡等或投冠于地，或拂衣而起。明日，叡等复诣云龙门，令文遥入奏之，三返，太后不听。左丞相段韶使胡长粲传太后言曰："梓宫在殡，事太忽忽，欲王等更思之！"叡等遂皆拜谢。长粲复命，太后曰："成妹母子家者，兄之力也。"厚赐叡等，罢之。

【译文】起初，侍中、尚书右仆射和士开，由于受到北齐世祖高湛的亲昵宠爱，得以自由进出齐世祖的卧室，出入行动不受限制，因而与胡太后有染。等到齐世祖高湛去世后，齐主高纬因为和士开是受先皇顾命托孤的大臣，所以特别重用他，和士开的威势权柄便因此更加盛大，与领军将军娄定远、录尚书事赵彦深、侍中尚书左仆射元文遥、开府仪同三司唐邕、领军綦连猛、高阿那肱、度支尚书胡长粲等共同执掌国政，当时人称"八贵"。太尉赵郡王高叡、大司马冯翊王高润、安德王高延宗和娄定远、元文遥等都向齐主高纬进谏，请他把和士开外放。碰巧遇到胡太后在前殿宴请贵臣，高叡便挺身而出，当面陈述和士开的罪过说："和士开作为先帝狎弄的臣子，好比城基下的狐狸、太社里的老鼠，凭借帝王的威势，暗中为非作歹，收受别人的财物，在宫廷内做出淫乱的行为。臣等基于正义，不能闭口不言，因此不畏冒犯诛戮，斗胆向太后陈述。"胡太后十分气愤地说："先帝在时，你们为什么不早向他说？等他死后，才来对我说，你们今天是不是想欺负我们孤儿寡母？诸位只管喝酒，不要多说了！"高叡等听她这么说，言语脸色变得更加严肃。仪同三司安吐根说："臣本是经商的胡人，很荣幸能追随在诸位贵人行列的末位，臣既受皇室厚恩，怎敢吝惜生命而不为朝廷除奸呢？今天不外放和士开，朝野的人心便不会安宁。"胡太后敷衍他们说："这件事改天再行讨论，你们暂且解散回府。"高叡等一批人，有的将帽子扔在地上，有的拂袖而出。到了第二天，高叡等又到云龙门，令元文遥入宫上奏弹劾和士开，三次往返陈说，胡太后都不肯依从。左丞相段韶派胡长粲传太后的懿旨说："天子棺柩还未安葬，你们上奏的事太过急促，希望再加三思！"高叡等于是都拜命致歉。胡长粲回去复命。胡太后很高兴地对他说："成全妹妹母子一家的，实在靠阿兄的力量。"于是下旨厚赏高叡等，事情暂且搁置下来。

太后及齐主召问士开，对曰："先帝于群臣之中，待臣最厚。陛下谅闇始尔，大臣皆有觊觎。今若出臣，正是剪陛下羽翼。宜谓叡等云：'文遥与臣，俱受先帝任用，岂可一去一留！并可用为州，且出纳如旧。待过山陵，然后遣之。'叡等谓臣真出，心必喜之。"帝及太后然之，告叡等如其言。乃以士开为兖州刺史，文遥为西兖州刺史。葬毕，等叡促士开就路。太后欲留士开过百日，叡不许；数日之内，太后数以为言。有中人知太后密旨者，谓叡曰："太后意既如此，殿下何宜苦违！"叡曰："吾受委不轻。今嗣主幼冲，岂可使邪臣在侧！不守之以死，何面戴天！"遂更见太后，苦言之。太后令酌酒赐叡，睿正色曰："今论国家大事，非为卮酒！"言讫，遽出。

【译文】 胡太后和齐主高纬召和士开入宫，向他讨教对策。和士开说："先帝在群臣中，对臣最为优厚。陛下才刚居丧，大臣便有窥伺的野心。现在如果将臣外放，正是他们翦除陛下左右亲信的开始。陛下应对他们的办法，可如此对高叡说：'元文遥与和士开，都受先帝的宠信委任，而今难道可以将他们一人外放，一人还留在朝廷吗？要么就两个人一起外调出去担任刺史，并命他们暂且仍旧兼领现在的职务。等到大行皇帝灵柩安葬完毕，再遣送他们上路。'高叡等认为臣等真的要外放，那么内心必定会感到高兴。"齐主高纬与胡太后都很赞同他的这个计策，便将他所教的话一五一十地告诉高叡等人。同时公布调迁和士开为兖州（治今山东滋阳县西二十五里）刺史，元文遥为西兖州（治今河南滑县）刺史。待到大行皇帝灵柩安葬完毕，高叡等催促和士开上路，胡太后却想留下和士开，等过百日之后，再让他上任。高叡不肯答应。数日之间，胡太后一再提出这个要求。有宫内宦官知道太后隐私的，劝高叡说："太后的意思既然如此，殿下又何必苦苦跟她对抗呢？"高叡说："我受先帝顾托，职责不轻，方今嗣主年幼，岂可让奸邪之臣侍在他身旁呢？我如果不能拼死翦除君王身边的小人，又有何脸面苟活在世上呢？"于是又进宫拜见太后，苦苦劝谏，要胡太后放和士开上任。胡太后命人斟酒赐给高叡，高叡板起面孔说："今天是来商讨国家大事，不是为讨一杯酒喝。"说完，转身掉头而去。

士开载美女珠帘诣娄定远，谢曰："诸贵欲杀士开，蒙王力，特全其命，用为方伯。今当奉别，谨上二女子、一珠帘。"定远喜，谓士开曰："欲还入不？"士开曰："在内久不自安，今得出，实遂本志，不愿更入。但乞王保护，长为大州刺史足矣。"定远信之。送至门，士开曰："今当远出，愿得一辞觐二宫。"定远许之。士开由是得见太后及帝，进说曰："先帝一旦登遐，臣愧不能自死。观朝贵意势，欲以陛下为乾明。臣出之后，必有大变，臣何面目见先帝于地下！"因恸哭。帝、太后皆泣，问："计安出？"士开曰："臣已得入，复何所虑，正须数行诏书耳。"于是，诏出定远为青州刺史，责赵郡王叡以不臣之罪。

【译文】和士开载运美女、珠帘到娄定远家拜访，先向他致谢说："诸位贵臣想杀我和士开，承蒙您的大力帮忙，才保全我的性命，任命我为刺史。现在特来向你辞行，恭谨地献上两位美女、一卷珠帘。"娄定远见他这么诚意多礼，心里感到十分高兴，便对和士开说："你还想调回来吗？"和士开回答说："在朝廷内待久了，心内常感不安；如今能够外调，实在称心如意，不想再调回了。但祈求您居中保护，让我能长久担任大州刺史，我就心满意足了！"娄定远竟然相信了他的鬼话。送他到门口，和士开说："现在就要远行，希望入宫拜见太后和皇上，顺便向他们辞行。"娄定远应允他，和士开因而得见胡太后和齐主高纬，还向他们进言说："先帝一去世，臣惭愧不能跟随一同去死。臣私下观察朝廷贵臣的意向，是想废黜陛下为乾明（按齐文宣帝驾崩，太子高殷即位，年号"乾明"。后废为济南王，由常山王高演入继为帝）。等臣外放之后，朝中定然会发生变乱，如此的话，臣有何面目见先帝于九泉之下呢？"说到这里，伏地痛哭。齐主高纬、胡太后也都哭泣流泪，急忙向和士开请教说："有什么计策好应对他们的吗？"和士开回答说："臣已经入宫，还有什么好忧虑的呢？此时最要紧的，只需数行诏书，便可应付局面。"于是齐主高纬先下一诏，外调娄定远为青州刺史，另下一诏，责备赵郡王高叡没有人臣之礼。

旦日，叡将复入谏，妻子咸止之，叡曰："社稷事重，吾宁死事先皇，不忍见朝廷颠沛。"至殿门，又有人谓曰："殿下勿入，恐有变。"叡曰："吾上不负天，死亦无恨。"入，见太后，太后复以为言，叡执之弥固。出，至永巷，遇兵，执送华林园雀离佛院，令刘桃枝拉杀之。叡久典朝廷，清正自守，朝野冤惜之。复以士开为侍中、尚书左仆射。定远归士开所遗，加以馀珍赂之。

三月，齐王如晋阳。夏，四月，甲子，以并州尚书省为大基圣寺，晋祠为大崇皇寺。乙丑，齐主还邺。

齐主年少，多嬖宠。武卫将军高阿那肱，素以谄佞为世祖及和士开所厚，世祖多令在东宫侍齐主，由是有宠，累迁并省尚书令，封淮阴王。

【译文】第二天早晨，高叡准备再入宫劝谏，他的妻子家人都阻拦他，他说："国家社稷事重，个人生死事轻，我情愿以死追随先皇，也不忍见到幼主流离失所。"于是起身入宫，走到殿门，又有人劝阻他说："殿下莫要进去，恐有灾祸发生。"高叡不以为然地说："我上不负苍天，只要有利国家，就算死了，也无所恨。"于是进宫拜见太后，胡太后又提出百日后再让和士开上任的请求，高叡越发坚守前议，不肯应允。胡太后便十分生气地返身入内。高叡也悻悻然出宫，走到永巷，突然遇到伏兵，将他擒住，送往华林园雀离佛院，内宫有令，叫大力士刘桃枝将他杀害。赵郡王高叡久掌朝政，清正廉洁，为人正直，他的遇害，朝野上下都为他感到冤枉，感到痛惜。齐主高纬又下诏，恢复和士开侍中、尚书左仆射的官职。新任青州刺史娄定远见风使舵，赶紧送还和士开先前所贿赂给他的东西，并加送好几样珍宝，借以讨好和士开。

三月，齐主高纬前往晋阳。夏季，四月，甲子日（初五），把并州尚书省改为大基圣寺，晋祠改为大崇皇寺。乙丑日（初六），齐主高纬从晋阳返回邺都。

齐主高纬年幼，宫内宫外有很多宠爱的嬖妾和幸臣。武卫将军高阿那肱，一向善于逢迎巴结，受到齐世祖高湛及和士开的亲信和厚爱。齐世祖高湛经常命他在东宫侍奉齐主高纬，凭借他的善于巴结逢迎，很得齐主高纬的宠爱，屡经擢升，竟高升到并省尚书令，进封淮阴郡王。

【乾隆御批】 八贵横行干政，士开尤为罪魁。高叡定计出之是也，乃以定远贪饵堕术事堕垂成，卒致定远亦斥外，叡且因之以死，致齐政日坏直底灭亡，是定远之罪犹浮于士开耳。

【译文】 八贵肆意横行干预朝政，和士开更是罪魁祸首。高叡定下计策把他调出是正确的，却因为娄定远贪图诱饵而陷入别人的权术之中，以致功堕垂成，最后导致娄定远被调到外地，高叡也因此而死，以致齐朝政事日趋败坏直至灭亡，这是娄定远的罪过比和士开还要更上一层啊！

【申涵煜评】 叡欲黜和士开，持之太急，而防之实疏，故彼得以售其奸，卒为所反噬。有雀离佛院之祸至，娄定远贪其珠帘美女，为颠倒而不觉，真是奴才。

【译文】 赵郡王高叡想罢免和士开，操持得太急，而防范太疏，所以他们能够施展他的邪恶，最后被反咬一口，而导致雀离佛院被杖杀之祸。娄定远贪婪其珠帘美女，因此而颠倒不觉，真是奴才。

世祖简都督二十人，使侍卫东宫，昌黎韩长鸾预焉，齐主独亲爱长鸾。长鸾名凤，以字行，累迁侍中、领军，总知内省机密。

宫婢陆令萱者，其夫汉阳骆超，坐谋叛诛，令萱配掖庭，子提婆，亦没为奴。齐王之在襁褓，令萱保养之。令萱巧黠，善取媚，有宠于胡太后，宫掖之中，独擅威福，封为郡君，和士开、高阿那肱皆为之养子。齐主以令萱为女侍中。令萱引提婆入侍齐主，朝夕戏狎，累迁至开府仪同三司、虎卫大将军。宫人穆舍利者，斛律后之从婢也，有宠于齐王；令萱欲附之，乃为之养母，荐为弘德夫人，因令提婆冒姓穆氏。然和士开用事最久，诸幸臣皆依附之，以固其宠。

【译文】 齐世祖高湛选拔都督二十人，派他们去侍卫东宫。有一位昌黎人韩长鸾，被挑选中，在这二十位都督之中，齐主高纬唯独喜欢韩长鸾。韩长鸾，本名凤，后来却隐去本名而使用字号。他也因得主嬖幸的缘故，接连升官，一路升迁到侍中、领军、总掌门下省机密要事。

又有一位宫婢，名叫陆令萱，她的丈夫是汉阳人骆超，因为谋反被杀，陆令萱由于牵连受罚，被没入官府，发配到宫掖里来，她的儿子骆提婆也被没入官府，充当奴隶。齐主高纬还在襁褓中，陆令萱即是他的乳母。陆令萱巧慧狡黠，善于逢迎，讨人欢喜，深得胡太后的宠爱，她渐渐倚势弄权，宫闱之中，竟作威作福。到了齐主高纬即位，她被封为郡君，和士开、高阿那肱都厚着脸皮，愿做她的干儿子。齐主高纬任用陆令萱为女侍中，陆令萱引荐她的儿子骆提婆，让他入宫伺候齐主，朝夕陪侍左右，嬉戏玩耍在一起。后来深受齐主宠爱，也拜官受爵，当上开府仪同三司、武卫大将军。还有一位名叫穆舍利的宫女，本是斛律皇后的侍婢，因为姿色秀美，很得齐主高纬眷爱，陆令萱因她得宠，想笼络她，自愿做她的干妈，举荐她为有名有分的弘德夫人。于是让骆提婆和她结为兄妹，并命骆提婆冒姓穆氏。然而，在齐主那么多的嬖宠中，以和士开掌权最久，一批嬖幸之臣，都投靠他，借以巩固皇上对自己的宠爱。

　　齐主思祖珽，就流囚中除海州刺史。珽乃遗陆媪弟仪同三司悉达书曰："赵彦深心腹阴沉，欲行伊、霍事，仪同姊弟岂得平安，何不早用智士邪！"和士开亦以珽有胆略，欲引为谋主，乃弃旧怨，虚心待之，与陆媪言于帝曰："襄、宣、昭三帝之子，皆不得立。今至尊独在帝位者，祖孝徵之力也。人有功，不可不报。孝徵心行虽薄，奇略出人，缓急可使。且其人已盲，必无反心。请呼取，问以筹策。"齐王从之，召入，为秘书监，加开府仪同三司。

　　士开谮尚书令陇东王胡长仁骄恣，出为齐州刺史。长仁怨愤，谋遣刺客杀士开。事觉，士开与珽谋之，珽引汉文帝诛薄昭故事，遂遣使就州赐死。

　　【译文】齐主高纬想念祖珽，在流放的囚牢中，起用他为

354

海州刺史（治今江苏东海县南）。祖珽想再当权，于是送信给陆令萱的弟弟仪同三司陆悉达说："赵彦深心机深沉，想行伊尹、霍光废立的故事，你们姐弟怎么能得平安？何不早早重用智士，替你们设想万全之计呢？"陆悉达将信转呈陆令萱，陆令萱又将它转给和士开。和士开认为祖珽有胆气谋略，能决断大事，也想引他作为出谋划策的人，于是捐弃前嫌，虚心待他，特意和陆令萱一同向齐主高纬保荐他说："文襄、文宣、孝昭三帝的儿子，都不能继位为国君，现在陛下独能继父为君，这是祖孝徵（祖珽字）一人的功劳。别人对我们有大功，我们不可不报答他。祖孝徵的行为虽然轻薄，但是奇谋过人，紧急时刻，可以凭仗。何况其人双目已盲，一定没有谋反的野心，希望陛下召他返京，可以向他请教自安的计谋。"齐主高纬正在思念祖珽，一听和士开这么说，当然应允，立刻颁敕，召他入都，恢复他秘书监的官职，外加开府仪同三司。

和士开在齐主面前诬陷尚书令、陇东王胡长仁骄横放肆，齐主高纬便将胡长仁外放为齐州刺史。胡长仁心头气愤难平，因此暗中谋划派遣刺客暗杀和士开。不巧，事情败露，和士开向祖珽请教怎样处置他。祖珽援引汉文帝诛杀母舅薄昭的故事。齐主高纬于是派遣使者前往齐州，赐令帝舅胡长仁自杀。

【申涵煜评】 珽以枭獍之心，穿窬之行，滑稽之口，纵横之才，与和士开、陆令萱或合或离，覆乱齐之邦家，亦是古今来有一无二之人。

【译文】 祖珽以狼毒之心，窃贼之行，滑稽的口才，翻云覆雨的才能，与和士开、陆令萱或合或分离，一起扰乱齐朝的朝政，这也是古往今来有一无二的人。

五月，庚戌，周主如醴泉宫。

丁巳，以吏部尚书徐陵为左仆射。

秋，七月，辛卯，皇太子纳妃沈氏，吏部尚书君理之女也。

辛亥，周主还长安。

八月，庚辰，盗杀周孔城防主，以其地入齐。

九月，辛卯，周遣齐公宪与柱国李穆将兵趣宜阳，筑崇德等五城。

欧阳纥在广州十馀年，威惠著于百越。自华皎之叛，帝心疑之，征为左卫将军。纥恐惧，其部下多劝之反，遂举兵攻衡州刺史钱道戢。

【译文】 五月，庚戌日（二十二日），周主宇文邕来到醴泉宫。

丁巳日（二十九日），陈宣帝陈顼任用吏部尚书徐陵为尚书左仆射。

秋季，七月，辛卯日（初四），皇太子陈叔宝迎娶吏部尚书沈君理的女儿为皇太子妃。

辛亥日（二十四日），周主宇文邕从醴泉宫返回长安。

八月，庚辰日（二十三日），有强盗杀害周孔城防主，并献出孔城（在河南洛阳县南，为周、齐边境要地）归降北齐。

九月，辛卯日（初五），周主宇文邕派遣齐国公宇文宪和柱国李穆率军赶往宜阳（属齐，在今河南宜阳县西），修筑崇德等五城。

欧阳纥镇守广州十余年，声威恩德遍布岭南。自从华皎叛乱，陈宣帝陈顼猜疑他也可能造反，下诏征召他入京担任左卫将军。欧阳纥害怕，不敢应召，他的部下又有很多劝他反叛的，于是他起兵进攻衡州刺史钱道戢。

帝遣中书侍郎徐俭持节谕旨。纥初见俭，盛仗卫，言辞不恭。俭曰："吕嘉之事，诚当已远，将军独不见周迪、陈宝应乎！转祸为福，未为晚也。"纥默然不应，置俭于孤园寺，累旬不得还。纥尝出见俭，俭谓之曰："将军业已举事，俭须还报天子。俭之性命，虽在将军，将军成败，不在于俭，幸不见留。"纥乃遣俭还。俭，陵之子也。

【译文】 陈宣帝陈顼派遣中书侍郎徐俭持节前往，向他宣布朝廷旨意。欧阳纥初次接见徐俭时，盛陈甲仗侍卫，言谈措辞很不恭敬。徐俭对他说："吕嘉叛汉覆灭的事，距今实在已经太远，但将军难道就没有看到近年周迪、陈宝应叛变的下场吗？将军若要转化叛乱之祸，变为顺命之福，现在还为时不晚。"欧阳纥默然不答，因为害怕徐俭离间他的部属，便将他拘留在孤园寺，一连好几十天都不放他回去。后来，欧阳纥外出，曾顺道去看他，徐俭便对欧阳纥说："将军已经起兵，我徐俭须回京禀告天子。我的性命，虽然掌握在将军手里；但将军的成败，并不掌握在我手里，希望你不要留下我！"欧阳纥觉得他说得有理，于是放他回京复命。徐俭，是尚书右仆射徐陵的儿子。

冬，十月，辛未，诏车骑将军章昭达讨纥。

壬午，上享太庙。

十一月，辛亥，周鄫文公长孙俭卒。

辛丑，齐以斛律光为太傅，冯翊王润为太保，琅邪王俨为大司马。十二月，庚午，以兰陵王长恭为尚书令。庚辰，以中书监魏收为左仆射。

周齐公宪等周齐宜阳，绝其粮道。

自华皎之乱，与周人绝，至是周遣御正大夫杜杲来聘，请复修旧好。上许之，遣使如周。

【译文】冬季，十月，辛未日（十五日），陈宣帝陈顼下诏，命车骑将军章昭达率军南征欧阳纥。

壬午日（二十六日），陈宣帝陈顼前往太庙祭拜祖先。

十一月，辛亥日（二十六日），北周郧文公长孙俭去世。

辛丑日（十六日），齐主高纬任用斛律光为太傅，冯翊王高润为太保，琅邪王高俨为大司马。十二月，庚午日（十五日），齐主高纬任用兰陵王高长恭为尚书令。庚辰日（二十五日），齐主高纬任用中书监魏收为尚书左仆射。

北周齐国公宇文宪等围攻北齐宜阳城，切断北齐军队运粮的通道。

自从华皎叛乱发生，陈朝与北周断绝外交来往，这时，北周派遣御正大夫杜杲前来访问，请求复交和好。陈宣帝陈顼应允，也派使者前往北周访问。

太建二年（庚寅，公元五七零年）春，正月，乙酉朔，齐改元武平。

齐东安王娄叡卒。

丙午，上享太庙。

戊申，齐使兼散骑常侍裴谳之来聘。

齐太傅斛律光，将步骑三万救宜阳，屡破周军，筑统关、丰化二城以通宜阳粮道而还。周军追之，光纵击，又破之，获其开府仪同三司宇文英、梁景兴。二月，己巳，齐以斛律光为右丞相、并州刺史，又以任城王湝为太师，贺拔仁录尚书事。

欧阳纥召阳春太守冯仆至南海，诱与同反。仆遣使告其母洗夫人。夫人曰："我为忠贞，今经两世，不能惜汝负国。"遂发兵拒境，帅诸酋长迎章昭达。

【译文】太建二年（庚寅，公元570年）春季，正月，乙酉朔日（初一），齐主高纬改年号为武平。

北齐东安王娄叡去世。

丙午日（二十二日），陈宣帝陈顼前往太庙祭拜祖先。

戊申日（二十四日），齐主高纬派遣兼散骑常侍裴谳之到江南访问。

北齐太傅斛律光，带领步骑三万救援宜阳。他多次打败周军，修筑统关、丰化二城，打通通往宜阳的粮道后，便收兵回去。周军追击，斛律光率军反击，又将周军击败，俘获北周开府仪同三司宇文英和梁景兴。二月，己巳日（十五日），齐主高纬任用斛律光为右丞相，并州刺史；又任用任城王高湝为太师，贺拔仁为录尚书事。

欧阳纥召请阳春太守冯仆到南海（今广州市），引诱他一起反叛朝廷。冯仆到了南海，派人回去禀告他母亲洗夫人。洗夫人说："我们冯家，两代忠良，我不能因疼爱儿子而辜负国家。"于是一方面派遣军队，到郡境抵御欧阳纥军的进入；另一方面带领百越酋长去迎接章昭达的官军。

昭达倍道兼行，至始兴。纥闻昭达奄至，恇扰不知所为，出顿洭口，多聚沙石，盛以竹笼，置于水栅之外，用遏舟舰。昭达居上流，装舰造拍，令军人衔刀潜行水中，以斫笼，笼皆解，因纵大舰随流突之，纥众大败，生擒纥，送之；癸未，斩于建康市。

纥之反也，士人流寓在岭南者皆惶骇。前著作佐郎萧引独恬然，曰："管幼安、袁曜卿，亦但安坐耳。君子直己以行义，何忧惧乎！"引平，上徵为金部侍郎。引，允之弟也。

冯仆以其母功，封信都侯，迁石龙太守，遣使者持节册命洗氏为石龙太夫人，赐绣幰油络驷马安车一乘，给鼓吹一部，并麾幢旌节，其卤簿一如刺史之仪。

【译文】章昭达兼程赶路，很快就到达始兴（东衡州治所，在今广东始兴县西北）。欧阳纥听说章昭达突然来到，不禁内心惊慌，不知怎么办才好。最后只得出兵屯驻洭口（《水经注》卷卅九云："洭水出桂阳县卢聚，东南过含洭县，南出洭浦关，右合溱水，谓之'洭口'"），积聚大量沙石，用竹笼装着，放在水栅外面，用以阻截舟舰的通行。章昭达军位居他们的上流，命人建造舻舰，制造拍竿，又命军兵口衔利刀，潜入水中，用刀割断竹笼，笼篾一断，沙石流散，章昭达于是纵放大舰，随流冲击欧阳纥的营栅；大败欧阳纥的军队，生擒欧阳纥，用囚车将他押送回建康。癸未日（二十九日），朝廷将欧阳纥处斩，悬首建康闹市。

欧阳纥造反时，许多寄居在岭南的京城人士，莫不感到恐惧惊骇。只有前著作佐郎萧引独自安然自若，他劝慰别人说："管幼安、袁曜卿，也只有安坐静待了，君子面临大难，只要能正己以明道，直身而行义，但求无愧于心，那么又有什么好担忧的呢？"陈宣帝陈顼由此知道萧引是正直的人，等欧阳纥之乱平定，就征召他担任金部侍郎（掌财帛委输事）。萧引，是黄门侍郎萧允的弟弟。

阳春太守冯仆因他母亲洗氏一再为朝廷立功，于是被封为信都侯，调迁石龙太守（治今广东化县东北三里），陈宣帝陈顼因洗氏效忠陈室，特地下诏，派遣使者持节到岭南，册封洗氏为石龙太夫人，并赐予绣幰（有文采之车幔）、油络（车身饰以朱网油漆）、驷马安车一辆，另又赐给鼓吹一部，外加麾幢（指挥旗）、旌节，她外出前导的仪仗，全部按照刺史的仪制。

【乾隆御批】 冼氏能知大义洵为，不愧巾帼，至其子以太守潜通叛人，即因母功赏罪足矣，乃竟赐之通侯，是何赏罚哉。

【译文】 冼氏能深明大义，不愧为巾帼英雄，至于她的儿子以太守的身份暗中勾结叛变之人，因母亲的功劳而赦免他的罪行已经是很不错的事了，竟然还赐给他通侯的爵位，这是什么赏罚呢？

【申涵煜评】 冼氏以蛮獠一老姬，世奉正朔，威行岭南，其智谋勇略远出陈宝应、欧阳诸人之上，而开府赐邑，隆恩异数，亦足照耀千古。

【译文】 冼氏作为一个蛮獠的老妇人，世代侍奉中原朝廷，威权行于岭南，她的智谋勇略远在陈宝应、欧阳等人之上，而开府赐邑，隆恩不同寻常，也足以照耀千古。

三月，丙申，皇太后章氏殂。

戊戌，齐安定武王贺拔仁卒。

丁未，大赦。

夏，四月，甲寅，周以柱国宝文盛为大宗伯。

周主如醴泉宫。

辛酉，齐以开府仪同三司徐之才为尚书左仆射。

戊寅，葬武宣皇后于万安陵。

闰月，戊申，上谒太庙。

五月，壬午，齐遣使来吊。

六月，乙酉，齐以广宁王孝珩为司空。

甲辰，齐穆夫人生子恒。齐主时未有男，为之大赦。陆令萱欲恒为太子，恐斛律后恨怒，乃白齐主，使斛律后母养之。

己丑，齐以开府仪同三司唐邕为尚书右仆射。

【译文】三月，丙申日（十三日），陈朝皇太后章氏去世。

戊戌日（十五日），北齐安定武王贺拔仁去世。

丁未日（二十四日），陈宣帝陈顼下诏大赦天下。

夏季，四月，甲寅日（初一），周主宇文邕任用柱国宇文盛为大宗伯。

周主宇文邕前往醴泉宫。

辛酉日（初八），齐主高纬任用开府仪同三司徐之才为尚书左仆射。

戊寅日（二十五日），陈朝君臣将武宣皇后章氏的灵柩安葬于万安陵。

闰四月，戊申日（二十五日），陈宣帝陈顼前往太庙祭拜祖先。

五月，壬午日（三十日），北齐派遣使者前往建康吊丧。

六月，乙酉日（初三），齐主高纬任用广宁王高孝珩为司空。

甲辰日（二十二日），北齐穆夫人生下皇子高恒。在此之前，齐主高纬都没有男孩，因为生了皇子，特颁诏大赦天下。陆令萱想让高恒当太子，但担心斛律后怀恨怪怨，于是建议齐主高纬，让这孩子奉斛律后为母，并交由她抚育。

己丑[酉]日（二十七日），齐主高纬任用开府仪同三司唐邕为尚书右仆射。

秋，七月，癸丑，齐立肃宗子彦其为城阳王，彦忠为梁郡王。甲寅，以尚书令兰陵王长恭为录尚书事，中领军和士开为尚书令，赐爵淮阳王。

士开威权日盛，朝士不知廉耻者，或为之假子，与富商大贾同在伯仲之列。尝有一人士参士开疾，值医云："王伤寒极重，佗药无效，应服黄龙汤。"士开有难色。人士曰："此物甚易服，王不须疑，请为王先尝之。"一举而尽。士开感其意，为之强服，遂得愈。

乙卯，周主还长安。

【译文】 秋季，七月，癸丑日（初二），齐主高纬册立肃宗高演的儿子高彦基为城阳王，高彦忠为梁郡王。甲寅日（初三），高纬任用尚书令、兰陵王高长恭为录尚书事，中领军和士开为尚书令，加赐爵位为淮阳王。

和士开声威权势日益强大，当时朝廷中不知廉耻的士大夫，多去依靠他，甚至有当他干儿子的，跟唯利是图的市井富商巨贾一样没有节操。其中曾有一人，去探望他的病情，恰好遇到医生说："大王患伤寒极为严重（时和士开已封淮阳郡王），其他的药都没有效果，只有服黄龙汤最管用。"（按"黄龙汤"为多年粪汁。）和士开听了，面露难色。他这位干儿子却说："这个东西很容易服食，大王不用疑虑，我愿先尝尝给您看。"说着，果真一口就喝下。和士开心里十分感动，也就勉强喝了一些，他的病还真好了。

乙卯日（初四），周主宇文邕从醴泉宫返回长安。

癸酉，刘以华山王凝为太傅。

司空章昭达攻梁，梁主与周总管陆腾拒之。周人于峡口南岩筑安蜀城，横引大索于江上，编苇为桥，以度军粮。昭达命军士为长戟，施于楼船上，仰割其索。索断，粮绝，因纵兵攻安蜀城，下之。

梁主告急于周襄州总管卫公直，直遣大将军李迁哲将兵救之。迁哲以其所部守江陵外城，自帅骑兵出南门，使步出北门，首尾邀击陈兵，陈兵多死。夜，陈兵窃于城西以梯登城，登者数已百人。迁哲与陆腾力战拒之，乃退。

昭达又决龙川宁朔堤，引水灌江陵。腾出战于西堤，昭达兵不利，乃引还。

【译文】 癸酉日（二十二日），齐主高纬任用华山王高凝为太傅。

陈朝司空章昭达领兵进攻梁江陵城，梁主萧岿和北周江陵总管陆腾率军抵御。周军在峡口南岸修筑安蜀城，在当地长江两岸横列几道绳索。绳上编苇为桥，借以运输军粮。章昭达命军人手执长戟，站在楼船之上，仰头去割那桥上绳索。绳索一断，周军运粮通路断绝，于是纵兵进攻安蜀城，隔不多时，便将城池攻取下来。

梁主萧岿急忙向北周襄州总管、卫国公宇文直告急，宇文直派遣大将军李迁哲率军前往援救。李迁哲率领军队进据江陵外城，然后亲率骑兵，出江陵南门，又命步兵从北门杀出，首尾合力夹击陈军，陈军死伤累累。到了夜里，陈兵在城西偷偷架梯登城，登上城的有数百人，李迁哲和陆腾合力抵抗，陈兵这才退走。

章昭达又挖开龙川宁朔堤，引水灌江陵城。陆腾领兵出西堤，与章昭达作战，章昭达军占不到便宜，于是引兵撤退。

八月，辛卯，齐主如晋阳。

九月，乙巳，齐立皇子恒为太子。

冬，十月，辛巳朔，日有食之。

齐以广宁王孝珩为司徒，上洛王思宗为司空。复以梁永嘉王庄为开府仪同三司、梁王，许以兴复，竟不果。及齐亡，庄愤邑，卒于邺。

乙酉，上享太庙。

己丑，齐复威宗谥曰文宣皇帝，庙号显祖。

丁酉，周郑桓公达奚武卒。

【译文】八月，辛卯日（初十），齐主高纬前往晋阳。

九月，乙巳日（九月无此日），齐主高纬立皇子高恒为太子。

冬季，十月，辛巳朔日（初一），发生日食。

齐主高纬任用广宁王高孝珩为司徒，上洛王高思宗为司空。又任命梁永嘉王萧庄为开府仪同三司，加封梁王，答应帮他复国，但始终没有实现。到了北齐被北周所灭，萧庄愤恨悒郁，死在邺都。

乙酉日（初五），陈宣帝陈顼前往太庙祭拜祖先。

己丑日（初九），齐主高纬又恢复威宗高洋的谥号为文宣皇帝，庙号为显祖。

丁酉日（十七日），北周郑桓公达奚武去世。

十二月，丁亥，齐主还邺。

周大将军郑恪将兵平越巂，置西宁州。

周、齐争宜阳，久不决。勋州刺史韦孝宽谓其下曰："宜阳一城之地，不足损益，两国争之，劳师弥年。彼岂无智谋之士，若弃崤东，来图汾北，我必失地。今宜速于华谷及长秋筑城以杜其意。脱其先我，图之实难。"乃画地形，且陈其状。晋公护谓使者曰："韦公子孙虽多，数不满百，汾北筑城，遣谁过之？"事遂不行。

【译文】 十二月，丁亥日（初八），齐主高纬从晋阳返回邺都。

北周大将军郑恪领兵平定越巂，就其地设置西宁州。

北周与北齐争夺宜阳城，历久不得解决。勋州刺史韦孝宽对他的属下将帅说："宜阳一城之地，得或不得，实在不足以构成国家的损失或助益。没想到两国为争这一座城池，竟然劳师动众，争斗数载。齐国人才不少，难道会缺少足智多谋的人吗？假如他们舍弃崤东（指宜阳，因宜阳在崤山之东），改为向汾北之地发动进攻，那么我方势必要失去一大片土地。现在应该及早在华谷（今山西稷山县西北二十里）和长秋（在今山西新绛县西北三十里泉掌水滨泉掌镇）两地筑城设防，借以消除对方进犯的念头。假如对方先我而得手，那么再要去争回来，可就难了。"于是图画地形，并加上文字详细说明，然后封好，呈奏朝廷。晋国公宇文护却对他派来的使者说："韦公子孙虽然众多，但是再多，为数也不满百，如果汾北筑城，勋州兵少，派谁去镇守呢？"韦孝宽的这一筑城防齐要策，竟因此而没有实行。

齐斛律光果出晋州道，于汾北筑华谷、龙门二城。光至汾东，与孝宽相见，光曰："宜阳小城，久劳争战。今已舍彼，欲于汾北取偿，幸勿怪也。"孝宽曰："宜阳，彼之要冲，汾北，我之所弃。我弃彼取，其偿安在！君辅翼幼主，位望隆重，不抚循百姓而极武穷兵，苟贪寻常之地，涂炭疲弊之民，窃为君不取也！"

光进围定阳，筑南汾城以逼之。周人释宜阳之围以救汾北。

晋公护问计于齐公宪，宪曰："兄宜暂出同州以为声势，宪请以精兵居前，随机攻取。"护从之。

【译文】没过多久，北齐斛律光果然领军出晋州道（治平阳，今山西临汾县），在汾水北修筑华谷、龙门（今山西河津县西二里）二城。然后到汾水东，和韦孝宽对阵相见，斛律光说："宜阳城，久劳两国争来夺去。现在我方已经将它舍弃给你们，我方只好改从汾北取回补偿，希望你不要见怪！"韦孝宽回答他说："宜阳对你们来说，是你们的边疆要地；汾北对北周而言，是我们所不要的地方，我丢你捡，有何补偿可言？您辅佐幼主，位重望隆，本该留在皇帝身旁，帮他抚慰百姓才对！可是却穷兵黩武，为了贪得普通寻常的土地，而导致两国军民疲惫，甚至让百姓生灵涂炭，假如我是您的话，我就不这么做。"

斛律光进军包围定阳（今山西吉县），并修筑南汾城（在吉县西北）来增加对定阳城的威胁。北周不得不撤去对宜阳城的包围，转兵北上，解救汾北的危急。晋国公宇文护向齐国公宇文宪请教救援的计策，宇文宪说："请吾兄暂且出兵驻扎同州（陕西大荔），先营造一股进发的风声威势，然后让我带领精兵居前，或攻敌，或取地，那就随机应变而做决定了！"宇文护依照他的计策去做。

太建三年（辛卯，公元五七一年）春，正月，癸丑，以尚书右仆射徐陵为左仆射。

丁巳，齐使兼散骑常侍刘环俊来聘。

辛酉，上祀南郊；辛未，祀北郊。

齐斛律光筑十三城于西境，马上以鞭指画而成，拓地五百里，而未尝伐功。又与周韦孝宽战于汾北，破之。齐公宪督诸将东拒齐师。

二月，辛巳，上祀明堂。丁酉，耕藉田。

壬寅，齐以兰陵王长恭为太尉，赵彦深为司空，和士开录尚书事，徐之才为尚书令，唐邕为左仆射，吏部尚书冯子琮为右仆射，仍摄选。

子琮素谄附士开，至是，自以太后亲属，且典选，颇擅引用人，不复启禀，由是与士开有隙。

【译文】太建三年（辛卯，公元571年）春季，正月，乙丑日（十七日），陈宣帝陈顼任用尚书右仆射徐陵为尚书左仆射。

丁巳日（初九），齐主高纬派遣兼散骑常侍刘环俊前往建康访问。

辛酉日（十三日），陈宣帝陈顼前往南郊坛祭祀天神。辛未日（二十三日），陈宣帝陈顼到北郊坛祭祀地祇。

北齐斛律光在西面边境上修筑十三城，他骑在马背上，用鞭指画筑城的地势，指定完后，他的手下立刻着手进行修筑，没过多时，十三座城便一一完成，使得北齐的国境，向西拓展延伸五百里，可是斛律光却不曾自夸他的功劳。他还与北周将领韦孝宽在汾水之北交战，并将韦孝宽打败。北周派出齐国公宇文宪督率诸将，向东挺进，对抗齐师。

二月，辛巳日（初三），陈宣帝陈顼前往明堂祭祀上帝。丁酉日（十九日），陈宣帝陈顼下藉田，举行耕种典礼。

壬寅日（二十四日），齐主高纬任用兰陵王高长恭为太尉，赵彦深为司空，和士开为录尚书事，徐之才为尚书令，唐邕为尚书左仆射，吏部尚书冯子琮为尚书右仆射，兼掌吏部选拔官员事宜。

冯子琮一向投靠巴结和士开，到这时，自认为是太后亲属，并且主管选拔官吏的工作, 从此引进任用官吏, 便很专断, 不再禀告上司, 因此与和士开有了嫌隙。

三月, 丁丑, 大赦。

周齐公宪自龙门渡河, 斛律光退保华谷, 宪攻拔其新筑五城。齐太宰段韶、兰陵王长恭将兵御周师, 攻柏谷城, 拔之而还。

夏, 四月, 戊寅朔, 日有食之。

壬午, 齐以琅邪王俨为太保。

壬辰, 齐遣使来聘。

周陈公纯等取齐宜阳等九城, 齐斛律光将步骑五万赴之。

【译文】三月, 丁丑日 (三十日), 陈宣帝陈顼下诏大赦天下。

北周齐国公宇文宪从龙门渡过黄河, 向汾水北面挺进。北齐斛律光退守华谷, 宇文宪攻陷他新筑好的五处城垒。北齐太宰段韶、兰陵王高长恭带领大军, 同往抵抗周师。段韶攻打北周柏谷城 (在今河南宜阳县南), 将它攻克后奏凯而返。

夏季, 四月, 戊寅朔日 (初一), 发生日食。

壬午日 (初五), 齐主高纬任用琅邪王高俨为太保。

壬辰日 (十五日), 齐主高纬派遣使者到建康访问。

北周陈国公宇文纯攻克北齐宜阳等九处城垒。北齐斛律光带领步骑五万, 前往抵御。

五月, 癸亥, 周使纳言郑诩来聘。

周晋公护使中外府参军郭荣城于姚襄城南、定阳城西, 齐段韶引兵袭周师, 破之。六月, 韶围定阳城, 周汾州刺史杨敷固守不下。韶急攻之，屠其外城。时韶卧病，谓兰陵王长恭曰："此城三百重涧，皆无走路；唯虑东南一道耳，贼必从此出，宜简精兵专守之，此必成擒。"长恭乃令壮士千馀人伏于东南涧口。城中粮尽，齐公宪总兵救之，惮韶，不敢进。敷帅见兵突围夜走，伏兵击擒之，尽俘其众。乙巳，齐取周汾州及姚襄城，唯郭荣所筑城独存。敷，愔之族子也。

【译文】 五月，癸亥日（十七日），周主宇文邕派遣纳言（侍中之职）郑诩到建康访问。

北周晋国公宇文护派遣他的中外府参军郭荣在姚襄城（山西吉县西五十里，西临黄河，控带龙门之险）南，以及定阳城（今山西吉县治）西修筑一座城堡。北齐段韶带领部队进攻周师，将北周军队打败。六月，北齐段韶围攻定阳城（周汾州治所），北周汾州刺史杨敷坚守抵抗，不肯投降。段韶猛烈进攻，攻陷定阳外城。这时，段韶正卧病在军中，因行动不便，就嘱咐兰陵王高长恭说："此城三面都是重重的溪涧，全无退路可走；能逃跑的，只有东南这一条通道罢了，敌人到了城池守不住的时候，必定会从这条通道逃走。你可挑选精兵，先在这条路上设下埋伏，这样一定可以将溃逃的敌人一网打尽。"兰陵王高长恭选拔壮士千余人，命令他们在定阳城东南的通道涧口，设下埋伏。不久，定阳城中粮食耗尽，齐国公宇文宪领军前来援救，因害怕段韶，不敢贸然前进。杨敷不得已，带领城中残余部队，乘夜突围而出，向东南方向逃走，才到涧口，北齐伏兵四出，将他擒住，手下部队，全都成了齐军的俘虏。乙巳日（二十九日），齐军攻克北周汾州（定阳城）及姚襄城，只有郭荣所筑城堡，安然独存，没有失陷。杨敷，是北齐尚书令杨愔同族兄弟的儿子。

敷子素，少多才艺，有大志，不拘小节，以其父守节陷齐，未蒙赠谥，上表申理。周主不许，至于再三，帝大怒，命左右斩之。素大言曰："臣事无道天子，死其分也！"帝壮其言，赠敷大将军，谥曰忠壮，以素为仪同三司，渐见礼遇。帝命素为诏书，下笔立成，词义兼美，帝曰："勉之，勿忧不富贵。"素曰："但恐富贵来逼臣，臣无心图富贵也。"

齐斛律光与周师战于宜阳城下，取周建安等四戍，捕虏千馀人而还。军未至邺，齐主敕使散兵，光以军士多有功者，未得慰劳，乃密通表，请遣使宣旨，军仍且进，齐朝发使迟留。军还，将至紫陌，光乃驻营待使。帝闻光军已逼，心甚恶之，亟令舍人召光入见，然后宣劳散兵。

【译文】杨敷的儿子杨素，从小就多才多艺，有远大的志向，不拘泥小节。他因父亲守节不降，不幸粮尽援绝，陷殁于北齐，可是迟迟未蒙朝廷赠官加谥，于是呈上奏章，为他受屈的父亲申诉争取。周主宇文邕没有答应他的请求，他便一而再、再而三地呈上奏章，结果，周主大怒，下令亲信将他处斩。杨素大声叹道："臣事奉无道天子，冤死乃理所应当啊！"周主宇文邕很欣赏他的豪放而有胆识，因此，追赠他的父亲为大将军，谥号忠壮，并加授杨素为仪同三司，杨素也逐渐受到周主宇文邕的礼遇相待。后来周主宇文邕命他撰写诏书，杨素提笔一挥，立即完成，不仅写得快，文词内容也都优美顺畅，周主宇文邕嘉勉他说："好好努力啊！不愁不富贵。"杨素应声回答："只怕富贵来逼臣，臣却无心图富贵。"

北齐斛律光与周师大战于宜阳城下，攻克北周建安（在宜阳城侧）等四处戍所，捕获一千多人，奏凯而归。斛律光大军还未进入邺都，齐主高纬便下敕令，命他解散部队，斛律光认为军兵多立有战功，还未得到朝廷慰劳，于是秘密呈上奏章，请齐主派遣使者宣旨劳军。在此期间，斛律光大军继续向邺都进发，朝廷派遣使者迟缓，大军还都，将抵紫陌桥，天子使臣仍旧未到，斛律光不得已，便扎营等候。齐主高纬听到斛律光大军已经逼近邺都，内心十分憎恶他，急令舍人召斛律光入宫晋见，然后派人到营前宣旨慰问，解散军队。

【译文】 杨素在周朝的时候就已经暗中结交隋文帝而改变了周的国运，到了隋朝又劝立隋炀帝而加速了隋的灭亡，真是一个患得患失的鄙陋之人，还能说是无心于富贵吗？

齐琅邪王俨以和士开、穆提婆等专横奢纵，意甚不平。二人相谓曰："琅邪王眼光奕奕，数步射人，向者暂对，不觉汗出；吾辈见天子奏事尚不然。"由是忌之，乃出俨居北宫，五日一朝，不得无时见太后。

俨之除太保也，馀官悉解，犹带中丞及京畿。士开等以北城有武库，欲移俨于外，然后夺其兵权。治书侍御史王子宜，与俨所亲开府仪同三司高舍洛、中常侍刘辟强说俨曰："殿下被疏，正由士开间构，何可出北宫入民间也！"俨谓侍中冯子琮曰："士开罪重，儿欲杀之，何如？"子琮心欲废帝而立俨，因劝成之。

【译文】 北齐琅邪王高俨因和士开、穆提婆等专权横行，奢侈狂放，心里感到不满。和士开与穆提婆二人相互说："琅邪王目光炯炯有神，数步之外，他的目光还威棱射人，前些时，面对面回答他几句话，都不觉惊恐汗出，我辈觐见天子，奏报政事，尚不致如此。"因此他二人都猜忌琅邪王，于是合谋将琅邪王高俨从宫禁中调往北宫（在邺都北城）居住，并限令五日入朝一次，而不让他像过去那样，时时都能见到皇太后。

琅邪王高俨虽被任命为太保，但其余官职全部被免去，只留兼御史中丞和京畿大都督二职。和士开等因为北城有武器库，又想外放他到更远的地方，然后再削夺他的兵权。治书侍御史王子宜，与高俨所亲信的开府仪同三司高舍洛、中常侍刘辟强一同进入北宫，对高俨说："殿下被疏远，正是遭到和士开的挑拨离间，现在怎可迁出北宫，移居到寻常百姓之中去呢？"高俨于是对侍中冯子琮说："和士开罪孽深重，孩儿想干掉他，您意下如何？"冯子琮存心想废黜高纬，改立高俨，因此勉励他，赞成他放手去做。

俨令子宜表弹士开罪，请付禁推。子琮杂它文书奏之，齐主不审省而可之。俨诳领军库狄伏连曰："奉敕，令领军收士开。"伏连以告子琮，且请覆奏，子琮曰："琅邪受敕，何必更奏。"伏连信之，发京畿军士，伏于神虎门外，并戒门者不听士开入。秋，七月，庚午旦，士开依常早参，伏连前执士开手曰："今有一大好事。"王子宜授以一函，云："有敕，令王向台。"因遣军士护送。俨遣都督冯永洛就台斩之。

俨本意唯杀士开，其党因逼俨曰："事既然，不可中止。"俨遂帅京畿军士三千馀人屯千秋门。帝使刘桃枝将禁兵八十人召俨，桃枝遥拜，俨命反缚，将斩之，禁兵散走。帝又使冯子琮召俨，俨辞曰："士开昔来实合万死，谋废至尊，剃家家发为尼，臣为是矫诏诛之。尊兄若欲杀臣，不敢逃罪。若敕臣，愿遣姊姊来迎，臣即入见。"姊姊，谓陆令萱也，俨欲诱出杀之。令萱执刀在帝后，闻之，战栗。

【译文】高俨命王子宜上奏章弹劾和士开罪状，请有司加以收押审讯。冯子琮故意将这项重要的奏章掺杂在其他一般性的文书中，呈奏齐主批示，齐主高纬见是一堆例行公事，不仔细省览，便全部批准了，高俨得到这份批准弹劾处置和士开的奏章，更加放胆去做。他先骗领军将军库狄伏连说："奉皇上敕命，命领军收押和士开。"库狄伏连将这事告诉冯子琮，并请他再上奏请示，冯子琮说："琅邪王入奏奉准，我们何需再上奏请示呢？"库狄伏连听他说得这样坚定，相信确有此事，于是调动京畿军兵，埋伏在神虎门外，并告诫看管城门的人，不许和士开入殿。秋季，七月，庚午日（二十五日），清晨，和士开按照常例，上朝参谒天子，走到神虎门，库狄伏连迎上前去，拉住他的手说："今天有一件大好事。"王子宜从旁交给他一封公函，对他说："奉到敕令，请大王到御史台。"库狄伏连命军兵护送他去。琅邪王高俨派遣都督冯永洛到御史台将他斩杀。

高俨本意，只想杀掉和士开就好，但是与他同谋的人却逼他说："事情已经闹开，不可就此停止。"高俨也知道无法就此罢手，于是带领京畿军士三千余人，驻扎在千秋门。齐主高纬派刘桃枝带领禁卫兵八十人前去召高俨入宫觐见。刘桃枝看到高俨，远远向他弯身下拜，高俨命人把他两手反绑，准备将他杀掉，其余的禁卫兵吓得一哄而散。齐主高纬又派冯子琮去召请高俨，高俨托词说："和士开自过去以来，作恶多端，罪该万死，阴谋废黜陛下，剃去家家（齐诸王呼嫡母为"家家"）头发，逼她做尼姑，臣因为这个缘故，谎称皇帝诏书，将他杀掉。尊兄如果想杀臣，臣不敢躲避刑罚，尊兄如果赦免臣，臣希望尊兄派遣姐姐来迎接，臣立即入宫觐见尊兄。"他所说的"姐姐"，是指

374

齐主高纬的乳娘陆令萱，高俨想诱她出来，顺便把她也杀掉。此时，陆令萱手上拿着刀子，站在齐主背后，听到高俨要她前去迎接，吓得浑身发抖。

帝又使韩长鸾召俨，俨将入，刘辟强牵衣谏曰："若不斩穆提婆母子，殿下无由得入。"广宁王孝珩、安德王延宗自西来，曰："何不入？"辟强曰："兵少。"延宗顾众而言曰："孝昭帝杀杨遵彦，止八十人。今有数千，何谓少？"

帝泣启太后曰："有缘，复见家家；无缘，永别！"乃急召斛律光，俨亦召之。

光闻俨杀士开，抚掌大笑曰："龙子所为，固自不似凡人！"入，见帝于永巷。帝帅宿卫者步骑四百，授甲，将出战，光曰："小儿辈弄兵，与交手即乱。鄙谚云：'奴见大家心死。'至尊宜自至千秋门，琅邪必不敢动。"帝从之。

【译文】齐主高纬又派韩长鸾去召请高俨觐见，高俨想要入宫，中常侍刘辟强挽着他的衣服，劝阻他说："如果不斩杀穆提婆母子，殿下不可进去。"这时广宁王高孝珩、安德王高延宗恰好从西边过来，问高俨说："为什么不进去？"刘辟强说："兵马太少。"高延宗环顾一下四周，然后说："孝昭皇帝高演杀杨尊彦，只动用八十人；现在有军队数千人，怎说是人少呢？"

齐主高纬哭着禀报太后说："如果有缘分，还会见到母亲；倘若没缘分，就此永诀！"便紧急派人召请斛律光入宫；与此同时，高俨也派人去召请斛律光。

斛律光听说高俨杀了和士开，乐得不禁拊掌大笑，称赞说："龙子做事，终究不同凡响！"斛律光进到宫来，在永巷遇到齐主高纬，高纬正在指挥四百名宿卫步骑，发给他们铠甲，准备出宫一战，斛律光说："小儿辈搬弄兵斧，不去惹他还好，一旦跟他动手，就会激起动乱。鄙谚有这么一句话说'奴才见到大家（谓天子也），就会死了心。'陛下应该亲临千秋门，琅邪王一定不敢轻举妄动。"齐主高纬依照他的话去做。

光步道，使人走出，曰："大家来。"俨徒骇散。帝驻马桥上遥呼之，俨犹立不进，光就谓曰："天子弟杀一夫，何所苦！"执其手，强引以前，请于帝曰："琅邪王年少，肠肥脑满，轻为举措，稍长自不复然，愿宽其罪。"帝拔俨所带刀镮，乱筑辫头，良久，乃释之。

收库狄伏连、高舍洛、王子宜、刘辟强、都督翟显贵，于后园支解，暴之都街。帝欲尽杀俨府文武职吏，光曰："此皆勋贵子弟，诛之，恐人心不安。"赵彦深亦曰：《春秋》责帅。"于是罪之各有差。

太后责问俨，俨曰："冯子琮教儿。"太后怒，遣使就内省以弓弦绞杀子琮，使内参以库车载尸归其家。自是太后常置俨于宫中，每食必自尝之。

【译文】斛律光步行走在前头引路，派人先走出去高声叫道："天子驾到。"高俨党羽听说天子到来，都惶惧走散。齐主高纬驻马桥上，远远呼喊高俨的名字，高俨还站立不肯前进，斛律光缓步走上前去对他说："天子的弟弟杀一汉夫，有什么好慌张的呢？"说着，便拉住他的手，强拉他往前走，走到齐主面前，替他向齐主求情说："琅邪王年纪还小，脑满肠肥，以致举动草率，将来年纪稍长，自然就不会再这样莽撞，希望陛下原谅他的罪过！"齐主高纬拔出高俨所佩带的刀子，用刀尖乱打他头上的缠辫，过了好久，才下令释放他。

齐主高纬下令拘捕库狄伏连、高舍洛、王子宜、刘辟强和都督翟显贵等人,押到后园,把他们肢解处死,然后曝尸在京师大街。齐主高纬想进一步杀光高俨府中的文武僚佐,斛律光劝阻他说:"这批人都是功臣贵戚的子弟,杀死他们,恐怕人心不安定。"赵彦深也说:"《春秋左传》中军队不听号令,也只责备主帅而已。"齐主于是各按他们犯过的轻重,给予相应的罪罚。

太后召高俨入宫,责问他为什么如此胆大妄为,高俨说:"是冯子琮教孩儿的。"胡太后大怒,立刻差遣使者,就在门下省内,用弓弦把冯子琮(胡太后妹夫)加以绞杀,然后派遣宦官用库车(载库物之车)将他的尸体运回家。从此,胡太后经常留高俨在宫里,每当他要吃什么食物,太后必先亲自尝尝,以防别人毒害他。

【申涵煜评】 俨既杀和士开,便宜急诣帝前谢罪。复屯兵千秋门,欲何为,王年少,固无成算,其府僚无一人可用,怪乎尸横后园,血洒永巷也。

【译文】 琅琊王高俨既然已经杀了和士开,就应该赶快到皇帝面前道歉。又屯兵千秋门,想做什么呢? 高俨年轻,固然没有什么成熟的谋略,他的府僚也没有一个人可以使用,所以难怪他尸横后园,血洒永巷了。

八月,己亥,齐主如晋阳。

九月,辛亥,齐以任城王湝为太宰,冯翊王润为太师。

己未,齐平原忠武王段韶卒。韶有谋略,得将士死力,出总军旅,入参帷幄,功高望重,而雅性温慎,得宰相体。事后母孝,闺门雍肃,齐勋贵之家,无能及者。

齐祖珽说陆令萱,出赵彦深为兖州刺史。齐主以珽为侍中。

陆令萱说帝曰："人称琅邪王聪明雄勇，当今无敌；观其相表，殆非人臣。自专杀以来，常怀恐惧，宜早为之计。"幸臣何洪珍等亦请杀之。帝未决，以食轝密迎珽，问之，珽称："周公诛管叔，季友酖庆父。"帝乃携俨之晋阳，使右卫大将军赵元侃诱俨执之，元侃曰："臣昔事先帝，见先帝爱王。今宁就死，不忍行此。"帝出元侃为豫州刺史。

【译文】八月，己亥日（二十四日），齐主高纬前往晋阳。

九月，辛亥日（初六），齐主高纬任用任城王高湝为太宰，冯翊王高润为太师。

己未日（十四日），北齐平原忠武王段韶病逝。段韶富有谋略，领军能得将士们的拼死效力。离开朝廷能统率军旅作战，进入京城能参赞帷幄之谋，功高而望重，加以性格温和，言行谨慎，很有宰相的风范。奉养后母孝顺，闺门之内，雍容肃穆，北齐功臣贵戚，没有一家能和他相比的。

北齐祖珽又向陆令萱提起防范赵彦深的事。陆令萱就跑去对齐主高纬说，齐主就外放赵彦深为兖州刺史，而任用祖珽为侍中。陆令萱蛊惑齐主说："人人称道琅邪王聪明英俊，当今无敌；我观察他的仪表相貌，大概不是肯久为人臣的人。自从他擅权杀人以来，我对他常怀恐惧，希望陛下快些定好计谋，早日除掉他为好！"齐主高纬身旁还有一位佞幸嬖臣，名叫何洪珍，也劝说齐主杀掉琅邪王，齐主心里迟疑不决，派人用运载食物的车子秘密接祖珽入宫，同他商量这件事。祖珽举出"周公诛杀管叔，季友鸩杀庆父"的故事来指示他。齐主高纬于是携带高俨一起前往晋阳，命右卫大将军赵元侃引诱高俨离开太后内宫，以便将他收捕。但是赵元侃说："臣从前曾侍奉先帝，目睹先帝疼爱琅邪王。今天我宁愿被处死，也不忍心去干杀害先帝爱子的事情。"齐主高纬见赵元侃不肯，便贬谪他为豫州刺史。

庚午，帝启太后曰："明旦欲与仁威早出猎。"夜四鼓，帝召俨，俨疑之。陆令萱曰："兄呼，儿何为不去！"俨出，至永巷，刘桃枝反接其手。俨呼曰："乞见家家、尊兄。"

桃枝以袖塞其口，反袍蒙头负出，至大明宫，鼻血满面，拉杀之，时年十四，裹之以席，埋于室内。帝使启太后，太后临哭，十馀声，即拥入殿。遗腹四男，皆幽死。

冬，十月，罢京畿府，入领军。

壬午，周冀公通卒。

甲申，上享太庙。

乙未，周遣右武伯谷会琨等聘于齐。

齐胡太后出入不节，与沙门统昙献通，诸僧至有戏呼昙献为太上皇者。齐主闻太后不谨而未之信，後朝太后，见二尼，悦而召之，乃男子也。于是，昙献事亦发，皆伏诛。

【译文】 庚午日（二十五日），齐主高纬禀告太后说："明早想同仁威（琅邪王字）早起一同去打猎。"太后应允他。第二天，还在夜深四更天，齐主高纬就派人来催促高俨，高俨心中起疑。陆令萱催促他说："尊兄召唤，你为什么不去呢？"高俨经不起陆令萱的怂恿，便整装出宫。才走到永巷，刘桃枝便将他两手反绑。高俨大声喊叫："我要见太后、尊兄（齐主）。"

刘桃枝用衣袖捂住他的口，卷起衣袍，蒙住他的头，背着他出去，走到大明宫，高俨鼻血喷流满面，刘桃枝用力把他击打至死，此时，高俨才十四岁。刘桃枝用草席包裹尸骸，将他掩埋在室内，然后向齐主复命。齐主高纬派人禀报太后，太后临丧痛哭了十几声，就被左右拥入内殿。高俨有遗腹儿子四个，出生后不久，全都被幽禁而死。

冬季，十月，北齐废除京畿大都督府，将它并入领军府。

壬午日（初八），北周冀国公宇文通去世。

甲申日（初十），陈宣帝陈顼前往太庙祭拜祖先。

乙未日（二十一日），北周派遣右武伯谷会琨等出使北齐。

北齐胡太后进出宫门，不守贞操，和沙门（和尚）统领昙献私通，许多僧侣甚至有戏称昙献为太上皇的。齐主高纬闻太后行为有失检点，但还不敢相信，后来，入太后宫朝拜太后，看到两位少尼很漂亮，心里十分欢喜，就召其侍寝，没想到竟然是男的，于是昙献私通太后的事，也就跟着曝光。最终昙献等都伏首认罪，全被处斩。

己亥，帝自晋阳奉太后还邺，至紫陌，遇大风。舍人魏僧伽习风角，奏言："即时当有暴逆事。"帝诈云"邺中有变"，弯弓缠弰，驰入南城，遣宦者邓长颙幽太后于北宫，仍敕内外诸亲皆不得与胡太后相见。太后或为帝设食，帝亦不敢尝。

庚戌，齐遣侍中赫连子悦聘于周。

十一月，丁巳，周主如散关。

丙寅，齐以徐州行台广陵王孝珩录尚书事；庚午，又以为司徒。癸酉，以斛律光为左丞相。

十二月，己丑，周主还长安。

壬辰，邵陵公章昭达卒。

是岁，梁华皎将如周，过襄阳，说卫公直曰："梁主既失江南诸郡，民少国贫；朝廷兴亡继绝，理宜资赡，望借数州以资梁国。"

直然之，遣使言状，周主诏以基、平、都三州与之。

【译文】 己亥日（二十五日），齐主高纬从晋阳宫侍奉太后返回邺都，行至紫陌，遇到大风。舍人魏僧伽精通风角（以五音占风而判定吉凶之占候法），面奏齐主高纬说："立即会有暴逆的事件发生。"齐主故意骗太后说"邺中有变故"，说完，一方面弯弓缠稍，骑马先驰入南城；另一方面派遣宦官邓长颙把胡太后幽禁在北宫，于是敕令内外所有亲戚，都不能跟太后相见。太后有时做些食物送给齐主，齐主也不敢吃。

庚戌日（十月无此日），齐主高纬派遣侍中赫连子悦前往北周访问。

十一月，丁巳日（十三日），周主宇文邕前往大散关（在今陕西宝鸡县西南）。

丙寅日（二十二日），齐主高纬任用徐州行台、广宁王高孝珩为录尚书事。庚午日（二十六日），齐主高纬又任用高孝珩为司徒。癸酉日（二十九日），齐主高纬任用斛律光为左丞相。

十二月，己丑日（十六日），周主宇文邕从大散关返回长安。

壬辰日（十九日），陈朝邵陵郡公章昭达去世。

这一年，梁司空华皎准备前往北周，路过襄阳，对襄州总管宇文直建议说："梁主萧岿已经失去江南诸郡，百姓少，国家穷，朝廷（指北周）将兴复亡国，延续绝代作为己任，那么对于梁国，理当补给援助，希望北周借给数州之地，以裨益梁国。"

宇文直认为他说得有道理，便派人向周主宇文邕禀告这个情况，周主宇文邕应允，下诏将基、平、都三州赐给梁国。

资治通鉴卷第一百七十一　陈纪五

起玄黓执徐，尽阏逢敦牂，凡三年。

【译文】起壬辰（公元572年），止甲午（公元574年），共三年。

【题解】本卷记录了公元572年至574年共三年间南北朝的史事。当时正值陈宣帝太建四至六年；北周武帝建德元年至三年；北齐后主武平三至五年。陈宣帝陈顼对外讨伐北齐，对内清理叛逆，恢复了淮南江北之地，使陈达到鼎盛时期。北周武帝宇文邕诛杀宇文护，亲政后用法严整，多所罪杀，颇事威刑，虽骨肉无所宽借；又在思想文化上强化了中央集权，兴起了大规模的灭佛运动。北齐国主高纬昏庸无道，远贤臣，亲小人，致使国力日益衰败。

高宗宣皇帝上之下

太建四年（壬辰，公元五七二年）春，正月，丙午，以尚书仆射徐陵为左仆射，中书监王劢为右仆射。

已巳，齐主祀南郊。

庚午，上享太庙。

辛未，齐主赠琅邪王俨为楚恭哀帝以慰太后心，又以俨妃李氏为楚帝后。

二月，癸酉，周遣大将军昌城公深聘于突厥，司宾李除、小宾部贺遂礼聘于齐。深,护之子也。

己卯,齐以卫菩萨为太尉。辛巳,以并省吏部尚书高元海为尚书左仆射。

己酉,封皇子叔卿为建安王。

【译文】太建四年(壬辰,公元572年)春季,正月,丙午日(初三),陈宣帝陈顼任用尚书仆射徐陵为尚书左仆射,中书监王劢为尚书右仆射。

己巳日(二十六日),齐主高纬前往南郊坛祭祀天神。

庚午日(二十七日),陈宣帝陈顼前往太庙祭拜祖先。

辛未日(二十八日),齐主高纬追赠琅邪王高俨为楚恭哀帝,借以安慰太后的悲戚。又追赠高俨的妃子李氏为楚帝后。

二月,癸酉日(初一),周主宇文邕派大将军、昌城郡公宇文深出使突厥,司宾李除、小宾部贺遂礼出使北齐。宇文深,是晋国公宇文护的儿子。

己卯日(初七),齐主高纬任用卫菩萨为太尉。辛巳日(初九),齐主高纬任用并省吏部尚书高元海为尚书左[右]仆射(考《北齐书》及《北史·齐后主纪》武平三年二月辛巳,俱言高元海为"尚书右仆射")。

己酉日(十三日),陈宣帝陈顼册立皇子陈叔卿为建安王。

庚寅,齐以尚书左仆射唐邕为尚书令,侍中祖珽为左仆射。初,胡太后既幽于北宫,珽欲以陆令萱为太后,为令萱言魏保太后故事。且谓人曰:"陆虽妇人,然实雄杰。自女娲以来,未之有也。"令萱亦谓珽为"国师"、"国宝",由是得仆射。

三月,癸卯朔,日有食之。

初,周太祖为魏相,立左右十二军,总属相府;太祖殂,皆受晋公护处分，凡所徵发，非护书不行。护第屯兵侍卫，盛于宫阙。诸子、僚属皆贪残恣横，士民患之。周主深自晦匿，无所关预，人不测其浅深。

【译文】庚寅日（十八日），齐主高纬任用尚书左仆射唐邕为尚书令，侍中祖珽为尚书左仆射。起初，胡太后被幽禁在北宫，祖珽建议齐主高纬让乳娘陆令萱代为太后，说是魏太武帝拓跋焘也曾尊立保姆窦氏为保太后，祖珽甚至对人说："陆令萱虽说是女流，实际上是位英雄豪杰，自女娲以来，不曾再有她这样出众的女性！"祖珽既然这样吹捧陆令萱，陆令萱也吹捧祖珽为"国师""国宝"，祖珽因此能够晋升为尚书左仆射。

三月，癸卯朔日（初一），发生日食。

起初，周太祖宇文泰在担任西魏宰相时，设立左右十二军，全部归属相府管理节制。周太祖死后，都归晋国公宇文护指挥调度，国内所有军队的征调或发遣，非得有宇文护的签署不可。宇文护的府第驻兵护卫，比皇帝宫廷的侍卫还多。他的几个儿子和僚属都仗势作奸，贪婪残酷、横行霸道，朝士和庶民都对他们感到头痛。周主宇文邕却将自己的意见深藏不露，对宇文护家的事情，绝不加以干预，因此当时王公大臣，没有人能猜得透周主宇文邕的意旨。

【乾隆御批】珽少无行检，既召还而怙终尤甚。援元魏弊政以售其谀附之说，忘廉鲜耻。自以固宠梯荣为得计，不逾时而下床之谮陷即随之，谪死北徐，身名遗臭。小人之炯鉴若此，何后世犹有党客媪以求媚者哉？

【译文】祖珽年轻时行为就不检点，把他召回后就更加有所恃无恐而终不知悔改。他援引元魏的政治弊端来推销自己阿谀附会的说辞，真是少廉寡耻。自以为巩固宠信攀附荣光是得意之计，没多久下床之谮就随之而来，终于被贬而死在徐北，身败名裂，遗臭万年。像这样明显的小人之鉴，为什么后世还有人勾结客老妇人（明熹宗的乳母）以求讨好呢？

护问稍伯大夫庾季才曰："比日天道何如？"季才对曰："荷恩深厚，敢不尽言。顷上台有变，公宜归政天子，请老私门。此则享期颐之寿，受旦、奭之美，子孙常为藩屏。不然，非复所知。"护沉吟久之，曰："吾本志如此，但辞未获免耳。公既王官，可依朝例，无烦别参寡人也。"自是疏之。

卫公直，帝之母弟也，深昵于护，及沌口之败，坐免官，由是怨护，劝帝诛之，冀得其位。帝乃密与直及右宫伯中大夫宇文神举、内史下大夫太原王轨、右侍上士宇文孝伯谋之。神举，显和之子；孝伯，安化公深之子也。

【译文】 稍伯大夫庾季才精于天文，宇文护召问他说："近日天象怎么样？"庾季才回复说："季才蒙受晋国公深恩，怎敢不尽我所知来禀告您呢？最近，上台二星告变示警，不利宰相（《隋书·天文志上》曰："三台六星，两两而居，三公之位也。西近文昌二星，谓之上台"），晋国公您最好将朝政交还给陛下，并向陛下请求告老还乡。这样，既可以安享百龄的高寿，赢得媲美周公、召公的美名，子子孙孙也将享有封邑，成为王室屏藩，假若不这样的话，后果就不是我庾季才所敢揣测的了！"宇文护听了，沉吟多时，最后才说："我的本意也是如此，只是要辞任，担心不易获得批准。你既是天子的官吏，自可依照朝廷体制，只去朝谒天子就行，用不着来拜见寡人！"从这以后，他就逐渐疏远庾季才。

卫国公宇文直，是周主宇文邕的同母弟弟，本来与宇文护很亲近，但是自从沌口战败回来，被免去官职，从此就憎恨宇文护，极力劝说周主宇文邕杀掉宇文护，并希望取代他的职位。周主宇文邕于是跟宇文直和右宫伯中大夫宇文神举、内史下大夫太原人王轨、右侍上士宇文孝伯等人，暗中谋划如何诛除宇文护。宇文神举，是宇文显和的儿子；宇文孝伯，是安化公宇文深的儿子。

帝每于禁中见护，常行家人礼，太后赐护坐，帝立侍于旁。丙辰，护自同州还长安，帝御文安殿见之。因引护入含仁殿谒太后，且谓之曰："太后春秋高，颇好饮酒，虽屡谏，未蒙垂纳。兄今入朝，愿更启请。"因出怀中《酒诰》授之，曰："以此谏太后。"护既入，如帝所戒读《酒诰》；未毕，帝以玉珽自后击之，护踣于地。帝令宦者何泉以御刀斫之，泉惶惧，斫不能伤。卫公直匿于户内，跃出，斩之。时神举等皆在外，更无知者。

帝召宫伯长孙览等，告以护已诛，令收护子柱国谭公会、大将军莒公至、崇业公静、正平公乾嘉及其弟乾基、乾光、乾蔚、乾祖、乾威并柱国北地侯龙恩、龙恩弟大将军万寿、大将军刘勇、中外府司录尹公正、袁杰、膳部下大夫李安等，于殿中杀之。览，稚之孙也。

【译文】周主宇文邕每次在宫禁中接见宇文护，大多不行君上臣下之礼，而常用兄弟家礼来招待他。如果太后赐椅子让宇文护坐的话，周主宇文邕还站着侍立在太后身边。丙辰日（十四日），宇文护从同州返回长安，周主宇文邕亲临文安殿召见他。顺便引领他进入含仁殿拜谒太后，行前周主宇文邕对他说："太后年事已高，却十分爱喝酒，朕虽然多次劝谏，但未蒙她老人家采纳。等一下吾兄趁入拜的时机，烦请启奏劝谏！"说到这儿，从怀中取出一篇《酒诰》交给他，说："烦请用这篇《酒诰》劝谏太后。"宇文护进入含仁殿后，完全按照周主的嘱咐，向太后宣读《酒诰》，还未念完，周主宇文邕在他背后用大圭奋力袭击他，宇文护突然遭到袭击，不支倒地，周主宇文邕命宦官何泉拿自己的佩刀去砍杀他，何泉惶恐手颤，砍了几次，都杀不死宇文护。卫国公宇文直事先已经藏匿殿内，看到这种情景，赶紧一跃而出，手起剑落，把宇文护劈成两段。这时，宇文神举等都还在外面，此外别无他人知晓这件事。

宫内诛除宇文护的计谋已经完成，周主宇文邕这才召入宫伯长孙览等人，告诉他们宇文护已被诛杀，并下令前去收押宇文护的儿子柱国谭国公宇文会、大将军莒国公宇文至、崇业郡公宇文静、正平郡公宇文乾嘉，以及宇文乾嘉的弟弟宇文乾基、宇文乾光、宇文乾蔚、宇文乾祖、宇文乾威和宇文护的党羽柱国北地人侯龙恩、侯龙恩的弟弟大将军侯万寿、大将军刘勇、中外府司录尹公正、袁杰、膳部下大夫李安等，将他们集中在大殿内，然后逐一加以处决。长孙览，是长孙稚的孙子。

初，护既杀赵贵等，诸将多不自安。侯龙恩为护所亲，其从弟开府仪同三司植谓龙恩曰："主上春秋既富，安危系于数公。若多所诛戮以自立威权，岂唯社稷有累卵之危，恐吾宗亦缘此而败，兄安得知而不言！"龙恩不能从。植又承间言于护曰："公以骨肉之亲，当社稷之寄，愿推诚王室，拟迹伊、周，则率土幸甚！"护曰："我誓以身报国，卿岂谓吾有它志邪！"又闻其先与龙恩言，阴忌之，植以忧卒。及护败，龙恩兄弟皆死，高祖以植为忠，特免其子孙。

大司马兼小冢宰、雍州牧齐公宪，素为护所亲任，赏罚之际，皆得参预，权势颇盛。护欲有所陈，多令宪闻奏，其间或有可不，宪虑主相嫌隙，每曲而畅之，帝亦察其心。及护死，召宪入，宪免冠拜谢；帝慰勉之，使诣护第收兵符及诸文籍。卫公直素忌宪，固请诛之，帝不许。

资治通鉴

【译文】 起初，宇文护杀了太傅赵贵等人后，许多将领内心都感到不安。那时，侯龙恩被宇文护宠信，他的堂弟开府仪同三司侯植对他说："陛下年事还轻，社稷安危，就维系在几位公卿身上。晋国公如果一再杀戮大臣，借以树立权威，这样，不只社稷有叠卵滑碎的危险，就连我们侯氏宗族，恐怕也会因此而败亡。堂兄怎可明知危险而不去劝谏晋国公呢？"侯龙恩不肯照他的话去做。后来，侯植伺机向宇文护进谏说："晋公凭借骨肉至亲，承担国家的重托，希望您竭诚尽忠王室，媲美伊尹、周公，那么这确实是天下最大的幸运！"宇文护听他这么说，忙为自己辩解说："我发誓以身报效国家，这是你应当清楚的，但听你之言，你是否认为我有野心？"宇文护又听闻他先前对侯龙恩所说的话，因而暗中忌恨他，侯植担心会灾祸临身，竟因忧惧而亡故。等到宇文护被杀，侯龙恩兄弟全被处死，周主知晓侯植忠于朝廷，特别赦免他的子孙无罪。

大司马兼小冢宰、领雍州牧、齐国公宇文宪，素来受到宇文护的亲近和倚重，每当宇文护在决定给谁迁赏或黜罚时，宇文宪都能参与其中，因此宇文宪的权势很大。加之宇文护每次要呈奏什么事，多让宇文宪代为启奏，其中有的皇上会同意，有的不一定就会同意的事，宇文宪担心主上跟宰相如若各执己见，就容易产生嫌隙，因此，处理这类事，宇文宪每每委曲婉转地加以协调沟通，周主也察觉出宇文宪的苦心。等到宇文护被杀，周主宇文邕召请宇文宪入殿，宇文宪脱下冠帽，向周主下拜谢罪，周主温言劝勉鼓励他，并命他带人到宇文护宅第，去接收相府兵符以及其他一些簿籍档案。卫国公宇文直一向忌妒宇文宪，一再请求周主也除掉他，周主始终不答应。

护世子训为蒲州刺史，是夜，帝遣柱国越公盛乘传徵训，至同州，赐死。昌城公深使突厥未还，遣开府仪同三司宇文德赍玺书就杀之。护长史代郡叱罗协、司录弘农冯迁及所新任者，皆除名。

丁巳，大赦，改元。以宇文孝伯为车骑大将军，与王轨并加开府仪同三司。初，孝伯与帝同日生，太祖爱之，养于第中，幼与帝同学。及即位，欲引致左右，托言欲与孝伯讲习旧经，故护弗之疑也，以为右侍上士，出入卧内，预闻机务。孝伯为人，沉正忠谅，朝政得失，外间细事，无不使帝闻之。

帝阅护书记，有假托符命妄造异谋者，皆坐诛；唯得庾季才书两纸，盛言纬候灾祥，宜返政归权，帝赐季才粟三百石，帛二百段，迁太中大夫。

【译文】宇文护世子宇文训担任蒲州刺史，事发当晚，周主宇文邕派遣柱国、越国公宇文盛搭乘快捷驿车，连夜赶往蒲州，召请宇文训回京，回到同州，周主就赐令他自尽。宇文护的另一个儿子昌城公宇文深出使突厥，还未归来，周主宇文邕也派出开府仪同三司宇文德带着玺书赶往突厥，找来宇文深，当着他的面，宣读敕令，就地将他处死。宇文护丞相府长史代郡人叱罗协、司录弘农人冯迁，以及其他被宇文护所宠信的人，一律免职，除去名籍。

丁巳日（十五日），周主宇文邕下诏大赦境内，改年号为建德。周主宇文邕擢升宇文孝伯为车骑大将军，与王轨一并加授开府仪同三司。起初，宇文孝伯和周主宇文邕同日出生，周太祖宇文泰很喜爱他，便把他抱养在自己府第，宇文孝伯也因此从小就跟宇文邕一同念书上学。宇文邕即位后，想招引宇文孝伯到自己身旁，便假托说是要同他切磋研习旧日念过的经典，因此宇文护也就没起疑心而不加阻挠。宇文邕任用他为右侍上士，让他得以自由进出自己的卧室，参与宫廷机密事务。宇文孝伯为人深沉正直，忠诚守信，朝政的得失，外头发生的小事，他没有不设法让国君知晓的。

宇文护被杀后，周主宇文邕披阅从宇文护家搜出的书记，发现里面有许多假托符瑞天命，胡乱劝宇文护篡位的人，周主宇文邕将这些术士败类，全部判罪处死；其中看到庾季才写给宇文护的两张信，信上详细讲述纬候灾祥的道理，劝宇文护早日将政权归还天子。周主宇文邕借此知晓庾季才忠于朝廷，于是赐给他米谷三百石，布帛两百段，提拔他为太中大夫。

癸亥，以尉迟迥为太师，柱国窦炽为太傅，李穆为太保，齐公宪为大冢宰，卫公直为大司徒，陆通为大司马，柱国辛威为大司寇，赵公招为大司空。

时帝始亲览朝政，颇事威刑，虽骨肉无所宽借。齐公宪虽迁冢宰，实夺之权。又谓宪侍读裴文举曰："昔魏末不纲，太祖辅政；及周室受命，晋公复执大权；积习生常，愚者谓法应如是。岂有年三十天子而可为人所制乎《诗》云：'夙夜匪懈，以事一人。'一人，谓天子耳。卿虽陪侍齐公，不得遽同为臣，欲死于所事。宜辅以正道，劝以义方，辑睦我君臣，协和我兄弟，勿令自致嫌疑。"文举咸以白宪，宪指心抚几曰："吾之夙心，公宁不知！但当尽忠竭节耳，知复何言。"

卫公直，性浮诡贪狠，意望大冢宰；既不得，殊怏怏；更请为大司马，欲据兵权。帝揣知其意，曰："汝兄弟长幼有序，岂可返居下列！"由是用为大司徒。

【译文】 癸亥日（二十一日），周主宇文邕任用尉迟迥为太师，柱国窦炽为太傅，任用李穆为太保，齐国公宇文宪为大冢宰，任用卫国公宇文直为大司徒，陆通为大司马，任用柱国辛威为大司寇，赵国公宇文招为大司空。

当时，周主宇文邕开始亲自处理朝政，多用严刑峻法，纵使骨肉至亲，也不宽宥饶恕。他表面上破格提拔齐国公宇文宪为大冢宰，暗中实际是在削夺他的兵权。周主宇文邕又对宇文宪的侍读裴文举说："以前魏朝末世，国君不能操持朝廷大计，由太祖宇文泰辅佐朝纲；到了宇文周得到天下之后，晋国公宇文护又专揽朝政，积习形成常例，愚者便以为大冢宰揽权专政，理当如此。其实，哪有年过三十的天子，还受人控制呢？《诗经·大雅·蒸民》之诗，有一句这么说：'早晚努力不懈，来事奉一人。'诗里所说的一人，指的就是天子。卿虽然陪侍齐国公，不能就把自己变为他的臣属，只知为他卖命效力。你原是朝廷派去做侍读的，应当用中正大道辅佐他，用合乎正义的事理开导他，借以安定和睦君臣关系，协调融洽我们兄弟的感情，不要让我们自家君臣兄弟发生嫌隙猜忌。"裴文举将这些话全部告诉宇文宪，宇文宪手指着心，背靠着小桌子说："我平生之志，你难道不清楚吗？除了说自会尽我忠诚，守我贞节来报效国君外，我不知道还有什么话可以用来表明我的心迹。"

卫国公宇文直，生性浮躁诡诈，贪婪狠戾，原指望诛杀宇文护后，就取代他担任大冢宰，后来却偏让宇文宪得去，心中愤愤不平，因此又请求周主让他担任大司马，想总揽兵马大权。周主宇文邕揣知他的心思，告诉他说："兄弟长幼有序，哪有做哥哥的反而位居弟弟之下的呢？"于是改用他为大司徒。

夏，四月，周遣工部成公建、小礼部辛彦之聘于齐。

庚寅，周追尊略阳公为孝闵皇帝。

癸巳，周立皇子鲁公赟为太子，大赦。

五月，癸卯，王劢卒。

齐尚书右仆射祖珽，势倾朝野。左丞相咸阳王斛律光恶之，遥见，辄骂曰："多事乞索小人，欲行何计！"又尝谓诸将曰："边境消息，兵马处分，赵令恒与吾辈参论。盲人掌机密以来，全不与吾辈语，正恐误国家事耳。"光尝在朝堂垂帘坐；珽不知，乘马过其前，光怒曰："小人乃敢尔！"后珽在内省，言声高慢，光适过，闻之，又怒。珽觉之，私赂光从奴问之，奴曰："自公用事，相王每夜抱膝叹曰：'盲人入，国必破矣！'"

【译文】夏季，四月，（己卯日）（初八），周主宇文邕派遣工部成公建（代公达）、小礼部辛彦之出使北齐。

庚寅日（十九日），周主宇文邕追尊皇兄略阳公宇文觉为孝闵皇帝。

癸巳日（二十二日），周主宇文邕册封皇子鲁国公宇文赟为皇太子。因册立太子，特下诏大赦天下。

五月，癸卯日（初二），陈朝尚书右仆射王劢去世。

北齐尚书右仆射祖珽，权势熏天，朝野之人都对他侧目而视。左丞相、咸阳王斛律光十分厌恶他，远远瞧见，就骂他说："贪婪、惹事的小人，不知今天又要出什么坏主意！"斛律光又曾对一些将领说："从前，边境有什么消息，或兵马要怎样调度，赵令（指尚书令赵彦深）都会找我们商议讨论，自从这盲人掌管机要以来，全不跟我们会商，只恐他会耽误国家大事。"斛律光曾在尚书省朝堂垂帘而坐，祖珽不知他在里面，骑马从他面前而过，斛律光愤怒骂道："小人竟敢如此无礼！"后来祖珽在内省高谈阔论，声音高亢傲慢，碰巧斛律光从那儿经过，听在耳里，十分生气。祖珽也觉察到斛律光对他不满，于是暗中贿赂斛律光随从的仆人，向他打听他的主人是不是很讨厌自己，那位奴仆直率地说："自从相公当政以来，相王（右丞相、咸阳王斛律光）每夜都抱膝长叹说：'盲人入朝当权，国必危亡。'"

穆提婆求娶光庶女，不许。齐主赐提婆晋阳田，光言于朝曰："此田，神武帝以来常种禾，饲马数千匹，以拟寇敌。今赐提婆，无乃阙军务也！"由是祖、穆皆怨之。

斛律后无宠，珽因而间之。光弟羡，为都督、幽州刺史、行台尚书令，亦善治兵，士马精强，斥候严整，突厥畏之，谓之"南可汗"。光长子武都，为开府仪同三司，梁兖二州刺史。

【译文】穆提婆请求迎娶斛律光的庶女为妻，斛律光没有应允。齐主高纬赐给穆提婆晋阳田地，斛律光在早朝时公然反对说："这块田地，自神武皇帝高欢以来，常种禾，饲养战马数千匹，用来防御寇敌。现在将此田赐给穆提婆，难道不是有损军务吗？"自此以后，祖珽、穆提婆都憎恨斛律光。

此时斛律皇后不得齐主宠幸，祖珽因而设法离间齐主和斛律光的关系。斛律光的弟弟斛律羡，官拜都督、幽州刺史、幽州道行台尚书令，也善于治理军务，士兵精良，战马强壮；亭鄣斥候，纪律严整，突厥都害怕他，称他为"南可汗"。斛律光的长子斛律武都，官拜开府仪同三司、梁、兖二州刺史。

光虽贵极人臣，性节俭，不好声色，罕接宾客，杜绝馈饷，不贪权势。每朝廷会议，常独后言，言辄合理。或有表疏，令人执笔，口占之，务从省实。行兵仿其父金之法，营舍未定，终不入幕；或竟日不坐，身不脱介胄，常为士卒先。士卒有罪，唯大杖挝背，未尝妄杀，众皆争为之死。自结发从军。未尝败北，深为邻敌所惮。周勋州刺史韦孝宽密为谣言曰："百升飞上天，明月照长安。"又曰："高山不推自崩，槲木不扶自举。"令谍人传之于邺，邺中小儿歌之于路。斑因续之曰："盲老公背受大斧，饶舌老母不得语。"使其妻兄郑道盖奏之。帝以问斑，斑与陆令萱皆曰："实闻有之。"斑因解之曰："百升者，斛也。盲老公，谓臣也，与国同忧。饶舌老母，似谓女侍中陆氏也。且斛律累世大将，明月声震关西，丰乐威行突厥，女为皇后，男尚公主，谣言甚可畏也。"帝以问韩长鸾，长鸾以为不可，事遂寝。

【译文】 斛律光虽然地位显贵，达到人臣的极点，但他生性节俭，不好声乐女色；很少接待宾客，不培植党羽；谢绝馈赠，不营财货；位居将相，但并不贪图权势。每当朝廷集会议政，他总是最后发言，所说都能切合事理。平日，倘若要上奏章，命人执笔起草，自己随口指授，力求言简意赅。行军作战，效仿他父亲斛律金的方法，凡部属营舍还未搭好，自己决不先入幕休息；有时竟整日站立不坐，不脱铠甲钢盔，临阵常常身先士卒。士卒犯罪，只罚用大杖击背，不曾胡乱杀人，因而他统领的部众，都乐意为他效力卖命。他自少年从军以来，不曾打过败仗，深为敌寇所敬畏。北周勋州刺史韦孝宽忌惮斛律光的英勇，暗中捏造："百升飞上天，明月照长安。"又说："高山不推自崩，槲木不扶自举。"派间谍传入邺中，让邺中的小孩在路上传唱这些谣言。祖斑得知谣言寓意，又加编了"盲老公背受大斧，饶舌老母不得语"两句进去，然后命他的内兄郑道盖呈奏齐主。齐主问祖珽知道这些谣言吗，祖珽和陆令萱都说："确实听说有这样的谣言。"祖珽因而替齐主解析这首谣言的寓意，说："'百升'的意思就是一个'斛'字；'盲老公'指的是微臣，与国同忧；'饶舌老母'似乎指的是女侍中陆氏，况且斛律家世代担任掌兵大将，斛律明月（光字）声威远震关西，他的弟弟斛律丰乐（斛律羡字）威望远播突厥，女儿当皇后，儿子娶公主，满门显贵无比，现在又出现这样的谣言，实在令人担忧恐惧。"齐主问韩长鸾斛律光是否有谋反的意思，韩长鸾认为不可能，这事才暂且搁置下来。

珽又见帝，请间，唯何洪珍在侧。帝曰："前得公启，即欲施行，长鸾以为无此理。"珽未对，洪珍进曰："若本无意则可；既有此意而不决行，万一泄露，如何？"帝曰："洪珍言是也。"然犹未决。会丞相府佐封士让密启云："光前西讨还，敕令散兵，光引兵逼帝城，将行不轨，事不果而止。家藏弩甲，奴僮千数，每遣使往丰乐、武都所，阴谋往来。若不早图，恐事不可测。"帝遂信之，谓何洪珍曰："人心亦大灵，我前疑其欲反，果然。"帝性怯，恐即有变，令洪珍驰召祖珽告之："欲召光，恐其不从命。"珽请"遣使赐以骏马，语云：'明日将游东山，王可乘此同行。'光必入谢，因而执之。"帝如其言。

【译文】 祖珽见齐主毫无举动，再次进宫拜见齐主，称有密奏，请屏退左右。齐主只留幸臣何洪珍一人在侧，齐主高纬说："先前得卿启奏，便想诛杀斛律兄弟，可是韩长鸾认为斛律兄弟必无谋反意图，因而才中止行动。"祖珽还没来得及开口，何洪珍便抢先说："倘若本无铲除斛律光的意思，就此作罢，那倒是无所谓；假如有此意，却不决定行动，万一消息泄露，将如何是好呢？"齐主高纬说："何洪珍说得十分有道理。"他嘴上虽然这么说，心里却仍未能下定决心。就在这决而未决的关口，碰巧接到丞相府佐封士让呈上一封密信，里面概略这么说："斛律光前次西征凯旋，皇上敕令要他解散士兵，他却率军逼向帝都，准备做不法勾当，事情没有办成而中止了。现在听说斛律光家私藏弓弩铠甲，聚集僮仆家奴上千人，经常派遣使者到斛律丰乐、斛律武都处（按斛律丰乐在幽州，斛律武都在梁、兖州），阴谋往来，如果不及早设法除掉他，担心将来事情发生后，便不堪收拾了。"齐主高纬看了这封密信，于是相信有这回事，因而对何洪珍说："人心也太灵敏了，我先前怀疑他想谋反，照这迹象看，果真不错。"齐主高纬生性怯懦，担忧变乱就要发生，立刻命何洪珍驰马去召祖珽来，告诉他准备诛杀斛律光的事，并想立即召来斛律光，却又担忧他不肯听从命令。祖珽献计说："要杀斛律光不难，陛下只要派遣使者赐他一匹骏马，并告诉他：明日将游东山，大王可乘此马同行。到时，斛律光一定会先入殿，谢皇上赏赐，我们便可借此机会，派人将他拘捕。"齐主高纬便按照他的计策去做。

六月，戊辰，光入，至凉风堂，刘桃枝自后扑之，不仆，顾曰："桃枝常为如此事。我不负国家。"桃枝与三力士以弓弦冒其颈，拉而杀之，血流于地，划之，迹终不灭。于是，下诏称其谋反，并杀其子开府仪同三司世雄、仪同三司恒伽。

祖珽使二千石郎邢祖信簿录光家。珽于都省问所得物，祖信曰："得弓十五，宴射箭百，刀七，赐稍二。"珽厉声曰："更得何物？"曰："得枣杖二十束，拟奴仆与人斗者，不问曲直，即杖之一百。"斑大惭，乃下声曰："朝廷已加重刑，郎中何宜为雪！"及出，人尤其抗直，祖信慨然曰："贤宰相尚死，我何惜馀生！"

【译文】六月，戊辰日（六月无此日），斛律光果然落入祖斑圈套，单骑入谢，步行到凉风堂时，大力士刘桃枝突然从他后面扑上，本想将他扑倒在地，可是斛律光英威不减，兀自挺立，回过头来，看到是刘桃枝，因而呵斥他说："刘桃枝你惯作暗杀人的勾当，可是我不曾辜负国家。"刘桃枝又与三位大力士用弓弦套缚斛律光的脖子，四人合力把斛律光活活缢死，颈血喷洒满地，铲都铲不掉，碧血历历，终久不灭。齐主高纬下诏，宣布斛律光想谋反被杀，并下令捕杀他的儿子开府仪同三司斛律世雄、仪同三司斛律恒伽。

祖斑派二千石郎邢祖信负责没收斛律光家产及登记造册。祖斑在尚书都省问他搜查得到哪些东西，邢祖信回答说："搜得弓十五张，宴会用射箭一百支，刀七把，御赐长矛两根。"祖斑厉声问道："此外还搜到哪些东西？"邢祖信回答说："还搜出棘条二十束，听说是责罚家奴用的，凡奴仆跟人斗殴，不论是非曲直，只要是动手打架的，全都用棘条鞭打一百下。"祖斑听了，觉得很羞愧，于是低声下气地说："朝廷对斛律丞相已加重刑，郎中又何必替他申雪呢？"邢祖信走出都省后，有人责备他直率抗上，邢祖信慷慨激昂地说："贤宰相尚且死去，我又何必吝惜剩余的性命呢？"

齐主遣使就州斩斛律武都，又遣中领军贺拔伏恩乘驿捕斛律羡，仍以洛州行台仆射中山独孤永业代羡，与大将军鲜于桃枝发定州骑卒续进。伏恩等至幽州，门者白："使人衷甲，马有汗，宜闭城门。"羡曰："敕使岂可疑拒！"出见之。

伏恩执而杀之。初，羡常以盛满为惧，表解所职，不许。临刑，叹曰："富贵如此，女为皇后，公主满家，常使三百兵，何得不败！"及其五子伏护、世达、世迁、世辨、世酉皆死。

周主闻光死，为之大赦。

【译文】齐主高纬派人到梁州处斩斛律武都，又派中领军贺拔伏恩搭乘驿站的特快马车，赶往幽州拘捕斛律羡，让洛州行台仆射、中山人独孤永业替代斛律羡的职务，并命他和大将军鲜于桃枝调遣定州骑兵，继贺拔伏恩之后，继续向幽州进发。贺拔伏恩等到达幽州，还未进城，守城官员驰马入报斛律羡说："来使内着铠甲，马身有汗，来势不妙，应当关闭城门，不放他们进来。"斛律羡叱骂守门吏说："使者奉敕而来，怎可疑惧而拒绝呢？"于是出迎贺拔伏恩。

贺拔伏恩宣诏完毕，就将斛律羡拿下，立刻处决。起初，斛律羡常以一门贵盛盈满为忧，并且上奏章请求解去职务，但不被朝廷许可。临刑时，自叹说："富裕贵显到极顶，女儿当皇后，男孩都娶公主为妻，日常驱使三百兵，天道憎恶盈满，我斛律家怎能不招致败亡呢？"他的五个儿子斛律伏护、斛律世达、斛律世迁、斛律世辨、斛律世酉也一同被处死。

周主宇文邕听说斛律光已死，喜出望外，特下诏大赦境内。

祖珽与侍中高元海共执齐政。元海妻，陆令萱之甥也，元海数以令萱密语告珽。珽求为领军，齐主许之，元海密言于帝曰："孝徵汉人，两目又盲，岂可为领军！"因言珽与广宁王孝珩交结，由是中止。珽求见，自辨，且言："臣与元海素嫌，必元海谮臣。"帝弱颜，不能讳，以实告之，珽因言元海与司农卿尹子华等结为朋党。又以元海所泄密语告令萱，令萱怒，出元海为郑州刺史。子华等皆被黜。

珽自是专主机衡，总知骑兵、外兵事，内外亲戚，皆得显位。帝常令中要人扶侍出入，直至永巷，每同御榻论决政事，委任之重，群臣莫比。

【译文】 祖珽跟侍中高元海共掌北齐朝政，高元海的妻子是陆令萱的外甥女，高元海经常把得自陆令萱处的秘密消息转告祖珽。祖珽要求担任领军将军，齐主高纬答应了他。高元海却在齐主面前进谗言说："祖孝徵（祖珽字）是汉家郎，两眼又瞎，怎可让他担任领军？"又说出祖珽和广宁王高孝珩勾结，因为高元海进谗言的缘故，齐主高纬便打消任用祖珽为领军将军的念头。祖珽求见齐主，自行辩白，他说："臣跟高元海一向就有嫌隙，必定是他从中破坏。"齐主高纬脸皮薄，被他这么一说，无法隐瞒，便将实情全部告诉祖珽。祖珽借此反击，说高元海与司农卿尹子华等结党营私。又将高元海经常泄露陆令萱秘密的事，告诉陆令萱，陆令萱听了特别生气，于是合谋外放高元海为郑州（治今河南禹县东南四十里）刺史，他的同党即司农卿尹子华等都遭到贬黜。

从此，祖珽便一人专管尚书省的机密及铨衡任免等事务，并且总掌骑兵二曹和外兵曹的军马事务，他的内亲和外戚，都获得显耀的官位。齐主高纬常命亲信宦官数人，扶持祖珽进出宫禁，送他出去的话，一定送到永巷，如果是迎进宫，齐主便和他同坐御榻，商讨决断政事，所受委任的隆重，群臣无人能比。

【乾隆御批】 斛律光在齐不啻如南朝之倚道济，然使邻国得以行反间者，亦因薰莸同器，谗说交倾。且紫陌驻营，猜嫌久蓄。物必先腐而后虫生，信哉。

【译文】　斛律光在齐朝不止像南朝倚重道济那样，却让邻国得以实行反间计而被离间，也是因为善恶同处，恶者掩善，加上人们的谗言交相压来所造成的。何况在紫陌驻军，猜疑不信任的祸根早已积聚。东西一定是先腐烂之后才生虫的，这话真不假呀。

秋，七月，遣使如周。

八月，庚午，齐废皇后斛律氏为庶人。以任城王湝为右丞相，冯翊王润为太尉，兰陵王长恭为大司马，广宁王孝珩为大将军，安德王延宗为大司徒。

齐使领军封辅相聘于周。

辛未，周使司城中大夫杜杲来聘。上谓之曰："若欲合从图齐，宜以樊、邓见与。"对曰："合从图齐，岂弊邑之利！必须城镇，宜待得之于齐，先索汉南，使臣不敢闻命。"

【译文】　秋季，七月，陈宣帝陈顼派使者到北周访问（据《周书·武帝纪》，陈使到周之日期为七月辛丑）。

八月，庚午日（初一），齐主高纬废皇后斛律氏为庶人，并任用任城王高湝为右丞相，冯翊王高润为太尉，兰陵王高长恭为大司马，广宁王高孝珩为大将军，安德王高延宗为大司徒。

北齐派领军将军封辅相出使北周。

辛未日（初二），周主宇文邕派遣司城中大夫杜杲到建康访问。陈宣帝陈顼对他说："倘若想合纵联合进攻北齐，请先把樊、邓二地相赠，以资表信。"杜杲回答说："合纵图齐，只是敝国得利而已，如若必须索取城镇，也应该等得到北齐之后。如果没有出师，就先索取汉南（樊、邓二地，在汉水之南，故曰汉南），使臣不敢奉命。"

初，齐胡太后自愧失德，欲求悦于齐主，乃饰其兄长仁之女置宫中，令帝见之，帝果悦，纳为昭仪。又斛律后废，陆令萱欲立穆夫人；太后欲立胡昭仪，力不能遂，乃卑辞厚礼以求令萱，结为姊妹。令萱亦以胡昭仪宠幸方隆，不得已，与祖珽白帝立之。戊子，立皇后胡氏。

己丑，齐以北平王仁坚为尚书令，特进许季良为左仆射，彭城王宝德为右仆射。

癸巳，齐主如晋阳。

【译文】 起初，北齐胡太后失母仪天下之德（指与和士开及沙门统昙献等私通），深自为愧，为求取悦于齐主高纬，于是盛装打扮他长兄胡长仁的女儿，送入宫中，特意安排，让齐主看见，齐主高纬一见倾心，册封她为昭仪。到了斛律皇后被废为庶人，陆令萱想立穆夫人为皇后，胡太后则支持拥立胡昭仪，但感到自己的力量不能如愿，于是用卑词厚礼，交好陆令萱，与她结为姐妹。陆令萱鉴于胡昭仪新得皇帝宠爱，眷顾日盛，况且又有胡太后撑腰和央求，不得已，便同祖珽共同商量，建议齐主高纬立胡氏为皇后。戊子日（十九日），齐主高纬册封昭仪胡氏为皇后。

己丑日（二十日），齐主高纬任用北平王高仁坚为尚书令，特进许季良为尚书左仆射，彭城王高宝德为尚书右仆射。

癸巳日（二十四日），齐主高纬前往晋阳。

九月，庚子朔，日有食之。

辛亥，大赦。

冬，十月，庚午，周诏："江陵所虏充官口者，悉免为民。"

辛未，周遣小匠师杨勰等来聘。

周绥德公陆通卒。

【译文】九月，庚子朔日（初一），发生日食。

辛亥日（十二日），陈宣帝陈顼下诏大赦天下。

冬季，十月，庚午日（初二），周主宇文邕下诏说："从前攻克江陵，当地被俘没入官府做奴婢的，从今天起恢复他们的自由，全部释放为良民。"

辛未日（初三），周主宇文邕派遣小匠师杨勰等到建康访问。

北周绥德郡公陆通去世。

乙酉，上享太庙。

齐陆令萱欲立穆昭仪为皇后，每私谓齐主曰："岂有男为皇太子而身为婢妾者乎！"胡后有宠于帝，不可离间，令萱乃使人行厌蛊之术，旬朔之间，胡后精神恍惚，言笑无恒，帝渐畏而恶之。令萱一旦忽以皇后服御衣被穆昭仪，又别造宝帐，爰及枕席器玩，莫非珍奇。坐昭仪于帐中，谓帝曰："有一圣女出，将大家看之。"及见昭仪，令萱乃曰："如此人不作皇后，遣何物人作！"帝纳其言。

甲午，立穆氏为右皇后，以胡氏为左皇后。

【译文】乙酉日（十七日），陈宣帝陈顼前往太庙祭拜祖先。

齐主乳娘陆令萱原本想立穆昭仪为皇后，私下对齐主说："哪有儿子是皇太子，而自身仍为婢妾的呢？"可是此时胡皇后正得齐主宠爱，无从离间，陆令萱于是找来左道邪人，从事厌胜巫蛊方术，不到一个月，胡皇后就疯疯癫癫，言笑失常，齐主对她渐感恐惧，因而疏远她。陆令萱有一天突然拿皇后穿戴之物让穆昭仪穿戴，又先营造宝帐，以及枕头、席子和其他玩赏的器物，无一不是珍奇宝物。让穆昭仪端坐帐中，然后陆令萱跑去禀告齐主说："有一位女圣人出现，我领陛下去看。"齐主高纬细瞧之后，发现帐中美人竟然是穆昭仪，陆令萱便对齐主说："像这样的丽质佳人还不配做皇后的话，试问陛下又将选哪种人做皇后呢？"齐主高纬听从了她的建议。

甲午日（二十六日），齐主高纬册封昭仪穆氏为右皇后，原皇后胡氏改为左皇后。

十一月，庚戌，周主行如羌桥，集长安以东诸军都督以上，颁赐有差。乙卯，还宫。以赵公招为大司马。

壬申，周主如斜谷，集长安以西诸军都督以上，颁赐有差。丙戌，还宫。

庚寅，周主游道会苑，以上善殿壮丽，焚之。

【译文】十一月，庚戌日（十二日），周主宇文邕抵达羌桥（在长安东），召集长安以东诸军都督以上人员，依照他们勋阶的高低，给予大小不同的颁赏。乙卯日（十七日），周主宇文邕由羌桥返回长安宫。任用赵国公宇文招为大司马。

壬申日（十一月无此日），周主宇文邕抵达斜谷（在今陕西眉县南），召集长安以西都督以上人员，依照他们勋阶的高低，给予大小不同的颁赏。丙戌日（十一月无此日），周主宇文邕从斜谷返回长安宫。

庚寅日（十一月无此日），周主宇文邕游道会苑，因为见到上善殿过于华丽，命人放火将它焚毁。

十二月，辛巳，周主祀南郊。

齐胡后之立，非陆令萱意，令萱一旦于太后前作色而言曰："何物亲侄，作如此语！"太后问其故，令萱曰："不可道。"固问之，乃曰："语大家云：'太后行多非法，不可以训。'"太后大怒，呼后出，立剃其发，送还家。辛丑，废胡后为庶人。然齐主犹思之，每致物以通意。

自是令萱与其子侍中穆提婆势倾内外，卖官鬻狱，聚敛无厌。每一赐与，动倾府藏。令萱则自太后以下，皆受其指麾；提婆则唐邕之徒，皆重迹屏气；杀生与夺，唯意所欲。

【译文】十二月，辛巳日（十三日），周主宇文邕前往南郊坛祭祀所感帝灵威仰。

北齐胡皇后的册立，原非陆令萱本意，陆令萱有一天突然在胡太后面前变脸骂说："什么亲侄女，竟然敢说这种话？"胡太后很惊讶地问是怎么一回事，陆令萱说："不敢说啊！"经太后一再追问，陆令萱才说："胡皇后告诉陛下说：'太后多行不法，不足为训。'"胡太后听到这话，不禁大怒，召胡皇后前来，立即命左右剃去她的头发，遣送她回娘家。辛丑日（十二月无此日），北齐废胡皇后为庶人。但是齐主仍旧想念她，常常送她东西，以表心意。

自此以后，陆令萱和她的儿子侍中穆提婆势力之大，足以震动朝廷内外。他们母子，标价收钱，卖官鬻爵；收受贿赂，减人罪刑；搜刮聚敛，从不满足。齐主每有赏赐与她，动辄倾尽府库的所有储积。宫内，胡太后以下的人，都受陆令萱的调遣；宫外，连尚书令唐邕之流，见到穆提婆都要立正站好，敛声屏气，害怕万分。此外，要人死，要人活，要给予，要剥夺，全凭他们想怎么办就怎么办。

乙巳，周以柱国田弘为大司空。

乙卯，周主享太庙。

是岁，突厥木杆可汗卒，复舍其子大逻便而立其弟，是为佗钵可汗。佗钵以摄图为尔伏可汗，统其东面；又以其弟褥但可汗之子为步离可汗，居西面。周人与之和亲，岁给缯絮锦彩十万段。突厥在长安者，衣锦食肉，常以千数。齐人亦畏其为寇，争厚赂之。佗钵益骄，谓其下曰："但使我在南两儿常孝，何忧于贫！"

阿史那后无宠于周主，神武公窦毅尚襄阳公主，生女尚幼，密言于帝曰："今齐、陈鼎峙，突厥方强，愿舅抑情慰抚，以生民为念！"帝深纳之。

【译文】乙巳日（十二月无此日），周主宇文邕任用柱国田弘为大司空。

乙卯日（十二月无此日），周主宇文邕前往太庙祭拜祖先。

这一年，突厥木杆可汗去世，临死前，没有拥立自己的儿子大逻便，却册立自己的弟弟，是为佗钵可汗。佗钵可汗册立他哥哥的儿子摄图为尔伏可汗，让他统领东方部落；又册立自己的弟弟褥但可汗的儿子为步离可汗，让他统领西方部落。这时，佗钵称雄塞北，周人与他和亲，每年赠送给他缯、絮、锦彩十万段。在长安的突厥人，穿得好，吃得好，受到礼遇款待的，常达上千人。北齐也畏惧他入侵，争着用厚礼去贿赂他。佗钵可汗因此越发骄横，常对他的属下说："只要我在南面的两个儿子（指周与齐）常来孝敬我，我哪愁会穷困呢？"

阿史那皇后得不到周武帝的宠爱，神武公窦毅娶周主宇文邕的姐姐襄阳公主为妻，生个女儿，年纪还小，她偷偷对周主宇文邕说："现在齐、陈、周三国鼎立，突厥又正在强盛时期，希望舅舅控制情感，对阿史那舅妈要多加抚慰，以社稷苍生为念！"
周主宇文邕感悟，完全接受她的忠告。

太建五年（癸巳，公元五七三年）春，正月，癸酉，以吏部尚书沈君理为右仆射。

戊寅，齐以并省尚书令高阿那肱录尚书事，总知外兵及内省机密，与侍中城阳王穆提婆、领军大将军昌黎王韩长鸾共处衡轴，号曰"三贵"，蠹国害民，日月滋甚。

长鸾弟万岁，子宝行、宝信，并开府仪同三司，万岁仍兼侍中，宝行、宝信皆尚公主。每群臣旦参，帝常先引长鸾顾访，出后，方引奏事官。若不视事，内省有急事，皆附长鸾奏闻，军国要密，无不经手。尤疾士人，朝夕宴私，唯事谮诉。常带刀走马，未尝安行，瞋目张拳，有啖人之势。朝士咨事，莫敢仰视，动致呵叱。每骂云："汉狗大不可耐，唯须杀之！"

【译文】 太建五年 （癸巳，公元573年）春季，正月，癸酉日（初六），陈宣帝陈顼任用吏部尚书沈君理为尚书右仆射。

戊寅日（十一日），齐主高纬任用并省尚书令高阿那肱为录尚书事，总理外兵省和内省（齐以门下省为内省）机密，和侍中、城阳王穆提婆、领军大将军、昌黎王韩长鸾，共同掌管中枢朝政，号称"三贵"，他们三人，祸国殃民，一天比一天厉害。

韩长鸾的弟弟韩万岁，以及两个儿子韩宝行、韩宝信，都位居开府仪同三司，韩万岁还兼任侍中，韩宝行、韩宝信都娶公主为妻。每当群臣清晨上朝参拜，齐主高纬常先敕唤韩长鸾前来征询意见，等他告退后，再接见奏事大臣。齐主高纬如果不临朝治事，内省有急事上奏的话，都交托韩长鸾代为奏报，军国机密要事，无一不通过他手。他最憎恶文士，早晚陪侍齐主宴会或私下觐见齐主，专门从事谮毁及告状。常带刀驰马，未曾安闲徐行，张目举拳，好像要吃人的样子。朝中文士跟他咨询事情，不仅没有敢抬头仰视他的，动辄还要招致他的大声呵斥。常骂道："汉狗很难令人忍受，对这些不顺眼的人，只好杀了他们！"

　　庚辰，齐遣崔象来聘。

　　辛巳，上祀南郊；甲午，享太庙；二月，辛丑，祀明堂。

　　乙巳，齐立右皇后穆氏为皇后。穆后母名轻霄，本穆氏之婢也，面有黥字。后既以陆令萱为母，穆提婆为外家，号令萱曰"太姬"。太姬者，齐皇后母号也，视一品，班在长公主上。由是不复问轻霄。轻霄自疗面，欲求见后，太姬使禁掌之，竟不得见。

　　齐主颇好文学。丙午，祖珽奏置文林馆，多引文学之士以充之，谓之待诏；以中书侍即博陵李德林、黄门侍郎琅邪颜之推同判馆事，又命共撰《修文殿御览》。

　　【译文】 庚辰日（十三日），齐主高纬命兼散骑常侍崔象到江南访问。

　　辛巳日（十四日），陈宣帝陈顼前往南郊坛祭祀天神。甲子日（二十七日），陈宣帝陈顼前往太庙祭拜祖先。二月，辛丑日（初五），陈宣帝陈顼前往明堂祭祀上帝。

　　乙巳日（初九），齐主高纬册封右皇后穆氏为皇后。穆皇后的母亲，名叫轻霄，本来是穆氏家的婢女，因和人通奸，脸上被人刺字。穆皇后已经认陆令萱为母，将穆提婆家作为娘家，称陆令萱为"太姬"。北齐的"太姬"，就是皇后母亲之号，地位比同第一品官，地位还在长公主的之上。穆皇后因此不再理睬轻霄。轻霄后来设法治疗，将脸上黥字化除掉，想求见穆皇后，陆太姬派人加以阻止，从中作梗，轻霄始终没法见到穆皇后。

齐主高纬喜好文学，丙午日（十日），祖珽奏请设立文林馆，引荐大批文学之士到馆里来，称他们为待诏；任用中书侍郎、博陵人李德林与黄门侍郎、琅邪人颜之推一同管理文林馆的事务，又命他二人率领馆内文学之士，一同编纂《修文殿御览》。

甲寅，周太子赟巡省西土。

乙卯，齐以北平王坚录尚书事。丁巳，齐主如晋阳。

壬戌，周遣司会侯莫陈凯等聘于齐。

庚辰，齐主还邺。

三月，己卯，周太子于岐州获二白鹿以献，周主诏曰："在德不在瑞。"

帝谋伐齐，公卿各有异同，唯镇前将军吴明彻决策请行。帝谓公卿曰："朕意已决，卿可共举元帅。"众议以中权将军淳于量位重，共署推之。尚书左仆射徐陵独曰："吴明彻家在淮左，悉彼风俗；将略人才，当今亦无过者。"都官尚书河东裴忌曰："臣同徐仆射。"陵应声曰："非但明彻良将，裴忌即良副也。"壬午，分命众军，以明彻都督征讨诸军事，忌监军事，统众十万伐齐。明彻出秦郡，都督黄法氍出历阳。

【译文】甲寅日（十八日），周主宇文邕命皇太子宇文赟巡行视察北周西部。

乙卯日（十九日），齐主高纬任用北平王高坚为录尚书事。丁巳日（二十一日），齐主高纬前往晋阳。

壬戌日（二十六日），周主宇文邕派遣司会中大夫侯莫陈凯出使北齐。

庚辰日（二月无此日），齐主高纬从晋阳返回邺都。

三月，己卯日（十三日），周太子宇文赟巡视西土，在岐州捕获白鹿两头，进献周主，周主宇文邕诏敕回复说："治世要道，在于有德，而不在乎有没有吉兆。"

陈宣帝陈顼想出兵征讨北齐，朝廷公卿大臣各有不同意见，只有镇前将军吴明彻请求北伐，挥兵北征。陈宣帝陈顼便对公卿们说："朕北伐之意已定，但何人可做元帅，卿等可一同举荐。"大家都认为中权将军淳于量位高权重，于是一同签署推荐他。尚书左仆射徐陵独自认为："吴明彻家在淮左（秦郡），熟悉当地风土人情；并且论及将略人才，当今朝廷也没有比得上他的。"都官尚书、河东人裴忌也说："臣的看法，和徐仆射的相同。"徐陵应声附加说："不仅吴明彻是良将，而且裴忌也是副元帅的最佳人选。"壬午日（十六日），陈宣帝陈顼下令各路兵马，集结北征，特任命吴明彻为都督征讨诸军事，裴忌为监军事；率领大军十万，北伐齐国。吴明彻向秦郡（今江苏六合县）进兵，都督黄法氉向历阳（今安徽和县）进兵。

夏，四月，己亥，周主享太庙。

癸卯，前巴州刺史鲁广达与齐师战于大岘，破之。

戊申，齐以兰陵王长恭为太保，南阳王绰为大司马，安德王延宗为太尉，武兴王普为司徒，开府仪同三司宜阳王赵彦深为司空。

齐人于秦郡置秦州，州前江浦通涂水，齐人以大木为栅于水中。辛亥，吴明彻遣豫章内史程文季将骁勇拔其栅，克之。文季，灵洗之子也。

齐人议御陈师，开府仪同三司王纮曰："官军比屡失利，人情骚动。若复出顿江、淮，恐北狄、西寇乘弊而来，则世事去矣。莫若薄赋省徭，息民养士，使朝廷协睦，遐迩归心。天下皆当肃清，岂直陈氏而已。"不从。遣军救历阳，庚申，黄法氉击破之。又遣开府仪同三司尉破胡、长孙洪略救秦州。

【译文】夏季,四月,己亥日(初四),周主宇文邕前往太庙祭拜祖先。

癸卯日(初八),前巴州刺史鲁广达与齐军在大岘交战(今安徽含山县东北十三里),将齐军击败。

戊申日(十三日),齐主高纬任用兰陵王高长恭为太保,南阳王高绰为大司马,任用安德王高延宗为太尉,武兴王高普为司徒,任命开府仪同三司、宜阳王赵彦深为司空。

北齐在秦郡设置秦州,秦州前面江浦和涂水(源出合肥县北黄泥段,至江苏六合县入江)相通,齐人沿水边竖立大木成为栅栏,以抵抗陈军的进攻。辛亥日(十六日),吴明彻派遣豫章内史程文季带领勇敢善战的武士,拔开敌人所立的栅栏,吴明彻大军随后进袭,攻克秦郡水栅。程文秀,是程灵洗的儿子。

齐主高纬诏令群官共同商议抵御陈师的计划,开府仪同三司王纮说:“官军近来多次出师失利,人情骚动。如果又出师屯驻江、淮,臣担心北狄、西寇(指突厥与北周)乘我疲弊,倾巢进犯,那么我们就都完了。为今之计,不如减轻赋税,减省徭役,与民休息,锻炼士兵,使朝廷内部和睦,远近归心。那么天下四方都将肃靖清平,江南陈氏,自然也不在话下。”齐主却没有听从他的建议。增派部队援救历阳,庚申日(二十五日),黄法氍大败北齐增援历阳的军队。齐主又派遣开府仪同三司尉破胡、长孙洪略领兵援救秦州。

赵彦深私问计于秘书监源文宗曰:“吴贼侏张,遂至于此。弟往为秦、泾刺史,悉江、淮间情事,今何术以御之?”文宗曰:“朝廷精兵,必不肯多付诸将;数千已下,适足为吴人之饵。尉破胡人品，王之所知，败绩之事，匪朝伊夕。国家待遇淮南，失之同于蒿箭。如文宗计者，不过专委王琳，招募淮南三四万人，风俗相通，能得死力；兼令旧将将兵屯于淮北，足以固守。且琳之于顼，必不肯北面事之，明矣。窃谓此计之上者。若不推赤心于琳，更遣馀人制掣，复成速祸，弥不可为。"彦深叹曰："弟此策诚足制胜千里，但口舌争之十日，已不见从。时事至此，安可尽言！"因相顾流涕。文宗名彪，以字行，子恭之子也。

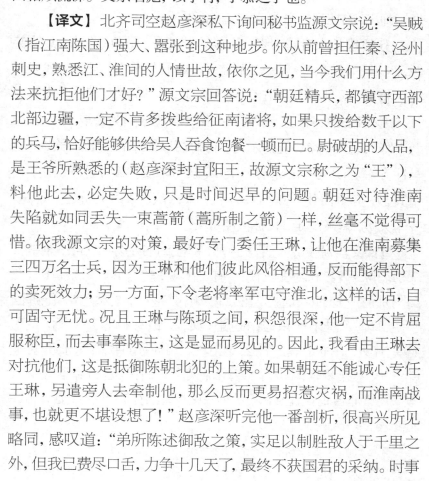

　　【译文】 北齐司空赵彦深私下询问秘书监源文宗说："吴贼（指江南陈国）强大、嚣张到这种地步。你从前曾担任秦、泾州刺史，熟悉江、淮间的人情世故，依你之见，当今我们用什么方法来抗拒他们才好？"源文宗回答说："朝廷精兵，都镇守西部北部边疆，一定不肯多拨些给征南诸将，如果只拨给数千以下的兵马，恰好能够供给吴人吞食饱餐一顿而已。尉破胡的人品，是王爷所熟悉的（赵彦深封宜阳王，故源文宗称之为"王"），料他此去，必定失败，只是时间迟早的问题。朝廷对待淮南失陷就如同丢失一束蒿箭（蒿所制之箭）一样，丝毫不觉得可惜。依我源文宗的对策，最好专门委任王琳，让他在淮南募集三四万名士兵，因为王琳和他们彼此风俗相通，反而能得部下的卖死效力；另一方面，下令老将率军屯守淮北，这样的话，自可固守无忧。况且王琳与陈顼之间，积怨很深，他一定不肯屈服称臣，而去事奉陈主，这是显而易见的。因此，我看由王琳去对抗他们，这是抵御陈朝北犯的上策。如果朝廷不能诚心专任王琳，另遣旁人去牵制他，那么反而更易招惹灾祸，而淮南战事，也就更不堪设想了！"赵彦深听完他一番剖析，很高兴所见略同，感叹道："弟所陈述御敌之策，实足以制胜敌人于千里之外，但我已费尽口舌，力争十几天了，最终不获国君的采纳。时事

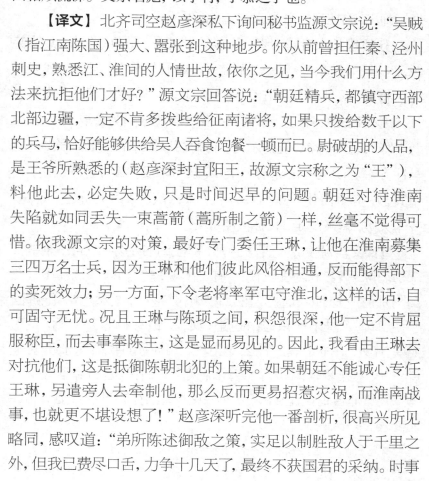

发展到此，哪还能再说呢？"两人因而相顾流下泪来。源文宗，本名彪，后来本名少用，反以字号通行于世。他是源子恭的儿子。

文宗子师为左外兵郎中，摄祠部，尝白高阿那肱："龙见当雩。"阿那肱惊曰："何处龙见？其色如何？"师曰："龙星初见，礼当雩祭，非真龙也。"阿那肱怒曰："汉儿多事，强知星宿！"遂不祭。师出，窃叹曰："礼既废矣，齐能久乎！"

齐师选长大有膂力者为前队，号苍头、犀角、大力，其锋甚锐，又有西域胡，善射，弦无虚发，众军尤惮之。辛酉，战于吕梁。将战，吴明彻谓巴山太守萧摩诃曰："若殪此胡，则彼军夺气，君才不减关羽矣。"摩诃曰："愿示其状，当为公取之。"明彻乃召降人有识胡者，使指示之，自酌酒以饮摩诃。摩诃饮毕，驰马冲齐军。胡挺身出陈前十余步，彀弓未发，摩诃遥掷铣鋧，正中其额，应手而仆。齐军大力十余人出战，摩诃又斩之。于是，齐军大败，尉破胡走，长孙洪略战死。

【译文】源文宗的儿子源师，担任尚书左外兵郎中，兼掌祠部事。他曾禀告高阿那肱说："有龙出现，应当举行雩祭祈雨。"高阿那肱吃惊地问道："什么地方出现龙？什么颜色？"源师回答说："苍龙星出现东方，根据礼典，应该举行雩祭祈雨。是苍龙星出现，并不是真的什么龙出现。"高阿那肱愤怒地责备他说："汉家郎多管闲事，强装知晓天上星宿！"因而偏不肯举行雩祭。源师告退而出，私下感叹说："国家礼制已经废弛，北齐还能保存多久呢？"

北齐南下增援部队，特选体格高大、孔武有力的士兵，充作先锋，编为"苍头""犀角""大力"等队，气势锐不可当；又募得西域胡人，擅长射箭，箭无虚发，陈朝北讨诸军十分害怕他们。辛酉日（二十六日），北伐大军与齐军对阵于吕梁。交战前，吴明彻对巴山太守萧摩诃说："敌军所倚仗的是西域胡人，倘若你能先杀掉这个西域胡，那么敌军势必气馁，而将军勇名应当赶得上关羽了。"萧摩诃问道："请指示那胡人的形貌如何？在下当为公力取此胡。"吴明彻于是召来先前降卒中认得西域胡的人，让他描述西域胡的样子给萧摩诃知晓，然后吴明彻自斟一杯酒敬萧摩诃，萧摩诃一饮而尽，立刻跨上马背，奔驰而出，冲向敌阵。西域胡挺身跑出阵前十几步，才张满弓弦，蓄势待发，就在箭将发而没有射出的当儿，萧摩诃已远远地掷出小铴，正中西域胡的额头，西域胡应声立毙。齐军大力队内立即又有十余人跑出来应战，萧摩诃冲驰过去，把他们一一挥刀斩下。吴明彻大军乘胜进攻，将齐军杀得落花流水，北齐将领尉破胡逃走，长孙洪略战死。

破胡之出师也，齐人使侍中王琳与之俱。琳谓破胡曰："吴兵甚锐，宜以长策制之，慎勿轻斗！"破胡不从而败。琳单骑仅免，还，至彭城，齐人即使之赴寿阳召募以拒陈师，复以卢潜为扬州道行台尚书。

甲子，南谯太守徐槾克石梁城。五月，己巳，瓦梁城降。癸酉，阳平郡降。甲戌，徐槾克庐江城。历阳窘蹙乞降，黄法氍缓之，则又拒守。法氍怒，帅卒急攻，丙子，克之，尽杀戍卒。进军合肥，合肥望旗请降，法氍禁侵掠，抚劳戍卒，与之盟而纵之。

【译文】尉破胡出兵的时候，齐主高纬派遣侍中王琳同他一起对抗陈军。王琳对尉破胡说："吴兵锐气很盛，难以力敌，应该思良策来应对他，千万不可草率出战！"尉破胡不听劝告，终于招致失败。在溃败中，王琳单骑突围逃走，回到彭城，齐主高纬命他到寿阳召集部队，用来抗拒陈师，又起用卢潜担任扬州道行台尚书，来监制王琳。

甲子日（二十九日），陈朝南谯太守徐槾攻陷石梁城。五月，己巳日（初四），北齐瓦梁城（在今江苏六合界县）守军投降陈朝。癸酉日（初八），北齐阳平郡城（今江苏宝应县）守军，又献出城池投降。甲戌日（初九），徐槾又攻陷庐江城（在今安徽霍山县东北三十里）。历阳城齐军被围攻窘迫的时候，就请求投降，等黄法氍一旦缓攻，对方却又拒守。惹得黄法氍大怒，亲率军兵，猛烈急攻。丙子日（十一日），黄法氍攻陷历阳城，进城之后，杀光对方所有守军。接着，又向合肥进兵，合肥守军望见他的旗帜，便遣人请求归降。黄法氍倒能约束战士，禁止侵犯虏掠，亲自安抚慰劳降卒，和他们签订盟约，然后释放他们北还。

丁丑，周以柱国侯莫陈琼为大宗伯，荥阳公司马消难为大司寇，江陵总管陆腾为大司空。琼，崇之弟也。

己卯，齐北高唐郡降。辛巳，诏南豫州刺史黄法氍徙镇历阳。乙酉，南齐昌太守黄咏克齐昌外城。丙戌，庐陵内史任忠军于东关，克其东、西二城，进克蕲城；戊子，又克谯郡城。秦州城降。癸巳，瓜步、胡墅二城降。帝以秦郡，吴明彻之乡里，诏具太牢，令拜祠上冢，文武羽仪甚盛，乡人荣之。

【译文】丁丑日（十二日），周主宇文邕任用柱国侯莫陈琼为大宗伯，荥阳郡公司马消难为大司寇，江陵总管陆腾为大司空。侯莫陈琼，是侯莫陈崇的弟弟。

己卯日（十四日），北齐北高唐郡（今安徽宿松县）守军投降。辛巳日（十六日），陈宣帝陈顼下诏，命南豫州刺史黄法氍把州治由宣城向北迁徙到历阳。乙酉日（二十日），南齐昌太守黄咏攻陷齐昌外城（在今湖北蕲春县西北）。丙戌日（二十一日），庐陵内史任忠进逼东关（在今安徽巢县东南四十里），攻下东关东、西二城（均在巢湖东南），又挥兵攻陷蕲城（今安徽巢县治）。戊子日（二十三日），又攻陷北齐谯郡城（在今安徽宿县界）。北齐秦州城守军投降。癸巳日（二十八日），北齐瓜步（在今江苏六合县东二十五里瓜步山侧）、胡墅（在今六合县东六十里）二城守军相继投降。陈宣帝陈顼因为秦郡是北讨元帅吴明彻的故乡，特下诏备齐太牢，令他返回故里祭拜祖坟，同行前去的文武羽葆诸仪仗，极为隆盛，吴明彻乡里的人，都感到特别荣耀。

齐自和士开用事以来，政体隳紊。及祖珽执政，颇收举才望，内外称美。珽复欲增损政务，沙汰人物，官号服章，并依故事。又欲黜诸阉竖及群小辈，为政治之方，陆令萱、穆提婆议颇同异。珽乃讽御史中丞丽伯律，令劾主书王子冲纳赂。知其事连提婆，欲使赃罪相及，望因此并坐及令萱。犹恐齐主溺于近习，欲引后党为援，乃请以胡后兄君瑜为侍中、中领军；又徵君瑜兄梁州刺史君璧，欲以为御史中丞。令萱闻而怀怒，百方排毁，出君瑜为金紫光禄大夫，解中领军；君璧还镇梁州。胡后之废，颇亦由此。释王子冲不问。

珽日以益疏，诸宦者更共谮之。帝以问陆令萱，令萱悯默不对，三问，乃下床拜曰："老婢应死。老婢始闻和士开言孝徵多才博学，意谓善人，故举之。比来观之，大是奸臣。人实难知，老婢应死。"帝令韩长鸾检按。长鸾素恶珽，得其诈出敕受赐等十余事。帝以尝与之重誓，故不杀，解珽侍中、仆射，出为北徐州刺史。斑求见帝，长鸾不许，遣人推出柏阁，斑坐，不肯行，长鸾令牵曳而出。

【译文】北齐自和士开当权以来，政治体制紊乱。到了祖斑执政，很能网罗举荐有才智声望的人士，因此朝廷内外的人都称赞他。祖斑又进一步想精简机构，淘汰冗员，官名号位、衣服徽章，都依照旧制。他还想黜退阉宦以及一些小人，作为天下治平的方略，但是陆令萱、穆提婆在商议时意见不同。祖斑于是暗中示意御史中丞丽[郦]伯律[伟]（按"丽伯律"当是"郦伯伟"之误），命他弹劾中书主书王子冲收取别人的贿赂，祖斑侦知此事牵连穆提婆，想借王子冲的赃罪，牵连穆提婆，并希望因此连坐陆令萱。但担忧齐主溺爱左右狎戏的人，不易除掉他身边这批人，祖斑便想拉拢皇后党的人作为援助，于是请齐主高纬任用胡皇后的哥哥胡君瑜为侍中、中领军；又召还胡君瑜的哥哥梁州刺史胡君璧，想任用他为御史中丞。陆令萱对祖斑的部署安排感到特别愤怒，于是想方设法在齐主高纬面前排挤、诋毁他，先说服齐主高纬改授胡君瑜为金紫光禄大夫，免去他中领军的兼职，并敕令胡君璧回去镇守梁州。胡皇后的被废黜，跟这件事很有关联。最后，犯有贪赃罪的王子冲，竟开释而没有治罪。

祖斑自从遭到陆令萱反击后，与齐主高纬的关系便日益疏远，围绕在齐主身旁的宦官们，也就更齐心协力地在齐主面前说他的坏话。齐主高纬惊讶身边的人变得都在对付祖斑，于是跑去问陆令萱是何原因，陆令萱故意显得可怜，默然不答，经齐主一连三次发问，她才离床下拜，向齐主谢罪说："老婢合该万死。先前老婢听和士开说祖斑博学多才，当时推想他一定是善人，因而便举荐他。可是近来细加考察，才发现他是一位大大

资治通鉴

416

的奸臣。人实在很难理解，老婢识人不明，为皇上荐举一位这样的人，老婢实该万死。"齐主高纬被她这样一说，对祖珽的信心，完全动摇，于是便命韩长鸾检查核验祖珽的行事。韩长鸾一向憎恶祖珽，凑巧又搜出祖珽假传天子敕书而接受赐物等罪证十余件，上奏请求齐主将祖珽处以极刑。齐主高纬因为曾与祖珽立有不杀他的重誓，所以没有杀祖珽，但是罢免他侍中、仆射的官职，并外放他为北徐州刺史。祖珽请求觐见齐主，想加以辩白，但是韩长鸾不许他入宫，派人将他推出宫门，祖珽坚持要面见齐主高纬，坐在地上赖着不肯走，韩长鸾命人把他拖了出去。

　　癸巳，齐以领军穆提婆为尚书左仆射，侍中、中书监段孝言为右仆射。孝言，韶之弟也。初，祖珽执政，引孝言为助，除吏部尚书。孝言凡所进擢，非贿则旧，求仕者或于广会膝行跪伏，公自陈请，孝言气色扬扬，以为己任，随事酬许。将作丞崔成忽于众中抗言曰："尚书，天下尚书，岂独段家尚书也！"孝言无辞以应，唯厉色遣下而已。既而与韩长鸾等共构祖珽，逐而代之。

　　【译文】 癸巳日（二十八日），齐主高纬任用领军将军穆提婆为尚书左仆射，任命侍中、中书监段孝言为尚书右仆射。段孝言，是段韶的弟弟。起初，祖珽执政，拉拢段孝言为助手，擢升他为吏部尚书。但是段孝言所荐举拔擢的人，不是靠贿赂来的，就是他的故旧熟人。有要求做官的，甚至在大庭广众间，屈膝前行，跪伏于地，公开陈述请求的，段孝言意气飞扬，极为得意，以帮助他们升官为己任，根据跪地之人的陈情，而加以酬答允诺。有一次，将作丞崔成，忽然在群众中直言抗议说："吏部尚书，是天下人的吏部尚书，难道只是您段家的尚书吗？"段孝言无言以对，只能发怒变脸，命人把他撵出去。后来，段孝言和韩长鸾等联合陷害祖珽，赶走了他，进而取代了他的职务。

齐兰陵武王长恭，貌美而勇，以邙山之捷，威名大盛，武士歌之，为《兰陵王入阵曲》，齐主忌之。及代段韶督诸军攻定阳，颇务聚敛，其所亲尉相愿问之曰："王受朝寄，何得如此？"长恭未应。相愿曰："岂非以邙山之捷，欲自秽乎？"长恭曰："然。"相愿曰："朝廷若忌王，即当用此为罪，无乃避祸而更速之乎！"长恭涕泣前膝问计，相愿曰："王前既有功，今复告捷，声威太重。宜属疾在家，勿预时事。"长恭然其言，未能退。及江、淮用兵，恐复为将，叹曰："我去年面肿，今何不发！"自是有疾不疗。齐主遣使酖杀之。

【译文】 北齐兰陵武王高长恭，人长得漂亮又勇敢，自从邙山之役得胜，声名威望大盛，手下武士赞美歌颂，编成《兰陵王入阵曲》，歌谣流行，传遍国内外，齐主高纬特别猜忌他。后来高长恭接替段韶督率诸军进攻定阳，大力搜刮聚敛，有一位他所亲信的人，名叫尉相愿，问他说："王爷已经被朝廷寄以重任，怎可这样贪财呢？"高长恭还不及回答，尉相愿忽有所悟地说："莫不是邙山大捷，您功高遭忌，因而借聚敛以自贬吗？"高长恭才答一个"是"字，尉相愿长叹说："朝廷如若真的猜忌王爷，他们就会抓住您这个把柄，来定您的罪名，您这样做，岂不是避祸反而招来灾祸吗？"高长恭涕泣落泪，膝行趋前向他讨教安身之策。尉相愿说："王爷先前在邙山，已经建立大功，如今假若再打胜仗，那么威望太重，恐怕会因功高震主而遭到杀身之祸。倘若要保全性命，最好的办法，莫若告病在家，切勿再干预朝政。"高长恭认为他说得很有道理，可是却还未能急流勇退。等到江、淮战事爆发，高长恭担忧又会被派为将帅，不禁长叹说："我去年脸肿，今年为何不再发作呢？"从此以后，旧病复发，也不再治疗。可是齐主高纬还是不肯放过他，竟派遣使者，逼令他饮鸩自杀。

六月，郢州刺史李综克滠口城。乙巳，任忠克合州外城。庚戌，淮阳，沭阳郡并弃城走。

壬子，周皇孙衍生。

齐主游南苑，从官赐死者六十人。以高阿那肱为司徒。

癸丑，程文季攻齐泾州，拔之。乙卯，宣毅司马湛陀克新蔡城。

丙辰，齐使开府仪同三司王纮聘于周。

癸亥，黄法氍克合州。吴明彻进攻仁州，甲子，克之。

治明堂。

【译文】 六月，庚子日（初五），郢州刺史李综攻陷滠口城（在今湖北黄陂县西南滠水之口）。乙巳日（初十），任忠攻克合州（治今安徽合肥）外城。庚戌日（十五日），北齐淮阳郡（故治在今江苏淮阴县西南）、沭阳郡（故治即今沭阳县治）守军都弃城逃跑。

壬子日（十七日），北周皇孙宇文衍诞生。

齐主高纬游览南苑，随行官吏被赐死的（中暑而死的），多达六十人，齐主高纬任用高阿那肱为司徒。

癸丑日（十八日），程文季进攻泾州（在今安徽天长县西北），获得胜利，攻占了泾州城。乙卯日（二十日），宣毅司马湛陀攻克北齐新蔡城。

丙辰日（二十一日），齐主高纬派遣开府仪同三司王纮出使北周。

癸亥日（二十八日），黄法氍攻陷合州。吴明彻率军攻打仁州（治今安徽灵璧县东南）。甲子日（二十九日），吴明彻攻陷仁州城。

陈国整修明堂。

秋，七月，戊辰，齐遣尚书左丞陆骞将兵二万救齐昌，出自巴、蕲，遇西阳太守汝南周炅。炅留羸弱，设疑兵以当之，身帅精锐，由间道邀其后，大破之。己巳，征北大将军吴明彻军至峡口，克其北岸城；南岸守者弃城走。周炅克巴州。淮北、绛城及谷阳士民，并杀其戍主，以城降。

齐巴陵王王琳与扬州刺史王贵显保寿阳外郭，吴明彻以琳初入，众心未固，丙戌，乘夜攻之，城溃，齐兵退据相国城及金城。

【译文】秋季，七月，戊辰日（初四），齐主高纬派遣尚书左丞陆骞统领大军两万，援救北齐昌郡，从巴水、蕲水之间进兵，跟陈朝西阳太守汝南人周炅遭遇（据《陈书·周炅传》，炅为"西阳太守"远在二十年前的侯景之乱，梁元帝承制时。等到陈宣帝太建五年北伐，炅已晋升为西道都督、安、蕲、江、衡、司、定六州诸军事，安州刺史）。周炅留下瘦弱的兵卒，故布疑阵，来和陆骞大军正面相对抗；自己亲自率领精锐部队，由小路绕到敌军后方发动进攻，把齐军杀得落花流水。己巳日（初五），征北大将军吴明彻进兵到峡口（在今安徽凤台县西南），攻陷峡口北岸城，南岸城守军弃城而逃。周炅也攻陷巴州（故治在今湖北黄冈县西北一百二十里）。淮北、绛城（故治在今安徽五河县西七十里）以及谷阳（故治在今安徽灵璧县西南）等地百姓，纷纷起来杀死北齐戍主，献出城池向陈军投降。

420

北齐巴陵王王琳，和扬州刺史王贵显共同防守寿阳外城，吴明彻料定王琳刚到寿阳，众心尚未团结一致，于是在丙戌日（二十二日）这一天，利用夜间突袭，一举成功，攻陷寿阳外城。王琳等退守相国城和金城。

八月，乙未，山阳城降。壬寅，盱眙城降。壬子，戎昭将军徐敬辩克海安城。青州东海城降。戊午，平固侯敬泰等克晋州。九月，甲子，阳平城降。壬申，高阳太守沈善庆克马头城。甲戌，齐安城降。丙子，左卫将军樊毅克广陵楚子城。

壬午，周太子赟纳妃杨氏。妃，大将军随公坚之女也。

太子好昵近小人，左宫正宇文孝伯言于周主曰："皇太子四海所属，而德声未闻，臣忝宫官，实当其责。且春秋尚少，志业未成，请妙选正人，为其师友，调护圣质，犹望日就月将。如或不然，悔无及矣。"帝敛容曰："卿世载鲠直，竭诚所事。观卿此言，有家风矣。"孝伯拜谢曰："非言之难，受之难也。"帝曰："正人岂复过卿！"于是以尉迟运为右宫正。运，迥之弟子也。

【译文】 八月，乙未日（初二），北齐山阳城（今江苏淮安县）守军献出城池向陈军投降。壬寅日（初九），北齐盱眙城（在今安徽盱眙县东北）守军也献出城池投降于陈。壬子日（十九日）戎昭将军徐敬辩攻陷海安城（故治在今江苏东海县境），北齐青州东海城（在今江苏灌云县郁州）守军也向陈军投降。戊午日（二十六日），平固侯陈敬泰等攻陷晋州城（在今安徽潜山县）。九月，甲子日（初一），北齐阳平郡城（在安徽旧凤阳府境）守兵献出城池投降。壬申日（初九），高阳太守沈善庆（《陈书·宣帝纪》作："高唐太守沈善度。"）攻克马头城（在今安徽怀远县东南）。甲戌日（十一日），北齐齐安城（在今湖北黄冈县西)守军献出城池投降于陈。丙子日(十三日),左卫将军樊毅攻陷广陵楚子城(今河南息县)。

壬午日(十九日),北周太子宇文赟迎娶杨氏为太子妃。太子妃是大将军、随国公杨坚的女儿。

北周皇太子宇文赟喜好亲近小人,左宫正宇文孝伯向周主宇文邕进言说:"皇太子,是四海所瞩目的人,可是他的道德声望不显,臣任职东宫,责无旁贷,实在应当尽辅导的职责。方今太子年纪尚轻,心性还未定型,应当乘此时机,选拔正人君子,作为他的师辅,借以调理培养他的气质,如此还可寄望他慢慢学好,日有长进。倘若不如此,将来就悔之晚矣了。"周主宇文邕听了,脸色很严肃地说:"卿家世代鲠直,忠诚事主。刚才听你一番话,便知你秉承你们家特有的家风了。"宇文孝伯下拜道谢说:"要找直言的人不难,但是要找能辅佐太子的正人,可不容易。"周主宇文邕说:"当今的正人君子,哪还有高过你的!"于是选任尉迟运为右宫正,宇文孝伯仍担任左宫正。尉迟运,是尉迟迥弟弟的儿子。

帝尝问万年县丞南阳乐运曰:"卿言太子何如人?"对曰:"中人。"帝顾谓齐公宪曰;"百官佞我,皆称太子聪明睿智。唯运所言忠直耳。"因问运中人之状。对曰:"如齐桓公是也:管仲相之则霸,竖貂辅之则乱,可与为善,可与为恶。"帝曰:"我知之矣。"乃妙选宫官以辅之,仍擢运为京兆丞。太子闻之,意甚不悦。

癸未,沈君理卒。

壬辰晦,前鄱阳内史鲁天念克黄城。冬,十月,甲午,郭默城降。

【译文】周主宇文邕曾问万年县丞、南阳人乐运说:"依你之见，你认为太子这个人怎么样？"乐运回答说："依我的看法，他是一个中材的人。"周主宇文邕回过头对齐国公宇文宪说："百官拍我马屁，都跟我说太子是聪明而睿智的人，只有乐运的话，才算得是忠直的话。"因而又问乐运道："中材之人的情形是怎样？"乐运回答说："比如齐桓公便是这种类型的人。有管仲辅佐他，他便称霸；换上竖貂辅佐他，他便昏聩。可见，中材之人，他能够与君子为善，也能跟小人为恶。"周主宇文邕说："我明白你话中的含意了。"于是精选东宫官属来辅佐教导太子，并提拔乐运为京兆郡丞。太子宇文赟后来听到乐运评论的话，心里十分不高兴。

癸未日（二十日），陈朝尚书右仆射沈君理去世。

壬辰晦日（二十九日），前鄱阳内史鲁天念攻克黄城（在今湖北黄陂县东）。冬季，十月，甲午日（初二），北齐郭默城（在今江西九江县东北）守军献出城池投降。

己亥，以特进领国子祭酒周弘正为尚书右仆射。

齐国子祭酒张雕，以经授齐主为侍读，帝甚重之。雕与宠胡何洪珍相结，穆提婆、韩长鸾等恶之。洪珍荐雕为侍中，加开府仪同三司，奏度支事，大为帝所委信，常呼"博士"。雕自以出于微贱，致位大臣，欲立效以报恩，论议抑扬，无所回避，省宫掖不急之费，禁约左右骄纵之臣，数讥切宠要，献替帷幄，帝亦深倚仗之。雕遂以澄清为己任，意气甚高，贵幸皆侧目，阴谋陷之。

尚书左丞封孝琰，隆之之弟子也，与侍中崔季舒，皆为祖珽所厚。孝琰尝谓珽曰："公是衣冠宰相，异于馀人。"近习闻之，大以为恨。

【译文】己亥日（初七），陈宣帝陈顼任用特进、兼国子祭酒周弘正为尚书右仆射。

北齐新任国子祭酒张雕，原为皇帝侍读之官，因传授齐主高纬经书，很得齐主尊敬。张雕和齐主宠臣即胡人何洪珍相结交，深为穆提婆、韩长鸾等所猜忌。何洪珍举荐张雕为侍中，加授开府仪同三司，奏闻度支事，深得齐主的委任和宠信，齐主高纬尊重他，常尊称他为"博士"。张雕自以为出身低贱，蒙齐主器重，得以位为大臣，因而很想建功立业，以报齐主隆恩，于是，贬抑誉扬人物，议论朝政得失，都直言无所回避。对于宫中不必要的开销，要求裁减；对皇帝身旁的近侍，禁止约束他们骄横放纵；对皇帝宠爱的要人，屡加讥责；在皇帝座前，进献可行的方案，废止不好的制度，齐主高纬都加以采纳，很是器重他。张雕因而将澄清天下作为己任，意气昂扬，弄得一批嬖幸权贵，都对他侧目以视。

北齐尚书左丞封孝琰，是封隆之弟弟的儿子，他跟侍中崔季舒，都是祖珽所亲近厚遇的人。封孝琰曾对祖珽说："公是衣冠士族而担当宰相的人，与那些鲜卑胡人当宰相的不同。"齐主身边的一些鲜卑亲信，听到这句话，都特别痛恨封孝琰。

会齐主将如晋阳，季舒与张雕议，以为："寿阳被围，大军出拒之，信使往还，须禀节度。且道路小人，或相惊恐，以为大驾向并州，畏避南寇。若不启谏，恐人情骇动。"遂与从驾文官连名进谏。时贵臣赵彦深、唐邕、段孝言等，意有异同，季舒与争，未决。长鸾遽言于帝曰："诸汉官连名总署，声云谏幸并州，其实未必不反，宜加诛戮。"辛丑，齐主悉召已署名者集含章殿，斩季舒、雕、孝琰及散骑常侍刘逖、黄门侍郎裴泽、郭遵于殿庭，家属皆徙北边，妇女配奚官，幼男下蚕室，没入赀产。癸卯，遂如晋阳。

【译文】 恰逢齐主高纬要去晋阳，崔季舒和张雕商议，认为："寿阳被围，大军出京前往抵御，使臣往返前线，随时要向天子禀报请示。如果陛下离开京城，路上小民就会惊恐不安，以为是天子害怕南寇而出奔并州（太原）。我们身为掌权的人，如果不启奏谏诤，只怕人心会纷乱不安。"于是便与跟随大驾的文官们，共同签名谏诤。当时，贵臣赵彦深、唐邕、段孝言等人，表示不同的意见，崔季舒同他们争辩，还没辩出结论。韩长鸾却急忙跑到齐主高纬面前说："一批汉儿文官，共同签名，扬言说是阻止陛下到并州，事实上未尝不是想造反，请陛下下令将他们处斩！"辛丑日（初九），齐主召集已签名的文官，齐聚含章殿，将崔季舒、张雕、封孝琰，以及散骑常侍刘逖、黄门侍郎裴泽、郭遵等人，在殿庭处斩，并下令将他们的家属都迁往北方边塞，妇女配属奚官（官署名，掌奚隶工役，宫人病则供医药，死给衣服），去当奴仆；幼童受宫刑，留作太监，家产全部予以没收。癸卯日（十一日），齐主高纬照旧前往晋阳（并州）。

吴明彻攻寿阳，堰肥水以灌城，城中多病肿泄，死者什六七。齐行台右仆射琅邪皮景和等救寿阳，以尉破胡新败，怯懦不敢前，屯于淮口，敕使屡促之。然始渡淮，众数十万，去寿阳三十里，顿军不进。诸将皆惧，曰："坚城未拔，大援在近，将若之何？"明彻曰："兵贵神速，而彼结营不进，自挫其锋，吾知其不敢战，明矣。"乙巳，躬擐甲胄，四面疾攻，一鼓拔之，生擒王琳、王贵显、卢潜及扶风王可朱浑孝裕、尚书左丞李骝骙送建康。景和北遁，尽收其驼马辎重。

琳体貌闲雅，喜怒不形于色；强记内敏，军府佐吏千数，皆能识其姓名；刑罚不滥，轻财爱士，得将卒心；虽失地流寓在邺，齐人皆重其忠义。及被擒，故麾下将卒多在明彻军中，见者皆歔欷，不能仰视，争为之请命及致资给。明彻恐其为变，遣使追斩之于寿阳东二十里，哭者声如雷。有一叟以酒脯来祭，哭尽哀，收其血而去。田夫野老，知与不知，闻者莫不流涕。

【译文】陈朝吴明彻围攻寿阳城，修筑围堰引肥水灌城，城中的人都患手脚肿胀和腹泻的疾病，死亡的人数，占全城总人数的十分之六七。齐主高纬派遣河南行台右仆射、琅邪人皮景和等人前往救援寿阳。皮景和因尉破胡的军队新遭覆败，心生恐惧，便屯兵淮口，不敢继续前进。北齐朝廷不断派出敕使，催促他进兵，他才勉强领兵渡过淮河，这时，他手下拥有十万大军，可是到距离寿阳城三十里的地方，便又停留下来，不敢再前进。陈朝诸将见北齐救援大军将至，都怀恐惧，便向吴明彻说："寿阳城池坚固，一时还不易攻克，而他们的救援大军，又已经距城不远，不知元帅如何对抗他们？"吴明彻告诉诸将说："救兵如救火，贵在行动迅速，可是他们扎营不再前进，自行挫伤自己的锐气，我知晓他们显然是不敢来应战的。"乙巳日（十三日），吴明彻身穿铠甲，头戴钢盔，亲自指挥部队，四面猛烈进攻，才一通鼓的时间，就攻陷寿阳城，活捉王琳、王贵显、卢潜，以及扶风王可朱浑孝裕、尚书左丞李骝騄等人，用囚车将这一干俘虏押送回建康。皮景和听到寿阳城沦陷，连忙弃营逃走，丢下无数的驼马和军需物品，全都为陈军所获。

王琳容貌体态安详文雅，喜怒不显现在脸上，心思敏捷，记忆力超强，军府僚佐上千，都能记住他们的姓名；处罚部属不严厉，轻视钱财而喜爱读书人，很得部将士卒的拥戴。虽然失土流亡，寓居邺都，北齐也都敬重他的忠义。到了寿阳城沦陷，被陈军俘虏，他过去在江南的手下将帅步卒，有很多归隶在吴明彻军中服役，看到王琳被捆绑在元帅帐前，都痛哭流涕，不忍抬头去看，他们纷纷争着向吴明彻请求饶恕王琳的性命，并不时提供王琳资财用物。吴明彻担心押解王琳到建康途中，会发生意外，索性派人追上囚车，在寿阳城东二十里的地方，先将王琳斩杀，然后用囚车继续运回建康。当时王琳的故旧获得他死难的消息，没有不哀伤落泪的，哭声齐如响雷。有一老叟，手提一壶酒和干肉来祭奠他，哭得特别哀伤，他用酒壶收集了王琳的血，然后怅然离开。当地田夫、野老，不论认识或不认识王琳的，没有不为他感到悲伤流泪的。

【申涵煜评】 琳以有梁孤臣，不肯事仇，艰难百战，事穷归齐，寿阳之役，陷敌而死，事虽无成，忠义不灭，朱玚启请葬之，有栾布向雄之风。

【译文】 王琳作为梁朝的孤臣，不肯事奉仇人，艰难征战，事穷后归顺齐朝，寿阳之役，冲入敌阵而死，事情虽然没有成功，但是他的忠义不灭，朱玚请求安葬她，有栾布、向雄的风范。

齐穆提婆、韩长鸾闻寿阳陷，握槊不辍，曰：“本是彼物，从其取去。”齐主闻之，颇以为忧，提婆等曰：“假使国家尽失黄河以南，犹可作一龟兹国。更可怜人生如寄，唯当行乐，何用愁为！”左右嬖臣因共赞和之，帝即大喜，酣饮鼓舞，仍使于黎阳临河筑城戍。

丁未，齐遣兵万人至颍口，樊毅击走之。辛亥，遣兵援苍陵，又破之。齐主以皮景和全军而还，赏之，除尚书令。

丙辰，诏以寿阳复为豫州，以黄城为司州。以明彻为都督豫、合等六州诸军事、车骑大将军、豫州刺史，遣谒者萧淳风就寿阳册命，于城南设坛，士卒二十万，陈旗鼓戈甲。明彻登坛拜受，成礼而退，将卒荣之。上置酒，举杯属徐陵曰："赏卿知人。"陵避席曰："定策圣衷，非臣力也。"以黄法氍为征西大将军、合州刺史。

【译文】 北齐穆提婆、韩长鸾听到寿阳城沦陷的消息，不仅无动于衷，照常握槊（赌博）不辍，还不在意地说："寿阳本来就是他们的土地，任他们取走又何妨。"齐主高纬听到寿阳失陷，倒是引以为忧，派人到黎阳（今河南浚县东北），临河修筑城戍。穆提婆却宽慰他说："纵使国家丢光黄河以南的土地，也不值得痛惜，因为陛下还可守此作一龟兹国。而真令人可惜的，倒是人生苦短，因此应该及时行乐，何必忧愁沦陷一座寿阳城呢？"左右嬖幸佞臣，一同赞成应和，齐主高纬竟转忧为喜，痛快地喝酒并起舞奏乐。

丁未日（十五日），齐主高纬又派出增援部队一万人，可是才到颍口（颍水入淮之口，在今安徽颍上县西），便被樊毅击败。辛亥日（十九日），北齐又派兵增援苍陵（在颍口及寿阳间），樊毅又将他们击退。齐主因前后派出抗拒吴明彻的部队，多遭覆败，只有皮景和保全部队归来，为奖赏他，便提升他为尚书令。

丙辰日（二十四日），陈宣帝陈顼下诏，将寿阳改为豫州，将黄城（湖北黄陂县）改为司州。陈朝任命吴明彻为都督豫、合等六州诸军事、车骑大将军、豫州刺史，并派遣谒者（官名，掌宾赞等事）萧淳风前往寿阳，在城南设坛，册命吴明彻，兵士二十万人，披甲执戈，张旗竖鼓，布列齐聚坛前。吴明彻登坛拜受册命，礼成而退，观礼的将士，没有不感到兴奋荣耀的。在朝廷方面，陈宣帝陈顼也摆设庆功宴，举杯向徐陵敬酒说："敬你能知人之明。"徐陵离席而起，向陈宣帝陈顼拜谢说："决定计策的，是陛下，臣哪有什么功劳可言呢？”又任命黄法氍为征西大将、合州刺史。

戊午，湛陀克齐昌城。十一月，甲戌，淮阴城降。庚辰，威虏将军刘桃枝克朐山城。辛巳，樊毅克济阴城。己丑，鲁广达攻济南徐州，克之；以广达为北徐州刺史，镇其地。

齐北徐州民多起兵以应陈，逼其州城。祖珽命不闭城门，禁人不得出衢路，城中寂然。反者不测其故，疑人走城空，不设备。珽忽令鼓噪震天，反者皆惊走。既而复结陈向城，珽令录事参军王君植将兵拒之，自乘马临陈左右射。反者先闻其盲，谓其必不能出，忽见之，大惊。穆提婆欲令城陷，不遣援兵，珽且战且守，十余日，反者竟散走。

【译文】戊午日（二十六日），湛陀攻陷北齐齐昌城（在今湖北蕲春县西北）。十一月，甲戌日（十二日），北齐淮阴城（在今江苏淮阴县东南）守军献出城池投降。庚辰日（十八日），威虏将军刘桃枝攻陷朐山城（今江苏东海县治。此刘桃枝是陈将，不是北齐的刘桃枝）。辛巳日（十九日），樊毅攻克济阴城（今江苏睢宁县治）。己丑日（二十七日），鲁广达攻打济[齐]（胡三省曰：“‘济’，当作‘齐’”）南徐州（治今安徽凤阳县东北），将它攻陷。陈宣帝陈顼任命鲁广达担任北徐州刺史，镇守其地。

北齐北徐州城外居民，很多人起义响应陈军，围逼州城，北齐北徐州刺史祖珽下令不关闭城门，但是禁止州民走出街巷，因而整座州城，显得异常安静，城外背叛北齐的居民，一时搞不清其中缘故，怀疑是人去城空，于是便松懈下来，不再加强戒备。祖珽却突然命令城内百姓一齐发出呼喊的声音，声响如雷震天，围困州城的人，都惊吓逃走。不久，又集结阵势，进逼州城，祖珽命录事参军王君植率军抵御，自己亲自骑马迎战，左右驰射。城外反叛北齐的人，早就听说他双目失明，料想他必不可能临阵指挥，现在突然看到祖珽亲自临阵作战，都深感吃惊。穆提婆虽然知道北徐州被围，但是故意不增派援兵，本想让祖珽城陷人亡，没料想祖珽一边战一边守，相持了十几日，谋反的人竟然全都撤走，他的北徐州仍旧保全下来。

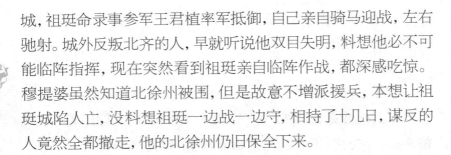

诏悬王琳首于建康市。故吏梁骠骑仓曹参军朱玚致书徐陵求其首，曰："窃以典午将灭，徐广为晋家遗老；当涂已谢，马孚称魏室忠臣。梁故建宁公琳，当离乱之辰，总方伯之任，天厌梁德，尚思匡继，徒蕴包胥之志，终遭苌弘之眚，至使身没九泉，头行千里。伏惟圣恩博厚，明诏爰发，赦王经之哭，许田横之葬。不使寿春城下，唯传报葛之人；沧洲岛上，独有悲田之客。"陵为之启上。十二月，壬辰朔，并熊昙朗等首皆还其亲属。玚瘗琳于八公山侧，义故会葬者数千人。玚间道奔齐，别议迎葬，寻有寿阳人茅智胜等五人，密送其枢于邺。齐赠琳开府仪同三司、录尚书事，谥曰忠武王，给辒辌车以葬之。

癸巳，周主集群臣及沙门、道士，帝自升高坐，辨三教先后，以儒为先，道为次，释为后

【译文】陈宣帝陈顼下诏，在建康市悬挂王琳的首级。王琳过去的部属，梁骠骑将军府仓曹参军朱玚，写信给徐陵，请求他帮忙发还王琳的首级，信上大略这么说："我私下认为司马氏将灭，徐广是晋朝遗老；曹魏亡国，司马孚是魏室忠臣。已故的梁朝建宁郡公王琳，生逢海内分崩离析的时候，担负一方诸侯之长的重任，尽管上天已厌弃梁朝，但他忠心耿耿，还想匡复延续梁朝，空怀申包胥乞兵复国的志向，却换来苌弘挨杀的悲剧，

以致身死九泉之下，头颅被送到千里之外。希望圣主广施恩泽，颁下明诏，赦免向雄的抱哭王经，准许东海人士的改葬田横。不要让寿春城下，只流传报效诸葛诞的人，沧州岛上，独有悲悼田横的宾客。"徐陵收到朱玚的信，便替他转奏给皇上。十二月，壬辰朔日（初一），陈宣帝陈顼下诏，将王琳及熊昙朗等人的首级，准许还给他们的亲属，朱玚领得王琳首级，将他运到寿阳，埋葬在寿阳城北八公山侧，王琳生前结义的故旧，纷纷赶来参加葬礼，多达几千人。葬礼完毕后，朱玚从小路穿过陈军防区，直奔北齐邺都，另议迎葬的事情。不久，有寿阳人茅智胜等五人，悄悄运送王琳的灵柩抵达邺都。齐主高纬追赠王琳开府仪同三司、录尚书事，谥号忠武王。特赐辒辌车送葬。

癸巳日（初二），周主宇文邕召集群臣以及和尚、道士等，周主自升高坐，辩论三教次序先后，排定儒家第一，道教其次，佛教居末。

乙未，谯城降。

乙巳，立皇子叔明为宜都王，叔献为河东王。

壬午，任忠克霍州。

诏徵安州刺史周炅入朝。初，梁定州刺史田龙升以城降，诏仍旧任。及炅入朝，龙升以江北六州、七镇叛入于齐，齐遣历阳王景安将兵应之。诏以炅为江北道大都督，总众军以讨龙升，斩之。景安退走，尽复江北之地。

是岁，突厥求昏于齐。

【译文】乙未日（初四），北齐谯城（今安徽蒙城县治）守军献出城池投降。

乙巳日（十四日），陈宣帝陈顼册封皇子陈叔明为宜都王，陈叔献为河东王。

壬午日（十二月无此日），任忠攻陷齐霍州（治今安徽霍山县东）。

陈宣帝陈顼下诏，召请安州刺史周炅入朝。起初，后梁萧詧定州刺史田龙升献出城池来降，朝廷仍旧任用他为定州刺史。到了周炅入朝，田龙升献出江北六州、七镇之地投降北齐，北齐派遣历阳王高景安领军前去接应。陈宣帝陈顼下诏，任用周炅为江北道大都督，统率众军赶回去征讨田龙升。结果，周炅斩杀田龙升，击败高景安，完全收复江北失地。

这一年，突厥向北齐请求通婚。

太建六年（甲午，公元五七四年）春，正月，壬戌朔，周齐公宪等七人进爵为王。

己巳，周主享太庙；乙亥，耕藉田。

壬子，上享太庙。

甲申，广陵金城降。

二月，壬午朔，日有食之。

乙未，齐主还邺。

丁酉，周纪国公贤等六人进爵为王。

辛亥，上耕藉田。

【译文】太建六年 （甲午，公元574年）春季，正月，壬戌朔日（初一），北周齐国公宇文宪等七人进封为王。

己巳日（初八），周主宇文邕前往太庙祭拜祖先。乙亥日（十四日），周主宇文邕亲下藉田，举行耕种典礼。

壬子日（正月无此日），陈宣帝陈顼前往太庙祭拜祖先。

甲申日（二十三日），北齐广陵金城（广陵内城）守军献出城池投降陈朝。

二月，壬午朔日（二月无此日）发生日食。

乙未日（初五），齐主高纬从晋阳返回邺都。

丁酉日（初七），北周纪国公宇文贤等六人进封为王。

辛亥日（二十一日），陈宣帝陈顼亲下藉田，举行耕种典礼。

齐朔州行台南安王思好，本高氏养子，骁勇，得边镇人心。齐主使嬖臣斫骨光弁至州，光弁不礼于思好，思好怒，遂反，云"欲入除君侧之恶。"进军至阳曲，自号大丞相。武卫将军赵海在晋阳，苍猝不暇奏，矫诏发兵拒之。帝闻变，使尚书令唐邕等驰之晋阳。辛丑，帝勒兵继进。未至，思好军败，投水死。其麾下二千人，刘桃枝围之，且杀且招，终不降，以至于尽。

先是有人告思好谋反，韩长鸾女适思好子，奏言："是人诬告贵臣，不杀无以息后。"乃斩之。思好既诛，告者弟伏阙下求赠官，长鸾不为通。

【译文】 北齐朔州道行台南安王高思好，本是高氏养子，骁勇善战，担任朔州刺史，很得边朔人的欢心。齐主高纬嬖幸佞臣斫骨光弁出使朔州，高思好很恭谨地迎接他，他对待高思好却十分傲慢，高思好一气之下，便起兵反叛，他对人说"要入都铲除围绕在国君身旁的恶人"。高思好进兵到阳曲（今山西太原县北），自称大丞相。武卫将军赵海在晋阳（太原）执掌兵马大权，因事情发生仓促，没有时间启奏齐主，便假托诏书，征集部队去抵御他。齐主高纬听闻北方闹兵变，立刻派尚书令唐邕等驰往晋阳。辛丑日（十一日），齐主高纬统领大军继续跟进，还没到达晋阳，高思好因为兵败，已投水自杀。他的手下两千人，被刘桃枝的军队包围，刘桃枝一边杀他们，一边向他们招降，可是高思好的手下，战剩到一兵一卒，始终没有一个投降的。

高思好起兵谋反之前，已有人向朝廷密告他要造反，但因韩长鸾的女儿嫁给了高思好的儿子，所以他便奏报齐主说："此人诬告贵臣，不杀死他，没有办法止息以后的诬告之风。"于是将那密告的人杀死。等到高思好谋反被杀后，先前那位密告者的弟弟，俯伏宫门，上诉请求追赠他哥哥官位，但是韩长鸾却不替他上奏齐主高纬。

丁未，齐主还邺。甲寅，以唐邕为录尚书事。

乙卯，周主如云阳宫。

丙辰，周大赦。

庚申，周叱奴太后有疾。三月，辛酉，周主还长安。癸酉，太后殂。帝居倚庐，朝夕进一溢米。群臣表请，累旬乃止。命太子总厘庶政。

卫王直谮齐王宪于帝曰："宪饮酒食肉，无异平日。"帝曰："吾与齐王异生，俱非正嫡，特以吾故，同祖括发。汝当愧之，何论得失！汝，亲太后之子，特承慈爱；但当自勉，无论他人。"

【译文】丁未日（十七日），齐主高纬从晋阳返回邺都。甲寅日（二十四日），齐主高纬任命唐邕为录尚书事。

乙卯日（二十五日），周主宇文邕前往云阳宫（在今陕西泾阳县西北）。

丙辰日（二十六日），周主宇文邕下诏大赦境内。

庚申日（三十日），北周叱奴太后得病。三月，辛酉日（初一），周主宇文邕从云阳宫赶回长安。癸酉日（十三日），北周叱奴太后病逝。周主宇文邕居庐守丧，早晚只进食二十两米饭。群臣联名上书请他节哀进食，连续十余日后，才肯稍加餐饭。这时他命太子宇文赟总理大小政务，自己则一心居丧守孝。

卫王宇文直在周主面前讲齐王宇文宪的坏话，说："宇文宪饮酒食肉，跟平常没有两样。"周主宇文邕告诉他说："我与齐王同父异母，都不是正室所生。只因我是国君的缘故，他也袒衣露背，用麻束发，为我母服丧。你应当对他感到有愧才对，怎么反而还去议论他的是非呢？你是太后的亲儿子，是我的同母弟弟，你得到太后慈爱，只管自己努力为母亲服丧尽孝就行，用不着去谈论别人的是非。"

夏，四月，乙卯，齐遣侍中薛孤康买吊于周，且会葬。

初，齐世祖为胡后造珠裙袴，所费不可胜计；为火所焚。至是，齐主复为穆后营之。使商胡赍锦彩三万，与吊使偕往市珠。周人不与，齐主竟自造之。及穆后爱衰，其侍婢冯小怜大幸，拜为淑妃；与齐主坐则同席，出则并马，誓同生死。

五月，庚申，同葬文宣皇后于永固陵，周主跣行至陵所。辛酉，诏曰："三年之丧，达于天子。但军国务重，须自听朝。衰麻之节，苫庐之礼，率遵前典，以申罔极。百僚宜依遗令，既葬而除。"公卿固请依权制，帝不许，卒申三年之制。五服之内，亦令依礼。

【译文】夏季，四月，乙卯日（二十五日），齐主高纬派遣侍中薛孤康买到北周吊丧，并且参加葬礼。

起初，齐世祖高湛为皇后胡氏编造珍珠裙裤，花费之多，无法估计，后来却被火烧毁。到了这时，齐主高纬又为穆皇后营造，因为珍珠不够，特派胡人商贩运载锦和五色绸三万[四]，跟随吊丧队伍一同前往北周，去采买珍珠。周人不愿跟他交易，齐主高纬虽然得不到周人的珍珠，但最终还是为穆皇后制成了。等到穆皇后失宠，她的侍婢冯小怜取代了她，冯氏深受齐主疼爱，被册封为淑妃；从此，齐主坐下，一定找她同坐；外出，一定和她同骑一匹马。两人形影不离，如胶似漆，还发重誓要同生共死。

五月，庚申日（初一），北周朝君臣在永固陵安葬文宣皇后叱奴氏。周主宇文邕光着脚送葬到陵墓旁。辛酉日（初二），周主宇文邕下诏说："亲死，子女守孝三年，从庶民到天子都一样。只是军国事务繁重，必须自己临朝听政；但是，对丧服的规定，居丧处所的礼仪，一律遵守古代的礼制，借以报答父母养育的深恩。文武百官，应该遵守太后遗命，在她安葬之后，就可脱掉丧服。"公卿大夫一再请求周主采取权宜之制，周主宇文邕不应允，最后重申人子守孝三年的丧制，五服之内也听命他们依礼制规定守丧。

【申涵煜评】 军中有妇人，则兵气为之不扬，齐主纬宠爱小怜，使之临城观陷，临阵观战，及败亡，在道犹且玩粉镜、御袆翟，弃社稷如敝履，以军国为儿戏，觉裂缯铺莲，犹是极寻常事。

【译文】 军队中有妇女，那么士兵的士气就不会激扬，齐主高纬宠爱小怜，让她到城观看攻陷，在阵前观战，等到兵败，在路上还玩弄粉镜和翟衣，放弃国家就如丢到破败的鞋子一样，以国家为儿戏，觉得撕裂丝绸铺莲，也是极平常的事情。

庚午，齐大赦。

齐人恐陈师渡淮，使皮景和屯西兖州以备之。

丙子，周禁佛、道二教，经、像悉毁，罢沙门、道士，并令还俗。并禁诸淫祀，非祀典所载者尽除之。

六月，壬辰，周弘正卒。

壬子，周更铸五行大布钱，一当十，与布泉并行。

戊午，周立通道观以壹圣贤之教。

【译文】庚午日（十一日），齐主高纬下诏大赦境内。

齐主高纬担心陈人渡过淮河，命皮景和驻守西兖州（治今山东定陶县西北），以防备陈师的进犯。

丙子日（十七日），周主宇文邕下诏禁止佛、道二教，二教经书、佛像、天尊像等，一律销毁。取缔和尚、道士，命令他们还俗为民，并禁止一切滥设的祭祀，凡不是祀典内所记载的祭祀，全部废除。

六月，壬辰日（初三），陈朝周弘正去世。

壬子日（二十三日），北周再铸五行大布钱，一个五行大布钱，折抵民间私铸的十个细钱，和布泉通行使用。

戊午日（二十九日），周主宇文邕下诏修建通道观，旨在统一圣贤的教义。

秋，七月，庚申，周主如云阳，以右宫正尉迟运兼司武，与薛公长孙览辅太子守长安。

初，帝取卫王直第为东宫，使直自择所居。直历观府署，无如意者；末取废陟岵寺，欲居之。齐王宪谓直曰："弟子孙多，此无乃褊小？"直曰："一身尚不自容，何论子孙！"直尝从帝校猎而乱行，帝对众挞之，直积怨愤，因帝在外，遂作乱。乙酉，帅其党袭肃章门。长孙览惧，奔诣帝所。尉迟运偶在门中，直兵奄至，手自阖门。直党与运争门，斫伤运指，仅而得闭。直久不得入，纵火焚门。运恐火尽，直党得进，取宫中材木及床榻以益火，膏油灌之，火转炽。久之，直不得进，乃退。运帅留守兵，因其退而击之，直大败，帅百馀骑奔荆州。戊子，帝还长安。八月，辛卯，擒直，废为庶人，囚于别宫，寻杀之。以尉迟运为大将军，赐赉甚厚。

【译文】秋季，七月，庚申日（初二），周主宇文邕前往云阳宫，命右宫正尉迟运兼任司武，和薛国公长孙览一同辅佐太子，留守长安。

起初，周主宇文邕选择卫王宇文直的宅第作为东宫，然后让宇文直自己另选一处住所。宇文直遍观府署，都没有满意的，最后选择了荒废的陟岵寺，想以此作为住宅，齐王宇文宪对他说："兄弟你子孙[儿女]众多，这寺庙狭窄，作为住宅难道不嫌小了一点吗？"宇文直回答说："我自身尚且不被国君容纳，哪还能顾及子孙[儿女]呢？"宇文直曾经跟随周主宇文邕围猎，宇文直扰乱队列，周主愤怒，在众人面前鞭打他，很让他难堪，从此，宇文直心里便积压着怨愤。这次，趁周主在外（到云阳宫），他便在长安起兵作乱。乙酉日（二十七日），宇文直纠集党徒，偷袭肃章门，薛国公长孙览害怕，驰马奔往周主巡幸所在的地方；右宫正尉迟运当时恰巧在门中，没料到宇文直兵突然攻到，来不及招呼左右，立即亲自上前去关门。宇文直党羽跟尉迟运争着开关宫门，争执中砍伤尉迟运的手指，尉迟运顾不得疼痛，拼命用力，才侥幸把宫门关闭。宇文直进不去，便让人放火烧门，眼看就要烧毁，尉迟运担心火灭了，宇文直党羽就能冲进来，他急中生智，索性命人搬取宫中木材和床榻等物，丢入火堆中，借以延长火势，又倒下油脂，火势立刻转趋旺盛。大火烧了很久，宇文直冲不过来，京师留守的军队却已开到，宇文直知道事情无法成功，便率众退走。尉迟运带领留守部队，乘势冲出追杀，宇

438

文直大败，带领百余骑，向荆州方向溃逃。戊子日（三十日），周主宇文邕从云阳宫返回长安。八月，辛卯日（初三），官军擒获宇文直，周主宇文邕因为他是同母的弟弟，不忍杀害他，只把他废为庶人，关押在别宫。不料宇文直又生异心，周主宇文邕这才杀死他。为奖赏尉迟运应对叛乱适宜得当，特提拔他为大将军，并且赏赐给他很丰厚的东西。

丙申，周主复如云阳。

癸丑，齐主如晋阳。甲辰，齐以高劢为尚书右仆射。

九月，庚申，周主如同州。

冬，十月，丙申，周遣御正弘农杨尚希、礼部卢恺来聘。恺，柔之子也。

甲寅，周主如蒲州；丙辰，如同州；十一月，甲戌，还长安。

【译文】丙申日（初八），周主宇文邕又前往云阳宫。

癸丑日（二十五日），齐主高纬前往晋阳。甲辰日（十六日），任用高劢为尚书右仆射。

九月，庚申日（初三），周主宇文邕前往同州。

冬季，十月，丙申日（初九），周主宇文邕派遣御正、弘农人杨尚希与礼部卢恺，启程到江南访问。卢恺，是卢柔的儿子。

甲寅日（二十七日），周主宇文邕前往蒲州。丙辰日（二十九日），周主宇文邕到达同州。十一月，甲戌日（十八日），从同州返回长安。

十二月，戊戌，以吏部尚书王劢为右仆射，度支尚书孔奂为吏部尚书。劢，冲之子也。

时新复淮、泗，攻战、降附，功赏纷纭。奂识鉴精敏，不受请托，事无凝滞，人皆悦服。湘州刺史始兴王叔陵，屡讽有司，求为三公。奂曰："衮章之职，本以德举，未必皇枝。"因以白帝，帝曰："始兴那忽望公！且朕儿为公，须在鄱阳王后。"奂曰："臣之所见，亦如圣旨。"

【译文】十二月，戊戌日（十二日），陈宣帝陈顼任用吏部尚书王玚为尚书右仆射，度支尚书孔奂为吏部尚书。王玚，是王冲的儿子。

此时，陈朝刚刚收复淮、泗地区，将士攻战，酋长归降，封赏选叙，千头万绪。孔奂见识判断精当敏捷，不接受人情请托，工作进行顺利，大家心悦诚服。湘州刺史、始兴王陈叔陵，多次讽示主管选任官吏的官员，请求提名他为三公。孔奂答复他说："三公的选授，要凭借德行，不一定是皇室亲族，就可当上三公。"孔奂将陈叔陵的事，禀告给陈宣帝，陈宣帝陈顼说："始兴王怎么忽然冀望起三公之位呢？况且，我儿子要当三公，也得在鄱阳王之后。"孔奂说："臣的看法，正与陛下的意思相同。"

齐定州刺史南阳王绰，喜为残虐，尝出行，见妇人抱儿，夺以饲狗。妇人号哭，绰怒，以儿血涂妇人，纵狗使食之。常云："我学文宣伯之为人。"齐主闻之，锁诣行在，至而宥之。问："在州何事最乐？"对曰："多聚蝎于器，置蛆其中，观之极乐。"帝即命夜索蝎一斗，比晓，得三二升，置浴斛，使人裸卧斛中，号叫宛转。帝与绰临观，喜噱不已。因让绰曰："如此乐事，何不早驰驿奏闻！"由是有宠，拜大将军，朝夕同戏。韩长鸾疾之，是岁，出为齐州刺史。将发，使人诬告其反，奏云："此犯国法，不可赦！"帝不忍明诛，使宠胡何猥萨与之手搏，搤而杀之。

【译文】北齐定州刺史、南阳王高绰，专门喜欢干些残忍暴虐的事，有一次外出，在路上看见妇人抱着小孩，便将小孩抢过来，喂他的波斯狗。那妇人号哭不停，高绰发火，便将小孩的血涂在那妇人身上，又纵放波斯狗去啃噬她。高绰竟把这些当作快乐的事，常自豪地说："我学文宣伯（齐文宣帝高洋，高绰是高洋弟高湛之子，因此称高洋为伯）的为人。"齐主高纬听说他在定州的暴虐事情，便派人前往定州将他加锁于颈，押解到行在（皇帝出巡的地方），押到之后，又放了他，问他："在定州时，玩什么最高兴？"高绰回答说："多捉些蝎子，聚集器皿中，然后再放入狙（狙一作蛆，蛆即粪蛆），狙被蝎所螫，跳动翻转，看此情景，最令人快乐。"齐主听高绰说得如此好玩，便迫不及待地命人乘夜去捉一斗蝎子来，到了天明，捉到三两升，倾入浴盆里，找个人来，逼迫她裸卧盆中，霎时间，蝎群聚集在那人身上，通体乱螫，可怜那人辗转翻滚，号哭不已。齐主跟高绰临盆观看，反而手舞足蹈，乐不可支。齐主因而回头责备高绰说："有这么快活的玩意儿，为什么不早驰驿奏闻与我呢？"从此，高绰便深得齐主的宠爱，因而晋升为大将军，朝夕和齐主一同嬉戏。韩长鸾妒忌他，这一年，高绰被外放为齐州刺史，临行前，韩长鸾一方面暗中指使人诬告他谋反，另一方面又启奏齐主说："高绰违反国法，断不可赦！"齐主不忍公开处死他，便派宠信的勇士——胡人何猥萨和他徒手搏斗，结果，何猥萨制住高绰，活活把他勒死。

【乾隆御批】 绰既以残虐逮击，宥之已为失刑。及闻其聚蝎置狙为乐，尤而效之，裸人恣螫以供娱嚎，天性惨毒非复人类矣。高欢积世济恶，遗孽固应日下，其父杀人报仇，其子必且行劫，洵不爽也。

【译文】 高绰既然因为残酷暴虐被逮捕拘押，对他实行宽恕已经失去刑律的公允了。等到齐后主高纬听说他收集很多蝎子放在大箱子里，然后把狙放进去取乐，更从而效仿他，把裸露的人放任蝎子去螫来娱乐取笑，天性这样恶毒简直就不是人类了。从高欢开始一代一代都相助为恶，他的后代当然是一日比一日更坏。父亲杀人报仇，儿子必定进行劫掠，此话实在是不差。

资治通鉴卷第一百七十二　陈纪六

起旃蒙协洽，尽柔兆涒滩，凡二年。

【译文】 起乙未（公元575年），止丙申（公元576年），共二年。

【题解】 本卷记录了公元575年至576年共两年间南北朝史事。当时正值陈宣帝太建七至八年；北周武帝建德四至五年；北齐后主高纬武平六年、隆化元年。主要以北周武帝宇文邕出兵讨伐北齐以及晋阳攻防战为主要内容。周武帝第一次伐齐，直指洛阳，最后无功而返；再次伐齐，直指并州，得晋阳，为灭亡北齐打下基础。其间，齐后主高纬的劣行与周武帝的励精图治形成了鲜明对比，这也是决定战争胜负的一个重要因素。

高宗宣皇帝中之上

太建七年（乙未，公元五七五年）春，正月，辛未，上祀南郊。

癸酉，周主如同州。

乙亥，左卫将军樊毅克潼州。

齐主还邺。

辛巳，上祀北郊。

二月，丙戌朔，日有食之。

戊申，樊毅克下邳、高栅等六城。

【译文】 太建七年 （乙未，公元575年）春季，正月，辛未日

（十六日），陈宣帝陈顼前往南郊坛祭祀天神。

癸酉日（十八日），周主宇文邕前往同州。

乙亥日（二十日），陈朝左卫将军樊毅攻陷北齐潼州（治今江苏睢宁县西南）。

齐主高纬从晋阳返回邺都。

辛巳日（二十六日），陈宣帝陈顼前往北郊坛祭祀地祇。

二月，丙戌朔日（初一），发生日食。

戊申日（二十三日），樊毅又攻克北齐下邳（故城在今江苏邳县东）、高栅（在今江苏宿迁县西南）等六城。

　　齐主言语涩呐，不喜见朝士，自非宠私昵狎，未尝交语。性懦，不堪人视，虽三公、令、录奏事，莫得仰视，皆略陈大指，惊走而出。承世祖奢泰之馀，以为帝王当然，后宫皆宝衣玉食，一裙之费，至直万匹。竞为新巧，朝衣夕弊。盛修宫苑，穷极壮丽；所好不常，数毁又复。百工土木，无时休息，夜则然火照作，寒则以汤为泥。凿晋阳西山为大像，一夜然油万盆，光照宫中。每有灾异寇盗，不自贬损，唯多设斋，以为修德。好自弹琵琶，为《无愁》之曲，近侍和之者以百数，民间谓之"无愁天子"。于华林园立贫儿村，帝自衣蓝缕之服，行乞其间以为乐。又写筑西鄙诸城，使人衣黑衣攻之，帝自帅内参拒斗。

　　【译文】齐主高纬谈吐滞涩迟缓，不喜欢接见朝臣大夫，要不是宠幸的亲私、狎昵的近臣，就不与他交谈。他生性怯懦，受不了别人的注视，纵然是三公、尚书令、录尚书事等向他奏事，也都不得抬头注视他，通常一般向他奏事的人，大都只概略陈述要旨，就慌忙起身出去。齐主继承他父亲世祖高湛奢华靡费的恶习，认为帝王本当如此。后宫妻妾，都锦衣玉食，一件裙裤的制作费，有高达万匹彩绸价值的；后宫争先制作新奇工巧的衣装，有的清晨刚做好，到晚上就嫌过时而丢弃。大肆修造宫苑，极尽雄壮华丽。可是喜好无常，毁坏后的工程，又常常重行复建。各种土、木工匠，经常忙得没有休息时间；夜里，命他们点燃烛火照明继续工作；天寒时，让他们用热水拌和泥浆。开凿晋阳西山岩壁雕凿巨大佛像，夜里赶工照明所使用的油脂，一夜之间，就要烧掉一万盆，常常照得满山通红，光辉还反照到晋阳宫里。每有灾祸或寇贼发生，齐主从不谴责自己，一味到处多设素斋，施舍道、俗，认为这样，就是在修功德，可以减轻灾荒或消灭寇贼。他喜欢自弹琵琶，所作《无愁》的曲子，近侍跟随唱和的，动辄上百人，民间百姓戏称他为"无愁天子"。齐主又在华林园设立贫儿村，自己穿着破破烂烂的衣服，扮装为乞食儿，行乞其中，引以为乐。又描绘西部边境诸城的图形，命人穿上黑色戎装（北周军服，扮演北周士兵），假装攻城，齐主亲自率领宫内宦官抵御格斗。

宠任陆令萱、穆提婆、高阿那肱、韩长鸾等宰制朝政，宦官邓长颙、陈德信、胡儿何洪珍等并参预机权，各引亲党，超居显位。官由财进，狱以贿成，竞为奸谄，蠹政害民。旧苍头刘桃枝等皆开府封王，其馀宦官、胡儿、歌舞人、见鬼人、官奴婢等滥得富贵者，殆将万数，庶姓封王者以百数，开府千馀人，仪同无数，领军一时至二十人，侍中、中常侍数十人，乃至狗、马及鹰亦有仪同、郡君之号，有斗鸡，号开府，皆食其干禄。诸嬖幸朝夕娱侍左右，一戏之赏，动逾巨万。既而府藏空竭，乃赐二三郡或六七县，使之卖官取直。由是为守令者，率皆富商大贾，竞为贪纵，赋繁役重，民不聊生。

周高祖谋伐齐，命边镇益储偫，加戍卒；齐人闻之，亦增修守御。柱国于翼谏曰："疆场相侵，互有胜负，徒损兵储，无益大计。不如解严继好，使彼懈而无备，然后乘间，出其不意，一举可取也。"周主从之。

【译文】北齐后主高纬宠信陆令萱、穆提婆、高阿那肱、韩长鸾等一干佞臣，交由他们主宰控制朝廷政务，就连宦官邓长颙、陈德信、胡儿何洪珍等，都能参与机密事务。他们各自引荐自己的亲戚党羽，让他们位居显要的职位。官位升迁的高低，要看给钱的多少来决定；刑狱也以贿赂的多少来断其罪行轻重，他们竞相做奸邪谄佞的事，败政虐民。其他如帝室旧苍头（仆隶）刘桃枝等，因为能承候主子的脸色，也都位至开府、封王。其余宦官、胡人、歌舞艺人、巫师、官奴侍婢等，轻易得到富贵的，有上万人；外姓被封王爵的，上百人；位为开府仪同三司的，多达千余人；封为仪同三司的，更是不计其数。带领军将军称号的，达到二十人；担任侍中、中常侍的，也有几十人；甚至连狗和马，以及猎鹰，也有被封为仪同、郡君等名号；还有斗鸡，也被封为开府，并且多享有食禄。那些嬖幸得宠的人，朝夕在齐主周围侍候娱乐，引得齐主大悦的话，一个戏闹的奖赏，常常超过亿万。后来，府库的储藏匮乏枯竭，齐主却又赐给他门两三个郡或六七个县，让他们卖官去换钱抵作赏赐的奖金。从此当郡守县令的人，大都是有钱的巨贾富商，这批守宰，争相贪污受贿，加上赋役繁重，百姓便越发难以生活了。

周主宇文邕准备讨伐北齐，下令边镇储备军需，增加戍守。北齐听闻北周要来进犯，也下令加强防守戒备。北周柱国于翼向周主进谏说："两国在疆边大动干戈，双方互有输赢，白白地损兵耗粮，对大计没有益处。真正的上策，不如解除边境戒备，保持两国的友好关系，先使对方懈怠松弛而疏于防备，然后再乘隙进兵，出其不意，如此，一举便可攻克敌国。"周主宇文邕听从了他的建议。

韦孝宽上疏陈三策。

其一曰："臣在边积年，颇见间隙，不因际会，难以成功。是以往岁出军，徒有劳费，功绩不立，由失机会。何者？长淮之南，旧为沃土，陈氏以破亡馀烬，犹能一举平之；齐人历年赴救，丧败而返。内离外叛，计尽力穷，仇敌有衅，不可失也。今大军若出轵关，方轨而进，兼与陈氏共为掎角，并令广州义旅出自三鸦，又募山南骁锐，沿河而下，复遣北山稽胡，绝其并、晋之路。凡此诸军，仍令各募关、河之外劲勇之士，厚其爵赏，使为前驱。岳动川移，雷骇电激，百道俱进，并趋虏庭。必当望旗奔溃，所向摧殄，一戎大定，实在此机。"

【译文】 周主宇文邕志在讨平北齐，勋州刺史韦孝宽上疏陈述平齐三策。

第一策说："臣在边关多年，很能看出敌国的空隙，但不及时利用，难以成功。因此往年出兵，徒然劳师费财，而功绩并不显著，就是因为失去际遇机会的缘故。这话怎么说呢？长长的淮水，在它之南的土地，从前原是物产丰富的地区，陈氏以一破亡余烬的国家，尚且能一举就将它夺取过来，齐人连年派兵前去援救，总是丧师覆败而返。现今，他们内有民心离散的忧患，外有大军压境的危机，君臣上下计无所出，国力又枯竭，仇敌有这样的破绽，我们不可失去进攻的机会。现在，我方大军如若从轵关（今河南济源县西）进发，两车并驾而行，兼与陈国联合，分兵两路，夹击敌人。并下令广州（治今河南鲁山县）义勇部队，

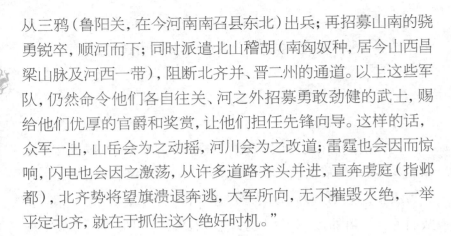

从三鸦（鲁阳关，在今河南南召县东北）出兵；再招募山南的骁勇锐卒，顺河而下；同时派遣北山稽胡（南匈奴种，居今山西昌梁山脉及河西一带），阻断北齐并、晋二州的通道。以上这些军队，仍然命令他们各自往关、河之外招募勇敢劲健的武士，赐给他们优厚的官爵和奖赏，让他们担任先锋向导。这样的话，众军一出，山岳会为之动摇，河川会为之改道；雷霆也会因而惊响，闪电也会因之激荡，从许多道路齐头并进，直奔虏庭（指邺都），北齐势将望旗溃退奔逃，大军所向，无不摧毁灭绝，一举平定北齐，就在于抓住这个绝好时机。”

其二曰：“若国家更为后图，未即大举，宜与陈人分其兵势。三鸦以北，万春以南，广事屯田，预为贮积，募其骁悍，立为部伍。彼既东南有敌，戎马相持，我出奇兵，破其疆场。彼若兴师赴援，我则坚壁清野，待其去远，还复出师。常以边外之军，引其腹心之众。我无宿舂之费，彼有奔命之劳，一二年中，必自离叛。且齐氏昏暴，政出多门，鬻狱卖官，唯利是视，荒淫酒色，忌害忠良，阖境嗷然，不胜其弊。以此而观，覆亡可待，然后乘间电扫，事等摧枯。”

【译文】第二策说：“假如国家不想在最近大举进兵，而想留待他日再行征讨，那么此时应和陈人分散北齐的兵力。三鸦以北，万春（今山西河津县东北）以南，大举进行屯垦，预储军粮，招募当地强悍骁勇的武士，编组成立军队。北齐边境东南，已有敌寇，当他们双方兵马相持不下时，我方派出奇兵，突破北齐西北防线。北齐假如兴师赶来援救，我方就坚壁清野；对方攻又攻不下，待又待不住，等他一旦远去，我方立刻又再出兵。常用边境地区的部队，牵制他们要害地区的重兵。我方来去不出百里侵扰他，让他往返千里疲于奔命，一两年下来，对方士兵不堪奔波，势必叛离。何况齐主残暴昏庸，政令出自许多府署。他身旁的一些嬖幸宠臣，公然卖官鬻爵，收受贿赂，拿人钱财，减人罪刑，唯利是图，不顾其他。齐主自己又荒淫酒色，残害忠良，全境百姓苦不堪言，无法忍受他的弊政。由此看来，北齐的倾覆灭亡，可以预见。我方伺机迅速出师扫荡，势必摧枯拉朽，毫不费力，便可讨平齐国。"

其三曰："昔勾践亡吴，尚期十载；武王取纣，犹烦再举。今若更存遵养，且复相时，臣谓宜还崇邻好，申其盟约，安民和众，通商惠工，蓄锐养威，观衅而动。斯乃长策远驭，坐自兼并也。"

书奏，周主引开府仪同三司伊娄谦入内殿，从容谓曰："朕欲用兵，何者为先？"对曰："齐氏沈溺倡优，耽昏麹糵。其折冲之将斛律明月，已毙于谗口。上下离心，道路以目。此易取也。"帝大笑。三月，丙辰，使谦与小司寇元卫聘于齐以观衅。

【译文】 第三策说："先前勾践灭亡吴国，尚以十年为期；周武王讨伐商纣，也须两度兴兵。方今陛下如若还想暂时韬光养晦，等待时机，那么在下认为最好还是恢复两国的友好，重申盟约，安定百姓，约束部众，互相通商贸易，优待工匠，蓄养锐气、威势，伺机而起，这是安坐不动，遥控对方，就可兼并吞并敌国的良策。"

周主宇文邕看了他的奏疏后，召请开府仪同三司伊娄谦入殿，从容地问他说："朕想用兵，你看应当先攻打哪个国家？"伊娄谦回答说："齐主宠信倡优，沉迷于酒，他们国内善于征战的良将——斛律明月，已死于谗言。现在，他们君臣上下离心，路上行人，以目相视，官吏怨怒在心而口不敢言，像这样的国家，最容易攻取不过了。"周主听他这么说，兴奋得大笑起来。三月，丙辰日（初二），周主宇文邕派遣伊娄谦与小司寇元卫出使北齐，借以观察对方的虚实和瑕衅。

丙寅，周主还长安。

夏，四月，甲午，上享太庙。

监豫州陈桃根得青牛，献之，诏遣还民。又表上织成罗文锦被各二百首，诏于云龙门外焚之。

庚子，齐以中书监阳休之为尚书右仆射。

六月，壬辰，以尚书右仆射王玚为左仆射。

甲戌，齐主如晋阳。

【译文】丙寅日（十二日），周主宇文邕从同州返回长安。

夏季，四月，甲午日（初十），陈宣帝陈顼前往太庙祭拜祖先。

陈朝监豫州事陈桃根在辖区内俘获青牛，呈献给陈宣帝，陈宣帝陈顼下诏，命他退还给百姓。陈桃根又上奏章，进献织成的罗文锦被各二百件，陈宣帝陈顼下诏，命人在云龙门外将它烧毁。

庚子日（十六日），齐主高纬任用中书监阳休之为尚书右仆射。

六月，壬辰日（初九），陈宣帝陈顼任用尚书右仆射王玚为尚书左仆射。

甲戌日（六月无此日），齐主高纬前往晋阳。

【乾隆御批】锦绣纂组之害女红，汉景诏最得抑末崇本之要。必举而焚诸门外，则近于矫饰好名。天下之锦岂可尽焚哉。上不以诚感，而望下以诚应，其可得乎？

【译文】 编织锦绣给女工带来很大的痛苦，汉景帝曾颁诏禁止，是最懂得注重根本，轻视枝末的重要性了。但一定要拿到城门外把它们都焚烧掉，则有些近于为骗取好名声而矫揉造作了。天下的织锦哪里都能焚尽呢？在上位的人不以真诚来感动在下位的，而期望在下位的人以真诚来回应，怎么可能呢？

秋，七月，丙戌，周主如云阳宫。

大将军杨坚姿相奇伟。畿伯下大夫长安来和尝谓坚曰："公眼如曙星，无所不照，当王有天下，愿忍诛杀。"

周主待坚素厚，齐王宪言于帝曰："普六茹坚，相貌非常，臣每见之，不觉自失；恐非人下，请早除之！"帝亦疑之，以问来和。和诡对曰："随公止是守节人，可镇一方；若为将领，陈无不破。"

丁卯，周主还长安。

先是周主独与齐王宪及内史王谊谋伐齐，又遣纳言卢韫乘驲三诣安州总管于翼问策，馀人皆莫之知。丙子，始召大将军以上于大德殿告之。

【译文】 秋季，七月，丙戌日（七月无此日），周主宇文邕前往云阳宫。

大将军杨坚姿容相貌奇特。畿伯下大夫长安人来和，曾经对杨坚说："杨公眼睛如晨星闪烁，无所不照，主当称王于天下，只是希望您能克制诛杀！"

周主宇文邕对待杨坚，素来都很优厚，有一天，齐王宇文宪对周主说："普六茹坚（杨坚父亲杨忠，从周太祖屡有战功，赐姓普六茹氏），容貌非凡，臣每次见到他，不觉就生畏惧之感。臣担心他不是久为人臣之人，请陛下早些杀掉他！"周主对杨坚的容貌也起疑心，便询问来和看法如何。来和没有用实话回答，欺骗周主说："随国公杨坚，只是一个坚守贞节的普通人，可以委以坐镇一方的职任，如果任命他为将领，那么冲锋陷阵，将会无坚不摧。"

丁卯日（十五日），周主宇文邕从云阳宫返回长安。

此前是周主单独和齐王宇文宪以及内史王谊二人密商讨伐北齐的事，后来又派遣纳言卢韫乘驿马，前后三次往返湖北安陆，向安州总管于翼咨询伐齐的意见，这件事，其他朝臣都不知晓内情。丙子日（二十四日），召大将军以上人员聚集大德殿，这才告诉他们准备大举伐齐的事。

丁丑，下诏伐齐，以柱国陈王纯、荥阳公司马消难、郑公达奚震为前三军总管，越王盛、周昌公侯莫陈崇、赵王招为后三军总管。

齐王宪帅众二万趋黎阳，随公杨坚、广宁公薛迥将舟师三万自渭入河，梁公侯莫陈芮帅众二万守太行道，申公李穆帅众三万守河阳道，常山公于翼帅众二万出陈、汝。谊，盟之兄孙；震，武之子也。

【译文】丁丑日（二十五日），周主宇文邕下诏讨伐北齐，任命柱国陈王宇文纯、荥阳郡公司马消难、郑国公达奚震担任前三军总管；越王宇文盛、周昌郡公侯莫陈崇、赵王宇文招担任后三军总管。

齐王宇文宪带领部众两万，赶往黎阳（今河南滑县北），随国公杨坚、广宁郡公薛迥（薛迥，《周书》及《册府元龟》一一七引并作"薛回"。《隋书》卷六十五《薛世雄传》云："父回，字弘道，仕周，官至泾州刺史。"疑此名回，字弘道者，即其人）带领水师三万，从渭水进入黄河，顺流东下。柱国、梁国公侯莫陈芮带领部众二万扼守太行道；申国公李穆带领部众三万，镇守河阳道（河桥），常山公于翼率领部众二万，自安陆向陈、汝（今河南淮阳、汝水间地区）进兵。王谊，是王盟哥哥的孙子；达奚震，是达奚武的儿子。

周主将出河阳，内史上士宇文弼曰："齐氏建国，于今累世；虽曰无道，藩镇之任，尚有其人。今之出师，要须择地。河阳冲要，精兵所聚，尽力攻围，恐难得志。如臣所见，出于汾曲，戍小山平，攻之易拔。用武之地，莫过于此。"民部中大夫天水赵煚曰："河南、洛阳，四面受敌，纵得之，不可以守。请从河北直指太原，倾其巢穴，可一举而定。"遂伯下大夫鲍宏曰："我强齐弱，我治齐乱，何忧不克！但先帝往日屡出洛阳，彼既有备，每用不捷。如臣计者，进兵汾、潞，直掩晋阳，出其不虞，似为上策。"周主皆不从。宏，泉之弟也。

资治通鉴卷第一百七十二 陈纪六

【译文】周主宇文邕准备亲自率领大军向河阳（河南孟县西）进发。内史上士宇文弼认为这样的进攻路线并不好，进谏说："北齐高氏建国以来，已历经好几代，虽说他们君主无道，可是藩镇的人选，尚得其人。现在我方命将出师，需要选好路线。河阳是军事要冲，是对方精兵聚集的地方，我方虽然尽全力去进攻，只怕也不易如愿。依臣之见，不如出兵进攻汾曲（山西临汾县南），当地守兵人少，山又卑平，容易得手。进兵的路线，实在没有比从这儿进攻再好的。"民部中大夫、天水人赵煚也说："河南、洛阳，四面都容易受到攻击，即使攻取了它，也不易防守。请改向河北进兵，直指太原，倾覆他们的老巢，可一举讨平齐国。"遂伯下大夫鲍宏也进谏说："我方强盛，敌方衰弱，我方安定,对方颠乱,何愁不能讨平北齐?但先帝(指宇文泰)在时,多次出兵洛阳,对方先有防备,因而往往不能取胜。依臣之见,进军汾、潞,直捣晋阳,出敌不意,似为上策。"周主宇文邕一概不采纳他们的建议。鲍宏,是鲍泉的弟弟。

壬午,周主帅众六万,直指河阴。杨素请帅其父麾下先驱,周主许之。

八月,癸卯,周遣使来聘。

周师入齐境,禁伐树践稼,犯者皆斩。丁未,周主攻河阴大城,拔之。齐王宪拔武济;进围洛口,拔东、西二城,纵火船焚浮桥,桥绝。

齐永桥大都督太安傅伏,自永桥夜入中潬城。周人既克南城,围中潬,二旬不下。洛州刺史独孤永业守金墉,周主自攻之,不克。永业通夜办马槽二千,周人闻之,以为大军且至而惮之。

【译文】壬午日(三十日),周主宇文邕亲自率领大军六万,直奔河阴(今河南孟津县东)。杨素请求统率他父亲(前汾州刺史杨敷)的部下,担任先锋,周主宇文邕答应了他。

八月,癸卯日(二十一日),周主宇文邕派遣使者到建康访问。

周师进入北齐境内,周主宇文邕下令,禁止军人砍伐树木,践踏庄稼,违令者一律斩首。丁未日(二十五日),周主宇文邕率军攻打河阴大城,将它攻克。齐王宇文宪军攻陷武济城(今河南孟津),进兵包围洛口(洛水入河之口,在今河南巩县东北),攻克它东、西二城,放火焚毁浮桥(连接黄河南岸,巩县东北之洛口城,及黄河北岸武陟县西之永桥城,是齐兵南下救援洛阳之通道),浮桥通道便告断绝。

北齐永桥大都督、太安人傅伏从永桥夜渡黄河，潜入河阳（今孟县），坚守中潬城（河阳有三城：南城、北城、中潬。中潬在孟县西南河中洲上，即今天的郭家滩）。周师已经攻克南城，进兵包围中潬，围攻了二十天，还是没能攻克。北齐洛州刺史独孤永业镇守金墉城（在洛阳西北），周主宇文邕亲自率军前去攻打，攻打多时，也没有攻克。独孤永业连夜赶办两千座马槽，北周侦悉，认为北齐救援大军将到，心里不免慌张。

　　九月，齐右丞高阿那肱自晋阳将兵拒周师。至河阳，会周主有疾，辛酉夜，引兵还。水军焚其舟舰。傅伏谓行台乞伏贵和曰："周师疲弊，愿得精骑二千追击之，可破也。"贵和不许。

　　齐王宪、于翼、李穆，所向克捷，降拔三十余城，皆弃而不守。唯以王药城要害，令仪同三司韩正守之，正寻以城降齐。

　　戊寅，周主还长安。

　　庚辰，齐以赵彦深为司徒，斛阿列罗为司空。

　　【译文】九月，北齐右丞相高阿那肱从晋阳率军南下抵御周师。进兵到河阳，碰巧遇到周主宇文邕生病，辛酉日（初九）夜，周主宇文邕下令班师，水师因为河水迅急，溯流西归，担心被追兵赶上，于是焚毁烧掉船舰，改从陆路撤退。北齐傅伏向行台乞伏贵和建议说："周师困乏疲惫，请拨给精锐骑兵两千，让我率领前去追击，一定可以打败周师。"乞伏贵和没有答应。

　　齐王宇文宪、于翼、李穆等军，所到之处，都获得胜利，有的是对方投降，有的是靠武力进攻，共攻克对方三十多座城池，后来也全都放弃西归。其中只有王药城（在今河南济源县境）因为属于要害之地，特任命仪同三司韩正留守，隔不多久，韩正却献出城池投降了北齐。

戊寅日(二十六日),周主宇文邕从前线返回长安。

庚辰日(二十八日),齐主高纬任用赵彦深为司徒,斛[律]阿列罗为司空。

闰月,车骑大将军吴明彻将兵击齐彭城;壬辰,败齐兵数万于吕梁。

甲午,周主如同州。

冬,十月,己巳,立皇子叔齐为新蔡王,叔文为晋熙王。

十二月,辛亥朔,日有食之。

壬戌,以王场为尚书左仆射,太子詹事吴郡陆缮为右仆射。

庚午,周主还长安。

【译文】闰月,陈朝车骑大将军吴明彻率兵进攻北齐彭城(今江苏铜山县)。壬辰日(十一日),在吕梁(江苏铜山县东南五十里)大败齐军数万人。

甲午日(十三日),周主宇文邕前往同州。

冬季,十月,己巳日(十八日),陈宣帝陈顼册封皇子陈叔齐为新蔡王,陈叔文为晋熙王。

十二月,辛亥朔日(初一),发生日食。

壬戌日(十二日),陈宣帝陈顼任用尚书仆射王场为尚书左仆射,太子詹事、吴郡人陆缮为尚书右仆射。

庚午日(二十日),周主宇文邕从同州返回长安。

太建八年(丙申,公元五七六年)春,正月,癸未,周主如同州;辛卯,如河东涑川;甲午,复还同州。

甲寅,齐大赦。

乙卯,齐主还邺。

二月，辛酉，周主命太子巡抚西土，因伐吐谷浑，上开府仪同大将军王轨、宫正宇文孝伯从行。军中节度，皆委二人，太子仰成而已。

齐括杂户未嫁者悉集，有隐匿者，家长坐死。

壬申，以开府仪同三司吴明彻为司空。

【译文】 太建八年（丙申，公元576年）春季，正月，癸未日（初四），周主宇文邕前往同州。辛卯日（十二日），宇文邕到达河东涑川。甲午日（十五日），宇文邕从河东回到同州。

甲寅日（正月无此日），齐主高纬下诏大赦境内。

乙卯日（正月无此日），齐主高纬从晋阳返回邺都。

二月，辛酉日（十二日），周主宇文邕派遣太子宇文赟巡抚西土，顺道征讨吐谷浑，并任命上开府仪同大将军王轨、宫正宇文孝伯跟随同行。军队的进取调度，都委托他二人，皇太子只静听他们办理的结果而已。

齐主高纬下令搜罗杂户中没有出嫁的女儿，如果有敢藏匿不献出来的，家长一律处死。

壬申日（二十三日），陈宣帝陈顼擢升开府仪同三司吴明彻为司空。

三月，壬寅，周主还长安；夏，四月，乙卯，复如同州。

已未，上享太庙。

尚书左仆射王玚卒。

五月，壬辰，周主还长安。

六月，戊申朔，日有食之。

辛亥，周主享太庙。

【译文】 三月，壬寅日（二十四日），周主宇文邕从同州返回长安。夏季，四月，乙卯日（初七），周主宇文邕又前往同州。

己未日（十一日），陈宣帝陈顼前往太庙祭拜祖先。

陈朝尚书左仆射王玚去世。

五月，壬辰日（十五日），周主宇文邕从同州返回长安。

六月，戊申朔日（初一），发生日食。

辛亥日（初四），周主宇文邕前往太庙祭拜祖先。

　　初，太子叔宝欲以左户部尚书江总为詹事，令管记陆瑜言于吏部尚书孔奂。奂谓瑜曰："江有潘、陆之华而无园、绮之实，辅弼储宫，窃有所难。"太子深以为恨，自言于帝。帝将许之，奂奏曰："江总，文华之士。今皇太子文华不少，岂藉于总! 如臣愚见，愿选敦重之才，以居辅导之职。"帝曰："即如卿言，谁当居此?"奂曰："都官尚书王廓，世有懿德，识性敦敏，可以居之。"太子时在侧，乃曰："廓，王泰之子，不宜为太子詹事。"奂曰："宋朝范晔即范泰之子，亦为太子詹事，前代不疑。"太子固争之，帝卒以总为詹事。总，敳之曾孙也。

　　【译文】起初，陈朝太子陈叔宝想任命左户[部]尚书江总为太子詹事（胡三省曰："此盖'左户'也，'部'字衍"），让东宫管记陆瑜向吏部尚书孔奂转达这个意思。孔奂对陆瑜说："江总有潘岳、陆机的文采，但缺东园公、绮里季的厚重（汉初，高祖想要更换太子，吕后采用张良计策，卑词厚礼迎四皓东园公、绮里季等辅助太子盈），要任用江总担任辅弼太子的职务，在下认为有困难。"陆瑜将孔奂的话回奏太子，太子听了，十分怨恨，亲自跑去和陈宣帝陈顼说，陈宣帝答应了他的要求。孔奂知道了，启奏皇帝说："江总，是擅长文学的，而今太子的文学素养已经很好，哪里需要借重江总呢? 依臣之见，希望选拔敦厚稳重的人，来担任辅佐的职务。"陈宣帝陈顼因而问他说："倘若如你的意思，那么谁适合担当这个职务呢？"孔奂回答说："都官尚书王廓，家中世代有美德，见识敏锐，秉性敦厚，可以担当这个职务。"太子此时也在皇帝身旁，便插嘴说："王廓，是王泰的儿子，不适合担任太子詹事。"孔奂说："宋朝范晔，就是范泰的儿子，也担任太子詹事，前代并不因为避讳而认为他不适宜担任这个职务。"太子拒绝孔奂的安排，还一再坚持任用江总，陈宣帝陈顼最终任命江总为太子詹事。江总，是江敩的曾孙。

甲寅，以尚书右仆射陆缮为左仆射。帝欲以孔奂代缮，诏已出，太子沮之而止；更以晋陵太守王克为右仆射。

顷之，总与太子为长夜之饮，养良娣陈氏为女；太子亟微行，游总家。上怒，免总官。

周利州刺史纪王康，骄矜无度，缮修戎器，阴有异谋。司录裴融谏止之，康杀融。丙辰，赐康死。

丁巳，周主如云阳。

庚申，齐宜阳王赵彦深卒。彦深历事累朝，常参机近，以温谨著称。既卒，朝贵典机密者，唯侍中、开府仪同三司斛律孝卿一人而已，其余皆嬖幸也。孝卿，羌举之子，比于馀人，差不贪秽。

【译文】甲寅日（初七），陈宣帝陈顼任用尚书右仆射陆缮为尚书左仆射。陈宣帝原想任用孔奂接替陆缮的遗缺，并且连任命诏书都已经拟好，因为太子的阻挠，后来才改用晋陵太守王克担任尚书右仆射。

没过多久，太子詹事江总和太子通宵达旦地畅饮，并且又收太子的良娣陈氏为养女，太子多次私服外出，跑到江总家游玩。陈宣帝陈顼十分生气，于是罢免江总的官职。

北周利州刺史纪王宇文康，骄狂矜夸，不守法纪，整修兵器，暗中图谋造反，司录参军裴融劝阻，他不仅不听，反而杀了裴融。丙辰日（初九），周主宇文邕下诏，赐纪王宇文康自尽。

丁巳日（初十），周主宇文邕前往云阳宫。

庚申日（十三日），北齐宜阳王赵彦深去世。赵彦深事奉几代国君，经常参掌国家机密，以温和谨慎著称。自从他死后，典掌机密的朝中重臣，只有侍中、开府仪同三司斛律孝卿一人还算比较正直，不像其他人，全是嬖幸贪赃枉法之辈。斛律孝卿，是斛律羌举的儿子，和别人相比，不那么贪婪秽乱。

秋，八月，乙卯，周主还长安。

周太子伐吐谷浑，至伏俟城而还。

宫尹郑译、王端等皆有宠于太子。太子在军中多失德，译等皆预焉。军还，王轨等言之于周主。周主怒，杖太子及译等，仍除译等名，宫臣亲幸者咸被谴。太子复召译，戏狎如初。译因曰：“殿下何时可得据天下？”太子悦，益昵之。译，俨之兄孙也。

周主遇太子甚严，每朝见，进止与群臣无异，虽隆寒盛暑，不得休息；以其耆酒，禁酒不得至东宫；有过，辄加捶挞。尝谓之曰：“古来太子被废者几人？馀儿岂不堪立邪！”乃敕东宫官属录太子言语动作，每月奏闻。太子畏帝威严，矫情修饰，由是过恶不上闻。

【译文】秋季，八月，乙卯日（初九），周主宇文邕从云阳宫返回长安。

北周太子宇文赟讨伐吐谷浑，最远抵达伏俟城（伏俟城，吐谷浑国都也，在青海西）然后返回。

宫尹郑译、王端等都深得太子宇文赟的宠信。太子在军中，做出不少败坏道德的事，而郑译等都参与之中。等到西征回来，王轨等向周主宇文邕禀告，周主大怒，鞭打太子和郑译等人，并将郑译等人革职，太子所宠信的其他东宫官属，都遭到周主宇文邕的谴责。后来，太子又召回郑译，戏嬉狎玩如故。郑译因而对太子说："殿下要到什么时候可以据有天下呢？"太子很高兴，越发宠信他。郑译，是郑俨哥哥的孙子。

周主宇文邕平常对待太子很严，每次朝见，太子进退礼节和群臣没有差别，纵使赶上隆寒盛暑，也不得偷懒。周主宇文邕因为他喜爱喝酒，便禁止酒运进东宫；太子每有过失，就加以惩罚。常告诫他说："古来太子被废黜的有多少人？我别的儿子难道就不被册封为太子吗？"于是敕令东宫官属，记录太子的言行举动，按月奏呈记录。太子害怕周主的威严，故意违异常情，修饰言行，让缺点不显露于外，因此他顽劣的过失，便不再被周主知晓。

王轨尝与小内史贺若弼言："太子必不克负荷。"弼深以为然，劝轨陈之。轨后因侍坐，言于帝曰："皇太子仁孝无闻，恐不了陛下家事。愚臣短暗，不足可信。陛下恒以贺若弼有文武奇才，亦常以此为忧。"帝以问弼，对曰："皇太子养德春宫，未闻有过。"既退，轨让弼曰："平生言论，无所不道，今者对扬，何得乃尔反覆？"弼曰："此公之过也。太子，国之储副，岂易发言！事有蹉跌，便至灭族。本谓公密陈臧否，何得遂至昌言！"轨默然久之，乃曰："吾专心国家，遂不存私计。向者对众，良实非宜。"

【译文】 王轨曾对小内史贺若弼说："我看太子终究不能承担治国的重任。"贺若弼也表示深有同感，因而劝王轨奏报周主。后来，王轨趁侍坐的机会，便对周主说："皇太子既没仁孝的声名，又做出许多败德的事情，恐怕不能胜任陛下皇家的事务。愚臣识见短浅，所言未必值得采信。陛下常认为贺若弼有文武奇才，而贺若弼也常为此事感到担忧。"周主便询问贺若弼的意见，贺若弼却说："皇太子在东宫涵养道德，不曾听说有什么过失。"两人从御前退出来后，王轨便责备贺若弼说："你平日言论，无所不谈，刚才面对皇上，为什么反复无常？"贺若弼说："这就是你的不对了，太子是国家未来的君主，要说他的过失，哪有那么容易的？谈论他，偶有不当，就会遭到灭门之祸。我原以为你是单人密陈太子的不善，今天你怎么可以当众提出这个事情呢？"王轨听他这么一说，沉默好一会儿，才开口说："我专心一意为国家安危着想，因此没有顾及个人死生利害。刚才当众提出这个问题，实在很不合适。"

后轨因内宴上寿，捋帝须曰："可爱好老公，但恨后嗣弱耳。"先是，帝问右宫伯宇文孝伯曰："吾儿比来何如？"对曰："太子比惧天威，更无过失。"罢酒，帝责孝伯曰："公常语我云：'太子无过。'今轨有此言，公为诳矣。"孝伯再拜曰："臣闻父子之际，人所难言。臣知陛下不能割慈忍爱，遂尔结舌。"帝知其意，默然久之，乃曰："朕已委公矣，公其勉之！"

王轨骤言于帝曰："皇太子非社稷主。普六茹坚貌有反相。"帝不悦，曰："必天命有在，将若之何！"杨坚闻之，甚惧，深自晦匿。

帝深以轨等言为然，但汉王赞次长，又不才，馀子皆幼，故得不废。

【译文】后来，王轨又趁参加宫廷宴会的机会，举杯向周主敬酒的时候，一手捋着周主的胡须说："可爱的好老头儿，只是遗憾储君昏弱。"此前，周主曾问右宫伯宇文孝伯说："近来我儿子怎么样？"宇文孝伯回答说："太子近来害怕陛下的威严，不再犯过了。"等酒宴散后，周主宇文邕责骂宇文孝伯说："你常对我说'太子不再犯过'，然而今天王轨却仍说太子不行，显见你早前对我说的，都是谎话。"宇文孝伯再拜谢罪说："父子至亲，儿子再怎么坏，终归还是自己的儿子，外人是很难说话的，臣知道陛下难以割舍恩慈，忍抑亲爱，因而我便闭口不敢多言。"周主体会到他的心意，沉吟良久，才说："朕已经将太子委托给你了，希望你尽力辅佐教导他吧！"

又有一次，王轨忽然对周主说："皇太子不是国家的好领袖，普六茹坚却又有谋反为君的容貌。"周主宇文邕十分不悦地说："假如天命真的注定在他，那么我对他也无可奈何！"杨坚知晓了他们的对话，心里十分恐惧，非常小心地韬晦隐藏自己的锋芒。

事后，周主宇文邕认为王轨的建议很有道理，但是次子汉王宇文赞也不成器，其余的几个儿子年纪又太小，因而无法采纳王轨的意见废掉太子。

丁卯，以司空吴明彻为南兖州刺史。

齐主如晋阳。营邯郸宫。

九月，戊戌，以皇子叔彪为淮南王。

周主谓群臣曰："朕去岁属有疾疹，遂不得克平逋寇。前入齐境，备见其情，彼之行师，殆同儿戏。况其朝廷昏乱，政由群小，百姓嗷然，朝不谋夕。天与不取，恐贻后悔。前出河外，直为拊背，未扼其喉。晋州本高欢所起之地，镇摄要重，今往攻之，彼必来援；吾严军以待，击之必克。然后乘破竹之势，鼓行而东，足以穷其巢穴，混同文轨。"诸将多不愿行。帝曰："机不可失。有沮吾军者，当以军法裁之！"

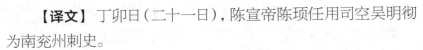

【译文】 丁卯日（二十一日），陈宣帝陈顼任用司空吴明彻为南兖州刺史。

齐主高纬前往晋阳，同时下诏修建邯郸宫。

九月，戊戌日（二十三日），陈宣帝陈顼册封皇子陈叔彪为淮南王。

周主宇文邕对群臣说："朕去年领兵东征，适有疾病，因而未能荡平敌寇。但是上次攻入齐境，详细了解了敌情。看对方用兵，几同小孩游戏。何况他们朝廷昏乱，政令出自一批小人，百姓愁苦，朝不保夕。天赐我们良机，如果不去讨伐他，恐怕会留下遗憾。前次出兵河阴，只攻打他们的脊背，还未扼住他们的咽喉要害。晋州本是高欢兴起的重镇要地，这次我方如果前去攻打晋州，他们势必派兵前来援救；到时，我方先严整阵势，以逸待劳，迎头痛击，必能获胜。然后乘着势如破竹之势，击鼓向东进兵，足以彻底荡平他们的巢穴，一举统一天下。"周主宇文邕说得这么有信心，可是诸将却面有难色，都不愿领兵前去。周主勃然大怒说："时机不可错过。如果有敢阻挠我进兵的，我一定用军法处置他！"

冬，十月，己酉，周主自将伐齐，以越王盛、杞公亮、随公杨坚为右三军，谯王俭、大将军窦泰、广化公丘崇为左三军，齐王宪、陈王纯为前军。亮，导之子也。

丙辰，齐主猎于祁连池；癸亥，还晋阳。先是，晋州行台左丞张延隽公直勤敏，储偫有备，百姓安业，疆场无虞。诸嬖幸恶而代之，由是公私烦扰。

周主至晋州，军于汾曲，遣齐王宪将精骑二万守雀鼠谷，陈王纯步骑二万守千里径，郑公达奚震步骑一万守统军川，大将军韩明步骑五千守齐子岭，焉氏公尹升步骑五千守鼓钟镇，凉城公辛韶步骑五千守蒲津关，赵王招步骑一万自华谷攻齐汾州诸城，柱国宇文盛步骑一万守汾水关。

【译文】冬季，十月，己酉日（初四），周主宇文邕又亲率大军大举讨伐北齐，任命越王宇文盛、杞国公宇文亮、随国公杨坚分别率领右三军，谯王宇文俭、大将军窦泰、广化郡公丘崇分别率领左三军，齐王宇文宪、陈王宇文纯统率前军。宇文亮，是宇文导的儿子。

丙辰日（十一日），齐主高纬正在祁连池打猎。癸亥日（十八日），从天池返回晋阳。此前，北齐晋州行台尚书左丞张延隽为人公正忠直，治军勤奋敏捷，战争所需，他都事先储备。晋州在他的治理下，百姓安居乐业，边境也都安然无事。但是，自从嬖幸佞臣接替他的职务后，晋州就变得繁杂纷乱起来。

周主宇文邕进兵到晋州（治平阳，即今山西临汾县治），驻兵在汾曲（临汾县南），派齐王宇文宪带领精骑二万，扼守雀鼠谷（在今山西介休县西南）。陈王宇文纯带领步骑二万，扼守千里径（在今山西霍县东十里，为北出汾阳，径指晋阳之道）。郑国公达奚震带领步骑一万，镇守统军川（在今山西石楼县西五十里）。大将军韩明带领步骑五千，把守齐子岭（在今山西垣曲县东）。焉氏郡公尹升带领步骑五千，镇守鼓钟镇（在垣曲县北六十里）。凉城郡公辛韶带领步骑五千，镇守蒲津关（在今山西永济县西，黄河津渡处，自古以来，都是水陆交通要冲）。赵王宇文招带领步骑一万，自华谷（在今山西稷山县西北二十里）进攻北齐汾州（治今山西汾阳县）诸城。柱国宇文盛带领步骑一万，镇守汾水关（在今山西灵石县西南汾水上，是北通汾阳的险要之地）。

遣内史王谊监诸军攻平阳城。齐行台仆射海昌王尉相贵婴城拒守。相贵，相愿之兄也。甲子，齐集兵晋祠。庚午，齐主自晋阳帅诸军趣晋州。周主日自汾曲至城下督战，城中窘急。庚午，行台左丞侯子钦出降于周。壬申，晋州刺史崔景嵩守北城，夜，遣使请降于周，王轨帅众应之。未明，周将北海段文振，杖槊与数十人先登，与景嵩同至尉相贵所，拔佩刀劫之。城上鼓噪，齐兵大溃，遂克晋州，虏相贵及甲士八千人。

【译文】周主宇文邕派内史大夫王谊监督六军进攻平阳城（晋州城）。北齐晋州道行台仆射、海昌王尉相贵凭借平阳四周之城，奋力抵御周师进攻。甲子日（十九日），齐主高纬在晋阳晋王祠集结众军。庚午日（二十五日），齐主高纬带领大军，从晋阳出发，南下援救晋州。周主宇文邕从汾曲挺进，每天亲到晋州城下督战，北齐晋州城内守军越发惶急窘迫。庚午这一天，北齐晋州道行台尚书左丞侯子钦出城投降北周。

齐主方与冯淑妃猎于天池，晋州告急者，自旦至午，驿马三至。右丞相高阿那肱曰："大家正为乐，边鄙小小交兵，乃是常事，何急奏闻！"至暮，使更至，云"平阳已陷"，乃奏之。齐主将还，淑妃请更杀一围，齐主从之。

周齐王宪攻拔洪洞、永安二城，更图进取。齐人焚桥守险，军不得进，乃屯永安。使永昌公椿屯鸡栖原，伐柏为庵以立营。椿，广之弟也。

【译文】壬申日（二十七日），北齐晋州刺史崔景嵩镇守北城，入夜，密遣使者请求投降北周，周将王轨领军前去接应。天还没亮，周将北海人段文振，手执丈八长矛，跟数十人率先登城，和崔景嵩一同到尉相贵处，拔出佩刀，劫持了尉相贵。然后率军到城上，同时发出呼喊的声音，齐兵立时溃散大败，北周攻克晋州城，俘虏尉相贵及士兵八千人。当周师围攻平阳城的时候，齐主高纬正和冯淑妃在天池围猎，晋州派出求援的使者，从黎明到中午，乘驿马急驰而至的，就有三批。右丞相高阿那肱对他们说："陛下正围猎为乐，边疆小小交战，乃是平常的事情，何必这样急着向他禀告呢？"拖延到了傍晚，信使又到，欺骗他说："平阳城已经沦陷。"高阿那肱这才肯代为启奏齐主。齐主听说前线危急，准备回宫，冯淑妃兴犹未尽，请他留下来再围猎一场，齐主竟答应了她的请求。

北周齐王宇文宪攻克北齐洪洞（今山西洪洞县）、永安（今山西霍县）二城，还想攻城略地。北齐焚烧桥梁，据险固守，宇文宪的军队前进受阻，便驻扎在永安，派遣永昌郡公宇文椿扼守鸡栖原（在今山西霍县东北三十里，霍山高平处），砍伐柏树，搭盖茅庵，当作营舍。宇文椿，是宇文广的弟弟。

癸酉，齐主分军万人向千里径，又分军出汾水关，自帅大军上鸡栖原。宇文盛遣人告急，齐王宪自救之。齐师退，盛追击，破之。俄而椿告齐师稍逼，宪复还救之。与齐对陈，至夜不战。会周主召宪还，宪引兵夜去。齐人见柏庵在，不之觉。明日，始知之。齐主使高阿那肱将前军先进，仍节度诸军。

甲戌，周以上开府仪同大将军安定梁士彦为晋州刺史，留精兵一万镇之。

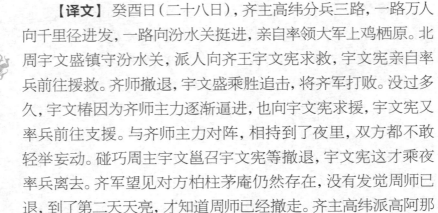

【译文】癸酉日（二十八日），齐主高纬分兵三路，一路万人向千里径进发，一路向汾水关挺进，亲自率领大军上鸡栖原。北周宇文盛镇守汾水关，派人向齐王宇文宪求救，宇文宪亲自率兵前往援救。齐师撤退，宇文盛乘胜追击，将齐军打败。没过多久，宇文椿因为齐师主力逐渐逼进，也向宇文宪求援，宇文宪又率兵前往支援。与齐师主力对阵，相持到了夜里，双方都不敢轻举妄动。碰巧周主宇文邕召宇文宪等撤退，宇文宪这才乘夜率兵离去。齐军望见对方柏柱茅庵仍然存在，没有发觉周师已退，到了第二天天亮，才知道周师已经撤走。齐主高纬派高阿那肱带领前军先行进发，自己指挥诸军跟进。

甲戌日（二十九日），周主宇文邕任用开府仪同大将军、安定人梁士彦为晋州刺史，留下精兵一万镇守晋州城。

十一月，己卯，齐主至平阳。周主以齐兵新集，声势甚盛，且欲西还以避其锋。开府仪同大将军宇文忻谏：曰"比陛下之圣武，乘敌人之荒纵，何患不克；若使齐得令主，君臣协力，虽汤、武之势，未易平也。今主暗臣愚，士无斗志，虽有百万之众，实为陛下奉耳。"军正京兆王纮曰："齐失纪纲，于兹累世。天奖周室，一战而扼其喉。取乱侮亡，正在今日。释之而去，臣所未谕。"周主虽善其言，竟引军还。忻，贵之子也。

周主留齐王宪为后拒，齐师追之，宪与宇文忻各将百骑与战，斩其骁将贺兰豹子等，齐师乃退。宪引军渡汾，追及周主于玉壁。

【译文】十一月，己卯日（初四），齐主高纬率领大军赶到平阳城下。周主宇文邕因为齐军新集，倾巢而出，声势盛大，便想西还长安，暂且避开齐军的锋芒。开府仪同大将军宇文忻劝阻他说："凭陛下的圣明英武，利用敌人的荒淫放纵，何愁不能战胜他们呢？倘若齐国在位的是一位贤主，加上君臣戮力同心的话，那么陛下就算有商汤、周武王的声势，只怕也不易讨平他。而今北齐国君昏聩，宰臣愚昧，军兵没有效命的战斗意志，虽然拥有百万大军，实为奉送陛下，他们将成为陛下役使的人。"军正、京兆人王纮（查《通鉴》宋刊十二行本及明孔天胤本，"王纮"并作"王韶"。王韶，字子相，世居京兆，在周，凭借军功，官至车骑大将军，仪同三司，后转"军正"。知"京兆王纮"乃"王韶"之误）也劝谏周主说："齐主违失法纪纲常，于今已历数世，上天帮助周室，一战就能扼住他们的咽喉要害，夺去昏乱之君的土地，戮辱败亡的君臣，正在今朝将要实现的时候，陛下却放弃这个机会而突然收兵，这实在是愚臣所无法理解的。"周主虽然觉得他们讲得很有道理，然而最终还是引兵归去。宇文忻，是宇文贵的儿子。

周主宇文邕留下齐王宇文宪居后，以抵挡北齐的追兵。齐主派兵前来追赶，宇文宪跟宇文忻各带领百骑反击追兵，斩杀了北齐骁将贺兰豹子等，齐军才退走不再追赶。宇文宪带领部队渡过汾水，走到玉壁，赶上了周主宇文邕。

齐师遂围平阳，昼夜攻之。城中危急，楼堞皆尽，所存之城，寻仞而已。或短兵相接，或交马出入。外援不至，众皆震惧。梁士彦忼慨自若，谓将士曰："死在今日，吾为尔先。"于是，勇烈齐奋，呼声动地，无不一当百。齐师少却，乃令妻妾、军民、妇女，昼夜修城，三日而就。周主使齐王宪将兵六万屯涑川，遥为平阳声援。齐人作地道攻平阳，城陷十余步，将士乘势欲入。齐主敕且止，召冯淑妃观之。淑妃妆点，不时至，周人以木拒塞之，城遂不下。旧俗相传，晋州城西石上有圣人迹，淑妃欲往观之。齐主恐弩矢及桥，乃抽攻城木造远桥。齐主与淑妃度桥，桥坏，至夜乃还。

癸巳，周主还长安。甲午，复下诏，以齐人围晋州，更帅诸军击之。丙申，纵齐降人使还。丁酉，周主发长安；壬寅，济河，与诸军合。十二月，丁未，周主至高显，遣齐王宪帅所部先向平阳。戊申，周主至平阳。庚戌，诸军总集，凡八万人，稍进，逼城置陈，东西二十余里。

【译文】 周师已退，北齐军队便包围平阳城，昼夜不停地猛烈进攻。城中情况异常紧急，城上敌楼、短垣，全被摧毁，所剩城墙，仅存七八尺。有时，守军用短刀跟齐兵交锋；有时，乘骑跟齐军拼斗，战况日益恶化，援军又不见到来，全城的人都震惊害怕。守将梁士彦则镇定自若，意气激昂地对将士们说："要是死在今天的话，我一定比你们先死！"将士们受他的鼓励，个个振奋、勇敢、豪壮起来，呼声震天动地，无不以一当百。齐军被这声势威慑，渐渐退避，梁士彦利用这个时机，命令妻妾、军民、妇女，昼夜抢修城垣，三日之内，全都修复。周主宇文邕派齐王宇文宪带领大军六万，进驻涑川，远远地作为平阳城声势上的援助。齐军挖掘地道攻城，城垣坍塌十来步宽，齐军将士乘势预备攻入，齐主高纬却敕令他们暂缓抢攻，为的是想召请冯淑妃前来观看。可是冯淑妃上妆，搽脂抹粉，未能及时赶到，等她来到时，那崩坍的城垣，早已被北周守军以木为栅，堵塞坚固，齐军竟因此失去攻克平阳城的机会。当地旧俗相传，晋州城西石上有仙人踪迹，冯淑妃想去观看。齐主高纬害怕城内弓矢射过桥来，会伤到冯淑妃，于是命人抽出攻城木具，用来搭建临时远桥。齐主和冯淑妃登桥去看，哪知桥柱不牢，一走动就坏了。到了夜里，齐主和冯淑妃才返回营舍。

癸巳日（十八日），周主宇文邕返回长安。甲午日（十九日），周主宇文邕又下诏，因为齐师围攻晋州城，他又再次率兵进击齐军。丙申日（二十一日），释放上次战役中投降过来的齐兵，让他们回归本国。丁酉日（二十二日），大军从长安出发。壬寅日（二十七日），周军渡过黄河，跟援救晋州的各路军队会合。十二月，丁未日（初三），周主率大军到达高显（今山西闻喜县南），派遣齐王宇文宪带领所部，先向平阳进发。戊申日（初四），周主大军到达平阳。庚戌日（初六），北周各路军集结平阳，共八万人，逐渐向前推进，然后在城边摆开阵势，东西绵亘二十余里长。

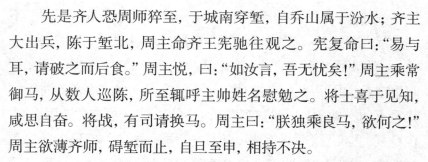

先是齐人恐周师猝至，于城南穿堑，自乔山属于汾水；齐主大出兵，陈于堑北，周主命齐王宪驰往观之。宪复命曰："易与耳，请破之而后食。"周主悦，曰："如汝言，吾无忧矣！"周主乘常御马，从数人巡陈，所至辄呼主帅姓名慰勉之。将士喜于见知，咸思自奋。将战，有司请换马。周主曰："朕独乘良马，欲何之！"周主欲薄齐师，碍堑而止，自旦至申，相持不决。

齐主谓高阿那肱曰："战是邪？不战是邪？"阿那肱曰："吾兵虽多，堪战者不过十万，病伤及绕城樵爨者复三分居一。昔攻玉壁，援军来即退。今日将士，岂胜神武时邪！不如勿战，却守高梁桥。"安吐根曰："一撮许贼，马上刺取，掷著汾水中耳！"齐主意未决。诸内参曰："彼亦天子，我亦天子。彼尚能远来，我何为守堑示弱！"齐主曰："此言是也。"于是，填堑南引。周主大喜，勒诸军击之。

【译文】起初，北齐担忧周师突然赶来，因此在城南先挖掘一道壕沟，从乔山（在平阳城西）连接汾水。这时，齐主派出大军，在濠沟北面布阵。周主宇文邕派齐王宇文宪驰马前去察看敌军阵势。宇文宪回来禀告说：“容易对付，等击败他们后再来进餐。”周主龙颜大悦，对他说：“倘若真如你所说的那样，我再也不愁了。”周主宇文邕跨上平日常骑的那匹马，带领左右亲信数人，到各处阵地巡视将士，每到一地，都能叫出该处主帅的名字，并加以温言抚慰勉励。主帅很高兴皇上知晓自己的名字，人人都想奋勇效命。到决战前，主管马政的官吏，要替周主换上另一匹好马，周主告诉他说：“朕独自一人骑这样的骏马，要跑哪去呢？”周主想率兵进逼齐师，碍于濠沟的阻隔而停下攻势，从早晨到申时（傍晚），两军对峙相持，难决胜负。

　　齐主高纬对右丞相高阿那肱说：“是决战好呢？还是不出战好？”高阿那肱说：“我方兵员虽多，可是能够作战的，剩下不到十万；十万之中，病的，受伤的，外加绕城砍柴的，又占去三分之一。从前神武皇帝在世时，率兵攻打玉壁，对方援军一到，神武皇帝就撤围而去。今日的将士，哪能比得上神武皇帝的时候？我看不如不要出战，退守高梁桥（今山西临汾县东北十里），比较稳妥。”武卫将军安吐根却说：“一把子贼人，容我上马去刺取他来，扔到汾水中去！”齐主高纬主意还没打定，一批阉宦插嘴说：“他们国君是天子，我们国君也是天子。他们天子尚能领兵远来，我们天子为何就只能守着濠沟，示人以弱呢？”齐主高纬听他们这么一说，便说：“这个话有道理。”于是让人填实濠沟，向南进兵。周主见状，大为高兴，立即指挥诸军，向前迎战。

　　兵才合，齐主与冯淑妃并骑观战。东偏小却，淑妃怖曰：“军败矣！”录尚书事城阳王穆提婆曰：“大家去！大家去！”齐主即以淑妃奔高梁桥。开府仪同三司奚长谏曰：“半进半退，战之常体。

今兵众全整，未有亏伤，陛下舍此安之！马足一动，人情骇乱，不可复振。愿速还安慰之！"武卫张常山自后至，亦曰："军寻收讫，甚完整。围城兵亦不动。至尊宜回。不信臣言，乞将内参往视。"齐主将从之。穆提婆引齐主肘曰："此言难信。"齐主遂以淑妃北走。齐师大溃，死者万馀人，军资器械，数百里间，委弃山积。安德王延宗独全军而还。

齐主至洪洞，淑妃方以粉镜自玩，后声乱，唱贼至，于是复走。先是齐主以淑妃为有功勋，将立为左皇后，遣内参诣晋阳取皇后服御祎翟等。至是，遇于中涂，齐主为按辔，命淑妃著之，然后去。

【译文】双方才刚交战，齐主和冯淑妃两马并立着观看。但见周军来势凶猛，齐军东边阵势似乎难以招架，向后稍退，冯淑妃便害怕地说："我军败了！"录尚书事、城阳王穆提婆催促齐主说："大家快走，大家快走！"齐主便和冯淑妃准备退守高梁桥。开府仪同三司奚长劝阻齐主说："部队一半进攻，一半后退，乃是作战常有的现象，现今我方军阵完整，并未曾伤损，陛下舍弃大军，要到哪儿去呢？只恐陛下马足一动，掉头一跑，军心惶恐散乱，那就一发不可收拾了。希望陛下快速返回原地，稳定军心！"齐主还在沉吟迟疑间，另一武卫将军张常山从后赶来，也劝谏齐主说："东面原先退却纷乱的部队，没过多久，已经集中了，我方军阵也已完整如初，丝毫未见落败，陛下应当速回到军前，假如不相信我的话，祈请陛下带领阉宦们一起去看。"齐主心动，准备返回原地，穆提婆却牵动齐主的手肘说："这个话不可轻信。"齐主于是率同冯淑妃向北策马扬鞭而去。齐军失去主子，立时兵败如山倒，被杀死的有一万多人，丢弃的军资器械，绵延数百里，堆积如山。只有安德王高延宗，在乱军中独能全军严整而退。

　　齐主跑到洪洞（在晋州城东北），冯淑妃正在揽镜自照，施粉添妆，忽然后头声音嘈杂，又有军士禀报周师追到，齐主于是又再向北逃走。之前是齐主眼看平阳城就要攻克，让冯淑妃从军助阵建功，准备册封她为左皇后，并已派出宦官前往晋阳，去取皇后御服袆翟等。到这时候，正好与齐主在途中相逢，齐主替冯淑妃拉住马缰，让马驻停，要冯淑妃穿上皇后衣服，然后奔回晋阳。

　　辛亥，周主入平阳。梁士彦见周主，持周主须而泣曰："臣几不见陛下！"周主亦为之流涕。

　　周主以将士疲倦，欲引还。士彦叩马谏曰："今齐师遁散，众心皆动，因其惧而攻之，其势必举。"周主从之，执其手曰："余得晋州，为平齐之基，若不固守，则大事不成。朕无前忧，唯虑后变，汝善为我守之！"遂帅诸将追齐师。诸将固请西还，周主曰："纵敌患生。卿等若疑，朕将独往。"诸将乃不敢言。癸丑，至汾水关。

　　【译文】 辛亥日（初七），周主进入平阳城，守将梁士彦拜见周主，捋着周主的胡须哭泣说："臣差一点就看不到陛下了！"周主感念他坚守城池的艰辛，也为他流下眼泪。

　　周主因见将士疲劳，准备班师返回长安。梁士彦拦马谏阻周主说："现在齐师败亡逃散，全国民心离散，趁他们惶恐不安时进袭，势必能攻下北齐。"周主握着他的手说："我们得到晋州，是作为平定北齐的基础，如果不能固守晋州，那么平定北齐的大业，便不能成功。朕此番出兵，并无前方之忧，唯虑后方有变乱，希望你为我好好镇守晋州城。"于是督率诸将，去追逐齐军。诸将一再请求返回长安，周主却说："纵放敌寇，将转成无数祸患。诸君如果怀疑不能荡平北齐，要走，你们先走，朕将独自进军平齐。"诸将于是不敢多说。癸丑日（初九），大军进抵汾水关。

齐主入晋阳，忧惧不知所之。甲寅，齐大赦。齐主问计于朝臣，皆曰："宜省赋息役，以慰民心；收遗兵，背城死战，以安社稷。"齐主欲留安德王延宗、广宁王孝珩守晋阳，自向北朔州。若晋阳不守，则奔突厥，群臣皆以为不可，帝不从。

开府仪同三司贺拔伏恩等宿卫近臣三十余人西奔周军，周主封赏各有差。

高阿那肱所部兵尚一万，守高壁，馀众保洛女砦。周主引军向高壁，阿那肱望风退走。齐王宪攻洛女砦，拔之。有军士告称阿那肱遣臣招引西军，齐主令侍中斛律孝卿检校，孝卿以为妄。还，至晋阳，阿那肱腹心复告阿那肱谋反，又以为妄，斩之。

【译文】齐主高纬跑回晋阳，听闻周兵将至，忧虑焦急，不知所措。甲寅日（初十），齐主高纬颁诏大赦境内。并向群臣请教御敌计策，群臣都说："为今之计，应当减轻赋敛，停息徭役，用来安慰民心；另一方面，收拾失散的军兵，激励他们背城死战，借以安定国家。"齐主想留下安德王高延宗、广宁王高孝珩等坚守晋阳城，而自己则继续向北朔州奔逃，假如连晋阳城也守不住了，那么他便计划再逃奔突厥。左右群臣都认为这样不好，但他执意不听。

北齐开府仪同三司贺拔伏恩等宿卫近臣三十多人，向西跑到周师阵前投降，周主各按他们等级，封赏他们。

高阿那肱所率领部众还有一万人，屯兵高壁（今山西灵石县东南二十五里），余众退守洛女砦。周主领兵进击高壁，高阿那肱听说周师来袭，不待交锋，就率先逃走。宇文宪攻打洛女砦，轻易将它攻克下来。齐方有军兵向齐主密告高阿那肱招引西师来犯，齐主命侍中斛律孝卿查验，斛律孝卿认为这人是在诬告。等到高阿那肱逃回晋阳，他的手下亲信又有告他谋反的，斛律孝卿查验之后，又认为那人妄言，于是将告密人处死。

乙卯，齐主诏安德王延宗、广宁王孝珩募兵。延宗入见，齐主告以欲向北朔州，延宗泣谏，不从，密遣左右先送皇太后、太子于北朔州。

丙辰，周主与齐王宪会于介休。齐开府仪同三司韩建业举城降，以为上柱国，封郇公。

【译文】乙卯日（十一日），齐主高纬下诏，任命安德王高延宗、广宁王高孝珩招募军士〔留守晋阳〕。高延宗进殿面见齐主，齐主告诉他预备逃往北朔州（治今山西朔县），高延宗涕泣谏止，齐主不听，秘密派遣左右亲信，先送皇太后、太子前往北朔州。

丙辰日（十二日），周主宇文邕和齐王宇文宪在介休会师。北齐开府仪同三司韩建业献出城池投降周师，周主宇文邕任用他为上柱国，封郇国公。

是夜，齐主欲遁去，诸将不从。丁巳，周师至晋阳。齐主复大赦，改元隆化。以安德王延宗为相国、并州刺史，总山西兵，谓曰："并州兄自取之，儿今去矣！"延宗曰："陛下为社稷勿动。臣为陛下出死力战，必能破之。"穆提婆曰："至尊计已成，王不得辄沮！"齐主乃夜斩五龙门而出，欲奔突厥，从官多散。领军梅胜郎叩马谏，乃回向邺。时唯高阿那肱等十余骑从，广宁王孝珩、襄城王彦道继至，得数十人与俱。

穆提婆西奔周军，陆令萱自杀，家属皆诛没。周主以提婆为柱国、宜州刺史。下诏谕齐群臣曰："若妙尽人谋，深达天命，官荣爵赏，各有加隆。或我之将卒，逃逸彼朝，无问贵贱，皆从荡涤。"自是齐臣降者相继。

【译文】丙辰这一天夜里，齐主准备逃走，诸将不肯跟随。丁巳日（十三日），周师进逼晋阳，齐主高纬又下诏大赦天下，改年号为隆化。任用安德王高延宗为相国、并州刺史，总督山西兵马，对他说："并州，吾兄自去收拾经营，儿（"儿"为幼小卑贱者对尊长的自称，高延宗为齐主族兄，齐主将社稷安危托付高延宗，对之自称"儿"）今离去了！"高延宗说："陛下为社稷着想，请勿出逃。臣愿为陛下出力效劳，必能战胜敌人。"穆提婆在旁插嘴说："至尊心意已决，大王不用再行阻挠！"齐主高纬于是趁夜斩断五龙门的管锁逃出，原想逃往突厥，跟随的官员大多离散。领军将军梅胜郎拉住齐主马辔，一再劝谏，齐主高纬这才转向邺都。这时只有高阿那肱等十余骑跟随，广宁王高孝珩、襄城王高彦道相继从后赶到，聚合得数十人同行。

穆提婆西奔投降周军，陆令萱畏罪自尽，他们家子孙大小，全被杀戮。周主宇文邕任命穆提婆为柱国、宜州刺史。下诏晓谕北齐群臣说："如果有精尽人谋，深明天命，前来投降效力的，官禄爵位，各会予以隆盛加升。或者是我方将士逃往北齐的，不论贵贱，一律荡洗涤除。"自从这道诏书一下，齐国的大臣将帅投降北周的，相继不绝。

初，齐高祖为魏丞相，以唐邕典外兵曹，太原白建典骑兵曹，皆以善书计、工簿帐受委任。及齐受禅，诸司咸归尚书；唯二曹不废，更名二省。邕官至录尚书事，建官至中书令，常典二省，世称“唐、白”。邕兼领度支，与高阿那肱有隙，阿那肱潜之，齐主敕侍中斛律孝卿总知骑兵、度支。孝卿事多专决，不复询禀。邕自以宿旧习事，为孝卿所轻，意甚郁郁。及齐主还邺，邕遂留晋阳。并州将帅请于安德王延宗曰：“王不为天子，诸人实不能为王出死力。”延宗不得已，戊午，即皇帝位。下诏曰：“武平孱弱，政由宦竖，斩关夜遁，莫知所之。王公卿士，猥见推逼，今祗承宝位。”大赦，改元德昌。以晋昌王唐邕为宰相，齐昌王莫多娄敬显、沭阳王和阿干子、右卫大将军段畅、开府仪同三司韩骨胡等为将帅。敬显，贷文之子也。众闻之，不召而至者，前后相属。延宗发府藏及后宫美女以赐将士，籍没内参十馀家。齐主闻之，谓近臣曰：“我宁使周得并州，不欲安德得之。”左右曰：“理然。”延宗见士卒，皆亲执手称名，流涕呜咽，众争为死；童儿女子，亦乘屋攘袂，投砖石以御敌。

【译文】起初，齐高祖高欢担任东魏丞相时，任用唐邕主管外兵曹；太原人白建主管骑兵曹，他二人都因为精通会计、簿账工作而深受委任重用。到了北齐文宣帝高洋接受魏主禅位后，相府各司都划归尚书省，只有外兵、骑兵二曹保留不废，并提升二曹为二省。后来，唐邕做到录尚书事，白建做到尚书令，因为他们长久典掌二省，世人称他们为“唐、白”。唐邕兼掌度支，等到齐主宠幸小人，唐邕与高阿那肱有了嫌隙，高阿那肱在齐主面前说他的坏话，齐主高纬便敕令侍中斛律孝卿接替唐邕，总领骑兵与度支事。斛律孝卿处事大多自己决断，不再向唐邕咨询汇报。唐邕自认为一向熟悉旧制，一朝忽然被斛律孝卿看轻，心里很是抑郁难平。等到齐主高纬逃回邺都，唐邕因为痛恨高阿那肱、斛律孝卿一干人，便驻留晋阳，不愿前往邺都。他与

资治通鉴

并州地区将领，一同拥立安德王高延宗，向高延宗请求说："大王若不做天子，诸人解散，恐不能再为大王出力效命了。"高延宗推辞不过，于戊午日（十四日）即皇帝位。下诏说："武平（以齐后主年号称代齐后主）庸劣懦弱，政令出自宦官奸臣，国难当头，弃社稷于不顾，斩关夜逃，不知去向。辱承王公卿士推戴相强，现今只得恭敬接受天子宝位。"随后，下诏大赦境内，改年号为德昌。任用晋昌王唐邕为宰相，齐昌王莫多娄敬显、沭阳王和阿干子、右卫大将军段畅、开府仪同三司韩骨胡等为将帅。莫多娄敬显，是莫多娄贷文的儿子。并州各地，听到高延宗称帝的消息，不召自来而愿为新主效命的人络绎不绝。高延宗将府库宝藏，以及后宫美女，用来赏赐将士，激励民心，并根据簿籍没收宦官十余家的财产。齐主高纬在逃亡途中听到这个消息，对亲信近侍们说："我情愿让周主得到并州，也不甘让安德王占有它。"左右亲信应声附和说："理应如此。"高延宗每见士兵，亲自握着他们的手，谈到国事，自称己名，涕泣不已，军兵深受感动，都争相为他效命，连小孩女子，也都登上屋顶，卷起衣袖，投掷砖头、瓦块，帮他抗拒敌人。

己未，周主至晋阳。庚申，齐主入邺。周军围晋阳，四合如黑云。安德王延宗命莫多娄敬显、韩骨胡拒城南，和阿干子、段畅拒城东，自帅众拒齐王宪于城北。延宗素肥，前如偃，后如伏，人常笑之。至是，奋大稍往来督战，劲捷若飞，所向无前。和阿干子、段畅以千骑奔周军。周主攻东门，际昏，遂入之，进焚佛寺。延宗、敬显自门入，夹击之，周师大乱，争门，相填压，塞路不得进。齐人从后斫刺，死者二千余人。周主左右略尽，自拔无路。承御上士张寿牵马首，贺拔伏恩以鞭拂其后，崎岖得出。齐人奋击，几中之。城东道阨曲，伏恩及降者皮子信导之，仅得免，时已四更。延宗谓周主为乱兵所杀，使于积尸中求长鬣者，不得。时齐人既捷，入坊饮酒，尽醉卧，延宗不复能整。

【译文】己未日（十五日），周主宇文邕大军逼近晋阳。庚申日（十六日），齐主高纬进入邺都。周师围攻晋阳，远远望去，好像黑云四面聚合。安德王高延宗任命莫多娄敬显、韩骨胡拒守城的南面，和阿干子、段畅拒守城的东面，亲自率领众军把守城的北面抗击北周齐王宇文宪。高延宗一向肥胖，前面看像仰面朝天，后面看像俯伏在地，人们常笑他臃肿没用。但到此时出城交战，他抖动长矛，驰骋军阵，往来督战，行动强劲敏捷，往来如飞，所到之处，如入无人之境。和阿干子、段畅带领千骑奔逃投降周师。周主宇文邕领兵攻打东城，正值黄昏，乘黑攻进城内，放火焚烧佛寺，火光照耀大地。高延宗和莫多娄敬显从东门跟入，两相夹攻周师，周师大乱，夺门而逃，自相填压，道路堵塞不通；齐军又从后头追杀，周兵被杀的有两千多人。周主宇文邕左右卫士，几乎全被杀光，周主宇文邕又找不到出路。多亏承御上士张寿牵着马头领路，贺拔伏恩用鞭抽打马的尾部，从崎岖不平的死尸堆中，践踏而过，侥幸冲出。齐兵奋力出击，几乎砍中周主。城东道路狭窄曲折，贺拔伏恩以及归降的皮子信引领着周主宇文邕，最后，总算脱险逃出，这时已是深夜四更天。城内周兵已被歼灭，高延宗认为周主被乱兵杀死，派人到死尸堆中找寻长须的尸首，可是找遍了，都没发现这样的人。齐军打了大胜仗，各入酒坊饮酒，醉后纷纷倒地，高延宗也喝醉了，不再能整顿行伍。

周主出城，饥甚，欲遁去，诸将亦多劝之还。宇文忻勃然进曰:"陛下自克晋州,乘胜至此。今伪主奔波,关东响震,自古行兵,未有若斯之盛。昨日破城,将士轻敌,微有不利,何足为怀!丈夫当死中求生,败中取胜。今破竹之势已成,奈何弃之而去!"齐王宪、柱国王谊亦以为去必不免,段畅等又盛言城内空虚。周主乃驻马,鸣角收兵,俄顷复振。辛酉,旦,还攻东门,克之。延宗战力屈,走至城北,周人擒之。周主下马执其手,延宗辞曰:"死人手,何敢迫至尊!"周主曰:"两国天子,非有怨恶,直为百姓来耳。终不相害,勿怖也。"使复衣帽而礼之。唐邕等皆降于周。独莫多娄敬显奔邺,齐主以为司徒。

延宗初称尊号,遣使修启于瀛州刺史任城王湝,曰:"至尊出奔,宗庙事重,群公劝迫,权主号令。事宁,终归叔父。"湝曰:"我人臣,何容受此启!"执使者送邺。

【译文】周主宇文邕出得城来,腹中饥饿,本想乘夜逃走,手下诸将也都劝他退走。只有宇文忻勃然变色,谏止他说:"自陛下平定晋州,乘胜追亡逐北。方今伪齐君主向东奔逃,关东百姓,震动响应,自古以来行军用兵,未有像这次盛大的。昨日破城,将士轻敌,稍微受挫,哪值得耿耿于怀?大丈夫行事,应当从死里求生,败中取胜。而今破竹取齐的形势已经形成,陛下为何反而弃此而去呢?"齐王宇文宪、柱国王谊等也都认为不宜退师,降将段畅等又极力陈述城内空虚。周主宇文邕这才驻马停辔,鸣角收兵,散兵陆续聚集,摧沮之势,不久就又重新振作起来。辛酉日(十七日),清晨,周主宇文邕再度挥军进攻晋阳东城,攻入城内,高延宗力战兵败,逃往北城,被周师俘获。押到周主面前,周主下马,握着高延宗的手,高延宗推辞说:"罪该万死之人的手,哪敢碰天子的手?"周主宇文邕温言向他解释说:"两国天子,本没什么嫌隙,我只为解救百姓而来,你不要害怕，我终不会加害于你。"说着，让他穿上礼服，戴上冠帽，礼貌地接待他。唐邕等也都跟着投降到北周来。唯有莫多娄敬显逃回邺都，齐主高纬任用他为司徒。

高延宗即位称帝之初，曾派遣使者具送表启给瀛州刺史、任城王高湝，信中大略说："天子逃亡出奔，宗庙社稷事情繁重，我迫于群公的拥立，暂时主持发号施令的任务，等待战事平定，终将宝位还给叔父。"任城王高湝接到表启，正色对使者说："我只是一个臣子，怎可允许接受这种表启？"于是逮捕来使，押送邺都。

壬戌，周主大赦，削除齐制。收礼文武之士。

初，伊娄谦聘于齐，其参军高遵以情输于齐，齐人拘之于晋阳。周主既克晋阳，召谦，劳之。执遵付谦，任其报复。

谦顿首，请赦之，周主曰："卿可聚众唾面，使其知愧。"谦曰："以遵之罪，又非唾面可责。"帝善其言而止。谦待遵如初。

◆臣光曰：赏有功，诛有罪，此人君之任也。高遵奉使异国，漏泄大谋，斯叛臣也；周高祖不自行戮，乃以赐谦，使之复怨，失政刑矣！孔子谓以德报怨者何以报德。为谦者，宜辞而不受，归诸有司，以正典刑。乃请而赦之以成其私名，美则美矣，亦非公义也。◆

【译文】壬戌日（十八日），周主宇文邕下诏大赦境内，废除北齐苛政，网罗文武贤才，并加优礼任用。

起初，北周的伊娄谦出使北齐，他的手下参军高遵将出使任务（阴谋）密告北齐。齐主下令把伊娄谦拘押在晋阳，到了周主宇文邕攻克晋阳，伊娄谦重获自由，周主宇文邕召见他，当面加以宽慰。同时逮捕高遵，把他交给伊娄谦，听凭他报复。

资治通鉴

伊娄谦叩头道谢，并请求赦免高遵，周主宇文邕说："你可聚众当面将唾液吐在他脸上，让他知道羞耻！"伊娄谦回答说："就高遵的罪过来论，不是向脸上吐口水所能惩罚的。陛下宽宏大量，不如索性就饶恕他吧！"周主见他如此说，只好不再责罚高遵，伊娄谦又如同从前一样对待高遵。

◆臣司马光说：奖赏立功的贤臣，惩罚有罪的叛徒，这是为人国君的责任。高遵奉命出使他国，泄露军国大计，这是地道的叛臣。周主自己不执行杀戮职责，反而把高遵交给伊娄谦，听任他去报复，这样就有失政纲和刑罚的尊严了。孔子说："用恩惠来报答怨恨，那么又将用什么来回报恩惠呢？"从伊娄谦这边来说，周主赐予他处罚高遵的权力，他应当推辞不接受，而将高遵交给主管刑罚的官员去定罪，用来维护国家法纪。但他没有这样做，竟然请求周主赦免宽恕高遵，借此成就自己宽宏的美名，好虽是好，却不合乎天下的公理。◆

齐主命立重赏以募战士，而竟不出物。广宁王孝珩请"使任城王湝将幽州道兵入土门，扬声趣并州，独孤永业将洛州道兵入潼关，扬声趣长安，臣请将京畿兵出滏口，鼓行逆战。敌闻南北有兵，自然逃溃。"又请出宫人珍宝赏将士，齐主不悦。斛律孝卿请齐主亲劳将士，为之撰辞，且曰："宜忼慨流涕，以感激人心。"齐主既出，临众，将令之，不复记所受言，遂大笑，左右亦笑。将士怒曰："身尚如此，吾辈何急！"皆无战心。于是，自大丞相已下，太宰、三师、大司马、大将军、三公等官，并增员而授，或三或四，不可胜数。

【译文】齐主高纬命有司立下重赏，用来招募战士，却又不拿出财物。广宁王高孝珩献策说："让任城王高湝带领幽州道的军兵进入土门（井径，今河北井陉县），扬言进攻并州（晋阳）；独孤永业带领洛州道的军兵进入潼关，扬言进袭长安，臣愿带领京畿的军兵出滏口（今河南武安县南三十里），鸣鼓而行，迎击周师。对方听到南北两路都有大兵来犯，自然闻风溃散。"高孝珩又请求放出宫女，拿出珍宝赏赐将士，来鼓舞士气。齐主一听要他拿出宫女和财宝，便满脸的不高兴。斛律孝卿建议齐主亲自慰劳将士，还替他草拟好一份讲稿，并且叮嘱他说："应当慷慨激昂，涕泗横流，借以振奋感动人心。"齐主应允，已经出了宫门，面对众将士，准备向他们演讲，可是竟记不起讲稿上所讲的内容，傻愣愣地站在台上，还发出傻笑，他的亲信近侍也跟着笑。三军将士无不义愤填膺，互相说："国家危急，他自身尚且如此漫不经心，我们又何必为他着急呢？"于是人心离散，三军全无斗志。这时，齐主下令从大丞相以下，凡是太宰、三师、大司马、大将军、三公等官职，增加官位的名额来授予将官，有的是三个人或四个人同任一个官，员额多得不可胜数。

朔州行台仆射高劢将兵侍卫太后、太子，自土门道还邺。时宦官仪同三司苟子溢犹恃宠纵暴，民间鸡彘，纵鹰犬搏噬取之；劢执以徇，将斩之；太后救之，得免。或谓劢曰："子溢之徒，言成祸福，独不虑后患邪？"劢攘袂曰："今西寇已据并州，达官率皆委叛，正坐此辈浊乱朝廷。若得今日斩之，明日受诛，亦无所恨！"劢，岳之子也。甲子，齐太后至邺。

丙寅，周主出齐宫中珍宝服玩及宫女二千人，班赐将士，加立功者官爵各有差。周主问高延宗以取邺之策，辞曰："此非亡国之臣所及。"强问之，乃曰："若任城王据邺，臣不能知。若今主自守，陛下兵不血刃。"癸酉，周师趣邺，命齐王宪先驱，以上柱国陈王纯为并州总管。

【译文】北齐朔州道行台仆射高劢，带领部队护送太后胡氏和太子高恒，从土门道逃回邺都。当时，宦官、仪同三司苟子溢倚仗齐主的宠信，放纵横暴，还放出老鹰猛犬去猎取搏杀百姓养的小鸡和小猪。高劢路见不平，就把苟子溢逮捕，准备将他斩首示众，胡太后在旁劝阻求情，苟子溢才得免一死。有人对高劢说："苟子溢之徒，得宠两宫，言出祸随，您难道不担心后患吗？"高劢奋袂怒道："现在西寇已攻占并州（北周在北齐西面，故谓之"西寇"），达官贵人大都弃官叛逃，正是由于此辈专政弄权，秽乱朝纲所致。今日如果能斩杀这些鼠辈，明日纵使遭受诛戮，死也无憾！"高劢，是高岳的儿子。甲子日（二十日），北齐太后返回邺都。

丙寅日（二十二日），周主宇文邕拿出晋阳宫中的金银珍宝、丽服器玩，释放宫女两千名，颁赏将士，所有立功的人，各依功劳大小予以加官晋爵。周主宇文邕向高延宗请教攻取邺都的计策，高延宗推辞说："这不是亡国的士大夫所能想得出来的。"周主宇文邕再三询问，高延宗才说："如果任城王高潜入援邺都，陛下此去，能否攻克邺都，臣无法预见；如若是由齐主高纬亲自镇守，那么陛下可兵不血刃，士卒毫发无伤，就能攻陷邺都。"癸酉日（二十九日），周主宇文邕亲自率领大军，向邺都进兵，命齐王宇文宪为先锋，留下上柱国、陈王宇文纯担任并州总管，镇守晋阳。

齐主引诸贵臣入朱雀门，赐酒食，问以御周之策，人人异议，齐主不知所从。是时人情恟惧，莫有斗心，朝士出降，昼夜相属。高劢曰:"今之叛者,多是贵人,至于卒伍,犹未离心。请追五品已上家属,置之三台,因胁之以战,若不捷,则焚台。此曹顾惜妻子,必当死战。且王师频北,贼徒轻我,今背城一决,理必破之。"齐主不能用。望气者言,当有革易。齐主引尚书令高元海等议,依天统故事,禅位皇太子。

资治通鉴

【译文】 齐主高纬招集一、二品以上贵戚大臣进入朱雀门(邺宫城正南门),遍赐酒食,分给纸笔,让他们各自书写抵御周师的对策。等到大家呈上对策,人各异词,齐主无所适从。此时,人心惶惶,没有斗志,出降北周的朝士,昼夜不绝。高劢向齐主高纬建议说:"臣见朝中叛逃的,都属贵戚大臣,至于士兵,还未尽离心。现在请催逼五品以上官员家属,全都赶入三台内(三台,魏武帝所建,齐文宣帝又增崇之,当时改为寺庙),然后迫令他们出仗,倘若打不了胜仗,就焚毁三台。此辈顾念爱惜妻子、儿女,一定会誓死作战。况且王师多次败北,贼徒一向轻视我军,今日果能背城决一死战,依照常理说,必能击退西寇。"齐主高纬没听从他的建议。这时有望气(望云气以知人之吉凶祸福)的人说:"国家当有变革改易。"齐主因而召请尚书令高元海等人进宫商议,于是依照天统旧例,将王位禅让给皇太子高恒。

资治通鉴卷第一百七十三　陈纪七

起强圉作噩，尽屠维大渊献，凡三年。

【译文】起丁酉（公元577年），止己亥（公元579年），共三年。

【题解】本卷记录了公元577年至579年共三年间南北朝的史事。当时正值陈宣帝太建九至十一年；北周武帝建德六年至周宣帝大成元年；北齐后主隆化元年，隆化二年时国灭。重点讲述了北周灭掉北齐，周武帝不幸英年早逝，周宣帝继位后骄奢放纵、滥杀无辜，北周政治一片混乱，国家显露败亡之兆。但周宣帝在位期间认可了佛、道的合法性，也为承袭汉魏传统做了一定贡献。

高宗宣皇帝中之下

太建九年（丁酉，公元五七七年）春，正月，乙亥朔，齐太子恒即皇帝位，生八年矣；改元承光，大赦。尊齐主为太上皇帝，皇太后为太皇太后，皇后为太上皇后。以广宁王孝珩为太宰。

司徒莫多娄敬显、领军大将军尉相愿谋伏兵千秋门，斩高阿那肱，立广宁王孝珩，会阿那肱自它路入朝，不果。孝珩求拒周师，谓阿那肱等曰：“朝廷不赐遣击贼，岂不畏孝珩反邪？孝珩若破宇文邕，遂至长安，反亦何预国家事！以今日之急，犹如此猜忌邪！”高、韩恐其为变，出孝珩为沧州刺史。相愿拔佩刀斫柱，叹曰："大事去矣，知复何言！"

【译文】 太建九年（丁酉，公元577年）春季，正月，乙亥朔日（初一），北齐皇太子高恒即皇帝位。高恒当时年仅八岁；改年号为承光，大赦境内。尊奉齐主高纬为太上皇帝，皇太后胡氏为太皇太后，皇后穆氏为太上皇后。任用广宁王高孝珩为太宰。

司徒莫多娄敬显、领军大将军尉相愿，预谋在千秋门（邺宫西门）埋伏军兵，袭杀高阿那肱，改立广宁王高孝珩为国君。不巧高阿那肱走了另一条路上朝，因而未能按原计划除掉他。高孝珩请求领军对抗周师，高阿那肱、韩长鸾等防备他变乱，外放他为沧州刺史。高孝珩临行时，对高阿那肱等人说："朝廷不派遣我去破贼，想必是担心我高孝珩造反吧！我高孝珩如果能击败宇文邕，我便进兵长安，就算造反，也对国家无损啊！事到如今，危险万分，还这样猜疑畏忌，岂不可叹！"说完，长叹而去。领军大将军尉相愿拔出佩刀，挥刀砍向柱子，长叹说："大势已去，还有什么好说的呢！"

齐主使长乐王尉世辩，帅千余骑觇周师，出滏口，登高阜西望，遥见群鸟飞起，谓是西军旗帜，即驰还；比至紫陌桥，不敢回顾。世辩，粲之子也。于是，黄门侍郎颜之推、中书侍郎薛道衡、侍中陈德信等劝上皇往河外募兵，更为经略；若不济，南投陈国。从之。道衡，孝通之子也。丁丑，太皇太后、太上皇后自邺先趣济州；癸未，幼主亦自邺东行。己丑，周师至紫陌桥。

【译文】 齐主高纬派遣长乐王尉世辩带领千余骑，外出侦察周师踪迹。行出滏口（今河南武安县南三十里），登上高坡西望，远远望见群鸟飞起，怀疑是西军旗帜（周师戎衣旗帜皆黑），便策马奔回，直到紫陌桥，一路上都不敢回头看。尉世辩，是尉粲的儿子。此时，黄门侍郎颜之推、中书侍郎薛道衡、侍中陈德信等，劝齐太上皇高纬前往河外（按北齐国都邺城，在黄河北，因而称河南为河外）募集士兵，另图谋划经营；事情如果不成，也可南投陈国。北齐太上皇采纳了这个建议。薛道衡，是薛孝通的儿子。丁丑日（初三），北齐太上皇高纬及太皇太后胡氏、太上皇后穆氏等先从邺城转移到济州（治今山东茌平县西南）。癸未日（初九），北齐幼主高恒也从邺都向东出逃。己丑日（十五日），周师进逼紫陌桥。

辛卯，上祭北郊。壬辰，周师至邺城下；癸巳，围之，烧城西门。齐人出战，周师奋击，大破之。齐上皇从百骑东走，使武卫大将军慕容三藏守邺宫。周师入邺，齐王、公以下皆降。三藏犹拒战，周主引见，礼之，拜仪同大将军。三藏，绍宗之子也。领军大将军渔阳鲜于世荣，齐高祖旧将也。周主先以马脑酒钟遗之，世荣得即碎之。周师入邺，世荣在三台前鸣鼓不辍，周人执之；世荣不屈，乃杀之。周主执莫多娄敬显，数之曰：“汝有死罪三：前自晋阳走邺，携妾弃母，不孝也；外为伪朝戮力，内实通启于朕，不忠也；送款之后，犹持两端，不信也。用心如此，不死何待！”遂斩之。使将军尉迟勤追齐主。

【译文】辛卯日（十七日），陈宣帝陈顼前往北郊坛祭祀地祇。壬辰日（十八日），周师逼近邺都城下。癸巳日（十九日），周师围攻邺城，烧毁邺都西门，齐军出战，周师奋力痛击，大破齐军。北齐太上皇高纬率领百骑向东逃跑，派武卫大将慕容三藏留守邺都。周师攻陷邺城，北齐王、公以下文武百官全部投降。只有慕容三藏还在抵抗，等到北齐平定，周主宇文邕召见他，用优礼相待，任用他为仪同大将军。慕容三藏，是慕容绍宗的儿子。北齐领军大将军、渔阳人鲜于世荣，是北齐高祖旧日的部将。周主宇文邕先派人赠送他玛瑙酒杯，召请他投降，鲜于世荣一接到酒杯，就把它摔碎。等到周师攻陷邺城，鲜于世荣还在三台前，鸣鼓号令士兵，继续抵抗，后来被北周士兵擒获，他誓死不肯屈从，周主宇文邕才下令杀了他。在这次战役中，周主宇文邕还俘获莫多娄敬显，周主宇文邕责备他说："你有死罪三条：以前从晋阳逃回邺都，只带妻妾逃跑，而丢下老母不管，这是何等的不孝；外表好像替伪齐效力，暗中却又密送表启给朕，说是要来归降，这是何等的不忠；已经说好要来投诚，竟还两头摇摆不定，这是何等的不守信。居心如此，不死更待何时？"于是命人把他推出斩首。派遣大将军尉迟勤率军追赶北齐太上皇高纬。

甲午，周主入邺。齐国子博士长乐熊安生，博通《五经》，闻周主入邺，遽令扫门。家人怪而问之，安生曰："周帝重道尊儒，必将见我。"俄而周主幸其家，不听拜，亲执其手，引与同坐；赏赐甚厚，给安车驷马以自随。又遣小司马唐道和就中书侍郎李德林宅宣旨慰谕，曰："平齐之利，唯在于尔。"引入宫，使内史宇文昂访问齐朝风俗政教，人物善恶。即留内省，三宿乃归。

【译文】甲午日（二十日），周主宇文邕进入邺都。北齐国子博士、长乐人熊安生，博通五经，听闻周主宇文邕入城，立刻通知家人洒扫门庭，准备迎接贵客。他的家人很奇怪，向他询问原因，熊安生告诉家人说："周主重道尊儒，一定会来访问我。"没过多久，周主果真到他家来。周主先有敕令，不让他下拜，并且拉着他的手，招呼他同坐，赏赐十分优厚，另赐给安车驷马，请他随驾入朝。周主宇文邕又派小司马唐道和，前往北齐中书侍郎李德林家，宣读圣旨，慰劳晓谕，里面还说："讨平北齐的收获，只是得到你。"周主宇文邕召请他入宫，派内史宇文昂向他询问北齐的风俗、政治、教化，以及人物的优劣。留他在门下省，停留三晚，才送他回家。

【申涵煜评】 安生为齐博士，昧君辱臣死之义，扫门待幸，博通五经何益，此等掉书袋，只合有事束之高阁，俟太平之日，徐出而鞭策之，不可以为缓急之用。

【译文】 熊安生为齐朝博士，蒙昧君主受辱臣子当死的道义，扫门等待宠幸，博通五经有什么益处？这种掉书袋之人，只合有事束之高阁，等到太平之日，慢慢出任而鞭策之，不可以作缓急之用。

乙未，齐上皇渡河入济州。是日，幼主禅位于大丞相任城王湝。又为湝诏：尊上皇为无上皇，幼主为宋国天王。令侍中斛律孝卿送禅文及玺绂于瀛州，孝卿即诣邺。

周主诏："去年大赦所未及之处，皆从赦例。"

齐洛州刺史独孤永业，有甲士三万，闻晋州败，请出兵击周，奏寝不报；永业愤慨。又闻并州陷，乃遣子须达请降于周，周以永业为上柱国，封应公。

【译文】 乙未日（二十一日），北齐太上皇高纬渡过黄河，进入济州。这一天，北齐幼主高恒禅位给大丞相、任城王高湝，又以高湝名义，替他发一道诏书，尊奉北齐太上皇为无上皇，幼主为守国天王，派遣侍中斛律孝卿，专程送禅位文书与玉玺绂绶到瀛州（治今河北河间县）给任城王高湝，可是斛律孝卿竟然前往邺都，将玉玺绂绶献给周主。

周主宇文邕下诏说："去年大赦，凡赦令所未达的属地，现在全部依从去年的赦令。"

北齐洛州刺史独孤永业镇守金墉城（在今洛阳西北），拥有甲士三万人，听说晋州沦陷，就上奏章，请求出兵进攻周师，可是他的奏章却被搁置没有呈递上去。独孤永业久等不见回复，内心异常愤慨。后来，又听说并州也沦陷了，他便派遣儿子独孤须达向周主投降。周主遥授独孤永业为上柱国，加封应国公。

丙申，周以越王盛为相州总管。

齐上皇留胡太后于济州，使高阿那肱守济州关，觇候周师，自与穆后、冯淑妃、幼主、韩长鸾、邓长颙等数十人奔青州。使内参田鹏鸾西出，参伺动静；周师获之，问齐主何在，鸾云："已去，计当出境。"周人疑其不信，捶之。每折一支，辞色愈厉，竟折四支而死。

上皇至青州，即欲入陈。而高阿那肱密召周师，约生致齐主，屡启云："周师尚远，已令烧断桥路。"上皇由是淹留自宽。周师至关，阿那肱即降之。周师奄至青州，上皇囊金，系于鞍后，与后、妃、幼主等十余骑南走，己亥，至南邓村，尉迟勤追及，尽擒之，并胡太后送邺。

【译文】 丙申日（二十二日），周主宇文邕任用越王宇文盛为相州总管。

北齐太上皇高纬留下胡太后在济州，派高阿那肱镇守济州关（济州城北有碻磝津故关），加派侦骑，四处侦察周师动静，自己却和穆皇后、冯淑妃、幼主、韩长鸾、邓长颙等几十人，逃往青州（治今山东益都县）。派宦官田鹏向西远出侦察周师动静。不巧途中被周师擒获。周人逼问他齐主现在何处，田鹏鸾欺骗他们说："齐主向南逃跑，计算时日，当已走出齐境。"周人怀疑他所言不实，便拷打逼问他讲实话，每打断他一根肢体，他的言语脸色就越发严厉愤怒。后来，直到四肢全被打断而后死去，但是始终不肯吐露半点实情。

北齐太上皇高纬逃到青州，准备南行进入陈朝。可是高阿那肱一方面密告周师，约好生擒齐主；另一方面却不断派人启奏齐主说："周师距此地还远，已令部队烧断桥梁通道，周师肯定追不过来。"北齐太上皇高纬竟因此逗留下来。哪知周师到了济州关，高阿那肱就投降周师，并且引领周师很快就攻到青州。北齐太上皇高纬将金囊系在马鞍后，和皇后胡氏、淑妃冯氏、幼主高恒等十余骑，仓皇向南出逃。己亥日（二十五日），北齐太上皇等逃到南邓村（今山东临朐县西南），被周将尉迟勤赶上，一行多人，全被生擒，连同在济州被俘的胡太后，一起押解到邺都。

庚子，周主诏："故斛律光、崔季舒等，宜追加赠谥，并为改葬，子孙各随荫叙录，家口田宅没官者，并还之。"周主指斛律光名曰："此人在，朕安得至邺！"辛丑，诏："齐之东山、南园、三台，并可毁撤。瓦木诸物，可用者悉以赐民。山园之田，各还其主。"

二月，壬午，上耕藉田。

丙午，周主宴从官将士于齐太极殿，颁赏有差。

【译文】庚子日（二十六日），周主宇文邕下诏说："北齐故右丞相斛律光、侍中崔季舒等，应当追加赠谥，并妥为改葬。他们的子孙，各自按照功荫的大小次序，分别予以录用，妻子、家属、田宅等被没入官府的，一概下令发还。"周主宇文邕指着诏书上斛律光的名字，对身边的人说："此人如若还在的话，朕怎能攻陷邺都？"辛丑日（二十七日），周主宇文邕又下诏说："北齐的东山、南园、三台，都可捣毁拆除。其中瓦、木等可以使用的建材，全部赐予百姓。东山、南园所占用民间的良田，也都发还给原主。"

二月，壬午日（二月无此日），陈宣帝陈顼亲自下藉田，举行耕种大典。

丙午日（初三），周主宇文邕在北齐邺宫太极殿摆设酒宴，宴请亲信近侍及从征将士，依照他们立功的大小，分别予以不同等级差别的奖赏。

丁未，高纬至邺，周主降价，以宾礼见之。

齐广宁王孝珩至沧州，以五千人会任城王湝于信都，共谋匡复，召募得四万馀人。周主使齐王宪、柱国杨坚击之。令高纬为手书招湝，湝不从。宪军至赵州，湝遣二谍觇之，候骑执以白宪。宪集齐旧将，遍示之，谓曰："吾所争者大，不在汝曹。今纵汝还，仍充吾使。"乃与湝书曰："足下谍者为候骑所拘，军中情实，具诸执事。战非上计，无待卜疑；守乃下策，或未相许。已勒诸军分道并进，相望非远，凭轼有期。'不俟终日'，所望知机也！"

【译文】丁未日（初四），高纬被押解邺都。周主宇文邕亲自走下台阶，用对待宾客的礼节来接见他。

北齐广宁王高孝珩到了沧州，带领五千人，在信都（今河北翼县治）和任城王高湝会师，共同谋划匡复齐室，彼此招募军士，一共得到四万多人。周主宇文邕派齐王宇文宪、柱国杨坚，统兵前往征讨。与此同时，周主宇文邕先令高纬写一封书信给高湝，但是高湝拒绝接受招降。齐王宇文宪军抵达赵州（治今河北赵县），高湝派出两位侦察周军动静的间谍，不巧在行动中，被周军派出的斥候虏获，北周谍报人员将这件事报告给主帅宇文宪，宇文宪便召集随从征战的原北齐将领，一一指示给这两个间谍看，又对他们两个说："我们要争取的是大目标，并不在于你们两个。现在就释放你们回去，顺便充当一下我的信使。"于是委托他二人带书信给高湝，信上大概这么说："足下派出刺探军情的间谍，被我方侦骑擒获，彼此军中虚实，谍报人员当能清楚地说出来。足下想要出战，并不是上策，不待占卜，便可预知；想要固守顽抗，也属下策，因为我们不答应你们这样做。现在，我已率领各路兵马，分路并进，相见的日期不远，俯轼为礼的日子很快就将到来。'见栅而作，不待终日。'希望足下能早日决断！"

【乾隆御批】 安生既号通经，岂其未闻大义？国破而扫门以待异姓，纲常之谓何。安车驷马之赐，上下盖两失之。

【译文】 熊安生既然号称通晓经书，难道他就没听说过大义吗？国家灭亡了却打扫门庭来等待异姓，那么纲常又是什么呢？周武帝赐给他安车驷马，这上下两方面都错了。

　　宪至信都，湝陈于城南以拒之。湝所署领军尉相愿诈出略陈，遂以众降。相愿，湝心腹也，众皆骇惧。湝杀相愿妻子。明日，复战，宪击破之，俘斩三万人，执湝及广宁王孝珩。宪谓湝曰："任城王何苦至此？"湝曰："下官神武皇帝之子，兄弟十五人，幸而独存。逢宗社颠覆，今日得死，无愧坟陵。"宪壮之，命归其妻子。又亲为孝珩洗疮傅药，礼遇甚厚。孝珩叹曰："自神武皇帝以外，吾诸父兄弟，无一人至四十者，命也。嗣君无独见之明，宰相非柱石之寄，恨不得握兵符，受斧钺，展我心力耳！"

　　齐王宪善用兵，多谋略，得将士心。齐人惮其威声，皆望风沮溃。刍牧不扰，军无私焉。

【译文】宇文宪大军逼近信都，高湝出兵城南，列好军阵与周师对抗。但没过多久，高湝的属下，领军大将军尉相愿假意说是要出去经略行阵，哪知他竟率领所部归降周师去了。尉相愿，是高湝的心腹要员，自从他降周而去，造成军心动摇，大家异常惊恐。高湝十分生气，便捕杀了尉相愿的妻小。第二天，双方交战，宇文宪将高湝打败，俘获斩杀齐军三万人，捉住高湝和广宁王高孝珩。宇文宪对高湝说："任城王何苦力战不降呢？"高湝哀声叹道："下官是神武皇帝的儿子，兄弟十五人，只有我还侥幸活着，却不幸遇到宗庙社稷的倾覆败亡，如今拼死一战，九泉之下见到先人，也没有愧憾了。"宇文宪听他这么说，心里很敬佩，命手下将他的妻小还给他。宇文宪又亲自为高孝珩清洗疮伤，抹上药膏，也以优礼对待。高孝珩感慨地说："北齐除神武皇帝外，我的叔伯兄弟，没有一人活过四十岁的，这岂非是命数？而今嗣君没有远见卓识，宰相又非能担负重任的良才，只是遗憾我不能手握兵符，拜受斧钺，施展我的计谋和武艺。"

齐王宇文宪善于用兵，富有谋略，深得将士拥戴。北齐各地守军，害怕他的威势声名，听闻他大军要来的消息，都沮丧崩溃。宇文宪大军所经过的地方，由于军纪严明，当地樵夫牧童，都没有受到惊扰，他的军兵也都不敢私下索取百姓的东西。

周主以齐降将封辅相为北朔州总管。北朔州，齐之重镇，士卒骁勇。前长史赵穆等谋执辅相迎任城王湝于瀛州，不果，乃迎定州刺史范阳王绍义。绍义至马邑，自肆州以北二百八十余城皆应之。绍义与灵州刺史袁洪猛引兵南出，欲取并州。至新兴，而肆州已为周守，前队二仪同以所部降周。周兵击显州，执刺史陆琼，复攻拔诸城。绍义还保北朔州。周东平公神举将兵逼马邑，绍义战败，北奔突厥，犹有众三千人。绍义令曰："欲还者从其意。"于是辞去者大半。突厥佗钵可汗常谓齐显祖为英雄天子，以绍义重踝，似之，甚见爱重；凡齐人在北者，悉以隶之。

【译文】周主宇文邕任用北齐降将封辅相担任北朔州总管。北朔州（控御突厥），是北齐的重镇要地，骁勇的士兵大多聚集在这一州。前任长史赵穆等密谋擒拿封辅相，并派人前往瀛州迎接任城王高湝来坐镇北朔州，可是未能依照原定计划实现。后来，他们又改迎定州刺史、范阳王高绍义。高绍义到了马邑（今山西朔县，即北朔州治所），从肆州（今山西忻县西）以北二百八十余座城，都响应高绍义。高绍义与灵州（治今山西繁峙县境）刺史袁洪猛领兵南下，将攻打并州。进军到新兴（郡治即今山西忻县治），肆州已被周师占领，先锋两仪同三司又投降了周师，周师进攻显州（治今山西崞县），俘虏刺史陆琼，又乘胜攻克诸城。高绍义退守北朔州。周将东平公宇文神举领兵逼进马邑，高绍义出城迎战，被打败，准备向北逃向突厥。这时，他手下还有三千人，高绍义下令说："想回去的，听凭自己的意思；想跟随我的，也听凭你们自己决定。"于是部下辞别离开的，占了大半。突厥佗钵可汗常推崇北齐显祖高洋为英雄天子，加之以高绍义脚上踝骨突出，很像北齐显祖高洋，因此佗钵可汗很爱护和敬重他，所有流落在突厥的北齐百姓，都拨给高绍义管辖。

于是，齐之行台、州、镇，唯东雍州行台傅伏、营州刺史高宝宁不下，其馀皆入于周。凡得州五十，郡一百六十二，县三百八十，户三百三万二千五百。高宝宁者，齐之疏属，有勇略，久镇和龙，甚得夷、夏之心。周主于河阳、幽、青、南兖、豫、徐、北朔、定置总管府，相、并二州各置宫及六府官。

周师之克晋阳也，齐使开府仪同三司纥奚永安求救于突厥，比至，齐已亡。佗钵可汗处永安于吐谷浑使者之下，永安言于佗钵曰："今齐国既亡，永安何用馀生！欲闭气自绝，恐天下谓大齐无死节之臣；乞赐一刀，以显示远近。"佗钵嘉之，赠马七十匹而归之。

【译文】 这时，北齐的行台道、州、镇，除了东雍州行台傅伏和营州刺史高宝宁还坚守不肯归降外，其余的全部落入北周之手，总计北周得州五十，郡一百六十二，县三百八十，户三百三万二千五百。高宝宁，是北齐高氏的远枝，为人勇敢，富有谋略，镇守和龙（营州治所，亦作黄龙，即龙城，为现今热河朝阳县治）很久，深得当地夷、夏人心。周主宇文邕在河阳、幽、青、南兖、豫、徐、北朔、定等重要州郡都设置总管府，相、并二州各设置宫殿及六府官。

周师攻克晋阳时，齐主高纬派遣开封府仪同三司纥奚永安出使突厥，请求援救，等他抵达突厥时，齐国已被北周灭亡。突厥佗钵可汗将他的位置，列在吐谷浑使者的下面，纥奚永安向佗钵可汗抗议说："现在北齐已经灭亡，我纥奚永安哪还吝惜这残余生命？本想上吊自尽，因为担心天下人认为大齐没有尽节而死的忠臣，乞求赐我一把刀子用来自杀，借以公开传示远近四方。"佗钵可汗嘉许他的忠烈，特赐七十匹马给他，放他回去。

梁主入朝于邺。自秦兼天下，无朝觐之礼，至是始命有司草具其事：致积，致饩，设九傧、九介，受享于庙，三公、三孤、六卿致食，劳宾，还贽，致享，皆如古礼。周主与梁主宴，酒酣，周主自弹琵琶。梁主起舞，曰："陛下既亲抚五弦，臣何敢不同百兽！"周主大悦，赐赍甚厚。

乙卯，周主自邺西还。

三月，壬午，周诏："山东诸军，各举明经干治者二人；若奇才异术，卓尔不群者，不拘此数。"

【译文】梁主萧岿前往邺都朝见周主宇文邕。自从秦始皇吞并天下以来，诸侯朝见天子的礼仪，很长时间已经废弛不用，到这时，周主才下令主管礼仪的官吏，起草制定朝见礼仪。地主国待客，致积（送刍薪米菜），致饩（送生肉），设九傧（引导梁主住进馆舍），梁主设九介（为宾主传话），受享于庙，北周三公、三孤、六卿致食，劳宾、还贽、致享等仪式，全部按照古礼进行。周主宇文邕设宴款待梁主，酒喝得畅快，周主亲自弹奏琵琶。梁主也起身跳舞，说："陛下既然亲自弹奏五弦琵琶，臣怎敢不像百兽一样舞蹈呢？"周主宇文邕龙颜大悦，便赏赐他很丰厚的礼物。

乙卯日（十二日），周主宇文邕从邺都出发返回长安。

三月，壬午日（初九），周主宇文邕下诏说："山东诸军，各自举荐通晓经书及有政治才干的两位人选；如果有奇才异术，卓越不凡的，不妨都举荐上来，不受以上两个名额限制。"

周主之擒尉相贵也，招齐东雍州刺史傅伏，伏不从。齐人以伏为行台右仆射。周主既克并州，复遣韦孝宽招之，令其子以上大将军、武乡公告身及金、马脑二酒钟赐伏为信。伏不受，谓孝宽曰："事君有死无贰。此儿为臣不能竭忠，为子不能尽孝，人所仇疾，愿速斩之以令天下！"周主自邺还，至晋州，遣高阿那肱等百余人临汾水召伏。伏出军，隔水见之，问："至尊今何在？"阿那肱曰："已被擒矣。"伏仰天大哭，帅众入城，于听事前北面哀号，良久，然后降。周主见之曰："何不早下？"伏流涕对曰："臣三世为齐臣，食齐禄，不能自死，羞见天地！"周主执其手曰："为臣当如此。"乃以所食羊肋骨赐伏曰："骨亲肉疏，所以相付。"遂引使宿卫，授上仪同大将军。敕之曰："若遽与公高官，恐归附者心动。努力事朕，勿忧富贵。"它日，又问："前救河阴得何赏？"对曰："蒙一转，授特进、永昌郡公。"周主谓高纬曰："朕三年教战，决取河阴。正为傅伏善守，城不可动，遂敛军而退。公当时赏功，何其薄也！"

【译文】 周主宇文邕生擒北齐晋州道行台仆射尉相贵时，曾要他去招降北齐东雍州刺史傅伏，傅伏没有答应。后来，齐主高纬任用傅伏为行台右仆射。等到周主宇文邕攻陷并州，又派韦孝宽去招降他，并命他的儿子（傅世宽）拿着周主授予他的"上大将军、武乡郡公"的任命状和周主赐予他的镶金玛瑙酒杯两个，作为信证，要傅伏投降北周。但是傅伏拒绝接受，派人对韦孝宽说："人臣事君，临难只有一死以报君王，绝无二心以叛国。我这个儿子，身为北齐臣子，为臣不能尽忠，为子不能尽孝，不忠不孝，是人人所痛恨的人，希望你速将他斩首，借以劝诫天下不忠不孝的人！"等周主宇文邕从邺都返回长安，路经晋州，派遣高阿那肱等百余人，来到汾水旁，召傅伏出降。傅伏整军出城，隔着汾河与高阿那肱等相见，他问道："皇上现在何处？"高阿那肱告诉他说："已被擒获。"傅伏听到这消息，仰天痛哭，带领部众入城，在厅堂前，向北哀号，过了许久，才出城投降。周主宇文邕召见他，问他："为什么不早投降？"傅伏泪流满面地说："臣家三代仕齐，领齐朝俸禄，北齐委我以重任，不能一死以报主恩，实在愧对天地！"周主亲切地握着他的手说：

"你所言很对，为人臣者，正应如此。"于是将自己所要吃的羊肋骨赏赐给他，对他说："骨亲肉疏，因此将此物相赠。"于是留他宿卫宫禁，加授上仪同大将军，并勉励他说："如果马上赐你高官，恐怕投降归附的人，也动心索要高官。只要你好好侍奉我，不愁不富贵。"过了几天，又问他："从前解救河阴的危急，得到什么奖赏？"傅伏回答说："蒙主加恩，官位晋升一级，加封特进永昌郡公。"周主宇文邕回过头来对高纬说："朕前三年练兵教战，决心前去进攻河阴，因为傅伏善于守御，城池不能攻破，所以收军而还。公当时论功行赏，是多么地微薄啊！"

【乾隆御批】 傅伏始拒周人之招，慷慨自誓若确乎不可屈挠者。及闻齐主成擒，而幡然改节，拜爵不辞，与所称有死无二毋乃相庆。以忠孝责子之言岂非虚哉。

【译文】 傅伏一开始拒绝周人之招，信誓旦旦好像确实是个不屈不挠的人。等到听说齐后主已经被擒，就突然改变气节，拜官封爵一概不推辞，和他自己所说的意志坚定、虽死不变的言论不是大相背离了吗？用忠孝来要求儿子的话岂不成了空话？

　　夏，四月，乙巳，周主至长安，置高纬于前，列其王公等于后，车舆、旗帜、器物，以次陈之。备大驾，布六军，奏凯乐，献俘于太庙。观者皆称万岁。戊申，封高纬为温公，齐之诸王三十余人，皆受封爵。周主与齐君臣饮酒，令温公起舞。高延宗悲不自持，屡欲仰药，其傅婢禁止之。

　　周主以李德林为内史上士，自是诏诰格式及用山东人物，并以委之。帝从容谓群臣曰："我常日唯闻李德林名，复见其为齐朝作诏书移檄，正谓是天上人；岂言今日得其驱使。"神武公纥豆

501

陵毅对曰:"臣闻麒麟凤皇,为王者瑞,可以德感,不可力致。麒麟凤皇,得之无用,岂如德林,为瑞且有用哉!"帝大笑曰:"诚如公言。"

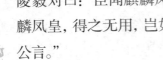

【译文】 夏季,四月,乙巳日(初三),周主宇文邕返回长安,将高纬放置在行列的最前面,其余北齐王公大臣在他后面,从齐国缴获的车舆、旗帜、器物,又依次陈列在后面。自备大驾(天子乘舆),布列六军,演奏凯旋曲,浩浩荡荡前往太庙,呈献战俘。京邑观众,都高喊万岁。戊申日(初六),周主宇文邕册封高纬为温国公,北齐投降以及被俘诸王三十多人,也都授予官职爵位。周主宇文邕和北齐君臣饮酒,酒至半酣,命温国公高纬起身跳舞。高纬并无难色,欣然起舞。高延宗在座中却悲不自胜,宴罢归寓,好几次想服毒自尽,经过他的侍婢苦苦相劝,才打消了念头。

周主宇文邕任用李德林为内史上士。从此,所有诏诰格式,以及山东人物的任用,全部委任李德林经手办理。周主曾从容对群臣说:"我以前只听闻李德林大名,并看过他为北齐国君所作的诏书移檄,我非常吃惊,认为他是天上的仙才,哪曾料到今日竟能得到他为我驱遣效力?"神武郡公纥豆陵毅接口说:"臣听说麒麟凤凰,是王者祥瑞,可以圣德感召它来,却不能用暴力获得它。麒麟凤凰虽然稀少,但是得到了它,也没有多大用处,哪比得上李德林,既为祥瑞,且又大有才用呢?"周主听了,朗声大笑说:"确实如纥豆陵公所说的那样。"

己巳,周主享太庙。

五月,丁丑,周以谯王俭为大冢宰。庚辰。以杞公亮为大司徒,郑公达奚震为大宗伯,梁公侯莫陈芮为大司马,应公独孤永业为大司寇，郑公韦孝宽为大司空。

己丑，周主祭方丘。诏以"路寝会义、崇信、含仁、云和、思齐诸殿，皆晋公护专政时所为，事穷壮丽，有逾清庙，悉可毁撤。雕矸之物，并赐贫民。缮造之宜，务从卑朴。"戊戌，又诏："并、邺诸堂殿壮丽者准此。"

◆臣光曰：周高祖可谓善处胜矣！他人胜则益奢，高祖胜而愈俭。◆

【译文】己巳日（二十七日），周主宇文邕前往太庙祭祀祖先。

五月，丁丑日（初五），周主宇文邕任用谯王宇文俭为大冢宰。庚辰日（初八），周主宇文邕任用杞国公宇文亮为大司徒，郑国公达奚震为大宗伯，梁国公侯莫陈芮为大司马，应国公独孤永业为大司寇，[郧]郑国公韦孝宽为大司空（考《北史》及《周书·武帝纪》，并云以"郧国公韦孝宽为大司空"，当据改）。

己丑日（十七日），周主宇文邕前往方丘祭祀后土。下诏说："路寝会义、崇信、含仁、云和、思齐诸殿，都是晋国公宇文护专权时代所建，营造极尽华丽，规模逾越清庙，全部拆毁。拆下的砖瓦木料等建筑材料，都赐给平民。以后一切新的建筑，务必遵守卑陋简朴的原则。"[戊戌日]（二十六日），周主宇文邕又下诏说："晋阳、邺都二宫所有殿堂，过于奢华壮丽的，一概比照长安宫殿的办法处理。"

◆臣司马光说："周高祖宇文邕可以算是善于居处胜利境地的人；别的国君，要是处于胜利的境地，就越发奢华，而周高祖处于胜利的境地，却越发地俭朴。"◆

六月，丁卯，周主东巡。秋，七月，丙戌，幸洛州。八月，壬寅，议定权衡度量，颁于四方。

初，魏虏西凉之人，没为隶户，齐氏因之，仍供厮役。周主灭齐，欲施宽惠，诏曰："罪不及嗣，古有定科。杂役之徒，独异常宪，一从罪配，百代不免，罚既无穷，刑何以措！凡诸杂户，悉放为民。"自是无复杂户。

【译文】 六月，丁卯日（二十六日），周主宇文邕前往东方巡视。秋季，七月，丙戌日（十五日），出巡到洛州（治今洛阳）。八月，壬寅日（初二），周主宇文邕将朝臣议定的度量衡，颁行四方，作为天下计量的标准。

起初，拓跋魏进攻西凉，俘获不少西凉人，将他们没入奴隶户籍。北齐沿袭东魏的办法，那些奴隶户仍然要为统治者服劳役。周主宇文邕平定北齐后，想施加宽大的恩惠，于是下诏说："罪罚不延及后代，自古就有法律规定。可是判杂役隶徒，却独与常法有别，只要一经判罪，没为官奴，子孙便百世都是奴隶。罪罚既已无穷长，又怎能做到刑法平等呢？现在凡属奴隶之户，一概释放为良民。"自此，周国境内，不再有奴隶杂户。

甲子，郑州获九尾狐，已死，献其骨。周主曰："瑞应之来，必彰有德。若五品时叙，四海和平，乃能致此。今无其时，恐非实录。"命焚之。

九月，戊寅，周制："庶人已上，唯听衣䌷、绵䌷、丝布、绢绫、纱、绢、绡、葛、布等九种，馀悉禁之。朝祭之服，不拘此制。"

【译文】 甲子日（二十四日），北周郑州捕获九尾狐，虽然已死，皮肉也已烂尽，但是骨体依然完整，地方官将它呈献给周主。周主宇文邕却说："珍奇之物的出现，一定昭示系有至德所致。倘若王者能使五常有序不乱，四海升平安定，这才能招致九尾孤的出现。可如今还不是它出现的时候，竟有人呈献九尾狐来，这恐怕不是真的什么祥瑞的东西。"于是命人把它烧掉。

九月，戊寅日（初八），周主宇文邕下令："庶民以上，可以穿绸、绵绸、丝布、圆绫、纱、绢、绡、葛、布等九种质料制作的衣服，其余的，一概禁止穿用。朝会或祭祀所穿的礼服，可以不受这个限制。"

冬，十月，戊申，周主如邺。

上闻周人灭齐，欲争徐、兖，诏南兖州刺史、司空吴明彻督诸军伐之，以其世子戎昭、将军惠觉摄行州事。明彻军至吕梁，周徐州总管梁士彦帅众拒战，戊午，明彻击破之。士彦婴城自守，明彻围之。

帝锐意以为河南指麾可定。中书通事舍人蔡景历谏曰："师老将骄，不宜过穷远略。"帝怒，以为沮众，出为豫章内史。未行，有飞章劾景历在省赃污狼籍，坐免官，削爵土。

【译文】冬季，十月，戊申日（初九），周主宇文邕前往邺城。

陈宣帝陈顼听闻周师消灭齐国的消息，想和北周争徐、兖二州的土地，于是下诏，命南兖州刺史、司空吴明彻都督诸军北伐，并命他的世子戎昭将军吴惠觉代替他摄行南兖州事。

吴明彻进军吕梁（江苏铜山县东南），北周徐州总管梁士彦率领军队抵御。戊午日（十九日），吴明彻击败梁士彦军，梁士彦凭据四周的城池防守，吴明彻乘胜围攻吕梁城。

当时，陈宣帝陈顼以坚决的意志，充满信心，认为在弹指之间，就可讨平河南。可是中书舍人蔡景历却谏阻他说："军队疲惫，将帅骄矜，不宜过度向远方征讨。"陈宣帝陈顼动怒，憎恶他动摇军心，于是将他外放为豫章内史。蔡景历还没有赴任，有匿名表章弹劾他在中书省任职时，贪赃累累，蔡景历便被免去官职并削夺爵位封土。

周改葬德皇帝于冀州，周主服缌，哭于太极殿；百官素服。

周人诬温公高纬与宜州刺史穆提婆谋反，并其宗族皆赐死。众人多自陈无之，高延宗独攘袂泣而不言，以椒塞口而死。唯纬弟仁英以清狂，仁雅以瘖疾得免，徙于蜀。其余亲属，不杀者散配西土，皆死于边裔。

周主以高湝妻卢氏赐其将斛斯徵。卢氏蓬首垢面，长斋，不言笑。徵放之，乃为尼。齐后、妃贫者，至以卖烛为业。

【译文】周主宇文邕在冀州境内，改葬他的祖父德皇帝宇文肱，周主身穿缌麻，在太极殿痛哭，文武百官也都穿着丧服陪哭。

周人诬告温国公高纬和宜州刺史穆提婆通谋造反，周主宇文邕下令将高纬和他的宗室亲属，全部赐死。北齐宗室有很多人同声呼冤，纷纷自陈没有造反，唯独高延宗卷袖气愤，饮泣不语（知道周主借故诛灭北齐宗室，说亦无用，故泣而不言），后来，他们全被周人用椒塞口，活活呛死。北齐宗室诸王，只有高纬的弟弟高仁英，因为是白痴；还有高仁雅，因为是哑巴，才得免一死，但也被迁徙到四川。其余高氏亲戚故旧，凡没有被杀戮的，一概分散流放到长安以西边远的地方，后来，他们也都死在边疆。

周主宇文邕把高湝的妻子卢氏，赐给部将斛斯徵。从此，卢氏就不再梳妆打扮，任凭头发散乱，面目污垢，并礼佛长斋，不和斛斯徵说笑言谈。斛斯徵拿她没办法，便放她出去，听凭她去做尼姑。北齐皇后、贵妃有的因为贫穷，而以卖蜡烛为生。

十一月，壬申，周立皇子衍为道王，兑为蔡王。

癸酉，周遣上大将军王轨将兵救徐州。

初，周人败齐师于晋州，乘胜逐北，齐人所弃甲仗，未暇收敛；稽胡乘间窃出，并盗而有之。仍立刘蠡升之孙没铎为主，号圣武皇帝，改元石平。

周人既克关东，将讨稽胡，议欲穷其巢穴。齐王宪曰："步落稽种类既多，又山谷险绝，王师一举，未可尽除。且当剪其魁首，馀加慰抚。"周主从之，以宪为行军元帅，督诸军讨之。至马邑，分道俱进。没铎分遣其党天柱守河东，穆支守河西，据险以拒之。宪命谯王俭击天柱，滕王逌击穆支，并破之，斩首万馀级。赵王招击没铎，擒之，馀众皆降。

【译文】 十一月，壬申日（初三），周主宇文邕册封皇子宇文衍[充]为道王（考《周书·武帝诸子道王传》，道王名充，字乾仁。《周书》《北史·周武帝纪》，并言封皇子充为道王，当据改），宇文兑为蔡王。

癸酉日（初四），周主宇文邕派遣上大将军王轨率军前往增援徐州。

起初，周师在晋州击败齐军，乘胜追逐败逃的军队，齐军沿途丢弃大批器械铠甲，周师无暇收拾；附近稽胡伺机溜出，全部盗走，武力便大为增强，于是拥立刘蠡升的孙子刘没铎为国君，号圣武皇帝，改年号为石平。

周师平定北齐后，准备讨伐稽胡，原来商议想直捣稽胡巢穴将它全部歼灭。但是齐王宇文宪说："步落稽种姓很多，又散处山谷，地势险阻，王师一举出击，未必很轻易就能将他们翦除。只能先铲除他们的酋长，其余的，慢慢安抚。"周主宇文邕听从他的建议，任命齐王宇文宪担任行军元帅，都督众军征讨稽胡。大军进抵马邑，分数路进攻。稽胡皇帝刘没铎分别派遣他的党羽天柱镇守河东，穆支把守河西，分据险要以对抗周师。宇文宪命谯王宇文俭领兵进攻天柱，滕王宇文迪率军攻打穆支，结果，两路军都取得胜利，斩下稽胡一万多颗脑袋。赵王宇文招突袭刘没铎，也将他擒拿过来，稽胡余众于是全部归降。

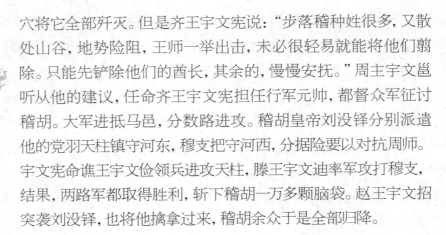

周诏："自永熙三年以来，东土之民掠为奴婢，及克江陵之日，良人没为奴婢者，并放为良。"又诏："后宫唯置妃二人，世妇三人，御妻三人，此外皆减之。"

周主性节俭，常服布袍，寝布被，后宫不过十馀人；每行兵，亲在行陈，步涉山谷，人所不堪；抚将士有恩，而明察果断，用法严峻。由是将士畏威而乐为之死。

【译文】周主宇文邕下诏说："从永熙三年以来，关东百姓，被俘虏过来，沦为奴婢的，以及攻克江陵之日，当地百姓被抄略入关，也沦为奴婢的，从今起一概放还，恢复他们平民的身份。"又下诏说："后宫只设立贵妃二人，世妇三人，御妻三人，此外一概裁减。"

周主宇文邕生性俭朴，常身穿布袍，睡觉盖布被，后宫嫔妃，只不过十多人；每次行军打仗，亲自在军队之中，跋山涉水，他都能忍受别人所不能忍受的劳苦；抚慰将士，很有恩德，加上明察秋毫，能决断大事，执法又严明厉害，因而将士感怀他的恩德，害怕他的威严，都乐意为他效力卖命。

己亥晦，日有食之。

周初行《刑书要制》：群盗赃一匹，及正、长隐五丁、若地顷以上，皆死。

十二月，戊申，新作东宫成，太子徙居之。

庚申，周主如并州，移并州军民四万户于关中。戊辰，废并州宫及六府。

高宝宁自黄龙上表劝进于高绍义，绍义遂称皇帝，改元武平，以宝宁为丞相。突厥佗钵可汗举兵助之。

【译文】乙亥晦日（己亥是十二月朔日），出现日食。

周主宇文邕颁诏施行新制定的《刑书要制》。《刑书要制》条文规定："凡盗窃一匹赃物，以及闾正、里正、族正、保长、党长隐瞒五个丁口、一百亩土地以上的，全都处死。"。

十二月，戊申日（初十），陈朝新修建的东宫落成，太子陈叔宝迁入新宫居住。

庚申日（二十二日），周主宇文邕前往并州，下令迁移并州军民四万户到关中。戊辰日（三十日），周主宇文邕废除并州宫及六府。

北齐高宝宁从黄龙（营州治所）向高绍义呈上奏章，敦劝他即位。高绍义于是在突厥地方即位为皇帝，改年号为武平，任用高宝宁为丞相。突厥佗钵可汗召集兵马，援助高绍义。

太建十年（戊戌，公元五七八年）春，正月，壬午，周主幸邺；辛卯，幸怀州；癸巳，幸洛州。置怀州宫。

二月，甲辰，周谯孝王俭卒。

丁巳，周主还长安。

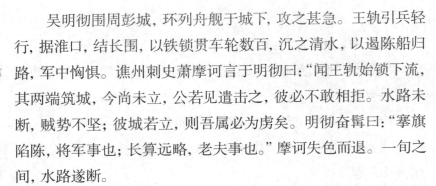

吴明彻围周彭城，环列舟舰于城下，攻之甚急。王轨引兵轻行，据淮口，结长围，以铁锁贯车轮数百，沉之清水，以遏陈船归路，军中恟惧。谯州刺史萧摩诃言于明彻曰："闻王轨始锁下流，其两端筑城，今尚未立，公若见遣击之，彼必不敢相拒。水路未断，贼势不坚；彼城若立，则吾属必为虏矣。明彻奋髯曰："搴旗陷陈，将军事也；长算远略，老夫事也。"摩诃失色而退。一旬之间，水路遂断。

【译文】太建十年（戊戌，公元578年）春季，正月，壬午日（十四日），周主宇文邕前往邺城。辛卯日（二十三日），到达怀州（治今河内沁阳县）。癸巳日（二十五日），周主宇文邕到达洛州（河南洛阳），下诏在怀州设立行宫。

二月，甲辰日（初七），北周谯孝王宇文俭去世。

丁巳日（二十日），周主宇文邕结束东巡回到长安。

吴明彻围攻北周彭城，环列舟舰于城下，进攻十分猛烈。北周上大将军王轨领军疾行，沿清水奔驰先行占据淮口（清水入淮之口），竖立大栅，结成长围，并用铁锁连起车轮数百个，沉入清水，用以阻断陈军船舰的归路。陈军见状，惊恐不安。谯州刺史萧摩诃向吴明彻献策说："听说，王轨刚刚封锁下游，两旁虽然修筑城垒，如今还未完工，您若派我前往进攻，对方一定不敢抗拒。如此，我方水军退路还不致阻断，对方防御工事也不能够坚固；如果等对方城垒筑成，那么我们必定成为他的俘虏了。"吴明彻掀髯笑道："驰马拔取敌人的旌旗，冲锋攻入敌人的阵营，这是将军拿手的事情；深谋远略，这是老夫的事。"萧摩诃听了，惊慌失色而退。就这样，蹉跎了十几天，下游水路终于被阻断。

周兵益至，诸将议破堰拔军，以舫载马而去。马主裴子烈曰："若决堰下船，船必倾倒，不如先遣马出。"时明彻苦背疾甚笃，萧摩诃复请曰："今求战不得，进退无路。若潜军突围，未足为耻。愿公帅步卒、乘马軬徐行，摩诃领铁骑数千驱驰前后，必当使公安达京邑。"明彻曰："弟之此策，乃良图也。然步军既多，吾为总督，必须身居其后，相帅兼行。弟马军宜须在前，不可迟缓。"摩诃因帅马军夜发。甲子，明彻决堰，乘水势退军。冀以入淮。至清口，水势渐微，舟舰并碍车轮，不复得过。王轨引兵围而蹙之，众溃。明彻为周人所执，将士三万并器械辎重皆没于周。萧摩诃以精骑八十居前突围，众骑继之，比旦，达淮南，与将军任忠、周罗睺独全军得还。

【译文】北周派出的援军相继赶到，诸将提议破堰泻水，乘势拔营撤退，合并两路，载马而去，马军主帅裴子烈反对说："如果决堰放船下驶，水势一弱，船一定倾倒搁浅，不如派遣骑兵突围先走。"这时，碰巧吴明彻患背疾很重，萧摩诃又进帐向他献计说："而今要求与敌人决一死战，敌人不肯出城迎战；想拔营率领水军退走，下游水路又被敌人阻断。进攻不得，后退又没有门路，唯一的办法，只有暗中派兵，突出重围，这样还不太算是耻辱。请元帅带领步兵，乘马车徐徐而行，让我带领铁骑数千，在元帅前后，驱驰拱卫，掩护撤退，一定保元帅安抵建康。"吴明彻说："将军此策，确是好计，可是步兵很多，我又身兼总督，必须亲自殿后，率领同行。将军率领骑兵，应当迅速在前启行，不应迟缓。"萧摩诃于是带领骑兵，趁夜进发。甲子日（二十七日），吴明彻决开堤堰，乘水势登船退兵，原本希望顺着清水，驰入淮河，可是船队驰抵清口，河岸逐渐宽阔，水流日益微弱，船舰都被周军铁锁车轮挡住，不能通行而过。周将王轨提前设好埋伏，率军包围，四面出击，使陈朝军队陷入溃灭绝境。吴明彻逃脱不了，连人带船，全被周军掳走；将士三万，连同粮食器械，也全被周军缴获。萧摩诃挑选八十精骑，率先突围，后面骑兵大队跟随，天明，到达淮水南岸，跟将军任忠、周罗睺二人独能保全完整的军队归来。

【乾隆御批】 兵薄坚城，而敌人遏其归路，急则可解，缓则腹背受困，理势判然。明彻胸无成见，貌为镇静，再阻摩诃突围之举，直至水浅胶舟，束手就缚。所诩为长算远略安在。虽愤懑而死，岂足以偿其辜哉？

【译文】 大军迫近坚守的城池，而敌人又已阻断他的退路，立即行动则可以解困，动作迟缓就会腹背受敌，道理和形势显而易见。可是吴明彻胸无成见，外表却故作镇静，一再阻止萧摩诃突围的建议，直到水浅到使舰船搁浅，束手就擒。他自诩的深谋远略在哪里呢？虽然因愤懑而死，难道就能补偿他的罪过了吗？

初，帝谋取彭、汴，以问五兵尚书毛喜，对曰："淮左新平，边民未辑。周氏始吞齐国，难与争锋。且弃舟楫之工，践车骑之地，去长就短，非吴人所便。臣愚以为不若安民保境，寝兵结好，斯久长之术也。"及明彻败，帝谓喜曰："卿言验于今矣。"即日，召蔡景历，复以为征南谘议参军。

周主封吴明彻为怀德公，位大将军。明彻忧愤而卒。

乙丑，周以越王盛为大冢宰。

三月，戊辰，周于蒲州置宫，废同州及长春二宫。

甲戌，周主初服常冠，以皁纱全幅向后襆发，仍裁为四脚。

【译文】 当初，陈宣帝陈顼计划攻取彭城、汴水之地，曾征询五兵尚书毛喜意见，毛喜回答他说："淮水以南的土地，刚攻取过来，边民还未同心归顺；宇文周刚吞并齐国，国势骤然强大，我方难以和他争锋。何况放弃舟楫水战的长处，到车骑冲驰的平原打仗，这是丢弃我们所长，使用我们所短，对江东人来说，这是很不适合的。依臣之见，不如安抚边民，保守国土，停止争战，结好北周，这才是长保国家安定的策略。"等到吴明彻兵败被俘，陈宣帝陈顼对毛喜说："你从前所说的话，今天全都应验了。"当天，召回蔡景历，又重新任用他为征南将军、鄱阳王府谘议参军。

周主宇文邕封吴明彻为怀德公，位为大将军。后来，吴明彻因忧愁悲愤，生病而亡。

乙丑日（二十八日），周主宇文邕任用越王宇文盛为大冢宰。

三月，戊辰日（初一），周主宇文邕下诏在蒲州设立行宫，同时废除同州与长春两处行宫。甲戌日（初七），周主宇文邕初次戴普通的帽子，用整幅黑纱向后束住头发，并裁幅巾为四脚。

丙子，命中军大将军、开府仪同三司淳于量为大都督，总水陆诸军事，镇西将军孙场都督荆、郢诸军，平北将军樊毅都督清口上至荆山缘淮诸军，宁远将军任忠都督寿阳、新蔡、霍州诸军，以备周。

乙酉，大赦。

壬辰，周改元宣政。

夏，四月，庚申，突厥寇周幽州，杀掠吏民。

戊午，樊毅遣军渡淮北，对清口筑城。壬戌，清口城不守。

五月，己丑，周高祖帅诸军伐突厥，遣柱国原公姬愿、东平公神举等将兵五道俱入。

【译文】丙子日（初九），陈宣帝陈顼任命中军大将军、开府仪同三司淳于量担任大都督，总水陆诸军事，任命镇西将军孙玚都督荆、郢水陆诸军，任命平北将军樊毅都督清口上至荆山缘淮诸军，任命宁远将军任忠都督寿阳、新蔡、霍州诸军，防备周师进犯。

乙酉日（十八日），陈宣帝陈顼颁诏大赦天下。

壬辰日（二十五日），周主宇文邕改年号为宣政。

夏季，四月，庚申日（二十三日），突厥侵犯北周的幽州，杀害劫夺官吏百姓而去。

戊午日（二十一日），樊毅派遣部队渡过淮北，对着清口修筑城垒。壬戌日（二十五日），陈朝清口城沦陷。

五月，己丑日（二十三日），北周高祖宇文邕率军征讨突厥，派遣柱国即原国公姬愿、东平郡公宇文神举等带领将士，分从五路，同时进攻突厥。

癸巳，帝不豫，留止云阳宫；丙申，诏停诸军。驿召宗师宇文孝伯赴行在所，帝执其手曰："吾自量必无济理，以后事付君。"是夜，授孝伯司卫上大夫，总宿卫兵。又令驰驿入京镇守，以备非常。六月，丁酉朔，帝疾甚，还长安；是夕殂，年三十六。

戊戌，太子即位。尊皇后阿史那氏为皇太后。宣帝始立，即逞奢欲。大行在殡，曾无戚容，扪其杖痕，大骂曰："死晚矣！"阅视高祖宫人，逼为淫欲。超拜吏部下大夫郑译为开府仪同大将军、内史中大夫，委以朝政。

【译文】癸巳日（二十七日），周主宇文邕身体不适，停留在云阳宫（在今陕西淳化县西北）。丙申日（三十日），周主宇文邕颁诏，暂停诸军北讨。并派人乘驿站快车前往长安，召宗师宇文孝伯赶往云阳宫。宇文孝伯赶到，周主拉着他的手说："我自忖度，绝无痊愈的可能，现在就将后事交托与你。"当晚，任用宇文孝伯为司卫上大夫，总掌宿卫兵马事；之后又命他先驰回长安镇守，防止意外事件发生。六月，丁酉朔日（初一），周主宇文邕病危，返回长安；当天夜里驾崩，享年三十六岁。

戊戌日（初二），北周皇太子宇文赟即皇帝位，尊皇后阿史那氏为皇太后。周主宇文赟刚一登基，就放纵情欲，奢侈无度。大行皇帝灵柩还未安葬，他竟无丝毫哀戚的神色，一边用手抚摸脚上的杖痕，一边还对着梓宫破口大骂说："死得太晚了！"接着，就巡视高祖的宫女，看到稍有姿色的，就逼迫她们与他淫乱。随后又破格提拔吏部下大夫郑译为开府仪同大将军、内史中大夫，委托他掌理朝廷政务。

己未，葬武皇帝于孝陵，庙号高祖。既葬，诏内外公除，帝及六宫皆议即吉。京兆郡丞乐运上疏，以为"葬期既促，事讫即除，太为汲汲。"帝不从。

帝以齐炀王宪属尊望重，忌之。谓宇文孝伯曰："公能为朕图齐王，当以其官相授。"孝伯叩头曰："先帝遗诏，不许滥诛骨肉。齐王，陛下为叔父，功高德茂，社稷重臣。陛下若无故害之，臣又顺旨曲从，则臣为不忠之臣，陛下为不孝之子矣。"帝不怿，由是疏之。乃与开府仪同大将军于智、郑译等密谋之，使智就宅候宪，因告宪有异谋。

【译文】 己未日（二十三日），周主宇文赟将武皇帝宇文邕的灵柩安葬到孝陵，庙号为高祖。葬礼结束，就下令境内的人，都脱去丧服，周主宇文赟与六宫妃嫔，也都改穿吉服。京兆郡丞乐运上疏劝谏，他认为"丧期已经很短促（自丁酉至己未，方二十三日即葬），葬礼一完，就脱去丧服，也太过着急"。周主宇文赟不理睬他的劝谏。

周主宇文赟因为齐炀王宇文宪辈分高，名望重，心里很猜忌他，召见宇文孝伯，秘密嘱咐他说："你能帮我翦除齐王的话，我就将他的官位转授给你。"宇文孝伯一听到这个话，立刻叩头下拜说："先皇遗诏，不许陛下滥杀骨肉至亲。齐王，是陛下的叔父，功勋卓著，道德昌盛，是朝廷重臣。陛下如果无缘无故加害于他，臣如若顺从陛下的旨意，去杀齐王的话，那么臣便是宇文周的不忠之臣，而陛下也不免成为不孝之子。"周主宇文赟看他不肯领旨去做，心里十分不高兴，也就逐渐疏远他。于是另外和开府仪同大将军于智、郑译等秘密设计除去齐王宇文宪。计划已定，便派于智到宇文宪宅中，探察宇文宪的动静，于智于是借故控告宇文宪有谋反的意图。

甲子，帝遣宇文孝伯语宪，欲以宪为太师，宪辞让。又使孝伯召宪，曰："晚与诸王俱入。"既至殿门，宪独被引进。帝先伏壮士于别室，至，即执之。宪自辨理，帝使于智证宪，宪目光如炬，与智相质。或谓宪曰："以王今日事势，何用多言！"宪曰："死生有命，宁复图存！但老母在堂，恐留兹恨耳！"因掷笏于地。遂缢之。

帝召宪僚属，使证成宪罪。参军勃海李纲，誓之以死，终无挠辞。有司以露车载宪尸而出，故吏皆散，唯李纲抚棺号恸，躬自瘗之，哭拜而去。

又杀上大将军王兴、上开府仪同大将军独孤熊、开府仪同大将军豆卢绍，皆素与宪亲善者也。帝既诛宪而无名，乃云与兴等谋反，时人谓之"伴死"。

以于智为柱国，封齐公，以赏之。

【译文】甲子日（二十八日），周主宇文赟派遣宇文孝伯传话给宇文宪说，陛下想任用你为太师（三师之首），宇文宪辞谢，不敢接受。后来，又派宇文孝伯去召请宇文宪，让他跟宇文宪说："今晚诸王都到殿门集合。"到了晚间，宇文宪遵旨前往，到了殿门，单独被召引入殿。周主宇文赟早已在偏殿埋伏好杀手，宇文宪一到，那批杀手就一拥而上，把他拿下。宇文宪自我申辩，周主宇文赟找来于智，让他指证宇文宪的异谋，宇文宪目光明亮如炬，当面和于智对质，说得于智哑口无言。但是旁边有人对宇文宪说："像大王今日情势，多说也没用！"宇文宪叹息说："死生听之命运，难道还想求活吗？只是老母在堂，乏人奉养，恐怕会留下遗憾！"说着，就将所执笏板，丢掷地上。周主宇文赟便命那批杀手，把宇文宪活活绞死。

周主宇文赟召集宇文宪的僚属，威逼他们指证宇文宪的罪状。参军、渤海人李纲誓死不肯承认宇文宪有罪，任凭百般胁迫，始终没有屈从歪曲的言辞。等到宇文宪的尸体被有司用普通载物的车子运出宫，宇文宪府的旧属，因为害怕牵连，全都散去；只有李纲，抚视棺柩，哀号恸哭，亲自为他安葬，然后哭泣拜别而去。

周主宇文赟接着又杀了上大将军王兴、上开府仪同大将军独孤熊、开府仪同大将军豆卢绍，这三人都是以前和宇文宪很亲近的人。宇文赟已经杀死宇文宪，可是却找不到什么正当罪名，于是巧立名目，诬陷他和王兴等人谋反，当时的人都知道王兴等人也是冤死，因此给他们加个名词，叫作"伴死"。

周主宇文赟擢升于智为柱国，进封齐国公，借以酬报他助杀宇文宪的功劳。

闰月，乙亥，周主立妃杨氏为皇后。

辛巳，周以赵王招为太师，陈王纯为太傅。

齐范阳王绍义闻周高祖殂，以为得天助。幽州人卢昌期，起兵据范阳，迎绍义，绍义引突厥兵赴之。周遣柱国东平公神举将兵讨昌期。绍义闻幽州总管出兵在外，欲乘虚袭蓟，神举遣大将军宇文恩将四千人救之，半为绍义所杀。会神举克范阳，擒昌期。绍义闻之，素衣举哀，还入突厥。高宝宁帅夷、夏数万骑救范阳，至潞水，闻昌期死，还，据和龙。

【译文】闰月，乙亥日（初十），周主宇文赟册封夫人杨氏为皇后。

辛巳日（十六日），周主宇文赟任用赵王宇文招为太师，陈王宇文纯为太傅。

北齐范阳王高绍义获知北周高祖去世的消息，认为这是皇天助他复国雪耻的好机会。碰巧又有位名叫卢昌期的幽州人，攻占范阳，起兵反周，上表奉迎高绍义，高绍义于是招引突厥兵一同前往范阳。北周朝廷派遣柱国、东平郡公宇文神举率军讨伐卢昌期。高绍义探悉幽州总管领军在外，想乘虚偷袭蓟城（今河北大兴县），宇文神举派遣大将军宇文恩带领四千兵马，驰往援救，但是大半被高绍义截击杀掉。不久，宇文神举攻克范阳，擒杀卢昌期。高绍义收到这个噩耗，身穿丧服，为他举哀，然后领兵退回突厥。当时，营州刺史高宝宁正带领夷、夏数万骑，赶去援救范阳，进抵潞水（今河北通县北运河），听闻卢昌期的死讯，也领兵退回和龙。

秋，七月，周主享太庙；丙午，祀圜丘。

庚戌，周以小宗伯斛律徵为大宗伯。壬戌，以亳州总管杨坚为上柱国、大司马。

癸亥，周主尊所生母李氏为帝太后。

八月，丙寅，周主祀西郊；壬申，如同州。以大司徒杞公亮为安州总管，上柱国长孙览为大司徒，杨公王谊为大司空。丙戌，以柱国永昌公椿为大司寇。

【译文】秋季，七月，周主宇文赟前往太庙祭拜祖先。丙午日（十一日），前往圜丘祭祀昊天上帝。

庚戌日（十五日），周主宇文赟任用小宗伯斛斯徵为大宗伯。壬戌日（二十七日），任用亳州总管杨坚为上柱国、大司马。

癸亥日（二十八日），周主宇文赟尊奉自己的亲生母亲李氏为帝太后。

八月，丙寅日（初二），周主宇文赟在西郊坛举行祭祀。壬申日（初八），宇文赟到同州。任用大司徒、杞国公宇文亮为安州总管，上柱国长孙览为大司徒，杨国公王谊为大司空。丙戌日（二十二日），周主宇文赟任命柱国、永昌郡公宇文椿担任大司寇。

九月，乙巳，立方明坛于娄湖。戊申，以扬州刺史始兴王叔陵为王官伯，临盟百官。

庚戌，周主封其弟元为荆王。

周主诏：“诸应拜者，皆以三拜成礼。”

甲寅，上幸娄湖誓众。乙卯，分遣大使以盟誓班下四方，上下相警戒。

冬，十月，癸酉，周主还长安。以大司空王谊为襄州总管。

戊子，以尚书左仆射陆缮为尚书仆射。

十一月，突厥寇周边，围酒泉，杀掠吏民。

十二月，甲子，周以毕王贤为大司空。

己丑，周以河阳总管滕王逌为行军元帅，帅众入寇。

【译文】九月，乙巳日（十一日），陈宣帝陈顼在娄湖（今江苏江宁县东南）修建方明坛。戊申日（十四日），陈宣帝陈顼任命扬州刺史、始兴王陈叔陵为王官伯，监临天子和百官的结盟。

庚戌日（十六日），周主宇文赟册立他的弟弟宇文元为荆王。

周主宇文赟下诏规定："以后所有应行拱手下拜礼的，一律以三拜成礼。"

甲寅日（二十日），陈宣帝陈顼亲自临幸娄湖，告诫百官。乙卯日（二十一日），陈宣帝陈顼分遣大使，将盟誓颁布四方，上下相互警戒，不得违誓背叛。

冬季，十月，癸酉日（初十），周主宇文赟从同州返回长安，任命大司空王谊为襄州总管。

戊子日（二十五日），陈宣帝陈顼任用尚书左仆射陆缮为尚书仆射。

十一月，突厥侵犯北周边境，接着围攻酒泉，掳掠杀戮官吏居民。

十二月，甲子日（初二），周主宇文赟任用毕王宇文贤为大司空。

己丑日（二十七日），周主宇文赟任命河阳总管、滕王宇文逌担任行军元帅，率军入侵陈国。

【乾隆御批】以君盟臣，衰周弊政。陈宣国方强盛，无端而

520

盟，及群臣岂逆见叔陵狡险，他日将为不轨，欲以此潜消其逆谋乎？顾不能教诫防闲，复畀以主盟之任，后此药刀抽斫，未必非载书阶之厉也。

【译文】 以君和臣盟誓，是衰败的周王朝的政治弊端。陈宣帝的国势正处强盛时期，无故和群臣盟誓，难道是预见到陈叔陵的阴险狡诈，以后会做出不轨行为，想以此来暗中打消他的叛逆阴谋吗？由于不能教导训诫防备禁阻，又授给他主持盟誓的大任，这以后的药刀抽斫，未必不是盟书所导致的严重后果了。

太建十一年（己亥，公元五七九年）春，正月，癸巳，周主受朝于露门，始与群臣服汉、魏衣冠；大赦，改元大成。置四辅官：以大冢宰越王盛为大前疑，相州总管蜀公尉迟迥为大右弼，申公李穆为大左辅，大司马随公杨坚为大后承。

周主之初立也，以高祖《刑书要制》为太重而除之，又数行赦宥。京兆郡丞乐运上疏，以为："《虞书》所称'眚灾肆赦'，谓过误为害，当缓赦之；《吕刑》云：'五刑之疑有赦。'谓刑疑从罚，罚疑从免也。谨寻经典，未有罪无轻重，溥天大赦之文。大尊岂可数施非常之惠，以肆奸宄之恶乎！"帝不纳。既而民轻犯法，又自以奢淫多过失，恶人规谏，欲为威虐，慑服群下。乃更为《刑经圣制》，用法益深，大醮于正武殿，告天而行之。密令左右伺察群臣，小有过失，辄行诛谴。

【译文】 太建十一年（己亥，公元579年）春季，正月，癸巳日（初一），周主宇文赟在露门外接受群臣的朝拜，开始和群臣一起穿戴汉、魏王朝的衣冠。周主宇文赟颁诏大赦境内，改年号为大成。设置四辅官：任命大冢宰、越王宇文盛担任大前疑，相州总管、蜀国公尉迟迥担任大右弼，申国公李穆担任大左辅，大司马随国公杨坚担任大后丞。

　　周主宇文赟刚即位，嫌高祖宇文邕《刑书要制》用刑太重，因此将它废除，此外，又经常颁诏大赦。京兆郡丞乐运上疏，以为："《虞书》上所说'眚灾肆赦'的意思，是说因无心的过失而不幸犯法的，应当宽缓他，赦免他；《吕刑》（《尚书》篇名）上说：'五刑之疑，有赦。'这句话的意思是说，按照五刑（墨、劓、荆、宫、辟）所判的罪，如果察觉有可疑的，就从轻而改作缓刑；如果缓刑案情又有可疑的，就从宽赦免，臣遍查法典，从未见有不管罪过轻重，就全天下都给赦免的条文。陛下怎可多次下大赦之诏，来放纵奸邪者的罪恶呢？"周主宇文赟不依从他的劝谏。不久，百姓果真都轻率地触犯法令。宇文赟知晓自己奢侈、淫乱，过失一定很多，憎恶有人前来诤谏，便想实行威严酷虐之法，来迫使群下畏服。于是重新制定《刑经圣制》，用刑较《刑书要制》还要严苛，便在正武殿大醮告天，颁布《刑经圣制》。另一方面又密令亲信，窥伺调查群臣言行，发现稍有过失的，便行贬谪诛戮。

　　又，居丧才逾年，即恣声乐，鱼龙百戏，常陈殿前，累日继夜，不知休息；多聚美女以实后宫，增置位号，不可详录；游宴沉湎，或旬日不出，群臣请事者，皆因宦者奏之。于是，乐运舆榇诣朝堂，陈帝八失：其一，以为"大尊比来事多独断，不参诸宰辅，与众共之"。其二，"搜美女以实后宫，仪同以上女不许辄嫁，贵贱同怨"。其三，"大尊一入后宫，数日不出，所须闻奏，多附宦者"。其四，"下诏宽刑，未及半年，更严前制"。其五，"高祖斫雕为朴，崩未逾年，而遽穷奢丽"。其六，"徭赋下民，以奉俳优角抵"。其七，"上书字误者，即治其罪，杜献书之路"。其八，"玄象垂诚，不能谘诹善道，修布德政"。"若不革兹八事，臣见周庙不血食矣。"帝大怒，将杀之。朝臣恐惧，莫有救者。内史中大夫洛阳元岩汉曰："臧洪同死，人犹愿之，况比干乎！若乐运不免，吾将与之俱毙。"乃诣阁请见，曰："乐运不顾其死，欲以求名。陛下不如劳而遣之，以广圣度。"帝颇感悟。明日，召运，谓曰："朕昨夜思卿所奏，实为忠臣。"赐御食而罢之。

【译文】又，周主宇文赟居丧才满一年，就纵情于声色歌舞，鱼龙百戏，时常在殿前演出，夜以继日，不知休息；多挑选艳丽美女，以充实后宫，增设爵位名号，多得无法详载；游玩宴饮，沉迷酒色，有时一连十日都不上朝，群臣有奏章需要他批示的，全部由宦官代为奏呈。京兆郡丞乐运，用车载着棺材，亲到朝堂，奏陈周主八项过失：其一，"陛下近来大小事务，多独断专行，不和宰辅参议，不和大家共同决定"。其二，"陛下收聚天下美女，用来充实后宫；又下旨规定仪同三司以上大臣的女儿，不许擅自婚嫁，致使朝野内外，不论贵族贫户，都同声抱怨"。其三，"陛下一入后宫，就几日不上朝，所有奏章表启，都委托宦官代为呈奏"。其四，"下诏宽减刑罚，但实施不到半年，便又重新制定新法，比起旧法，还要严苛"。其五，"高祖革除雕镂华靡，使其归于质朴，高祖去世还不到一年，陛下就急着过穷奢极欲的生活"。其六，"劳役百姓，赋税沉重，只为供养戏子优伶和角力角技的人"。其七，"上奏书写错字的，立刻严办他的罪，存心阻绝进谏者的道路"。其八，"天象已经垂下警示，却还不能咨询谋求好的方略，修治颁行善良的德政"。最后说："陛下如果不改革上列八项阙失，臣看宇文周的宗庙，将没有子孙祭祀了！"这封谏书呈奏之后，周主宇文赟勃然大怒，立刻要将乐运处死。朝臣相率惊恐，可是却没有敢去营救的。其中只有内史中大夫、洛阳人元岩伤心地说："和臧洪一同去死，尚且有人愿意做；更何况遇着像比干一样的人呢！如果乐运难逃一死，我情愿与他一齐死！"于是入宫请求面见周主，对周主说："乐运不惜一死，欲以追求身后的美名，陛下杀他，恰好能够成就他的美名；不如温言抚慰，然后放他回去，借此也可展示陛下器量的宽宏。"周主经他这一指点，感动醒悟，隔天，就召见乐运，和颜悦色对他说："朕昨夜在想你所劝谏的事，发现你是真正的忠臣。"于是便赐他在宫内进餐，然后放他回去。

　　癸卯，周立皇子阐为鲁王。

　　甲辰，周主东巡；丙午，以许公宇文善为大宗伯。戊午，周主至洛阳；立鲁王阐为皇太子。

　　二月，癸亥，上耕藉田。

　　周下诏，以洛阳为东京；发山东诸州兵治洛阳宫，常役四万人。徒相州六府于洛阳。

　　周徐州总管王轨，闻郑译用事，自知及祸，谓所亲曰："吾昔在先朝，实申社稷至计。今日之事，断可知矣。此州控带淮南，邻接强寇，欲为身计，易如反掌。但忠义之节，不可亏违，况荷先帝厚恩，岂可以获罪于嗣主，遽忘之邪！正可于此待死，冀千载之后，知吾此心耳！"

　　【译文】癸卯日（十一日），周主宇文赟册封皇子宇文阐为鲁王。

　　甲辰日（十二日），周主宇文赟前往东方巡视。任用许国公宇文善为大宗伯。戊午日（二十六日），周主宇文赟前往洛阳，册封鲁王宇文阐为皇太子。

　　二月，癸亥日（初二），陈宣帝陈顼亲下藉田，举行耕种大典。

周主宇文赟颁诏，将洛阳作为东京；调遣山东诸州军兵营建洛阳宫，固定从事营建的工役，多达四万人。周主宇文赟又下令移相州六府到洛阳。

北周徐州总管王轨，得知郑译执政，便知道祸害迟早会降临身上，曾私下对所亲信的人说："我以前在先帝之朝，多次讲储君失德，为国家存亡着想，实曾劝先帝更换皇储。而今皇储已即位为君，他要找我算账，那是断然可知的事。徐州控制淮南，接壤陈境，倘若为自己生命着想，那是易如反掌的事。但为人臣子，忠义大节，终归不可有亏。何况一向蒙先帝厚恩，志在效死，岂可因得罪嗣主之故，就背弃先帝呢？而今，只有留在徐州等死，决不叛逃他国，希望千载之后的人，了解我不忘先帝厚恩的心！"

周主从容问译曰："我脚杖痕，谁所为也？"对曰："事由乌丸轨、宇文孝伯。"因言轨捋须事。帝使内史杜庆信就州杀轨，元岩不肯署诏。御正中大夫颜之仪切谏，帝不听，岩进继之，脱巾顿颡，三拜三进。帝曰："汝欲党乌丸轨邪？"岩曰："臣非党轨，正恐滥诛失天下之望。"帝怒，使阉竖搏其面。轨遂死，岩亦废于家。远近知与不知，皆为轨流涕。之仪，之推之弟也。

周主之为太子也，上柱国尉迟运为宫正，数进谏，不用；又与王轨、宇文孝伯、宇文神举皆为高祖所亲待，太子疑其同毁己。及轨死，运惧，私谓孝伯曰："吾徒必不免祸，为之奈何？"孝伯曰："今堂上有老母，地下有武帝，为臣为子，知欲何之！且委质事人，本徇名义；谏而不入，死焉可逃！足下若为身计，宜且远之。"于是，运求出为秦州总管。

【译文】 周主宇文赟曾从容地问郑译说："我脚上杖痕，是谁给我带来的？"郑译回答说："事情由乌丸轨和宇文孝伯引起。"因而讲出王轨捋先帝宇文邕胡须的故事。周主宇文赟果然命内史杜庆信带着敕令，前往徐州毒杀王轨，但内史中大夫元岩不肯在诏书上署名，御正中大夫颜之仪也极力劝谏，周主不听；元岩又跟进诤谏，摘下头巾，叩头请求，三拜三进。争到后来，周主发脾气说："你是不是要祖护乌丸轨？"元岩回答说："臣不是要祖护乌丸轨，只是担心陛下不依法处理而乱杀功臣，会失掉天下的人心。"周主听了，更加生气，便命手下太监打元岩的耳光。王轨最终还是在徐州被杀害，元岩也因此而被解除官职，废弃在家。这时，远近不论认识或不认识王轨的人，都为他的冤死而流下眼泪。颜之仪，是颜之推的弟弟。

周主宇文赟在当太子时，上柱国尉迟运担任太子右宫正，多次向太子诤谏，太子不理睬。又因他和王轨、宇文孝伯、宇文神举等，都受到高祖宇文邕的宠信厚待，太子怀疑他们都是一同在父王面前说自己坏话的人。等到王轨被杀，尉迟运内心惊慌，私下对宇文孝伯说："现在王公已先遇害，我们迟早也不免遭殃，你看怎么办才好？"宇文孝伯对他说："如今堂上有老母，地下有武帝（宇文邕），究竟是为人子留在世上奉养老母，还是做人臣追随先帝于九泉，我也不知如何是好。不过我们既然已经委质事人，本有为名节而死的义务；倘若再进谏不听，那也不求逃死。足下如果为自身设想，应当急求外调，或许可以躲避灾祸。"于是尉迟运要求外放为秦州总管。

它日，帝托以齐王宪事让孝伯曰："公知齐王谋反，何以不言？"对曰："臣知齐王忠于社稷，为群小所谮，言必不用，所以不言。且先帝付嘱微臣，唯令辅导陛下。今谏而不从，实负顾托。以此为罪，是所甘心。"帝大惭，俛首不语，命将出，赐死于家。

时宇文神举为并州刺史，帝遣使就州酖杀之。尉迟运至秦州，亦以忧死。

周罢南伐诸军。

突厥佗钵可汗请和于周，周主以赵王招女为千金公主，妻之，且命执送高绍义；佗钵不从。

【译文】没过多久，周主宇文赟借齐王宇文宪的事，责骂宇文孝伯说："你明知齐王叛逆，为什么闭口不言？"宇文孝伯回答说："臣只知齐王忠于国家，但受小人谗害，诬陷他谋反。臣本要为他申辩，但知说了也没用，因而什么都不再说。臣受先帝重托，命我辅助指导陛下。今日我诤谏你，你不肯听，我实在辜负先帝托付。陛下假如以这个来怪罪我，那么我死也甘心。"周主宇文赟听了，心里感到羞愧，低下头来不说话，命人引领宇文孝伯出去；可是他并没有放过宇文孝伯，还是下令赐他在家中自尽。

这时，宇文神举担任并州刺史，周主宇文赟也派人到并州，逼令他饮鸩酒自杀。尉迟运到了秦州，接连听闻宇文孝伯、宇文神举丧命的噩耗，不由得忧惧成疾，跟着也去世了。

周主宇文赟下诏，命南征各军，暂停攻陈。

突厥佗钵可汗请求和北周和亲。周主宇文赟册封赵王宇文招的女儿为千金公主，将她下嫁给突厥可汗。要求必须捉拿送回北齐的高绍义，才遣送公主出嫁，但佗钵可汗不肯应允这个条件。

辛巳，周宣帝传位于太子阐，大赦，改元大象，自称天元皇帝, 所居称"天台", 冕二十四旒, 车服旗鼓皆倍于前王之数。皇帝称正阳宫, 置纳言、御正、诸卫等官, 皆准天台。尊皇太后为天元皇太后。

天元既传位, 骄侈弥甚, 务自尊大, 无所顾惮, 国之仪典, 率情变更。每对臣下自称为天、用樽、彝、珪、瓒以饮食。令群臣朝天台者, 致斋三日, 清身一日。既自比上帝, 不欲群臣同己, 常自带绶, 及冠通天冠, 加金附蝉, 顾见侍臣弁上有金蝉及王公有绶者, 并令去之。不听人有"天"、"高"、"上"、"大"之称, 官名有犯, 皆改之。改姓高者为"姜", 九族称高祖者为"长祖"。又令天下车皆以浑木为轮。禁天下妇人不得施粉黛, 自非宫人, 皆黄眉墨汝。

【译文】辛巳日(二十日), 北周宣帝宇文赟禅位给太子宇文阐(年方七岁), 颁诏大赦境内, 改年号为大象, 自称天元皇帝, 所居住的宫殿叫"天台", 冕用二十四旒, 车驾、衣服、旗、鼓的数量, 都是前王的两倍。皇帝宇文阐所居住的宫殿叫正阳宫, 令正阳宫设置纳言、御正、诸卫等官职, 都依照天台的员数。尊皇太后阿史那氏为天元皇太后。

北周天元皇帝宇文赟传位给儿子后, 更加骄纵奢靡妄自尊大, 毫无顾忌, 国典朝仪, 任意更改。每对臣下, 自称为"天", 拿宗庙樽、彝、珪、瓒等礼器, 当作日常饮食器具, 命到天台见他的大臣, 必先斋戒三天, 净身一日, 然后才允许进入。既然自比上帝, 不愿群臣有和自己相同的东西。常自带绶, 戴通天冠, 加金附蝉(加"金附蝉"者, 乃侍中、常侍所冠武弁也), 只要看见侍臣武弁上有金蝉, 以及王公有带绶的, 都让他们拿掉。又不许臣民有"天""高""上""大"的称呼, 凡是官名有犯上四种称呼的, 都强迫改掉。例如, 姓高的, 改姓姜, 九族称高祖的, 改

【申涵煜评】 天元暴政，非一独禁天下妇女施粉黛令，甲甚新。然又称，自非宫人，皆黄眉墨妆。夫粉黛不施，听其自然可耳，如此妆饰是何景状，几于蛮溪獠洞矣。

【译文】 北周天元皇帝宇文赟的暴政，不只是禁止天下妇女施粉黛令，真是第一新奇。又称不是宫里的女子，都黄眉墨妆，如果不施粉黛，听任自然也可以啊。这样装饰打扮是什么样子，几乎和蛮溪獠洞的野人没有区别了。

每召侍臣论议，唯欲兴造变革，未尝言及政事。游戏无常，出入不节，羽仪仗卫，晨出夜还，陪侍之官，皆不堪命。自公卿以下，常被楚挞。每捶人，皆以百二十为度，谓之"天杖"，其后又加至二百四十。宫人内职亦如之，后、妃、嫔、御，虽被宠幸，亦多杖背。于是，内外恐怖，人不自安，皆求苟免，莫有固志，重足累息，以逮于终。

戊子，周以越王盛为太保，尉迟迥为大前疑，代王达为大右弼。

辛卯，徙邺城《石经》于洛阳。诏："河阳、幽、相、豫、亳、青、徐七总管，并受东京六府处分。"

【译文】 北周天元皇帝宇文赟每次召请侍臣商讨事情，只想谈如何修建宫室和变改车服，从未涉及政事。游戏无常，出入没有节度，羽葆仗卫，早晨跟随他出去，晚间陪侍他回来，陪伴他的官吏，都不堪忍受奔波劳苦。从公卿以下，稍不合他意，便常挨杖击。每次用杖答挞人，都以一百二十下为度，取名叫

"天杖"，后来，又加倍到二百四十下。宫人内职也常常挨打，甚至连皇后、贵妃、嫔嫱、御女等，即使是被宠信的，也免不了挨荆杖笞挞脊背的惩罚。于是内外惊恐，人人忧惧，都只求苟且避免刑罚，而没有坚固的心志。大家累足而立，屏气积郁而不敢出声，一直到他死掉为止。

戊子日（二十七日），北周天元皇帝宇文赟任命越王宇文盛担任太保，尉迟迥担任大前疑，代王宇文达担任大右弼。

辛卯日（三十日），北周天元皇帝宇文赟命迁移邺城《石经》到洛阳。下诏说："河阳、幽、相、豫、亳、青、徐七州总管，全部受东京（洛阳）六府的指挥节度。"

【乾隆御批】人君代天理民，未有不敬天而克享天位者。宇文赟乃以天元自称，妄比上帝，狂悖裹慢能不干天怒以速殒灭耶。尹起莘谓其喑不能言为天何言哉之报，则失之凿矣。

【译文】作为人君是代表上天来治理百姓的，没有不敬上天而能享受天位的。宇文赟却以天元自称，狂妄地把自己比作上帝，这种放诞而违背事理、亵渎侮慢的行为怎能不触怒上天而遭致迅速殒灭呢？尹起莘说他不会说话，不能说作为上天有什么话可说的报应，就太不确切了。

三月，庚申，天元还长安，大陈军伍，亲擐甲胄，入自青门，静帝备法驾以从。

夏，四月，壬戌朔，立妃朱氏为天元帝后。后，吴人，本出寒微，生静帝，长于天元十余岁，疏贱无宠，以静帝故，特尊之。

乙巳，周主祠太庙。壬午，大醮于正武殿。

五月，辛亥，以襄国郡为赵国，济南郡为陈国，武当、安富二郡为越国，上党郡为代国，新野郡为滕国，邑各万户；令赵王招、陈王纯、越王盛、代王达、滕王逌并之国。

随公杨坚私谓大将军汝南公庆曰："天元实无积德；视其相貌，寿亦不长。又，诸藩微弱，各令就国，曾无深根固本之计。羽翮既剪，何能及远哉！"庆，神举之弟也。

突厥寇周并州。六月，周发山东诸民修长城。

资治通鉴卷第一百七十三 陈纪七

【译文】三月，庚申日（二十九日），北周天元皇帝宇文赟从洛阳回到长安。归程，排列盛大的队伍，亲自穿戴甲胄，从青门进城，小皇帝宇文阐自备车驾，跟随在他的车后。

夏季，四月，壬戌朔日（四月初一是辛酉日，壬戌日是初二），周天元帝宇文赟册封妃子朱氏为天元皇后。朱后，原是江东吴人，出生本来很低微，生了静帝宇文阐，她的年纪比北周天元帝大十来岁，又因为关系疏远，身份卑微，所以并不得宠，只是由于生下静帝的缘故，因而周主也就特别尊崇她。

乙巳日（四月无此日），周主宇文赟前往太庙祭拜祖先。壬午日（二十二日），宇文赟在正武殿盛大设醮祭神。

五月，辛亥日（二十一日），周主宇文赟将沼州襄国郡作为赵国，齐州济南郡作为陈国，丰州武当、安富二郡作为越国，潞州上党郡作为代国，荆州新野郡作为滕国，令赵王宇文招、陈王宇文纯、越王宇文盛、代王宇文达、滕王宇文逌，各自前往自己的封国，食邑各一万户。

随国公杨坚私下对大将军、汝南郡公宇文神庆说："天元（宇文赟）实在没有积德，看他的相貌，寿命也不长。还有，宇文宗室本来已经微弱，却又逼令亲王离京就国，竟不知为固本深根做打算，等羽翼被剪除后，怎么可能享国久远呢？"宇文神庆，是宇文神举的弟弟。

突厥侵犯周国的并州。六月，周主宇文赟下令征调山东诸民，修筑长城。

秋，七月，庚寅，周以杨坚为大前疑，柱国司马消难为大后承。

辛卯，初用大货六铢钱。

丙申，周纳司马消难女为正阳宫皇后。

己酉，周尊天元帝太后李氏为天皇太后。壬子，改天元皇后朱氏为天皇后，立妃元氏为天右皇后，陈氏为天左皇后，凡四后云。元氏，开府仪同大将军晟之女；陈氏，大将军山提之女也。

八月，庚申，天元如同州。

丁卯，上阅武于大壮观。命都督任忠帅步骑十万陈于玄武湖，都督陈景帅楼舰五百出瓜步江，振旅而还。

【译文】秋季，七月，庚寅日（初一），周主宇文赟任命杨坚担任大前疑，柱国司马消难担任大后丞。

辛卯日（初二），陈朝初次发行大货六铢钱。

丙申日（初七），北周小皇帝宇文阐迎娶司马消难的女儿为正阳宫皇后。

己酉日（二十日），北周天元帝宇文赟尊奉天元帝太后李氏为天皇太后。壬子日（廿三日），改称天元皇[帝]后朱氏（《北史》《周书·宣帝纪》并作"帝后"，当据改）为天皇后。册封妃子元氏为天右皇后，陈氏为天左皇后，连同天元皇后杨氏，一时便共有四位皇后。元氏，是开府仪同大将军元晟的女儿；陈氏，是大将军陈山提的女儿。

八月，庚申日（初一），北周天元帝宇文赟前往同州。

丁卯日（初八），陈宣帝陈顼到大壮观检阅部队。命都督任忠带领步骑十万人，列阵于玄武湖畔；都督陈景带领楼船五百艘，将十万步骑运载上船，驰抵瓜步江（在江苏六合县东南），然后整队而归。

壬申，周天元还长安。甲戌，以陈山提、元晟并为上柱国。戊寅，上还宫。

豫章内史南康王方泰，在郡秩满，纵火延烧邑居，因行暴掠，驱录富人，徵求财贿。上阅武，方泰当从，启称母疾不行，而微服往民间淫人妻，为州所录。又帅人仗抗拒，伤禁司，为有司所奏。上大怒，下方泰狱，免官，削爵土，寻而复旧。

壬午，周以上柱国毕王贤为太师，郇公韩业为大左辅。九月，乙卯，以酆王贞为大冢宰。以郧公韦孝宽为行军元帅，帅行军总管杞公亮、郕公梁士彦寇淮南。仍遣御正杜杲、礼部薛舒来聘。

【译文】　壬申日（十三日），北周天元帝宇文赟从同州返回长安。甲戌日（十五日），擢升陈山提、元晟同为上柱国（皆后父也）。

戊寅日（十九日），陈宣帝陈顼从大壮观回到建康宫。

豫章内史、南康王陈方泰，在州郡任职期满，纵火焚烧邑中村落，趁火抢劫、强暴、掳掠，驱迫收押富人，强索财物。等到陈宣帝陈顼上大壮观校阅部队，陈方泰依例应该随从前往，却上表启称亲生母亲生病，告假不去，可是他却穿着平民衣服，跑入民间，奸淫别人家的妻子，被扬州刺史府长流参军拘捕。被捕前，竟又带领徒众，持器杖拒捕，杀伤执法人员，于是被御史弹劾。陈宣帝陈顼大怒，下令把他打入监牢，革去官职，并命宗正卿削夺他的爵位封邑；但没过多久，又恢复他的官职爵土。

壬午日（二十三日），北周天元帝宇文赟任命上柱国、毕王宇文贤担任太师，郇国公韩（建）业担任大左辅，北周天元帝宇文赟任命酆王宇文贞担任大冢宰。郧国公韦孝宽担任行军元帅，带领行军总管杞国公宇文亮、郧国公梁士彦等，率军入侵淮南。并派遣御正杜杲、礼部薛舒等到江南访问。

冬，十月，壬戌，周天元幸道会苑，大醮，以高祖配醮。初复佛像及天尊像，天元与二像俱南面坐，大陈杂戏，令长安士民纵观。

甲戌，以尚书仆射陆缮为尚书左仆射。

十一月，辛卯，大赦。

周韦孝宽分遣杞公亮自安陆攻黄城，梁士彦攻广陵。甲午，士彦至肥口。

乙未，周天元如温汤。

戊戌，周军进围寿阳。

周天元如同州。

诏开府仪同三司、南兖州刺史淳于量为上流水军都督，中领军樊毅都督北讨诸军事，左卫将军任忠都督北讨前军事，前丰州刺史皋文奏帅步骑三千趣阳平郡。

【译文】冬季，十月，壬戌日（初四），北周天元帝宇文赟前往道会苑举行大醮祭典，用高祖宇文邕来配享。重新恢复摆设佛像及道教原始天尊像，周天元帝宇文赟和佛像、天尊像一起朝南而坐，前面大摆戏台，表演杂戏，听任长安士民恣意观赏。

甲戌日（十六日），陈宣帝陈顼任命尚书仆射陆缮担任尚书左仆射。

十一月，辛卯日（初四），陈宣帝陈顼颁诏大赦天下。

北周行军元帅韦孝宽分派柱国公宇文亮从安陆进攻黄城（今湖北黄陂县东，时为陈司州治所）；郧国公梁士彦领军攻打广陵（今河南息县）。甲午日（初七），梁士彦军进抵肥口（今安徽凤台县，西肥河入淮之口）。

乙未日（初八），北周天元帝宇文赟前往温汤（骊山温汤，在骊山西北）。

戊戌日（十一日），周师进兵围攻寿阳。

北周天元帝宇文赟前往同州。

[辛丑日]（十四日），陈宣帝陈顼下诏，任命开府仪同三司、南兖州刺史淳于量担任上流水军都督，中领军樊毅担任都督北讨诸军事，左卫将军任忠担任都督北讨前军事，前丰州刺史皋文奏带领步骑三千，赶往阳平郡（今江苏宝应县。按《陈书·宣帝纪》系此事于"太建十一年十一月辛丑"下，"辛丑"为十一月十四日，当据补）。

壬寅，周天元还长安。

癸卯，任忠帅步骑七千趣秦郡；丙午，仁威将军鲁广达帅众入淮；是日，樊毅将水军二万自东关入焦湖，武毅将军萧摩诃帅步骑趣历阳。戊申，韦孝宽拔寿阳，杞公亮拔黄城，梁士彦拔广陵；辛亥，又取霍州。癸丑，以扬州刺史始兴王叔陵为大都督，总水步众军。

丁巳，周铸永通万国钱，一当千，与五行大布并行。

十二月，戊午，周天元以灾异屡见，舍仗卫，如天兴宫。百官上表，劝复寝膳。甲子，还宫，御正武殿，集百官及宫人、外命妇，大列伎乐，初作乞寒胡戏。

乙丑，南、北兖、晋三州及盱眙、山阳、阳平、马头、秦、历阳、沛、北谯、南梁等九郡民并自拔还江南。周又取谯、北徐州。自是江北之地尽没于周。

【译文】 壬寅日（十五日），北周天元帝宇文赟从同州返回长安。

癸卯日（十六日），任忠带领步骑七千，增援秦郡（今江苏六合县）。丙午日（十九日），仁威将军鲁广达带领部众送至淮河。这一天，中领军樊毅率领水师二万，从东关（今安徽巢县东南）入焦湖（又名巢湖，在巢县西南）；武毅将军萧摩诃带领步骑增援历阳（今安徽和县）。戊申日（二十一日），北周行军元帅韦孝宽攻克寿阳城，杞国公宇文亮攻克黄城，梁士彦攻克广陵。辛亥日（二十四日），周师又攻陷霍州（今安徽霍山县）。癸丑日（二十六日），陈宣帝陈顼任命扬州刺史、始兴王陈叔陵担任大都督，统一指挥水陆诸军，抵御周师。

丁巳日（三十日），北周铸造永通万国钱，一个永通万国钱的币值，折抵民间私铸细钱一千[十]个，这种新发行的硬币，与五行大布钱一起流通使用。

十二月，戊午日（初一），北周天元帝宇文赟因灾异多次出现，于是避开寝宫，舍去仗卫，粗服减膳，外出住到天兴宫。百官上表，劝他回到正寝，恢复正常饮食。甲子日（初七），北周天元帝宇文赟还宫，亲临正武殿，召集文武百官和宫人、外命妇（五命以上官之妻），大摆优伶乐舞，首度上演乞寒胡戏（按"乞寒胡戏"，又名"泼寒胡戏"，本是西城藩康国之乐舞。大抵在严寒之时，少年裸露形体，结队跳舞，观者用水浇泼之，以示勇壮者。）

乙丑日（初八），南兖、北兖、晋三州，以及盱眙、山阳、阳平、马头、秦、历阳、沛、北谯、南梁等九郡百姓，都从江北撤退到江南。周师又攻克谯、北徐州，从此，长江以北的国土，全部落入北周手里。

周天元如洛阳，亲御驿马，日行三百里，四皇后及文武侍卫数百人并乘驲以从。仍令四后方驾齐驱，或有先后，辄加谴责，人马顿仆，相及于道。

癸酉，遣平北将军沈恪、电威将军裴子烈镇南徐州，开远将军徐道奴镇栅口，前信州刺史杨宝安镇白下。戊寅，以中领军樊毅都督荆、郢、巴、武四州水陆诸军事。

己卯，周天元还长安。

贞毅将军汝南周法尚，与长沙王叔坚不相能。叔坚潜之于上，云其欲反。上执其兄定州刺史法僧，发兵将击法尚。法尚奔周，周天元以为开府仪同大将军、顺州刺史，上遣将军樊猛济江击之。法尚遣部曲督韩朗诈降于猛，曰："法尚部兵不愿降北，人皆窃议，欲叛还。若得军来，自当倒戈。"猛以为然，引兵急趋之。法尚阳为畏惧，自保江曲，战而伪走，伏兵邀之，猛仅以身免，没者几八千人。

【译文】北周天元帝宇文赟从长安到洛阳，亲自驾驭驿站马匹，一天赶三百里路，命令四位皇后以及文武侍卫数百人，都乘驿马随行。并命令四位皇后同他并驾齐驱，其中有超前或落后的，便立加谴责，弄得马倦人疲，困顿而踣仆在道路上的，比比皆是。

癸酉日（十六日），陈宣帝陈顼派遣平北将军沈恪、电威将军裴子烈把守南徐州，开远将军徐道奴把守栅口（今安徽无为县东栅水入江处），前信州刺史杨宝安把守白下（江苏江宁县西北）。戊寅日（二十一日），任命中领军樊毅担任都督荆、郢、巴、武四州水陆诸军事。

己卯日（二十二日），北周天元帝宇文赟从洛阳回到长安。

　　贞毅将军、汝南人周法尚（定州刺史周炅之子），与长沙王陈叔坚不和，陈叔坚在陈宣帝陈顼面前诋毁他，说他要造反。陈宣帝陈顼便捉拿周法尚的哥哥定州刺史周法僧，然后发兵征讨周法尚。周法尚逃往北周，北周天元帝宇文赟任命他为开府仪同大将军，顺州刺史。陈宣帝陈顼派遣将军樊猛渡江，前去进攻他。周法尚部曲督将韩朗假意投降樊猛，欺骗樊猛说："周法尚所统率的军队，不愿投降北周，暗地里，人人相互商议，全都想叛变归来。将军如果派军前来接应，我们自当倒戈投降。"樊猛信以为真，便领军急进。周法尚假装害怕，退守到一处江水弯曲的地方。樊猛挥兵挑战，周法尚交战几个回合，便佯装败退，引诱樊猛追赶，然后利用伏兵截击，樊猛于是大败，只身逃脱出来，其余的全被俘获，人数几达八千人。

资治通鉴卷第一百七十四　陈纪八

上章困敦，一年。

【译文】 起止庚子（公元580年），共一年。

【题解】 本卷记录了公元580年共一年的南北朝史事。当时正值陈宣帝太建十二年，北周静帝大象元年。本卷主要记述了北周一年间政局上的大震荡，周宣帝陈顼英年早逝，年仅八岁的幼主周静帝宇文阐即位，外戚权臣杨坚发动宫变，获得辅助幼主的机会，借以执掌北周政治大权，接着又平定了尉迟迥等人的叛乱，为接下来的禅代及隋朝建立打下了基础。

高宗宣皇帝下之上

太建十二年（庚子，公元五八零年）春，正月，癸巳，周天元祠太庙。

戊戌，以左卫将军任忠为南豫州刺史，督缘江军防事。

乙卯，周税入市者人一钱。

二月，丁巳，周天元幸露门学，释奠。

戊午，突厥入贡于周，且迎千金公主。

乙丑，周天元改制为天制，敕为天敕。壬午，尊天元皇太后为天元上皇太后，天皇太后为天元圣皇太后。癸未，诏杨后与三后皆称太皇后，司马后直称皇后。

【译文】太建十二年（庚子，公元580年）春季，正月，癸巳日（初七），北周天元帝宇文赟前往太庙祭拜祖先。

戊戌日（十二日），陈宣帝陈顼任命左卫将军任忠担任南豫州刺史，督缘江军事防务。

乙卯日（二十九日），北周规定商人每次入城做生意要缴纳一钱的营业税。

二月，丁巳日（初一），北周天元帝宇文赟到露门学宫，摆设酒菜，祭拜先圣、先师。

戊午日（初二），突厥派遣使者向北周进贡方物，并请求迎娶千金公主。

乙丑日（初九），北周天元帝宇文赟颁诏改称"制"为"天制"，"敕"为"天敕"。壬午日（二十六日），北周天元帝宇文赟尊称嫡母天元皇太后阿史那氏为天元上皇太后，生母天皇太后李氏为天元圣皇太后。癸未日（二十七日），北周天元帝宇文赟下诏杨后跟朱、元、陈三后都称太皇后，小皇帝宇文阐正阳宫的司马后直接称皇后。

行军总管杞公亮，天元之从祖兄也。其子西阳公温妻尉迟氏，蜀公迥之孙，有美色，以宗妇入朝。天元饮之酒，逼而淫之。亮闻之，惧；三月，军还，至豫州，密谋袭韦孝宽，并其众，推诸父为主，鼓行而西。亮国官茹宽知其谋，先告孝宽，孝宽潜设备。亮夜将数百骑袭孝宽营，不克而走。戊子，孝宽追斩之，温亦坐诛。天元即召其妻入宫，拜长贵妃。辛卯，立亮弟永昌公椿为杞公。

周天元如同州，增候正、前驱、式道候为三百六十重，自应门至于赤岸泽，数十里间，幡旗相蔽，音乐俱作。又令虎贲持钑

马上，称警跸。乙未，改同州宫为成天宫。庚子，还长安。诏天
台侍卫之官，皆著五色及红、紫、绿衣，以杂色为缘，名曰"品色
衣"，有大事，与公服间服之。壬寅，诏内外命妇皆执笏，其拜宗
庙及天台，皆俛伏如男子。

【译文】北周天元帝宇文赟在宫中举行宴会，行军总管、杞
国公宇文亮，是天元帝同曾祖父的哥哥。他的儿子西阳郡公宇
文温的妻子尉迟氏，是蜀国公尉迟迥的孙女，尉迟氏颇有姿色，
以宗妇身份，入宫参加宴会。天元帝宇文赟见到她，很是迷恋，
殷勤向她劝酒，将她灌醉后，就留她住宿宫内，用强迫的手段，
奸污了她。宇文亮听闻这个消息，害怕遭到诛戮。三月，从淮南
回京，还抵豫州，密谋袭击韦孝宽营寨，想吞并他的部众后，就
拥立伯叔中之一人为君，然后击鼓向西进兵。可是杞国的国官，
有位名叫茹宽的，知晓了他的计谋，先密告韦孝宽，韦孝宽就暗
中做了防备。不久，宇文亮带领百余骑去偷袭韦孝宽的军营，却
中了韦孝宽的埋伏。因为劫营不成，他便赶紧逃走。戊子日（初
三），韦孝宽追斩宇文亮，宇文亮的儿子宇文温也因受牵连而被
杀害。北周天元帝宇文赟立刻将他的妻子尉迟氏召进宫内，公
然册封她为长贵妃。辛卯日（初六），册封宇文亮的弟弟永昌郡
公宇文椿为杞国公，以奉杞简公祀。

北周天元帝宇文赟前往同州，增设候正（主斥候、侦察敌
情）、前驱（先驱也）、式道候（车驾出还、恒在大驾前），共为
三百六十重，从应门（宫廷正门）到赤岸泽（陕西大荔县西南），
几十里间，旗帜相连，鼓乐齐鸣。又命虎贲之士，持戟坐于马上，
高呼让人退避。乙未日（初十），北周天元帝宇文赟改同州宫为
天成宫。庚子日（十五日），从同州返回长安。下诏天台侍卫官
员，都穿着五色以及红、紫、绿色衣，边缘用杂色帛装饰，称之

为"品色衣"。凡有大事，和公服轮流换穿。壬寅日（十七日），北周天元帝宇文赟下诏令内外命妇（《通典》《职官典》十六《内官》条下云："皇帝妃嫔及太子良娣以下为内命妇，公主及王妃以下为外命妇。"）觐见国君，都要执笏板，还有，祭拜宗庙祖先，以及朝拜天台，俯身跪拜姿势，都要和男人相同。

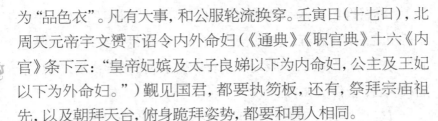

天元将立五皇后，以问小宗伯狄道辛彦之。对曰："皇后与天子敌体，不宜有五。"太学博士西城何妥曰："昔帝喾四妃，虞舜二妃。先代之数，何常之有！"帝大悦，免彦之官。甲辰，诏曰："坤仪比德，土数惟五，四太皇后外，可增置天中太皇后一人。"于是以陈氏为天中太皇后，尉迟妃为天左太皇后。又造下帐五，使五皇后各居其一，实宗庙祭器于前，自读祝版而祭之。又以五辂载妇人，自帅左右步从。又好倒悬鸡及碎瓦于车上，观其号呼以为乐。

夏，四月，癸亥，尚书左仆射陆缮卒。

己巳，周天元祠太庙；己卯，大雩；壬午，幸仲山祈雨；甲申，还宫，令京城士女于衢巷作乐迎候。

【译文】北周天元帝宇文赟计划册封五个皇后，询问小宗伯、陇西狄道人辛彦之的意见。辛彦之回答他说："因为皇后和天子匹敌齐尊，所以不应有五皇后。"太学博士、西城人何妥反驳他说："以前帝喾有四妃、虞舜有两妃。古代皇后的员数，何曾有一定的限额？"北周天元帝宇文赟听了，龙颜大悦，于是免去辛彦之的官职。甲辰日（十九日），北周天元帝宇文赟下诏说："大地比德，其数为五，四大皇后外，可再增补天中太皇后一人。"于是册封陈氏为天中太皇后，尉迟氏为天左太皇后。因而又建造五座帐篷，让五皇后各居一帐，他又陈列宗庙祭器于前，自读祝文而祭拜。北周天元帝宇文赟又经常让妇女乘坐玄辂、夏缦等五种车子，自己率领左右随从，徒步跟随于后。他还喜欢在车上倒挂活鸡或者向车上砸瓦片，观看车上妇女吓得惊恐号叫的样子，引以为乐。

夏季，四月，癸亥日（初八），陈尚书左仆射陆缮去世。

己巳日（十四日），北周天元帝宇文赟前往太庙祭拜祖先。己卯日（二十四日），天元帝宇文赟举行求雨大祭。壬午日（二十七日），天元帝宇文赟上仲山（今陕西泾阳县西北）祈雨。甲申日（二十九日），天元帝宇文赟从仲山返回长安宫，归途，令京城士女在衢巷列队奏乐迎接。

五月，癸巳，以尚书右仆射晋安王伯恭为仆射。

周杨后性柔婉，不妒忌，四皇后及嫔、御等，咸爱而仰之。天元昏暴滋甚，喜怒乖度，尝谴后，欲加之罪。后进止详闲，辞色不挠，天元大怒，遂赐后死，逼令引诀，后母独孤氏诣阁陈谢，叩头流血，然后得免。

后父大前疑坚，位望隆重，天元忌之，尝因忿谓后曰：“必族灭尔家！”因召坚，谓左右曰：“色动，即杀之。”坚至，神色自若，乃止。内史上大夫郑译，与坚少同学，奇坚相表，倾心相结。坚既为帝所忌，情不自安，尝在永巷，私于译曰：“久愿出藩，公所悉也，愿少留意！”译曰：“以公德望，天下归心。欲求多福，岂敢忘也！谨即言之。”

【译文】 五月，癸巳日（初九），陈宣帝陈顼任命尚书右仆射、晋安王陈伯恭担任尚书仆射。

北周天元太皇后杨氏，性情柔顺和婉，不嫉妒，其他四位皇后，以及嫔妇、御女等和她相处，都喜欢她，钦佩她。天元帝宇文赟暴虐昏庸日益严重，喜怒无常，曾谴责杨后，并要把她治罪。杨后举止端庄闲雅，言辞容色并不因遭受责罚而稍微屈挠，天元帝宇文赟大怒，于是赐令杨后自尽，逼她引诀自裁。杨后母亲独孤氏听说，急忙赶到内宫，向天元帝宇文赟陈词谢罪，叩头流血，杨后才得免一死。

杨后父亲大前疑杨坚，地位名望隆重，天元帝宇文赟十分猜忌他。有一次，曾因愤怒，对杨后说："我一定诛灭你家宗族！"因而召杨坚入宫，事先命令左右侍卫说："如果杨坚脸色有异，你们立刻下手除掉他。"左右领旨等候。后来杨坚入宫，神色镇静如常，天元帝宇文赟杀他的计划这才作罢。内史上大夫郑译，少年时与杨坚是同学，因见杨坚仪表相貌不凡，尽心结交杨坚。杨坚已经被天元帝猜忌，内心很不安定，曾在宫中长巷，私下对郑译说："好久以来，我就想出任外藩，这是你所知道的，希望你替我留心啊！"郑译回答他说："像您的品德名望，乃天下人心所向。我正要依附您而求取更多的富贵，怎敢忘掉您的嘱托呢？我自会伺机向天元帝转告您的意思。"

天元将遣译入寇，译请元帅。天元曰："卿意如何？"对曰："若定江东，自非懿戚重臣，无以镇抚，可令随公行，且为寿阳总管以督军事。"天元从之。己丑，以坚为扬州总管，使译发兵会寿阳。将行，会坚暴有足疾，不果行。

甲午夜，天元备法驾，幸天兴宫；乙未，不豫而还。小御正博陵刘昉，素以狡谄得幸于天元，与御正中大夫颜之仪并见亲信。天元召昉、之仪入卧内，欲属以后事，天元瘖，不复能言。昉见静帝幼冲，以杨坚后父，有重名，遂与领内史郑译、御饰大夫柳裘、内史大夫杜陵韦謩、御正下士朝那皇甫绩谋引坚辅政。坚固辞，不敢当；昉曰："公若为，速为之；不为，昉自为也。"坚乃从之，称受诏居中侍疾。裘，恺之孙也。

【译文】 没过多久，北周天元帝宇文赟派郑译负责策划南征陈国的事情，郑译请求选派元帅。北周天元帝宇文赟说："你的意见如何？"郑译回答说："倘若要平定江东，自然非至亲重臣不可，否则不足以镇压安抚。依臣之见，可派随国公杨坚前往。并可任命他担任寿阳总管，都督南征军事。"周天元帝宇文赟听从了他的建议。己丑日（初五），任用杨坚为扬州总管，派郑译发兵，同在寿阳会师。将要起程，恰逢杨坚突然发生脚痛，因此没有成行。

甲午日（初十）夜，北周天元帝宇文赟备好车驾，前往天兴宫。乙未日（十一日），天元帝宇文赟生病，从天兴宫返回长安宫。小御正下大夫、博陵人刘昉，一向凭狡猾谄媚，博得北周天元帝宇文赟的嬖幸，与御正中大夫颜之仪，同受北周天元帝的亲近和信任。北周天元帝宇文赟召请刘昉、颜之仪进入卧房内，打算将身后事嘱托他二人料理，偏偏北周天元帝喉咙嘶哑，泣不成声，竟说不出一句话来。刘昉看见静帝宇文阐幼小，认为杨坚是天元帝杨后的父亲，兼又享有盛名，于是与领内史郑译、御饰大夫柳裘、内史大夫杜陵人韦謩、御正下士朝那人皇甫绩等，合谋让杨坚入宫接受顾命，辅佐幼主执政。杨坚再三推辞不敢当，刘昉便威逼他说："公如果肯干，便快决定去干；如果真不想干，那么我刘昉将自己来干。"杨坚于是应允，托词奉诏，留宿禁中，侍候帝疾。柳裘，是柳恺的孙子。

是日，帝殂。秘不发丧。昉、译矫诏以坚总知中外兵马事。颜之仪知非帝旨，拒而不从。昉等草诏署讫，逼之仪连署，之仪厉声曰："主上升遐，嗣子冲幼，阿衡之任，宜在宗英。方今赵王最长，以亲以德，合膺重寄。公等备受朝恩，当思尽忠报国，奈何一旦欲以神器假人！之仪有死而已，不能诬罔先帝。"昉等知不可屈，乃代之仪署而行之。诸卫既受敕，并受坚节度。

坚恐诸王在外生变，以千金公主将适突厥为辞，徵赵、陈、越、代、滕五王入朝。坚索符玺，颜之仪正色曰："此天子之物，自有主者，宰相何故索之！"坚大怒，命引出，将杀之；以其民望，出为西边郡守。

【译文】这一天，北周天元帝宇文赟驾崩，时年二十二岁。刘昉、郑译等将北周天元帝的丧事，加以保密，不让外人知道，并且假托诏书，命杨坚总掌天下兵马大事。刘昉等在草诏上一一签名，逼迫颜之仪也连署。颜之仪知道那诏书所言，绝非天元帝的旨意，坚决拒绝，并且大声对刘昉等人说："君王去世，嗣主幼小（时仅八岁），辅政的人选，应找宗室中才智过人的人。当今宇文宗亲，属赵王宇文招年纪最大，无论就贤还是就亲，他都应当受诏辅政。公等备受朝廷的厚恩，应该思虑如何尽忠报国才对，为何要将国君的名器，假借给外人呢？我颜之仪宁可一死，也不愿去做欺骗污损先帝的事。"刘昉等知道无法强迫他屈服，于是代他签署，并将诏书颁发出去。北周负责保卫京师和皇宫的禁卫军收到天元皇帝的敕命，便都听从杨坚的调度指挥。

杨坚担忧宇文宗室诸王在外发动叛乱，于是以赵王宇文招将嫁女千金公主到突厥为借口，召请赵、陈、越、代、滕五王入朝。杨坚向颜之仪索要兵符、玉玺。颜之仪板着脸对他说："符玺是天子的东西，自有专属的人，宰相为什么索取此物？"杨坚不禁大怒，命人将他推出，本想杀了他，但因他是百姓景仰的人，又不能杀，便贬黜他去担任西边的郡守。

资治通鉴

丁未，发丧。静帝入居天台，罢正阳宫。大赦，停洛阳宫作。庚戌，尊阿史那太后为太皇太后，李太后为太帝太后，杨后为皇太后，朱后为帝太后，其陈后、元后、尉迟后并为尼。以汉王赞为上柱国、右大丞相，尊以虚名，实无所综理。以杨坚为假黄钺、左大丞相，秦王贽为上柱国。百官总己以听于左丞相。

坚初受顾命，使邘国公杨惠谓御正下大夫李德林曰："朝廷赐令总文武事，经国任重。今欲与公共事，必不得辞。"德林曰："愿以死奉公。"坚大喜。始，刘昉、郑译议以坚为大冢宰，译自摄大司马，昉又求小冢宰。坚私问德林曰："欲何以见处？"德林曰："宜作大丞相、假黄钺、都督中外诸军事，不尔，无以压众心。"及发丧，即依此行之。以正阳宫为丞相府。

【译文】丁未日（二十三日），杨坚为北周天元帝发了讣闻。北周静帝宇文阐入居天台，废除正阳宫。下诏大赦境内，下令停止洛阳宫的营建。庚戌日（二十六日），周主宇文阐尊奉阿史那太后为太皇太后，李太后为太帝太后，杨后为皇太后，朱后为帝太后，其余陈后、元后、尉迟后，敕令她们出家为尼。同时，任命（叔父）汉王宇文赞为上柱国、右大丞相，表面上是尊崇他，授予高官，其实是有职无权的虚衔。周主宇文阐又任用秦王为上柱国，杨坚为左大丞相，假黄钺（代表天子专主征伐）。下令百官各司其职，以听命于左丞相。

杨坚刚接受遗命辅政时，曾派邘国公杨惠代表他去对御正下大夫李德林说："朝廷敕令我总管文武大事，治理国家的责任繁重。现在要请你一同理事，你可不得推托。"李德林听到杨坚如此器重他，便很兴奋地说："愿为杨公拼死效劳！"杨坚得知他肯合作支持，内心极为欢喜。起初，刘昉、郑译等原本议定让杨坚担任大冢宰，郑译兼摄大司马，刘昉则求为小冢宰。杨坚私下问李德林说："将授我什么官职？"李德林告诉他说："应当做大丞相、假黄钺、都督中外诸军事，要不如此的话，便无法镇抚众心。"后来，杨坚替北周天元帝发丧后，就依照李德林的主意去做，并将正阳宫作为丞相府。

时众情未壹，坚引司武上士卢贲置左右。将之东宫，百官皆不知所从。坚潜令贲部伍仗卫，因召公卿，谓曰："欲求富贵者宜相随。"往往偶语，欲有去就，贲严兵而至，众莫敢动。出崇阳门，至东宫，门者拒不纳，贲谕之，不去；瞋目叱之，门者遂却，坚入。贲遂典丞相府宿卫。贲，辩之弟子也。以郑译为丞相府长史，刘昉为司马，李德林为府属，二人由是怨德林。

内史下大夫勃海高颎明敏有器局，习兵事，多计略，坚欲引之入府，遣杨惠谕意。颎承旨，欣然曰："愿受驱驰。纵令公事不成，颎亦不辞灭族。"乃以为相府司录。

【译文】当时，宇文周的朝臣，没有全部归心于杨坚。杨坚招引司武上士卢贲，留他在自己身边。杨坚准备入住东宫（正阳宫），文武百官不知何去何从。杨坚暗中派卢贲先去调集宿卫部队，配合行动，然后召集公卿们说："公等想求富贵的，当随我而行。"公卿闻言，愕然相向，有的交头接耳，有些人不理杨坚，就要离去，卢贲在这时带领大批卫队围赶过来，百官没有敢带头离开的。于是相偕跟随走出崇阳门（周宫城之东门），行抵东宫。守门的关闭宫门不让过去，卢贲走上前去晓谕他，守门者不理睬；卢贲张目呵斥，守门者退却，杨坚这才得以入据东宫。卢贲便留在正阳宫，掌管丞相府的宿卫。卢贲，是卢辩弟弟的儿子。杨坚任命郑译担任丞相府长史，刘昉担任相府司马，李德林担任丞相府属。郑、刘二人当不成大司马和小冢宰，便都怪罪李德林。

内史下大夫、渤海人高颎，机敏过人，气度不凡，熟悉军事，富有智谋，杨坚想招引他进丞相府工作，便派杨惠去转达这个意思。高颎承受意旨后，十分高兴地说："愿受杨公驱策而奔驰效力。纵使杨公大事不成，我高颎遭到灭族，也在所不辞。"杨坚于是任命他担任相府司录。

时汉王赞居禁中，每与静帝同帐而坐。刘昉饰美妓进赞，赞甚悦之。昉因说赞曰："大王，先帝之弟，时望所归。孺子幼冲，岂堪大事！今先帝初崩，群情尚扰。王且归第，待事宁后，入为天子，此万全计也。"赞年少，性识庸下，以为信然，遂从之。

坚革宣帝苛酷之政，更为宽大，删略旧律，作《刑书要制》，奏而行之；躬履节俭，中外悦之。

坚夜召太史中大夫庾季才，问曰："吾以庸虚，受兹顾命。天时人事，卿以为何如？"季才曰："天道精微，难可意察。窃以人事卜之，符兆已定。季才纵言不可，公岂复得为箕、颍之事乎！"坚默然久之，曰："诚如君言。"独孤夫人亦谓坚曰："大事已然，骑虎之势，必不得下，勉之！"

【译文】当时，汉王宇文赞留居禁中，常跟北周静帝宇文阐同帐而坐。有所议论，汉王宇文赞自然替北周静帝做主。杨坚引以为忌。刘昉为杨坚设法除去他，特装扮好美妓数名，进献给宇文赞。宇文赞年少贪色，喜不自胜，视刘昉为知交。刘昉因而对他说："大王是先帝的大弟，众望所归。孺子（谓静帝）幼弱，哪能担当国家大事？如今，先帝刚死，人心还扰攘不定，大王暂且出居私第，等事平以后，再入宫为天子，这是万全之计。"宇文赞年纪轻,质性见识平庸低下,竟信以为真,傻傻的就出居私第。

杨坚大肆革除周宣帝在位期间的种种苛政,改行宽大优厚的德政;删减省略旧日的刑律,另外制定《刑书要制》,呈奏周主,颁布天下。杨坚又亲自力行节俭,于是朝廷内外的人都很高兴。

杨坚夜里召请太史中大夫庾季才入府,问他说:"我凭借平庸虚浮的资质,承受辅佐幼主的重托,从天时和人事来看,你认为怎么样?"庾季才回答他说:"天道精深微妙,难以预测观察。在下以人事卜之,人事的征兆已定,我庾季才即使说不可以,您又能像许由逃往箕山,像巢父洗耳颍水而不承受天下吗?"杨坚听了,沉思良久,然后才说:"确实如你所说的那样。"杨坚的妻子独孤夫人也劝他说:"大事既已发展到此种地步,形势好像骑虎,只能一路到底,不能再下来,你努力去做吧!"

坚以相州总管尉迟迥位望素重,恐有异图,使迥子魏安公惇奉诏书召之会葬。壬子,以上柱国韦孝宽为相州总管;又以小司徒叱列长义为相州刺史,先令赴邺;孝宽续进。

陈王纯时镇齐州,坚使门正上士崔彭徵之。彭以两骑往止传舍,遣人召纯。纯至,彭请屏左右,密有所道,遂执而锁之,因大言曰:"陈王有罪,诏徵入朝,左右不得辄动!"其从者愕然而去。彭,楷之孙也。

六月,五王皆至长安。

【译文】杨坚因为相州总管尉迟迥地位名望一向很高,担心他有异谋,于是派尉迟迥的儿子魏安郡公尉迟惇传送诏书到相州，召请尉迟迥进京参加周宣帝的葬礼。壬子日（二十八日），杨坚请周主宇文阐任命上柱国韦孝宽担任相州总管，同时又任命小司徒叱列长义担任相州刺史，命他先去邺城（相州总管府治所），韦孝宽随后赶去。

陈王宇文纯此时镇守齐州（山东济南），杨坚派门正上士崔彭前去召请他入朝。崔彭只带两骑前往，快到州城，投宿在驿馆里，派人去召请宇文纯。宇文纯来到驿馆，崔彭请求屏退左右侍者，说有机密向他禀告，于是借机拘捕宇文纯，并戴上脚镣手铐，大声说：“陈王有罪，诏命征他进京，左右不得妄动！”陈王宇文纯身边跟随的人，愕然相顾而去。崔彭，是崔楷的孙子。

六月，赵王宇文招、陈王宇文纯、越王宇文盛、代王宇文达、滕王宇文逌都回到长安。

庚申，周复行佛、道二教，旧沙门、道士精志者，简令入道。

周尉迟迥知丞相坚将不利于帝室，谋举兵讨之。韦孝宽至朝歌，迥遣其大都督贺兰贵赍书候韦孝宽。孝宽留贵与语以审之，疑其有变，遂称疾徐行；又使人至相州求医药，密以伺之。孝宽兄子艺，为魏郡守，迥遣艺迎孝宽，孝宽问迥所为，艺党于迥，不以实对。孝宽怒，将斩之，艺惧，悉以迥谋语孝宽。孝宽携艺西走，每至亭驿，尽驱传马而去，谓驿司曰：“蜀公将至，宜速具酒食。”迥寻遣仪司大将军梁子康将数百骑追孝宽，追者至驿，辄逢盛馔，又无马，遂迟留不进。孝宽与艺由是得免。

【译文】庚申日（初六），周主宇文阐颁诏恢复佛、道二教的流行，原来的僧侣、道士信仰精诚专一的，加以挑选，安置在指定的寺庙道观，准允他们宏扬教义。

北周尉迟迥知晓丞相杨坚图谋篡位，将对宇文宗室不利，于是计划起兵征讨杨坚。当时韦孝宽到达朝歌（今河南淇县），尉迟迥派遣大都督贺兰贵带着他的书信去迎接韦孝宽。韦孝宽留下贺兰贵商谈，借以窥伺对方的意图，韦孝宽看出一点端倪，猜测尉迟迥有异图，便推说有病，徐缓前行，并且派人先到相州求取医药，暗中观察动静。韦孝宽哥哥的儿子韦艺，担任魏郡太守，尉迟迥派他去迎候韦孝宽，韦孝宽向他打探尉迟迥的所作所为，韦艺归附尉迟迥，不肯据实回答。韦孝宽大怒，拔剑要杀他，韦艺害怕，才将尉迟迥的计谋全盘告诉韦孝宽，韦孝宽立刻带着韦艺向西逃走，每经过一处亭驿，就将驿马全都驱赶离开，并且对驿司说："蜀国公将到，应当速备酒食。"没过多久，尉迟迥果真派遣仪同大将军梁子康率领数百骑追赶韦孝宽，这批追赶的人，每到亭驿，就有丰盛的酒菜款待，而且驿中已无快马，于是逗留不前。韦孝宽和韦艺叔侄，因而能脱险回到长安。

资治通鉴

坚又令候正破六韩裒诣迥谕旨，密与总管府长史晋昶等书，令为之备。迥闻之，杀昶及裒，集文武士民，登城北楼，令之曰："杨坚藉后父之势，挟幼主以作威福，不臣之迹，暴于行路。吾与国舅甥，任兼将相；先帝处吾于此，本欲寄以安危。今欲与卿等纠合义勇，以匡国庇民，何如？"众咸从命。迥乃自称大总管，承制置官司。时赵王招入朝，留少子在国，迥奉以号令。

甲子，坚发关中兵，以韦孝宽为行军元帅，郕公梁士彦、乐安公元谐、化政公宇文忻、濮阳公武川宇文述、武乡公崔弘度、清河公杨素、陇西公李询等皆为行军总管，以讨迥。弘度，楷之孙；询，穆之兄子也。

【译文】杨坚又命候正破六韩裒前往尉迟迥的营寨晓谕君王的旨意，并暗中送信给相州长史晋昶等人，嘱咐他们提防尉迟迥。可是这件事被尉迟迥侦知，他先杀掉晋昶和破六韩衰，然后召集总管府以及州郡文武官僚，登上城北城楼，面对着他们说："杨坚自恃国丈的权势，挟持幼主，作威作福，谋逆的心迹，路人皆知。我与宇文周，谊属舅甥（尉迟迥为宇文泰之甥），位居将相，先帝命我镇守于此，本是把国家安危的重担寄托在我身上。如今，我要和你们一起召集明义理而又勇敢的人，一同匡正社稷，保国护民，君等认为怎么样？"大家齐声应命。尉迟迥于是自称大总管，承制任命官吏，分配任务。此时，赵王宇文招入朝，留下他的小儿子在封国内，尉迟迥奉他为主，用以发号施令。

甲子日（初十），杨坚派遣关中士兵，任命韦孝宽担任行军元帅，郧国公梁士彦、乐安郡公元谐、化政郡公宇文忻、濮阳郡公武川人宇文述、武乡郡公崔弘度、清河郡公杨素、陇西郡公李询等担任行军总管，分别率领各军，讨伐尉迟迥。崔弘度，是崔楷的孙子；李询，是李穆哥哥的儿子。

初，宣帝使计部中大夫杨尚希抚慰山东，至相州，闻宣帝殂，与尉迟迥发丧。尚希出，谓左右曰："蜀公哭不哀而视不安，将有他计。吾不去，惧及于难。"遂夜从捷径而遁。迟明，迥觉，追之不及，遂归长安。坚遣尚希督宗兵三千人镇潼关。

雍州牧毕剌王贤，与五王谋杀坚，事泄，坚杀贤，并其三子，掩五王之谋不问。以秦王贽为大冢宰，杞公椿为大司徒。庚子，以柱国梁睿为益州总管。睿，御之子也。

周遣汝南公神庆、司卫上士长孙晟送千金公主于突厥。晟，幼之曾孙也。

又遣建威侯贺若谊赂佗钵可汗，且说之以求高绍义。佗钵伪与绍义猎于南境，使谊执之。谊，敦之弟子也。秋，七月，甲申，绍义至长安，徙之蜀；久之，病死于蜀。

【译文】起初，北周宣帝派计部中大夫杨尚希抚慰山东，杨尚希到达相州，听到北周天元帝去世的消息，便在馆舍和尉迟迥一同为北周宣帝举哀。杨尚希走出灵堂，对身边的人说："蜀国公哭泣并不哀伤，视线游移不定，心中另有盘算，我如果不速离去，恐怕将遭他暗算。"于是连夜抄小径逃走。到了第二天天明，尉迟迥发觉他不在馆舍，派人追赶时，已经追不上了，杨尚希因此得以安全返回长安。杨坚认为他是宗亲所景仰的人物，便派他督率宗室子弟兵三千人，前去把守潼关。

雍州牧、毕剌王宇文贤和五王合谋袭杀杨坚，事情泄露，杨坚捕杀了宇文贤以及他的三个儿子。因为外乱方兴，所以暂时封锁五王谋杀执政的消息而不加追问，以免动摇朝野。提议任命秦王宇文贽担任大冢宰，杞国公宇文椿担任大司徒，用来稳定宇文宗室。庚子日（六月无此日），周主宇文阐任命柱国梁睿担任益州总管。梁睿，是梁御的儿子。

周主宇文阐派遣汝南郡公宇文神庆与司卫上士长孙晟，护送千金公主下嫁到突厥。长孙晟，是长孙幼的曾孙（胡三省曰："按《隋书·长孙晟传》及《唐宰相世系表》，长孙晟，长孙稚之五世孙。长孙稚字幼卿，生子长孙裕，长孙裕生长孙绍远，长孙绍远生长孙贤，长孙贤生长孙敞，长孙敞生长孙炽，长孙炽生长孙晟，非曾孙也。若书稚字，'幼'下亦阙'卿'字"）。

周主宇文阐又派建威县侯贺若谊，携带重金前往突厥，贿赂佗钵可汗，游说他执送北齐范阳王高绍义。佗钵可汗于是假称要同高绍义出南境打猎，而让贺若谊部署抓捕高绍义。贺若谊，是贺若敦的弟弟。秋季，七月，甲申日（初一），高绍义被押送到长安，随即被判流放四川。过了很久，病死在蜀中。

周青州总管尉迟勤，迥之弟子也。初得迥书，表送之，寻亦从迥。迥所统相、卫、黎、洺、贝、赵、冀、瀛、沧、勤所统青、齐、胶、光、莒等州皆从之，众数十万。荥州刺史邵公胄，申州刺史李惠，东楚州刺史费也利进，潼州刺史曹孝远，各据本州，徐州总管司录席毗罗据兖州，前东平郡守毕义绪据兰陵，皆应迥；怀县永桥镇将纥豆陵惠以城降迥。迥使其所署大将军石逊攻建州，建州刺史宇文弁以州降之。又遣西道行台韩长业攻拔潞州，执刺史赵威，署城人郭子胜为刺史。纥豆陵惠袭陷巨鹿，遂围恒州。上大将军宇文威攻汴州，莒州刺史乌丸尼等帅青、齐之众围沂州，大将军檀让攻拔曹、亳二州，屯兵梁郡。席毗罗众号八万，军于蕃城，攻陷昌虑、下邑。李惠自申州攻永州，拔之。

【译文】北周青州刺史尉迟勤，是尉迟迥弟弟的儿子。当他初得尉迟迥相招的书信时，将那封信呈奏朝廷，可是没过多久，他就投入到尉迟迥的阵营中。尉迟迥所管辖的相（治今河南临漳县）、卫（治今河南淇县）、黎（治今河南黎阳县）、洺（治今河北永平县）、贝（治今河北清河县）、赵（治今河北赵县）、冀（治今河北冀县）、瀛（治今河北河间县）、沧（治今河北南皮县东南），以及尉迟勤所统辖的青（治今山东益都县）、齐（治今山东历城县）、胶（治今山东高密县西南）、光（治今山东掖县）、莒（治今山东沂水县）等州，都附和响应，共有部众几十万人。尉迟迥声势所及，荥州（治今河南汜水县）刺史邵国公宇文胄、申州（治今河南信阳县南）刺史李惠、东楚州（治今江苏宿县东南）刺史费也利进，潼州（治今安徽泗县）刺史曹孝远，各自占据本州；徐州总管司录席毗罗占据兖州（治今山东滋阳县西），前东平郡守毕义绪占据兰陵（治今山东峄县），都起兵呼应尉迟迥。怀县（治今河南武陟县西）永桥镇将纥豆陵惠献城投降尉迟迥，尉迟迥派遣他的部属大将军石逊进攻建州（治今山西晋城县东北），建州刺史宇文弁献出州城投降石逊。尉迟迥又派西道行台韩长业进攻并攻陷潞州（治今山西长治县），俘获刺史赵威，安排晋城人郭子胜担任刺史。纥豆陵惠偷袭攻克巨鹿（今河北宁晋县），进兵围攻恒州（治今河北正定县）。上大将军宇文威进攻汴州（治今河南开封县北），莒州刺史乌丸尼等，带领青、齐等州部队，进兵围攻沂州（治今山东临沂县），大将军檀让攻克曹（治今山东曹县西北）、亳（治今安徽亳县）二州，驻兵在梁郡（治今河南商丘县南）。席毗罗拥兵八万，驻扎在蕃城（今山东滕县），攻克昌虑（滕县东南）、下邑（今江苏砀县东）。李惠从申州攻打永州（治今河南泌阳县南），将它攻克。

迥遣使招大左辅、并州刺史李穆，穆锁其使，封上其书。穆子士荣，以穆所居天下精兵处，阴劝穆从迥，穆深拒之。坚使内史大夫柳裘诣穆，为陈利害，又使穆子左侍上士浑往布腹心。穆使浑奉尉斗于坚，曰：“愿执威柄以尉安天下。”又以十三镮金带遗坚。十三镮金带者，天子之服也。坚大悦，遣浑诣韦孝宽述穆意。穆兄子崇，为怀州刺史，初欲应迥；后知穆附坚，慨然太息曰：“阖家富贵者数十人，值国有难，竟不能扶倾继绝，复何面目处天地间乎！”不得已亦附于坚。迥子谊，为朔州刺史，穆执送长安；又遣兵讨郭子胜，擒之。

【译文】尉迟迥派遣使者去招降大左辅、并州（治今山西太原）刺史李穆，李穆不肯依从，扣押来使，并把尉迟迥写给他的信，呈奏朝廷。李穆的儿子李士荣，认为他父亲所把守的地区乃是天下精兵所聚集的地方，暗中劝李穆起兵响应尉迟迥，李穆坚决反对。杨坚派遣内史大夫柳裘搭驿车前去抚慰李穆，并为他分析顺逆的利与害。另又派遣李穆的儿子左侍上士李浑，前去转达结交的至诚。李穆便命李浑手捧熨斗，回去呈献给杨坚，说："希望杨公手执威势的权柄，来熨平安定天下。"此外，又呈献十三镮金带给杨坚。"十三镮金带"，是天子的服饰。杨坚收到这些东西，内心十分欢喜，立刻派遣李浑前往韦孝宽处，向他转述李穆的心意，好让他锐意前进。李穆哥哥有个儿子，名叫李崇，担任怀州刺史（治今河南沁阳县），本来想去响应尉迟迥，后来得知叔父李穆依附杨坚，不禁慨然叹息说："满门富贵的，多达几十人，而今国家有难，竟不拯救危亡的国家，又有何脸面立身天地间呢？"话虽如此，怎奈孤掌难鸣，最后不得已，也依附杨坚。尉迟迥的儿子尉迟谊，担任朔州（治今山西山阴县南）刺史，李穆将他擒获，押送到长安，同时又派兵征讨潞州刺史郭子胜，也将他擒获。

　　迥招徐州总管源雄、东郡守于仲文，皆不从。雄，贺之曾孙；仲文，谨之孙也。迥遣宇文胄自石济，宇文威自白马济河，二道攻仲文，仲文弃郡走还长安，迥杀其妻子。迥遣檀让徇地河南，丞相坚以仲文为河南道行军总管，使诣洛阳发兵讨让，命杨素讨宇文胄。

　　丁未，周以丞相坚都督中外诸军事。

　　郧州总管司马消难亦举兵应迥，己酉，周以柱国王谊为行军元帅，以讨消难。

　　广州刺史于顗，仲文之兄也，与总管赵文表不协；诈得心疾，诱文表，手杀之，因唱言文表与尉迟迥通谋。坚以迥未平，因劳勉之，即拜吴州总管。

【译文】 尉迟迥招降徐州总管源雄（治今江苏铜山县），以及东郡太守（治今河南滑县）于仲文，但他们都不肯归附。源雄，是源贺的曾孙；于仲文，是于瑾的孙子。尉迟迥派宇文胄从石济（今河南涎津县东北），宇文威从白马（今河南滑县东）渡过黄河，分兵两路，夹攻于仲文，于仲文抵抗不住，放弃州郡奔回长安，尉迟迥抓获他的妻小，全部杀掉。尉迟迥派遣檀让征战河南，丞相杨坚任命于仲文担任河南道行军总管，要他驰驿赶往洛阳，征调部队去征讨檀让，另派杨素去征讨宇文胄。

丁未日（二十四日），周主宇文阐任命丞相杨坚担任都督中外诸军事。

郧州（治今湖北安陆县）总管司马消难也起兵响应尉迟迥。己酉日（二十六日），周主宇文阐任命柱国王谊担任行军元帅，出兵征讨司马消难。

东广州刺史于顗，是于仲文的哥哥。于顗和吴州总管（与东广州并治广陵）赵文表不和，谎称患有心病，诱骗赵文表，趁赵文表进入他卧室探病的机会，亲手杀掉赵文表。于是扬言赵文表和尉迟迥通谋，因此杀掉了他。当时杨坚因为尉迟迥之乱未平，担心于顗又生边患，于是派人去抚慰嘉勉他，并任命他担任吴州总管。

赵僭王招谋杀坚，邀坚过其第，坚赍酒淆就之。招引入寝室，招子员、贯及妃弟鲁封等皆在左右，佩刀而立，又藏刃于帷席之间，伏壮士于室后。坚左右皆不得从，唯从祖弟开府仪同大将军弘、大将军元胄坐于户侧。胄，顺之孙也。弘、胄皆有勇

力，为坚腹心。酒酣，招以佩刀刺瓜连啗坚，欲因而刺之。元胄
进曰："相府有事，不可久留。"招诃之曰："我与丞相言，汝何为
者！"叱之使却。胄嗔目愤气，扣刀入卫。招赐之酒，曰："吾岂有
不善之意邪！"卿何猜警如是？"招伪吐，将入后阁，胄恐其为变，
扶令上坐，如此再三。招称喉干，命胄就厨取饮，胄不动。会滕
王逌后至，坚降价迎之。胄耳语曰："事势大异，可速去！"坚曰：
"彼无兵马，何能为！"胄曰："兵马皆彼物，彼若先发，大事去矣。
胄不辞死，恐死无益。"坚复入坐。胄闻室后有被甲声，遽请曰：
"相府事殷，公何得如此！"因扶坚下床趋去。招将追之。胄以身
蔽户，招不得出；坚及门，胄自后至。招恨不时发，弹指出血。壬
子，坚诬招与越野王盛谋反，皆杀之，及其诸子。赏赐元胄，不
可胜计。

【译文】北周赵僭王宇文招密谋暗杀杨坚，邀请杨坚前往
他的王邸宴饮。杨坚自备酒菜带去。宇文招引领杨坚进入寝室，
宇文招的儿子宇文员、宇文贯以及王妃的弟弟鲁封等人，都侍立
在左右，个个佩刀而立，并在帐帷和席子间暗藏兵器，又在后院
埋伏勇士。另外，限令杨坚的左右侍卫不得随从，只允许与杨坚
同曾祖父的族弟仪同大将军杨弘和大将军元胄进入门内，坐侍
户侧。元胄，是元顺的孙子。杨弘、元胄都孔武有力，是杨坚的
得力亲信。宇文招和杨坚同饮，酒至半酣，宇文招拔佩刀切瓜，
接连送到杨坚嘴中给他吃，想借此刺杀杨坚。元胄瞧见形势不
妙，便挺身到座前对杨坚说："相府还有事，不应久留，请丞相
回府。"宇文招怒目大声责骂他说："我和丞相畅叙，你是干什
么的？"宇文招原本要呵斥他退下的，不料元胄竟也怒目相对，
气息激愤，持刀入卫杨坚，不肯离开。宇文招赐给他酒，假意笑
着说："我哪有什么歹意？你何必如此猜疑警戒？"宇文招和杨

坚继续饮了好几杯酒，宇文招假装呕吐，准备溜入后间；元胄防他有变，上前扶他，让他入座，不放他出去，似此情形，反复了好几次。宇文招走不了，便又假装喉咙干渴，命元胄到厨房去取水，元胄挺立不动。碰巧滕王宇文逌来到，杨坚走下台阶出迎。元胄趁此机会，附耳对杨坚说："情势很不平常，丞相可速告归。"杨坚说："对方并无兵马，他们能玩什么花样呢？"元胄低声说："此地兵马是他们家的，对方如果先下手，那么丞相就完了。我元胄并不是推托怕死，只是担心像这样死了，实无补益。"杨坚将信将疑，又重行入座。元胄格外小心，忽听后院有铠甲的声音，便立刻向杨坚禀告说："相府公事繁多，丞相怎能流连此处呢？"说着，就扶杨坚下床，快步离开。宇文招准备追上去，但元胄奋身挡在门口，宇文招出不去。等到杨坚跨出大门远去，元胄才随后追上。宇文招懊悔未能及时发难，错过大好时机，气得把手指都弹出血来。壬子日（二十九日），杨坚诬指赵王宇文招与越野王宇文盛谋反，下令将他二人杀掉；他们所有的儿子，也一同处死。为酬谢元胄护卫的功劳，赏赐财物，不计其数。

周室诸王数欲伺隙杀坚，都督临泾李圆通常保护之，由是得免。

癸丑，周主封其弟衍为叶王，术为郢王。

周豫、荆、襄三州蛮反，攻破郡县。

周韦孝宽军至永桥城，诸将请先攻之，孝宽曰："城小而固，若攻而不拔，损我兵威。今破其大军，此何能为！"于是，引军壁于武陟。尉迟迥遣其子魏安公惇帅众十万入武德，军于沁东。会沁水涨，孝宽与迥隔水相持不进。

【译文】 北周宇文宗室诸王多次想伺机暗杀杨坚，杨坚多赖相府都督、临泾人李圆通的保护，才躲过灾难。

癸丑日（三十日），周主宇文阐册立皇弟宇文衍为叶王，宇文术为郢王。

北周豫、荆、襄三州内的诸蛮，各自率领部落造反，焚烧村驿，攻陷郡县。

北周行军元帅韦孝宽率领大军进抵永桥城（在今河南武陟县西），诸将因为此城挡住去路，请求先攻克此城，韦孝宽却说："此城虽小，但十分坚固，如果围攻而拿不下来，有损我军军威。如果先打败他们的大军，那么这一座孤城又有什么用呢？"于是带兵屯驻在武陟（沁水西岸）。尉迟迥派遣他的儿子魏安郡公尉迟惇带领部众十万，进入武德（在武陟县东南），列阵于沁水东岸。这时，适逢沁水水涨，韦孝宽和尉迟迥军隔水对峙，相持不下。

孝宽长史李询密启丞相坚云："梁士彦、宇文忻、崔弘度并受尉迟迥馕金，军中恛慅，人情大异。"坚深以为忧，与内史上大夫郑译谋代此三人者，李德林曰："公与诸将，皆国家贵臣，未相服从，今正以挟令之威控御之耳。前所遣者，疑其乖异，后所遣者，安知其能尽腹心邪！又，取金之事，虚实难用，今一旦代之，或惧罪逃逸；若加縻絷，则自郧公以下，莫不惊疑。且临敌易将，此燕、赵之所以败也。如愚所见，但遣公一腹心，明于智略，素为诸将所信服者，速至军所，使观其情伪。纵有异意，必不敢动，动亦能制之矣。"坚大悟，曰："公不发此言，几败大事。"乃命少内史崔仲方往监诸军，为之节度。仲方，猷之子也，昉辞以父在山东。又命刘昉、郑译昉，昉辞以未尝为将，译辞以母老。坚不悦。府司录高颎请行，坚喜，遣之。颎受命亟发，遣人辞母而已。自是坚措置军事，皆与李德林谋之，时军书日以百数，德林口授数人，文意百端，不加治点。

【译文】 韦孝宽行军元帅府长史李询，密禀丞相杨坚说："总管梁士彦、宇文忻、崔弘度都收受尉迟迥赠予的黄金，因此逗留不进，军中忧虑不安，人心大变。"杨坚收到这个报告，内心很是担忧，和内史上大夫郑译商议，寻找接替三位总管的人选。李德林认为这样做很不妥，他说："随公与诸将，都是国家的重臣，彼此不能相互服从，现在因为随公挟天子之令，诸将才勉强听从号令，接受驱驰。先前派出的人，怀疑他们乖离违异，那么换上一批新的将领，您又怎知他们都能对您忠诚呢？再有，收受黄金的事，虚实真假，难以调查清楚，现在突然派人去接替他们，他们当中难免会有畏罪而逃跑的；如果统加系缚，那么从郧国公韦孝宽以下，莫不人人畏惧。况且，临阵换将，这是燕、赵所以败亡的原因（胡三省曰："燕惠王信谗，用骑劫代乐毅而败于田单；赵惠文王听间，用赵括代廉颇以败于白起，临敌易将之祸也"）。依臣之见，只要派遣杨公的一名亲信，一位富有谋略、一向被诸将信赖佩服的人，急速赶往阵前，交由他负责查验真伪。诸将纵有异心，也一定不敢轻举妄动，万一叛乱发生，他在前线，随机应变，也容易平定叛乱。"杨坚经他这样分析，恍然大悟地说："要不是你这一番话，几乎就要贻误大事了。"于是派少内史崔仲方前去监督各路军队，指挥节度诸将。崔仲方，是崔猷的儿子。他推辞说父亲人在山东，不便接受这个任务。杨坚于是改派刘昉、郑译。刘昉推辞说没有担任过将领，郑译则以母亲年老为借口，都不肯前去。杨坚心里十分不悦。相府司录高颎自愿请求担起这个任务，杨坚特别高兴，就派他前往。高颎接受使命，立刻动身出发，找人代他向母亲辞行。从此，杨坚指授兵略，都找李德林商议，那时，相府有关军事的文书，每天都有上百件之多，也全部交给李德林处理。李德林随口述说，手下好几个人分头书写，根据文书的类别和种种案由的不同，李德林总是能配合以最适当的措辞，等文书人员书写完后，通篇不用修饰，也不用涂改，每一件都是最好的公文。

司马消难以郧、随、温、应、土、顺、沔、儇、岳九州及鲁山等八镇来降，遣其子永为质以求援。八月，己未，诏以消难为大都督、总督九州八镇诸军事、司空，赐爵随公。庚申，诏镇西将军樊毅进督沔、汉诸军事，南豫州刺史任忠帅众趣历阳，超武将军陈慧纪为前军都督，趣南兖州。

周益州总管王谦亦不附丞相坚，起巴蜀之兵以攻始州。梁睿至汉川，不得进，坚即以睿为行军元帅以讨谦。

戊辰，诏以司马消难为大都督水陆诸军事。庚午，通直散骑常侍淳于陵克临江郡。

【译文】北周郧州总管司马消难献出郧（治今湖北安陆县）、随（治今湖北随县）、温（治今湖北京山县）、应（治今湖北应山县）、土（治今湖北随县东北）、顺（治今湖北随县北八十里）、沔（治今湖北汉川县东南）、儇[濅]（按濅州以濅水为名，字应作"濅"）、岳（治今湖北孝感县）九州，以及鲁山（湖北汉阳县北大别上山）等八镇归降陈朝，并派出他的儿子司马永到陈朝做人质，请求派军接应。八月，己未日（初六），陈宣帝陈顼下诏，任命司马消难担任大都督、总督九州镇诸军事、司空，赐爵随郡公。庚申日（初七），下诏命令镇西将军樊毅进督沔、汉诸军事，南豫州刺史任忠率军增援历阳（治今安徽和县），超武将军陈慧纪担任前军都督，增援南兖州（治今江苏江都县）。

北周益州总管王谦，不愿归附丞相杨坚，也调遣巴、蜀军队，挥兵进攻始州（治今四川剑阁县）。梁睿行抵汉川，受到阻挠不能前进，杨坚就任命梁睿担任行军元帅，领军征讨王谦。

戊辰日（十五日），陈宣帝陈顼下诏，任命司马消难担任大都督水陆诸军事。庚午日（十七日），陈朝通直散骑常侍淳于陵攻克临江郡（治今安徽和县东北）。

梁世宗使中书舍人柳庄奉书入周。丞相坚执庄手曰："孤昔以开府从役江陵，深蒙梁主殊眷。今主幼时艰，猥蒙顾托。梁主奕叶委诚朝廷，当相与共保岁寒。"时诸将竞劝梁主举兵，与尉迟迥连谋，以为进可以尽节周氏，退可以席卷山南。梁主疑未决。会庄至，具道坚语，且曰："昔袁绍、刘表、王凌、诸葛诞，皆一时雄杰，据要地，拥强兵，然功业莫就，祸不旋踵者，良由魏、晋挟天子，保京都，仗大顺以为名故也。今尉迟迥虽曰旧将，昏髦已甚；司马消难、王谦，常人之下者，非有匡合之才。周朝将相，多为身计，竞效节于杨氏。以臣料之，迥等终当覆灭，随公必移周祚。未若保境息民以观其变。"梁主深然之，众议遂止。

【译文】梁世宗萧岿派中书舍人柳庄携带国书，出使北周。北周丞相杨坚握着柳庄的手，对他说："孤（丞相杨坚自称）以前凭借开府仪同三司的官职，曾效力于江陵，深受梁主特殊的眷顾。方今周主年幼，时局艰难，承蒙顾命，深感责重任艰。梁主累世效忠朝廷，应当相互共保贞节。"当时，后梁诸将争相鼓动梁主兴兵，和尉迟迥联盟，以为这样进可以尽忠周室，退可以占据山南（终南、太华诸山之南。指汉、沔之地）。梁主萧岿迟疑不决，正赶上柳庄从长安奉使归来，详细转述杨坚结交嘱托的话，而且告诉梁主说："以前袁绍、刘表、王凌、诸葛诞，全是一时的英雄豪杰，割据要地，手握强兵，可是功业没有建立，没多久就相继遭祸覆亡，那是因为魏武、晋武挟持天子，拱卫京师，凭借以正讨逆作为借口的缘故。方今尉迟迥虽然是老将，但已昏聩老耄得十分厉害；司马消难与王谦，才具平庸低劣，没有一匡天下、九合诸侯的才干；周朝将相，多替自身利害打算，竞相效忠于杨氏。依臣的预料，尉迟迥等人终将覆败灭亡，随国公杨坚势必接替宇文氏而成为国君。我们梁国的立场，不如保境安民，静观时局的变化"。梁主萧岿听了他精辟的分析，认为见识高超正确，诸将竞相劝说梁主起兵的议论，也就因此而平息下来。

　　高颎至军，为桥于沁水。尉迟惇于上流纵火筏，颎豫为土狗以御之。惇布陈二十余里，麾兵少却，欲待孝宽军半度而击之；孝宽因其却，鸣鼓齐进。军既渡，颎命焚桥，以绝士卒反顾之心。惇兵大败，单骑走。孝宽乘胜进追至邺。

　　庚午，迥与惇及惇弟西都公祐，悉将其卒十三万陈于城南，迥别统万人，皆绿巾、锦袄，号曰"黄龙兵"。迥弟勤帅众五万，自青州赴迥，以三千骑先至。迥素习军旅，老犹被甲临陈。其麾下兵皆关中人，为之力战，孝宽等军不利而却。邺中士民观战者数万人，行军总管宇文忻曰："事急矣！吾当以诡道破之。"乃先射观者，观者皆走，转相腾藉，声如雷霆。忻乃传呼曰："贼败矣！"众复振，因其扰而乘之。迥军大败，走保邺城。孝宽纵兵围之，李询及思安伯代人贺娄子幹先登。

　　【译文】杨坚相府司录高颎来到前线，察看情势后，建议韦孝宽选择沁水较浅的地方，修筑一道浮桥，用来渡军。尉迟迥的儿子尉迟惇从上流放火燃烧木筏上的积木，让它顺流而下，用来冲烧浮桥。高颎则用预先做好的土狗来抵挡瓦解他的攻势（盖积土于水中，前锐后广，前高后庳，其状如坐狗）。尉迟惇列阵长二十余里，指挥部队稍微退却，原本计划等韦孝宽的军队渡过一半，再回军攻击；可是韦孝宽却利用他后退的时机，乘势率兵渡桥，鸣鼓齐进。等部人都渡过了桥，高颎便命人将浮桥烧毁，断绝后路，让士卒奋勇争前，毫无反顾后退的念头。尉迟惇军大败，自身单骑逃跑，韦孝宽乘胜追击，一直追到邺都城下。

庚午日（十七日），尉迟迥和他的儿子尉迟惇，以及尉迟惇的弟弟西都郡公尉迟祐，尽驱部卒出城，共十三万人，在城南布阵。尉迟迥亲自率领万人，都戴绿巾，穿着锦袄，号称“黄龙兵”。尉迟迥的弟弟尉迟勤也率领部众五万，从青州前来增援，自己率领骁骑三千，先驰赶到。尉迟迥向来娴熟军旅征战，年纪虽老，仍然披甲上阵。他的部下都是关中人，相率为他拼死奋战，韦孝宽等军与他交锋，战况不利，只好撤退。当时，邺中出来观战的士民，多达数万人。行军总管宇文忻说（《隋书》卷四十《宇文忻传》作：“与高颎、李询等谋曰”）：“形势急迫，我当用诡计破敌。”于是率领部下，弯弓驰射观战的百姓，观战人群惊骇逃窜，辗转相互腾踏践藉，惨呼之声如雷，宇文忻立刻大声呼叫：“贼败了！贼败了！”一传十，十传百，周军气势便又振奋起来，趁着对方骚乱的机会，反攻痛击。结果，尉迟迥兵大败，退守邺城。韦孝宽纵兵围攻，李询和思安县伯、代人贺娄子幹抢先登上城垣。

崔弘度妹，先适迥子为妻，及邺城破，迥窘迫升楼，弘度直上龙尾追之。迥弯弓，将射弘度，弘度脱兜鍪，谓迥曰：“颇相识不？今日各图国事，不得顾私。以亲戚之情，谨遏乱兵，不许侵辱。事势如此，早为身计，何所恃也?"迥掷弓于地，骂左丞相极口而自杀。弘度顾其弟弘升曰："汝可取迥头。"弘升斩之。军士在小城中者，孝宽尽阬之。勤、惇、祐东走青州，未至，开府仪同大将军郭衍追获之。丞相坚以勤初有诚款，特不之罪。李惠先自缚归罪，坚复其官爵。

迥末年衰耄，及起兵，以小御正崔达拏为长史。达拏，暹之子也，文士，无筹略，举措多失，凡六十八日而败。

【译文】 崔弘度的妹妹，早先嫁给尉迟迥的儿子为妻，等到邺城被攻克后，尉迟迥困窘急迫，登上城楼，崔弘度径直从龙尾道去追赶他。尉迟迥弯弓搭箭准备射崔弘度，崔弘度脱下头盔，遥问尉迟迥说："你还认识我吗? 今天各为国事效力，不能顾及私人情谊。但顾念亲戚之情，特地禁止不守规矩的乱兵，不许他们劫掠奸污。事情已经到了这种地步，请公早为自身考虑，不要再踌躇了。"尉迟迥自知难免一死，将弓丢掷地上，破口大骂左大丞相杨坚，然后拔剑自杀。崔弘度对他的弟弟崔弘升说："你可以去割下他的脑袋。"崔弘升于是斩下尉迟迥的首级而去。留守在小城中的军兵被俘后，韦孝宽下令把他们全部坑杀掉。尉迟勤、尉迟惇、尉迟祐等，向东逃奔青州，但都还没有到达，就被开府仪同大将军郭衍追上，全部擒获。丞相杨坚，因为尉迟勤当初曾呈送尉迟迥招降他的信，最初的心志不差，所以下令赦免了他。李惠在申州起兵响应尉迟迥，后来知道尉迟迥难成大事，便先自缚投降，杨坚也下令赦免他无罪，并恢复他的官职和封爵。

尉迟迥晚年老迈龙钟，起兵征讨杨坚，任命小御正崔达拏担任长史。崔达拏，是崔暹的儿子，乃是一位文士，没有什么谋略，行政措施又多失误，对尉迟迥少有贡献。尉迟迥从起兵到失败，前后只有六十八日。

　　于仲文军至蓼隄，去梁郡七里。檀让拥众数万，仲文以羸师挑战而伪北，让不设备；仲文还击，大破之，生获五千余人，斩首七百级。进攻梁郡，迥守将刘子宽弃城走。仲文进击曹州，获迥所署刺史李仲康。檀让以余众屯成武，仲文袭击，破之，遂拔成武。迥将席毗罗，众十万，屯沛县，将攻徐州。其妻子在金乡，仲文遣人诈为毗罗使者，谓金乡城主徐善净曰："檀让明日午时至金乡，宣蜀公令，赏赐将士。"金乡人皆喜。仲文简精兵，伪建迥旗帜，倍道而进。善净望见，以为檀让，出迎谒。仲文执之，遂取金乡。诸将多劝屠其城，仲文曰："此城乃毗罗起兵之所，当宽其妻子，其兵自归。如即屠之，彼望绝矣。"众皆称善。于是，毗罗恃众来薄官军，仲文设伏击之，毗罗大溃，争投洙水死，水为之不流。获檀让，槛送京师；斩毗罗，传首。

资治通鉴

　　【译文】于仲文领兵从洛阳向东讨伐，行抵蓼隄（在梁郡西北，是汉梁孝王所筑，至睢阳，长三百里），距离梁郡七里（治今河南商丘县南七里）。檀让拥有军队数万，出城挑战。于仲文派老弱士卒去迎战，两军才一交锋，于仲文就佯装败逃。檀让因此不将于仲文看在眼里，便松懈下来，不再加以设防。于仲文却带领精兵锐卒大举反攻，将檀让打得大败，砍下七百多颗首级，并擒获五千多人。于是攻打梁郡城，尉迟迥的守将刘子宽弃城逃跑。于仲文又进攻曹州（治今山东曹县西北），生擒尉迟迥所任命的刺史李仲康。檀让带领余众退守成武（今山东城武县），于仲文击败檀让，攻克成武。尉迟迥部将席毗罗，带领部众十万，屯兵沛县（今江苏沛县东），准备南下进攻徐州（治今江苏铜山县）。他的妻子留在金乡（今山东金乡县），于仲文派人伪装成席毗罗的使者，欺骗金乡城主徐善净说："檀让明日午时到金乡来，将宣读蜀国公尉迟迥的命令，奖赏将士。"金乡人信以为真，心里都特别高兴。于仲文挑选精兵锐卒，打着尉迟迥的旗号，兼程而行。金乡城主徐善净望见，以为是檀让前来，赶紧出城迎候。于仲文立刻将他抓获，因而轻易地夺取了金乡城。此时，于仲文手下诸将都劝他屠杀城里的人。于仲文说："这座城，是席毗罗起兵的地方，我们应当宽待他的妻子、儿女，其余的士兵，自会前来投诚。如果屠城，那么就会断绝他们归顺的想法。"手下诸将都觉得他的话很有道理。那时，席毗罗倚仗人多，率军进逼官军，于仲文设下埋伏，拦截痛击，席毗罗部众大败溃散，争渡洙水（今山东钜野县洙水河），溺死的人很多，洙水都因之而流阻。檀让被于仲文俘获，用槛车把他押送到长安，途中，席毗罗先被斩杀，首级被传送到京师。

韦孝宽分兵讨关东叛者，悉平之。坚徙相州于安阳，毁邺城及邑居。分相州，置毛州、魏州。

梁主闻迥败，谓柳庄曰："若从众人之言，社稷已不守矣！"

丞相坚之初得政也，待黄公刘昉、沛公郑译甚厚，赏赐不可胜计，委以心膂，言无不从朝野倾属，称为"黄、沛"。二人皆恃功骄恣，溺于财利，不亲职务。及辞监军，坚始疏之，恩礼渐薄。高颎自军所还，宠遇日隆。时王谦、司马消难未平，坚忧之，忘寝与食。而昉逸游纵酒，相府事多遗落。坚乃以高颎代昉为司马；不忍废译，阴敕官属不得白事于译。译犹坐听事，无所关预，惶惧顿首，求解职；坚犹以恩礼慰勉之。

【译文】韦孝宽分派部队，追讨关东叛贼，将他们依次平定。杨坚命韦孝宽迁徙相州治所到安阳（今河南安阳县），并下令焚烧邺城及周围村落，分割相州，增置毛州（治今山东馆陶县西南四十里）、魏州（治今河北大名县东）。

梁主萧岿听到尉迟迥兵败的消息，对柳庄说："先前要是听从众人的话，也去响应尉迟迥，只怕如今社稷已经保不住了！"

丞相杨坚刚获得军政大权时，对待黄国公刘昉、沛国公郑译二人十分优厚，赏赐的东西多得无法计数；将他二人视为亲信，言听计从。朝野内外的人，对他二人都倾心瞩目，称他们为"黄、沛"。他二人却仗着引荐杨坚的功劳，骄傲放纵，沉迷于钱财利益，又不亲自处理相府事务。等到推辞监军的任务，杨坚便开始疏远他们，恩遇宠爱也逐渐淡薄。而高颎从监军得胜归来，受到杨坚的宠信礼遇越来越隆厚。当时，王谦、司马消难的反叛还没有平定。杨坚为这两方面的事，忧虑得废寝忘食。可是刘昉玩乐游宴，纵酒无度，相府军务，颇多荒废。杨坚于是改派高颎接替刘昉，担任相府司马的职务。因为郑译有提携的大功劳，杨坚还不忍心罢免他的职位，但暗中却告诫僚属，不必向郑译禀报事务。郑译虽然还坐在丞相府长史的位子上，可是却没有什么事好打理，这时他才觉察到事情的严重，慌忙跑去向杨坚叩头请罪，请求解除职务，不过，杨坚还是以恩宠礼遇对待他，用温言抚慰他。

癸酉，智武将军鲁广达克周之郭默城。丙子，淳于陵克祐州城。

周以汉王赞为太师，申公李穆为太傅，宋王实为大前疑，秦王贽为大右弼，燕公于寔为大左辅。寔，仲文之父也。

乙卯，周大赦。

周王谊帅四总管至郧州，司马消难拥其众以鲁山、甑山二镇来奔。

初，消难遣上开府仪同大将军段珣将兵围顺州，顺州刺史周法尚不能拒，弃城走，消难虏其母弟而南。樊毅救消难，不及。周亳州总管元景山击之，毅掠居民而去。景山与南徐州刺史宇文弼追之，与毅战于漳口。一日三战三捷。毅退保甑山镇，城邑为消难所据者，景山皆复取之。

【译文】癸酉日（二十日），陈朝智武将军鲁广达攻陷北周郭默城（在今江西九江县东北）。丙子日（二十三日），淳于陵攻陷北周祐州城。

周主宇文阐任命汉王宇文赞担任太师，申国公李穆担任太傅，宋王宇文实担任大前疑，秦王宇文贽担任大右弼，燕国公于寔担任大左辅。于寔，是于仲文的父亲。

乙卯日（二十六日），周主宇文阐下诏大赦境内。

北周柱国王谊统率四总管，到达郧州，北周郧州总管司马消难带领部众退守，并献出鲁山（治今湖北汉阳县）、甑山（今湖北汉川县）二镇，南来投降陈朝。

起初，司马消难派遣上开府仪同大将军段珣领军围攻顺州（治今湖北随县北八十里），顺州刺史周法尚无法抵抗，弃城逃跑，司马消难擒获他的母亲和弟弟，然后南来投降陈朝。陈宣帝陈顼派遣樊毅前往援助，可是还来不及接应，北周亳州总管元景山就赶来进攻，樊毅掳掠居民而去。元景山和南徐〔司〕州刺史宇文弼共同追赶樊毅，和樊毅大战于漳口（在今湖北云梦县南），一日三战，周师三战三捷。樊毅退守甑山镇，被司马消难占领的城邑，全被元景山夺了回来。

郧州巴蛮多叛，共推渠帅兰雒州为主，以附消难。王谊遣诸将分讨之，旬月皆平。陈纪、萧摩诃等攻广陵，周吴州总管于顗击破之。沙州氐帅杨永安聚众应王谦，大将军乐宁公达奚儒讨之。杨素破宇文胄于石济，斩之。

周以神武公窦毅为大司马，齐公于智为大司空；九月，以小宗伯竟陵公杨惠为大宗伯。

丁亥，周将王延贵帅众援历阳；任忠击破之，生擒延贵。

壬辰，周废皇后司马氏为庶人。庚戌，以随世子勇为洛州总管、东京小冢宰，总统旧齐之地。壬子，以左丞相坚为大丞相，罢左、右丞相之官。

【译文】 郧州巴蛮群起叛乱，共同推举大帅兰雒州为大统领，响应司马消难。王谊派遣诸将，分路讨伐，一个月内，就把各地巴蛮平定。陈纪（陈慧纪）、萧摩诃进攻广陵城（今江苏江都县），北周吴州（治广陵）总管于顗将他二人击退。沙州（治今四川昭化县西北）氐帅杨永安召集部众响应王谦，大将军、乐宁公达奚儒领兵前去征讨。杨素在石济（今河南延津县东北）大败宇文胄，并且把他斩首。

周主宇文阐任命神武郡公窦毅担任大司马，齐国公于智担任大司空。九月，周主宇文阐任命小宗伯竟陵郡公杨惠[慧]担任大宗伯。

丁亥日（初五），周将王延贵率领军队增援历阳（安徽和县），南豫州刺史任忠击败他，并生擒王延贵。

壬辰日（初十），周主宇文阐废黜皇后司马氏为庶人。庚戌日（二十八日），任命随国公世子杨勇担任洛州总管（治今河南洛阳）、东京小冢宰，总领过去北齐的土地。壬子日（三十日），周主宇文阐任命左[大]丞相杨坚担任大丞相，废除左、右[大]丞相的官职。

冬，十月，甲寅，日有食之。

周丞相坚杀陈惑王纯及其子。

周梁睿将步骑二十万讨王谦，谦分命诸将据险拒守。睿奋击，屡破之，蜀人大骇。谦遣其将达奚惎、高阿那肱、乙弗虔等帅众十万攻利州，堰江水以灌之。城中战士不过二千，总管昌黎豆卢勣，昼夜拒守，凡四旬，时出奇兵击惎等，破之；会梁睿至，惎等遁去，睿自剑阁入，进逼成都。谦令达奚惎、乙弗虔城守，亲帅精兵五万，背城结陈。睿击之，谦战败，将入城，惎、虔以城降。谦将麾下三十骑走新都，新都令王宝执之。戊寅，睿斩谦及高阿那肱，剑南平。

【译文】冬季，十月，甲寅日（初二），出现日食。

北周丞相杨坚诛杀陈惑王宇文纯以及宇文纯的儿子。

北周新任益州总管梁睿，带领步骑二十万征讨王谦。王谦分派诸将，各据险要，抵御防守。梁睿率军奋勇攻击，多次打败王谦，蜀中军民大为惊恐。王谦派遣部将达奚惎、高阿那肱、乙弗虔等，带领部众十万，进攻利州（治今四川广元县），阻拦蓄积嘉陵江水，然后引水灌城（嘉陵江在利州城西）。城中守军不满两千，总管昌黎郡人豆卢勣，日夜抵御防守，历经四十天，经常出奇兵袭击达奚惎等，多次将对方打败。恰逢梁睿救援赶到，达奚惎等撤围逃走。梁睿进入剑阁（在今四川剑阁县北），挥兵逼近成都。王谦命达奚惎和乙弗虔等守城，亲自率领精兵五万，背城布阵。梁睿挥兵进攻，王谦战败，准备入城，可是达奚惎和乙弗虔等已献城投降梁睿了。王谦进不了城，便率领手下三十骑逃往新都（今四川新都县东，在成都北四十五里），新都县令王宝伺机将他捉拿下来。戊寅日（二十六日），梁睿斩杀王谦及高阿那肱等人，剑南（蜀地在剑阁之南）的一场叛乱，便告平定。

【申涵煜评】 肱与穆提婆等既煽乱国政，又卖主降敌，平齐后宜亟正丁公之诛，周乃置而不问，提婆先以诬叛死，肱以剑南逆党败，始擒斩之，失刑甚矣，何以服人。

【译文】 高阿那肱与穆提婆等人已经煽动扰乱国政，又卖主投降敌人，北周平定齐国后应立即像汉朝刘邦诛杀丁公一样杀掉他们，北周却对他们置之不理，穆提婆先以欺骗背叛而死，高阿那肱因为剑南逆党而事败，才被擒获斩杀，这样实在是失刑太过了，拿什么服人呢？

十一月，甲辰，周达奚儒破杨永安，沙州平。

丁未，周郧襄公韦孝宽卒。孝宽久在边境，屡抗强敌；所经略布置，人初莫之解，见其成事，方乃惊服。虽在军中，笃意文史；敦睦宗族，所得俸禄，不及私室。人以此称之。

十二月，庚辰，河东康简王叔献卒。

癸亥，周诏诸改姓者，宜悉复旧。

甲子，周以大丞相坚为相国，总百揆，去都督中外、大冢宰之号，进爵为王，以安陆等二十郡为随国，赞拜不名，备九锡之礼；坚受王爵、十郡而已。

辛未，杀代奰王达、滕闻王逌及其子。

壬申，以小冢宰元孝规为大司徒。

是岁，周境内有州二百一十一，郡五百八。

【译文】 十一月，甲辰日（二十二日），北周大将军达奚儒在沙州击败氐帅杨永安，沙州氐族叛乱也宣告平定。

丁未日（二十五日），北周郧襄国公韦孝宽去世。韦孝宽长期镇守边疆，多次对抗强敌，他在战场上所有的经营谋划、安排部署，开始都没有人理解他的用意，等到事成之后，人人都惊叹佩服他的智谋过人。平时在军中，虽然军务繁忙，但是不忘读书，留心文史；所得俸禄，不入私房，和睦宗族，接济贫孤，朝野内外的人都因此称赞他。

十二月，庚辰日（二十九日），陈朝河东康简王陈叔献去世。

癸亥日（十二日），周主宇文阐颁诏，命所有在西魏时期改姓的，从现在起，全部恢复旧时的姓氏。

甲子日（十三日），周主宇文阐擢升大丞相杨坚为相国，统领百官，除去都督中外诸军事及大冢宰的官号，晋升公爵为王爵，将安陆等二十郡划为随国，特许随王拜见天子，相者在旁唱名，随王不必称己之名。并备车马、衣服、乐则、朱户、纳陛、虎贲、弓矢、铁钺、秬鬯九锡之礼，赐给随王杨坚，杨坚假装谦让，只接受王爵和十郡土地而已。

辛未日（二十日），北周随王杨坚诛杀代奰王宇文达和滕闻王宇文逌，以及代、滕二王的儿子。

壬申日（二十一日），周主宇文阐任命小冢宰元孝规担任大司徒。

这一年，北周境内，总计有二百一十一州，五百零八郡。